新 时 代

乡村振兴与农业农村现代化实务探索

主编：何旗红

中

黄海数字出版社

附录一： 关于推动文化产业赋能乡村振兴的意见

文旅产业发〔2022〕33号

为全面贯彻乡村振兴战略，落实《中共中央 国务院关于做好2022年全面推进乡村振兴重点工作的意见》提出的"启动实施文化产业赋能乡村振兴计划"，以文化产业赋能乡村经济社会发展，制定本意见。

一、总体要求

（一）指导思想

以习近平新时代中国特色社会主义思想为指导，全面系统学习贯彻习近平总书记关于"三农"工作的重要论述，全面贯彻党的十九大和十九届历次全会精神，准确把握乡村振兴战略的科学内涵，围绕立足新发展阶段、贯彻新发展理念、构建新发展格局、推动高质量发展，实现巩固拓展脱贫攻坚成果同乡村振兴有效衔接，促进共同富裕，牢牢守住保障国家粮食安全和不发生规模性返贫两条底线，强化以城带乡、城乡互促，以文化产业赋能乡村人文资源和自然资源保护利用，促进一二三产业融合发展，贯通产加销、融合农文旅，传承发展农耕文明，激发优秀传统乡土文化活力，助力实现乡村产业兴旺、生态宜居、乡风文明、治理有效、生活富裕，为全面推进乡村振兴、加快农业农村现代化作出积极贡献。

（二）基本原则

文化引领、产业带动。以社会主义核心价值观为引领，统筹优秀传统乡土文化保护传承和创新发展，充分发挥文化赋能作用，推动文化产业人才、资金、项目、消费下乡，促进创意、设计、音乐、美术、动漫、科技等融入乡村经济社会发展，挖掘提升乡村人文价值，增强乡村审美韵味，丰富农民精神文化生活，推动人的全面发展，焕发乡村文明新气象，培育乡村发展新动能。

农民主体、多方参与。充分尊重农民意愿，切实调动农民的积极性主动性创造性，把维护农民根本利益、促进农民共同富裕作为出发点和落脚点，鼓励各方力量广泛参与，加强对乡村本土文化人才的培育和支持，建立有效利益联结机制，不断提升农民的获得感和幸福感。

政府引导、市场运作。强化政府引导、扶持和服务职能，制定有效政策措施，充分发挥市场机制作用，调动市场主体积极性，以重点产业项目为载体，促进资源要素更多向乡村流动，增强农业农村发展活力。

科学规划、特色发展。立足各地资源禀赋和区域功能定位，因地制宜、有序推进，提升规划水平、设计品质、建设标准，防止盲目投入和低水平、同质化建设，避免大拆大建、拆真建假，保护好村落传统风貌，推动乡村经济社会更高质量、更可持续发展。

（三）发展目标

到2025年，文化产业赋能乡村振兴的有效机制基本建立，汇聚和培育一批积极参与文化产业赋能乡村振兴的企业、机构和人才，推动实施一批具有较强带动作用的文化产业赋能乡村振兴重点项目，形成一批具有市场竞争力的特色文化产业品牌，建成一批特色鲜明、优势突出的文化产业特色乡镇、特色村落，推出若干具有国际影响力的文化产业赋能乡村振兴典型范例。优秀传统乡土文化得到有效激活，乡村文化业态丰富发展，乡村人文资源和自然资源得到有效保护和利用，乡村一二三产业有机融合，文化产业对乡村经济社会发展的综合带动作用更加显著，对乡村文化振兴的支撑作用更加突出。

二、重点领域

（一）创意设计赋能。引导创意设计企业、平台、工作室及设计师向乡村拓展业务、落地经营，为乡村集体经济组织和各类企业、农民合作社、农户等提供创意设计服务。鼓励创意设计、规划建筑、园林景观等单位积极参与乡村建设，建设各具特色的美丽乡村、美丽庭院，创造宜业宜居宜乐宜游的良好环境。鼓励高校艺术、设计类专业结合教学、科研和社会实践，为乡村建设提供创意设计支持。大力发展创意农业，加强农产品包装、设计和营销，提升农业品牌知名度和农产品文化附加值。鼓励发展特色农业，挖掘特色种植业、林业、畜牧业等文化内涵。

（二）演出产业赋能。依托演出企业、演出团体、艺术院校等机构，充分挖掘地方特色资源，帮助和指导乡村开发演出项目，培养乡村文艺演出队伍，发展提升乡村舞蹈、戏剧、曲艺、游艺、杂技等业态。鼓励依托乡村传统演出团体及其骨干人员，积极开发武术、舞龙、舞狮、锣鼓等特色民俗表演项目。因地制宜发展中小型、主题性、特色类旅游演出项目。

（三）音乐产业赋能。鼓励音乐工作者、音乐企业、音乐院校、音乐类行业组织等深入乡村采风、展演和对接帮扶，加强对乡村传统音乐的创编、提升，创作一批形式多样、内容健康的音乐作品。加强民族民间传统音乐的收集整理和活化利用。提升乐器制造业专业化、品牌化水平，推动乐器生产向乐器文化拓展，鼓励发展音乐培训、互动体验等复合型业态。鼓励有条件的地方发展音乐节、音乐会、音乐园区（基地）等特色项目，打造音乐主题特色文化乡村。

（四）美术产业赋能。发挥美术工作者引领带动作用，支持有条件的地方依托乡土文化传统，突出地方特色，发展壮大、巩固提升美术产业。鼓励各级美术院校、画院、美术馆在具备条件的乡村设立写生创作和展示基地，支持打造乡村摄影基地，提升乡村地区美术产业专业化水平。加大人才培训和扶持力度，把引进外来人才和培养本地人才结合起来，提升农民画师、雕塑师等人才的创作水平。加强乡村美学普及和教育，提升审美水平和人文素养，让欣赏美、追求美、塑造美成为乡村文明新风尚。推动更多美术元素、艺术元素应用到乡村规划建设，鼓励兴办特色书店、剧场、博物馆、美术馆、图书馆、文创馆。

（五）手工艺赋能。实施中国传统工艺振兴计划，推动传统工艺在现代生活中广泛应用。鼓励非物质文化遗产传承人、设计师、艺术家等参与乡村手工艺创作生产，加强各民族优秀传统手工艺保护和传承，促进合理利用，带动农民结合实际开展手工艺创作生产，推动纺染织绣、金属锻造、传统建筑营造等传统工艺实现创造性转化和创新性发展。推动手工艺特色化、品牌化发展，培育形成具有民族、地域特色的传统工艺产品和品牌，鼓励多渠道、多形式进行品牌合作，提升经济附加值。充分运用现代创意设计、科技手段和时尚元素提升手工艺发展水平，推动手工艺创意产品开发。

（六）数字文化赋能。鼓励数字文化企业发挥平台和技术优势，创作传播展现乡村特色文化、民间技艺、乡土风貌、田园风光、生产生活等方面的数字文化产品，规划开发线下沉浸式体验项目，带动乡村文化传播、展示和消费。充分运用动漫、游戏、数字艺术、知识服务、网络文学、网络表演、网络视频等产业形态，挖掘活化乡村优秀传统文化资源，打造独具当地特色的主题形象，带动地域宣传推广、文创产品开发、农产品品牌形象塑造。推广社交电商、直播卖货等销售模式，促进特色农产品销售。

（七）其他文化产业赋能。鼓励各地结合文化资源禀赋和文化产业发展特点，培育打造地方特色鲜明、文化内涵突出、一二三产业有机融合的文化业态。支持特色产业发展，传承弘扬茶、中医药、美食等特色文化，开发适合大众康养、休闲、体验的文化和旅游产品。推进特色文化制造业发展，积极开发传统文化节日用品、特色文化产品。鼓励各地发掘乡村传统节庆、赛事和农事节气，结合中国农民丰收节、"村晚"、"乡村文化周"、"非遗购物节"等活动，因地制宜培育地方特色节庆会展活动。研究推动优秀农业文化展示区建设，鼓励和支持文化工作者深入中国重要农业文化遗产地，挖掘农耕文化中蕴含的优秀思想观念、人文精神、道德规范，不断深化优秀农耕文化的传承、保护和利用。鼓励有条件的地方引入艺术机构，以市场化方式运营具有乡土文化特色的艺术节展。

（八）文旅融合赋能。坚持以文塑旅、以旅彰文，推动创意设计、演出、节庆会展等业态与乡村旅游深度融合，促进文化消费与旅游消费有机结合，培育文旅融合新业态新模式。实施乡村旅游艺术提升计划行动，设计开发具有文化特色的乡村旅游产品，提升乡村旅游体验性和互动性。推动非物质文化遗产融入乡村旅游各环节，支持利用非遗工坊、传承体验中心等场所，培育一批乡村非物质文化遗产旅游体验基地。支持有条件的中国重要农业文化遗产地建设农耕文化体验场所，弘扬优秀农耕文化。鼓励各地加强"中国民间文化艺术之乡"建设，塑造"一乡一品""一乡一艺""一乡一景"特色品牌，形成具有区域影响力的乡村文化名片，提升乡村文化建设品质，充分开发民间文化艺术研学游、体验游等产品和线路。全面推进"创意下乡"，有效提升旅游商品开发水平和市场价值。

三、政策举措

（一）培育壮大市场主体。支持各地培育和引进骨干文化企业，扶持乡村小微文化企业和工作室、个体创作者等发展，鼓励其他行业企业和民间资本通过多种形式投资乡村文化产业。推广"公司+农户"经营模式，鼓励各类农民合作社、协作体和产业联盟在整合资源、搭建平台等方面发挥积极作用。推动建立完善农民入股、保底收益、按股分红等多种利益联结机制，通过"资源变资产、资金变股金、农民变股东"，让农民更多分享产业增值收益。建立文化产业赋能乡村振兴企业库。支持积极参与文化产业赋能乡村振兴的企业申报国家文化产业示范基地。

（二）建立汇聚各方人才的有效机制。各级文化和旅游行政部门要制定政策举措，建立有效机制，引导文化产业从业人员、企业家、文化工作者、文化志愿者、开办艺术类专业的院校师生等深入乡村对接帮扶和投资兴业，带动文化下乡、资本下乡、产业下乡。鼓励各地结合实际，探索实施文化产业特派员制度，建设文化产业赋能乡村振兴人才库。实施文化和旅游创客行动，营造良好创新创业环境，支持文化和旅游从业者、相关院校毕业生、返乡创业人员、乡土人才等创新创业。注重发挥乡村文化和旅游能人、产业带头人、非物质文化遗产代表性传承人、工艺美术师、民间艺人等领头作用，挖掘培养乡土文化人才，培育新型职业农民队伍。鼓励普通高等学校、职业学校、研究机构在乡村设立文化和旅游类实习实践实训基地。

（三）加强项目建设和金融支持。按照自愿申报、动态管理、重点扶持的原则，遴选一批文化产业赋能乡村振兴重点项目，加大支持和服务力度，促进项目落地实施。国家开发银行在符合国家政策法规、信贷政策并遵循市场化运作的前提下，按照"保本微利"的原则，对乡村文化和旅游项目提供包括长周期、低成本资金在内的综合性优质金融服务支持。鼓励金融机构因地制宜、创新产品，通过上门签约、灵活担保、主动让利等多种方式，为乡村文化和旅游经营主体提供信贷支持。引导各类投资机构投资乡村文化和旅游项目。鼓励保险机构开展针对乡村文化和旅游项目的保险业务。

（四）统筹规划发展和资源保护利用。统筹县域城镇和村庄规划建设，通盘考虑土地利用、历史文化传承、产业发展、人居环境整治和生态保护，严禁违规占用耕地和违背自然规律绿化造林、挖湖造景，严格限制林区耕地湿地等占用和过度开发，加强自然环境、传统格局、建筑风貌等方面管控，注重生态优先、有序开发，合理规划布局乡村文化和旅游发展空间。在有效保护的基础上，探索乡村文化遗产资源合理利用的有效机制。将非物质文化遗产保护与美丽乡村建设、农耕文化保护相结合，充分发挥非物质文化遗产代表性项目和代表性传承人作用，合理利用非物质文化遗产资源。鼓励有条件的地方将文化和旅游用地纳入国土空间规划和年度用地计划，在完善审批程序、严格用途管理的前提下，加大对文化产业赋能乡村振兴相关重点设施、项目的用地支持。鼓励通过开展城乡建设用地增减挂钩和工矿废弃地再利用的方式建设文化产业赋能乡村振兴项目。文化和旅游项目中，属于永久性设施建设用地的，依法按建设用地管理；属于自然景观用地及农牧渔业种植、养殖用地的，不改变原用地用途的，不征收（收回）、不转用。结合文化产业赋能乡村振兴项目的业态特点，探索农村一二三产业融合发展用地新方式，依法办理农用地转用和土地征收手续。在村庄建设边界外，办理用地审批手续时，除依法应当以招标拍卖挂牌等方式公开出让的土地外，可将建设用地批准和规划许可手续合并办理，核发规划许可证书，并申请办理不动产登记。按照国家统一部署，探索支持企业和个人通过农村集体经营性建设用地入市的渠道，以出让、出租等方式使用集体建设用地从事文化和旅游经营活动。鼓励乡村文化和旅游项目经营实行长期租赁或先租后让。在符合国土空间规划前提下，鼓励对依法登记的宅基地等农村建设用地进行复合利用，发展乡村民宿、民俗体验、文化创意等业态。

四、组织实施

地方各级文化和旅游、教育、自然资源、农业农村、乡村振兴部门和国家开发银行各级机构要按照本意见要求，根据本地区实际情况，在当地党委政府统一领导下，加强部门协同，协调各方力量，统筹各类资源，加大支持力度，扎实推进文化产业赋能乡村振兴工作。东部地区文化和旅游行政部门要在东西部协作工作框架下，引导文化和旅游企业到西部地区开展投资合作，助力西部地区乡村振兴。文化和旅游部会同相关部门遴选一批文化产业赋能乡村振兴试点县（市、区），充分发挥县域统筹规划、资源配置作用，探索体制机制创新，总结经验做法，形成可复制、可推广的典型示范。加大在国际舞台宣传力度，对外讲好中国文化产业赋能乡村振兴故事。鼓励各地因地制宜开展文化产业特色乡镇、特色村落建设。鼓励文化和旅游领域智库、研究机构、行业协会及各类公益组织、公益基金等积极参与文化产业赋能乡村振兴工作。各地文化和旅游行政部门要与相关部门紧密配合，做好协调、推进、总结、评估等工作。

附录二：《"十四五"文化发展规划》

文化是国家和民族之魂，也是国家治理之魂。没有社会主义文化繁荣发展，就没有社会主义现代化。为在新的历史起点上进一步推动社会主义文化繁荣兴盛，建设社会主义文化强国，根据《中华人民共和国国民经济和社会发展第十四个五年规划和2035年远景目标纲要》，编制本规划。

一、规划背景

"十三五"时期，在以习近平同志为核心的党中央坚强领导下，《国家"十三五"时期文化发展改革规划纲要》确定的各项任务顺利完成，根据形势需要新确定的重点项目和创新性举措扎实推进，我国文化建设在正本清源、守正创新中取得历史性成就、发生历史性变革，为新时代坚持和发展中国特色社会主义、开创党和国家事业全新局面提供了强大正能量。党对宣传思想文化工作的领导全面加强，凝聚起全面建成小康社会、实现中华民族伟大复兴的磅礴力量。党的理论创新全面推进，习近平新时代中国特色社会主义思想深刻地改变着中国、影响着世界。社会主义核心价值观和中华优秀传统文化广泛弘扬，主流舆论不断巩固壮大，网络空间日益清朗，全国各族人民精神面貌更加奋发昂扬。文艺创作持续繁荣，公共文化服务水平不断提高，文化事业和文化产业繁荣发展，人民参与感、获得感、幸福感显著提升。和平发展的负责任大国形象进一步彰显，国家文化软实力和中华文化影响力大幅提升，中华文明新发展为人类文明进步贡献了新增量。我们比历史上任何时期都更加坚定文化自信，更有信心更有能力铸就中华文化新辉煌。

"十四五"时期是我国在全面建成小康社会基础上开启全面建设社会主义现代化国家新征程的第一个五年，也是推进社会主义文化强国建设、创造光耀时代光耀世界的中华文化的关键时期。进入新发展阶段，统筹推进"五位一体"总体布局、协调推进"四个全面"战略布局，文化是重要内容，必须把文化建设放在全局工作的突出位置，更加自觉地用文化引领风尚、教育人民、服务社会、推动发展。贯彻新发展理念，构建新发展格局，推动高质量发展，文化是重要支点，必须进一步发展壮大文化产业，强化文化赋能，充分发挥文化在激活发展动能、提升发展品质、促进经济结构优化升级中的作用。顺应我国社会主要矛盾的历史性变化，满足人民日益增长的美好生活需要，促进人的全面发展，文化是重要因素，必须深化文化体制改革，扩大优质文化供给，让人民享有更加充实、更为丰富、更高质量的精神文化生活。迎接新一轮科技革命浪潮，推动发展质量变革、效率变革、动力变革，文化是重要领域，必须加快推进文化和科技深度融合，更好地以先进适用技术建设社会主义先进文化，重塑文化生产传播方式，抢占文化创新发展的制高点。实现中华民族伟大复兴，战胜前进道路上各种风险挑战，文化是重要力量源泉，必须高扬思想旗帜、强化价值引领、激发奋斗精神，建设中华民族共有精神家园，推进文化铸魂，增强全民族的凝聚力、向心力、创造力。应对世界百年未有之大变局和新冠肺炎疫情全球大流行交织影响，在错综复杂国际环境中化解新矛盾、迎接新挑战、形成新优势，文化是重要软实力，必须增强战略定力、讲好中国故事，为推动构建人类命运共同体提供持久而深厚的精神动力。走好新的赶考之路，进行伟大斗争、建设伟大工程、推进伟大事业、实现伟大梦想，我们要更加坚定文化自信，自觉肩负起新的文化使命，在实践创造中进行文化创造，在历史进步中实现文化进步，为全面建设社会主义现代化国家提供思想保证、舆论支持、精神动力和文化条件。

二、总体要求

（一）指导思想

高举中国特色社会主义伟大旗帜，坚持以马克思列宁主义、毛泽东思想、邓小平理论、"三个代表"重要思想、科学发展观、习近平新时代中国特色社会主义思想为指导，全面贯彻习近平总书记关于宣传思想工作的重要思想，坚持把马克思主义基本原理同中国具体实际相结合、同中华优秀传统文化相结合，围绕新时代中国特色社会主义事业总体布局和战略布局，围绕立足新发展阶段、贯彻新发展理念、构建新发展格局，聚焦举旗帜、聚民心、育新人、兴文化、展形象的使命任务，以社会主义核心价值观为引领，以推动文化高质量发展为主题，以深化文化领域供给侧结构性改革为主线，以文化改革创新为根本动力，以满足人民日益增长的精神文化生活需要为根本目的，坚持稳中求进、守正创新，着力坚持和完善繁荣发展社会主义先进文化的制度，着力巩固马克思主义在意识形态领域的指导地位、巩固全党全国人民团结奋斗的共同思想基础，着力建设具有强大凝聚力和引领力的社会主义意识形态、具有强大生命力和创造力的社会主义精神文明、具有强大感召力和影响力的中华文化软实力，不断铸就中华文化新辉煌，为建成社会主义文化强国奠定坚实基础。

（二）工作原则

——坚持党的全面领导。坚持和完善党领导文化发展的体制机制，贯彻落实党管宣传、党管意识形态、党管媒体原则，把党的领导落实到宣传思想文化工作方方面面，为实现文化高质量发展提供根本保证。

——坚持人民至上。以人民为中心，尊重人民主体地位，保障人民文化权益，把宣传、教育、引导和服务群众结合起来，鼓励人民参与文化创新创造、依法参与国家文化治理，做到文化发展为了人民、依靠人民、成果由人民共享，促进满足人民文化需求和增强人民精神力量相统一。

——坚持新发展理念。把新发展理念贯穿文化发展全过程和各领域，优化文化发展生态，转变文化发展方式，重构文化发展格局，实现更高质量、更有效率、更加公平、更可持续、更为安全的发展。

——坚持固本培元、守正创新。坚持中国特色社会主义文化发展道路，坚持社会主义核心价值体系，坚定不移深化文化体制改革，有序推进文化对外开放，增强文化发展动力，激发文化发展活力，发展社会主义先进文化，继承革命文化，传承和弘扬中华优秀传统文化。

——坚持把社会效益放在首位、社会效益和经济效益相统一。把握社会主义市场经济条件下文化建设的特点和规律，正确处理文化的意识形态属性和产业属性、社会效益和经济效益之间的关系，推动有效市场和有为政府更好结合，彰显和壮大主流价值、主流舆论、主流文化。

——坚持统筹兼顾、全面推进。牢固树立系统观念，统筹发展和安全，统筹理论与舆论、文化与文明、内宣与外宣、网上与网下，统筹国内与国际、事业与产业、国有与民营、阵地与市场，促进系统集成、协同高效，实现文化发展质量、结构、规模、速度、效益、安全相统一。

（三）目标任务

——全党全社会的思想自觉和理论自信进一步增强，习近平新时代中国特色社会主义思想绽放出更加绚丽的真理光芒，人民在精神上更加主动，新时代中国发展进步的精神动力更加充沛。

——社会文明程度得到新提高，社会主义核心价值观深入人心，中华民族的家国情怀更加深厚、凝聚力进一步增强，人民思想道德素质、科学文化素质和身心健康素质明显提高。

——文化事业和文化产业更加繁荣，公共文化服务体系、文化产业体系、全媒体传播体系和文化遗产保护传承利用体系更加健全，文化创新创造活力显著提升，文化和旅游深度融合，城乡区域文化发展更加均衡协调，人民精神文化生活日益丰富。

——中华文化影响力进一步提升，中外文化交流和文明对话更加深入，中国形象更加可信、可爱、可敬，推动构建人类命运共同体的人文基础更加坚实。

——中国特色社会主义文化制度更加完善，文化法律法规体系和政策体系更加健全，文化治理效能进一步提升。

三、强化思想理论武装

坚持用习近平新时代中国特色社会主义思想武装全党、教育人民、指导实践、推动工作，深化马克思主义理论研究和建设，推进马克思主义中国化时代化，增强广大党员干部群众中国特色社会主义道路自信、理论自信、制度自信、文化自信。

（一）推动当代中国马克思主义、21世纪马克思主义深入人心

把学习宣传贯彻习近平新时代中国特色社会主义思想作为长期重大政治任务，完善持续深入学习的常态化长效化机制，健全用党的创新理论武装全党、教育人民的工作体系。编辑出版习近平总书记系列重要著作。加强对习近平新时代中国特色社会主义思想整体性系统性研究、学理性阐释和学科性建设，加强对实现马克思主义中国化新的飞跃的重大原创性贡献的研究阐释宣传。持续开展中国特色社会主义和中国梦宣传教育。完善党委（党组）理论学习中心组等各层级学习制度，组织开展列席旁听和督促检查。持续开展党员大规模轮训。综合运用全媒体方式、大众化语言、艺术化形式，结合党治国理政的生动实践和历史性成就，全方位、多层次开展对象化、分众化、

互动化理论宣传普及。创新高等学校思政课内容和方式，鼓励文化名家讲思政课，打造思政精品课程，推动党的创新理论进教材、进课堂、进学生头脑。

（二）建设中国特色、中国风格、中国气派的哲学社会科学

把习近平新时代中国特色社会主义思想贯穿哲学社会科学各领域各学科，加快构建中国特色哲学社会科学，推进学科体系、学术体系、话语体系建设和创新。加强顶层设计和统筹协调，制定中长期发展规划。加强学科基础理论建设，打造具有中国特色的理论学派。深化当代中国马克思主义政治经济学研究。坚持问题导向，围绕事关党和国家事业发展全局的战略问题，推出一批扎根中国大地、聚焦伟大实践、反映时代特征的原创性、标志性科研成果，推动重大学术成果国际化传播。培育高效整合国内外学术资源、引领学科创新发展的学术平台。充分发挥国家社会科学基金示范引导作用。深入推进中国特色新型智库建设。

四、加强新时代思想道德建设和群众性精神文明创建

坚持依法治国和以德治国相结合，深入贯彻落实《新时代公民道德建设实施纲要》《新时代爱国主义教育实施纲要》，推动形成适应新时代要求的思想观念、精神面貌、文明风尚、行为规范，培养担当民族复兴大任的时代新人。

（一）深入推进社会主义核心价值观建设

持续深化社会主义核心价值观宣传教育，增进认知认同、树立鲜明导向、强化示范带动。坚持贯穿结合融入、落细落小落实，把社会主义核心价值观要求融入日常生活，融入法治建设。推动理想信念教育常态化制度化，筑牢党员干部、青少年等重点群体的理想信念之基。围绕"七一""八一""十一"等重大时间节点，依托革命历史类纪念设施、遗址和爱国主义教育基地等载体，加强爱国主义、集体主义、社会主义教育，弘扬党和人民在各个历史时期奋斗中形成的伟大精神。加强公益广告宣传。统筹开展诚信教育、勤俭节约教育、劳动创造幸福主题宣传教育。强化祖国统一和民族团结进步宣传教育，深化"一国两制"实践教育，强化全民国防教育，促进平安中国建设。

（二）加强公民道德建设

传承弘扬中华传统美德，加强社会公德、职业道德、家庭美德、个人品德建设，加强家庭、家教、家风建设。加强对革命、建设、改革时期各类先进典型的学习宣传，尊崇褒扬英雄模范，关心关爱先进典型人物。健全家庭、学校、政府、社会相结合的思想道德教育体系，把立德树人贯穿学校教育全过程。发挥优秀文化产品陶冶道德情操的作用，完善市民公约、乡规民约、学生守则、团体章程等社会规范，广泛开展弘扬时代新风行动，深化道德领域突出问题治理。加强农村思想道德建设，创新文化科技卫生"三下乡"长效机制。

（三）加强和改进思想政治工作

贯彻落实《中共中央、国务院关于新时代加强和改进思想政治工作的意见》。加强形势政策教育和基本国情教育。加强大中小学思想政治建设，打造一批高等学校思政类公众号，完善领导干部、国企骨干、新时代先进人物等群体走进校园开展思想政治教育制度。健全社会心理服务体系和疏导机制、危机干预机制，塑造自尊自信、理性平和、积极向上的社会心态。

（四）创新拓展群众性精神文明创建活动

以实施文明创建工程为抓手，推动文明培育、文明实践、文明创建不断深入。创造性开展文明城市、文明村镇、文明单位、文明家庭、文明校园和未成年人思想道德建设工作先进等精神文明创建活动，拓展新时代文明实践中心建设。弘扬科学精神，深入开展爱国卫生运动，深化文明餐桌行动和"光盘行动"，倡导文明健康、绿色环保的生活方式。健全志愿服务体系，广泛开展志愿服务关爱行动。加强网络文明建设。

五、巩固壮大主流舆论

坚持正确政治方向、舆论导向和价值取向，坚持马克思主义新闻观，坚持团结稳定鼓劲、正面宣传为主，唱响主旋律，激发正能量，发展壮大主流媒体，不断增强新闻舆论传播力、引导力、影响力、公信力。

（一）构建主流舆论新格局

加强顶层设计，注重总体布局，强化整体推进，构建网上网下一体、内宣外宣联动的主流舆论格局。突出做好习近平新时代中国特色社会主义思想的新闻宣传，精心组织主题宣传、形势宣传、成就宣传、典型宣传，更好强信心、聚民心、暖人心、筑同心。改进和创新内容表现形式，打造群众喜闻乐见的新闻报道精品。持续推进网络内容建设，建设具有广泛影响力的国家级新闻信息内容聚合发布平台。加强传播效果评估，健全媒体自评、媒体互评和重点点评相结合的新闻阅评体系。建立项目化主导、团队化运作、立体化作战和日常工作相结合的运行机制，促进对内和对外宣传协同高效。

（二）建设全媒体传播体系

加快推进媒体深度融合发展，有效整合各种媒介资源、生产要素，推动在信息内容、技术应用、平台终端、管理手段等方面共融互通，打造一批具有强大影响力、竞争力的新型主流媒体。统筹处理好传统媒体和新兴媒体、中央媒体和地方媒体、主流媒体和商业平台、大众化媒体和专业性媒体的关系，建立以内容建设为根本、先进技术为支撑、创新管理为保障的全媒体传播体系。推进内容生产供给侧结构性改革，完善高质量内容产出机制，推广互动式、服务式、场景式传播。强化新一代信息技术支撑引领作用，支持主流媒体重塑采编流程、建设平台终端、优化管理手段、强化版权保护、打造媒体资源数据库、提升内容生产力、占据传播制高点。创新媒体业态、传播方式和运营模式，强化用户连接，发挥制度优势和市场作用，增强主流媒体竞争力。

（三）建好用好管好网上舆论阵地

把党管媒体原则贯彻到新媒体领域，坚持正能量是总要求、管得住是硬道理、用得好是真本事。压实网络平台主体责任、属地管理和主管主办责任，加强和改进内容监管。强化对网络平台的分级分类管理，加快完善平台企业数据收集、使用、管理等方面的法律规范，重点管好影响力大、用户数多的网络新技术新应用。规范建设运营政府和其他公共服务部门新媒体，提高政务信息发布质量。完善互联网管理法律法规，强化新闻信息采编转载管理，规范网站转载行为和网络转载版权秩序。加强网络信息内容生态治理，打击网络谣言、有害信息、虚假新闻、网络敲诈、网络水军、有偿删帖等违法违规行为。

六、繁荣文化文艺创作生产

坚持以人民为中心的创作导向，把创作优秀作品作为中心环节，推出更多无愧于时代、无愧于人民、无愧于民族的精品力作。

（一）完善引导激励机制

健全文化创作生产传播工作机制，倡导讲品位讲格调讲责任、抵制低俗庸俗媚俗。保障和激励广大文化工作者深入基层、深入一线，开展"深入生活、扎根人民"主题创作实践活动。发挥文化领域国家基金和专项资金的激励引导作用，健全文化产品评价体系，深化全国性评奖制度改革。优化重点选题策划论证机制，加强重大题材内容审查把关。加强文化领域职业道德委员会建设，建立行业社会责任报告制度。深化影视业综合改革。深化文娱领域综合治理，加强明星代言、违法失德艺人规范管理。加强思想政治引领，坚持团结使用和培养管理并重，做好新的文艺群体工作，推进新的文艺组织建设。

（二）推出更多精品力作

提高组织化程度，实施文艺作品质量提升工程，支持当代文学艺术创作，发挥重点选题、重大项目的引领带动作用，推动文艺创作从"高原"迈向"高峰"。加强对文学、戏剧、电影、电视、音乐、舞蹈、美术、摄影、书法、曲艺、杂技以及民间文艺、群众文艺等创作的规划引导。抓好重大现实题材、重大革命和历史题材、新时代发展题材、国家重大战略题材、爱国主义题材、青少年题材、军事题材的创作生产，推出更多讴歌党、讴歌祖国、讴歌人民、讴歌新时代、讴歌英雄的精品力作。建立重点创作项目跟踪推进机制，加强全流程质量管理。抓好源头原创，推动创作重心和扶持资源向前端、源头倾斜，推动好的文学作品向剧本转化，打造优秀原创剧本。制定实施电影、电视剧、纪录片创作重点选题规划，建立滚动式、可持续的创作生产机制，提高原创能力和工业化水平。制定实施出版物重点选题规划和古籍工作中长期规划，做好重大主题和重点出版物出版。推动学术期刊繁荣发展。

（三）鼓励引导网络文化创作生产

鼓励文化单位和广大网民依托网络平台依法进行文化创作表达，推出更多优秀的网络文学、综艺、影视、动漫、音乐、体育、游戏产品和数字出版产品、服务，推出更多高品质的短视频、网络剧、网络纪录片等网络视听节目，发展积极健康的网络文化。实施网络精品出版、网络音乐产业扶持计划。加强各类网络文化创作生产平台建设，鼓励对网络原创作品进行多层次开发，引导和规范网络直播等健康发展。加强和创新网络文艺评论，推动文艺评奖向网络文艺创作延伸。

（四）加强版权保护和开发利用

完善版权保护体系。完善著作权登记、集体管理制度，健全版权保护和交易系统，强化版权全链条保护和经营开发，促进展会版权集中交易。加强数字版权保护，推动数字版权发展和版权业态融合，鼓励有条件的机构和单位建设基于区块链技术的版权保护平台。加强传统文化、传统知识等领域的版权保护。加强版权资产管理，健全版权资产评估体系，研究防止版权滥用相关制度。完善便民利民的版权公共服务体系，加强版权保护宣传教育。提高版权保护工作法治化水平，加大对侵权盗版行为的执法监管和打击力度，持续开展"剑网"专项行动。

七、传承弘扬中华优秀传统文化和革命文化

坚守中华文化立场，坚持创造性转化、创新性发展，赓续中华文脉，传承红色基因，建设中华民族共有精神家园，凝聚中华儿女团结奋进的精神力量。

（一）加强中华优秀传统文化和革命文化研究阐释

深入研究中华文明、中华文化的起源和特质，构建中国文化基因的理念体系。加强中华民族共同体重大基础性问题研究，深入研究阐释中华民族共同体历史、中华民族多元一体格局。深入实施中华优秀传统文化传承发展工程，加强中华文明探源和考古研究成果、中华文化典籍等全媒体传播，提升博物馆、纪念馆和文物保护单位展陈教育水平。深入开展革命历史总体研究和专题研究，加大革命史料和文物调查征集研究力度。弘扬伟大建党精神，系统梳理阐释中国共产党人的精神谱系。扶持民族民间文化整理研究。挖掘、传承和弘扬中医药文化。

（二）加强文物保护利用

树牢保护历史文化遗产责任重大的观念，增强对历史文物的敬畏之心。全面加强考古工作，健全"先考古、后出让"制度。加强文物科技创新。统筹指导各类文物资源普查和名录公布，编制文物保护单位保护规划等专项规划，纳入国土空间规划实施。推进世界文化遗产申报、保护管理和展示宣传。加强不可移动文物和馆藏文物保护修复。加大流失文物追索返还工作力度。推进文物合理利用，建设国家考古遗址公园、文物保护利用示范区、文化遗产廊道，推介以文物资源为载体的国家文化地标和中华文明标识体系。实施中华文物全媒体传播计划。健全文物安全长效机制，严厉打击文物犯罪。

（三）加强非物质文化遗产保护传承

健全非遗调查记录体系、代表性项目制度、代表性传承人认定与管理制度，对国家级非遗代表性项目实施动态管理，探索认定代表性传承团体（群体），加强非遗传承人群培养。提高非遗传承实践能力。强化整体性系统性保护，建设国家级文化生态保护区、非遗特色村镇和街区。强化融入生产生活，创新开展主题传播活动，推进非遗进校园、进社区、进网络。

（四）推进国家文化公园建设

整合长城、大运河、长征、黄河、长江沿线等重要文化资源，强化文物和非遗真实完整保护传承，重点建设管控保护、主题展示、文旅融合、传统利用等主体功能区，系统推进保护传承、研究发掘、环境配套、文旅融合、数字再现等重点基础工程，实施公园化管理运营，形成具有特定开放空间的公共文化载体，集中打造中华文化重要标志。

八、提高公共文化服务覆盖面和实效性

推进城乡公共文化服务体系一体建设，推动公共文化数字化建设，创新实施文化惠民工程，提升基本公共文化服务标准化均等化水平，更好保障人民基本文化权益。

（一）完善公共文化设施网络

优化公共文化资源配置，加强各级各类公共文化设施建设，打造新型城乡公共文化空间。统筹推进基层公共文化资源整合，提高基层综合性文化服务中心使用效益，推进基层公共文化机构运行与县级融媒体中心建设、新时代文明实践中心建设相衔接。开展公共文化机构和旅游服务中心功能融合试点。统筹不同地域、层级、属性、类型博物馆发展。加强文化馆、图书馆总分馆制建设。持续做好公共图书馆、文化馆（站）、美术馆、博物馆等公共文化场馆免费开放。探索建立全国市县广播电视节目公共服务平台。加强广播电视传输覆盖网络建设，完善应急广播电视网络体系。在人口密集的乡镇建设影院，创新农村公益电影发行放映管理机制和模式。鼓励地方与有条件的学校共建剧院、音乐厅、美术馆等场馆。发展档案事业。创新公共文化管理机制和服务方式，推进文化惠民工程互联互通、一体化发展。深入推进政府购买服务，推动公共文化服务社会化发展、专业化运营。

（二）提升公共文化数字化水平

加强规划引导和政策指导，打通各层级公共文化数字平台，打造公共文化数字资源库群，建设国家文化大数据体系。统筹推进公共文化数字化重点工程建设，把服务城乡基层特别是农村作为着力点，不断缩小城乡之间的数字鸿沟。建设智慧图书馆体系和国家公共文化云，建设智慧博物馆，打造智慧广电、电影数字节目管理等信息数字化服务平台。积极发展云展览、云阅读、云视听、云体验，促进供需在"云端""指尖"对接。推进农家书屋数字化建设，建立智能化管理体系。

（三）补齐公共文化服务短板

落实国家基本公共服务标准要求，加强基层文化建设，增加供给总量，优化供给结构，推动优质公共文化资源向农村地区、革命老区、民族地区、边疆地区倾斜，缩小城乡和地区之间公共文化服务差距，推动巩固拓展脱贫攻坚成果同乡村振兴有效衔接。加强民族地区公共文化建设，扶持民族地区新闻出版事业发展，加强少数民族语影视译制，加强民族地区广播电视传输覆盖保障及涉农等节目制作译制传播。推动直播卫星电视频道高清化进程。加强"三区三州"市级广播电视播出机构融合发展能力建设。培育和发展农村院线，促进新片大片进入农村市场。丰富老年人、进城务工人员、农村留守妇女儿童、残疾人的公共文化供给，保障特殊群体的基本文化权益。

（四）广泛开展群众文化活动

健全支持开展群众性文化活动机制，加大对基层的扶持引导力度，培育一批扎根基层的群众文艺团队。开展全民艺术普及，深化"结对子、种文化"，拓展群众文化参与度。发挥"群星奖"等群众文艺评奖导向作用，推动群众文艺精品创作。发挥基层文联、作协、群艺馆、文化馆（站）的积极作用，扶持引导业余文艺社团、民营剧团、演出队、老年大学及青少年文艺群体、社区和企业文艺骨干等广泛开展创作活动，展示群众文艺创作优秀成果。加强群众文化活动品牌建设，开展"我们的中国梦"——文化进万家活动，办好农民丰收节、农民文化艺术节、农民歌会、农民剧团演出、广场舞、"村晚""快闪""心连心"演出、大众歌咏、书画摄影创作等活动。

九、推动文化产业高质量发展

把扩大内需与深化供给侧结构性改革结合起来，完善产业规划和政策，强化创新驱动，实施数字化战略，推进产业基础高级化、产业链现代化，促进文化产业持续健康发展。

（一）加快文化产业数字化布局

以国家文化大数据体系建设为抓手，坚持统一设计、长期规划、分步实施，统筹文化资源存量和增量的数字化，以物理分布、逻辑关联、快速链接、高效搜索、全面共享、重点集成为目标聚集文化数字资源，推动文化企事业单位基于文化大数据不断推出新产品新服务，提升文化产品和服务的质量水平。

（二）健全现代文化产业体系

推进国有文化企业转型升级，优化资源配置和布局结构，打造知名文化品牌和企业集团。鼓励、支持、引导非公有资本依法进入文化产业，保护民营文化企业产权和企业家权益。积极支持中小微文化企业发展，鼓励走专精特新发展路子。加快发展数字出版、数字影视、数字演播、数字艺术、数字印刷、数字创意、数字动漫、数字娱乐、高新视频等新型文化业态，改造提升传统文化业态，促进结构调整和优化升级。推动文化与旅游、体育、教育、信息、建筑、制造等融合发展，延伸产业链。建设国家文化产业发展项目库、全国广播电视和网络视听产业公共服务平台。

（三）建设高标准文化市场体系

加快构建统一开放、高效规范、竞争有序的文化市场。健全文化市场体系基础制度，完善文化企业坚持正确导向履行社会责任制度。落实统一的市场准入负面清单制度，清理破除文化市场准入隐性壁垒。健全文化要素市场运行机制，促进劳动力、资本、技术、数据等合理流动。加快推进符合文化产业发展需求和文化企业特点的金融产品与服务创新。进一步扩大文化企业股权融资和债券融资规模，支持文化企业上市融资和再融资。探索文化金融服务中心模式，为文化企业提供综合性金融服务。全面促进文化消费，加快发展新型文化消费模式，发展夜间经济。加强文化市场信用体系建设，提升文化市场服务质量，强化文化市场管理和综合执法。

（四）推动科技赋能文化产业

把先进科技作为文化产业发展的战略支撑，建立健全文化科技融合创新体系。围绕产业链部署创新链，围绕创新链布局产业链，建立健全文化产业技术标准和服务标准，参与国际标准制定。推进产学研相结合，注重原始创新、集成创新，加强制约文化产业发展的共性关键技术研发，在影院放映、影视摄录、电影特效、高清制播、舞台演艺、智能印刷等高端文化装备技术领域攻克瓶颈技术。实施出版融合发展、电影制作提升、印刷智能制造、大视听产业链建设等工程项目，引导和鼓励文化企业运用大数据、5G、云计算、人工智能、区块链、超高清等新技术，改造提升产业链，促进内容生产和传播手段现代化，重塑文化发展模式。

十、推动文化和旅游融合发展

坚持以文塑旅、以旅彰文，推动文化和旅游在更广范围、更深层次、更高水平上融合发展，打造独具魅力的中华文化旅游体验。

（一）提升旅游发展的文化内涵

依托文化资源培育旅游产品、提升旅游品位，让人们在领略自然之美中感悟文化之美、陶冶心灵之美。深入挖掘地域文化特色，将文化内容、文化符号、文化故事融入景区景点，把社会主义先进文化、革命文化、中华优秀传统文化纳入旅游的线路设计、展陈展示、讲解体验，让旅游成为人们感悟中华文化、增强文化自信的过程。打造国家文化产业和旅游产业融合发展示范区，建设一批富有文化底蕴的世界级旅游景区和度假区，打造一批文化特色鲜明的国家级旅游休闲城市和街区。推动博物馆、美术馆、图书馆、剧院、非遗展示场所、对社会开放的文物保护单位等成为旅游目的地，培育主客共享的美好生活新空间。坚持提升硬件和优化软件并举、提高服务品质和改善文化体验并重，在旅游设施、旅游服务中增加文化元素和内涵，体现人文关怀。

（二）丰富优质旅游供给

适应大众旅游时代新要求，推进旅游为民，推动构建类型多样、分布均衡、特色鲜明、品质优良的旅游供给体系，推动文化和旅游业态融合、产品融合、市场融合。提升旅游演艺、文化遗产旅游、文化主题酒店、特色节庆展会等品质，支持建设集文化创意、旅游休闲等于一体的文化和旅游综合体。依托革命博物馆、党史馆、纪念馆、革命遗址遗存遗迹等，打造红色旅游经典景区和经典线路。利用乡村文化传统和资源，发展乡村旅游。加强对当代社会主义建设成就的旅游开发，深入挖掘重大工程项目的精神内涵，发展特色旅游。加强对工业遗产资源的活化利用，开发旅游用品、特色旅游商品，培育旅游装备制造业，发展工业旅游。推动旅游与现代生产生活有机结合，加快发展度假休闲旅游、康养旅游、研学实践活动等，打造一批国家全域旅游示范区、A级旅游景区、国家级旅游度假区、国家精品旅游带、国家旅游风景道、特色旅游目的地、特色旅游功能区、城市绿道、骑行公园和慢行系统。大力发展智慧旅游，推进智慧景区、度假区建设。

（三）优化旅游发展环境

以服务质量为核心竞争力，深入开展质量提升行动，推动提升旅游目的地服务质量，推进文明景区创建，持续深化厕所革命，完善游客服务体系，保障残疾人、老年人公共服务。加强旅游交通设施建设，提高通达性和便捷度。规范和优化旅游市场秩序，开展专项治理行动，加强在线旅游监管，建立健全旅游诚信体系和旅游服务质量评价体系。推进文明旅游，落实国内旅游文明行为公约和出境旅游文明行为指南，严格执行旅游不文明行为记录制度，建立信息通报机制，加大惩戒力度。

（四）创新融合发展体制机制

健全中央和地方旅游发展工作体制机制，完善文化和旅游融合发展体制机制，强化文化和旅游部门的行业管理职责。创新风景名胜区管理体制，探索建立景区文化评价制度。理顺饭店、民宿等旅游住宿业管理体制。

十一、促进城乡区域文化协调发展

优化城乡和区域文化资源配置，推进一体化谋划、联动式合作、协同性发展，加快形成点线面结合、东中西呼应、城乡均衡协调的文化发展空间格局，促进文化更平衡更充分发展。

（一）推动区域文化协调发展

加强区域文化协同创新，健全合作互助、扶持补偿机制，推动东部地区以创新引领文化发展，加大力度支持中西部地区以及东北等老工业基地文化发展，扶持革命老区、民族地区、边疆地区文化发展，形成相互促进、优势互补、融合互动的区域文化发展格局。围绕京津冀协同发展、长江经济带发展、粤港澳大湾区建设、长三角一体化发展、黄河流域生态保护和高质量发展等区域重大战略，健全推进区域内文化协同发展机制，提升公共文化设施互联互通水平，加强区域文化产业带建设，实现区域文化建设水平整体提高。促进形成文化产业发展新格局，创新城市群文化一体化发展体制机制，共建高水平合作平台，加强公共文化服务便利共享。完善以城带乡、城乡融合的文化发展体制机制，发挥城市带动辐射作用，加快城乡间文化要素双向流动，形成以点带面、特色鲜明、优势互补、均衡配置的城乡文化发展新格局。

（二）加强城市文化建设

综合城市功能定位和经济社会发展，建设传统文化和现代文化交相辉映、城市气质与人文精神相得益彰的现代城市文化。强化各类规划中文化建设的刚性约束，保护历史文化遗产，融合时代文明，构建城市文化精神，发展城市主题文化，营造特色文化景观。以文化建设带动城市建设，提升城市文化品位、整体形象和发展品质。加快建设一批有全国影响力的文化中心城市、特色文化强市。支持相关省（自治区、直辖市）建设一批具有代表性的区域文化中心城市和特色文化城市。结合新型城镇化建设，鼓励因地制宜发展一批承载历史记忆、体现地域特征、富有民族特色的美丽城镇。

（三）促进乡村文化振兴

充分发挥文化传承功能，全面推进乡村文化振兴，推动乡村成为文明和谐、物心俱丰、美丽宜居的空间。加强农耕文化保护传承，支持建设村史馆，修编村史、村志，开展村情教育。把乡土特色文化融入乡村建设，留住乡情乡愁。创新支持和激励方式，将优秀文化资源转化为乡村永续发展的优质资产，推动乡村文化建设与经济社会发展良性互促。探索以志愿服务等方式，发展民间优秀文化机构、文艺团体。鼓励乡村自办文化，支持农民办自己的文化艺术节、诗歌故事会、剧团演出、书画摄影创作展等。增加乡村优秀文化产品与服务供给，推进文化结对帮扶，鼓励"三农"题材文艺创作生产，扶持具有乡土特色的文艺创作。开展"互联网+中华文明"行动计划，推进数字文化资源进乡村。探索建立乡村文化交流交易平台，活跃乡村文化市场。

十二、扩大中华文化国际影响力

统筹推进对外宣传、对外文化交流和文化贸易，增强国际传播影响力、中华文化感召力、中国形象亲和力、中国话语说服力、国际舆论引导力，促进民心相通，构建人文共同体。

（一）深化中外文明交流互鉴

坚定中华文化立场和文化自信，深入开展各种形式的人文交流活动，以文载道、以文传声、以文化人。面向不同国家和区域，搭建开放包容的文明对话平台，促进文明互学互鉴、共同发展。深化政府和民间对外交流。加强与共建"一带一路"国家文化交流合作。深化旅游交流，实施"美丽中国"旅游全球推广计划，建设一批国际旅游枢纽城市和重点旅游城市，培育一批入境旅游品牌和国际旅游精品产品。

（二）提升文化贸易国际竞争力

突出思想内核和文化内涵，提高核心文化产品和服务出口在文化贸易中的份额。鼓励有国际竞争力的文化企业稳步提高境外文化领域投资合作规模和质量，推动文化技术标准、装备制造走出去，创新对外合作方式，优化资源、品牌和营销渠道。鼓励设立海外文化贸易促进平台。大力发展数字文化贸易。促进艺术品展示交易、内容加工创作等领域进出口创新发展，加快形成区域性国际市场。

十三、深化文化体制改革

把进一步发挥市场在文化资源配置中的积极作用与更好发挥政府作用结合起来，加快完善有利于激发文化创新创造活力的文化管理体制和生产经营机制，坚持和完善繁荣发展社会主义先进文化的制度，提升文化治理效能。

（一）完善文化宏观管理体制

创新文化宏观管理体制，坚持和加强党对宣传思想文化工作的全面领导，把党的领导落实到国家文化治理各领域各方面各环节。深化文化领域行政体制改革，推进"放管服"改革，转变政府职能。完善党委和政府监管有机结合、宣传部门有效主导的国有文化资产管理体制机制，推进管人管事管资产管导向相统一。建立健全传统媒体和新兴媒体一体化管理的工作机制，进一步加强网络综合治理体系建设。建立健全社科学术社团工作协调机制，加强文化领域行业组织建设。研究制定加强宣传文化领域法治建设的意见，加快文化立法进程，全面推进依法行政。完善文化市场综合执法体制。完善文化产业统计制度。

（二）深化文化事业单位改革

进一步深化文化事业单位人事、收入分配等制度改革。稳步推进公共文化机构法人治理结构改革和内部运行机制创新，探索开展国有博物馆资产所有权、藏品归属权、开放运营权分离改革试点。深化主流媒体体制机制改革，建立适应全媒体生产传播的一体化组织架构，构建新型采编流程，形成集约高效的内容生产体系和传播链条。以演出为中心环节深化国有文艺院团改革，加强分类指导，激发院团生机活力。

（三）深化国有文化企业改革

实施国有文化企业深化改革加快发展行动，加强国有文化企业党的建设，发挥党委（党组）把方向、管大局、保落实的领导作用，主动服务国家重大战略，推进布局优化和结构调整，提升控制力影响力，加快培育一批主业突出、核心竞争力强、市场占有率高的综合性文化企业集团。完善公司治理机制，将党建工作要求写入公司章程，明确党组织研究讨论企业重大经营管理事项是董事会、经理层决策重大问题的前置程序，落实党组织在公司治理结构中的法定地位。稳妥推进混合所有制改革，推行职业经理人制度，开展多种方式的中长期激励，激发基层改革创新动力。完善国有文化企业社会效益评价考核办法，健全把社会效益放在首位、社会效益和经济效益相统一的评价考核体系。

十四、建强人才队伍

坚持党管干部、党管人才，把党的政治建设摆在首位，改革人才培养方式，优化人才结构，创新人才培训形式，加大培训力度，不断提高干部人才队伍素质能力，建设勇担使命责任、善于创新创造的时代新军。

（一）加强政治能力建设

坚持用习近平新时代中国特色社会主义思想武装宣传思想工作队伍，增强"四个意识"、坚定"四个自信"、做到"两个维护"，持续提高政治判断力、政治领悟力、政治执行力。巩固拓展宣传思想战线"不忘初心、牢记使命"主题教育成果，建立长效机制，坚持不懈锤炼党员干部忠诚干净担当的政治品格。强化政治担当，把讲政治的要求贯穿到工作各环节各方面，做到知责于心、担责于身、履责于行。

（二）加强业务能力建设

深入推进增强脚力、眼力、脑力、笔力教育实践，增强本领能力。完善宣传系统干部队伍建设中长期规划。选优配强宣传思想战线各级领导班子，加大优秀年轻干部发现培养选拔力度，推动干部轮岗交流、多岗位锻炼。完善蹲点调研、挂职锻炼工作机制。加强宣传思想战线作风建设，培塑唯实求真、真抓实干的良好作风。

（三）加强领军人物和专业人才培养

研究编制宣传思想文化领域人才发展规划。进一步完善人才推荐评审、培养资助、联系服务工作机制，全方位培养、引进、用好人才。支持办好高层次人才专题研修班、国情研修班等。加强创新型、应用型、技能型人才培养，培养"一专多能"的全媒体人才，壮大高技能人才队伍。加强哲学社会科学领域基础研究人才培养，加强作风和学风建设。加强文艺工作者职业道德建设。加强联系服务专家工作，把各领域优秀文化人才团结在党的周围。

（四）夯实基层人才队伍建设

加强县级和城乡基层宣传文化队伍建设，配齐配强乡镇党委宣传委员。鼓励和扶持群众性文艺社团、演出团体和基层宣讲员、各类文化人才、文化活动积极分子，建设更多具有地域文化特色的"红色文艺轻骑兵"。培养扎根基层的乡土文化能人、民族民间文化传承人、乡村文化和旅游能人、基层文化设施和文物管理人员。组织县级融媒体中心与省、市媒体人员双向交流，充实新时代文明实践志愿服务队伍，延伸"学习强国"学习平台管理员培训范围至基层一线宣传干部。支持西部地区、边疆地区和民族地区基层文化人才队伍建设。

（五）完善人才评价激励机制

完善宣传文化人才评价体系，健全奖励体系和容错纠错机制。优化文化事业单位人才引进、人员奖励政策。激发和保护企业家精神，加强国有文化企业领导班子和领导人员分类分级管理。深化新闻单位人事制度改革，完善岗位管理和从业人员准入退出制度。建立健全充分体现创新要素价值的收益分配机制，开展文化单位科研、创意成果转化收益分配试点，推动符合条件的文化单位从业人员享受科技创新扶持政策。按照党和国家功勋荣誉表彰制度要求，开展相关表彰奖励工作。

十五、加强规划实施保障

健全规划实施保障机制，激发各类主体参与规划实施的积极性、主动性、创造性，形成强大合力。

（一）强化组织领导

充分发挥党总揽全局、协调各方的作用，坚持和完善党委统一领导、党政齐抓共管、宣传部门组织协调、有关部门分工负责、社会力量积极参与的工作体制机制和工作格局。中央宣传部负责统筹宣传思想文化领域有关专项规划编制工作。中央有关行业主管部门根据本规划，研究制定本领域的专项规划，报中央文化体制改革和发展工作领导小组后实施。重大工程、重点项目的牵头部门要切实落实主体责任，明确和细化任务书、时间表、路线图，确保有序推进。国家发展改革委、财政部、自然资源部、商务部、税务总局等要按照职责分工，切实落实有关政策，做好各项重点工程项目的实施和保障。各地要结合实际，编制和实施好本地区规划。各级党委和政府要把本规划提出的目标任务纳入经济社会发展全局，作为评价地区发展水平、衡量发展质量和考核领导干部工作业绩的重要内容，抓好落实。

（二）加强资金支持

按照本规划确定的目标任务，调整优化支出结构，各级财政加强经费支持。落实中央与地方公共文化领域财政事权和支出责任划分改革要求，健全转移支付制度。优化对文化科技创新的支持机制。用好电影、出版、旅游、艺术等各类资金和基金。加强文化企业国有资本经营预算管理，重点支持国有文化企业服务国家重大战略。扶持国有文艺院团改革。推进旅游业对外开放政策在自由贸易试验区、中国特色自由贸易港先行先试。用好地方政府专项债券，促进文化、旅游重大项目实施。推广文化和旅游领域政府和社会资本合作模式，鼓励社会资本设立有关基金。省属重点文化企业经省级政府批准，2023年年底前可免缴国有资本收益。用好文化事业建设费。

（三）完善政策支持

落实经营性文化事业单位转制为企业，以及支持从事电影、广播电视、文化创意和设计服务、出版、动漫、文物保护利用、非物质文化遗产等文化企业发展的相关政策。落实出版物在出版、批发和零售环节享受的增值税优惠政策。完善文化文物单位从事文化创意产品开发经营的有关政策。跟踪研究新冠肺炎疫情常态化防控下国家有关产业扶持优惠政策，推动将文化产业、旅游业纳入政策适用范围。优化调整国有公益性收藏单位进口藏品免税政策。加强文化和旅游建设用地保障，将文化和旅游类建设用地纳入国土空间规划，有效保障相关设施、项目用地需求。鼓励利用闲置设施、盘活存量建设用地发展文化产业和旅游业。企业利用文物建筑、历史建筑、旧厂房、仓库等存量房产、土地或生产装备、设施发展文化产业和旅游业，在不改变用地主体、规划条件的前提下，可在5年内保持土地原用途、权利类型不变。

（四）健全实施机制

充分发挥已有国家级重大规划战略、重大改革举措、重大工程项目协调机制作用，加强协调与合作，形成更加高效的工作推进机制。各地区各有关部门要加强对本规划实施情况的跟踪分析和监督检查，推动各项任务措施落到实处。建立健全年度监测评估机制，密切跟踪经济社会发展变化，加强对规划实施重点任务、政策举措及保障措施的动态监管。完善中期评估和总结评估机制，健全向本级文化体制改革和发展工作领导小组报告机制。中央文化体制改革和发展工作领导小组办公室适时开展专项评估。

附录三："十四五"文化和旅游发展规划

序　言

"十三五"以来，在以习近平同志为核心的党中央坚强领导下，在各级党委政府重视支持和社会各界的共同努力下，我国文化和旅游发展稳中有进、繁荣向好。文化引领风尚、教育人民、服务社会、推动发展的作用充分发挥，旅游对于国民经济和社会发展的综合带动功能更加突显，文化和旅游发展为全面建成小康社会提供了强有力的支撑。"十三五"时期，文艺创作繁荣发展，公共文化服务效能不断提升，文物保护利用全面推进，非物质文化遗产保护传承卓有成效，文化产业和旅游业健康快速发展，文化和旅游产品更加优质丰富，中华文化走出去的广度和深度不断拓展，中华文化影响力不断扩大。文化和旅游加快融合、相互促进，发展基础更加稳固，动力活力日益迸发，体制机制不断健全，优势作用逐步显现。文化事业、文化产业和旅游业成为满足人民美好生活需要、推动高质量发展的重要支撑，在党和国家工作全局中的地位和作用愈加突出。

"十四五"时期是我国全面建成小康社会、实现第一个百年奋斗目标之后，乘势而上开启全面建设社会主义现代化国家新征程、向第二个百年奋斗目标进军的第一个五年，也是社会主义文化强国建设的关键时期。我国文化和旅游发展仍然处于重要战略　机遇期，但机遇和挑战都有新的发展变化。从国际看，当今世界正处于百年未有之大变局。人类命运共同体理念深入人心，同时国际环境日趋复杂，不稳定性不确定性明显增加。文化和旅游既　要在展示国家形象、促进对外交往、增进合作共赢等方面发挥作用，也要注意防范逆全球化影响以及新冠肺炎疫情带来的风险。从国内看，发展面临着一系列新特征新要求，必须准确把握新发展阶段，深入贯彻新发展理念，加快构建新发展格局。推动高质量发展，需要加快转变文化和旅游发展方式，促进提档升级、提　质增效，更好实现文化赋能、旅游带动，实现发展质量、结构、规模、速度、效益、安全相统一。构建新发展格局，文化和旅游既是拉动内需、繁荣市场、扩大就业、畅通国内大循环的重要内容，也是促进国内国际双循环的重要桥梁和纽带，需要用好国内国际两个市场、两种资源。满足人民日益增长的美好生活需要，需要顺应数字化、网络化、智能化发展趋势，提供更多优秀文艺作品、优秀文化产品和优质旅游产品，强化价值引领，改善民生福祉。战胜前进道路上各种风险挑战，文化是力量源泉，能够凝魂聚气、培根铸魂，为全体人民奋进新时代、实现中华民族伟大 复兴的中国梦提供强大精神动力。同时也要清醒地认识到，文化事业、文化产业和旅游业发展不平衡、不充分的矛盾还比较突出，城乡差距、区域差距依然存在，文化和旅游产品的供给和需求不完全匹配，与高质量发展要求存在一定差距，突发公共事件等也将给文化和旅游发展带来不确定性。

综合判断，"十四五"时期文化和旅游发展面临重大机遇，也面临诸多挑战，需要我们胸怀中华民族伟大复兴战略全局和世 界百年未有之大变局，深刻把握我国社会主要矛盾变化，立足社会主义初级阶段基本国情，准确识变、科学应变、主动求变，在危机中育先机、于变局中开新局，以创新发展催生新动能，以深化改革激发新活力，奋力开创文化和旅游发展新局面。

一、总体要求

（一）指导思想

高举中国特色社会主义伟大旗帜，深入贯彻党的十九大和十九届二中、三中、四中、五中全会精神，坚持以马克思列宁主义、毛泽东思想、邓小平理论、"三个代表"重要思想、科学发展观、习近平新时代中国特色社会主义思想为指导，全面贯彻党的基本 理论、基本路线、基本方略，紧紧围绕经济建设、政治建设、文化建设、社会建设和生态文明建设的总体布局和全面建设社会主义现代化国家、全面深化改革、全面依法治国、全面从严治党的战略布局，立足新发展阶段、贯彻新发展理念、构建新发展格局，紧紧围绕举旗帜、聚民心、育新人、兴文化、展形象的使命任务，坚定文化自信，增强文化自觉，坚持稳中求进工作总基调，以推 动文化和旅游高质量发展为主题，以深化供给侧结构性改革为主线，以改革创新为根本动力，以满足人民日益增长的美好生活需 要为根本目的，统筹发展和安全，大力实施社会文明促进和提升工程，着力建设新时代艺术创作体系、文化遗产保护传承利用体系、现代公共文化服务体系、现代文化产业体系、现代旅游业体系、现代文化和旅游市场体系、对外和对港澳台文化交流和旅游 推广体系，推进文化铸魂、发挥文化赋能作用，推进旅游为民、发挥旅游带动作用，推进文旅融合、努力实现创新发展，为提高国家文化软实力、建设社会主义文化强国作出积极贡献。

（二）基本原则

坚持正确方向。坚持党对文化和旅游工作的全面领导，牢牢把握社会主义先进文化前进方向，以社会主义核心价值观为引领，固本培元，守正创新，坚持把社会效益放在首位、实现社会效益和经济效益相统一。

坚持以人民为中心。尊重人民群众主体地位，提高人民群众文化参与程度，激发人民群众文化创新创造活力，促进满足人民文化需求和增强人民精神力量相统一，让人民享有更加充实、更为丰富、更高质量的精神文化生活，不断实现人民对美好生活的 向往。

坚持创新驱动。突出创新的核心地位，把创新作为引领发展的第一动力，全面推进模式创新、业态创新、产品创新，大力发挥科技创新对文化和旅游发展的赋能作用，全面塑造文化和旅游发展新优势。

坚持深化改革开放。紧扣新发展阶段、新发展理念、新发展格局，紧盯解决突出问题，推进文化和旅游领域深层次改革，加强改革系统集成，发挥改革整体效应，推进文化和旅游领域高 水平对外开放，加强中外文明交流互鉴。

坚持融合发展。以文塑旅、以旅彰文，完善文化和旅游融合 发展的体制机制，推动文化和旅游更广范围、更深层次、更高水平融合发展，积极推进文化和旅游与其他领域融合互促，不断提高发展质量和综合效益。

（三）发展目标

到 2025 年，我国社会主义文化强国建设取得重大进展。文化事业、文化产业和旅游业高质量发展的体制机制更加完善，治 理效能显著提升，人民精神文化生活日益丰富，中华文化影响力进一步提升，中华民族凝聚力进一步增强，文化铸魂、文化赋能和旅游为民、旅游带动作用全面凸显，文化事业、文化产业和旅 游业成为经济社会发展和综合国力竞争的强大动力和重要支撑。

社会文明促进和提升工程成效显著，社会主义核心价值观深入人心，中华优秀传统文化、革命文化、社会主义先进文化广为弘扬，国民素质和社会文明程度不断提高。

新时代艺术创作体系建立健全，社会主义文艺繁荣发展，推出一批讴歌新时代、反映新成就、代表国家文化形象的优秀舞台艺术作品和美术作品。

文化遗产保护传承利用体系不断完善，文物、非物质文化遗产和古籍实现系统性保护，文化遗产传承利用水平不断提高，全国重点文物保护单位"四有"工作完成率达到 100%，建设 30 个国家级文化生态保护区和 20 个国家级非物质文化遗产馆。

公共文化服务体系更加健全，基本公共文化服务标准化均等化水平显著提高，服务效能进一步提升，全国各类文化设施数量（公共图书馆、文化馆站、美术馆、博物馆、艺术演出场所）达到 7.7 万，文化设施年服务人次达到 48 亿。

文化产业体系更加健全，文化产业结构布局不断优化，文化及相关产业增加值占GDP 比重不断提高，文化产业对国民经济增长的支撑和带动作用得到充分发挥。

旅游业体系更加健全，旅游业对国民经济综合贡献度不断提高，大众旅游深入发展，旅游及相关产业增加值占 GDP 比重不断提高，国内旅游和入境旅游人次稳步增长，出境旅游健康规范发展。

文化和旅游市场体系日益完备，文化和旅游市场繁荣有序，市场在文化和旅游资源配置中的作用得到更好发挥，市场监管能力不断提升。

对外和对港澳台文化交流和旅游推广体系更加成熟，中华文化走出去步伐加快，培育形成一批文化交流和旅游推广品牌项目，海外中国文化中心总数达到 55 个。

展望 2035 年，我国建成社会主义文化强国，国民素质和社会文明程度达到新高度，国家文化软实力显著增强。文化事业更加繁荣，文化产业和旅游业的整体实力和竞争力大幅提升，优秀文艺作品、优秀文化产品和优质旅游产品充分满足人民群众美好生活需要，文化和旅游发展为实现人的全面发展、全体人民共同富裕提供坚强有力保障。

二、实施社会文明促进和提升工程

以社会主义核心价值观引领文化和旅游工作，丰富人民精神世界，增强人民精神力量，推动形成适应新时代要求的思想观念、精神面貌、文明风尚、行为规范。

（一）会主义核心价值观

把社会主义核心价值观融入文艺作品创作、文化产品和旅游产品供给全过程，强化教育引导、文化熏陶、宣传展示、制度保障，弘扬主旋律，壮大正能量。加强党史、新中国史、改革开放史、社会主义发展史"四史"教育。弘扬以爱国主义为核心的民族精神和以改革创新为核心的时代精神，增强全体人民的国家意识、法治意识、社会责任意识、生态文明意识等。推动中华优秀传统文化创造性转化创新性发展，使其成为涵养社会主义核心价值观的重要源泉。弘扬革命传统和革命文化，继承革命精神。发展社会主义先进文化，展示新时代伟大成就。

（二）加强对中华文明的发掘研究和阐释

深入研究中华文明、中华文化的起源和特质，形成较为完整的中国文化基因的理念体系。实施中华文明探源等工程，加强体现中国文化基因的非遗项目保护，开展黄河文化、长江文化研究，实证中华文明发展脉络，铸牢中华民族共同体意识。研究好、解读好、阐释好中华文化，树立和突出各民族共享的中华文化符号和中华民族形象，用好用足文化、文物、旅游资源，梳理精神谱系，延续历史文脉，弘扬时代价值。

（三）提高人民群众文明素养和审美水平

活跃社会文化生活，为人民群众提供健康丰富的精神食粮。开展惠民演出、高雅艺术进校园等活动，把送文化和种文化结合起来，实现文化扶志、扶智。加强全民艺术普及，开展艺术展演，普及艺术知识，加强艺术培训，广泛开展群众性文化活动，提高人民群众的艺术修养和审美水平。开展社会艺术水平考级公益行动。大力推进文明旅游，引导游客和旅游从业人员成为中华文明的实践者和传播者。

（四）促进移风易俗

积极倡导科学、文明、健康的生活方式，引导群众自觉破除陈规陋习。发挥文化的教化功能，通过文艺作品、文化体验、公共服务等，培育文明新风，面向城乡基层扎实推进新时代文明实践。健全文化和旅游志愿服务体系，发扬志愿精神。弘扬诚信文化，推进诚信建设。

三、构建新时代艺术创作体系

坚持思想精深、艺术精湛、制作精良相统一，聚焦中国梦时代主题，加强现实题材创作生产，实施文艺作品质量提升工程，不断完善艺术作品的创作生产、演出演播、评价推广机制，推出反映时代新气象、讴歌人民新创造的文艺精品。

（一）加强对艺术创作的引导

牢牢把握意识形态工作主导权主动权，把好文艺创作导向关。把创作优秀作品作为中心任务，围绕中国共产党成立 100 周年、党的二十大、北京冬奥会、新中国成立 75 周年等重要节点和国家 重大战略，围绕党史、新中国史、改革开放史、社会主义发展史等领域统筹创作规划，合理集聚和配置资源，扶持重大现实题材、革命题材、历史题材创作，推出一批新时代精品力作。健全把社会效益放在首位、社会效益和经济效益相统一的文化创作生产体制机制，大力推进文艺创新，推动形成健康清朗的文艺生态。

（二）大力培育精品力作

坚持以人民为中心的创作导向，常态化推进"深入生活、扎根人民"。把提高质量作为文艺作品的生命线，不断提高文艺原创能力。统筹各地区、各艺术门类平衡发展，兼顾舞台艺术与美术创作、新创作品与复排作品、大型作品与小型作品。加强戏曲 保护传承，推动实现薪火相传。建立健全扶持优秀剧本创作的长 效机制，加强对剧本、编导、作曲等原创性基础性环节和优秀创 作人才的资助。鼓励文艺创作的题材、体裁、内容、形式创新，引导新兴文艺类型健康发展，推动文艺工作者的创新精神、创造活力充分涌流。完善国家艺术基金资助机制，统筹使用各类艺术创作资金，推动文艺作品量质齐升。

（三）提高文艺团体发展能力

深化国有文艺院团改革，以演出为中心环节，激发国有文艺院团生机活力。探索开展文艺院团评估定级，建设一批重点文艺院团，实现院团创演质量、管理水平、服务效能提升。树立文艺院团改革发展典型，加强示范引领。完善院团剧目生产表演的有效机制。优化剧场供应机制，促进国有文艺院团与剧场深度合作，支持团场合作、以团带场或以场带团。加强对民营文艺表演团体的支持、规范、引领，加快推动民营文艺表演团体高质量发展。 推进美术馆、画院专业建设和行业管理，提升美术馆建设水平和画院创作研究能力。

（四）推动优秀作品演出演播

发挥重大艺术活动的引导作用，办好中国艺术节、全国舞台 艺术优秀剧目展演等。鼓励文艺院团建立优秀保留剧目轮换上演机制，支持优秀文艺作品多演出。开展"我们的中国梦"——文化进万家和"文化迎春、艺术为民"等活动。开展服务基层公益性演出，不断完善低票价、剧场开放日等举措。推动线上演播与线下演出相结合，多渠道展示推广优秀文艺作品，促进舞台艺术业态创新、升级换代。

（五）加强文艺评论

加强文艺评论阵地建设和理论研究，健全文艺评论工作体系，搭建有影响力的文艺评论平台。结合重大展演、重点作品开展评论，把群众评价、专家评价和市场检验统一起来，营造风清气正的评论氛围。发挥全国性文艺评奖的导向作用，改进文艺评奖机制，深化全国性文艺评奖制度改革。加强新时代文艺理论研究，推进艺术学学科体系、学术体系、话语体系建设。

四、完善文化遗产保护传承利用体系

坚持把保护放在首位，推进文化遗产资源调查和系统性保护，在保护中发展、在发展中保护，发挥文化遗产在传承中华文化、铸牢中华民族共同体意识方面的重要作用，使文化遗产保护成果更多惠及人民群众。

（一）完善文化遗产资源管理

实施中华文化资源普查工程，加强普查成果梳理认定和保存利用。建立文物资源管理制度，建设国家文物资源大数据库，统筹指导相关领域文物资源普查与信息公布。健全不可移动文物资源管理机制，完善文物保护单位的"四有"工作，强化不可移动文物保护管理措施，加大日常监测、保养维护等预防性保护力度。完善可移动文物资源管理机制，进一步规范国有博物馆藏品征集管理，健全国有馆藏一级文物备案动态管理机制，开展非国有博物馆藏品登记，推动文博机构文物资源开放。加强革命文物资源调查管理，推进馆藏革命文物认定、定级、建账、建档，建设革命文物专题数据库。加大民间收藏文物和流失海外文物资源调查力度，完善考古发掘文物、涉案文物移交制度。完善非物质文化遗产调查记录体系，加强档案数字化建设，推进非遗资源数据的共享利用。研究启动第二次全国非遗资源普查，开展黄河流域、大运河沿线非遗专项调查。实施非物质文化遗产记录工程。开展边疆地区特别是跨境民族非物质文化遗产摸底调查，推动与周边国家开展联合保护行动。

（二）加强考古发掘和文物保护利用

全面加强考古发掘研究，做好考古成果的挖掘整理工作，深入阐释文物蕴含的中华文化精神和时代价值，努力建设中国特色、中国风格、中国气派的考古学。健全不可移动文物保护机制，把文物保护管理纳入国土空间规划编制和实施。完善基本建设工程考古制度。加强石窟寺保护，推进大遗址保护利用。运用现代科技手段，对各级文物保护单位本体及环境实施严格保护和管控，改善尚未核定公布为文物保护单位的不可移动文物保护状况，加大文物保护修缮力度和安防消防能力提升，确保文物安全。保护好、管理好、运用好革命文物，加大工作力度，建设革命文物保护利用片区，实施一批革命旧址保护修缮重大工程和馆藏革命文物保护修复重点项目。健全世界文化遗产申报和保护管理制度，加大历史文化名城名镇名村保护力度，加强传统村落、农业遗产、工业遗产保护。加强水下文物保护，推进南海及沿海重点水域水下文物调查和考古发掘保护，推进海上丝绸之路文物保护利用。完善新近考古文物入藏博物馆体制机制，加强馆藏文物保护修复和展示利用。健全文物安全长效机制，提高防护能力，加强执法督察，严厉打击文物犯罪。加强文物展示利用，发挥博物馆社会教育功能。活化利用文物资源，推进文物合理利用。建设国家考古遗址公园、国家文物保护利用示范区。推动文化遗产保护利用技术研发和集成应用，加强文物科技创新和人才培养。

（三）提高非物质文化遗产保护传承水平

强化非物质文化遗产系统性保护，培养好传承人，一代代接下来、传下去。完善代表性项目制度，加强项目存续状况评估，夯实保护单位责任，积极做好联合国教科文组织非物质文化遗产名录（名册）项目申报和履约工作。加强各民族优秀传统手工艺保护和传承，建设传统工艺工作站和国家级非物质文化遗产生产性保护示范基地。加强分类保护，实施中国传统工艺振兴计划和曲艺传承发展计划，制定传统医药类非遗传承发展计划。完善代表性传承人制度，加大扶持力度，加强评估和动态管理，探索认定非遗代表性传承团体，加强青年传承人培养。实施中国非物质文化遗产传承人研培计划，提升传承人技能艺能，命名一批国家非物质文化遗产传承教育实践基地。完善区域性整体保护制度，推进文化生态保护区建设。建设非物质文化遗产特色村镇、街区，全面推进"非遗在社区"工作。建设集传承、体验、教育、培训、旅游等功能于一体的传承体验设施体系。加强国家非遗专业研究力量，建设一批非物质文化遗产研究基地。结合国家重大战略加强非物质文化遗产保护传承，建立区域保护协同机制。

加 大非物质文化遗产传播普及力度，开展宣传展示交流等活动。推出一批具有鲜明非物质文化遗产特色的主题旅游线路、研学旅游产品。

（四）加强古籍保护研究利用

统筹推进古籍普查登记、保护修复、数字化建设、整理出版和宣传推广等工作。开展《永乐大典》、敦煌文献以及黄河、长 江、大运河流域等相关古籍的保护修复和整理出版。加强古籍分级分类保护，完善珍贵古籍名录和古籍重点保护单位评选制度。实施珍贵濒危古籍抢救保护项目，筹建国家纸质文献修复中心。实施中华经典传习计划。将古籍纳入馆藏文物保护管理体系，加大古籍的科技保护力度，实施预防性保护和抢救性修复项目。推进珍贵古籍缩微复制和数字化工作。实施中华古籍保护计划、革命文献与民国时期文献保护计划。开展古籍推广活动，加强古籍创意产品开发。健全古籍保护人才队伍。依托全国各级图书馆、博物馆开展珍贵典籍展示利用。

五、健全现代公共文化服务体系

坚持政府主导、社会参与、重心下移、共建共享，优化城乡 文化资源配置，统筹加强公共文化设施软硬件建设，创新实施文化惠民工程，不断完善覆盖城乡、便捷高效、保基本、促公平的现代公共文化服务体系，提高公共文化服务的覆盖面和实效性。

（一）健全基层公共文化设施网络

坚持补短板、强弱项，推动尚未达标的公共图书馆和文化馆 （站）达到国家建设标准。加强乡镇综合文化站管理，与新时代文明实践中心建设相衔接，加强资源统筹和共建共享，推动基层综合性文化服务中心拓展服务功能。深入推进县级图书馆文化馆总分馆制建设，推动优质公共文化服务向基层延伸。结合老旧小区和厂房改造等，创新打造一批"小而美"的城市书房、文化驿站、文化礼堂、文化广场等城乡新型公共文化空间。发展城乡流动文化服务，推进流动服务常态化。

（二）促进公共文化服务提质增效

落实国家基本公共服务标准，加强基本公共文化服务标准化建设。提升公共文化设施免费开放水平，鼓励实行错时、延时服务。精准对接人民群众文化需求，推动建立订单式、菜单式公共 文化产品和服务平台。广泛开展全民阅读和全民艺术普及活动。推动公共文化服务融入城乡居民日常生活，面向不同群体开展差 异化的公共文化服务，充分保障未成年人、老年人、残疾人和流 动人口等特殊群体的文化权益。推进国家公共文化服务体系示范区创新发展。推动公共文化服务与旅游、教育融合发展。完善公 共文化服务效能评价机制。

（三）广泛开展群众文化活动

健全支持开展群众性文化活动机制，拓展群众文化参与程度。发挥"群星奖"示范作用，推出优秀群众文艺作品。利用春节等传统节日，融入时代精神和人文内涵，创新开展"村晚"等文化活动。加强"中国民间文化艺术之乡"建设。引导各类文化服务向基层倾斜，组织开展艺术家、志愿者服务基层等活动，加大对农村地区、偏远地区群众文化活动的支持力度。支持群众文艺团体发展，引导群众自我表现、自我服务。

（四）加快公共数字文化建设

推广"互联网+公共文化"，推动数字文化工程转型升级、资源整合，统筹推进智慧图书馆、公共文化云服务体系建设。丰富公共数字文化资源，推动将相关文化资源纳入国家文化大数据体系。优化国家公共文化云服务平台，广泛开展数字化网络化服务。 大力发展云展览、云阅读、云视听，推动公共文化服务走上"云 端"、进入"指尖"。加强公共文化机构和数字文化企业的对接合作，拓宽数字文化服务应用场景和传播渠道。

（五）推动公共文化服务社会化发展

深入推进政府购买公共文化服务，鼓励第三方参与公共文化 设施运营、活动项目打造和服务资源配送等。举办全国或区域性 公共文化产品和服务采购大会，搭建供需对接平台。支持社会力量通过兴办实体、资助项目、赞助活动等方式，参与提供公共文化服务。培育一批具有较高服务水平的文化类社会组织。实施"春雨工程""阳光工程""圆梦工程"，形成一批文化和旅游志愿服务品牌。

六、健全现代文化产业体系

坚持把社会效益放在首位、实现社会效益和经济效益相统一，完善文化产业规划和政策，扩大优质文化产品供给，实施文化产业数字化战略，加快发展新型文化企业、文化业态、文化消费模式，不断健全结构合理、门类齐全、科技含量高、富有创意、竞争力强的现代文化产业体系。

（一）推动文化产业结构优化升级

顺应数字产业化和产业数字化发展趋势，推动新一代信息技术在文化创作、生产、传播、消费等各环节的应用，推进"上云 用数赋智"，加强创新链和产业链对接。推动数字文化产业加快发展，发展数字创意、数字娱乐、网络视听、线上演播、数字艺术展示、沉浸式体验等新业态，丰富个性化、定制化、品质化的 数字文化产品供给。改造提升演艺、娱乐、工艺美术等传统文化业态，推进动漫产业提质升级。提高创意设计发展水平，促进创意设计与实体经济、现代生产生活、消费需求对接。推进文化与信息、工业、农业、体育、健康等产业融合发展，提高相关产业 的文化内涵和附加值。推动演艺产业上线上云，巩固线上演播商 业模式。推动上网服务、歌舞娱乐、游艺娱乐等行业全面转型升级，引导发展新业态、新模式，提升服务质量，拓展服务人群。实施创客行动，激发创新创业活力。实施文化品牌战略，打造一批有影响力、代表性的文化品牌。

（二）推进区域城乡文化产业协调发展

加强区域间、城乡间文化产业发展的统筹协调，鼓励各地发挥比较优势，推动形成优势互补、联动发展格局。围绕国家重大战略，发展京津冀、粤港澳大湾区、长三角、成渝双城等文化产业群和黄河、长江、大运河等文化产业带。加强国家文化产业创 新实验区、国家级文化产业示范园区（基地）的规划建设和管理，引导区域间文化产业园区结对帮扶，辐射带动区域文化产业发展。推动文化产业发展融入新型城镇化建设，大力发展乡村特色文化产业。统筹发达地区和欠发达地区文化产业发展，鼓励区域 间开展多种形式的文化产业合作。

（三）扩大和引导文化消费

健全扩大文化消费的有效制度，尊重群众消费选择权，加强需求侧管理。完善消费设施，改善消费环境，不断提升文化消费水平。培育新型消费、信息消费、定制消费等，培育消费增长点。推进国家文化和旅游消费示范城市建设，推动试点城市建设成为示范城市、区域文化和旅游消费中心城市。大力发展夜间经济，推进国家级夜间文化和旅游消费集聚区建设。把文化消费嵌入各类消费场所，建设集合多种业态的消费集聚地。鼓励各地制定促消费优惠政策，举办消费季、消费月等活动。

（四）深化文化产业国际合作

积极发展对外文化贸易，开拓海外文化市场。健全政府间文化产业政策沟通和对话机制。实施文化产业和旅游产业国际合作 三年行动计划。推动建立产业国际合作联盟，推进国家对外文化 贸易基地建设，支持企业以"中国展区"形式参加重点国际文化 产业展会。加大数字文化产业国际标准的宣传推广和应用力度，培育国际合作和竞争新优势。

七、完善现代旅游业体系

深化旅游业供给侧结构性改革，深入推进大众旅游、智慧旅 游和"旅游+""+旅游"，提供更多优质旅游产品和服务，加强区域旅游品牌和服务整合，完善综合效益高、带动能力强的现代旅游业体系，努力实现旅游业高质量发展。

（一）深入推进大众旅游

坚持标准化和个性化相统一，供给侧和需求侧协同发力，更好满足人民群众特色化、多层次旅游需求。优化旅游消费环境、拓展旅游消费领域。推出更多定制化旅游产品、旅游线路，开发体验性强、互动性强的旅游项目，增加旅游惠民措施，加大旅游公共服务力度。推动完善国民休闲和带薪休假等制度。引导各地制定实施门票优惠补贴等政策。加强宣传教育，引导游客文明、 安全、理性、绿色出行。聚焦旅游目的地建设，创新全域旅游协调发展机制，提升全域旅游示范区发展质量。发展夜间旅游和假日经济，拓展旅游时空范围。

（二）积极发展智慧旅游

加强旅游信息基础设施建设，深化"互联网＋旅游"，加快推进以数字化、网络化、智能化为特征的智慧旅游发展。加强智 慧旅游相关标准建设，打造一批智慧旅游目的地，培育一批智慧旅游创新企业和示范项目。推进预约、错峰、限量常态化，建设景区监测设施和大数据平台。以提升便利度和改善服务体验为导向，推动智慧旅游公共服务模式创新。培育云旅游、云直播，发 展线上数字化体验产品。鼓励定制、体验、智能、互动等消费新 模式发展，打造沉浸式旅游体验新场景。

（三）大力发展红色旅游

突出爱国主义和革命传统教育，提升红色旅游发展水平，推进红色旅游人才队伍建设。完善红色旅游产品体系，促进红色旅游与乡村旅游、研学旅游、生态旅游融合发展，推出一批红色旅游融合发展示范区。推出"建党百年红色旅游百条精品线路"，举办红色故事讲解员大赛，组织红色研学旅行活动。创新红色旅游展陈方式，开展红色旅游宣传推广，提升红色旅游发展活力。

（四）丰富优质旅游产品供给

创新旅游产品体系，优化旅游产品结构，提高供给能力和水平。建设一批富有文化底蕴的世界级旅游景区和度假区，打造一批文化特色鲜明的国家级旅游休闲城市和街区，认定一批国家级旅游度假区。完善 A 级旅游景区评定和复核机制，有序推动旅游景区提质扩容。以景区、度假区、旅游休闲城市等为依托，打造区域性国际旅游目的地，建设生态、海洋、冰雪、城市文化休闲等特色旅游目的地。推动乡村旅游发展，推出乡村旅游重点村镇和精品线路。发展专项旅游和定制旅游产品。完善自驾游服务体系，推动自驾车旅居车营地和线路建设。发展海洋及滨海旅游，推进中国邮轮旅游发展示范区（实验区）建设。推进低空旅游、内河旅游发展。发展康养旅游，推动国家康养旅游示范基地建设。发展冰雪、避暑、避寒等气候旅游产品。认定一批国家级滑雪旅游度假地。发展老年旅游，提升老年旅游产品和服务。

（五）完善旅游公共设施

优化旅游公共设施布局，增强旅游集散中心、游客服务中心、咨询中心的公共服务功能，完善旅游公共服务配套设施，推进旅游景区、度假区、休闲街区、游客服务中心等标识体系建设。持续深入开展旅游厕所革命，建设一批示范性旅游厕所。加强旅游交通设施建设，提高旅游目的地进入通达性和便捷性。完善旅游绿道体系。加强节假日高速公路和主要旅游道路交通组织、运输服务保障、旅游目的地拥堵预警信息发布。提升旅游信息公共服务水平。制定出台残疾人、老年人旅游公共服务标准规范。

（六）提升旅游服务质量

建立旅游服务质量评价体系，推广应用先进质量管理体系和方法，推行服务质量承诺制度。推动旅行社和在线旅游企业的产品创新，提高专业服务能力。加强导游专业素养、职业形象、服务品牌建设。优化住宿供给，支持特色民宿、主题酒店等创新发展。提升旅游餐饮品质，推动旅游餐饮与文化结合，发展美食旅游。开发高品质的文创产品和旅游商品，推广"创意下乡""创意进景区"模式。

（七）统筹推进国内旅游和入出境旅游发展

做强国内旅游，振兴入境旅游，规范出境旅游。改善国内旅游供给品质，促进境外消费回流。创新旅游宣传推广机制，实施国家旅游宣传推广精品建设工程，加强旅游推广联盟建设。实施入境旅游振兴行动，出台入境旅游发展支持政策，提升入境旅游便利化程度、涉外旅游接待服务水平。推动出境旅游目的地国家和地区在语言、餐饮、支付等方面为中国游客提供更高品质的服务。加强与重点目的地国家旅游交流，推动中国文化传播。

八、完善现代文化和旅游市场体系

服务扩大内需战略，坚持培育和监管并重，做优做强国内市场，提高资源配置效率和公平性，提升市场监管能力，不断完善统一开放、竞争有序的现代文化和旅游市场体系。

（一）培育各类市场主体

完善文化和旅游市场准入和退出机制，激发各类市场主体活力，持续扩大市场主体规模。尊重企业主体地位，加强政策引导，改善营商环境，培育骨干文化和旅游企业，支持中小微企业专业化特色化发展。支持企业孵化器、众创空间、互联网创业和交易平台等载体建设。鼓励有条件的地方建设区域文化和旅游企业综合服务中心，为企业发展提供服务。

（二）构建新型监管机制

加快构建以信用为基础的文化和旅游市场新型监管机制，依法依规开展失信惩戒。开展文化和旅游企业公共信用综合评价，推动实施信用分级分类监管。拓展信用应用场景。加强行业诚信文化建设。建设文化和旅游市场经济运行监测体系，实施风险评估和预警。推进"互联网+监管"，构建业务全量覆盖、信息全程跟踪、手段动态调整的智慧监管平台。

（三）加强行业管理和服务

开展平安文化市场建设，完善文化产品和服务内容审核机制，加强线上线下内容审核及动态监测，加强演出、艺术品、网络表演、网络音乐、游戏游艺、歌舞娱乐行业内容源头治理，发展积极健康的网络文化。建立旅行社动态管理机制。健全旅游住宿业标准的监督实施机制。规范在线旅游经营服务，对在线旅游 等新兴业态坚持包容审慎监管。完善应急体系，开展行业安全培 训和应急演练。健全旅游安全预警机制，加强旅行安全提示。建立便捷高效的旅游投诉受理和反馈机制。开展文明旅游主题实践活动，推动文明旅游示范单位评定。发挥行业自律作用，指导行业协会加强自身建设，积极参与行业治理。

（四）深化文化市场综合执法改革

全面落实文化市场综合执法改革任务，完善权责明确、监督 有效、保障有力的综合执法管理体制。出台《文化市场综合执法管理条例》《文化市场综合行政执法事项指导目录》。全面推进文化市场综合执法队伍建设，加强执法保障，推进严格规范公正文 明执法。完善全国文化市场技术监管与服务平台功能，提升执法信息化水平。健全完善联合办案和执法协作机制，加强区域执法协作。及时查处整治突出问题，开展不合理低价游等专项整治，维护文化和旅游市场繁荣稳定。

九、建设对外和对港澳台文化交流和旅游推广体系

加强中外文化交流和多层次文明对话，深化国际旅游合作，持续提升中国文化、中国精神、中国价值的国际认同，创新交流合作的机制、内容和方式，不断完善对外和对港澳台文化交流和旅游推广体系，提高国家文化软实力，推动我国逐步从国际文化 发展的贡献者向引领者转变。

（一）大力推动文化外交

持续提升服务元首外交水平，展示中华文化独特魅力。加强与世界各国及政府间国际组织的交流合作，依托二十国集团、金砖国家、上合组织、中非、中阿、中欧、中国一中东欧国家、中拉以及澜湄、东北亚等多边合作机制，增进文化和旅游国际交流。 研究倡议发起大河文明等国际论坛，加强中外文明交流互鉴。高质量推进"一带一路"文化和旅游发展，深化项目合作。加大对周边国家和发展中国家的文化援助力

度。加强与联合国教科文组织、世界旅游组织的合作，深度参与国际文化和旅游规则制定。

（二）开展多层次对外交流

办好中国文化年（节）、旅游年（节），持续增强"欢乐春节""美丽中国"等品牌活动的国际影响力。持续提升"相约北京" 国际艺术节、中国上海国际艺术节等文化活动的国际影响力。开发符合国外受众需求的文化和旅游产品，打造对外交流品牌。推动各地发挥地缘、人缘优势，依托"东亚文化之都"、友好城市 等平台，加强城市间文化和旅游交流合作。推出一批历史古迹保 护修复、联合考古、展览合作示范项目，培育文物外展精品。围绕数字丝绸之路建设，持续推动文化产业国际合作。鼓励和支持 企业、行业协会、基金会等各类主体开展丰富多样的民间交流。

（三）提高国际传播能力

以讲好中国故事为着力点，创新推进国际传播。完善海外中国文化中心、驻外旅游办事处的全球布局，充分发挥驻外机构的文化传播和旅游推广作用。加强中华文化对外推介，持续打造传播热点，用好国际社交媒体平台。引导出境游客、留学生、海外务工人员、华侨华人传播弘扬中华文化，扶持海外社团开展中华 文化展示活动。

（四）深化对港澳台交流

提升面向港澳台青少年及基层民众文化和旅游交流水平，深入推进中华文化在港澳台地区的传承和弘扬。密切与港澳特区政府文化和旅游部门机制化合作，支持港澳文化和旅游发展更好融入国家发展大局。推动两岸民间文化和旅游合作持续深入开展，持续出台和落实文化和旅游领域惠台措施，与台湾同胞分享祖国大陆发展机遇。

十、推进文化和旅游融合发展

坚持以文塑旅、以旅彰文，推动文化和旅游深度融合、创新 发展，不断巩固优势叠加、双生共赢的良好局面。

（一）游的文化内涵

依托文化文物资源培育旅游产品、提升旅游品位，让人们在领略自然之美中感悟文化之美、陶冶心灵之美，打造独具魅力的中华文化旅游体验。深入挖掘地域文化特色，将文化内容、文化符号、文化故事融入景区景点，把优秀传统文化、革命文化、社 会主义先进文化纳入旅游的线路设计、展陈展示、讲解体验，让旅游成为人们感悟中华文化、增强文化自信的过程。提升硬件和优化软件并举，提高服务品质和改善文化体验并重，在旅游设施、 旅游服务中增加文化元素和内涵，体现人文关怀。

（二）以旅游促进文化传播

发挥旅游覆盖面广、市场化程度高等优势，用好旅游景区、 导游人员、中外游客等媒介，传播弘扬中华文化、社会主义核心价值观，使旅游成为宣传灿烂文明和现代化建设成就的重要窗口。推动博物馆、美术馆、图书馆、剧院、非物质文化遗产展示 场所等成为旅游目的地，培育主客共享的美好生活新空间。

（三）培育文化和旅游融合发展新业态

推进文化和旅游业态融合、产品融合、市场融合，推动旅游演艺、文化遗产旅游、文化主题酒店、特色节庆展会等提质升级，支持建设集文化创意、旅游休闲等于一体的文化和旅游综合体。 鼓励在城市更新中发展文化旅游休闲街区，盘活文化遗产资源。建设一批国家文化产业和旅游产业融合发展示范区。推进文化、旅游与其他领域融合发展。利用乡村文化资源，培育文旅融合业态。发展工业旅游，活化利用工业遗产，培育旅游用品、特色旅游商品、旅游装备制造业。促进文教结合、旅教结合，培育研学旅行项目。发展中医药健康旅游，建设具有人文特色的中医药健康旅游示范区（基地）。结合传统体育、现代赛事、户外运动，拓展文旅融合新空间。实施一批品牌培育项目，推动文旅融合品 牌化发展。探索推进文旅融合 IP 工程，用原创 IP 讲好中国故事， 打造具有丰富文化内涵的文旅融合品牌。

十一、提升文化和旅游发展的科技支撑水平

聚焦文化和旅游发展重大战略和现实需求，深入实施科技创新驱动战略，强化自主创新，集合优势资源，加强关键技术研发和应用，全面提升文化和旅游科技创新能力。

（一）优化科技创新生态

构建以企业为主体、市场为导向、产学研相结合的文化和旅游科技创新体系。认定和建设一批文化和旅游部重点实验室和技术创新中心、国家旅游科技示范园区，强

化公共服务和科技支撑能力，形成上下游共建的创新生态。推动文化和旅游领域科技研发和成果转化，实施一批科技创新重点项目。推动在国家重点研发计划中的文化和旅游相关项目实施。

（二）加快信息化建设

推进文化和旅游数字化、网络化、智能化发展，推动 5G、人工智能、物联网、大数据、云计算、北斗导航等在文化和旅游领域应用。加强文化和旅游数据资源体系建设，建立健全数据开放和共享机制，强化数据挖掘应用，不断提升文化和旅游行业监测、风险防范和应急处置能力，以信息化推动行业治理现代化。

（三）提升行业装备水平

加强文化和旅游装备行业研究，支持开展基础技术研发，提升企业设计制造水平，逐渐形成国产装备的核心竞争力。强化新技术、新材料在文化和旅游装备制造中的应用。大力发展演艺、公共文化、游乐游艺、旅游新业态等领域相关装备制造业，推进产业融合、集群发展，增强装备技术供给能力。

（四）推进标准化建设

健全标准化协调机制，完善文化和旅游标准体系，推进标准 制修订工作。在新产品新业态、公共服务、市场秩序与质量评价 等重点领域，持续加大标准制修订力度。加强标准宣贯和实施， 开展标准化试点示范工作，以标准化引领质量提升。积极参与标 准国际化工作，推动中国标准走出去。

十二、优化文化和旅游发展布局

坚持东中西互补、点线面结合，以国家文化公园建设为重点， 培育一批中华优秀传统文化保护传承示范区、革命文化继承弘扬 样板区、社会主义先进文化创新发展引领区，形成区域联动、城 乡融合、均衡协调的文化和旅游发展布局。

（一）完善空间布局

依据国土空间规划，全面落实国土空间开发保护要求和主体 功能区战略，根据不同区域主体功能定位，立足资源环境承载能 力，构建体现各地文化和旅游资源禀赋、适应高质量发展要求的 文化和旅游空间布局。依托国家综合立体交通网，促进文化、旅游与交通融合发展，串点成线、连线成面，形成互联互通、优质高效、一体协作的文化和旅游网络布局。依托重点区域和城市群，培育跨区域特色功能区、精品文化带和旅游带。建设全国风景道体系，打造具有广泛影响力的自然风景线和文化旅游廊道。严守生态保护红线，对生态保护红线内允许的文化和旅游活动实施类型限制、空间管控和强度管制。坚持绿色低碳发展理念，加强文化和旅游资源保护，提高资源利用效率。

（二）建设国家文化公园

推进长城、大运河、长征、黄河等国家文化公园建设，整合具有突出意义、重要影响、重大主题的文物和文化资源，生动呈现中华文化的独特创造、价值理念和鲜明特色，推介和展示一批文化地标，建设一批标志性项目。坚持点段结合，统筹管控保护、主题展示、文旅融合、传统利用四类主体功能区，建设一批文化和旅游深度融合发展示范区。系统推进保护传承、研究发掘、环境配套、文旅融合、数字再现等重点工程。完善中央统筹、省市负责、分级管理、分段负责的国家文化公园建设管理机制。

（三）推进区域协调发展

加快京津冀三地文化和旅游协同机制和平台建设，支持雄安新区文化和旅游领域改革创新，加快建设京张体育文化旅游带。保护好长江文物和文化遗产，持续打造长江国际黄金旅游带。深化粤港澳大湾区文化和旅游合作，共建人文湾区、休闲湾区。提升长三角地区在文化和旅游领域的一体化发展水平，加快公共服务便利共享，建设杭黄自然生态和文化旅游廊道，打造一批高品质的休闲度假旅游区。保护传承弘扬黄河文化，实施黄河文化遗产系统保护工程，打造具有国际影响力的黄河文化旅游带。推进大运河文化带、生态带、旅游带建设，将大运河沿线打造成为文化和旅游融合发展示范区域。建设成渝地区双城经济圈，共建巴蜀文化旅游走廊。加强东北地区全域统筹，培育冰雪旅游、康养旅游和休闲农业业态。以更大改革力度推动海南自由贸易港建设，推进文化领域有序开放，建设国际旅游消费中心。深入挖掘和利用中部地区特色文化和旅游资源，打响文化和旅游品牌。推动东部地区文化和旅游率先实现高质量发展，加快在创新引领上实现突破。支持革命老区、民族地区加快发展，加大对赣闽粤等原中央苏区支持力度，传承弘扬红色文化。持续推进甘肃华夏文明传承创新区、曲阜优秀传统文化传承发展示范区、景德镇国家陶瓷文化传承创新区等建设。开展文化和旅游援疆、援藏工作， 推进定点帮扶。加快边境地区文化建设，建设一批边境旅游试验 区、跨境旅游合作区。

（四）推动乡村文化振兴

把文化和旅游发展纳入乡村建设行动计划，建设产业兴旺、 生态宜居、乡风文明、治理有效、生活富裕的新时代魅力乡村。 保持对脱贫县文化帮扶政策稳定，对脱贫县持续给予扶持。发展 乡村特色文化产业、乡村旅游，完善利益联结机制，让农民更多分享产业增值收益。在有条件的乡村地区建设非物质文化遗产工坊。实施乡村文化和旅游能人项目。完善农村公共文化服务，改 善配套基础设施，强化综合服务功能。加强"三农"题材文艺作 品创作生产，开展"送文化下乡""戏曲进乡村"等活动，丰富 乡村文化生活，提高乡村文明程度。加大对乡村文化遗产和特色 风貌的保护力度，维护乡村文化多样性，推动形成文明乡风、良 好家风、淳朴民风。

（五）促进城乡融合发展

把城乡文化建设同新型城镇化战略有机衔接起来，以城带乡、以文化人，不断提高城乡居民的文化获得感。把县域作为城 乡融合发展的重要切入点，强化县城综合服务能力。推进城乡公共文化服务一体建设，实现城乡基本公共服务全覆盖，推动公共文化设施和旅游公共服务融合发展。建设宜居、绿色、人文城市， 使城市成为人民高品质生活的空间。发挥中心城市和城市群的辐 射带动作用，促进大中小城市和小城镇文化和旅游联动发展。加 强新型城镇化进程中的文化遗产保护，保留传统风貌，延续历史文脉。打造城乡文化品牌，提升城乡文化品位，在城市更新、社 区建设、美丽乡村建设中充分预留文化和旅游空间。

十三、保障措施

加强党对文化和旅游工作的全面领导，强化组织实施，健全体制机制，完善政策法规，夯实资源要素保障，推动规划落地见效。

（一）加强党的领导

坚持党总揽全局、协调各方的领导核心地位，强化全面从严治党引领保障作用，把党的领导贯穿于"十四五"文化和旅游发展的各领域各环节，确保党中央重大决策部署贯彻到位，确保"十四五"时期文化和旅游发展各项目标任务落到实处。

（二）深化体制机制改革

建立健全文化和旅游发展的部门协同机制，推进改革举措系统集成、协同高效，打通淤点堵点，激发整体效应。推进"放管 服"改革，加快转变政府职能。完善文化和旅游融合发展体制机制。培育文化和旅游行业组织。深化公共文化机构法人治理结构 改革。深化国有文化企业改革，推进公司制股份制改造，建立健全有文化特色的现代企业制度，推动国有文化企业把社会效益放 在首位、社会效益与经济效益相统一。深化国有文艺院团改革，开展社会效益评价考核。探索建立景区文化评价制度。支持盘活 利用存量工业用地，鼓励农村集体经济组织利用闲置宅基地和闲置住宅依法依规发展旅游业。推动文化和旅游领域对外开放政策 在国家服务业扩大开放综合试点示范区域、自由贸易试验区、自由贸易港等先行先试，在具备条件的地区推动旅游消费免税等政策实施。夯实文化和旅游统计基础，完善统计制度，提升统计服 务能力。

（三）建强人才队伍

实施人才优先发展战略，造就新时代文化和旅游人才队伍。优化人才培养结构、培养模式、评价机制，使各领域人才各得其所、尽展其长。培养高层次人才，开展文化名家暨"四个一批"人才、宣传思想文化青年英才推荐选拔，组织青年艺术领军人才培 养、高质量产业人才培养扶持等项目。培养一批文化和旅游领域急需紧缺人才、高技能人才。夯实基层人才队伍，引导文化和旅游领域专业技术人才向艰苦边远地区和基层一线流动。开展专家服务基层活动。推进"订单式"人才援助。完善分级分类培训， 举办全国文化和旅游厅局长培训班及高层次文化和旅游人才、优 秀青年人才国情研修班，开展基层公共服务队伍培训。积极参与高校共建，推动文化艺术和旅游职业教育改革发展。

（四）完善支持政策

按照财政投入水平与经济社会发展阶段相适应的要求，落实支持文化和旅游发展的财政政策。按照公共文化领域中央与地方财政事权和支出责任划分改革要求，落实基层提供基本公共服务所必需的资金。进一步完善转移支付机制，重点向革命老区、民 族地区、边疆地区、脱贫地区等倾斜。将文化和旅游重点领域符合条件的项目纳入地方政府专项债券支持范围。完善政府购买服务机制，通过多种手段引导社会力量参与文化和旅游发展。健全财政资金全过程绩效管理机制和监督机制，加强绩效评价结果应用，提高资金使用效益。

（五）完善投融资服务

深化文化、旅游与金融合作，鼓励金融机构开发适合文化和旅游企业特点的金融产品和服务。扩大文化和旅游企业直接融资规模，支持符合条件的文化和旅游企业上市融资、再融资和并购重组，支持企业扩大债券融资。引导各类产业基金投资文化产业和旅游产业。推广文化和旅游领域政府和社会资本合作（PPP）模式。完善文化和旅游企业信用体系，健全市场化融资担保机制。推动文化和旅游基础设施纳入不动产投资信托基金（REITs）试点范围。

（六）加强理论研究

围绕国家重大战略以及文化和旅游发展基础性、关键性、前瞻性重大问题，加强宏观研究和制度设计，为文化和旅游发展提供智力支持。建设文化和旅游部研究基地。发挥全国艺术科学规划、文化和旅游部级研究项目的引领作用，实施一批基础理论和应用对策研究项目，完善科研资助体系。推进各级文化和旅游研究院所建设，加强行业智库体系建设，培育和认定一批行业智库建设试点单位。

（七）健全法律法规

完善文化和旅游领域法律体系，加快推进法律法规的立改废释。积极推进文化产业促进法、文化市场综合执法管理条例出台，加快修订《中华人民共和国文物保护法》《中华人民共和国非物质文化遗产法》《中华人民共和国旅游法》等，推进博物馆立法研究，推进故宫保护条例、古籍保护条例等项目研究。落实行政规范性文件合法性审核机制和公平竞争审查制度。落实重大行政决策程序，提升文化和旅游领域行政决策公信力执行力。强化文化和旅游领域知识产权保护，健全知识产权信息咨询服务和交易平台，提高知识产权管理能力和运用水平。

（八）加强安全能力建设

加强国家文化安全保障能力建设，将安全发展理念贯穿于文化和旅游发展全过程。落实意识形态工作责任制，把握正确导向，加强对文艺作品、文化产品的内容把关。完善安全管理机制，会同有关部门加强对文化和旅游设施、项目、活动的安全监管。

统 筹疫情防控与文化和旅游发展，建立文化和旅游领域应对突发公 共事件的应急机制，加强应急体系建设。建立健全文化安全风险 评估和督查机制，制定文化安全风险清单，有效化解危害文化安 全的风险挑战。

各级文化和旅游部门、文物部门要充分认识"十四五"文化 和旅游发展规划的重要意义，积极推动本级党委和政府把文化和 旅游发展纳入重要日程。各级文化和旅游部门、文物部门要认真 贯彻实施本规划，加强部门协调和上下联动，健全规划实施机制， 明确规划实施责任，加强规划监测评估，提高规划实施成效。

第四章　生态振兴

实施乡村振兴战略，要坚持人与自然和谐共生，树立和践行绿水青山就是金山银山的理念，坚持节约优先、保护优先、自然恢复为主的方针，统筹山水林田湖草系统治理，严守生态保护红线，以绿色发展引领乡村振兴。

一、绿色发展理念已深入人心

准确把握习近平生态文明思想的丰富内涵和精神实质，无论是"人与自然和谐共生"，还是"绿水青山就是金山银山"；无论是"良好生态环境是最普惠的民生福祉"，还是"山水林田湖草是生命共同体"，都为新时代推进生态文明建设指明了方向。

（一）人与自然和谐共生

人类和生态环境是有机的整体，人与自然具有统一性和同构性，人与自然的关系是一种有机关系、共生关系。"人"和"山水林田湖草"就是一个有机整体，是一个由人类和其他生命体、非生命体以及其所在的环境共同构成的"生命共同体"。习近平总书记曾对这个生命共同体有过精彩阐释，"如果破坏了山、砍光了林，也就破坏了水，山就变成了秃山，水就变成了洪水，泥沙俱下，地就变成了没有养分的不毛之地，水土流失、沟壑纵横"。

人与自然的辩证关系是人类发展的永恒主题。人因自然而生，人类发展活动必须尊重自然、顺应自然、保护自然，否则就会遭到大自然的报复，对自然的伤害最终会伤及人类自身，这个规律谁也无法抗拒。因此，人与自然是一个生态系统，是一个生命共同体，人类的环境权利既不能游离于人体之外，又不能脱离自然而独立存在，必须依托于人与自然共同存在。而生存环境问题是人类生命共同体建设的基本问题，只有解决好生态环境问题才能稳固人类生命共同体的基础。

坚持人与自然和谐共生，体现了对人与自然关系的深刻把握，是对中华传统古老生态哲学智慧的继承和发扬。《荀子·天论》中有言："应之以治则吉，应之以乱则凶。"中国古代的"天人合一"等主张，本质就是将天、地、人作为和谐的整体来看待，强调在保护自然资源基础上进行人类开发活动，实现人与自然的和谐相处。尊重自然、顺应自然、保护自然，习近平总书记对待生态问题和谐平衡的思想，正是根植于生生不息的中华文明中。

坚持人与自然和谐共生，更是对马克思主义自然观和唯物辩证法的丰富和发展。"坚持人与自然和谐共生"是习近平新时代中国特色社会主义思想的重要组成部分，为我们在新时代如何推进生态文明建设指明了方向，明确了行动指南。我们要建设的生态文明，是同社会主义紧密联系在一起的，两者内在统一、相互促进。坚持和发展中国特色社会主义必须坚持人与自然和谐共生。党的十八届五中全会提出："坚持绿色发展，必须坚持节约资源和保护环境的基本国策，坚持可持续发展，坚定生产发展、生活富裕、生态良好的文明发展道路，加快建设资源节约型、环境友好型社会，形成人与自然和谐发展现代化建设新格局，推进美丽中国建设，为全球生态安全作出新贡献。"党的十九大将"坚持人与自然和谐共生"确立为新时代坚持和发展中国特色社会主义的基本方略之。坚持和发展这一方略，就是要在尊重人与自然有机联系、协同进化的前提下，坚持走生产发展、生活富裕、生态良好的文明发展道路。这一方略概括和提升了绿色发展的意蕴和境界。绿色发展就其要义来讲就是要解决好人与自然和谐共生问题。

然而人与自然和谐共生不是短期内的权宜之计，良好生态环境的建设绝不是一日之功。"建设生态文明是中华民族永续发展的千年大计"，彰显了中国共产党坚持以人民为中心的发展思想和实现中华民族永续发展的历史担当。中国特色社会主义进入新时代，坚持人与自然和谐共生的基本方略，就是要将满足人民群众对美好生态环境需要作为发展的出发点和落脚点之一。2018 年春天，习近平总书记在参加首都义务植树活动时强调，我们既要着力美化环境，又要让人民群众舒适地生活在其中，同美好环境融为一体。

生态环境保护功在当代、福泽子孙。在全面建设社会主义现代化强国新征程上，建设生态文明和美丽中国已经按下"快进键"。这项长远之计考验我们的治理智慧和发展能力，需要我们牢固树立社会主义生态文明观，处理好发展过程中人与自然的关系，不断转变思想、创新理念、面对问题科学施策，并持之以恒付诸行动，建设人与自然和谐共生的现代化，推动形成人与自然和谐发展现代化建设新格局，实现以生态文明促进高质量发展。

（二）绿水青山就是金山银山

绿水青山即生态环境，是生产力的基础要素。生产力既取决于资本和劳动等生产要素，取决于科学技术，也取决于生态环境。金山银山与绿水青山的矛盾集中表现为人口经济与资源环境的矛盾。宇宙系统和利技进步具有无限性，地球上的资源环境在一定时空条件下却是有限的。因此，必须在人口经济与资源环境之间维持一种必要张力，尤其是必须考虑到各种要素的空间均衡问题。

2005 年8月 15 日，习近平同志在浙江省安吉县天荒坪镇余村考察时，首次提出"绿水青山就是金山银山"。一周后，习近平同志在《浙江日报》"之江新语"发表评论指出：生态环境优势转化为生态农业、生态工业、生态旅游等生态经济的优势，那么绿水青山也就变成了金山银山。"绿水青山就是金山银山"的理念，一头是人类赖以生存的自然环境，另一头牵着财富生产；一头连着生态环境，另一头是人类活动的产物。揭示了生态环境与生产力之间的辩证统一关系，突破了把保护生态与发展生产力对立起来的僵化思维，内含了保护、改善与建设生态环境和保护与发展生产力的有机统一。在这里，"金山银山"是指基础设施健全、居民生活保障有效、人与自然和谐相处的"既宜居又生态"的乡村环境，而不是片面地将其理解为能挣多少钱。这样的"金山银山"与"绿水青山"才是相吻合的。

"绿水青山就是金山银山"的理念丰富了马克思主义生产力理论，形成了极富中国特色的生态环境生产力理论。习近平总书记关于绿水青山就是金山银山的辩证论是生态环境生产力理论生动、朴实和富含哲理的印证。"绿水青山可以源源不断地带来金山银山，绿水青山本身就是金山银山，我们种的常青树就是摇钱树，生态优势变成经济优势。""如果能够把这些生态环境优势转化为生态农业、生态工业、生态旅游等生态经济的优势，那么绿水青山也就变成了金山银山。"当然，绿水青山和金山银山之间也有矛盾，绿水青山是真正的金不换，"绿水青山可带来金山银山，但金山银山却买不到绿水青山"。

保护生态环境就是保护生产力，改善生态环境就是发展生产力。2014 年3月7日，习近平总书记在参加贵州团审议时强调，"保护生态环境就是保护生产力，绿水青山和金山银山绝不是对立的，关键在人，关键在思路"。良好的生态环境不仅直接提供生态产品，而且影响和决定着创造社会财富的能力。保护生态环境就是留住发展后劲，破坏生态环境就是自断发展前途。2013 年5月24 日，习近平总书记在十八届中央政治局第六次集体学习时强调：牢固树立保护生态环境就是保护生产力、改善生态环境就是发展生产力的理念，更加自觉地推动绿色发展循环发展、低碳发展，决不以牺牲环境为代价去换取一时的经济增长。在2019 年中国北京世界园艺博览会开幕式上，习近平总书记指出：良好生态本身蕴含着无穷的经济价值，能够源源不断创造综合效益，实现经济社会可持续发展。这些论述将生态环境保护与改善置于保护与发展生产力的突出位置，科学地阐述了经济发展与环境保护的关系，为生态环境的保护和改善提供了有力的理论支撑。

绿色是大自然的底色。当绿水青山和金山银山之间有不可调和的矛盾时，我们宁要绿水青山，不要金山银山。2013 年9月 7 日，习近平总书记在哈萨克斯坦纳扎尔巴耶夫大学回答学生问题时对"两山论"作出进一步阐述，"建设生态文明是关系人民福祉、关系民族未来的大计。我们既要绿水青山，也要金山银山。宁要绿水青山，不要金山银山，而且绿水青山就是金山银山"。要像对待生命一样对待生态环境，统筹山林田湖草系统治理，实行最严格的生态环境保护制度，形成绿色发展式和生活方式，坚定走生产发展、生活富裕、生态良好的文明发展道路，建设美丽中国。我们应该追求绿色发展繁荣，按照"绿水青山就是金银山"的理念促进发展理念的绿色创新，才能为绿色发展提供科学的观念引导，保证发展的可持续性。

绿水青山是自然财富、生态财富、社会财富、经济财富的总和。树立和践行绿水青山就是金山银山的理念，坚持节约资源和保护环境的基本国策，像对待生命一样对待生态环境已在中国人民心中达成共识。

二、乡村生态环境保护正时不我待

在新的社会发展时代背景下，广大乡村应尽快改变以牺牲生态环境为代价的错误发展方式，强化生态保护意识推动生态行为实践。以"美丽乡村建设"为契机，以"生态宜居"为目标，时刻保持对环境保护和生态发展的敏感性，主动、及时地剔除发展过程中不健康、不可持续的发展路径，共建天蓝、地绿、山青、水碧的美丽家园。

（一）生态环境保护是广大人民群众的强烈愿望

当环境污染成为人类生存发展的共同威胁时，顺应自然、保护环境应该成为全社会的一致行动。保护生态环境，大力保护和合理利用自然资源是为广大人民群众创造良好生产生活环境，为后代子孙建造天蓝地绿、山青、水碧的美丽家园，是确保经济社会持续发展的重要条件。

2013 年5 月 24 日，习近平总书记在主持十八届中央政治局第六次集体学习时强调，"在生态环境保护问题上，就是要不能越雷池一步，否则就应该受到惩罚"。党的十九大部署了推进绿色发展、着力解决突出环境问题、加大生态系统保护力度和改革生态环境监管体制等改革措施必须全心全意、不折不扣地贯彻好、落实好、践行好。

中国特色社会主义进入新时代，我国社会主要矛盾已经转化为人民日益增长的美好生活需要和不平衡不充分的发展之间的矛盾。随着我国社会主要矛盾的变化，老百姓过去"盼温饱"，现在"盼环保"；过去"求生存"，现在"求生态"，生态环境质量已成为影响人民群众幸福指数的关键指标。2013 年4月，习近平总书记在海南考察时指出，要处理好发展和保护的关系，着力在"增绿""护蓝"上下功夫，为子孙后代留下可持续发展的"绿色银行"。现在，人民群众对清新空气、清澈水质、清洁环境等生态产品的需求日益迫切，望得见山、看得见水、记得住乡愁已成为其日常生活的内生性需要。

近年来，我国大力推进生态文明建设，取得了举世瞩目的显著成效但是，生态文明建设仍然任重道远，优质生态产品仍然总体短缺。生态环境成为全面建成小康社会的突出短板，必须摆在重中之重的位置。未来，我们既要创造更多物质财富和精神财富以满足人民日益增长的美好生活需要，也要提供更多优质生态产品以满足人民日益增长的优美生态环境需要。

（二）乡村生态环境保护就在当下

乡村人口数量众多，需要普享"良好生态环境"的民生福祉。近年来，随着我国城镇化的快速推进，乡村人口数量虽然逐年减少，但依然聚集了40% 以上的人口。农村绝不能成为荒芜的农村、留守的农村、记忆的故园。2013 年4 月，习近平总书记在海南考察时指出：良好生态环境是最公平的公共产品，是最普惠的民生福祉。毫无疑问，乡村的广大人民群众不能失去这"最公平的公共产品"，更不能不享受这"最普惠的民生福祉"。

乡村地域广阔，生态是最大的优势。中国乡村幅员辽阔，占据绝大部分生态功能区，乡村是生态涵养的主体区；而且，山水林田湖草主要在农村，某种意义上讲，乡村环境是生态环境建设的一面镜子。因此，乡村生态环境是我国生态环境系统的重要组成部分，乡村生态环境保护是环境保护工作的重要组成部分，是改善区域环境质量的重要措施。乡村承载着我国经济可持续发展的重要任务，乡村环境的好坏反映着环境友好型社会建设的成功与否。

改革开放以来，虽然农业和农村经济发展取得了巨大成就，但随着我国经济社会的迅猛发展，以及农村经济的提速和社会主义新农村建设的不断深入，农业"高污染"和"高消耗"的形势不容乐观，农村生态环境保护问题日益突出，严重影响了农村经济乃至全国经济可持续发展和生态文明建设步伐。首先，农业生产过度依赖农药化肥造成耕地污染生产生活污水和垃圾处理率低影响人居环境、畜禽养殖污染水源、乡村旅游不合理开发造成生态破坏等。其次，以往各地在治污上存在范围上重城市、轻农村，模式上重点源、轻面源的现象，随着城镇化发展以及外出务工人员的返乡创业，一些地区还存在城市污染物向乡村转移的问题。再次，在农村消费水平与消费能力提升的同时，部分地区出现盲目消费与过度消费倾向，形成重量不重质的消费观念。最后，由于传统城乡二元体制束缚下的农村基础设施建设水平较低，农村区域难以完全消纳生产、生活废弃物。久而久之，农村生态系统承载能力难以支撑经济社会发展相伴生的废弃物，生态系统自我调节功能受到冲击，已成为全国生态文明建设的短板。因此，搞好农村环境保护，对农村生态环境、农民群众身心健康乃至全国生态文明建设都具有重要意义。

从上面的分析可以看到，尽管农村人口密度相对小，环境容量相对大，但农业面源污染所产生的影响是多方面、深层次的。随着城镇化的快速发展，加强乡村生态环境保护，加强乡村自然资源的保护和合理利用比以往任何时候都显得更加迫切。夯实环境基础，改善农村人居条件，是乡村振兴的基础。习近平总书记在十九届中央政治局第八次集体学习时强调，要"加快推进农村生态文明建设、建设农村美丽家园"。2019年4月28日，习近平总书记在 2019年中国北京世界园艺博览会开幕式上的讲话中指出："现在，生态文明建设已经纳入中国国家发展总体布局，建设美丽中国已经成为中国人民心向往之的奋斗目标。中国生态文明建设进入了快车道，天更蓝、山更绿、水更清将不断展现在世人面前。"

推进乡村生态振兴，必须以习近平生态文明思想为指引，防治农业生产和农村生活污染，综合整治乡镇环境。促进自然资源的合理开发利用，进一步强化乡村的自然资源管理，把保护自然资源和生态环境放在突出位置，重点保护好乡村的土地和矿产等不可再生资源，大力加强乡村林地和水源等绿色生态资源的保护，进一步增强生态产品供给能力。

注重对乡村原本风貌的保护，挖掘特色乡土味道，构建传承乡土特质、乡土文化、生态理念的农村发展新载体。维护农村重要自然生态系统的良性循环，统筹农村人居环境、农村自然资源、农村生态系统协调发展，提高城乡居民的生活环境质量，确保农村经济社会。

三、乡村振兴，生态宜居是关键

通过建设"让居民望得见山、看得见水、记得住乡愁"的生态宜居美丽乡村，助推乡村振兴，为老百姓留住鸟语花香田园风光，谱写美丽乡村建设新篇章。

（一）从新农村建设到美丽乡村

众所周知，农业是国民经济持续健康发展的基础，农村的土地为城市提供了粮食、蔬菜和水果。只有健康的土壤、干净的水源，才能生产出安全的食物。乡村景观极为丰富，水乡、平原、渔家小村、黄土高坡草原牧场、盆地沙漠等自然景观众多，这是大自然赋予的瑰宝。同时在中国各地还分布有许多当地人智慧和自然力量共同作用形成的具有保和研究价值的乡村景观，如岭南开平碉楼村落景观、内蒙古草原游牧部落景观等。

中国特色社会主义进入新时代，我国社会主要矛盾已经转化为人民日益增长的美好生活需要和不平衡不充分的发展之间的矛盾。其中，优美生态供应不足以及由此带来的高质量农产品供应不足是社会主要在农业农村领域的突出体现。因此，应从关系到中华民族自身健康延续下去的重大战略高度，将乡村生态振兴的总体目标确定如下：为近14中国人提供优美的生态环境、人居环境以及优质安全健康的农产品，保国人的身体健康，推进美丽宜居乡村建设，进而全面推动健康中国建设。

随着我国经济发展水平的提高，国家已经进入"工业反哺农业、城市支持农村"的发展新阶段。在这一背景下，"美丽乡村"建设提上日程。2005 年10 月，党的十六届五中全会提出了"生产发展、生活宽裕、乡风文明、村容整洁、管理民主"的具体要求。2007 年10月，党的十七大提出"要统筹城乡发展，推进社会主义新农村建设"。2008年，浙江省安吉县正式提出"中国美丽乡村"计划，出台《建设"中国美丽乡村"行动纲要》，提出用 10 年左右时间，把安吉县打造成为中国最美丽乡村。2012 年，在党的十八大发展"生态文明"的指导下，明确提出了"美丽中国"的概念。2013 年，中央一号文件明确提出"努力建设美丽乡村"的奋斗目标，这是在生态文明的背景下对新农村建设的发展与创新。

2014 年中央农村工作会议上强调"中国要美，农村必须美"，2015年，中央一号文件进一步指出，农村建设要"强富美"，同样强调了我国农村建设"美"的概念。2017 年，党的十九大报告提出"加快生态文明体制改革，建设美丽中国"的施政方针，其中特别提到农村人居环境整治是要着力解决的突出环境问题之一。虽然，新农村建设在不同时代背景和现实条件下有着不同的面貌，但有一点是肯定的，创建"美丽乡村"将进一步加强农村生态建设、环境保护和综合整治工作，有利于全国生态文明建设，也是构建资源节约型、环境友好型社会的重要基础。

美丽乡村建设是建设美丽中国的重要组成部分。要想推进美丽乡村的建设，坚持生态文明的理念是十分重要的。因为坚持生态文明的理念不仅仅是单方面的美丽，而是"内外兼修"的美丽。它既重视生态环境的保护，又重视在尊重自然的条件下发展生态经济。在推进美丽乡村建设的同时，将生态文明的理念扎根于心。如此才能真正地实现人与自然的和谐相处以及真正地做到可持续发展。

近年来，国家逐步将推进新农村建设列为城乡建设和发展的重点，美丽乡村建设是进行新农村建设的主要途径之一。美丽乡村建设顾名思义，是要将我国的农村建设得更加美丽，使自然与人类更加的和谐相处。生态文明是建设美丽乡村的关键步骤，它的内涵不仅是坚持用先进的生态理念保护生态环境，还包括用经济手段及相关制度加以辅助。用生态文明的理念来推进美丽乡村建设是实现我国新农村建设的重要途径。在美丽乡村的推进过程中，始终坚持生态文明的理念是因为生态是乡村本身具有的特色。生态是乡村最大的发展优势。原生态的乡村环境是能够创造出经济机遇的。

要科学认识乡村存在的价值，留住美丽乡村。传统认识上，村落有农业生产价值、生活价值，但更不能遗忘其生态价值。城镇化建设要体现尊重自然、顺应自然、天人合一的理念，依托现有山水脉络等独特风光，让城市融入大自然，让居民望得见山、看得见水、记得住乡愁。毋庸置疑，农村人居环境干净卫生，关系的不只是农村人的身体健康，更关乎城市人的生命质量。生态是乡村的优势，生态价值是美丽乡村的精髓。

（二）生态宜居是乡村振兴的重要标志

宜居的生态，需要保护生态环境，坚持绿色导向，生态导向。良好生态环境是提高人民生活水平、改善人民生活质量、提升人民幸福感和安全感的基础和保障，是重要的民生福。宜居，指的是住得好，无论是发达地区还是贫困偏远地区，都要给老百姓一个干净的居住环境。生态宜居是乡村振兴的重要标志，也是以绿色发展引领生态振兴的关键所在。在乡村振兴的全过程中，融入生态环保理念和实践是客观所需、农民所盼。良好生态环境是农村最大优势和宝贵财富，必须尊重自然、顺应自然、保护自然，推动乡村自然资本加快增值，实现百姓富、生态美的统一。打造生态宜居乡村，要有正确的理念引领、有完美的制度体系建立、有贴切的人文定位。党的十九大报告把"生态宜居"摆在乡村振兴战略五大目标任务的第二位，足见其重要性。生态宜居要求的提出，为新时代农村走绿色发展道路指明了方向，提升了农村发展的可持续性。要坚持人与自然和谐共生，持续提升农村环境质量，建设美丽乡村。2019 年中央一号文件《中共中央 国务院关于坚持农业农村优先发展做好"三农"工作的若干意见》指出要"加强农村污染治理和生态环境保护"。

以农业农村现代化为目的的乡村振兴，有人认为是对"现代化"的抛弃，这种理解是狭隘的，要实现真正的"生态宜居"不是那么简单的，需要具有前瞻性和全局性的规划，现代化的管理、科技和理念必不可少，这一切光靠农民显然是不够的，必须要有新鲜血液，要想吸引人才，社会的焦点、国家的政策都必须要切实地转移到乡村来，而不再是雷声大，雨点小，忽悠老实人。按照党的十九大提出的产业兴旺、生态宜居、乡风文明、治理有效、生活富裕的总要求，加快推进农业农村现代化，让城里人"愿意来、留得下、带回去"，使广大农村地区"靠山吃山、靠水吃水"成为现实。

建设生态宜居的新农村，不仅是新时代背景下农村发展的战略要求，更是我国社会主要矛盾转化在农村的充分体现。建设好生态宜居的美丽乡村，要以踏石留印、抓铁有痕的劲头坚持不懈，让农民有更多幸福感，获得感。当前应树立尊重自然、顺应自然、保护自然的生态文明发展理念，加大农村生态环境保护力度，从农村环境综合整治、山水林田湖草系统治理、绿色产业发展引导、创新驱动等方面重点推进，将各项政策措施落到实处。走资源节约、环境友好的绿色发展道路，改善农民居住环境，保护农村生态环境，符合生态宜居的发展要求，也定将全面激活农村发展新活力。

第一节　加强乡村生态保护与修复

乡村生态振兴，乡村生态保护与修复是根本。加强乡村生态保护与修复，需要深入学习贯彻习近平生态文明思想，切实把思想和行动统一到中央决策部署上来，深入推进农业农村生态环境保护工作，提升农业农村生态文明；要深刻把握人与自然和谐共生的自然生态观，正确处理乡村振兴与生态环境保护的关系，自觉把尊重自然、顺应自然、保护自然的要求贯穿到乡村振兴全过程；要深刻把握用最严格制度最严密法治保护乡村生态环境的方法路径，实施最严格的乡村生态资源管理制度和耕地保护制度，给子孙后代留下良田沃土、碧水蓝天。

一、加大乡村生态系统保护力度

乡村生态系统是一个以自然为主的半人工生态系统，是乡村区域由人类、资源、各种环境因子通过各种生态网络机制而形成的一个社会，经济、自然的复合体。乡村生态系统兼有生产功能、生活功能、生态功能和文化功能四大功能，是人类社会生存、生产和发展的基础。因此，乡村生态振兴，必须树立乡村生态保护意识，加大乡村生态保护力度，牢固树立绿水青山就是金山银山的理念，尊重自然、顺应自然、保护自然，构建人与自然和谐共生的乡村发展新格局。要在加大农业生态系统保护力度上取得新进展，进一步做好农业农村生态环境保护工作，切实加强农产品产地环境保护，大力推动农业资源养护，加快构建农业农村生态环境保护制度体系，推动乡村生态建设迈上新台阶。

（一）切实加强农产品产地环境保护

农产品产地环境是农业生产的基础条件，农产品产地安全是农产品质量安全的根本保证。农产品产地安全状况不仅直接影响国民经济发展，而且直接关系到农产品安全和人体健康。一旦农产品产地被污染，由于具有隐蔽性、滞后性、累积性和难恢复性等特征，所带来的危害将是灾难性的。因此，农产品产地环境保护，是加强乡村生态环境保护工作的关键环节。

加强农产品产地环境保护，首先，应加强污染源头治理。各地区应重点开展涉重金属企业排查，严格执行环境标准，控制重金属污染物进入农田，同时加强灌溉水质管理，严禁工业和城市污水直接灌溉农田。其次，加快开展耕地土壤污染状况详查，实施风险区加密调查、农产品协同监测，进一步摸清耕地土壤污染状况，明确耕地土壤污染防治重点区域。在耕地土壤污染详查和监测基础上，将耕地环境质量划分为优先保护、安全利用和严格管控三个类别，实施耕地土壤环境质量分类管理最后，分区域、分作物品种建立受污染耕地安全利用试点，合理利用中轻度污染耕地土壤生产功能，大面积推广低积累品种替代、水肥调控、土壤调理等安全利用措施，推进受污染耕地安全利用。严格管控重度污染耕地，划定农产品禁止生产区，实施种植结构调整或退耕还林还草。

（二）大力推动农业资源养护

农业资源养护工作的顺利开展是实现农业可持续发展、农业生态振兴的关键。要把农业发展、农业资源合理开发利用和资源环境保护结合起来，遵循农业生态自然规律，保持农业生态平衡，大力推动农业资源护，才能实现农业生态振兴、农业生产可持续发展。

推动农业资源养护，首先，应加快发展节水农业，统筹推进工程节水、品种节水、农艺节水、管理节水、治污节水，调整优化品种结物，调减耗水量大的作物，扩种耗水量小的作物，大力发展雨养农业。同时，建设高标准节水农业示范区，集中展示膜下滴灌、集雨补灌、喷滴灌等模式。要建立节约高效的农业用水制度，推行农业灌溉用水总量控制和定额管理；强化农业取水许可管理，严格控制地下水利用，加大地下水超采治理力度。其次，加强耕地质量保护与提升。全面提升耕地质量，加强农田水利基本建设，加强旱涝保收、高产稳产高标准农田建设。以任务精准落实到户、补助资金精准发放到户为重点，完善轮作休耕制度。最后，要强化农业生物资源保护，加强水生野生动植物栖息地和水产种质资源保护区建设，建立重点水域禁捕补偿制度，科学划定江河湖海限捕、禁捕区域；大力实施增殖放流，加强海洋牧场建设，完善休渔禁渔制度。

（三）加快构建乡村生态环境保护制度体系

制度才能管根本、管长远。加大乡村生态系统保护，必须加快构建乡村生态环境保护制度体系。习近平总书记指出："绿水青山就是金山银山，改善生态环境就是发展生产力。"《中共中央 国务院关于全面加强生态环境保护 坚决打好污染防治攻坚战的意见》强调要全面加强生态环境保护，坚决打好污染防治攻坚战。2018 年9月，中共中央、国务院印发的《乡村振兴战略规划（2018 一2022 年)》明确指出，要健全重要生态系统保护制度。构建乡村环境保护制度体系主要从以下几个方面着手：一是完善天然林和公益林保护制度，进一步细化各类森林和林地的管控措施或经营制度。二是完善草原生态监管和定期调查制度，严格实施草原禁牧和草畜平衡制度，全面落实草原经营者生态保护主体责任。三是完善荒漠生态保护制度，加强沙区天然植被和绿洲保护。四是全面推行河长制湖长制，鼓励将河长湖长体系延伸至村一级。五是推进河湖饮用水水源保护区划定和立界工作，加强对水源涵养区、蓄洪滞涝区、滨河滨湖带的保护。六是严格落实自然保护区、风景名胜区、地质遗迹等各类保护地保护制度，支持有条件的地方结合国家公园体制试点，探索对居住在核心区域的农牧民实施生态搬迁试点。

二、持续推进乡村生态修复治理

中共中央、国务院印发的《乡村振兴战略规划（2018一2022年）》指出：大力实施乡村生态保护与修复重大工程，完善重要生态系统保护制度，促进乡村生产生活环境稳步改善，自然生态系统功能和稳定性全面提升，生态产品供给能力进一步增强。因此，推进乡村生态修复治理，是实现乡村生态振兴的重要任务。实施乡村生态修复治理，应重点以解决突出乡村生态环境问题为导向，以提升乡村生态环境质量和承载力为主线，全面提升生态保护和环境治理能力、促进乡村生产生活环境稳步改善，实现乡村全面振兴。

（一）实施农业湿地保护和恢复

湿地在涵养水源、净化水质、蓄洪抗旱、调节气候和维护生物多样性等方面发挥着重要功能，是重要的自然生态系统，也是自然生态空间的重要组成部分。农业湿地保护和恢复是乡村生态振兴的重要内容。实施农业湿地保护和恢复，要坚持自然恢复为主与人工修复相结合的方式，优先恢复生态功能严重退化的国家和地方重要湿地。

重点加强对集中连破碎化严重、功能退化的自然湿地进行恢复和综合整治，遏制自然湿地萎缩和河湖生态功能下降趋势。综合运用污染清理、土地整治、地形地貌修复、自然湿地岸线维护、河湖水系连通、植被恢复、野生动物栖息地恢复、拆除围网、生态移民和湿地有害生物防治等手段，逐步恢复湿地生态功能，增强湿地碳汇功能，维持湿地生态系统健康。

（二）持续扩大退耕还林还草规模

退耕还林还草是治理我国水土流失和土地沙化的重大生态修复工程。实施退耕还林还草是党中央、国务院从中华民族生存和发展的战略高度，着眼经济社会可持续发展全局做出的重大决策。国家发展和改革委员会、财政部、国家林业局、农业部、国土资源部印发了《新一轮退耕还林还草总体方案》，总体规模是到 2020 年，将全国具备条件的坡耕地和严重沙化耕地约 4240 万亩退耕还林还。其中包括：25度以上坡耕地 2173万亩，严重沙化耕地 1700 万亩，丹江口库区和三峡库区 15~25 度坡耕地 370 万亩。新一轮退耕还林还草应遵循以下原则：一是坚持农民自愿，政府引导。充分尊重农民意愿，退不退耕，还林还是还草，种什么品种，由农民自己决定。各级政府要加强政策、规划引导，依靠科技进步，提供技术服务，切忌搞"一刀切"、强推强退。二是坚持尊重规律，因地制宜。根据不同地理、气候和立地条件，宜乔则乔、宜灌则灌、宜草则草，有条件的可实行林草结合，不再限定还生态林与经济林的比例，重在增加植被盖度。三是坚持严格范围，稳步推进。退耕还林还草依据第一次全国土地调查和年度变更调查成果，严格限定在 25 度以上坡耕地、严重沙化耕地和重要水源地15—25 度坡耕地。兼顾需要和可能，合理安排退耕还林还草的规模和进度。四是坚持加强监管，确保质量。建立健全退耕还林还草检查监督机制，对工程实施的全过程实行有效监管。加强建档建制等基础工作，提高规范化管理水平。

（三）加快推进农村"四荒"资源治理

治理开发农村集体所有的"荒山、荒沟、荒丘、荒滩"（以下简称"四荒"）是提高植被覆盖率，防治水土流失和土地荒漠化，改善生态环境和农业生产条件，促进农村生态振兴和农民脱贫致富的一项重大战略措施。推进农村"四荒"资源治理，要在符合国家有关法律、法规、政策、水土保持总体规划和治理开发协议的前提下，允许并鼓励治理者在保持水土和培育资源的基础上，宜农则农、宜林则林、宜果则果、宜牧则牧、宜渔则渔，根据实际情况开发利用"四荒"。应严格实行谁治理、谁管护、谁受益的政策。在经过治理开发的"四荒"地上种植的林果木、牧草及其产品等归治理者所有，新增土地的所有权归集体，在协议规定期限内，治理者拥有使用权，享受国家有关优惠政策。要发挥县以及乡镇基层水利、水土保持、土地、农业、林业和供销社等部门的指导、服务作用。要为"四荒"治理开发编制规划，组织技术培训，推广适用科技成果，提供优质苗木、良种，供应生产资料，提供市场信息咨询等保本微利的社会化服务。

（四）加强矿山地质环境修复和综合治理

矿山地质环境是乡村生态环境的重要组成部分。加快推进乡村生态振兴，必须把矿山地质环境恢复和综合治理摆在更加突出的位置，组织动员各方面力量，加强矿山地质环境保护，加快矿山地质环境恢复和综合治理，尽快形成开发与保护相互协调的矿产开发新格局。各地要将矿山地质环境历史遗留问题的解决作为实现乡村生态振兴的重要任务，纳入当地政府生态环境保护的目标任务，明确要求，分工负责，限期完成严格考核和问责制度。各级地方财政要加大资金投入力度，拓宽资金渠道，为废弃矿山、政策性关闭矿山等历史遗留的矿山地质环境恢复治理提供必要支持。按照"谁治理、谁受益"的原则，鼓励社会资金参与，充分发挥财政资金的引导带动作用，大力探索构建"政府主导、政策扶持、社会参与、开发式治理、市场化运作"的矿山地质环境修复和综合治理新模式。各地可根据本地实际情况，将矿山地质环境修复治理与乡村振兴建设、棚户区改造、生态移民搬迁、地质灾害治理、土地整治、城乡建设用地增减挂钩、工矿废弃地复垦利用等有机结合起来，加强政策与项目资金的整合与合理利用，形成合力，切实提高矿山地质环境保护和恢复治理成效。

三、建设健康稳定田园生态系统

田园生态系统是指人类在以作物为中心的农田中，利用生物和非生物环境之间以及生物种群之间的相互关系，通过合理的生态结构和高效生态机能，进行能量转化和物质循环，并按人类社会需要进行物质生产的综合体。开展农田生态系统保护建设是推动乡村生态振兴和农业绿色发展等国家重大战略部署落地的重要举措，是促进新时代农业转型升级的重要抓手和促进农业绿色发展的升级版工程，对于创新和重塑农业生产、农村生态、农业科技、农村人文体制机制，提供安全优质的农产品推进入与自然的和谐相处，以及振兴乡村都有重要作用。2018 年5月 18日，习近平总书记在全国生态环境保护大会上的讲话中指出：打造美丽乡村，为老百姓留住鸟语花香田园风光。《乡村振兴战略规划（2018—2022年）》明确要求，"建设健康稳定田园生态系统""重塑诗意闲适的人文环境和田绿草青的居住环境，重现原生田园风光和原本乡情乡愁"。

（一）保护和维持田园生态系统的完整性和农田生物多样性

遵循生态系统整体性、生物多样性规律，合理确定种养规模，建设完善生物缓冲带、防护林网、灌溉渠系等田间基础设施，恢复田间生物群落和生态链，实现农田生态系统的稳定性和自然循环功能

（二）注重保护和开发农业的多功能性

除提供食品和其他农产品功能外，农业还具有防洪、保持水土、涵养水源、保护生物多样性、保护农村自然景观、传承文化、体验学习和教育等功能。因此，要优化乡村种植、养殖、居住等功能布局，拓展农业多种功能，打造种养结合、生态循环、环境优美的田园生态系统。

（三）开展乡村地区生物多样性调查，划定保护区域

乡村的河流、水田、灌溉渠道、池塘、村落等构成了完整的生态统网络。从农村生态系统整体性角度出发开展田园生态系统建设，需避免由于农业生产活动导致乡村生态系统的碎片化。需要对当地生物样性进行调查，了解当地居民开展的环境保护活动及相关措施和造成影响。在此基础上，通过环境保护专家以及利益相关者的广泛参与开尼区域环境评价，从生态系统完整性角度划分保护区域，因地制宜地制定环境保护具体措施，制定与自然和谐共生的农业生产开发方案，确保用园生态系统建设和保护的连续性和完整性

（四）构建田园生态系统建设的长效机制

创新融资方式，加大资金来源的多样性，解决田园生态系统建设的长效资金问题。发挥农民的主体作用，充分保障建设完成后的收益更好地留给乡村，保障农民合法权益。要加强顶层设计，各地应颁布相应的规划和指导文件，设立田园生态系统建设的考核指标，为企业、农民的参与提供一系列配套政策，形成长效机制。

四、统筹山水林田湖草系统治理

党的十八大以来，习近平总书记从生态文明建设的宏观视野提出山水林田湖草是一个生命共同体的理念。习近平总书记在《关于〈中共中央关于全面深化改革若干重大问题的决定〉的说明》中强调，"人的命脉在田，田的命脉在水，水的命脉在山，山的命脉在土，土的命脉在树。用途管制和生态修复必须遵循自然规律……对山水林田湖进行统一保护，统一修复是十分必要的"。党的十九大报告指出，"建设生态文明是中华民族永续发展的千年大计"，"统筹山水林田湖草系统治理，实行最严格的生态环境保护制度，形成绿色发展方式和生活方式，坚定走生产发展、生活富裕、生态良好的文明发展道路"。习近平总书记关于"山水林田湖草是一个生命共同体"的重要论述，进一步唤醒了人类尊重自然、关爱生命的意识和情感，为新时代推进乡村生态振兴提供了行动指南。

统筹山水林田湖草系统治理，首先要牢固树立山水林田湖草是一个生命共同体的理念。按照生态系统的整体性、系统性以及内在规律，统筹考虑自然生态各要素以及山上山下、地上地下、陆地海洋、流域上下游，进行系统保护、宏观管控、综合治理，增强生态系统循环能力，维护生态平衡。重点围绕解决生态系统保护与治理中的重点难点问题，在重点区域实施重大生态系统保护和修复工程，尽快提升其生态功能；健全完善山水林田湖草系统治理和保护管理制度，以生态系统治理体系和治理能力现代化提升生态系统健康与永续发展水平，提高生态系统生态品供给能力，不断满足人民日益增长的优美生态环境需要

统筹山水林田湖草系统治理，必须打破行政区划、部门管理、行业管理和生态要素界限，统筹考虑各要素保护需求，健全生态环境和自然资源管理体制机制，推进生态系统整体保护、综合治理、系统修复。要树立绿水青山就是金山银山的生态文明价值观，以矿山环境治理恢复、土地整治与土壤污染修复、生物多样性保护、流域水环境保护治理、区域生态系统综合治理修复等为重点内容，以景观生态学方法、生态基础设施建设、近自然生态化技术为主流技术方法，因地制宜设计实施路径。

统筹山水林田湖草系统治理，必须因地制宜，突出特色。各地自然地理条件、经济社会发展水平、面临的生态环境问题不尽相同，紧紧围绕区域主导生态功能和生态系统结构特征，制定差异化保护修复方案和实施路线图。充分挖掘本地生态资源优势和生态文化特色，在实施生态保护修复工程的同时，因地制宜设计生态旅游、生态农

业等特色产业发展方案，提高绿色发展水平，实现区域生态产品供给能力和经济发展质量双提升。

统筹山水林田湖草系统治理，必须创新制度，长效管理。以国家大力推进山水林田湖草生态保护修复为契机，按照生态文明体制改革总体

方案要求，深入探索自然资源资产产权制度、国土空间开发保护制府，资源总量管理和全面节约制度、资源有偿使用和生态补偿制度、生态文明绩效评价考核和责任追究制度等有利于生态系统保护修复的制度体系。对工程实施和推进，制定配套政策措施，建立稳定持续的资金机制，建立工程台账，强化绩效评估和考核，形成生态保护修复长效制度。

五、加强耕地资源保护和质量提升

耕地是最宝贵的农业资源、最重要的生产要素。党的十八大以来，以习近平同志为核心的党中央高度重视耕地质量保护工作，围绕严守耕地保护红线、确保农地农用等方面作出了一系列重大决策和部署，探索出促进耕地保护的有效路径。2013 年 12 月，习近平总书记在中央农村工作会议上的讲话中指出： 保障国家粮食安全的根本在耕地，耕地是粮食生产的命根子。农民可以非农化，但耕地不能非农化。如果耕地都非农化了，我们赖以吃饭的家底就没有了。2014 年 5 月，习近平总书记在河南考察时的讲话中指出：粮食生产根本在耕地，命脉在水利，出路在科技，动力在政策，这些关键点要一个一个抓落实、抓到位，努力在高基点上实现粮食生产新突破。2019 年 3 月，习近平总书记在参加十三届全国人大二次会议河南代表团的审议时指出：耕地是粮食生产的命根子。要强化地方政府主体责任，完善土地执法监管体制机制，坚决遏制土地违法行为，牢牢守住耕地保护红线。这些重要论断和重大部署，必须深刻领会、准确把握、坚决贯彻。

（一）将优质耕地划入基本农田实行永久保护

新时代我国社会主要矛盾已经转化为人民日益增长的美好生活需要和不平衡不充分的发展之间的矛盾，但人多地少、人均耕地资源少、耕地后备资源不足的基本国情没有改变。耕地是我国最为宝贵的资源，永久基本农田是最优质、最精华、生产能力最好的耕地，划定并守住永久基本农田控制线功在当前、利及长远，是确保国家粮食

安全、加快推进农业农村现代化的有力保障，是深化农业供给侧结构性改革、促进经济高质量发展的重要基础，是实施乡村振兴、促进生态文明建设的必然要求。

将优质耕地划入基本农田实行永久保护，首先各乡镇要按照《基本农田划定技术规程》和有关要求，完成基本农田划定工作。要综合运用土地变更调查、农用地分等定级成果，将土地利用总体规划确定的基本农田落到实地，划定边界，设立标志，统一编号，落实到户。加快编制基本农田保护相关图件和表册，逐片（块）落实数量、质量等级和保护责任信息，建立基本农田数据库。基本农田一经划定，实行永久保护，任何单位和个人未经批准不得改变或者占用。同时，积极探索建立日常管护制度，明确管护主体，落实管护责任，保障管护经费，按照职责做好农田水利等基础设施维护、水土保持等工作，提高利用水平，防止盲目开发、过度开发和不当利用。凡有条件的地方，可通过组建专业合作社等方式鼓励土地流转，发展适度规模经营，实现政府、企业和农户的多方共赢，确保高标准基本农田长期持续发挥效益。

（二）严控建设用地占用优质耕地

严守耕地保护红线、给农业留下更多良田是党中央历来对耕地保护工作的强调重点。守住耕地红线，首要任务要管住"占"，即严格土地用途管制，严控建设用地占用优质耕地资源。强化土地利用总体规划对新增建设用地及其占用农用地规模、结构和布局安排的调控，落实城乡建设用地管制边界，严控建设用地占用耕地规模，最大限度减少建设用地占用耕地特别是优质耕地。严格控制建设用地低效扩张，将永久基本农田落地到户，严格管控措施，实现长久有效保护。严格农用地转用管理，确保在土地承包经营权流转、农业结构调整等政策实施不改变农用地用途等。鼓励和引导工业、城镇用地向低丘缓坡荒滩等未利用地、劣质农用地等区域发展，鼓励开发利用地上地下空间和城市低效利用土地"二次开发"。各类建设项目用地要严格执行准入标准，充分采用节地术书，切实落实工程建设用地控制指标。严格建设项目用地预审和审批，建设项目选址（线）要现场踏勘、充分论证，通过方案比选，做到不占或少占耕地，确需占用耕地的，应占用等级较低的耕地。

（三）严格执行耕地占补平衡政策规定

按照党中央、国务院决策部署，坚守土地公有制性质不改变、耕地红线不突破、农民利益不受损三条底线，着力加强耕地数量、质量、生态"三位一体"保护，着力加强耕地管控、建设、激励多措并举保护，采取更加有力措施，依法加强耕地占补平衡规范管理。加快建立以数量为基础、产能为核心的占补新机制，通过"算大账"的方式，落实占一补一、占优补优、占水田补水田，促进耕地数量、质量和生态"三位一体"保护。非农建设占用耕地的，建设单位必须依法履行补充耕地义务，无法自行补充数量、质量相当耕地的，应当按规定足额缴纳耕地开垦费。地方各级政府负责组织实施土地整治，通过土地整理、复垦、开发等推进高标准农田建设，增加耕地数量、提升耕地质量，以县域自行平衡为主、省域内调剂为辅、国家适度统筹为补充，落实补充耕地任务。在严格保护生态前提下，科学划定宜耕土地后备资源范围，禁止开垦严重沙化土地，禁止在 25 度以上陡坡开垦耕地，禁止违规毁林开垦耕地。充分发挥财政资金作用，鼓励采取政府和社会资本合作（PPP）模式、以奖代补等方式，引导农村集体经济组织、农民和新型农业经营主体等，根据土地整治规划投资或参与土地整治项目，多渠道落实补充耕地任务。

（四）加快推进耕地质量提升

数量上守住"红线"固然重要，但如果耕地质量下降，粮食产能必然下降。因此，守红线更要"建"红线，努力推动耕地保护从数量管护转向数量、质量、生态"三位一体"管理转变，确保耕地生产能力稳提升，让同等面积的耕地生产更多的粮食。各地农业农村部门要结合本地实际，根据当地种植布局、耕作制度、栽培技术模式和主要土壤类型，开展耕地质量保护提升示范推广。重点围绕"改、培、保、控"四字技术要领，因地制宜选择技术措施。

1."改"：改良土壤

通过开展农田设施建设，土地平整，坡改梯，生物篱，沟渠路林配套，地膜、秸秆覆盖等，治理水土侵蚀；通过施用石灰、碱性土壤调剂、有机肥等，改良酸化土壤；通过排灌分离、深沟降潜、暗沟滤排、机械起垄栽培等，改良潜育化土壤；通过水旱轮作、淋溶、洗田、生物除盐（蔬菜—玉米轮作等）、深耕压盐、施用商品有机肥、水肥一体化、非农建设占用耕地的优质耕层土壤剥离与再利用等，改良盐渍化菜地；通过秸秆还田、增施有机肥、种植绿肥、深耕深松、非农建设占用耕地的优质耕层土壤剥离与再利用等，改善土壤理化性状；通过免耕少耕、轮作休耕、深耕深松等，改进耕作方式。

2. "培": 培肥地力

通过增施有机肥，实施秸秆还田，种植绿肥，提高土壤有机质含量；通过粮豆轮作套作、固氮肥田实现用地与养地结合，持续提升土壤肥力；通过开展测土配方施肥，平衡土壤养分；通过开展补充耕地后期培肥，提高新增耕地质量。

3. "保": 保水保肥

通过耕作层深松耕，打破犁底层，加深耕作层；通过采取免耕少耕以及山区丘陵的等高种植、聚土垄作、坡地沟种等，推广保护性耕作；通过增施有机肥，改善土壤团粒结构，增强耕地土壤保水保肥能力；通过实施水肥一体化、地膜（秸秆）覆盖、集雨补灌等，提高农田水肥利用率。

4. "控": 控污修复

通过减量施用化肥农药，减少不合理投入数量；通过实施畜禽粪便无害化处理，阻控重金属、有机物污染源；通过规范使用达标农膜，开展残留农膜回收，控制农膜残留污染；加强农田灌溉水质监测与预警，阻控农田用水污染。采取工程、生物、农艺等措施，修复污染耕地。推进非农建设占用耕地耕作层土壤剥离与再利用，剥离的优质耕层土壤用于污染耕地修复。

（五）健全耕地保护与提升机制

认真贯彻落实"十分珍惜、合理利用土地和切实保护耕地"基本国策，深化改革，建立健全耕地资源保护制度。结合各地实际情况，积极探索建立健全耕地保护与提升机制，广泛调动各方力量保护耕地，牢牢守住耕地红线。加强对耕地保护责任主体的补偿激励。积极推进中央和地方各级涉农资金整合，综合考虑耕地保护面积、耕地质量状况、粮食播种面积、粮食产量和粮食商品率，以及耕地保护任务量等因素，统筹安排资金，按照谁保护、谁受益的原则，加大耕地保护补偿力度。鼓励地方统筹安排财政资金，对承担耕地保护任务的农村集体经济组织和农户给予奖补。奖补资金发放要与耕地保护责任落实情况挂钩，主要用于农田基础设施后期管护与修缮、地力培育、耕地保护管理等。在生态条件允许的前提下，支持耕地后备资源丰富地区有序推进土地整治增加耕地，补充耕地指标可对口向经济发达地区调剂，补充耕地指标调剂收益由县级政府通过预算安排用于耕地保护、农业生产和农村经济社会发展。支持占用耕地地区在支付补充耕地指标调剂费用基础上，通过实施产业转移、支持基础设施建设等多种方式，对口扶持补充耕地地区，调动补充耕地地区保护耕地的积极性。

第二节　积极推进农业循环化发展

2016 年 12月 21 日，习近平总书记在中央财经领导小组第十四次议的讲话中指出：要坚持政府支持、企业主体、市场化运作的方针，以气和生物天然气为主要处理方向，以就地就近用于农村能源和农用有机肥为主要使用方向，力争在"十三五"时期，基本解决大规模畜禽养殖场污处理和资源化问题。为贯彻落实习近平总书记提出的新发展理念，应加快推动农业资源利用高效化、农业投入减量化、农业废弃物利用资源化，农业生产过程清洁化，大力发展种养结合循环农业，促进农业资源循环利用、农业产业循环发展。

一、加快推进农业标准化生产

农业标准化生产是促进现代农业发展、增强农产品市场竞争力的基础，是提高农产品质量安全水平的重要保证。因此，各地应立足环境和资源优势，积极推进农业标准化生产，提高农业综合生产能力，对促进农业生产增长方式的改变和农民生态观念的转变，实现乡村生态振兴具有重要意义。

（一）大力实施标准化生产，规范生产经营行为

各地要因地制宜，加快农产品质量安全标准的制定、修订步伐，逐步实现农产品生产、加工、销售诸环节相关标准的配套、统一。加快对高水平技术标准的研制，不断提高农产品质量安全标准的适应性。进一步加大农产品质量安全标准的实施力度。农产品生产和流通各环节要严格执行强制性国家标准和行业标准，积极引用推荐性国家标准和行业标准，鼓励企业制定严于国家标准或者行业标准的企业标准，鼓励采用国际标准或者国外先进标准。加快各类农业标准化示范区、标准化生产（养殖）基地的建设。推广"龙头 +基地 +农户"模式，将农业标准化示范区、生产（养殖）基地建设与农业科技推广、无公害生产基地、绿色食品和有机农产品生产基地以及良好农业规范试点建设等项目紧密结合起来，不断扩大农业标准化生产规模。加强对生产加工企业、农民专业合作经济组织、专业协会的建设和管理，发挥标准化生产的龙头带动作用。加快推进农产品批发市场标准化工作，按照《农产品批发市场管理技术规范》

和《农产品批发市场管理技术规范实施细则》的要求，建立农产品批发市场标准体系，切实发挥标准化在农产品批发市场经营秩序和流通领域农产品质量安全中的保障、支撑作用。

（二）加快农产品质量认证，培育发展品牌、名牌

加快推进农产品质量认证工作，对生产管理比较规范、质量保障体系比较完善的生产（养殖）基地和生产加工企业，鼓励进行无公害农产品、绿色食品和有机农产品认证。特别是备受城乡居民关注的"菜篮子"产品，要制定激励政策，鼓励进行大规模产地认定和产品认证。积极推进种养殖 GAP 认证、加工领域 HACCP 认证及农业投入品认证，逐步形成以无公害农产品、绿色食品、有机农产品认证为主体，农业投入品认证为补充的认证体系。加快认证国际化，鼓励开展 HACCP 认证和 ISO 等各种质量管理认证，有条件的地方可开展良好农业规范（GAP）认证试点工作。加快培育品牌、名牌，加大品牌整合、市场开拓和诚信体系建设力度，支持做大做强优势产业，增强整体市场竞争能力。同时，发挥市场引导作用，通过展览、展销等形式，不断扩大名牌影响，加快资源优势向品牌优势、价格优势的转变。

（三）加强农产品包装标识管理，强化产品质量安全追溯

建立农产品包装标识制度，是强化农产品质量安全监管、实施质量追踪溯源、落实质量责任的基本前提，也是对农产品传统销售方式的重大改革。各地要鼓励农产品实行包装标识上市，让消费者了解产品的品种、产地、生产者、销售者和质量等级等信息。同时，通过规范包装标识，促进产品的深度开发和增值。要坚持先易后难、先重点后一般、循序渐进的原则，推行包装标识制度，农产品生产企业、农民专业合作经济组织以及从事农产品收购的单位和个人要首先进行产品包装标识；获得无公害农产品、绿色食品、有机食品等认证的农产品要努力实行包装标识上市；大型批发市场和超市要积极推行包装标识制度。依法加强农产品包装标识的规范化管理，严厉打击假冒标识行为，切实保护生产者消费者的合法权益。

二、积极推进农业清洁生产

农业清洁生产是一种实用型农业技术和科学生产管理方式，既可以满足农业生产需要，又可以合理利用资源、保护环境。农业清洁生产实质是在农业生产全过程中，要求生产和使用对环境友好的"绿色"农业投入品，从源头上控制农业污染，降低农

业生产和服务过程对环境与人类的风险性。推进农业清洁生产，转变农业增长方式，不仅是防治农业环境污染和保障农产品质量安全的需要，也是实现乡村生态振兴的重要保障。

（一）控制城市和工业"三废"污染

推广农业清洁生产，首先要严格控制城市和工业"三废"污染。各级农业行政主管部门要配合环境保护行政主管部门，加强对本辖区内农产品产地周边污染源的监管，严禁向农产品产地排放或倾倒废气、废水、废油、固体废弃物，严禁把城镇垃圾、污泥直接用作肥料，严禁在农产品产地堆放、储存、处理固体废弃物。在农产品产地周边已堆放、储存、处理固体废弃物的，必须采取切实有效措施，防止造成农产品产地污染。引导乡镇企业聚集发展，完善排污综合治理设施。加大对污染企业的整治力度，依法"取缔关停一批、淘汰退出一批、限期治理一批"，严格控制新增污染企业，加强对重金属污染源的监管。

（二）加强农业生产投入品管理

农业生产投入品主要指化肥、农药、农膜、饵料、饲料添加剂等产品，加强农业生产投入品管理是实现农业清洁生产的重要措施。加强农业投入品的监管，首先，应健全化肥、农药销售登记备案制度，禁止将有毒、有害废弃物用于肥料或造田。其次，实施水产苗种生产许可制度，加强水产苗种监督管理，科学投饵，合理用药。最后，加大对违法违禁生产、销售和使用高毒、高残留、有害农业投入品的处罚力度，营造生产、销售和使用安全农业投入品的良好氛围与环境。

（三）推广节肥节药节水技术

农业清洁生产，节肥节药节水技术是关键。深入开展测土配方施肥、精准农业技术，鼓励农民开展秸秆还田、种植绿肥、增施有机肥。优化配置肥料资源，合理调整施肥结构，改进施肥方式，提高肥料利用率。科学合理使用高效、低毒、低残留农药和先进施药机械，配置杀虫灯，建立多元化、社会化病虫害防治专业服务组织。大力推进专业化统防统治，推广绿色植保技术，进行病虫抗药性监测与治理，提高防治效果和农药利用率，减少农药用量。大力推广节水农业技术，不断提高水资源利用率，缓解水资源供给矛盾。

（四）发展畜禽清洁养殖

发展畜禽清洁养殖是实现农业清洁生产的重要抓手。发展畜禽清洁养殖，要加快畜牧业生产方式转变，合理布局畜禽养殖场（小区），推行农牧结合和生态养殖模式，实现畜牧业与种植业协调发展。科学配制饲料，规范饲料添加剂使用，提高饲料利用率，减少氮、磷等排放。制定畜禽养殖废弃物综合利用规划，推广雨污分流、干湿分离和设施化处理等先进适用的污染防治技术，以生猪、奶牛等标准化规模养殖场（小区）建设项目和大中型畜禽养殖场沼气工程为重点，加强粪污处理设施建设，推进畜禽废弃物的无害化治理和利用。

（五）推进水产健康养殖

水产健康养殖也是实现农业清洁生产的重要措施。要加快制定和完善水产养殖环境技术标准，加强养殖水域滩涂规划和养殖证核发工作，加强水域环境监测力度，合理调整养殖布局，科学确定养殖密度。积极推进养殖池塘标准化改造，改善养殖环境和生产条件。建立标准化水产健康养殖示范场（区），普及推广生态健康水产养殖方式。大力推广安全高效人工配合饲料、工厂化循环水产养殖、水质调控技术和环保装备，减少污染排放。

（六）加强农药化肥氮磷控源治理

农药化肥氮磷控源治理是实现农业清洁生产的重要途径。要因地制宜开展沟渠整理，规范沟渠结构，清挖淤泥，加固边坡，合理配置水生植物群落，配置格栅和透水坝。实施坡耕地氮磷拦截再利用，建设坡耕地生物拦截带和径流集蓄再利用设施，降低农田排水的氮磷等污染物含量。实施农田氮磷拦截。在现有农田排灌渠道基础上，通过生物措施和工程措施相结合，改造修建生态拦截沟，吸附降解农田退水中的营养元素，改善净化水质，促其循环再利用，减少农田氮磷流失。

三、推进农副资源综合开发综合利用

农副资源是指农产品在生产和加工过程中间，产生的一些非主资源。长期以来，农副资源的粗放利用，农副资源的低值化利用，加工废弃物随意排放，已经造成了严重的资源浪费、效益流失和环境污染。因此，对农作物秸秆及农产品加工剩余物等农副资源进行饲料化、肥料化、基料化、能源化等综合开发，对缓解乡村环境污染、提高农民收入、实现乡村振兴具有重大意义。

（一）农副资源饲料化

农副资源饲料化主要包括植物纤维性废弃物饲料化和动物性废弃物饲料化。植物纤维性废弃物主要指秸秆类物质，秸秆中的木质素与糖结合在一起使瘤胃中的微生物及酶很难分解，并且蛋白质低及其他必要营养缺乏，导致直接饲喂不能被动物高效吸收利用，需要对其进一步地加工处理，改进其营养价值，提高适口性和利用率。方法归纳为机械加工、蒸汽等物理处理；碱化、氨化、氧化等化学处理；青贮、发酵、辐射、酶解等生物学处理等。动物性废弃物指以人、禽、畜等的排泄物，及动物残体、加工后的下脚料、屠宰场废弃物。废弃物中含有较多的氮、磷、钾等养分，由于含有大量病菌、虫卵及重金属等，需要经腐熟和无害化处理后才能作为饲料使用。各地应因地制宜完善农副资源收集、储存和运输体系，针对不同的资源种类，采取不同的处理方法。

（二）农副资源肥料化

农副资源肥料划分为直接利用和间接利用。直接利用是一种最直接最省事的方法，农副资源在土壤中通过微生物作用缓慢分解，释放出其中的矿物质养分供作物吸收，分解成的有机质、腐殖质为土壤中微生物及其他生物提供食物，从而一定程度上能够改善土壤结构、培育地力、增进土壤肥力、提高农作物产量。间接利用是指农副资源通过堆沤腐解（堆肥）、烧灰、过腹、菇渣、沼渣或生产有机生物复合肥等方式还田。对农作物秸秆采取直接还田、腐熟还田、堆肥还田等技术，实现肥料化利用；对农产品加工剩余物等采取间接利用，主要通过混合堆沤发酵技术生产有机肥。

（三）农副资源基料化

农副资源基料化是指利用经适当处理的农业废弃物作为农业生（如培食用菌、花卉、蔬菜等及养殖高蛋白蝇蛆、蚯蚓等）的基质原料。农副资源作为基质，主要起支持、固定植株作用，并为植物根系提供稳定协调的水、气、肥等养料。重点以秸秆、农产品加工剩余物等副资源为主要原料，合理搭配牛粪、麦、豆饼等氮源，生产为微生物生长提供一定营养的有机固体物料。

（四）农副资源能源化

农副资源能源化是指以农副资源为原料，生产颗粒、块状、棒状等成型燃料，或者转化为清洁可燃气体，为生产生活提供优质能源。农副资源的能源化利用主要分为厌氧发酵及直燃热解两个方向。厌氧发酵主要以制造沼气为主。农作物秸秆、蔬菜瓜果的废弃物和畜禽粪便都是制沼气的好原料。沼气除了可供日常生活（如烧饭、照明、取暖）外，还可以进行大棚温室种菜、孵化雏鸡、增温养蚕、发电上网、车用燃气供应等，副产品沼液沼渣含有丰富的氮、磷、钾等营养物质，可作为优质的有机肥。直燃热解主要通过利用微生物制氢技术实现农副资源能源化利用。微生物制氢技术是指利用异养型的厌氧菌或固氮菌分解小分子的有机物制氢的过程，具有产氢速率高、不受光照时间限制、可利用的有机物范围广、工艺简单等优点，是农业废弃物利用非常具有潜力的方向。

四、提高畜禽养殖废弃物资源化利用

近年来，我国畜牧业持续稳定发展，规模化养殖水平显著提高，保障了肉蛋奶供给，但大量养殖废弃物没有得到有效处理和利用，成为农村环境治理的一大难题。抓好畜禽养殖废弃物资源化利用，是实现乡村生态振兴、促进畜牧业转型升级、提高农业可持续发展能力的重要举措。

（一）严格落实畜禽规模养殖环评制度

提高畜禽养殖废弃物资源化利用，首先要严格落实畜禽规模养殖环评制度。对畜禽规模养殖相关规划依法依规开展环境影响评价，调整优化畜牧业生产布局，协调畜禽规模养殖和环境保护的关系。新建或改扩非畜禽规模养殖场，应突出养分综合利用，配套与养殖规模和处理工艺活应的粪污消纳用地，配备必要的粪污收集、储存、处理、利用设施，依法进行环境影响评价。加强畜禽规模养殖场建设项目环评分类管理和相关技术标准研究，合理确定编制环境影响报告书和登记表的畜禽规模养殖场规模标准。对未依法进行环境影响评价的畜禽规模养殖场，环保部门予以处罚。

（二）完善畜禽养殖污染监管制度

提高畜禽养殖废弃物资源化利用，要完善畜禽养殖污染监管制度。建立畜禽规模养殖场直联直报信息系统，构建统一管理、分级使用、共享直联的管理平台。健全畜禽粪污还田利用和检测标准体系，完善畜禽规模养殖场污染物减排核算制度，制定畜禽养殖粪污土地承载能力测算方法，畜禽养殖规模超过土地承载能力的县要合理调减养殖总量。完善肥料登记管理制度，强化商品有机肥原料和质量的监管与认证。实施畜禽规模养殖场分类管理，对设有固定排污口的畜禽规模养殖场，依法核发排污许可

证，依法严格监管。改革完善畜禽类污排放统计核算方法，对畜禽粪污全部还田利用的畜禽规模养殖场，将无害化还田利用量作为统计污染物削减量的重要依据。

（三）构建种养循环发展机制

提高畜禽养殖废弃物资源化利用，要全面构建种养循环发展机制。畜牧大县要科学编制种养循环发展规划，实行以地定畜，促进种养业在布局上相协调，精准规划引导畜牧业发展。推动建立畜禽粪污等农业有机废弃物收集、转化、利用网络体系，鼓励在养殖密集区域建立粪污集中处理中心，探索规模化、专业化、社会化运营机制。通过支持在田间地头配套建设管网和储粪（液）池等方式，解决类肥还田"最后一公里"问题。鼓励沼液和经无害化处理的畜禽养殖废水作为肥料科学还田利用。加强肥还田技术指导，确保科学合理施用。支持采取政府和社会资本合作（PPP）模式，调动社会资本积极性，形成畜禽类污处理全产业链。培育壮大多种类型的粪污处理社会化服务组织，实行专业化生产、市场化运营。鼓励建立受益者付费机制，保障第三方处理企业和社会化服务组织合理收益。

（四）落实规模养殖场主体责任制度

提高畜禽养殖废弃物资源化利用，要严格落实规模养殖场主体责任制度。畜禽规模养殖场要严格执行环境保护法、畜禽规模养殖污染防治条例、水污染防治行动计划、土壤污染防治行动计划等法律法规和规定，切实履行环境保护主体责任。畜禽规模养殖场要建设污染防治配套设施并保持正常运行，或者委托第三方进行粪污处理，确保粪污资源化利用。畜禽养殖标准化示范场要带头落实，切实发挥示范带动作用。

畜禽养殖废弃物资源化利用主推技术模式

1.粪污全量还田模式

对养殖场产生的粪便、粪水和污水集中收集，全部进入氧化塘储存。氧化塘分为敞开式和覆膜式两类，粪污通过氧化塘储在进行无害化处理，在施肥季节进行农田利用。

主要优点：粪污收集、处理、储存设施建设成本低，处理利用费用也较低；粪便、粪水和污水全量收集，养分利用率高。

主要不足：粪污储存周期一般要达到半年以上，需要足够的土地建设氧化塘储存设施；施肥期较集中，需配套专业化的搅拌设备、施肥机械、农田施用管网等；粪污长距离运输费用高，只能在一定范围内施用。

适用范围：适用于猪场水泡粪工艺或奶牛场的自动刮粪回冲工艺，粪污的总固体含量小于 15%；需要与粪污养分量相配套的农田。

2.粪便堆肥利用模式（包括条式、槽式、筒仓式、高或低架发酵床、异位发酵床）

以生猪、肉牛、蛋鸡、肉鸡和羊规模养殖场的固体粪便为主，经好氧堆肥无害化处理后，就地农田利用或生产有机肥。

主要优点：好氧发酵温度高，粪便无害化处理较彻底，发酵周期短；堆肥处理提高粪便的附加值。

主要不足：好氧堆肥过程易产生大量的臭气。

适用范围：适用于只有固体粪便、无污水产生的家禽养殖场或羊场等。

3.粪水肥料化利用模式

养殖场产生的粪水经氧化塘处理储存后，在农田需肥和灌溉期间，将无害化处理的粪水与灌溉用水按照一定的比例混合，进行水肥一体化施用。

主要优点：粪水进行氧化塘无害化处理后，为农田提供有机肥水资源，缓解粪水处理压力。

主要不足：要有一定容积的储存设施，周边配套一定农田面积；需配套建设粪水输送管网或购置粪水运输车辆。

适用范围：适用于周围配套有一定面积农田的畜禽养殖场，在农田作物灌溉施肥期间进行水肥一体化施用。

4.粪污能源化利用模式（含沼渣、沼液、沼气）

以专业生产可再生能源为主要目的，依托专门的畜禽粪污处理企业，收集周边养殖场粪便和粪水，投资建设大型沼气工程，进行厌氧发酵，沼气发电上网或提纯生物天然气，沼渣生产有机肥农田利用，沼液农田利用或深度处理达标排放。

主要优点：对养殖场的粪便和类水集中统一处理，减少小规模养殖场粪污处理设施的投资；专业化运行，能源化利用效率高。

主要不足：一次性投资高；能源产品利用难度大；沼液产生量大集中，处理成本较高，需配套后续处理利用工艺。

适用范围：适用于大型规模养殖场或养殖密集区，具备沼气发电上网或生物天然气进入管网条件，需要地方政府配套政策予以保障。

5.粪便基质化利用模式

以畜禽粪污、菌渣及农作物秸秆等为原料，进行堆肥发酵，生产基质盘和基质土应用于栽培果菜。

主要优点：畜禽粪污、食用菌废弃菌渣、农作物秸秆三者结合，科学循环利用，实现农业生产链零废弃、零污染的生态循环生产，形成一个有机循环农业综合经济体系，提高资源综合利用率。

主要不足：生产链较长，精细化技术程度高，要求生产者的整体素质高，培训期、实习期较长。

适用范围：该模式既适用大中型生态农业企业，又适合小型农村家庭生态农场，同时适合小型农村家庭农场分工、联合经营。

6.粪便垫料化利用模式

基于奶牛粪便纤维素含量高、质地松软的特点，将奶牛粪污固液分离后，固体粪便进行好氧发酵无害化处理后回用作为牛床垫料，污水储存后作为肥料进行农田利用。

主要优点：牛粪替代沙子和土作为垫料，减少粪污后续处理难度。

主要不足：作为垫料，如无害化处理不彻底，可能存在一定的生物安全风险。

适用范围：适用于规模奶牛场。

7.粪便饲料化利用模式（主要养殖蚯蚓、蝇蛆、黑水虻等）畜禽养殖过程中的干清粪与蚯蚓、蝇蛆及黑水蛇等动物蛋白质进行堆肥发酵，生产有机肥用于农业种植，发酵后的蚯蚓、蝇蛆及黑水蛇等动物蛋白用于制作饲料等。

主要优点：改变了传统利用微生物进行粪便处理的理念，可以实现集约化管理，成本低，资源化效率高，无二次排放及污染实现生态养殖。

主要不足：动物蛋白饲养温度、湿度、养殖环境的透气性要求高，要防止鸟类等天敌的偷食。

适用范围：适用于远离城镇，养殖场有闲置地，周边有农田农副产品较丰富的中大规模养殖场。

8.粪便燃料化利用模式（生物干化、生物质压块燃料 ）

畜禽粪便经过搅拌后脱水加工，进行挤压造粒，生产生物质燃料棒。

主要优点：畜禽粪便制成生物质环保燃料，作为替代燃煤生产用燃料，成本比燃煤价格低，减少二氧化碳和二氧化硫排放量。

主要不足：粪便脱水干燥能耗较高。

适用范围：适用于城市和工业燃煤需求量较大的地区

9.类水达标排放模式

养殖场产生的粪水通过厌氧发酵 + 好氧处理等组合工艺进行深度处理，粪水达到《畜禽养殖业污染物排放标准》或地方标准后直接排放，固体粪便进行堆肥发酵就近肥料化利用或委托他人进行集中处理。

主要优点：粪水深度处理后，实现达标排放；不需要建设大型粪水储存池，可减少粪污储存设施的用地。

主要不足：粪水处理成本高，大多养殖场难承受。

适用范围：适用于养殖场周围没有配套农田的规模化猪场或奶牛场。

五、开展种养结合循环农业示范工程建设

种养结合是种植业和养殖业紧密衔接的生态农业模式，是将畜禽养殖产生的粪污作为种植业的肥源，种植业为养殖业提供饲料，并消纳养殖业废弃物，使物质和能量在动植物之间进行转换的循环式农业。开展种养结合循环农业示范工程建设，有利于提高农业资源利用效率、保护农业生态环境、促进乡村生态振兴。

（一）标准化饲草基地项目

饲草料是畜牧业稳定发展的基础，是畜牧业发展的关键制约因素。通过实施饲草基地项目，可以促进农业结构调整，减少对粮食型饲料的依靠，丰富"菜篮子"市场，改善人民群众的膳食结构，增加农民收入，保护生态环境。标准化饲草基地项目要重点开展饲草种植和青贮饲料专业化生产示范建设。

（二）标准化养筑场"三改两分"项目

标准化养殖场"三改两分"项目是指改水冲清粪或人工干清粪为漏缝地板下刮费板清粪、改无限用水为控制用水、改明沟排污为暗道排污，固液分离、雨污分离。实施养殖场"三改两分"项目，要建造高标准规模养殖场，营造良好的饲养环境，加强动物疫病防控，提高动物生产性能，保障食品安全，减少环境污染，降低养殖废弃物处理成本。

（三）标准化居宰场废弃物循环利用项目

标准化屠率场废弃物循环利用项目，主要指通过改造污水粪污处理设施设备，升级病害猪及其产品无害化处理设施，实现标准化屠宰场污水粪污和屠宰废弃物循环利用、无害化处理，有效防治污水粪污污染环境、屠宰废弃物熬炼新型地沟油、病害肉流入市场等现象发生，切实保障上市肉品质量安全，减少屠宰环节环境污染问题。

（四）畜禽粪便循环利用项目

畜禽粪便循环利用项目主要包括沼渣沼液还田项目和有机肥深加工项目两类。

沼渣沼液还田项目，可以实现种养业废弃物的循环利用，解决养殖区域环境污染问题，促进养殖业可持续发展，改善养殖场和周边农村的生态环境。在农户居住区较近、秸秆资源或畜禽粪便丰富的地区、以自然村、镇为单元，发展以畜禽粪便、秸秆为原料的沼气生产、用作农户生活用能，沼渣沼液还田利用。在远离居住区、有足够农田消纳溜液且沼气发电自用或上网的地区，依托大型养殖场，发展以畜禽粪便、秸秆为原料的沼气发电，养殖场自用或并入电网，固体粪便生产有机肥、沼渣沼液还田利用。

有机肥深加工项目，是指将大量集中或分散的畜禽粪便加工成有机肥，既有利于保护环境，又可以培肥地力，改善作物品质。实施有机肥深加工项目，需要建设区域畜禽粪便收集处理站，收集、储存和堆肥处理 10公里范围内中小规模养殖场或散养密集区内畜禽粪便和农作物秸秆，堆肥后就地还田利用或作为有机肥产品参与市场大循环。

（五）农作物秸综合利用项目

农作物秸秆综合利用项目是指在秸秆资源丰富和牛羊养殖量较大的粮食主产区，根据种植业、养殖业的现状和特点，优先满足大牲畜饲料需要，合理引导炭化还田改土等肥料化利用方式，并推进秸秆饲料化、秸秆炭化还田改土、秸秆基质化、秸秆燃料化等综合使用。

第三节　农业环境污染综合整治

在三大攻坚战中，污染防治是其中一大攻坚战。加强生态环境保护，坚决打好污染防治攻坚战是党和国家的重大决策部署。《中共中央 国院关于全面加强生态环境保护 坚决打好污染防治攻坚战的意见》明确要求打好农业农村污染治理攻坚战。新时代背景下，生态文明建迈上新台阶，环境治理也进入纵深阶段。但随着农业不断地发展，农业环境污染问题日益严峻。党的十九大报告提出要"加强农业面源污染防治"。治理农业环境污染，已成为党和国家着力解决的突出环境问题。农业环境污染综合整治，不但是实施乡村生态振兴战略的重要任务，而且对推进农业绿色发展，践行绿水青山就是金山银山的理念具有重要意义。

一、开展农用地土壤污染防治

土壤是经济社会可持续发展的物质基础，关系人民群众身体健康，关系美丽中国建设，保护好农用地土壤环境是推进乡村生态振兴和维护国家生态安全的重要内容。《中共中央 国务院关于全面加强生态环境保护坚决打好污染防治攻坚战的意见》对"强化土壤污染管控和修复"作出明确要求，为农用地土壤污染防治指明了方向。

（一）切实加大农用地土壤保护力度

各地区要切实加大农用地土壤保护力度，产粮（油）大县要制定土壤环境保护方案。高标准农田建设项目向优先保护类耕地集中的地区倾斜。加快推行秸还田、增施有机肥、少耕免耕、粮豆轮作、农膜减量与回收利用等措施。农村土地流转的受让方要履行土壤保护的责任，避免因过度施肥、滥用农药等掠夺式农业生产方式造成土壤环境质量下降。各级政府要对本行政区域内优先保护类耕地面积减少或土壤环境质量下降的区域，进行预警提醒并依法采取环评限批等限制性措施。

（二）着力推进农用地土壤安全利用

各地要根据土壤污染状况和农产品超标情况，结合当地主要作物品种和种植习惯，制定实施受污染耕地安全利用方案，采取农艺调控、替代种植等措施，降低农产品超标风险。严格控制林地、草地、园地的农药使用量，禁止使用高毒、高残留农药。完善生物农药、引诱剂管理制度，加大使用推广力度。加强对重度污染林地、园地产出食用农（林）产品质量检测，发现超标的，要采取种植结构调整等措施。加强对严格管控类耕地的用途管理，依法划定特定农产品禁止生产区域，严禁种植食用农产品；对威胁地下水、饮用水水源安全的，有关县（市、区）要制定环境风险管控方案，并落实有关措施。

（三）有序开展农用地污染治理与修复

各地区应有序开展农用地土壤污染治理与修复，明确治理与修复主体，按照"谁污染、谁治理"原则，造成土壤污染的单位或个人要承担治理与修复的主体责任。要以影响农产品质量和人居环境安全的突出土壤污染问题为重点，制定土壤污染治理与修复规划，根据耕地土壤污染程度、环境风险及其影响范围，确定治理与修复的重点区域，明确重点为任务、责任单位和分年度实施计划，建立项目库。各地环境保护部门要定期向上级部门报告土壤污染治理与修复工作进展；环境保护部门要会同有关部门进行督导检查。同时委托第三方机构对本行政区域土壤污染治理与修复成效进行综合评估，结果向社会公开。

（四）加大农用地土壤污染防治投入

地方各级财政加大对土壤污染防治工作的支持力度，设立土壤污染防治专项资金，用于土壤环境调查与监测评估、监督管理、治理与修复等工作。应统筹相关财政资金，通过现有政策和资金渠道加大支持，将农业综合开发、高标准农田建设、农田水利建设、耕地保护与质量提升、测土配方施肥等涉农资金，更多用于优先保护类耕地集中的县（市、区）。有条件的地区可对优先保护类耕地面积增加的县（市、区）予以适当奖励。通过政府和社会资本合作（PPP）模式，发挥财政资金撬动功能，带动更多社会资本参与土壤污染防治。加大政府购买服务力度推动受污染耕地和以政府为责任主体的污染地块治理与修复。积极发展绿色金融，发挥政策性和开发性金融机构引导作用，为重大土壤污染防治项目提供支持。

二、开展养殖污染综合治理

农业环境污染综合整治，养殖污染治理是关键。加强农村养殖污染治理，应重点从推进养殖生产过程清洁化和产业模式生态化、加强畜禽粪污资源化利用、严格畜禽规模养殖环境监管、加强水产养殖污染防治和水生生态保护、提高沼气和生物天然气利用效率五个方面着手。

（一）推进养殖生产过程清洁化和产业模式生态化

推进养殖生产清洁化和产业模式生态化，首先应优化调整畜禽养殖布局，推进畜禽养殖标准化示范创建升级，带动畜牧业绿色可持续发展。推行规模养殖场精细化管理，实施科学规范的饲养管理规程，推广智能化精准饲喂，提高饲料转化效率，严格规范兽药、饲料添加剂的生产和使用，加强养殖环境自动化控制。推广节水、节料等清洁养殖工艺和干清粪、微生物发酵等实用技术，实现源头减量。严格规范兽药、饲料添加剂的生产和使用，严厉打击生产企业违法违规使用兽用抗菌药物的行为。推进水产生态健康养殖，实施水产养殖池塘标准化改造。继续开展畜禽养殖标准化示范创建活动，大力发展畜禽标准化规模养殖，支持规模养殖场发展生态养殖，改造圈舍设施，提升集约化、自动化、现代化养殖水平，推动畜牧业生产方式转变。

（二）加强畜禽粪污资源化利用

推进育禽粪污资源化利用，实现生猪等畜牧大县整县畜禽粪污资源化利用。鼓励引导规模养殖场建设必要的粪污处理利用配套设施，对现有基础设施和装备进行改造升级。鼓励养殖密集区建设集中处理中心，开展专业化集中处理。印发畜禽类污资源化利用技术指导意见和典型技术模式，集成推广清洁养殖工艺和粪污资源化利用模式，指导规模养殖场选择科学合理的类污处理方式。加强畜禽粪污资源化利用技术集成。因地制宜推广类污全量收集还田利用等技术模式。各县（市、区）畜牧部门要针对本行政区域内不同规模养殖场的特点，逐场制定粪污资源化利用方案，做好技术指导和服务。

（三）严格畜禽规模养殖环境监管

各地应将规模以上畜禽养殖场纳入重点污染源管理，对年出栏生猪5000头（其他畜禽种类折合猪的养殖规模）以上和涉及环境敏感区的畜禽养殖场（小区）执行环评报告书制度，其他畜禽规模养殖场执行环境影响登记表制度，对设有排污口的畜禽规模养殖场实施排污许可制度。将符合有关标准和要求的还田利用量作为统计污染物削减量的重要依据。推动畜禽养殖场配备视频监控设施，记录粪污处理、运输和资源化利用等情况，防止粪污偷运偷排。完善畜禽规模养殖场直联直报信息系统，构建统一管理、分级使用、共享直联的管理平台。南方水网地区要以水环境质量改善为导向，加快畜禽粪污资源化利用，着力提升畜禽粪污染综合利用率和规模养殖场粪污处理设施装备配套率。

（四）加强水产养殖污染防治和水生生态保护

优化水产养殖空间布局，依法科学划定禁止养殖区、限制养殖区。推进水产生态健康养殖，积极发展大水面生态增养殖、工厂化循环水养殖、池塘工程化循环水养殖、连片池塘尾水集中处理模式等健康养殖，方式，推进稻渔综合种养等生态循环农业。推动出台水产养殖尾水排放标准，加快推进养殖节水减排。发展不投饵滤食性、草食性鱼类增养殖实现以渔控草、以渔抑藻、以渔净水。严控河流、近岸海域投饵网箱养殖。大力推进以长江为重点的水生生物保护行动，修复水生生态环境，加强水域环境监测。

（五）提高沼气和生物天然气利用效率

立足农村能源革命的总体要求，推动以畜禽类污为主要原料的能源化、规模化、专业化沼气工程建设，促进农村能源发展和环境保护。支持规模养殖场和专业化企业生产沼气、生物天然气，促进畜禽类污能源化，更多用于农村清洁取暖。优化沼气工程设施、技术和工艺，引导大规模养殖场在生产、生活用能中加大沼气或沼气发电利用比例。实施农村沼气工程项目，重点支持以沼气工程为纽带，实现苹果、柑橘、蔬菜、茶叶等高效经济作物种植与畜禽养殖有机结合的果（菜、茶）沼畜种养循环项目。支持大型粪污能源化利用企业建立类污收集利用体系，配套与粪污处理规模相匹配的消纳土地，促进沼液就近就地还田利用。

三、开展农业生产化肥减量行动

牢固树立"增产施肥、经济施肥、环保施肥"理念，紧密结合农业农村部《到2020年化肥使用量零增长行动方案》，加快转变施肥方式，深入推进科学施肥，大力开展耕地质量保护与提升，增加有机肥资源利用，减少不合理化肥投入，促进农业生态环境安全。

（一）推进测土配方施肥

在总结经验的基础上，创新实施方式，加快成果应用，在更大规模和更高层次上推进测土配方施肥。一是拓展实施范围。在巩固基础工作，继续做好粮食作物测土配方施肥的同时，扩大在设施农业及蔬菜、果树、茶叶等经济园艺作物上的应用，基本实现主要农作物测土配方施肥全覆盖。二是强化农企对接。充分调动企业参与测土配方施肥的积极性，筛选一批信誉好、实力强的企业深入开展合作，按照"按方抓药""中成药""中草药代煎""私人医生"四种模式推进配方肥进村入户到田。三是创新服务机制。积极探索公益性服务与经营性服务结合、政府购买服务的有效模式，支持专业化、社会化服务组织发展，向农民提供统测、统配、统供、统施"四统一"服务。创新肥料配方制定发布机制，完善测土配方施肥专家咨询系统，利用现代信息技术助力测土配方施肥技术推广。

（二）推进施肥方式转变

充分发挥种粮大户、家庭农场、专业合作社等新型经营主体的示范带头作用，强化技术培训和指导服务，大力推广先进适用技术，促进施肥方式转变。一是推进机械施肥。按照农艺农机融合、基肥追肥统筹的原则，加快施肥机械研发，因地制宜推进化肥机械深施、机械追肥、种肥同播等技术，减少养分挥发和流失。二是推广水肥一体化。结合高效节水灌溉，示范推广滴灌施肥、喷灌施肥等技术，促进水肥一体下地，提高肥料和水资源利用效率。三是推广适期施肥技术。合理确定基肥施用比例，推广因地、因苗、因水、因时分期施肥技术。因地制宜推广小麦、水稻叶面喷施和果树根外施肥技术。

（三）推进新肥料新技术应用

立足农业生产需求，整合科研、教学、推广、企业力量，加大研发投入力度，追踪国际前沿技术，开展联合攻关。一是加强技术研发。组建一批产学研推相结合的研发平台，重点开展农作物高产高效施肥技术研究，速效与缓效、大量与中微量元素、有机与无机、养分形态与功能融合的新产品及装备研发。二是加快新产品推广。示范推广缓释肥料、水溶性肥料、液体肥料、叶面肥、生物肥料、土壤调理剂等高效新型肥料，不断提高肥料利用率，推动肥料产业转型升级。三是集成推广高施肥技术模式。

结合高产创建和绿色增产模式攻关，按照土壤养分状和作物需肥规律，分区域、分作物制定科学施肥指导手册，集成推广一批高产、高效、生态施肥技术模式。

（四）推进有机肥资源利用

适应现代农业发展和我国农业经营体制特点，积极探索有机养分资源利用的有效模式，加大支持力度，鼓励引导农民增施有机肥。一是推进有机肥资源化利用。支持规模化养殖企业利用畜禽粪便生产有机肥，推广"规模化养殖 +沼气 +社会化出渣运肥"模式，支持农民积造农家肥，施用商品有机肥。二是推进秸秆养分还田。推广秸粉碎还田、快速腐熟还田、过腹还田等技术，研发具有秸秆粉碎、腐熟剂施用、土壤翻耕、土地平整等功能的复式作业机具，使秸秆取之于田、用之于田。三是因地制宜种植绿肥。充分利用南方冬闲田和果茶园土肥水光热资源，推广种植绿肥。在有条件的地区，引导农民施用根瘤菌剂，促进花生、大豆和苜蓿等豆科作物固氮肥田。

四、开展农业生产农药减量行动

结合农业农村部《到 2020年农使用量零增长行动方案》，大力推广新型农药，提升装备水平，加快转变病虫害防控方式，大力推进绿色防控、统防统治，构建资源节约型、环境友好型病虫害可持续治理技术体系，实现农药减量控害，减轻农业面源污染，保护农田生态环境。促进生产与生态协调发展。

（一）构建病虫监测预警体系

按照先进、实用的原则，重点建设一批自动化、智能化田间监测网点，健全病虫监测体系；配备自动虫情测报灯、自动计数性诱捕器、病害智能监测仪等现代监测工具，提升装备水平；完善测报技术标准、数学模型和会商机制，实现数字化监测、网络化传输、模型化预测、可视化预报，提高监测预警的时效性和准确性。

（二）推进科学用药

农业科学用药的重点是"药、械、人"三要素协调提升。一是推广高效低毒低残留农药。扩大低毒生物农药补贴项目实施范围，加快高效低毒低残留农药品种的筛选、登记和推广应用，推进小宗作物用药试验、登记，逐步淘汰高毒农药。科学采用种子、土壤、秧苗处理等预防措施，减少中后期农药施用次数。对症选药，合理添加喷雾助剂，促进农药减量增效，提高防治效果。二是推广新型高效植保机械。因地制宜推广自走式喷杆喷雾机、高效常温烟雾机、固定翼飞机、直升机、植保无人机等现代植保机械，采用低容量喷雾、静电喷雾等先进施药技术，提高喷雾对靶性，降低飘移损失，提高农药利用率。三是普及科学用药知识。以新型农业经营主体及病虫防治专业化服务组织为重点，培养一批科学用药技术骨干，辐射带动农民正确选购农药、科学使用农药。

（三）推进绿色防控

加大政府扶持，充分发挥市场机制作用，加快绿色防控推进步伐。一是集成推广一批技术模式。因地制宜集成推广适合不同作物的病虫害绿色防控技术模式，解决技术不配套、不规范的问题，加快绿色防控技术推广应用。二是建设一批绿色防控示范区。重点选择大中城市蔬菜基地、南菜北运蔬菜基地、北方设施蔬菜基地、园艺作物标准园、"三品一标"农产品生产基地，建设一批绿色防控示范区，帮助农业企业、农民合作社提升农产品质量、创响品牌，实现优质优价，带动大面积推广应用。三是培养一批技术骨干。以农业企业、农民合作社、基层植保机构为重点，培养一批技术骨干，带动农民科学应用绿色防控技术。此外，大力开展清洁化生产，推进农药包装废弃物回收利用，减轻农药面源污染、净化乡村环境。

（四）推进统防统治

以扩大服务范围、提高服务质量为重点，大力推进病虫害专业化统防统治。一是提升装备水平。发挥农作物重大病虫害统防统治补助、农机购置补贴及植保工程建设投资的引导作用，装备现代植保机械，扶持发展一批装备精良、服务高效、规模适度的病虫防治专业化服务组织。二是提升技术水平。推进专业化统防统治与绿色防控融合，集成示范综合配套的技术服务模式，逐步实现农作物病虫害全程绿色防控的规模化实施、规范化作业。三是提升服务水平。加强对防治组织的指导服务，及时提供病虫测报信息与防治技术。引导防治组织加强内部管理，规范服务行为。

五、开展农业白色污染综合防治

农田覆膜播种，引领了现代农业的"白色革命"，却因长期没有合理有效治理，如今变成了恶化农业生产、影响农田再生利用、制约农业可持续发展的"白色污染"。因此，开展农业白色污染综合防治，对促进农业可持续发展，实现乡村生态振兴十分必要。

（一）加强现有地膜回收工作

加快出台新的地膜标准，依法强制生产、销售和使用符合标准的加厚地膜，以县为单位开展地膜使用全回收、消除土壤残留等试验试点。建立农药包装废弃物等回收和集中处理体系，落实使用者妥善收集、生产者和经营者回收处理的责任。县级以上人民政府农业农村主管部门负责本行政区域内的农田地膜使用和废旧农田地膜回收利用及污染防治监督管理工作。按照统筹规划、总量控制、绿色环保的要求，合理布局本行政区域内废旧农田地膜回收网点。乡镇人民政府应当指导、督促村民委员会，组织农田地膜使用者、农业生产经营组织回收和交售废旧农田地膜，提高废旧农田地膜回收率。

（二）加大地膜回收财税支持

生产、销售农田地膜的企业或者回收企业，开展农田地膜以及废旧农田地膜污染防治科学技术研究、开发、示范和推广使用的，同等条件下，县级以上人民政府应当优先给开展废旧农田地膜回收的企业安排农业技术推广项目、创业投资引导基金。县级以上人民政府对回收企业，应当给予用地、用电、用水、用气、信贷等方面优惠或者资金补贴；同等条件下，政府应当优先采购回收企业生产的产品。县级以上人民政府鼓励销售企业采取以销定收、包片回收、以旧换新等方式促进废旧农田地膜做回收再利用，并采取以奖代补、贷款担保、贷款贴息等方式予扶持。

（三）加强地膜回收工作监管

县级以上人民政府农业、质量技术监督、商务、工商行政管理等部门应当按照各自职责，采取定期检查、联合检查等方式，加强对农田膜生产、销售、使用和废旧农田地膜回收利用等情况的监督检查。农田地膜生产、销售企业和农业生产经营组织、农田地膜使用者，负有回收废旧农田地膜的责任。回收企业应当与县级以上农业主管部门签订废旧农田地膜回收、资源化利用责任书，并应当定期向社会公布废旧农田地膜最低回收标准、价格、回收量及以旧换新方案。农业生产经营组织、农田地膜使用者分别按经营地使用农田地膜数量回收全部废旧农田地膜，并交到回收企业设立的回收网点；回收企业应当将回收网点的废旧农田地膜全部资源化利用。

（四）推广使用生物降解农膜

县级以上人民政府农业农村主管部门及其农业技术推广服务机构、农业技术人员应当定期开展农田地膜污染防治宣传工作，通过培训引导农田地膜使用者和农业生产经营组织，采用有利于回收的覆膜方式以及生物降解农膜等新技术，科学降低农田地膜覆盖度，减少农田地膜使用量，提高农田地膜回收率，降低农业生态环境污染。应该加大政府补贴及相关政策支持，对购买生物降解农膜的农户给予一定的成本补贴，提升农户的积极性。各级政府应该加大建立生物降解农膜的试点示范区域。选择不同的地区与作物类型，扩大试点范围，建立专项试点项目，提升农户对生态环保的认知程度。

第四节　农村环境污染综合治理

改善农村人居环境，建设美丽宜居乡村，是实施乡村振兴战略的一项重要任务，事关全面建成小康社会，事关广大农民根本福祉，事关农村社会文明和谐。但目前我国农村人居环境状况很不平衡，脏乱差问题在一些地区还比较突出，与全面建成小康社会要求和农民群众期盼还有较大差距。因此，动员各方力量，整合各种资源，强化各项举措，加快农村环境污染综合治理，对实现乡村生态振兴，增强广大农民获得感幸福感，具有重要意义。

一、推进农村"厕所革命"

厕所问题关系到广大人民群众工作生活环境的改善，关系到国民素质提升、社会文明进步。习近平总书记对此高度重视、十分关心。党的十八大以来，他在国内考察调研过程中，走进农户家里，经常会问起村民使用的是水厕还是旱厕，在视察村容村貌时也会详细了解相关情况。他多次强调，随着农业现代化步伐加快，新农村建设也要不断推进，要来个"厕所革命"，让农村群众用上卫生的厕所。2017年，习近平总书记就旅游统推进"厕所革命"工作取得的成效作出重要指示："厕所问题不是小情，是城乡文明建设的重要方面，不但景区、城市要抓，农村也要抓，要把它作为乡村振兴战略的一项具体工作来推进，努力补齐这块影响群众生活品质的短板。"必须坚持不懈推进"厕所革命"，把"厕所革命"进行到底。中共中央办公厅、国务院办公厅印发的《农村人居环境整治三年行动方案》明确要求，开展厕所粪污治理，并提出"合理选择改厕模式，推进厕所革命"。《农村人居环境整治三年行动方案》还指出，到2020年，东部地区、中西部城市近郊区等有基础、有条件的地区，基本完成农村户用厕所无害化改造，厕所粪污基本得到处理或资源化利用：中西部有较好基础、基本具备条件的地区，卫生厕所普及率达到 85%左右。

（一）加强农村厕所规划设计

推进农村"厕所革命"，首先应在规划上，加强对所辖行政区划内所属公厕的现状、布点进行全面摸底调查，在明确数量和布局的基础上，将厕所纳入乡村规划。对厕所选址进行公示，广泛听取群众意见，从群众如厕需求入手，全面统筹厕所建设，切实提高规划可操作性。在设计上，加大新材料、新技术和新设备的应用，注重考虑残障人士、老人、小孩等特殊群体如厕问题，充分体现设计的科学性、环保性，增强如厕的便利性。在户用厕所改建上，要迅速开展农村户用厕所情况摸底调查，对城市规划区以外所有规划保留村、中心村和三年内暂无改造撤并计划的村庄实施逐村逐户调查，摸清改造底数。乡镇、村要逐级建立农村改厕档案，设县、乡镇、村改厕工作统一电子台账，并存档备查。

（二）因地制宜选择改厕模式

按照群众接受、经济适用、维护方便、不污染公共水体的要求，合理确定农村户用无害化卫生厕所建设和改益模式。农村户期建设在城镇污水管网覆盖到的村庄和农村生活污水集中收集处理系统建设地区，推广使用水冲式厕所；在污水管网覆盖不到的地区，推广三格化粪池式厕所：在重点饮用水源地保护区内的村庄，原则上采用水冲式厕所；在山区或缺水地区的村庄，推广使用双坑交替式厕所。鼓励加大水冲式卫生厕所建设比例，农村新建住房均要配套建设无害化卫生厕所。提倡改厕入户，确保冬季正常使用。

（三）坚持示范引领整村推进

农村"厕所革命"工作将建立"政府统一领导、公共财政扶持、动员群众参与和市场化服务"相结合的组织推进和运行体制，实行县（市、区）、乡镇、村三级联动，分级负责。积极探索户厕建设适宜技术和模式，建设一批农村户厕建设示范县、示范村，发挥示范引领作用。乡镇机关、卫生院、村委会、农村学校等单位要带头改厕，充分发挥示范乡镇、示范村、示范户的引领作用。以行政村为单位，整村组织实施，做到应改尽改，优先安排农村社区、城郊村、旅游村、饮用水源地保护区村和贫困村。各乡镇要做好先行试点工作，试点的选择重点为乡镇政府所在地、国省干道两侧、旅游景区附近的村庄。

（四）健全农村厕所管理机制

农村户厕要严格执行改厕流程、加强施工技术指导、提升工程质量管理、强化农村户厕的管理和维护。坚持"三分建设、七分管理"，切实落实公厕管理的主体责任，完善管理制度，落实管理人员，建立长管理机制，做好日常管理、维护和保洁工作、力争做到"六无四净两通一明"，即无溢流、无积便、无烟蒂、无杂物、无蚊虫、无臭味，地面净、墙壁净、厕位净、周边净，水通、电通，灯明。科学选择农村厕所粪污收集处理方式，明确粪污收集处理具体办法。在用地、用电、用水等方面研究出台优惠政策，鼓励承包经营或授予商业经营权等方式，推进公厕建设与管理的市场化和社会化，多形式、多渠道解决公厕建设资金短缺和管理不善等突出问题。

（五）加强农村改厕宣传引导

农村改厕建设与管理是一项民心工程，也是一项庞大的社会工程、攻坚工程，基础薄弱，工作量大，涉及面广，需要厕所的建设者、管理者与使用者共同努力，在全社会大力倡导文明如厕，形成健康文明的厕所文化。要进一步加大宣传引导力度，通过各种丰富多彩的活动，增强人民群众参与"厕所革命"的积极性、创造性。

二、推进农村垃圾综合治理

随着中国农村经济快速发展和消费方式转变，农村的生活垃圾排放量日益增长，生活垃圾类别日益复杂。由于村民居住分散和环保意识薄弱，加上长期投入不足，农村地区生活垃圾处理的问题日益严峻。推进农村生活垃圾治理，是贯彻乡村生态振兴战略的重要基础，也是补齐农村基本公共服务短板，实现城乡统筹发展的重要举措。《农村人居环境整治三年行动方案》重点任务之一就是推进农村生活垃圾治理：统筹考虑生活垃圾和农业生产废弃物利用、处理，建立健全符合农村实际、方式多样的生活垃圾收运处置体系。有条件的地区要推行适合农村特点的垃圾就地分类和资源化利用方式。开展非正规垃圾堆放点排查整治，重点整治垃圾山、垃圾围村、垃圾围坝、工业污染"上山下乡"。

（一）明确农村垃圾综合治理中的责任权利边界

要细分垃圾治理的相关主体，包括垃圾产生与排放主体、垃圾处理服务主体和各级政府行政主管部门等。要赋予乡镇政府相对自主的地位，让乡镇政府有权从实际情况出发决定垃圾治理的事情，建立健全符合农村实际、方式多样的垃圾收运处置体系。要均衡相关利益主体的效率与公平，遏制长期以来农村垃圾治理层面的政府失灵、社会失灵和市场失灵，实现经济效益、社会效益和生态效益的有机统一。

（二）加大农村垃圾治理的财政保障

多样化的筹资渠道有助于突破"财政投入大、安全隐患多、政府包袱重"的治理局限，形成一种可持续的农村生活垃圾治理模式。整合各类相关专项资金，把农村垃圾处理作为环境综合治理专项资金重点投入领域之一。实行"以奖代补"，带动引导各级地方政府投入，逐步取消露天垃圾池、垃圾房等非密闭式垃圾收集设施。有条件的地区，尝试城市生活垃圾保洁、清运和处理模式往农村覆盖的运作模式，鼓励城市相关企业接管农村垃圾处理。根据受益原则，按照一定标准向村民收取垃圾处理费用，改变政府大包大揽的局面。

（三）引导村民参与垃圾治理

农村生活垃圾处理是政府的重要职责，也与村民行为密切相关。农村生活垃圾处理，不是"政府干，农民一边儿看"，要激发村民的主人翁意识，让村民认识到农村生活垃圾治理的好处。采用群众喜闻乐见的方式引导各村居民摒弃不文明、不卫生的陋习，提高文明卫生意识，树立"垃圾是放错地方的资源"的意识，主动进行垃圾分类。探索并推广积分奖励、身份明示、星级评比、红黑榜单等垃圾源头分类模式，把垃圾分类行为从"要我分"引导到"我要分"。

（四）建立长效保洁机制

按照"户分类、村收集、镇中转、县处理"城乡一体化处理模式的总体要求，将城市生活垃圾无害化处理设施服务范围向农村延伸，建立以城带乡的生活垃圾收运体系，每个乡镇必须建成生活垃圾压缩式转运站或实现压缩运输，村庄要建设垃圾集中收集点，配齐垃圾桶和收集车辆，并加强管护。推行垃圾"干湿"分类，湿垃圾沤肥处理，干垃圾中可回收部分资源利用，有害或不可降解的垃圾妥善储存、定期外运处理、剩余灰渣、建筑垃圾等惰性垃圾就地填埋，实现农村垃圾就地减量、资源化处理。

建立县（市、区）、乡镇、村三级保洁管理体制，县（市、区）设有农村垃圾管理部门，乡镇有环卫机构，配备专职管理人员，村庄建立保清制度，按常住人日每 500 人左右配备 1 名保清人员。建立网格化管理模式，将辖区划分成若干网格，明确各网格责任单位和目标任务，定期对网格保洁情况进行督查考评。

三、推进农村生活污水治理

随着农村生活水平的不断提高，农村生活污水的排放量也逐渐增加，农村的生态环境遭到了严重的破坏，对农民的身体健康造成了很大的威胁。2015 年，中共中央、国务院出台《关于加快推进生态文明建设的意见》提出"加快美丽乡村建设，加大农村污水处理力度"。同年，住建提出"到 2020 年，使30% 的村镇人口得到比较完善的公共排水服务，使中国各重点保护区内的村镇污水污染问题得到全面有效的控制"。2018年，中共中央办公厅、国务院办公厅印发的《农村人居环境整治三年行方案》明确要求"梯次推进农村生活污水治理"。因此，加快推进农村生活污水治理，不但是贯彻落实乡村生态振兴战略的重要内容，还是提高农村人居环境、深化生态文明建设、提升农民群众生活品质的必要举措。

（一）统筹整体规划，确立规划先行机制

农村生活污水处理设施建设要整体规划，统一布局，广泛开展普查工作，制定农村生活污水治理规划，加强市县规划建设系统、各类专项项目规划与乡镇村的有机衔接，以规划带动项目，以项目争取资金，将农村生活污水治理工作落到实处。污水处理设施建设按照轻重缓急、分区分片分批逐步实施，不能一次性大干快上，以免摊子铺得太大而不能左右兼顾，导致工程不能收尾或烂尾，发挥不了应有的效果。要充分利用已建管渠进行改造利用，逐步实现雨污分流，纠正错接乱排的现象。

（二）坚持因地制宜、接管优先的处理模式

全面考虑各村地形地貌、村民居住分散程度、集体经济状况和处理后的污水净化情况等，因地制宜，选择效果稳定、维护管理简便、费用低廉、工艺流程简单的多元化农村污水处理模式。对距离城镇污水管网较近、符合高程接人要求的村庄污水处理，优先考虑接管处理模式；对确实不具备接管条件的村庄，根据村庄人口规模、聚集程度、地形地貌、排水特点、排放要求和经济水平等特点，采用污水集中处理或分做处理模式。村庄布局相对密集、规模较大、经济条件较好及位于环境敏感区域内的村庄，

要统一建设相对集中的处理设施；村庄布局分散、规模较小、地形条件复杂、污水不易集中收集的村庄，宜选择分散处理模式。在处理技术的选择上，可利用农村土地资源充裕的优势，选择高效藻类塘、生态系统塘和土地处理系统等，尤其是土地处理系统中的人工湿地技术。或采用集中简易处理后，作为农村灌溉用水等。此外，可以选择经济效益较高、环境敏感和污染严重区域，如"农家乐"旅游区和饮用水源地等先行实施，以点带面，统筹推进。

（三）采用经济适用、简便高效的处理设施

对照村庄生活污水排放标准，参照农村生活污水处理适用技术指南，比较不同污水处理技术的特点、优势、投资费用、水质处理结果以及后期运行费用等情况，采用经济有效、简便易行、工艺可靠、费用节约、高效率的污水处理技术。对人口规模较大、聚集程度较高、经济条件较好的村庄，可建设高效强化的有动力污水处理集成技术与设备；其他村庄可根据当地社会经济发展状况和水环境保护目标的要求，建设微动力或微动力的组合生态处理系统，力求处理效果稳定、运行维护简便，投入经济合理；充分利用地形地势、水塘及闲置地，实现污染物的生物降解和氮、磷的生态去除，降低能耗，节约成本。

（四）发挥多元筹资、社会参与的导向作用

采取"政府引导、镇村为主、县（市、区）配套"的资金筹措方式，探索多元化融资渠道，充分调动全社会对水环境治理投入的积极性，全力促进村庄生活污水治理工作长效发展。将农村生活污水治经费纳入各级政府财政资金预算，以县（市、区）资金安排为主体，各级财政建立相应的财政转移支付制度。积极争取中央、省专项资金，市财政要进一步优化专项资金支出结构，并视财力状况加大扶持力度。各级政府要把农村生活污水治理列入公共财政支持的重点项目之一，用于环境保护的专项资金要向农村生活污水治理倾斜；建立健全农村生活污水治理设施运行维护资金筹措机制，加大管护经费投入，除日常管护支出外，各县（市、区）每年应安排一定资金作为长效管护基金，长期积累，用于污水治理设施的大修和定期更新，确保污水治理设施正常运行、长久运行。积极探索农村生活污水主要污染物治理有偿化制度，出台税收、信贷、征地等一系列支持政策，积极创新投融资渠道，鼓励企业和社会资金投入。引导和支持民营企业、社会团体等社会力量，通过投资、捐助、认建等形式，参与农村

生活污水治理项目建设和运行维护。充分调动村集体和农户建设积极性，引导他们出资出劳开展农村生活污水治理。

（五）建管并重，落实长效管理机制

完善农村生活污水治理的相关法律规范，应适时启动农村生活污水治理立法调研，完善审批、准入监督、验收和维护等一系列制度，建立责任追究、奖惩制度，明确责任。进一步规范农村生活污水治理体系，涵盖治理设施设计、建设、验收、运行维护、资金投入、达标排放及固废处理等各个环节。在"以块为主、条块结合"的属地管理体系的基础上，进一步厘清县、乡镇、村层面的责任范围，明确县级人民政府是农村生活污水治理的责任主体，乡镇人民政府是业主单位以及村级层面的责任边界和内容。进一步理顺环保、农办、建委等相关职能部门职责，加强各部门在农村生活污水治理规划、建设、运行、监督等方面的合作。完善审批、准入监督、验收和维护等一系列制度，建立健全农村生活污水项目负责人和绩效考评制度，将农村污水治理工作绩效纳入地方政府综合考评。在加强基层水利服务机构、乡镇生活污水治理专业管理和技术队伍建设的基础上，进一步完善村级组织兼（专）管员制度，着力提高村民的生活污水排放和污水治理设施养护能力，确保治污设施维持良好的运行状态。

（六）加强宣传引导，形成社会共识

地方政府应积极探索生活污水治理机制，制定相应村规来治理生活污水，并实施相关措施以减少污水处理费用，促使农村人民积极参与污水治理建设中去。要通过多层次、多渠道的舆论引导，使村民充分认识到生活污水治理的必要性和紧迫性，改变村民和村干部"你要我用""我该无偿使用""政府会管"等想法，树立主人翁意识，形成"我要治"观念。大力增强和提高农村人民的环保意识，鼓励其节约用水，规范其排放生活污水行为。强化村民参与制度，在生活污水治理设计、选址和投资过程中，确保村民的知情权、参与权、决策权和管理权。通过村级"一事一议"制度，鼓励村民积极投身生活污水处理设施建设与维护，调动"未来使用者"的主体意识和积极性。充分利用专业人士、群众、新闻媒体、人大代表和政协委员、党代表等力量，加强全社会参与和监督力度，形成社会共识。

四、加强农村生活空气污染防治

农村生活空气污染治理也是乡村生态振兴的重点。目前，由于不当的能源消费结构和能源使用方式，导致农村生活空气污染问题比较突出。因此，加强农村生活空气污染防治，对提高农村空气环境治理、提高农村人居环境、实现乡村生态振兴，具有重要的意义。

（一）优化农村能源供给结构

鼓励农村采用清洁能源、可再生能源，大力发展太阳能、浅层地热能、生物质能等，因地制宜开发利用水能和风能，从源头控制农村生活空气污染。完善农村能源基础设施网络，加快新一轮农村电网升级改造，推动供气设施向农村延伸。加快推进生物质热电联产、生物质供热、规模化生物质天然气和规模化大型沼气等燃料清洁化工程。

（二）推进农村能源消费升级

大幅提高电能在农村能源消费中的比重，加快实施北方农村地区冬季清洁取暖，积极稳妥推进散煤替代。推广农村绿色节能建筑和农用节能技术、产品。大力发展"互联网＋"智能源，探索建设农村能源革命示范区。加强秸秆收、贮、运和加工体系建设，创建一批新型设备压块、成型机械托管、秸秆打捆直燃、秸秆沼气、秸秆气化项目，推广秸秆等废弃物能源化利用。大力推广秸秆压块、洁净型煤、优质低硫散煤通用炉具，鼓励有条件的农村、乡镇机关企事业单位改造传统燃煤锅炉和使用碳纤维电采暖、使用碳晶，电蓄热锅炉等新型锅炉进行集中供暖，不断提高农村高效清洁的碳纤维采暖，燃烧炉具使用比例。

（三）推进农村生活节能

截励采用省节能炉灶，逐步淘汰传统炉灶，推广使用改良柴灶、改良炕连灶等高效低污染炉灶，并应加设排烟道。推进农村生活节能。重新改造传统的省柴节煤炉处和节能炕，加快省柴煤灶（炕）的升级换代。推广应用保温、省地、隔热新型建筑材料，发展节能型住房，在北方地区引导农民建造太阳房和使用太阳能热水器。

五、加强农村饮用水水源保护

农村饮水安全直接关系到广大农民群众的生产生活。随着我国农村水环境污染问题日益突出，农村饮用水源破坏比较严重，成为影响农村饮水安全的重要因素，饮水安全问题已经日益引起人们的重视。我国"十三五"时期农村饮水工作强调要把水源保护放到突出位置。因此，为了更好实现乡村生态振兴，加强饮用水水源地的保护就显得尤为重要。

（一）科学选用水源

农村饮用水水源是确保水质的根本性前提，有的水源即便是在没有任何污染的情况下也不适合饮用，所以在水源选择过程中，应以经济性、技术性为考虑原则，紧密结合所在区域的实际情况，组织有关部门开展农村饮用水水源环境状况调查评估和保护区的划定。农村饮用水水源保护区的边界要设立地理界标、警示标志或宣传牌。结合城乡供水一体化思路，通过分区分片，将小型和分散式水厂进行整合兼并，建设集中式供水工程，特别是突出日供水 1000 吨或受益人口 10000人以上的规模化集中供水工程，从而改变点多面广的局面，降低水源保护的工作难度，提高水源保护工作效率。

（二）切实加强水源保护

水源确定后，应尽可能地加强对其的保护，才能从根本上确保水质安全，因而必须对农村的饮用水水源做好保护。以供水人口在 10000人或日供水 1000 吨以上的饮用水水源保护区为重点，对可能影响农村饮用水水源环境安全的化工、造纸、冶炼、制药等风险源和生活污水垃圾、畜禽养殖等风险源进行排查。对水质不达标的水源，采取水源更换、集中供水、污染治理等措施，确保农村饮水安全。加强生产生活废水和污水的排放管理，严防因此导致水源被污染的情况出现。在地表水水源区域内加大封山育林工作的力度，致力于生态防控技术的应用，为农村水源地设置一道生态屏障。

（三）加强农村饮用水水质监测

通过检测和监测水源水质能对水源水质的变化有一个基本的认识，有利于科学地评价和合理地开发利用水源以及对其的污染防治。充分考虑到农村监测力量和监测手段薄弱的实际状况，应合理安排监测重点，常规监测和应急监测相结合。县级及以上地方人民政府组织相关部门监测和评估本行政区域内饮用水水源、供水单位供水、用户水龙头出的水质等饮用水安全状况。实施从源头到水龙头的全过程控制，落实水源保护、工程建设、水质监测检测"三同时"制度。供水人口在 10000人或日供水1000 吨以上的饮用水水源每季度监测一次。各地按照国家相关标准，结合本地水质本底状况确定监测项目并组织实施。县级及以上地方人民政府有关部门，应当向社会公开饮用水安全状况信息。

（四）加强饮用水工程建设的投入

地方政府必须在饮用水安全方面加大投入力度，尤其是应加强饮用水工程的建设，紧密结合实际对工程的方案进行确定，尽可能地预防建设小而散的饮水工程，同时为了保证水源的水质符合饮用标准，必须在工程开工之前对水源的水质进行检测，并尽可能地采取全封闭的水源构筑物，从而预防其被直接污染。饮用水工程必须在做好水质检验的基础上，切实加强消毒净化工作的开展，配备专业的消毒净化设备，对于以饮水工程中缺乏净化消毒设施的现状，应在日常工作中加强排查力度，切实做好查漏补缺工作，并在规定的时间内将其配备完善，从而更好地确保整个农村饮用水工程的建设符合农村饮水安全的需要。

（五）强化基层水资源管理能力处设

强化县级水利部门对水资源保护的监管执法工作。以落实最严格水资源管理制度为抓手，切实加强机构、人员、设备等方面能力建设，保证执法频次和成效，推动水资源保护执法工作制度化、常态化。特别是要切实加大对随意倾倒污染物和排放污水、随意占用河道水域岸线、随意采沙、生态资源滥用等方面的执法、处罚力度，树立执法主体权威，做到有法必依、执法必严、违法必究。强化乡镇水管部门保护责任，依托于乡镇水利站，根据实际需要设置专门的乡镇级水资源技术服务组织，从监测、巡查、工程治理、应急管理等方面加快健全乡镇水资源管理和保护工作体系，切实提高基层水资源管理队伍能力。

（六）探索农民参与水源长效管护模式

农村饮用水水源保护与广大农民生产生活息息相关。要进一步发挥好村委会、农民用水合作组织、农村其他相关自治组织的作用，调动农民积极性参与农村水源保护。地方政府在开展农村水源保护工作中，要主动接受群众监督，实施计划要向群众征求意见，筹资筹劳由群众决定，资金使用和用工情况请群众审定，工程竣工验收请群众参与。要在考察当地村规民约基础上制定农村社区饮用水源管理制度，使保护制度更结合实际、更具体、更可行。要因地制宜探索农村水源长效管护模式。比如，可由市、县补助，乡镇或村集体适当出资，组建专门队伍负责一些专业化要求较高的养护任务，如污水处理、垃圾清运、河道保洁等。在此基础上，灵活通过划分党员责任区、村民门前三包等方式发挥好农民的监督和参与作用。

第五节　建设乡村生态聚落体系

农村生态聚落体系是指传承乡土特质、乡土文化、生态理念的农村发展新载体。建设农村生态聚落体系，是通过整合集镇和村庄的生态、环境、资源、经济、社会等优势，激发农村生态聚落体系发展的内生动能，在不同类型村庄有机整合的基础上实现村庄生态化集群式组团发展。建设农村生态聚落体系，既要改变工业文明逻辑下不合理的生产、生活、消费方式，树立尊重自然、顺应自然、保护自然的生态文明发展理念，又要以人与自然和谐共生的站位，为老百姓留住鸟语花香田园风光，持续推进乡村生态振兴。

一、构建乡村聚落体系

乡村聚落是指市区和城镇以外的居民聚居点，包括集镇和村庄。村庄与村庄、村庄与集镇、集镇与集镇之间存在着广泛的联系，这些相互联系的村庄与集镇形成的有机整体便构成乡村聚落体系。围绕乡村生态振兴要求，顺应村庄发展规律和演变趋势，根据不同村庄的发展现状、区位条件、资源禀赋等，按照集聚提升、特色保护、搬迁撤并的思路，分类推进乡村生态振兴，构建分工合理、功能明晰、生态宜居的乡村聚落体系，建设美丽宜居村庄。

（一）强化中心村庄建设

现有规模较大的中心村和其他仍将存续的一般村庄，占乡村类型的大多数，是乡村振兴的重点。对资源禀赋丰裕、生态环境友好、产业支撑较强、地理位置优越、集体经济实力雄厚的村庄，鼓励发挥自身比较优势，强化主导产业支撑，支持农业、工贸、休闲服务等专业化村庄发展。科学确定村庄发展方向，在原有规模基础上有序推进改造提升，进一步增强产业优势、环境优势、竞争优势，高标准打造示范样板，即基础设施配置齐全，公共服务功能完善，村容村貌整洁有序，房屋建筑特色鲜明，农村环境优美宜居，民主管理制度健全，乡风习俗文明健康，特色产业优势明显，一二三产业融合发展，农村集体经济实力、人口和产业吸纳带动能力不断增强，农民生活幸福安康。

（二）提升特色村庄发展

特色村庄主要指具备特色资源、产业基础较好，尤其是文化底蕴深厚、历史悠久、风貌独特的村庄，一般包括历史文化名村、传统村落、少数民族特色村寨、特色景观旅游名村等自然历史文化特色资源丰富的村庄，它们是彰显和传承中华优秀传统文化的重要载体。要发挥特色资源价值，加快打造文化特色型、生态特色型和产业特色型等村庄，推进文旅融合、农旅融合发展。统筹保护、利用与发展的关系，努力保持村庄的完整性、真实性和延续性。切实保护村庄的传统选址、格局、风貌以及自然和田园景观等整体空间形态与环境，全面保护文物古迹、历史建筑、传统民居等特色建筑。尊重原住居民生活形态和传统习惯，加快改善村庄基础设施和公共环境，合理利用村庄特色资源，探索设立村庄建设保护红线，推动特色资源保护与村庄发展良性互促。

（三）有序推进撤村并点

撤村并点是将规模小、布局散、设施差及位置不合理的村庄进行重组和整合，以便提高村庄的居住质量、保护乡村生态环境、促进城镇化进程。中共中央、国务院印发的《乡村振兴战略规划（2018—202年)》明确提出了"搬迁撤并类村庄"，并作出了具体要求：对位于生存条件恶劣、生态环境脆弱、自然灾害频发等地区的村庄，因重大项目建设需要搬迁的村庄，以及人口流失特别严重的村庄，可通过易地扶贫搬迁、生态宜居搬迁、农村集聚发展搬迁等方式，实施村庄搬迁撤并，统筹解决村民生计、生态保护等问题。拟搬迁撤并的村庄，严格限制新建、扩建活动，统筹考虑拟迁入或新建村庄的基础设施和公共服务设施建设。坚持村庄搬迁撤并与新型城镇化、农业现代化相结合，依托适宜区域进行安置，避免新建孤立的村落式移民社区。搬迁撤并后的村庄原址，因地制宜复垦或还绿，增加乡村生产生态空间。农村居民点迁建和村庄撤并，必须尊重农民意愿并经村民会议同意，不得强制农民搬迁和集中上楼。

二、打造乡村聚落景观

乡村聚落景观是指以农业经济活动为主要形式的人类居住和进行生产劳动的场所，由农田、建筑、绿化、交通、水文等构成，是自然环境和乡村居民活动的综合载体，是乡村地区社会与文化生态环境的客观表现，也是乡村经济发展与文化生态环境演变的见证。乡村聚落景观格局因与自然完美融合，其整合了丰厚的乡土资源，具有独有的人文艺术价值、美学价值和旅游价值。因此，加强乡村聚落景观营造，不仅有利于促进乡村旅游产业发展、提高农村居民收入水平，而且对保护乡村生态环境、实现乡村生态振兴具有重要意义。

（一）统筹乡村聚落景观整体格局

乡村聚落是在顺应自然的前提下，经过人类社会的发展演化以及人与自然生境的相互作用而形成的，乡村聚落的"自然生境—聚落形态—民居场所"景观整体格局已经成为自然生态系统中不可分割的一部分。因此，应紧密围绕乡村生态振兴整体要求，统筹乡村聚落景观整体格局营造。根据各乡村自身发展优势，依托自然生态，优化调整和强化"自然生境—聚落形态—民居场所"的乡村聚落景观整体格局。建设和完善乡村聚落的基础设施，科学规划乡村聚落的各项设施、提升乡村聚落的空间利用效率。重视保护乡村农业，力求维护乡村农业景观的丰富性与多样性，从而促进农业景观与自然景观和谐发展。保护和整合乡村聚落景观原有的形态、机理、文脉，保持乡村聚落景观的完整性和真实性，创造一个具备生态良好、历史延续、文化特色和认同感鲜明的乡村聚落景观格局。

（二）打造乡村聚落景观田园风貌

田园山水是由田园景观、自然山水等要素组合的自然有机体，是乡村聚落景观的基础，体现了乡村聚落景观的基本特质。在打造乡村聚落景观时，应着力打造乡村聚落景观田园风貌。充分尊重乡村地域条件，以诗化田园为灵魂，将农田、水渠、池塘、山体、林地等自然要素有机组合，保持生态的多样性，完善传统乡村聚落自然景观体系。利用"反规划"原理，优先规划和设计乡村生态基础设施，将乡村聚落中的非建设用地，进行生态性恢复工作。维护和强化乡村聚落中山水格局的连续性，保护和建立当地多样化的乡土生态系统，维护和恢复河流水系的自然形态，保护和恢复湿地系统，保护遗产景观网络。

（三）凸显乡村聚落特色文化景观

乡村聚落的文化景观是指凝结于聚落建筑、经济空间和社会空间的有形和无形文化形式，包括文学、艺术、语言、服饰、民俗、民情、思想、价值观等，是一种生态文化。作为一种特定的形态和文化，聚落生态文化有很高的景观价值，一般具有独特的建筑形式、空间布局形式及相应的自然地理地貌及人文背景。乡村聚落景观的建设须优先考虑乡土资源，体现地域文化特征，营建亲和友善的人文环境，实现人与自然的良性互动。充分结合各地文化特点，有针对性地实行拆旧新建，对旧区内具有重要文化价值的历史建筑给予保护和修缮，保证历史建筑的结构和格局在新农村建设过程中不受影响。提炼乡村聚落文化与历史元素，保留与完善原有乡村聚落的"内部肌理"，将特有的乡村元素与现代化的规划建设相互融合，营造传统与现代相融合的新型乡村聚落风貌，形成特有的乡村聚落历史文化景观，保证传统文化与地方特色得到传承和延续。

三、优化乡村"三生"空间

乡村"三生"空间是指乡村生产空间、生活空间和生态空间，"三生"空间是农村生产、生活和生态的主要载体。要按照生产空间集约高效、生活空间宜居适度、生态空间山清水秀的总体要求，统筹乡村空间资源配置，合理布局生产空间、生活空间、生态空间，实现乡村更高质量的产业发展，更加均等的生活服务，更为健康的生态环境。

（一）高效利用乡村生产空间

乡村生产空间是以提供农产品为主体功能的国土空间，兼具生态功能。应适应农业现代化发展趋势以及一二三产业融合发展的需要，加快优化乡村产业空间布局，完善配套服务设施建设、优化生产经营流通体系，提升生产空间集约利用效率。加快落实农业功能区制度，科学合理制定粮食生产功能区、重要农产品生产保护区和特色农产品优势区，合那划定养殖业适养、限养、禁养区域，严格保护农业生产空间。以县城、重点镇和产业园区为主要载体，加快涉农工业产业集聚发展，发挥规核经济效益。优化涉农三产服务业布局，以农产品优势产区为主体，加强农产品集散中心、物流配送中心和展销中心建设，为农业发展提供强大支撑。推进土地适度规模经营，加快扶持家庭农村合作社、农业龙头企业等新型农业经营主体，发展农业生产性服务业，鼓励开展市场化和专业化服务。适应农村现代产业发展需要，科学划分乡村经济发展片区，统筹推进农业产业园、科技园、创业园等各类园区建设，推进农业规模化、标准化生产。

（二）优化布局乡村生活空间

乡村生活空间是以农村居民点为主体、为农民提供生产生活服务的国土空间。坚持节约集约用地，遵循乡村传统肌理和格局，划定空间管控边界，明确用地规模和管控要求，确定基础设施用地位置、规模和建设标准，合理配置公共服务设施，引导生活空间尺度适宜、布局协调、功能齐全。积极推进乡村生活圈的建设，以不同生活圈的服务半径、服务规模为依据，统筹配置教育、医疗、商业等公共服务设施，促进城乡基本公共服务均等化。强化空间发展的人性化、多样化，规划建设农村社区党群服务中心、文体活动广场、村级办公场所、公园、停车场等村落公共生活空间，配套完善乡村菜市场、快餐店、配送站等大众化服务网点，推进建设乡村电子商务服务体系，充分满足农民休闲、娱乐、消费等多方面需求。适应老龄化发展态势，加快幸福院、老年活动室、养老院等老年设施建设，提升人性化发展水平。

（三）严格保护乡村生态空间

乡村生态空间是具有自然属性、以提供生态产品或生态服务为主体功能的国土空间。划定并严守生态保护红线，强化对乡村生态安全具有重要影响的山脉、森林、河流、湖泊、湿地等重要生态空间保护，打造乡村与生态共融，人与自然和谐发展的良好格局。树立山水林田湖草是一个生命共同体的理念，加强对自然生态空间的整体保护，修复和改善乡村生态环境，提升生态功能和服务价值。全面实施产业准入负面清单制度，推动各地因地制宜制定禁止和限制发展产业目录，明确产业发展方向和开发强度，强化准入管理和底线约束。实施生态修复工程，加强饮用水水源地保护，强化矿区生态治理，推进平原农田林网以及河流防护林体系建设，维护乡村生态安全。加强乡村环境治理，实施水污染、土壤污染防治行动，严禁城镇污染向乡村转移扩散，打造山青、水碧、天蓝、地绿的宜居生态环境。

四、促进城乡绿色融合

城乡空间包含了城镇、农业和生态"全空间"，涉及环境、社会、经济等方面的"全要素"，涵盖乡村发展过去、现在、未来"全过程"。按照有利生产、方便生活、适度集中的要求，引导和调控城乡融合发展，合理确定农村新型社区和乡村建设模式、数量、布局和建设用地规模，形成分工明确、梯度有序、开放互通的城乡空间结构体系。

（一）树立正确发展理念

城乡应当以"巨生命体"的持续、健康、协同为标准，实现城镇、农业、生态全空间的协同发展，环境、社会、经济全要素的均衡发展，过去、现在、未来全时段的公平发展，建设"共生、共荣、共享、共利、共治"的理想社会。"共生"，即构建山水林田湖草"生命共同体"；"共荣"，即实现历史文化的传承和繁荣；"共享"，即人人共享公共资源和福利保障；"共利"，即实现经济发展和全民富裕；"共治"，即实现政府、市场、社会的多元共治。城乡发展要实现从"以经济为中心"到"以人民为中心"的转变；从"经济、社会、环境"的互动、协调发展到以自然生态和人文历史资源保护作为一切发展的前挑和基础的转变；以经济发展必须依赖资源环境的消耗到经济发展与资源环境消耗脱钩的转变和从粗放式、增量扩张式的褐色增长方式到集约式、存量盘活式的精明增长方式的转变。

（二）建立绿色发展引领规划体系

以"复合生态观"为基础，持续、健康、协同为导向，对标国际绿色发展愿景和标准，建立涉及环境、社会、经济、治理等方面的规划建设指标体系，兼顾重点与全局、特色与共性、约束与引导、实施与愿景，建设绿色生态村庄。统筹自然资源开发利用、保护和修复，按照不同主体功能定位和陆海统筹原则，开展资源环境承载能力和国土空间开发适宜性评价，科学划定生态、农业、城镇等空间和生态保护红线、永久基本农田、城镇开发边界及海洋生物资源保护线、围填海控制线等主要控制线，推动主体功能区战略格局在市县层面精准落地，健全不同主体功能区差异化协同发展长效机制，实现山水林田湖草整体保护、系统修复、综合治理。

（三）推进城乡融合发展

摒弃过去"城镇吞噬乡村、乡村供养城镇"的单向物质流动模式，按照系统协同原则，发挥各自的资源禀赋优势，实现人流、物流、资金流、信息流的双向流动，再现中国传统文化中"诗意栖居"的人居境界。通盘考虑城镇和乡村发展，统筹谋划产业发展、基础设施、公共服务、资源能源、生态环境保护等主要布局，形成田园乡村与现代城镇各具特色、交相辉映的城乡发展形态。强化县域空间规划和各类专项规划引导约束作用，科学安排县城乡村布局、资源利用、设施配置和村庄整治，推动村庄规划管理全覆盖。综合考虑村庄演变规律、集聚特点和现状分布，结合农民生产生活半径，合理确定县城村庄布局和规模，避免随意撤并村庄搞大社区、违背农民意愿大拆大建。加强乡村风貌整体管控，注重农房单体个性设计，建设立足乡土社会、富有地域特色、承载田园乡愁、体现现代文明的升级版乡村，避免千村一面，防止乡村景观城市化。

（四）优化城乡生态格局

优化从乡村到城市的自然生态格局。推进自然生态保护、修复和建设，建构从区域到城市的结构完整、通道连续、生物多样、功能丰富的自然生态格局，实现"生态空间山清水秀"。按照"中心城市组团式发展、中小城市紧凑发展、小城镇聚集发展"的原则，建立多极、轴线与组团式发展的城乡布局结构。以城市群为主体构建大中小城市和小城镇协调发展的城镇格局，增强城镇地区对乡村的带动能力。因地制宜发展特色鲜明、产城融合、充满魅力的特色小镇和小城镇，加强以乡镇政府驻地为中心的农民生活圈建设，以镇带村、以村促镇，推动镇村联动发展。建设生态宜居的美丽乡村，发挥多重功能，提供优质产品，传承乡村文化，留住乡愁记忆，满足人民日益增长的美好生活需要。

（五）稳步推进城乡建设用地整治

以统筹城乡发展为导向，以乡村生态振兴为目标，以保障农民权益为根本，开展城乡建设用地增减挂钩试点，释放农村建设用地潜力，促进土地集约节约利用，优化城乡建设用地布局，为推动乡村振兴拓展用地空间。增减挂钩必须充分尊重农民意愿，维护农村集体经济组织和农民的主体地位，增减挂钩指标应优先用于项目所在地的农民生产生活、农村新型社区、农村基础设施和公益设施建设，并留足农村非农产业发展建设用地空间，支持农村新产业新业态发展和农民就近就地就业。节余指标调剂到城镇使用时，可优先用于商服、商品性住宅等经营性用地，以最大限度提高土地增值收益。按照国家统一部署，积极推进宅基地制度改革，提高闲散宅基地的使用效益，减少新增宅基地占用耕地。

（六）加强城乡基础设施生态化建设

是建设绿色化的公共设施和公用设施。应对人口结构和居民需求的变化，改进公共服务设施配置内容和标准，建立等级清晰、分布均好的公益性公共服务设施体系，推进公共服务设施的开放共享。推进"微降解、微净化、微中水、微能源、微冲击、微交通、微更新、微绿地、微农场、微医疗、微调控"等绿色理念、技术、措施在传统市政基础设施规划建设中的应用。二是提倡绿色交通。采用高效率、高舒适、低能耗、低污染的交通方式，完成人流、物流的运输活动。配合以紧凑、混合的建设用地布局减少出行总需求。三是建设可持续水系统。按照"节流优先、治污为本、多渠道开源"的水资源开发利用策略，逐步降低人均水耗。协同水系统在灌溉、供水、防洪、生态、景观、文化、旅游、交通等方面的综合功能。四是提高全社会用能效率，遏制能源消费总量过快增长。优化能源结构，推进工业节能、建筑节能和交通节能。

第六节　持续改善村容村貌

科学确定村庄发展方向，按照高起点进行规划、高标准进行建设，高水平进行管理，在原有规模基础上有序推进改造提升，以农村人居环境整治特别是垃圾、生活污水和村容村貌提升为重点，加强乡村基础设施建设，开展乡村环境净化、绿化、美化工程，使村容整洁、道路通达、环境卫生、适宜居住，加快建设宜居宜业的美丽村庄。

一、夯实农村基础设施建设

乡村基础设施建设是新时代中国社会"需要"与"发展"这一主要矛盾在农村的"晴雨表"，某种程度上讲，农村基础设施建设水平是实施乡村振兴战略是否取得成效的一个主要标志。因此，实施乡村振兴战略，必须抓重点、补短板、强弱项，统筹城乡基础设施建设，着力推动农村基础设施提档升级，加快改善农村生产生活条件，着力为经济社会持续发展创造硬件优势。

（一）准确把握农村基础设施现状和问题

符合"三农"需要的基础设施建设，是乡村振兴战略的物质基础，对促进农业和农村现代化建设，发展农村经济具有重要的作用。1994 年，世界银行发布的世界发展报告聚焦为发展提供基础设施，指出乡村地区的基础设施服务明显少于城市，城市人口在饮用水、取水和电力方面获得的基础设施服务要明显好于农村人口。

在我国，农村地区的基础设施建设也受到了高度重视，2008 年，中央一号文件以加强农业基础建设促进农业发展农民增收为主题，对各类农村基础设施建设进行了全面战略部署。经过"十一五""十二五"的大力建设，我国农村基础设施，特别是生活基础设施建设已经取得了很大成就,我国农村的基础设施建设水平有了很大的提高,农村人居环境明显改善,基本社会服务不断向乡村延伸,多数公共品和公共服务已经在乡村实现了广覆盖,但其数量和质量与城市相比仍存在较大差距,一些问题依然突出。

一是乡村道路建设质量较差。贫困地区通达、通畅任务仍然艰巨,尤其是处于山大沟深困难地区的乡村,道路建设的投资大、难度大。经济欠发达或刚脱贫地区已有部分"千道",但"村村通""入户通"的道路网化任务依然很重。更为重要的是,道路养护和管理的长效机制尚未建立。由于养护投入严重不足,一些地方已出现"油返砂"现象。

二是水电气网等设施建设仍显滞后。农村电力设备陈旧落后,变压器大多数已严重老化、能耗高、性能差,有些电线杆破损严重,一旦遇到刮风打雷下雨就发生断电,不仅影响正常持续供电,而且容易引发安全事故。农村集中式供水比例仍然很低,截至 2016 年年底,全国建制镇用水普及率达到 83.9%,集中供水的乡 8863 个,占全部乡的 81.4%,集中供水的行政村达到 361572 个,占全部行政村的 68.7%,村庄用水人口 51568.21 万人,供水普及率为 65.2%。乡村天然气普及率较低,2016年,全国建制镇燃气普及率达到 49.5%,村庄燃气普及率仅为 22.5%,用气人口为 17800.78万。农村互联网普及情况远低于城镇。国家互联网信息中心的统计显示,截至2016年6月,我国农村互联网普及率保持稳定,达到 31.7%,但城镇地区互联网普及率超过农村地区 35.6个百分点,农村互联网相关基础设施普及情况仍然相对较差,城乡差距仍然较大。

三是贫困乡村基础设施建设难度大、成本高。近年来,随着脱贫攻坚的深入推进,项目资金、社会资源、帮扶力量等整合后不断向贫困乡村聚集,贫困村基础设施、公共服务显著改善,发展面貌日新月异。但由于扶贫项目资金只能用于贫困村、贫困人口,导致部分非贫困村基础设施改善缺乏项目支撑,文化广场、道路硬化、渠道衬砌、电商服务点、会融服务网点等到村措施却无法落实,一些群众关切的热点、难点同题识迟得不到解决,基础设施改善缓慢与贫困村的明显变化形成鲜明对比。从客观条件来看,基础设施短板突出的村,大多自然条件恶劣,生活环城艰苦,且村与村之间跨度大,人口居住零散。对这些人口居住分散的居民点而言、水、电、路等基础设施配套难度大,教育、医疗、文化活动中心等公共服务设施成本高,硬化路、通自来水等项目实施效益与群众实际需求之间的矛盾突出，而县级财力有限，筹措资金的渠道不多，对上级政府项目投资的依赖性较大。

四是基础设施后期管理维护难度大。一些项目实施单位对项目后期管理维护工作重视不够，在资金筹措、人员配备、机制创新方面投入不足、办法不多、措施不力，不同程度存在"重建设，轻管理"现象。近年来建成投用的村组道路、文化广场、乡村舞台、幸福大院、老年人日间照料中心、休闲公园、健身活动器材等公共设施，管理维护责任不明确，制度不健全，管理不到位，严重影响了基础设施作用发挥，减少了基础设施使用年限，造成国家资源浪费。

五是农村环境整治仍然不到位。村内道路绿化不达标，部分路段绿化断档，沿线入村道路普遍没有实现环卫一体化，村容村貌较差、绿化不达标。

生态文明建设的难点和重点在乡村，有许多手难题亟待解决。随着生活水平的不断提高，农民希望乡村水、电、路、气、暖、电信等基础设施得到改善，对农村生活环境质量有更高的期待。因此，要坚持把农民群众生活宜居作为首要任务，重点改善农村路、水、电、气、房等基础设施条件。重点聚焦农村地区基础设施落后的短板，整合资金，创新举措，全面改善贫困村道路、电力、通信、饮水等情况，增强人民群众的获得感、幸福感。

（二）完善道路、照明设施，满足基本生活需要

建设规范的乡村道路网络。按照"四好农村路"的建设要求，加强县乡道改造、连通路建设，有序推进农村公路改造、延伸和联网工程建设，完善内通外联的路网结构，编织起乡村振兴的交通基础设施经纬线。新改建农村公路应满足等级公路技术标准，并能充分利用本地资源，因地制宜选择路面材料，比如，传统村落或特色旅游村落内步行道修建为鹅卵石路、石板路、行道砖或碎石路等。具备条件的乡镇和建制村要加快开展通硬化路、通班车、公路安全生命防护工程及危桥改造工程。乡村游的重点区域，要进一步优化以旅游专线为主导的公共交通导向模式，串联相邻景点，提高景区直达率，并逐步完善交通标志引导和交通信息引导。

打通农村公路建设"最后一公里"。加快推进通村组道路、入户道路建设，打通乡与乡、村与村之间的断头路，实现农村道路"户户通"，基本解决村内道路泥泞、村民出行不便等问题。充分发挥农村公路建设项目在脱贫攻坚中的基础性和先导性作用，

采取融资多渠道的方式，全力改善贫困乡镇和贫困村组交通面貌，夯实贫困地区经济发展基础。

做好农村公路养护和安全防护工作。加强农村公路管养力度，实现有路必养、养必到位这一目标，对农村公路推行路长制管养工作。建立县、乡、村三级联动、部门参与的农村公路养护新机制，落实好管养人员和经费问题。在农村公路养护工作中，可考虑将建档立卡户贫困人口优先招聘为养护工，解决贫困人口外出"务工难"问题，为贫困人口提供脱贫摘帽条件。全面实施农村公路安全防护设施工程，对农村公路危险路段，实施安全防护设施工程建设项目。按照保障畅通的要求，同步建设交通安全、排水和生命安全防护设施。

完善村庄公共照明设施。为方便群众夜间出行，改善农村群众人居环境，必须加快推进村庄亮化工程。随着老百姓生活水平不断提高，利用照明来改善夜晚的景观，对展现村镇风貌、改善居住环境、丰富百姓娱乐文化生活都有积极的影响，可大大提高群众的幸福指数。应在村庄主要街道两侧，文化广场、学校、村民中心等重要场所安装照明设施，实现主要道路和重要场所全面"亮化"。积极提倡节能减排，大力推进太阳能路灯的推广与普及。

（三）统筹各类管道工程，服务生活质量提升

1.电网

农村电网是农村重要的基础设施，对促进农业农村发展、改善农民生产生活条件具有不可替代的作用。加快新型小城镇、中心村电网和农业生产供电设施改造升级，有条件的乡村地区，在完善农村电网架构、缩短供电服务半径、提高户均配变容量的基础上，逐步提高农村电网信息化、自动化、智能化水平。在偏远乡村，结合新能源扶贫工程和微电网建设，提高农村电网接纳分布式新能源发电的能力，鼓励相关企业因地制宜建设水能、太阳能、风能、生物质能等可再生能源局域电网。全面推进贫困村电网升级改造和基站建设。稳步推进农村电网投资多元化，在做好电力普遍服务的前提下，结合售电侧改革拓宽融资渠道，探索通过政府和社会资本合作（PPP）等模式，运用商业机制引入社会资本参与农村电网建设改造。进一步优化电力供给结构，缩小城乡供电服务差距，不断提高农村电气化水平。通过实施"农村电网改造升级、农村用电公共服务均等化、理顺电网管理体制、农村电网电压质量提升"等一系列工程，

逐步解决农村电压不稳、电损量大、抄表难等问题，为农村经济社会发展、农民生活质量改善提供更好的电力保障。

2.水网

努力推进农村饮水同网、同源、同质，扩大集中规模化供水覆盖面。严格执行《农村饮水安全工程建设管理办法》的各项规定，全面落实以市、县、乡三级行政首长负责制为核心的农村饮水安全保障责任制，落实工程质量终身责任制，加强建设项目全过程质量管理，加强材料设备特别是水处理设备、管材的质量监管。抓好水源选择、水量水质保障等重点工作，扎实抓好农村饮水安全水质检测中心建设工作，依托较大规模水厂、供水管理机构和卫生疾控部门现有水质监测机构，分期分批建设和完善区域农村饮水安全水质检测中心，提高各地农村供水水质检测和监测能力。通过新建或改扩建集中供水厂、改造村级供水站、更新改造供水管网等措施，更好保障农村饮水安全。在供水井处布置饮水消毒设备，从源头上对水质进行检测和处理，定期进行水质监测，避免造成水质下降。合理布置村庄供水管网，更新饮水管道。选用标准的给水管材，设置检修网口、泄水装置、排气阀等重要阀口，便于管道维护与管理。

3.天然气管网、热力管网

按照宜气则气、宜电则电、尽可能利用清洁能源的原则，推进农村清洁取暖。加快燃气管网向村镇延伸，尽快形成以电网为基础，与天然气管网、热力管网等互补衔接、协同转化的能源设施网络体系。支持绿色能源示范村镇、可再生能源集中供热等重大工程建设，重点支持生物质供热、规模化生物质天然气、规模化大型沼气、太阳能、地热能、风能等技术的推广应用，鼓励多能互补系统工程的示范应用，提高农村清洁能源自给率。

4.信息通信网络

积极实施国家电信普遍服务试点项目，推进"智慧乡村"建设，完善农村信息化基础设施，加快农村地区光纤宽带网络和 4G 网络覆盖步伐。

（四）加快公共服务设施均等化

地方政府有限的财力及供给能力与农村基础设施公共物品属性之间的矛盾，是我国农村基础设施投入总量不足的主要原因之一，由此产生的直接后果就是我国城市与农村居民享有的基础设施存在着较大的不平等。近年来，我国农村人居环境明显改善，基本社会服务不断向乡村延伸，多数公共品和公共服务已经在乡村实现了广覆盖，但其数量和质量与城市相比仍存在较大差距，加快城乡公共服务设施均等化的工作还应持续扎实推进。

推进农村社区建设。加强农村卫生、医疗、文化、教育等公共服务建设，完善农村社区卫生服务中心（乡镇卫生院）、村卫生室、文化活动场所、快递便民服务网点、连锁便民店、警务室等设施，鼓励建设养老机构、老人日托中心、居家养老照料中心等，提升基本公共服务供给水平，努力形成以中心村为核心的 30 分钟公共服务圈。

提升乡村基本服务设施功能。以改善设施、完善要素、拓展功能为重点，推进"乡村舞台"、活动广场、便民服务中心建设，高标准建设农民体育健身工程，加强篮球架、乒乓球台、健身活动器材等体育设施配套。满足广大人民群众日益增长的生活需求，有条件的乡村应超前规划停车场设施建设。积极推进文化活动室、文化礼堂、广播室等文化设施配套，在农村实现物质生活快速小康的同时，潜移默化推进精神生活同步小康。

二、实施"美丽村居"建设

全面推进乡村危旧房改造和绿化工作，重点抓好乡村公共空间整治工作，持续开展农村人居环境整治行动，促进和推动乡村群众生活环境的舒适、整洁、绿化、美化，积极打造具有乡村特色的绿化景观，建设环境优美、生态良好、村民自治、管理有序的美丽村居，为老百姓留住鸟语花香田园风光。

（一）加快危房、危桥改造，保障人民生命财产安全

实施危房改造任务工程。按照精准扶贫、精准脱贫的要求，坚持"最危险房屋、最困难群众"优先的原则，优先帮助住房最危险、经济最贫困农户解决最基本安全住房的要求，将建档立卡贫困户、低保户、农村分散供养特困人员和贫困残疾人家庭4类对象住房，作为农村危房造的重点，放在农村危房改造重点位置。对新出现的群众住房安全问题，及时纳入危房改造计划，优先安排有严重安全隐患的农房改造，确保不出现倒房塌房事件，确保群众住上安全房，确保困难农户生命财产安全。积极开发推广低造价农房建造技术，不能只建房屋壳子，还要保障改厕、改厨、通风、保温等基本居住功能，满足人畜分离等基本居住卫生条件，不断提高改造后农房的适应性。

危旧房改造与拆迁并点相结合。通过合村并点、生态搬迁等方式，瞄准群众最关心最直接最现实的利益问题，以保障农民基本生产生活条件为底线，积极推动农房集中连片治理。坚持村庄搬迁撤并与新型城镇化、农业现代化相结合，依托安置新村、小城镇、产业园区、旅游景区等适宜区域，促进农民就地就近安居和转移就业。

农村公路生命安全防护工程及危桥改造。启动偏远山区和集中连片特困地区危路、危桥的摸底排查工作，加快推进现有溜索改桥和渡口改造进度，确保"建成一条、达标一条"。

（二）全面推进乡村绿化，建设具有乡村特色的绿化景观

开展乡村绿化行动，以公路、河流、铁路为线，以农田、片林、经济林为面，重点推进村内绿化、围村片林和农田林网建设，实现庭院、沟渠、通道、农田周围全面增绿，完善农田林网、围村片林、灌溉渠系等生态廊道，综合提升田水路林村风貌，促进人与自然和谐共生、村庄形态与自然环境相得益彰。

加大村庄道路沿线绿化建设。围绕环城镇、环村庄、沿公路、沿河道、沿轨道"两环三沿"，开展造林种草绿化行动，发挥林草植被在改善农村生态环境中的作用。坚持人工造景与自然景观相结合，合理布局"两环三沿"两侧行道树，呈现道路沿线的自然景观。以村域河道、溪沟、山脊、道路风景线等为重点推进绿道建设，完善自行车道、步行道等慢行服务设施，展示多样化的自然风光，打造"村在林中，路在绿中，人在景中"的新图景。

充分利用村庄闲置空地开展绿化。结合实施新一轮百万亩造林工程，充分利用闲置土地组织开展植树造林、种草、湿地恢复等活动，大幅度扩大绿色生态空间，建设具有乡村特色的绿化景观。加强乡村人口聚居地和公共空间的绿化建设，鼓励房前屋后种植果木，实现点上成景、线上成带、面上成片，形成村庄园林化、庭院花果化的乡村绿化格局，提高乡村整体绿化水平。在具备条件的地区集中连片建设生态宜居的美丽乡村。

因地制宜建设村野公园。严格保护乡村古树名木。清理破败空心房，废弃住房、闲置宅基地等，并对产生的闲置用地实施菜地化处理或开展绿化美化，有条件的乡村可以建设村野公园。新建公园景观小品体现当地文化特色，保留乡土元素，与周边环境相协调，乡土树种为公园的基调树种，乡土植物占植物总量的 70% 以上。

加强绿化环保宣传，引导农民群众树立环保观念，不乱砍滥伐，不搞破坏，积极参与乡村绿化工作，主动搞好家庭的庭院绿化。

（三）整治公共空间和庭院环境

聚焦农村环境卫生"脏、乱、差"问题，以主干道路、通村道路沿线、村庄周边、庭院内外、养殖小区等为重点，对村道、卫生死角、村边等重点区域的生活垃圾、建筑废料、杂草枯叶、漂浮物等进行认真仔细清扫、打捞，并将整理出来的垃圾及时进行清运，保护山水田园景观，整治美化公共空间，全力创造干净、整洁的人居环境。

1.整治通村道路沿线环境卫生

大力整治农村公路、河道环境，整治垃圾乱倒、粪便乱堆、畜禽乱跑、柴草乱放、污水乱排的"五乱现象"。对村域内河道、池塘、沟渠进行全面清淤清杂。全面清理路域范围内的草堆、类堆、垃圾堆、废旧薄膜、塑料袋和非公路标志，清除村内道路堆放的砖、沙石以及废弃的建筑材料和杂物。清理的麦草秸秆进行打包、压拥，有序堆放。净化道路沿线及周边环境，建设美丽乡村，打造生态优美、宜居宜人的生活环境。

2.整治居民庭院内外的环境卫生

对农户房前屋后杂物、围栏、臭水沟、坑洼地等，通过绿化、开辟菜地、配置竹篱（绿）围栏等措施进行规范整理。督促群众严格落实"门前三包"责任制，清除农户庭院内外的垃圾、杂物，规整院内堆放物品，积极开展庭院美化亮化，提升人居整体形象。集中开展清杂物、清残垣断壁、清庭院活动，实行农户门前自清、庭院自清、环卫轮流值班等责任制，确保村庄街头巷尾干净畅通，房前屋后整齐清洁，美化村容村貌，打造生态宜居模范村。开展"美丽庭院"创建行动，支持连片打造美丽乡村，把一个个"盆景"连成一道道"风景"，形成一片片"风光"，努力培育特色风貌示范村。

3.整治养殖小区环境卫生

清理养殖小区周边的畜禽粪便、柴草秸秆、生产垃圾，对畜禽粪便和污水等废弃物进行无害化处理，实现粪便无害化处理和资源化利用，防止环境污染。

4.消除私搭乱建

坚决拆除违章、乱搭乱建的建筑物，消除居民身边的脏乱差，改善居民生活环境，提高居民幸福指数。结合安全隐患大排查、大清理、大整治专项行动，加大对农村"三合一""多合一"违法经营场所的清理和现有违建的拆除力度，坚决遏制新增违建。整治农村供电、网络、电视电话线路乱拉乱接问题，规范网络、线路的布局。对村内违章建筑、影响交通的建筑、与自然景观不协调且无保护价值的破旧房屋进行拆除清理或整体遮挡，并在外侧墙壁建设文化墙。严控城里人到农村违建住宅，坚决杜绝小产权房、大棚房。建立"两违"防控治理工作机制，落实巡查责任机制，确保"两违"零增长，做好拆违后土地利用，及时清理遗留的垃圾，恢复场地平整，涉及耕地的予以复耕，涉及林地的予以复绿。

5.培育文明健康生活方式

把培育文明健康生活方式作为培育和践行社会主义核心价值观、开展农村精神文明建设的重要内容。鼓励群众讲卫生、树新风、除陋习，摒弃乱扔、乱吐、乱贴等不文明行为。提高群众文明卫生意识，营造和谐、文明的社会新风尚，形成文明村规、民约、乡风的"新风工程"。使优美的生活环境、文明的生活方式成为农民内在自觉要求。坚持镇、村、组三级联动，广泛发动群众，开展环境卫生整治活动，推进卫生县城、卫生乡镇等卫生创建工作。

三、挖掘特色乡村风貌

统筹兼顾农村田园风貌保护和环境整治，充分挖掘和利用乡村的自然环境、乡土文化、农耕特质、民族特色、地域特点，注重乡土味道，强化地域文化元素符号，把保持原有村居风貌和引入现代元素结合起来，注重保护、留住乡愁。

（一）保护乡土风貌，留住乡愁

把乡土风貌作为一个主打品牌、一个民生工程来精心经营。按照生活空间宜居适度、生态空间山清水秀的要求，遵循乡村自身发展规律，注重乡土味道，保留乡村风貌，建设立足乡土社会、富有地域特色、承载田园乡愁、体现现代文明的美丽乡村，提升乡村居民生活质量，打造各具特色的现代版"富春山居图"。

以多样化为美，突出地域特色。生态宜居乡村建设的规划，要体现差异化、多元化，展现个性之美，彰显乡村生态特色。比如，水系发达乡村体现水乡韵味，平原乡村营造田成方、林成网的平原美景，丘陵地区乡村打造山村风貌，沿海地区乡村表现海洋风情，充分体现具有山区、平原、水乡、海滨等不同地域特色的自然风貌，彰显丰富多彩的乡村风格。保护好传统风貌，保护古树名木，不破坏山水田林湖、水乡风韵和乡村风貌，保留村庄自然风貌。建立历史建筑档案，对不可移动文物、历史建筑、传统风貌建筑予以有效修缮，新建建筑保留地域传统风貌。

统一做好村寨风貌改造。按照"村在景中"的规划理念，对村庄的村落风貌、乡土风情、建筑风格、田园风光、特色产业、基础设施等进行个性化指引，做到保护自然生态、保留乡村风貌、体现乡村味道。要把自然景观、风土人情、田园风光等"田园牧歌"的乡愁，作为村落提升的重要内容。本土真实的村落文化，会唤起离家人真实的记忆，人们通过享受、感悟、认识，又会吸引更多的人走进这种文化，从中收获各类信息，这是乡愁带给我们的最大力量，"筑巢引凤"，吸引人才回乡投资创业。

（二）科学规划村庄建筑布局

1.严格推行"多规合一"

乡村规划要实现与土地利用总体规划、历史文化名村保护规划、传统村落保护发展规划、景区规划、乡村旅游发展规划等有关规划的无缝对接。加强乡村规划管控，对农村居民点分布、设施配套和建房位置要按规划严格控制，根据美丽乡村布点规划，合理规划选址，以规划引导农民按实际需求理性建房。要设计合理的建设地点，符合大散居、小聚居的农耕生活方式；设计合理的布局方式，尊重依山、就湾、面水、顺坡的建房习俗；形成"重点突出、梯次合理、特色鲜明、相互衔接"的村庄布局规划体系。

2注重规划区域特色

保护自然景观，传承历史文化，提倡城镇形态多样性，保持特色风貌防止"千村一面"。强调对历史和人文底蕴的古村落的保护和修复，探索设立村庄建设保护红线，推动特色资源保护与村庄发展良性互促，针对沿海、平原、山丘区、滩区、湖区等乡村面貌，探索适宜性路径，发展特色型村庄。对残旧房屋、废弃宅院等进行合理利用，农村危房改造要注重体现地域特点，突出乡村特色，保护生态环境，传承建筑风貌，加强传统村落和传统民居保护，实施农房风貌管理。

3.大力提升农房设计水平

大力提升农村建筑风貌，突出乡土特色和地域民族特点，编制乡村风貌整体设计和乡村风貌建设技术导则，指导民居特色的整体塑造。开展田园建筑示范，注重农房单体个性设计，就地取材，充分利用原有砖瓦、原石，降低建设成本。设计合理的改造方法，不能将房屋都推倒重建，更多的是进行改造，改造过程中尊重原有建筑的本来风格和质感，尊重原有的居住生活习惯，着力完善民居内部生活设施，适当加以外立面改造装饰坚持从内到外进行美化，提高居住的舒适度。保护乡情美景，在独一无二的东西上做文章，努力让每一个乡村都散发属于自己的独特味道。

4.处理好"建新"与"修旧"两个关系

明确"古村以独特魅力吸引游客、新村以完善的设施服务游客"的功能定位，做好相互衔接。一是鼓励古村落原住民在古村落内留住，从政府专项资金和古村落保护开发收益中对古民居修缮保护予以补助；古村落里民居、巷弄、院落、河流、古井、坟地、一草一木等，均是物质层面的保护利用对象，而发生于这些物质存在中的记忆、习惯、仪式、信仰、手工技艺等传统文化同样重要。二是设定土地置换指标与标准，让部分原住民搬出老房，在指定区域按规划另建新房；要高标准做好新村的规划建设，为村民提供良好、经久的居住环境，并完善旅游配套服务设施，如餐馆、旅店、商店等，这些设施应大部分建在新村，避免在古村过度建设而破坏冲淡古朴韵味。三是政府或开发公司通过货币补偿或产权置换的方式收购古建筑、房屋的产权，由专业公司进行保护开发。

（三）做好传统乡村保护与改造

传统村落，是指既拥有宏观的物质固态文化，又拥有以民俗形式为主的非物质文化，在文学、美学、建筑学、地理学、风水学、社会学等方面具有较高的研究和利用价值的村落。传统村落浓缩了我国大量优秀的传统文化精髓，充分展现了我国五千年来劳动人民的聪明和智慧，是农耕文明遗留下来的宝贵遗产。村落是农耕生活的源头，至今依然还是广大农民生产与生活的家园。它拥有着丰富的历史遗存，蕴含着灿烂的民间文化，承载着各族人民的精神本质与气质，是我们中华民族文化的重要组成部分。

保护历史文化村落。尊重农耕文明，建立省级传统村落名录，对历史文化名村、传统村落及少数民族特色村寨、民居等进行重点保护，严格保护古村落的格局、风貌、田园景观以及空间形态，对具有历史、人文价值的村落不得拆建。挖掘传承传统文化，强调对历史和人文底蕴的古村落的保护和修复，按照保护建筑、保持肌理、保存风貌、保全文化、保有生活的要求，加强对古居、古街、古井、古树、古桥、匾额等历史文化要素的保护，做到"修旧如旧"，彰显原始风味，延续村庄传统文脉。

编制村庄保护发展规划。明确保护范围、原则和要点，科学划定核心保护区、建设控制区和风貌协调区等保护层次，严格规划实施保护区内古建筑、古街区的维护与修复，明确新区建筑特色和风格，科学制定村基础设施、公共服务设施建设、传统文化保护、村域经济发展目标任务等。

打造特色乡村建筑。努力挖掘乡土特色和地域民族特点，发展体现地域特点、民族特色和时代特征的乡村建筑。开展乡村风貌提升行动，探索乡村风貌分区、特色风貌带、田园建筑示范点的研究与划定，编制乡村风貌建设技术导则，保护保留乡村风貌，留存具有浓郁地方特色和乡土风情的人文景观。积极开展田园建筑示范，培养一批传承古法技艺的乡村建筑工匠，推动建设一批富有乡村气息、与自然环境协调、美观大方、色彩适宜的田园建筑。努力形成一批体现地域特色的传统民居，避免出现项目同质化。

做好特色乡村的品牌宣传与价值体现。充分挖掘特色名镇名村历史、文化、旅游等方面的资源，加强对乡村人文景观与自然景观的保护性开发利用。具备特色资源、产业基础较好，尤其是文化底蕴深厚、历史悠久、风貌独特的村庄，打造乡村振兴特色村。特色资源类村庄，包括历史文化古村、传统村落、自然风光独特村及民族村寨等，要统筹保护、利用与发展的关系，保护历史文化资源和传统建筑，传承民风民俗和生产生活方式。要保护传承乡土文化，向开发农业多种功能要动力，把美丽乡村建成带动农民增收的聚宝盆。以良好的文化品位和整体形象，增强乡村发展对企业、人才、资金的吸引力和对城乡经济社会持续发展的支撑力。

第七节　推动实现生态资源价值

良好生态环境是农村的最大优势和宝贵财富，但优良的生态环境不会自动产生价值。让绿水青山成为金山银山，关键要做好转化文章。要立足自身优势，以生态环境友好和资源永续利用为导向，盘活乡村各种资源，深度挖掘发展潜力，做大做强"生态 +"产业体系，实现资源多元化增值，在保护性开发的基础上，努力开发田园综合体、特色小镇等精品模式。

一、正确处理开发与保护的关系

乡村在经济振兴的过程中，需要同步实现生态振兴，正确处理农村经济发展与环境保护关系。保护生态，尊重自然、顺应自然、保护自然、实现优美环境等资源的最佳配置，让广大农民在优美舒适的环境中享受生活，这是乡村振兴中首先要做好的一环。

（一）乡村盲目开发的问题

乡村旅游关联带动性强，是促进城乡一体化的新型业态，是加快推进新型城镇化的有效之举。乡村旅游开发成为各地农村发展的主要看点，自然也成为各级政府政绩考核的重要依据。全国两千多个县中，绝大多数都把发展旅游业作为兴县之策，尤其是党的十九大后，全国各地都把乡村旅游开发（田园综合体、特色小镇等）作为实施乡村振兴战略的主要抓手之一。

随着近几年旅游业的盛行，加上政府极力扶持文化和绿色旅游产业的发展，我国乡村旅游取得了长足进步。大多数古村落不再"深居山林"，不甘"落寞"，都开始不同程度地借着古村落特有的资源价值搞开发、旅游和民宿。但由于许多地区"跟风"似的盲目开发，不仅破坏了原有的自然资源，还造成大量重复建设。主要问题有以下几个方面

1. "大刀阔斧"开发导致资源破坏严重

在建设开发过程中，古村落"重申报、轻保护"，"重旅游开发、轻文化保护"，商业化过度开发中"拆旧建新"，使整体风貌得不到完整保护，存在古建筑和新事物格格不入的情况。

2.盲目复制，千篇一律

现在很多乡村发展旅游，动辄投资几亿元、十几亿元，却是为了追求"高大上洋"，犯了方向性错误。而且模仿之风盛行，一个乡村的旅游发展得好，大家都跟着学。如陕西袁家村通过打造小吃街发展乡村旅游成功后，全国很多地方都在复制袁家村，光陕西省就有几十个，但是几乎都没有复制成功。随着工匠精神和民间艺术的淡化与消失，古村落景区出现越来越多的"同质化"的旅游产品，各个村落独特的历史文化价值和艺术资源没有被挖掘。

3.特色小镇变相房地产开发

特色小镇出现房地产化苗头，原因在于一些地方的传统路径依赖政府缺钱，认为抢到特色小镇这顶"帽子"，就有项目、来钱快，效果立竿见影。而企业缺地，以特色小镇名义拿地容易，成本低。二者一拍即合，于是，各地出现一批康养小镇、体育小镇、文旅小镇，有的造景观、炒概念，有的不具备产业基础、盲目"跟风"，有的大包大揽，把特色小镇当作融资平台。然而，没有特色产业支撑，聚不起人气，造出的新镇可能会变"空镇"。一些地方城镇化"摊大饼"，就尝到了这样的教训，现在该引以为戒了！

4.村民意识形态上盲目喜新厌旧

在广大农村，许多基层干部、村民在观念上片面把"破旧"视为"立新"，把城市形态视为现代化形态。有相当一部分人由于对古村落文化遗产的历史、艺术价值和不可再生性知之甚少，于是他们把老民居、古村落视为贫穷落后的象征。随着人民生活水平的提高，村民也为了更舒适的居住需求，弃旧房、盖新房，然而现代的砖混结构的房子和石头房子形成强烈反差，严重破坏了古村落的整体建筑特征的完整性。特别是一些村民，在古建筑修缮过程中，一些珍贵的古村落建筑也因其破旧、不"实用"、不"值钱"，而被随意毁坏、拆除或买卖

通过对以上问题的反思，我们要清醒地认识到乡村振兴，首先要鼓足村民的腰包，这是最基础的。增加村民收入，打破老化的思想，走好开发之路，这也是必然。但合理开发利用乡村资源才是乡村振兴之举。乡村旅游开发是一项涉及社会、自然、经济、文化、环境等方面的综合性观光活动，同样符合可持续发展理念的目标和宗旨。Hunter于 1997 年提出了可持续旅游的原则：（1）保证当地人生活水平的提高和生活质量的改善；（2）能够长期吸引游客的注意力并带动旅游相关产业的持久发展，为当地经济提供动力；（3）不能只顾经济利益的保障，更要保障承载当地旅游文化资源的物质基础，包括自然和社会两大环境基础。今时今日，依然受用。其中提到了一项重要原则，就是我们现在提倡的"保护性开发"，开发建设的同时要保护好自然、社会以及文化等物质的、非物质的元素，才能避免乡村盲目开发中出现的各种问题。

（二）把握好乡村振兴中的"互利共生"

乡村保护与开发。乡村的保护，其保护对象从最初的自然资源、生态环境发展到村落房屋、单体建筑、历史城镇，最后扩展到文化、习俗等非物质文化遗产的保护。因此乡村保护即是以乡村的物质遗产与非物质遗产为对象的防止"乡村本色"遭受自然或人为破坏的活动。乡村开发多指乡村的项目建设、旅游发展等各项经济活动，其目的是让乡村经加固、更新或改造，或通过资源加工利用开展工业活动，或通过迎接游客开展旅游及相关服务业活动，让村民致富，让乡村焕发生机的一种发展方式。关于乡村保护与开发的关系问题，有学者认为"开发"是"保护"的一种方式；也有学者认为存在"保护性开发"；也有学者认为"保护"与"开发"是对古村落两种截然不同的方式，开发即是破坏

何为乡村保护与开发的"互利共生"？互利共生原本是指两个物种之间有营养物质交换，可以互相依存、依赖、共同获利的共居关系，如固氮菌和豆科植物间的共居同获利现象。而乡村旅游开发过程中，互利共生也是旅游景区与周边环境实现可持续发展、共赢互利的理想状态。比如，在具有历史文化价值或自然遗产价值的地方没有被开发成旅游景点之前，这些地方与周边的环境不会有明显的利益冲突矛盾，两者处于一种相对"和平"的状态。而当这些具有保护研究和开发利用价值的地方被开发成旅游景区之后，旅游景点与周边环境被人为地划分出明显的界线，之前的"和平"状态同时也被打破，两者之间的利益冲突关系开始升温，变成一种互相竞争的存亡关系。此时，如果不能科学合理地处理两者的竞争关系，这种竞争关系就会演变成一种你争我抢的恶性竞争关系。因此，景区与周边环境只有产生互利共生的作用，才能真正实现和谐的持久发展。

景区与周边环境的互利共生作用会带来诸如空间共生、产业共生、经济共生、文化共生等一系列共生现象。空间共生是指景区与周边环境在延续性的空间上实现共存，是一切其他共生现象的基本条件。当游客领略完景区的风景之后来到周边环境的购物区或游乐区时，这些区域可以及时缓解游客在景区的审美疲劳，将游客从历史或自然的空间转移到现实的空间。产业共生是在空间共生的基础上集聚了众多产业的共生现象。在旅游景区周边往往集聚着各种商业活动，如餐饮业、娱乐业等产业。经济共生是在前两者共生的基础上产生的经济现象。旅游景区的周边环境集聚的各类商业活动往往会刺激相关产业的形成，进而带动附近居民的就业情况，直接或间接拉动周围区

域的经济增长。文化共生是在前三者共生现象发生的基础上自然衍生出来的一种文化现象。一个经营成熟的旅游景区最终与周围的环境形成一种互利共生的和谐氛围，并能走上一条可持续发展的绿色环保之路。

保护与开发，互利才能共生。虽然旅游景区与周边环境从根本上属于完全不同的利益主体，但是在吸引游客刺激游客消费方面，二者具有共同的追求目标，拥有联手合作的可能性。如果旅游景区发展得不错，周边环境的居民也希望能够有更多的游客光顾他们设立的消费场所，直接或间接带动周边环境的经济发展和生活水平。如何能够将结束游览景点的游客吸引到周边环境的消费市场，这需要周边环境与旅游景点的协商合作。如果景区效益不好，景区也不希望周边环境在视觉效果上影响到景区的进一步发展。而在少数情况下如果游客对周边环境的喜爱程度大于旅游景区时，这就需要旅游景区加强与周边环境的联系，能够将游客的游览范围扩大到周边环境，实现一种互生双赢的局面，这是最为理想和谐的状态。因此，乡村振兴既需要开创性的发展，当然也需要保护乡村本身所沉淀下来的优良传统，要平衡好开发与保护这两条腿，才能行稳致远。与民不合拍的开发利用或得此伤彼的创新发展只会给乡村带来次伤害，坚持故步自封的保守主义也不利于乡村现代化的发展。开发与保护是乡村振兴的两只脚，平衡好了两者之间的步调，才能让乡村振兴更加行稳致远。

大力提倡乡村"保护性开发"。对乡村的保护应是绝对的，一切的开发应以保护为前提；保护乡村自然资源，改善乡村生活环境和生态环境，避免以牺牲环境来换取农村经济的短期增速。发掘乡村自身的旅游开发价值，能够更好地引导乡村的经济发展和产业建设，从而进一步提升乡村形象和知名度。因此，乡村保护与旅游产业的有机结合，能为乡村带来可持续的建设发展以及历史文化优势资源的传播扩展，这些都将成为未来乡村振兴进程中的关键点。

（三）把农村建设得更像农村

十多年来，新农村建设的理念和模式一直是"建城市一样的房子，过城里人一样的生活"，这导致了新农村建设普遍存在"单一性、城市化、千村一面"等问题。进行乡村旅游开发，就必须转变这一理念，甚至要颠倒这一理念，坚持"把农村建设得更像农村"，让农村成为真正"望得见山，看得见水，记得住乡愁"。

乡村开发建设，贵在乡村性。2013 年，李克强总理主持召开的国务院会议部署开展现代农业配套改革试验工作，会议指出要"加大对农村公共服务设施和社会保障体系建设投入，注重保护我国农业文明和农村文化特色，探索城镇化与新农村建设协调发展的新模式"。因此，乡

村旅游不能脱离农村文化特色，乡村旅游贵在乡村性。乡村性主要体现"古""活""和"三个字上，"古"即有历史，有年代，有文化底蕴；"活"即有传承，有沿革，有历史记忆；"和"即人与自然和谐共存的村选址与建筑格局，文化与环境相调节适应的传统生计、生活方式，以古朴的民风、和谐的人居环境等。因此，乡村旅游开发要坚持"最小的人为干预、最大的原乡体验"，依托村庄传统，尽可能保留村庄原有肌理，不进行大拆大建。尽量采用当地的建造材料，充分挖掘村内的旧材料，通过新旧结合，废物换新颜。保留和改造好老房子，赋予其新的生命。尽可能保留各个历史时期的建筑，使之并存于一个村庄，增强村庄的历史厚重感。

武汉大学教授贺雪峰认为，并不是所有的农村都适合发展乡村旅游。全国农村最多只有不足5% 的农村具有赚取城市人"乡愁"钱的可能。哪些乡村能够成为上面讲的 5%？一是资源禀赋好的乡村，要么有名山大川等景观资源，要么有稀缺性、唯一性的生态资源；二是具有地理区位优势的乡村，比如位于都市圈环城休闲带的乡村。如果不具备资源与区位方面的优势，大部分乡村的旅游业发展基本只能成为上面讲的95%，很大可能都会亏钱。

加强特色民居保护。特色民居中隐存的历史记忆、特色方言俚语。宗族传衍等生活、生产方式，其本身具有不可估量的建筑、科学、历史、美术、影视等领域的研究价值，作为一种独特的精神文化内涵，使古村落乡情、乡愁显得厚重而鲜活。日渐盛行起来的乡村旅游无疑为传统村落的复兴注入了一股新鲜活力的血液，让日渐衰落的古建古宅能够有更多的资金和物资得到扶持。特色民居的开发保护不同于单纯的古建筑物的保护，目前特色民居大多都有居民居住和生活，对其进行开发与建设，应在尊重村民、便于村民生活的基础上进行，因为特色民居并不是一堆无人居住、静态的古建筑群，而是鲜活地呈现着民俗、民风的活态、立体的古村落，这样特色民居才更有生机。对特色民居的保护，必须坚持物质和文化相结合，从整体上着手保护特色民居的物质和非物质文化遗产，要充分体现当地居民及其生活方式、生活习惯和社会习俗，

旅游者也应遵循当地居民的生活习惯和礼仪民俗，做到入乡随俗，使居住着的居民构成特色民居的动态景观。

农村旅游开发建设离不开"乡土"能人。最近 20年间，各地打造了无数乡村旅游项目，但真正成功的项目不多，成为全国乡村旅游典范的更少。成功的项目几乎都不是出自专业旅游规划公司和旅游设计师之手，而是由当地土生土长又见过世面的能人干成的。例如，乌镇从一个不起眼的江南小镇变成一张国家名片，年接待游客近千万人次，旅游收入4.5 亿元。这一成功主要源于乌镇能人陈向宏，他是乌镇本地人。再比如说，"关中第一村"袁家村、"浙江最美村庄"何斯路村，这两个村的乡村旅游都是村支书带领村里乡亲边摸索边干出来的，这两人的共同特点是早年在外做生意，成功后返乡当村支书，把多年在外闯荡的经历变成当地旅游开发的智慧。相反的情况是，很多动辄投资数亿、十几亿，一流专业旅游规划公司打造的乡村旅游项目，却难逃失败的命运。交田因此，乡村建设，应该重视乡土人才的作用，尤其要重视那些土生土长，成年后长期在外闯荡的能人，这些人既了解乡村的情况又见多识广，他们最有可能策划出乡村"独有"的原创景点。还要积极邀请村中当地的手艺人进行乡村旅游的开发和保护，根据当地人提出的合理建议和意见对规划方案做出适度的调整和修改，并大力支持当地人恢复乡村原有的传统工艺，形成完整的产业链，丰富乡村旅游的文化资源，实现乡村旅游的可持续。当然，在这个过程中并不能忽视专业人士的意见，可行性分析、具体的项目建设等还是需要由专业设计师完成。

农民是乡村旅游开发建设的主体。本土乡民本身就是乡村旅游发展中不可或缺的人文资源。数千年来活态传承的人居方式、劳动场景、饮食文化、古法工艺、民俗风情，构成了乡村的独特性格与风貌，是最富有人情味的乡村景观。如果乡村旅游没有原住民的参与，就只剩下一个空寥寥的村落空壳。再者，回溯各地推行乡村游经济的初衷，除了源自消费理念的革新与市场需求的变化，更多是为了给乡村发展注入新动能，使农民在家门口就能创业就业，让因劳动力转移而出现凋敝的乡村"复活"。纵观各地乡村旅游开发模式，只有"政府、企业、农民一起"，形成良性共生发展模式，乡村旅游的开发才有可能成功。乡村建设不能以设计师、政府和专家为主体，一旦不以农民为主体，项目注定失败。陕西的袁家村，没有名胜古迹，也没有独特的自然资源，通过打造民俗小吃一条街，每年吸引游客 300 万人次，年营收超过 10 亿元。如此成功的模式，就是抓住了"农民的事要靠农民自己做"这个根本。因此，当地人在可持续旅游发展过程中扮演着非常重要的角色。乡村旅游的理想发展格局应当是本土乡民充分认同并积极参与，在与政府、社会资本、游客等角色多元互动的过程中，释放内生动力，复兴乡村经济，实现乡土再造。

二、发挥自然资源的多重效益

进一步强化乡村的自然资源管理，把保护自然资源和生态环境放在突出位置，重点保护好乡村的土地和矿产等不可再生资源，大力加强乡村林地和水源等绿色生态资源的保护。注重对乡村原本风貌的保护，挖掘特色乡土味道，在此基础上统筹兼顾农村的生产、生活，发挥自然资源多重效益，将乡村生态优势转化为发展生态经济的优势。

（一）盘活乡村资源，实现多元化增值

1.坚持自然价值和自然资本的理念

劳动和自然共同构成了财富的源泉，自然为劳动提供材料，劳动将材料转变为财富。自然资源参与了价值的形成，故存在着自然价值。自然价值能够带来价值的增值，故存在着自然资本。由于存在着自然价值和自然资本，绿水青山才可以转化为金山银山。习近平总书记指出："要坚定推进绿色发展，推动自然资本大量增值，让良好生态环境成为人民生活的增长点、成为展现我国良好形象的发力点。"在承认自然价值和自然资本的基础上谋求发展，才能够实现绿色发展。

2.追求全面的乡村资源价值

乡村振兴要以乡村价值系统为基础，善于发现乡村价值，探索提升乡村价值的途径。首先，乡村具有的生产与经济价值是乡村价值体系的基础。村落形态与格局、田园景观、乡村文化与村民生活连同乡村环境一起构成重要的乡村产业资源，种植业、养殖业、手工业和乡村休闲旅游业等都只有在乡村这个平台上才能满足人们对美好生活的需求，实现真正的产业融合。其次，乡村具有的生态与生活价值是生态宜居的理想空间。乡村作为完整的复合生态系统，以村落地域为空间载体，将村落的自然环境、经济环境和社会环境通过物质循环、能量流动和信息传递等机制，综合作用于农民的生产生活。再次，乡村的文化与教化价值是乡村治理和乡风文明的重要载体。特色院落、村落、田园相得益彰，特别是诸如耕作制度、农耕习俗、节日时令、地方知识和生活习惯等活态的农业文化，更重要地表现在乡村所具有的信仰、道德，所保存的习

俗和所形成的品格。乡村价值的提升一方面可以通过乡村价值放大来实现，如发展地方特色种植业、养殖业和手工业，这种产业具有鲜明的地域特色；另一方面赋予乡村体系以新的价值和功能，如发展文旅农融合产业，把乡村生态、生活、教育等价值转变成财富资源，发展乡村休闲、观光、体验等新兴产业。

3.加强耕地资源质量提升

深入实施耕地质量提升计划，扩大实施规模，推广秸秆还田、土壤改良、病虫害绿色防控等综合配套技术。积极稳妥推进耕地轮作试点，加强轮作耕地管理，加大轮作耕地保护和改造力度，优先纳入高标准农田建设范围，实现用地与养地结合，多措并举保护提升耕地产能。全面推进建设占用和工矿企业生产建设活动占用耕地耕作层土壤剥离再利用。加大土地整治力度，大力实施中低产田改造工程，推进高标准农田建设。

4.进一步盘活森林、湿地等生态资源

实施特色经济林示范基地工程。深化集体林权制度改革，扩大商品林经营自主权，放活对集体和个人所有的人工商品林采伐和运输管理。鼓励各类社会资本通过租赁、转让等方式取得林地经营权，支持经营者兴办家庭林场、股份制合作林场、农村合作组织、龙头企业等新型林业经营主体，培育林业专业大户。鼓励建立生态林场，开展专业化生产经营，并逐步扩大其承担的涉林项目规模。鼓励各类社会主体参与湿地本保护修复，对集中连片开展生态修复达到一定规模的经营主体，允许在符合土地管理法律法规和土地利用总体规划、依法办理建设用地审批手续、坚持节约集约用地的前提下，利用 1%~3% 治理面积从事旅游、康养、体育、设施农业等产业开发。

5.鼓励多种形式的适度规模经营

深入推进农村集体产权制度改革，推动资源变资产、资金变股金、农民变股东，发展多种形式的股份合作。盘活利用农村集体建设用地，允许集体经济组织灵活利用现有生产服务设施用地开展相关经营活动。培育发展家庭农场，提升农民专业合作社规范化水平，鼓励发展农民专业合作社联合社。不断壮大农林产业化龙头企业，鼓励建立现代企业制度。鼓励工商资本到农村投资适合产业化、规模化经营的农业项目，提供区域性、系统性解决方案，与当地农户形成互惠共赢的产业共同体。鼓励金融机构将企业参与生态保护修复情况纳入信用评级。

（二）实施"生态+"战略，打造乡村生态产业链

按照生态振兴要求，实施一二三产业的生态化改造和转型升级。立足本乡本土资源优势，大力发展"生态＋"产业，不断延伸农业的价值链，打造乡村生态产业链。推进建立休闲观光、娱乐体验、养生养老产业、农村电商产业等新产业新业态新模式，推动乡村从主要"卖产品"向更多"卖风景""卖文化""卖体验"转变。把绿水青山转化为实惠的金山银山，实现百姓富、生态美的统一。

1.生态种养

立足当地优势，坚持因地制宜，宜林则林、宜果则果、宜花则花、宜苗则苗，大力推行林果、林药、林苗、林菌等立体种植模式，提高综合效益。通过退耕还果还林工程，积极发展具有区域特色的经济林种植，建设一批林下经济、特色林果、木本油料、苗木花卉等标准化生产基地，提高名优林果产品的生产供给能力，带动农民就业增收。充分发挥林业多种功能，积极推动一二三产业融合发展，大力开发林下种养新模式，建设一批森林公园、观光果园等田园综合体，发展新业态，挖掘网络资源，采用与电商或实体经销商合作的方式把绿色农产品从幕后推到台前。

2.生态旅游

顺应人民群众对乡村优美风光、生态产品和服务需求不断增长的趋势，正确处理开发与保护的关系，将乡村生态优势转化为发展生态经济的优势，提供更多更好的绿色生态产品和服务，促进生态和经济良性循环。重视培育旅游开发经营者和游客的环境保护意识，开发观光、休闲、度假旅游产品，发展特色旅游产业吸引城市居民来享受农村的绿水青山，积极推动生态环境型乡村旅游发展模式。依托乡村文化历史，挖掘地域文化内涵，用文化增强乡村的魅力；整合地方民族特色和优秀的习俗传统，与乡村现代发展相结合，形成独具魅力的地域文化，依托生态、文化、旅游"三位一体"优势，扩大、丰富产业链。推广耕作体验、原生态生活体验、野外生存体验、动手制作体验、场景体验、文化体验、山水田园体验等一批各具特色的旅游休闲观光景区。实施休闲农业和乡村旅游精品工程，发展乡村共享经济等新业态，推动科技、人文等元素融入农业。

3.生态健康

顺应人民群众对乡村优美风光、生态产品和服务需求不断增长的趋势，充分利用乡村的自然、生态、气候优势，围绕健康、养老两大领域，提供更多更好的绿色生态

产品和服务。聚焦"健康食品、健康医药、健康运动、健康旅游"四大产业,以"大健康"产业统领一二三产业发展,将乡村打造成宜居宜业宜游的健康生活目的地。按照"绿色、生态、有机、野生"的理念,培植具有地方特色和地方优势的食品制造产业,研发一批以植物为主的保健品、生物添加剂等植物产业产品。发展门类齐全的健康俱乐部和智力运动,培育发展健身、漂流、露营、徒步、自行车、山地户外运动、驴友健身等各类体育健康运动俱乐部。鼓励具备一定资源条件的乡村,打造以温泉康体养生、中医治疗保健、休闲运动健康等为主的大健康旅游。建设一批温泉养生基地、温泉小镇,发展"旅游 + 中医疗养""旅游+健康运动",推动温泉旅游产品转型升级。

(三)探索生态资源管护机制

实施乡村生态振兴,必须建立以产业生态化和生态产业化为主体的生态经济体系。产业生态化是指在自然系统承载能力内,对特定地域空间内产业系统、自然系统与社会系统之间进行耦合优化,达到充分利用资源,消除环境破坏,协调自然、社会与经济的可持续发展;生态产业化依据生态学和经济学等的生态服务和公共产品理论,将生态环境资源作为特殊资本来运营,实现保值增值,促进经济与生态良性循环。将生态服务由无偿享用的资源转变为需要支付购买的商品,按照社会化大生产、市场化经营的方式来实现生态服务和生态产品的价值。

1.实施生态资源管护三级联动网格化体系

按照"属地管理、分级负责、全面覆盖、责任到人"的原则,依照相关法律法规履行生态资源保护责任,实施横向到边、纵向到底的网格化监管体系。将森林管护与野生动物保护、林区地灾监测、林区道路维护、村寨绿化和环境卫生整治、村级旅游景点旅游秩序和环境卫生维护等内容纳入管护职责范围。

2.注重"三级联动"的运行管理机制

建成县级总社、乡级联社、村(社区)级合作社"三级联动"的运行管理机制,由政府向合作社购买服务,合作社对社员实施管理,避免将管护岗位视为普惠性社会福利,实现劳务增收。注重采用"地方 +企业"共管机制,强化对村级合作社的指导、培训、监督、管理、考核等职责,形成专业管护队伍与生态资源管护合作社"共建共管、全域覆盖"的管护模式。

3.扶贫与生态资源管护结合大力开发生态公益性岗位

从建档立卡的贫困户中遴选生态护林员、湿地管护员等，为贫困家庭增收提供稳定支撑。明确生态公益岗位退出机制，贫困户如在公益岗位上出现以下两种情况之一的应予以退出：一是生态公益岗位从业者本人或家庭成员有其他稳定的、可以确保不返贫的收入来源；二是在岗期间贫困户本人出现重大工作失误、身体不适等不可逆因素。

4.全民参与，共同管护

通过门户网站、广播、电视、主题宣传活动、宣传牌、宣传册等多种宣传方式，加大《中华人民共和国森林法》《中华人民共和国野生动物保护法》《中华人民共和国自然保护区条例》等相关法律法规的宣传教育工作，提高人民群众的生态保护意识。设立生态管护员工作岗位，鼓励当地群众参与生态管护和管理服务。

三、打造保护性开发精品模式

保护性开发是指在某一特定时间段内，为达到更好保护的目的，针对某一地区所具有的特殊自然、社会文化等景观，通过政府、专家及社区等多方参与，以跨学科合作的方式做出的合理开发。保护性开发的目标是，在不破坏区域传统特色的前提下更好地进行保护，同时促进区域特色景观的发展，实现被开发地区自然、经济、社会、文化的整体协调发展。保护性开发，保护是核心，开发为外在表现。

（一）田园综合体

田园综合体的缘起与发展。2012 年，田园东方创始人张诚结合北大光华 EMBA 课题，发表了论文《田园综合体模式研究》，并在无锡市惠山区阳山镇和社会各界的大力支持下在"中国水蜜桃之乡"的阳山镇落地，实践了第一个田园综合体项目——无锡田园东方。在项目不断探索的第四个年头，2016年9月中央农办领导考察指导该项目时，对该模式给予高度认可。2017 年中央一号文件提出支持有条件的乡村建设以农民合作社为主要载体、让农民充分参与和受益，集循环农业、创意农业、农事体验于一体的田园综合体。2017 年2月财政部下发通知，要在河北、山西等全国18 个省份开展田园综合体建设试点。党的十九大报告进一步指出要推行乡村振兴战略，而实现乡村振兴与美丽乡村建设的关键就是田园综合体的建设，田园综合体上升为国家战略。

何谓田园综合体？田园综合体是以田园景观和农业生产为基础、以综合开发为手段，集现代农业、休闲旅游、田园社区为一体的乡村综合发展模式。田园综合体实质上是"田园"与"综合"的合体,在保障乡村与自然和浩发展的基础上,实现农业、加工业、服务业的有机结合,在有限的空间里充分融合乡村的产业功能、休闲功能、文化功能、社区功能,构建农业发展新动能,重塑中国乡村的美丽田园。田园综合体是城乡一体格局下,顺应农村供给侧结构性改革和农村产权制度改革的一种新型产业发展模式,目的是要通过旅游助力农业发展、促进三产融合,综合化发展产业和跨越化利用农村资产,以农民充分参与和受益为核心的一种可持续性模式。

田园综合体的基本开发模式。一是"农业 + 产业园区",该发展模式以乡村所在地资源为导向,以集聚效应为支撑,强调产业的规模化,园区化,构建趋于成熟完善的乡村产业体系。二是"农业 + 生态观光和休闲体验",该模式以乡村自然资源为依托,强调与旅游业的融合与协作,注重生态环境的原生性保留和特色保护,以田野观光和休闲体验为核心,打造具有外向吸引力的田园综合体。三是"农业 +文化创意",该模式下的村庄建设以农业为基础产业,文化创意产业为主导,通过乡村生态环境质量的提高、多方资本的引进来打造文化创意式的乡村综合体。

田园综合体的发展路径。一是做强特色农业,强化产业融合。以农业发展为基础,根据地区的地域优势、自然资源优势,发展壮大特色高效农业,利用先进技术、管理经验等,通过农业生产将产业、生态、文化进行深度融合,做大做强特色产业优势。不能单纯重视农业或是旅游业,要"双管齐下",综合建设,加快促进农业产业与旅游、养生、文化等项目多元耦合,承办培训、农业科普、速降竞赛、大学生创业等活动,推进农旅深度融合,培育地区特色新产业新业态,建成要素齐全、功能多样的田园综合体。强调产业效益突出,辐射能力强,带动当地农民就业增收。二是抓好规划设计,注重新产业新业态培育。田园综合体规划不是单一的农业园区规划,而是各种元素高度关联的综合性规划,必须坚持规划先行、多规融合,突出规划的前瞻性和协调性,在开发中保护,在保护中开发。要站位高,有前瞻性和可行性,找准发展定位,将当地的人文美与自然美有机统一。必须因地制宜,注重当地的历史文化和民俗风情,不能生搬硬套,简单复制,要将当地村民生产生活真正

融入田园综合体建设中,提升吸引力,增强田园综合体的可持续发展能三是搞好宣传推广。在信息爆炸的年代,好东西如果不宣传、不推广,就很难形成足够的市场认知度。要广泛宣传、强势推广。在新媒体时代,积极利用微博、微信、客户端等新兴媒体的优势,加大对田园综合体建设的宣传力度,唱响品牌、提高知名度,增强吸

引力，扩大影响力。积极做好与旅行社的协作，以及与国内、国外旅游企业的沟通，要不断拓展旅游市场。同时，鼓励村民积极参与乡村旅游建设，引导游客对不足之处献计献策。

（二）特色小镇

特色小镇的源起与发展。特色小镇发祥于浙江，2014 年在杭州云栖小镇首次被提及；这种在块状经济和县域经济基础上发展而来的创新经济模式，是供给侧改革的浙江实践。2015 年12 月底，习近平总书记对浙江省特色小镇建设作出重要批示："抓特色小镇、小城镇建设大有可为，对经济转型升级、新型城镇化建设，都大有重要意义。浙江着眼供给侧培育小镇经济的思路，对做好新常态下的经济工作也有启发。"2016 年，住建部等三部委力推、三部委联合发布《关于开展特色小镇培育工作的通知》，特色小镇建设开始向全国推广，政策实践进入初步推广期。但在政策推行中，各省出现了理解不清、定位不准、急于求成、盲目发展以及市场化不足等问题，特别是出现了一些地方政府大包大揽和房地产化的苗头，为此国家发展改革委等四部委联合发布了《关于规范推进特色小镇和特色小城镇建设的若干意见》，此文件出台标志着特色小镇的政策实践进入修正纠偏期。2016 年 10 月 11 日，印发的《关于公布第一批中国特色小镇名单的通知》，公布第一批 127 个国家级特色小镇名单。2017 年 8 月 22 日，印发的《住房城乡建设部关于公布第二批全国特色小镇名单的通知》，公布第二批 276个国家级特色小镇名单。截至 2018 年 2月，全国两批特色小镇试点 403 个，加上各地方创建的省级特色小镇，数量超过 2000 多个。从小镇数量来看，浙江省、云南省与湖南省位列前三名，特色小镇数量分别达到了 315 个、211个、105个。

何为特色小镇？特色小镇是聚集新产业、培育新业态和新模式的载体、产业上坚持特色产业、旅游产业两大发展架构；功能上实现"生产+生活+生态"，形成城乡一体化功能聚集区；形态上具备独特的风格、风貌、风尚、风情；机制上探索以政府为主导、以企业为主体、社会共同参与的创新模式，是集产业链、投资链、创新链、人才链、服务链于一体的创新生态系统。通过培育和打造不同类型和题材的特色小镇，不仅能够成为推动我国经济社会高质量发展的助推器，同时还能成为传承和弘扬优秀文化的根据地。特色小镇建设对于推动乡村振兴，促进城乡融合发展，推动供给侧结构性改革、加快经济转型升级都是重要抓手之一。

选择合适的经营模式是推动特色小镇建设的重要突破点。住房城乡建设部政策研究中心谢海生副研究员,在理论研究和案例梳理基础上,总结经营模式的相关问题,依据地方实践,提炼出四种典型模式,具有极好的借鉴参考价值。一是政府主导的内生型特色小镇经营模式。对于内生型特色小镇,它已经有一定的产业基础和特色资源,需要在此基础上搭建经营平台,常见的模式之一是政府主导这个经营过程。政府通过对独有的内生型资源进行挖掘和配置,主导特色小镇的经营平台,其中湖南省浏阳市大瑶镇是典型代表。二是政企合作的内生型特色小镇经营模式。由于"乡财县管",镇级政府的财政实力有限,并且在管理经营上相关专业化企业更具优势。但小镇规划、建设、发展、运营一系列流程都离不开政府的支持,所以另一种典型模式是相关专业化企业与政府合作,成立专门的机构 (平台公司)经营特色小镇,平台由政企合作推动实现,其中代表性的案例是乌镇。三是政府主导的外生型特色小镇经营模式。对于外生型特色小镇,它原不具有特色资源和产业优势,完全依赖外来投资打造,其中,政府是重要参与者,主导其建设、经营和产业培育全过程,再引入特色产业的经营模式,比如浙江省杭州市的云栖小镇。四是企业主导的外生型特色小镇经营模式。政府引导,充分调动、发挥社会资本的作用,由专业化企业搭建平台,待平台成型后再引入企业的经营模式逐渐形成,具有代表性的是华夏幸福公司的产城融合模式。

特色小镇的发展路径。首先,确保"特"字当先。找准特色、凸显特色、放大特色应该是每一个特色小镇规划和建设发展的首要任务。一方面要把人文资源作为打造特色小镇优质软环境的重要抓手,把区域文化融入小城镇的物质基础设施的建设中;另一方面要突出本地特色产业,寻求或培育"特而强"的产业。在此基础上,厘清特色小镇的内涵,立足小镇产业特征、山水资源、地形地貌和历史文化,准确定位发展目标,努力建设特色产业发展的基地、美丽田园的载体,宜居宜游的标本,切实做出"精品"特色小镇。其次,注重"山、水、地"自然要素与交通要素联动。自然资源对于地方来说是可遇而不可求的,山、水、地三大自然要素构建了自然资源的基本框架,以此容易借力打造出极具识别性的景观环境,其一方面可以从视觉上吸引眼球,另一方面也可以从原生态角度入手寻求特色。而从经济要素角度上来看,特色小镇需要在交通上与周边经济发达市镇有良好的连通性,在资源禀赋和产业上有客观的互补性,以此为动力,可以让特色小镇的自然要素与经济要素联动正向发展,一方面可以提升其自然要素的传播力和吸引力,另一方面也使特色小镇本身容易吸引更多资本的进入,为特色小镇的规划建设奠定物质基础。再次,"软硬兼施"完善特色小镇综合服务功能。重视基础设施建设，推进城镇生产生活生态功能配套建设、推进必要的城市立体形象建设；也要高度重视管理体制、运营方式、经营模式等的创新。最后，企业是建设的主体，农民是特色的根本。以企业为特色小镇建设的主力军，特色小镇需要大量稳定的资金来源和高效的运营管理手段来推动城镇建设，寻找适合自身当前发展阶段的企业合作，引进先进的管理运营模式，利用优质金融工具来运作特色小镇是必不可少的手段之一。明确企业的主体地位，提高小镇建设和运营的市场化程度，严控房地产化倾向，合理确定住宅用地比例，防范"假小镇、真地产"项目。"农民""乡土"是特色小镇的灵魂，是特色小镇的重要名片，要把促进特色发展与推动乡村振兴有机结合起来，在政府的引导下更加紧密地同农村、同农民、同农业进行结合，使我们的"三农"走向现代化。

第八节　建立市场化多元化生态补偿机制

农村是我国重要的生态区，通过限制传统行业的发展来维持绿水青山，为改善全国乃至全世界的环境作出了巨大贡献，同时也作出了巨大牺牲，理应获得其他地方的支持和补偿。因此，生态补偿机制建设是实施乡村振兴战略的有机组成部分，生态补偿的目的在于调整自然资源生态效益提供者和使用者之间的利益关系，是保护自然资源生态效益的一种手段和激励方式。

一、健全资源环境产权交易制度

生态补偿反映的是一种经济利益关系，而现代社会的经济利益关系的基础是产权关系。如果在生态产品产权明晰而且交易成本较低的情况下，就可以通过生态保护区与生态受益区之间的协商，通过开展水权交易、碳汇交易、排污权交易等市场化手段将生态保护的经济外部性内部化。从制度角度看，生态补偿机制要建立在环境产权制度的基础之上，环境产权（或称资源环境产权）是社会发展到一定阶段的产物，它是指行为主体对某一环境资源具有的所有、使用、占有以及收益等各种权利的集合。环境产权最重要的功能是产权界定和产权利益分配。大江大河流域多元主体的产权关系复杂，目前难以通过市场交易形式实现。因此，以生态补偿形式保障区域间、流域内环境产权实现，便成为必然而可行的选择。而以资源环境产权为突破口积极探索市场化生态补偿模式，建立生态服务的市场交易制度，有助于完善生态补偿长效机制。

（一）健全自然资源产权制度

所谓产权，即通过社会强制，对某项经济物品的多项用途，作出有效选择的权利。产权不是一种权利，而是一组权利，包括所有权、占有权、支配权、使用权、经营权、管理权、处置权、转让权、收益权。其中，所有权和使用权是产权的两个基本权利，产权的其他权利都是依附在这两个权利上的权利。

资源环境产权制度是指在资源和环境领域建立一整套包括产权界定、产权交易、产权保护的现代产权制度，对资源环境产权体系中的诸种权利归属作出明确的界定和制度安排，并确保资源环境产权所有人通过一定程序的产权运作而获得产权收益。

资源产权交易就是在资源产权主体之间所发生的资源产权的各项权能及其组合的转让行为，包括资源要素的实体的有偿转让和附着在资源要素上的各种权利关系的有偿转让。在我国社会的长期发展中，自然资源建立在公有产权基础之上，即我国将自然资源作为一种公共物品来使用，资源成为"免费的午餐"。由于自然资源产权制度并没有引起人们足够的重视，资源无价所导致的资源浪费与枯竭，使得人们的生存环境遭到了严重的破坏。而且，也正是由于我国自然资源产权制度尚不健全，致使地区间横向生态补偿制度建设在法理依据、政策导向、动力机制、交易机制、绩效考核等方面面临一系列问题。党的十八届三中全会通过的《中共中央关于全面深化改革若干重大问题的决定》提出了构建归属清晰、权责明确、监管有效的自然资源产权制度。中共中央、国务院《生态文明体制改革总体方案》对健全自然资源资产产权制度作出了系统部署。党的十八届三中全会提出了要建立系统完整的生态文明制度体系，更全面地建立自然资源资产产权制度和用途管制制度，实行资源有偿使用制度和生态补偿制度，推行节能量、碳排放权、排污权、水权交易制度，建立吸引社会资本投入生态环境保护的市场化机制。党的十八大以来，有关水资源、主要污染物和温室气体的交易市场正加速建立和完善，生态要素越来越成为与土地、能源资源一样重要的生产要素。随着我国经济发展的市场化程度日益提高，自然资源的市场供给愈发重要，资源产权制度无论是对于资源的合理利用，还是对于经济的稳健发展，都具有重要的意义。资源产权制度的安排与创新成为改善资源环境，优化资源配置的关键所在。

我国对自然资源资产所有权的规定在原则上是明晰的，而自然资源资产的实际使用人往往是和所有人相分离的，致使地区间横向生态补偿主体和对象在法理上不明晰。因此，要健全自然资源产权制度。首先，注重规范资源使用权的获取和交易渠道。要加强自然资源资产的用途管制，尤其是对生态空间内的自然资源资产，要严格按照用途管制规则进行保护，不能随便改变用途。不断拓宽自然资源资产使用权取得途径，除了划拨、承包经营、颁发许可证外，还可以采取租赁、招标、拍卖、合资、合作、入股等多种形式取得自然资源资产使用权。此外，为避免自然资源资产"占而不用"，还应探索建立并不断完善自然资源资产使用权交易市场，扩大自然资源资产使用权交易范围。其次，保障自然资源资产收益权。在权利约束中，所有权人和使用权人都拥有获得相应收益的权利。鉴于自然资源资产使用人与自然资源资产的密切关系，在界定自然资源资产收益权的时候，理应增加自然资源资产使用人获得生态补偿的权利。在制定地区间横向生态补偿政策时，甚至可以考虑将自然资源资产实际使用人作为地区间横向生态补偿的主要对象，并适当提高自然资源资产使用权收益所占比重，切实保障自然资源资产使用人保护自然资源资产的动力和积极性。

水权交易试点已初现成效。水权交易是较早探索的生态治理市场化尝试，早在我国的"十一五"规划纲要中便提出了要建立国家初始水权分配制度和水权转让制度，2011 年中央一号文件和 2012年国务院三号文件进一步提出了要鼓励开展水权交易和运用市场机制优化配置水资源，《国家农业节水纲要（2012—2020年）》更针对农业领域提出了有条件的地区要逐步建立节约水量交易机制和构建交易平台。2014 年6月30日水利部下发了《关于开展水权试点工作的通知》，提出在 7个省区开展水权试点，试点内容包括水资源使用权确权登记、水权交易流转和开展水权制度建设三项内容。2016年，中国水权交易所正式挂牌成立，截至2017 年年底，已促成交易 42 单，累计交易水量 14.68 亿立方米。目前已基本建立覆盖省、市、县三级行政区的水资源控制指标体系，已形成多种行之有效的水权交易模式，较为充分地发挥市场在水资源优化配置中的作用，促进水资源向高效益领域的流转。随着水权改革加强，水权制度的不断完善，水权交易行为已开始由小范围的个别案例向全国范围的普遍行为转变。

（二）积极推进环境产权交易

环境产权是指行为主体关于环境资源的占有、使用、转让和收益等的一组权利，即环境参与主体对客体享有的所有权、使用权、占有权、支配权、收益权、处置权等权利，其中，占有权应为第一要义，使用权、可转让权和收益权是核心内容，获得收益是环境产权的最终目的。生态环境问题是一个集自然、经济、社会等诸多问题于一身的复杂问题，环境产权（或称资源环境产权）是社会发展到一定阶段的产物。在推进生态文明建设、全面建成小康社会进程中，环境产权的提出在解决生态环境问题中将发挥有效作用。

环境产权使用的时空性体现在同一区域内的环境产权必须在本区域内、在规定的时间段内分散使用，不能跨区域使用、不能在某一时间点集中使用。以水污染为例，水污染主要对本地区或者下游地区造成严重危害，这种环境产权的空间性要求某一区域内的水污染排放权只能与同区域内的其他排放主体交易，不能跨区域交易。

环境产权制度创新就是生态利益重新分配的过程，环境资源稀缺性是研究生态利益协调的根本原因，而环境产权制度创新是扩大环境资源供给的根本手段。实现生态利益协调的关键是通过环境产权界定制度创新推动环境产权配置制度创新，实现环境产权交易制度创新，这三者的创新需要环境产权保护制度创新的跟进，最终实现环境产权制度创新。通过培养生态思维方式，建立生态利益观，增加潜在的生态利益，促进生态利益总量发展，满足不同利益主体的多样化需求，并构建合理合法，高效有序的公众参与机制，促进生态利益表达机制的健全。从而推动不同生态利益主体之间、生态利益主体与生态利益客体之间以及同一主体的不同生态利益之间趋于和谐，进而解决各种利益主体在生态领域的矛盾，防止生态利益失调，实现生态利益和谐。

推行排污权交易制度是环境产权交易改革的重要内容之一。在当前大气、水、土壤等环境污染全线告急的情况下，建立排污权有偿使用和交易制度，是一项迫切的、重大的、基础性的机制创新和制度改革。自1988年起，当时的国家环保局就在上海、金华、徐州等 18个城市率先进行了排放水污染物许可证制度的试点工作，2004 年国家环保总局发布了《关于开展排污许可证试点工作的通知》，在唐山、沈阳、杭州、武汉、深圳和银川开展试点工作。2005 年《国务院关于落实科学发展观加强环境保护的决定》提出了运用市场机制推进污染治理，并建议有条件的地区和单位实行二氧化硫等排污权交易。2014年8月国务院发布了《进一步推进排污权有偿使用和交易试点工作的指导意见》、提出试点地区2015 年年底前全面完成现有排污单位排污权的初次核定、2017年基本建立排污权有偿使用和交易制度的目标。至 2017 年，全国共有28 个省份开展排污权有偿使用和交易试点，绝大多数省级行政区已将排污许可证制度纳入地方性法规，并制定了规范性文件，排污权交易应是现阶段生态治理市场化的重心。

碳汇交易为生态补偿提供了新路径。中国的碳交易市场经过国际碳市场（即《京都议定书》清洁发展机制项目）的培育，并有欧盟排放交易市场经验的借鉴，相比于其他生态产权市场要成熟。

二、加快完善重点领域生态补偿

（一）生态保护红线区

生态保护红线是保障国家生态安全的底线和生命线。在重点生态功能区、生态环境敏感区和脆弱区等区域划定生态红线，这些区域是国家的生态安全重要屏障区域。生态保护红线要尽量做到与地方的生产生活区域不交叉、不重叠，让生态保护红线能够起到真正的严格保护的作用。生态保护红线是我国环境保护的重要制度创新，是改善和提高生态系统服务功能，维护国家生态安全的重要举措。在生态红线保护上，必须时刻保持警醒，如果底线失守，生命线没了，发展也就失去了支撑，想发展也发展不了了。

完善生态红线保护制度体系，让经济鼓励引导。生态保护红线不是"无人区"，也不是发展的"真空区"。对于"有人担心生态保护红线划定会对当地的经济社会发展产生负面影响"，生态环境部自然生态保护司司长崔书红在 2018 年9月例行新闻发布会上表示"这种想法是片面的，是不正确的"。生态保护红线划定的过程中制定了严格的技术规范，经科学评估，充分考虑到历史和现状，与当地经济社会发展现状和规划充分衔接，给地方预留了适当发展空间。比如说，生态保护红线当中有一部分是自然保护区、风景名胜区、水源保护区等，这类区域法律是有明确规定的，对一些行为是明令禁止的。除了像这些法律法规有明确禁止规定以外的其他区域，鼓励各地合理利用生态保护红线的优质生态资源，探索生态产品价值实现的机制，把绿水青山转化为金山银山，也就是要实现生态优势向经济优势的转化。

生态保护红线作为生态系统服务功能保护的重要举措，是加大生态保护力度的重要抓手之一，在划定生态保护红线的流域或区域，建立相应的生态补偿机制、探索多样化的生态补偿模式、完善现行以单一行政手段和支付意愿为主导的流域生态补偿模式已迫在眉睫，也是推动生态保护红线政策落实的重要保障。原国家环保部 2017 年2月召开的例行新闻发布会中强调，生态保护红线的划定，如果影响了局部的经济利益，就要通过生态补偿来解决。中共中央办公厅、国务院办公厅印发《关于划定并严守生态保护红线的若干意见》，提出"财政部会同有关部门加大对生态保护红线的支持力度，加快健全生态保护补偿制度，完善国家重点生态功能区转移支付政策。推动生态保护红线所在地区和受益地区探索建立横向生态保护补偿机制，共同分担生态保护任务"。

把生态保护红线作为重要的内容纳入流域生态补偿范畴，提高补偿金额，修订补偿制度，建立生态补偿长效机制。一是继续发挥国家重点生态功能区转移支付政策已经形成的良好作用，通过优化完善已有政策推进其对生态保护红线保护的引擎作用。二是考虑生态保护红线占比高的县域与其外围县域之间建立横向生态补偿，形成纵向补偿与横向补偿互补的制度格局，引导生态保护补偿由单一性要素补偿向基于区域主体功能定位的综合性补偿转变。三是应加强生态保护红线与生态产品价值核算，尽快建立以生态系统服务功能价值为导向的科学补偿方式，使资源资本化、生态资本化，使环境要素的价格真正反映它们的稀缺程度。

（二）耕地

耕地是人类不可或缺的自然资源，在耕地的利用上，人们往往只关注耕地的经济属性，对于耕地的社会属性和生态属性的关注还远远不够。随着城镇化的不断推进，导致了土地的功能性消退与总量减少，一是可用于耕作的耕地总量减少，二是耕地质量的下降。而且长期以来，缺乏农村耕地生态保护的奖励机制和约束机制，使人们主动保护农村耕地生态环境的积极性降低，从而造成我国农村地区耕地生态环境恶化程度不断加深，耕地生态功能被严重削弱。保持耕地地力水平，维护耕地生态环境安全成为当务之急。

耕地的生态补偿是实现耕地质量保护的有效途径和必要手段。农村耕地生态补偿是指以保护农村耕地生态环境和实现生态公平为目的，运用市场和政府两种手段，平衡不同主体、不同区域间生态利益与资源利益的冲突，通过资金筹集、政策优待等补偿方式，对为保护农村耕地生态环境作出突出贡献的人、作出牺牲的人及因农村耕地生态环境破坏而受到损失的人进行补偿或奖励，对农村耕地生态环境的破坏者进行收费。耕地生态补偿有利于保护耕地经营者的利益，鼓励经营者保护耕地的积极性，可为土地环境保护提供助力，以期达到农村土地损耗减轻的环境效益，城乡差距缩小的社会效益的双重实现。

2015年，中央一号文件明确指出健全粮食生产主产区利益补偿、耕地保护补偿、生态补偿制度，稳定推进农村土地改革试点；2016年，国务院办公厅《关于健全生态保护补偿机制的意见》明确指出了完善耕地生态补偿制度。目前，我国针对耕地保护的法律主要有《中华人民共和国环境保护法》《中华人民共和国土地管理法》，国家层面上的耕地生态保护法律还没有明确的法律法规。另外，农村耕地补贴是以耕地的地力保护为目的，但是还没有与耕地的生态补偿形成对接，这种"一刀切"式的补贴无法达到耕地地力保护的初衷，存在激励作用不明显等诸多问题。总的来看，我国尚未全面开展耕地生态补偿政策，还无法全面形成对耕地质量保护动力，令农户缺少了耕地生态保护的保护意识。

耕地生态补偿，首先，要加强耕地生态补偿的法治建设，使耕地生态补偿有法可循，用法律的手段保障耕地生态补偿制度的建设和实施构建地方耕地生态补偿监管机制，使耕地生态补偿实施的每个环节都有有效的监督，并将耕地生态补偿绩效纳入政府考核体系。其次，生态补偿标准的制定，需要以公平、公正为原则，同时注重补偿标准的效率。细化耕地生态补偿的各项核准指标，形成完整的耕地生态补偿判定标准体系。比如对于休耕区域的耕地补偿，需要对农户在休耕工程期间的粮食损失或其他经济作物的直接损失进行全面的计算，同时还要考虑农户在维持休耕地区的生态功能时付出的成本。再次，探索多样化补偿形式，可以用现金的形式进行统一发放，也可以用农业生产材料（种子、化肥、农药）等形式发放。对被开发的种植性土地开发利用的村落可以给予项目上的帮扶、政策上的帮助，帮助其发展经济产业，如兴建大棚发展有机农业等。还可以联合农业院校和研究院所提供智力支持和农业专项扶持计划支持，加快新品种和新技术的推广和应用。还可以实施税收的优惠和财政的帮扶，通过多种多样的补偿形式，提高农户对于保护耕地的积极性。

（三）森林

森林作为陆地生态系统的主体，在维护全球生态平衡、保障国土生态安全、满足人类生活需求等方面发挥着不可替代的作用。但森林生态服务作为公共物品具有外部性，使受益者可无偿消费，而提供者得不到应有的收益，导致森林资源的发展受到限制。

森林生态补偿是由于各种自然资源"产品"本身的投入产出经济效率相对较低，但其生态效益却很大，不仅服务于森林资源的经营者，还通过外部性服务于社会公众。

只有给予森林资源生态功能的提供者一定补偿，才能不断提高森林资源保护的积极性，避免因不合理开发利用而导致森林资源生态功能的退化，进而提高森林资源的生态服务功能。通过建立森林生态补偿机制，对森林生态效益的收益方进行收费，通过对参与退耕还林以及生态林建设的主体所付出的超越其义务范围以外的成本进行经济补偿，以拟补其收入损失或提高其经济收益，通过制度的建立以激励单位或个人参与生态林建设，为森林资源可持续发展提供重要保障。

1998 年，国家森林生态补偿制度首次在《中华人民共和国森林法中被确立；随后在国务院颁布的《森林法实施条例》中，森林经营者获得森林生态补偿的权利得到了法律保障；2001—2007 年，国家林业局联合财政部颁布了《中央森林生态效益补助资金管理办法》《中央财政森林生态效益补偿基金管理办法》等，进一步规范森林生态补偿机制的资金管理，保障森林生态补偿机制的顺利运行；2010 年，《中华人民共和国生态补偿条例》被纳入立法计划促进了森林生态补偿机制的更好的发展。

森林生态补偿机制的构建，首先，要规范森林生态补偿基金的使用，根据《中央财政森林生态效益补偿基金管理办法》，各单位要制定详细的森林生态补偿基金管理办法，建立专项资金，实行专人管理，专款专用，严格把控。其次，要拓宽补偿渠道，除了向使用森林资源的木材加工企业、造纸企业等企业筹集资金外，生态公益林能够在涵养水源、水土保持方面发挥积极作用，故而还可以向水电等收益部门筹集资金，此外，还可以举行林木认领活动，接受有能力的社会各界人士对林木资源的认领，通过这种吸纳方式拓宽资金来源渠道。再次，要完善以政府购买服务为主的公益林管护机制，建立重点生态公益林补偿标准动态调整机制和以森林植被碳储量为切入点的市场化生态保护补偿机制，继续实施国家、省级重点公益林营造、抚育、保护和管理的生态效益补偿。

（四）草地

草地与森林、湿地、河流等，都是重要的生态屏障，是我们赖以生存的基础，保障其良性发展才能促进经济社会的可持续发展。

草地生态补偿是指在综合利用草资源的过程中，对保护草资源的行为主体支付相应的费用，用以鼓励草地地区更多承担保护草地生态环境责任。草地生态系统的主要管理者是农牧民，农牧民从过度放牧或者将草地转化为耕地获得收益，却造成了碳汇丧失、水资源服务减少和生物多样性减少等草地生态系统服务功能的破坏，国家依托退牧还草、退耕还草、草地生态保护补助机制等草地生态建设工程，对因落实草地保护政策而经济受损的农牧民和其他经营者进行补偿，目的是恢复和保护退化的草地生态系统服务。

退耕还草还林工程1999 年启动实施，是首次大规模带补偿措施的生态工程，开始对粮食产量低、水土流失严重的沙化耕地和坡耕地进行退耕种树或种草。2003 年我国启动退牧还草工程，涉及内蒙古、甘肃、宁夏、青海、云南、四川、新疆等西部省 （自治区），通过划区轮牧、封山禁牧、休牧恢复和保护草地生态环境给予项目区农户围栏建设补助草地补播补助、饲料粮补助等。2011 年在 8 个省份的牧区建立草原生态保护补助奖励机制，退牧还草饲料粮补助也改为草原生态保护补助奖励。

草地生态补偿，首先要依据不同草地类型在空间上所处的生态地位，不同区域草地的主体功能不同，生态补偿的要求和目标也不同。要构建多样化的补偿模式，确定合理的补偿标准，实现公平、公正地分配有限的补偿资源。在制定补偿标准时，可以将不同区域地方经济发展水平、自然环境和农牧户拥有的资源禀赋（草地面积、家畜数量、劳动力数量等）、农牧业生产模式的差异等纳入考虑范围。

草地生态补偿还要处理好草地生态保护、畜牧业生产建设和牧民生活改善的关系，草地生态补偿资金的使用，要以生态建设为根本、改善生计和脱贫致富为目标、适度合理地利用草地资源为条件，使三者维持种均衡协调发展的比例结构，才能保障草地生态补偿资金的投入取得预期的效果。

此外，草地生态补偿还需结合各地实际，制定合理的草畜平衡、封育禁牧、替代产业和草地建设等方面规划，以避免牧民追求短期利益而影响牧区未来的可持续发展。

三、加快推进横向生态补偿机制

如何处理好经济发展与环境保护之间的关系，一直是我国发展中的主轴问题，特别是对生态脆弱、有特殊生态功能且经济落后的"三位一体"地区来说，其经济生态利益冲突尤为突出。能否有效解决这一问题，不仅关系当地人的利益，更与相关地区乃至全国的生态安全密切相连。如何使这些地区愿意提供并且有能力提供良好的生态环境和服务，需要中央政府及地方省级政府的支持，更需要受益地区政府以横向生态补偿的形式对其进行补偿。

（一）开展横向生态补偿，调节和平衡各方利益

横向生态补偿制度就是通过实施一系列法律、经济和行政手段，让享用生态产品的地区为提供生态产品的地区提供补偿，使适宜提供生态产品的地区（所谓的"受偿区"）专门提供更好更多的生态产品，并补偿其因保护环境而产生的生态保护成本和失去的发展机会成本；适宜人口和经济活动集聚的城市化地区专门提供更好更多的物质和文化产品，并向受偿区支付"成本和机会"损失费用，最终以互利共赢的结果达到保护和改善生态环境的目的。横向生态补偿制度的本质是调节和平衡名方的利益。即以公平为主导，让不同主体功能定位地区之间通过专业化分工和合作实现国民福利的公平共享；兼顾效率，最终实现整个国民福利最大化，以实现全面的可持续发展。

横向生态补偿机制的建立是贯彻新发展理念下区域合作模式的创新对于促进绿色发展和区域协调发展都具有非常重要的意义。2013 年，党的十八届三中全会明确要求"推动地区间建立横向生态补偿制度"；2015 年，中共中央、国务院印发的《生态文明体制改革总体方案》提出"制定横向生态补偿机制办法，以地方补偿为主，中央财政给予支持"；2016 年，《中华人民共和国国民经济和社会发展第十三个五年规划纲要》也将"建立健全区域流域横向生态补偿机制"作为"十三五"时期的一项重要任务。同年，国务院办公厅印发的《关于健全生态保护补偿机制的意见》中指出要研究制定以地方补偿为主、中央财政给予支持的横向生态保护补偿机制办法，鼓励受益地区与保护生态地区、流域下游与上游通过资金补偿、对口协作、产业转移、人才培训、共建园区等方式建立横向补偿关系。建立横向生态补偿机制，一方面可以弥补国家财政转移支付与当地生态补偿实际需求的缺口；另一方面可以补偿生态保护区或生态脆弱区因产业转型带来的发展机会损失以及原有产业的劳动力溢出等方面的损失。可以说，横向生态补偿是有效协调山水林田湖草生命共同体内部区域之间关系的有效手段之一。

横向生态补偿过程中，生态消费区与生态输出区要遵循成本共担、效益共享、合作共治的思路，按照"谁受益、谁补偿，谁保护、谁受偿"的原则，可采用现金补偿、对口支援、水权及碳汇交易、产业园区共建、社会捐赠等补偿手段，实现生态补偿方式的多元化。水权和碳汇交易方式在前面已有论述，这里重点阐述以下其他几种方式。

一是完善生态补偿横向转移支付制度。横向转移支付是发生在不同地区之间，通过同一层级或不同层级但无上下级关系政府之间的横向转移支付进行。相比纵向转移支付，横向转移支付补偿方式更加直接，也更能体现权责利的对等。目前辽宁、山东、

浙江等省都已经在行政区内的流域开展生态补偿试点工作，据相关数据统计，2015 年底，各省区域范围内的财政横向转移支付已经超过 850 亿元，对流域范围的生态保护起到了至关重要的作用。但还没有建立全国规范的生态横向支付体系，这方面的工作应加快推进。同时，在横向转移支付中，应考虑不同区域生态功能要素和支出成本差异，通过调整转移支付系数等方式，加大对重点生态功能区特别是中西部重点生态功能区的转移支付力度，提高重点生态功能区和中西部不发达地区的生态补偿标准。

二是要围绕产业合作、劳务协作、基础设施、生态保护等方面开展对口帮扶工作，相关地区依据国家开展对口支援（合作）的"结对"要求开展合作。这类合作以我国对口支援三峡库区合作为典型代表。此外，我国针对西部发展滞后地区如新疆、西藏等也有相应的"结对"要求，要求东部沿海发达地区与西部发展滞后地区"结对"帮扶。

三是积极引导产业园区共建。发挥政府、市场、社会各方面的作用，采用"飞地经济"模式，共同建立开发区，两地干部交叉任职、合署办公，为受偿区寻找发展空间，通过园区合作形成一种自我积累、自我发展机制。比如，流域内的污染项目如果设立在上游地区，则会损害整个流域的生态环境安全，因此可以考虑在流域的下游区域集中设立一些开发区，为一些上游地区不能实施的污染项目提供发展的空间。同时，也要保证整个项目的环境安全指标在可以接受和控制的范围之内。

（二）积极发展"造血型"横向生态补偿

造血型生态补偿是指政府或补偿者运用项目支持的形式将补偿资金转化为技术项目安排到被补偿方，帮助受偿区群众建立替代产业以代替之前的低效益、高消耗产业，对生态产业的发展给予适当补助。造血型补偿可以在充分考虑当地群众需求的基础上，通过优惠政策帮助其改变经济结构、经济增长方式，积极寻求各种自然、生态资源多效综合利用途径，增加贫困落后地区的内在发展能力以形成一种造血机能，帮助贫困地区自身实现经济、社会、生态效益的最佳发展。

对于生态保护区域，不能一味依靠"输血"，长期以来，生态脆弱贫困地区脱贫工作的深度、广度、力度和精准度基本上取决于外部"输血量"的多少，一旦输血停止，很容易造成返贫。究其原因是这类区域缺乏有效的造血功能。因此，要加大"造血型"生态保护补偿力度，努力发现受偿区生态资源价值，创新资金使用方式，创新发展模式，激活产业支撑的源头活水，强化自身"造血"机制，才能实现可持续发展。"造血型"生态保护补偿可以为提供生态屏障的欠发达地区构筑一个发展平台和空间，为其提供发展机会，激发其发展潜力，从而调动全社会参与生态建设的积极性，走生产发展、生活富裕和生态良好的文明发展道路。

"造血型"生态补偿可通过以下几种方式展开。

一是积极推动生态产业发展。坚持政府引导、市场主体，将受偿区生态保护的过程演变成生态产品的市场化生产过程，重点发展绿色生态产品，建设一批具有本土特色的生态品牌，努力获得较高的经济附加价值。依托良好自然环境，发展生态旅游业。创建一批国家林下经济示范基地，打造精品森林旅游地、精品森林旅游线路、森林体验和森林养生试点基地。

二是创新融合发展新模式。积极推进林权抵押、林草 PPP、企业自主经营等融资模式，依靠自身收益还款，引导更多金融资本和社会资本投入生态产业扶贫。以资源变资产、资金变股金、农民变股东的"三变"改革为基础，采用"公司+村集体 +农户+互联网"的经营模式，以务工、土地租金、收益分红带动农民脱贫增收，完善利益联结、收益分红、风险共担机制。尝试运用"互联网+"、PPP 等模式，形成集农业互联网综合服务、生态产品上行业务、生态产业大数据、品牌打造、外部资源下行、特色生态镇村等为一体的产业发展业务体系。

三是探索项目补偿新机制。将补偿资金转化为项目安排到受偿方，引导他们发展其他绿色环保的项目，种植附加值较高的农副产品，帮助受偿方发展替代产业。鼓励引导国家级龙头企业与受偿区合作创建绿色产品品牌、优势产品生产基地，促进产业提质增效，推动农民增收。加强造血补偿机制的培育，把更多的资金投入造血型补偿机制的培育中，以形成对相关保护区域造血功能的激励，逐渐建立适合当地自身发展的长效机制。

四是尝试推行生态产品标签。政府从产品原料、生产和销售方面制定生态标签，凡是申请获得生态标签的企业的产品，由于要求严格，售价可比市面上普通的同类产品高，这样通过吸引消费者付费，实现生态环境的完全市场化补偿。

（三）以横向生态补偿推进精准扶贫工作高效开展

长久以来，贫困地区在国家发展进程中肩负着"生态天然屏障""资源储备"和"风景建设"等重任，特别在我国的西部地区，生态环境显得尤其脆弱，然而这些地区的贫困面最广，贫困程度最深，深受生态问题和贫困的两面夹击。实施精准扶贫和脱贫攻坚重大政策，是我国实施"十三五"规划、实现 2020 年全部贫困县摘帽和全面建成小康社会目标的历史使命和时代要求。而贫困地区的开发中，如果只强调消除贫困和发展经济，不重视生态环境保护，国家生态安全、资源安全和景观建设将很难保障。如果只强调保护生态环境，不考虑贫困人口的小康进程，也不符合"决不能让困难地区和困难群众掉队"的脱贫攻坚要义。对于贫困地区而言，生态保护是制约其脱贫的重要因素之一，从人与自然和谐发展的角度来看，生态补偿是一种行之有效的扶贫方式，生态补偿式扶贫是对贫困地区居民保护行为的补偿。

生态保护和发展经济，从来都不是相互矛盾、此消彼长的关系，生态保护产生的生态效益应该等同于或大于失去的发展机会产生的经济效益，如果保护区的付出没有获得受益区相应的补偿，生态效益与经济效益差距大，则会产生"保护者受损多，受益者受益多"的不公平现象，不仅导致生态保护工作无法稳定持久开展，还会使保护者陷入"保护生态—丧失发展机会—贫困"的恶性循环。对这些地区的生态补偿必须要考虑到与精准扶贫相结合，要让生态补偿成为实现当地农民脱贫的重要渠道和抓手。

2016 年，国务院办公厅印发的《关于健全生态保护补偿机制的意见》指出:结合保护生态补偿推进精准脱贫，创新资金使用方式，开展贫困地区生态综合补偿试点，探索生态脱贫新路子。2018年1月18 日，《生态扶贫工作方案》出台，进一步明确加大生态补偿力度，实现脱贫攻坚与生态文明建设双赢。2015 年11月，习近平总书记曾在中央扶贫工作会议中对扶贫工作作出了重要部署，按照贫困地区和贫困人口的具体情况，进行"五个一批"工程，并将"生态补偿脱贫一批"作为五项基本内容之一。要用生态补偿的方式让贫困地区的一批人脱贫，通过此种方式来保护该地区的生态环境，这是推进生态保护补偿体制机制创新的重要举措，为生态保护补偿推进精准脱贫指明了方向。

扶贫式生态补偿可通过以下几种方式展开。

一是生态补偿资金向贫困地区倾斜。生态保护补偿资金、国家重大生态工程项目和资金按照精准扶贫、精准脱贫的要求向贫困地区倾斜，向建档立卡贫困人口倾斜。

完善公益林补偿、草原生态保护补奖政策，支持开展湿地保护与恢复、湿地生态效益补偿，使深度贫困地区和特殊贫困群体获得更多补助性收入。

二是适当扩大生态保护公益岗位，并向贫困地区倾斜。利用生态保护补偿和生态保护工程、自然文化资源保护资金，使符合条件的部分贫困人口转为生态、自然文化资源保护人员。探索天然林、公益林托管模式，鼓励国家公园、自然保护区、国有林场、森林、湿地、沙漠、地质公园等开放公益岗位，将部分有劳动能力的建档立卡贫困人口优先就近就地娥拌育爹返参与管护和服务。

三是引导吸纳贫困人口参与生态资源开发建设。加大以工代赈实施力度，建立完善支持贫困农户参与重大生态工程建设、获得劳务报酬的机制。推广育苗造林模式，全面深化集体林权制度改革，赋予贫困户承包经营山林的更多权益，依托林地林木增加财产性、经营性收益。组建批造林合作社和草业合作社，各地生态修复任务优先向造林、草业合作社安排，鼓励合作社帮助带动贫困人口积极投身造林种草和抚育管护等劳动。

四、完善生态补偿的保障机制

生态补偿机制是以保护生态环境、促进人与自然和谐为目的，根据生态系统服务价值、生态保护成本、发展机会成本，综合运用行政和市场手段，调整生态环境保护和建设相关各方之间利益关系的环境经济政策。应从法律制度、标准设计、多元化市场化运营、沟通协商等多方面共同构建生态补偿的保障机制。

（一）尽快完善生态补偿法律法规

现阶段，我国已经构建了比较完整的保护生态环境的法律框架。但生态补偿的立法依然缺位，一定程度上无法满足开展生态补偿实践的现实需求。生态补偿的相关规定分散在各个生态环境保护的单行法中，同时国家层面并没出台统一、规范的生态补偿的法律法规，生态补偿在实践中存在补偿标准不统一、责权利不对称、监管不到位等问题，这会导致生态补偿出现不公正、不公平的问题。

此外，我国生态补偿法律法规还不完善、不系统，相关法律对于政府跨区域共同制定地方性法规的程序不完善，缺乏立法协调机制和起草法案机制。虽然国家已经制定了许多生态环境治理和保护的法律法规，但相关法律条款原则性过强，缺乏可操作性，生态补偿的相关法律法规有待完善。

因此，应加快制定出台生态补偿相关法律法规，规范补偿主体和被补偿主体权责关系，形成同级政府间的横向转移支付谈判的具体规范，最大限度地减少谈判双方分歧，降低谈判成本，提高谈判效率，促进生态补偿横向转移支付方式常态化、制度化。

（二）构建科学合理的生态补偿标准

生态产品的价值主要参考生态产品提供区在生产生态产品时的生态环境投入成本和丧失的发展机会成本。生态产品价值的高低可以反映一个地区的生态重要性程度，并可以在一定程度上为确定横向生态补偿标准提供依据。科学合理的生态补偿标准应该对生态产品价值和失去的发展机会成本进行评估，应该按照生态产品价值的变化情况合理确定补偿标准，即根据生态产品提供区按照补偿方的要求提供更好或更多的生态产品而额外增加的成本确定补偿标准。

此外，现行的补偿标准并没有将地区之间的社会经济差异考虑在内，而是将实施生态补偿工程的各区域和各地区进行一刀切。统一的标准可以更好地实现公平，但将统一的标准在不同的地区或同一个地区内进行一刀切，这样的做法又有失公平。因此，生态补偿标准的制定应该因地制宜。

（三）开拓多元化生态补偿渠道

党的十九大指出，中国特色社会主义进入了新时代，社会的主要矛盾已经转化为人民日益增长的美好生活需要和不平衡不充分的发展之间的矛盾，而我国当前最大的发展不平衡是城乡发展不平衡，最大的发展不充分就是农村发展不充分，这在生态补偿受偿区尤为明显。随着生态保护范围的扩大，生态补偿的成本日益增加，当前财政资金为主导的生态补偿机制弊端日益显现，虽多方筹措生态补偿资金，仍无法填补生态补偿资金的缺口。仅2017年中央财政就安排森林生态补偿533亿元，退耕还林、还草211亿元，草原生态保护187.6亿元，轮作休耕25.6亿元，四项总计957.2亿元，但与生态补偿需求的资金相比仍有杯水车薪之虞。在这种情况下应当扩大生态补偿资金来源，探索多元化、市场化的生态补偿机制，通过市场手段促进资源节约和生态环境保护。

采用政府补偿、市场补偿和社会补偿等相结合的方式。其中，政府补偿主要是政府在财政税收、项目建设和产业发展等方面给予相应的政策倾斜，并制定相关的激励措施等；市场补偿主要指在确定产权的前提下，借助市场机制建立生态资源交易平台，让各个利益相关者间的自愿补偿行为在市场手段的作用下实现，比如，水资源交易和排污权交易等；社会补偿主要以民间各种形式的金融机构贷款与担保、补贴、发行债券、贴息和捐赠等方式出现。

在政府补偿、市场补偿和社会补偿相结合的过程中，应当以政府补偿为引导，出台相关政策和激励措施，以财政奖补资金作为引导，鼓励并吸引银行信贷、工商资本、民间资本及其他社会力量积极参与生态补偿中来，大力拓宽补偿资金的渠道，有效地解决投入需求和投入供给间的矛盾。以市场补偿为平台，促使各方利益相关者达成自愿补偿的共识，以社会补偿为支撑，让社会资金以不同的形式参与其中，使多元化的参与方式生态补偿机制真正有助于我国美丽乡村建设的顺利推进。

此外，还可以考虑建立生态补偿基金。通过从公共财政、环境保护税、社会捐赠等资金中抽取一定部分，建立生态补偿基金。这对于经济欠发达地区生态补偿资金的募集，具有十分重要的意义。建议相关部门对此进行专项调研，研究专项基金募集机制、资金使用范围、使用方式等内容。

（四）完善市场化生态补偿机制

我国还没有以法律的形式出台生态补偿相关的立法，更谈不上对市场化的规制。由于法律没有明确规定，市场主体资格模糊，既造成市场主体利用市场化方式筹集资金的效率不高，又限制了市场化工具的运用。由于市场机制的不完善，市场在配置资源中的循环累积效应难以有效发挥出来。

目前，我国生态补偿试点多数是由生态保护区和受益区的上级政府牵头，通过行政手段推动两者之间开展生态补偿工作。在实际操作中，这种补偿模式往往存在补偿标准偏低、生态保护区利益得不到保障的情况，在一定程度上弱化了生态保护区保护生态的积极性。虽然这种政府主导型模式是符合我国政治体制的，有利于推动横向生态补偿的实践，但受偿区失去了发展机会，发展相对落后，补偿不足和发展受限导致了当地农民、牧民、渔民等相关群众收入减少，生活质量下降。这充分说明了仅仅依靠运用单一的行政手段无法满足利益相关者的诉求，需要引入市场机制，激活横向生态补偿的活力。现阶段市场参与不足主要体现在生态补偿的方式上，以资金补偿为主的单一补偿方式无法满足保护区失去的发展机会，未能对保护区产生长效保护环境的激励作用。

把市场化运作机制引入进来。首先，明确生态补偿区主体的市场主体资格，严格规定好参与方权利与义务，确定监管部门权责。其次，让市场配置资源发挥决定性的作用，建立市场准入制度与竞争性规则，完善产权交易市场并培育发展交易平台。再次，可以利用市场主体资格向金融企业进行直接融资，包括向国有大行、股份制银行、城商行、信用社以及绿色银行贷款。最后，作为市场主体直接发行绿色债券、绿色股票等证券化产品，并探索通过 IPO 或者新三板等进行上市融资。此外，还可以探索绿色生态产品标签制度，考虑建立健全绿色保险等相关配套机制。

（五）健全完善沟通协商机制

由于社会、市场和生态具有复杂性和不确定性，生态补偿本身是一个复杂且庞大的综合体系。在没有统一的法律制度规范下，补偿和受偿的市县所签订协议一般由各政府高层或主管部门进行协商，由于利益复杂，涉及面广等因素，依靠自身协商很容易产生博弈，甚至导致"零博弈"的结果。区际的生态补偿更是缺乏完善的制度安排，缺乏工作机制和协商机制，协调合作水平不高，无法对横向生态补偿工作进行高效地衔接和管理，导致有限的补偿资金难以充分发挥其生态功能。

因此，在生态补偿实践中需要利益矛盾冲突时，引人沟通协商机制，在充分尊重各自意愿的基础上寻找一个都能够接受的生态补偿方案，最终达成生态补偿意愿。

首先，要保证生态补偿的顺利实施，透明度在行政等级与基层组织的框架内就显得尤为重要。只有通过参与式生态补偿机制，增强透明度才能有效地遏制不合法规的短期行为，才能充分地体现出生态补偿的公平性和效率性。

其次，要探索建立跨省际的流域生态补偿管理协调机构，不断优化完善流域生态补偿的管理体制，搭建跨行政区域的协商平台和仲裁机制,完善流域生态补偿相关配套制度。

最后，要构建参与式生态补偿机制。一方面，充分发挥受偿区基层党组织的战斗堡垒作用，推动市场化生态补偿机制在受偿区落地生根在实施生态保护的同时推动经济发展，更好地服务民生、服务群众。另方面，让广大农民参与到生态补偿工作的制定中来，不仅能够有效地将农民参与美丽乡村建设的积极性和主动性调动起来，还能够通过有效的协商方式克服当前生态补偿过程中补偿标准难以界定的障碍。

第九节　健全人居环境管护长效机制

生态宜居乡村建设是一项需要全社会广泛参与的系统工程，人居环境管护工作的重点是实现管护的常态化、长效化。政府部门应从资金人力、技术、制度等方面进行统筹，树立"一盘棋"思想，动员全社会多方面力量参与，协调好各方利益，突出各方优势，进一步构建"政府主导、群众主体、社会参与、市场运作"的建设机制，逐渐形成有制度有标准、有队伍、有经费、有督察的农村人居环境管护机制，营造凝心聚力持续发展的生态宜居美丽乡村。

一、强化组织领导和制度保障

农村人居环境整治是一项系统工程、长期工程，各级党委和党组织必须加强领导，统筹农村人居环境整治、农村自然资源利用、农村基础设施维护等，形成制度安排与环境治理合力，汇聚起社会各方的强大力量。

（一）成立工作指导小组和专设机构

要尽快组建班子，专门成立农村环境长效管护工作领导小组，加大力度，加强指导。环境管护的机构，在县、乡、村三级都应设立，设置农村环境监督管理站，具体负责农村环境长效管护工作的指导、协调和督察、考核。通过"三级"管护体系的构建，努力做到管护的纵到底、横到边、全覆盖。

明确地方党委和政府以及有关部门、运行管理单位责任。在县级层面，应成立以县长为组长，县委、县政府分管领导为副组长，县委办、政府办、组织部、宣传部、农工部、财政局、城管局、水利局等相关科局领导以及各乡镇领导为成员的农村环境长效管护工作领导小组，领导小组可以下设管护办公室，由管护办公室负责具体事项安排。各乡镇（园区）、村委会要成立相应管护中心。在乡镇（园区）层面，各乡镇（园区）都应成立由乡镇长（园区主任）任组长的领导小组；并抽调部门相关人员，组建乡镇农护办，明确分管领导和具体负责人，在县主管部门和乡镇（园区）政府的指导、监督和管理下，具体负责实施管护工作，如招聘管护人员、指导具体工作等。在村级层面，按照行政村（社区）成立管护队，各村管护队明确一名队长，负责本村管护人员的管理，并接受村委会工作指导。

尽快建立人居环境管护官方微信平台。在巡查过程中发现问题，及时将图文上传微信平台，一是方便管理部门领导、各乡镇（园区）领导、管护办人员及时掌握农村环境的动态情况，而且也方便人民群众及时获取政策信息、反映典型问题，人居环境管护就是需要让大家共同关注、共同管理、共同治理。

要规划先行，推进实用性村庄规划编制实施，加强乡村建设规划许可管理，与规划相结合，开展人居环境管护工作。坚持先规划后建设，做到农房建设有规划管理、行政村有村庄整治安排、生产生活生态空间合理分离，优化村庄功能布局，有序开展农村人居环境建设。

（二）建立健全长效管护制度体系

健全管理协调制度。逐步建立完善区市和县级部门生态振兴联系机制、工作通报机制、工作推进机制、督查评估机制、动态管理评估机制5个方面制度。坚持"部门协调配合、各方联合行动"的原则，条块联动、专兼结合、各司其职、各负其责，形成高效权威的综合执法监管机制。健全农村环境基础设施管护的规章制度，鼓励专业化服务组织承担环卫保洁和设施管护。

健全督察制度。要持续强化农村人居环境整治"三大革命"督查检察机制，查漏补缺，补齐农村人居环境短板。可以成立乡村环境监督小组，监督各家各户养成良好的环境卫生习惯。增强环境督察员的责任意识，对督察不力、执纪不严的督察员严肃处理，并与工资报酬紧密挂钩。

健全村民自治管理制度。加强基层党组织建设，发挥好村级组织作用，以村民小组为单位，推行村民自治管理，鼓励村民主动参与垃圾集中排查整治活动。制定村规民约，落实村"两委"工作制度、村务议事制度、村财监督制度和美丽乡村建设项目公示制度；加强宣传，增强村集体组织动员能力，引导全民参与，努力完善"自我组织、自我维护、自我管理"的农村环境综合整治自治模式。在行政村逐步建立和推行垃圾分类、定时收集、清运管理制度。

健全评价考核制度。动真碰硬抓推进，严格奖惩抓落实，建立健全镇办、村（社区）环境检查评比等日常工作制度，建立环境违法举报奖励制度、处罚制度、信息公开制度等，考核结果向社会通报公示。对没有完成目标任务和农村环境长效管护工作不力的乡镇、园区、行政村，进行通报，限期整改；相关负责人不认真、不及时、未有效履行职责的，按有关规定追究责任。将农村环境长效管护工作列入农业农村年终综合考评，考核结果作为工资发放、费用拨付、项目奖励的依据。

健全定期工作例会制度。建立农村环境综合整治例会制度，由农村环境长效管护工作领导小组办公室牵头组织一月一次工作督查汇报会，季一次专题会，半年一次现场会，推动难点问题解决，督促各项工作落到实处。

二、创新多元化融资共建渠道

要想方设法筹措资金，调动各方资源，保障工作顺利开展。着力构建财政优先保障、金融重点倾斜、社会积极参与的多元投入格局。在资金筹集过程中，要确保不随意举债、不加重农民负担。

（一）加强财政资金有效投入与引导

加大财政资金投入，建立健全推进农村人居环境整治财政投入保障机制，将农村人居环境整治所需资金纳入预算，并根据实际工作需要逐年递增。统一将改善农村人居环境方面的公共服务项目纳入政府购买服务指导性目录，要将购买改善农村人居环境服务资金逐年列入财政预算。同时建立涉农资金统筹整合长效机制，有效整合交通、农业、扶贫、水务等涉农部门项目，确保财政投入与农村人居环境整治目标任务相适应。

规范有序吸引金融资金投入，积极争取政策性金融机构为农村人居环境整治提供信贷支持，支持收益较好、实行市场化运作的农村基础设施重点项目开展股权和债权融资。帮助协调农发行政策性贷款，引导金融机构不断创新涉农金融产品和服务方式，积极参与和支持农村人居环境治理。

充分发挥财政资金"四两拨千斤"作用，采取以奖代补、先建后补等多种方式，充分调动社会资本投入积极性，吸纳撬动更多社会资本参与农村基础设施改善，破解资金制约，全面提升贫困乡村基础设施和公共服务水平。坚持"谁投资、谁建设，谁管理、谁受益"原则，鼓励社会资本参与农村生活污水、垃圾等基础设施建设，鼓励采取政府与社会资本合作等方式将农村生活污水、垃圾中的经营性项目推向市场，进一步拓宽农村环境综合整治投入渠道

（二）新融资形式和渠道

充分考虑农民承受能力和意愿，探索建立财政补助、村集体补贴、农户付费与投工相结合的管护经费分担和保障制度。鼓励有条件的地区探索建立垃圾污水处理农户付费制度，完善财政补贴和农户付费合理分担机制。

进一步壮大集体经济，增加经营收入，引导集体经济收入用于农村环境整治。有条件的地方可将农村环境基础设施建设与特色产业、休闲农业、乡村旅游等有机结合，实现农村产业融合发展与人居环境改善互促互进。

实行政府购买服务，探索第三方运维模式。要坚持规范化、常态化，探索专业化、市场化的管护机制，加快培育农村垃圾污水处理市场主体，营造有利的市场和政策环境，吸引社会资本参与农村垃圾污水处理设施投、建、管、运。鼓励专业化、市场化建设和运行管护，有条件的地区推行城乡垃圾污水处理统一规划、统一建设、统一运行、统一管理。早在2016年，湖南就率先启动政府购买服务模式，颁布实施了《湖南省政府购买改善农村人居环境服务管理暂行办法》，提出村庄规划建设、垃圾收运处理、污水处理等领域的公共服务项目，可以交给具备条件的社会力量承担，并由政府支付费用。

此外，还可以引导相关部门、社会组织、个人通过捐资捐物、结对帮扶等形式，支持农村人居环境设施建设和运行管护。倡导新乡贤文化，以乡情乡愁为纽带吸引和凝聚各方人士支持农村人居环境整治。

（三）加强资金管理和监督

县有关部门根据各乡镇行政村数、农业人口规模分配管护资金，并对各乡镇提交的人员报酬发放方案及其他维护经费支付依据等资料进行审查，为县财政部门提供真实的资金拨付依据；负责建立健全农村人居环境管护专项资金管理制度；按预算管理要求，编制农村人居环境管护专项资金支出预算。

各乡镇负责资金的管理、监督，在乡镇财政部门设立资金专账，专款专用，不准用于与人居环境建设不相关的支出。按行政村分别设立台账，保证管护工作及经费支出的真实性，对所有支出和票据的真实性进行把关；并对建设项目申报材料、建设项目情况、建设进度、验收结果的真实性、合规性、完整性以及项目质量进行把关负责。

各行政村要定期张榜公布资金的使用情况，以接受村民监督，同时各村财务监督委员也要担负起监督职能，对出现的问题应及时反映。

三、广泛动员全体农民主动参与

完善农民参与引导机制，增强人民群众生态文明素质和环境保护意识，加强管护队伍建设；发挥农民主体作用，鼓励农民"投工投劳"参与建设管护:鼓励专业化、市场化建设和运行管护，实现村民共建、共管、共治人居环境的良好局面。

（一）做好宣传引导

通过互联网、微信、广播电视、报纸、走村入户等多种形式加强宣传引导，积极向村民宣传生态宜居乡村建设的意义和政策。在各镇（街）建立村规民约、环境维护制度和镇（街）干部包村、村干部包社、社干部及党员包农户制度，努力促使项目、政策等事项的宣传入户到人。依靠群众、发动群众，强化舆论引导，切实转变大家对人居环境综合整治工作的认识，形成齐抓共管的良好局面

完善生态宜居乡村建设的重要事项科学决策、民主决策的程序制度，切实保障村民的知情权、决策权和监督权，让广大农民认识到乡村振兴是共享改革红利的宏伟工程，引导大家自觉参与到宜居乡村建设中来。

加强"榜样"宣传，以点带面，示范带动。广泛宣传人居环境建设当中涌现出的新典型，树立样板，典型引路，努力凝聚助推农村发展的正能量。比如，评比出"文明清洁村组""星级文明卫生户"等荣誉称号，召开现场会、推进会，表彰奖励，让农民互相"攀比"，抓点带面，让改善农村人居环境成为群众自觉

（二）加强管护队伍建设

各乡镇（园区）依据自身规模、自然村庄数量和现有保洁员数量，根据"定人、定岗、定责、定酬"的要求，配足配齐专职保洁员队伍。明确管护人员的岗位职责、包干的相关管护人员姓名、联系方式、管护范围、管护时间以及村内举报电话等，广泛接受群众监督。行政村也要由各村干部牵头，专职做好农村环境长效管护的日常管理工作；管护专职人员严格对照长效管护标准，全面加强区域内农村环境的日常保洁和例行督查。

完善农村基础设施建设管理机制，促进资金效益最大化。一是从源头上保证农村基础设施项目的效益（实用性），避免形象工程的产生和资源（资金、土地、时间和人力）的浪费。二是项目开展过程中，行政村或自然村应成立理事会或者监督小组，坚持及时、公开、严格和广泛参与相结合的原则，监督建设资金的使用和施工质量。三是建立基础设施维护常态化机制，包括专项资金的配套和专门人员的管理。

对管护人员实行动态聘用管理和末位淘汰制，对工作责任心差、不能完成任务的人员及时进行调整，管护人员要登记造册，按有关要求做好相关备案工作。

（三）调动农民参与的积极性

上争政策，下聚民意，充分激发村民群众参与乡村建设活动的热情，营造"乡村建设你我共参与"的良好活动氛围。

引导村民积极参与农村人居环境规划、建设、运营和管理的全过程，通过宣传培训、政策引导、教育管理、典型示范、服务指导等各种方式和途径，突出群众作为建设者、受益者的主体地位，把基础设施建设的知情权、参与权、决策权和监督权交给农民，邀请群众代表全程参与基础设施项目选择、建设内容确定、工程质量监管验收，进一步调动农民群众参与基础设施建设的积极性、主动性和创造性，提高群众满意度和支持率，确保各类项目顺利实施，取得实效。

积极探索和建立"村民投工投劳"参与乡村建设的新模式，发挥村民在生态宜居乡村建设中的主体作用。简化农村人居环境整治建设项目审批和招投标程序。在项目审批方面，进一步精简优化，支持村级组织通过"一事一议"等方式让农村"工匠"带头人等承接村内环境整治，村内道路、植树造林等小型工程项目。

组织开展专业化培训，把当地村民培养成为村内公益性基础设施运行维护的重要力量。引导当地农户参与项目建设及运营维护管理，激发农民参与建设美丽家园积极性。

第十节　典型案例

案例1：　产业生态化和生态产业化推进乡村振兴

产业生态化和生态产业化是经济高质量发展和生态环境高水平保护深度融合、协同推进的重要体现。习近平总书记今年4月在海南考察时提出，"乡村振兴要在产业生态化和生态产业化上下功夫"。《习近平生态文明思想学习纲要》（以下简称《纲要》）强调，"加快建立健全以产业生态化和生态产业化为主体的生态经济体系"。新时代新征程，如何通过产业生态化和生态产业化扎实推进乡村振兴，推动实现农村更富裕、生活更幸福、乡村更美丽，是亟需关注的重要课题。

发挥重要作用

乡村振兴，产业兴旺是重点，生态宜居是关键。加快建立健全以产业生态化和生态产业化为主体的生态经济体系，对于促进机制活、产业优、百姓富、生态美的有机统一，能够发挥重要作用。

产业生态化是乡村振兴的"绿色底蕴"。绿色发展是发展观的深刻革命，是构建高质量现代化经济体系的必然要求。《纲要》强调，绿色发展，就其要义来讲，是要解决好人与自然和谐共生问题。产业生态化就是按照绿色、循环、低碳发展要求，以节能减排、提质增效为主要目标，对传统产业的生产方式、产业结构、流通和消费方式进行生态化改造。这既是提高传统产业资源利用效率和经济效益的必然选择，也是保护乡村生态环境的重要举措。

生态产业化是乡村振兴的"绿色动能"。《纲要》指出，良好生态蕴含着无穷的经济价值，能够源源不断创造综合效益，实现经济社会可持续发展。生态产业化就是按照产业发展规律，在确保生态系统功能不被破坏的基础上，对绿水青山进行产业化开发和经营。大力发展生态产业，可顺应乡村产业振兴的要求，促进生态产品的生产和可持续利用，通过产业联动、产业集聚等方式，集约化配置各类资源要素，培育绿色惠民新动能。

产业生态化和生态产业化可以兼顾乡村产业发展和生态环境保护，能够将乡村生态优势转化为发展优势。推进产业生态化和生态产业化协同发展，本质上有利于实现乡村经济社会发展与人口、资源、环境相协调。

探索实践路径

全面建成小康社会目标实现后,巩固拓展好脱贫攻坚成果,扎实推进乡村振兴,是全面建设社会主义现代化国家新征程上的重要任务。新时代新征程全面实施乡村振兴战略,要在产业生态化和生态产业化上下功夫。

提升生态系统质量和稳定性。促进自然生态系统质量的整体改善和生态产品供给能力的全面增强,是推进产业生态化和生态产业化的重要基础。要坚定不移实施主体功能区制度,严守生态保护红线、永久基本农田、城镇开发边界三条控制线,加快构建以国家公园为主体的自然保护地体系,守住自然生态安全边界;坚持系统观念,突出问题导向、目标导向,科学布局和组织实施重要生态系统保护和修复重大工程,按照生态系统的整体性、系统性及其内在规律,统筹考虑自然生态各要素,进行整体保护、系统修复和综合治理;将乡村生态系统保护和修复领域作为支持的重点,建立健全融资担保体系,吸引社会资本参与生态修复。

健全自然资源资产产权体系。产权明晰是市场交易的前提。建立归属清晰、权责明确、保护严格、流转顺畅、监管有效的自然资源资产产权制度,可以为产业生态化和生态产业化提供有力制度支撑。要按照健全自然资源资产产权体系的要求,对各类自然资源的所有权统一进行确权登记,明晰自然资源资产产权主体,划清权责归属。同时,还要处理好自然资源资产所有权与使用权的关系,统筹推进自然资源资产交易平台和服务体系建设。

推进传统产业生态化改造。作为促进农业农村经济发展的重要力量,传统产业要在发展中实现绿色转型,在绿色转型中实现更大发展。要推进农业结构调整,优化农业生产力布局,加强数字技术的推广应用力度,促进农业向绿色、有机、生态方向发展;引入新材料、新装备、新技术,大力发展环境敏感型产业,以清洁生产为技术创新的导向,加快推进传统乡村工业实现绿色循环低碳发展;依靠技术创新和管理创新,对乡村服务业进行生态化改造,大力发展生态商业、生态物流等现代服务业新业态。

优化延伸乡村生态产业链条。努力把绿水青山蕴含的生态产品价值通过产业化的方式转化为"金山银山",是加快推动农民农村共同富裕的重要途径。为此,就需要把生态治理和发展特色产业有机结合起来,实现生态文明建设、生态产业化、乡村振兴协同推进。要培育壮大龙头企业、专业大户、农民合作社等新型经营主体,发展休闲度假、自然康养、林草碳汇等特色产业;努力将现代工业、金融、教育、文化、旅游等同生态产业链各个环节紧密结合起来,以产品研发、加工包装和品牌营销为突破口,充分发挥不同主体在产业链不同环节的比较优势；立足乡村特色资源，面向市场需求，推动生态产业前后端延伸、上下游拓展。

还要看到，资本下乡为农业农村输入了资金、技术、人才和先进的管理经验。在产业生态化和生态产业化上下功夫，还要健全产业发展利益联动机制，通过创建区域公用品牌、促进农业产业化联合体发展等，把利益分配重点向产业链上游倾斜，促进农民持续增收。（福建省习近平新时代中国特色社会主义思想研究中心）

案例2：　庆忠县依托三峡橘乡优势，推动绿色协同发展——田园综合体 打开致富门

重庆忠县，长江两岸，万亩橘林。在一处农家屋里，宽阔的院坝，人来人往。主人黄胜峰迎上来，双手端着剥好的橘子说："来尝尝，自家产的，好吃！"

依托全县35.96万亩柑橘产业，忠县打造的三峡橘乡田园综合体，成为全国首批国家级田园综合体试点项目之一。赏花、摘果、休闲体验农业……农文旅加速融合，让这里老百姓的日子像柑橘一样，越来越甜。

地处三峡库区的忠县，一度山多路难行，有柑橘却卖不出去。

这么好的柑橘，凭啥不能致富？忠县人不服气。修建基础设施、流转土地发展集体经济、引进专业团队……忠县开始大力发展当地的柑橘产业。

长江禁渔启动后，渔民黄胜峰立马交出渔船。上了岸，他把精力放在承包的120亩柑橘上。之前，他家的柑橘因品种不佳、管理不善，盈利不多。后来，政府开展了多场种植技术培训，黄胜峰一场不落。

今年，黄胜峰的果园进入盛产期，120亩产出了10万斤果子。他还买了辆小汽车用来送货，"我还想搞点林下养殖，养些鸡鸭鹅。"

柑橘树下，三叶草、苕子正茂盛生长。"这是绿肥作物，可以抑制杂草生长，等叶子干枯了，还能作有机肥。"忠县农业农村委副主任王柏胜说："为了减少化肥农药用量，我们在田园综合体里运用太阳能杀虫灯、生物有机肥，确保农业生产绿色生态。"

"到了丰收季，坝子上就没处落脚啰！"新立镇桂花村党支部书记韩小蓉快言快语。现在，越来越多的果农从城里返乡，捡起老手艺种果子，"村里还有了直播电商，这橘子里的致富经，门道还不少哩。"韩小蓉说。

去年底，三峡橘乡田园综合体建成完工。今年七八月，田园综合体里，绿油油的脆李压弯了枝头，池塘里的荷花开满了水面，还有大片的稻田、鱼塘。目前，这里已建成特色高效农业基地1.82万亩，直接或间接带动农民就业上万人，农民年人均可支配收入达到2.5万元以上。

"这里头可都是宝贝。"新立镇党委书记吴尚蓉带大家来到忠县柑橘品种博览园。进入大门，400多个柑橘品种跃然眼前，形态各异：小如豌豆的"金豆"、大个的香橙……据介绍，忠县把传承柑橘文化和发挥产业优势结合起来。规划面积为3平方公里的柑橘文化博览区应运而生，柑橘品种博览园就是其中的一部分。

光有种植产业还不够，产业链也得延伸。忠县孕育出柑橘龙头企业——派森百橙汁有限公司。走进企业车间，圆滚滚的新鲜柑橘，在智能化生产线上排列整齐。生产线的尽头，柑橘已变成橙汁。有了龙头企业，百姓增收致富的步伐也加快了。"现在种柑橘，比以前一年多赚2万元。"新立镇果农陈文学说。

搭乘重庆市大数据发展的东风，忠县柑橘产业也插上了互联网翅膀。全国柑橘交易中心在这里初具规模；柑橘全产业链"数据+电商+金融"三大平台的"柑橘网"，全方位拓展线上线下交易市场。"柑橘网"自2017年10月上线以来，联合全国柑橘产业链上中下游企业，建成23家地推运营中心，平台入驻用户数3.4万，金融服务1000多用户。

柑橘交易中心、柑橘大数据中心、农产品检验检测中心、创新创业孵化中心、柑橘新品种培育中心……从创新育种到服务果农，服务对象从忠县到全国，一个完整的柑橘产业链条正在不断成长。

田园综合体建设是重庆高水平打造"三峡库心·长江盆景"的一个缩影。生态优先、绿色发展、保护长江文化……渝东北三峡库区城镇群发展有了新路径。"三峡库心·长江盆景"的规划范围涉及万州、忠县、石柱3个区县，面积近千平方公里，分为7个片区，包括260多个重点项目。

"我们将突出本地特色，统筹山水与人文等要素，推动产城景、农文旅深度融合，加强跨区域绿色协同发展。"忠县县委书记江夏说。

《 人民日报 》（ 2021年10月18日 13 版）

案例3：　抚顺：采沉区工业废弃地"蝶变"田园综合体

10月18日，在抚顺市青年路南采沉区生态环境恢复治理项目现场，广袤的田野上金黄一片，稻浪滚滚；田间，三五成群的螃蟹吐着泡泡、挥舞着钳子爬来爬去；稻田的一边是大片的冷香玫瑰，火红的花朵娇艳欲滴，引得大批市民前来拍照留念。

经过3年复垦，这里已变成花海、良田、公园——昔日的采煤沉陷区"蝶变"田园综合体。

抚顺因煤而兴。上百年的采煤活动，导致地面沉降、塌陷、裂缝等地质灾害频发，历史遗留工矿废弃地失去了土地的基本使用功能，成为城市的一道"伤疤"。曾居住在采煤沉陷区的市民王荣军对记者说："过去，我们这儿的地到处是裂开的大口子，牲口都能陷进去，机械也下不了田。"

为改变这种面貌，抚顺市科学规划，明确以保护耕地、促进农业发展、提升采沉区土地利用价值为目标，对东洲区和新抚区的3.3平方公里采沉区进行田园综合体项目升级改造，实现采沉区"生态+产业"的可持续、多元化发展。

采煤沉陷区土地综合整治项目包含农业研学、种植、花海旅游观光、冰雪、餐饮等12个板块，集农业休闲、旅游、研学、采摘、度假于一体，建设保护生态环境、带动二三产业融合发展的综合性田园综合体，打造城市生态花园。

经过3年的努力，抚顺市以青年路为轴，路南实施工业废弃地生态恢复项目，路北建成采煤沉陷区实景公园和东北记忆主题公园。截至目前，已完成青年路南采煤沉陷区综合整治，新增耕地2200亩，种植水稻800亩、向日葵花海1000亩、玉米高粱等农作物400亩，并种植各类树木6.5万株，利用沟渠等种植草花200余亩。省第十四届全运会的足球比赛将在采煤沉陷区新建的足球场开踢。

昔日的采煤沉陷区，如今实现了华丽转身。花香处处，美不胜收。

"现如今，坡地变得平坦，跑水、跑肥、跑墒的'三跑田'变成了保水、保肥、保墒的'三保田'。看着采煤沉陷区发生的翻天覆地变化，大家心里别提多敞亮了！"王荣军感慨道。（辽宁日报）

案例4：　国外积极探索打造特色小镇

独具特色的产业、宜业宜居的环境、丰富的文化资源……国外一些小镇凭借特色资源或区位优势，以某一类主导产业为支撑，带动当地经济社会发展，成为富有品牌知名度的特色小镇。这些特色小镇在生态旅游、手工制造、教育科技、文化创意、医疗康养等领域积极发力，不断做大优势产业，不断优化生产生活环境，以"小而美""专而精"的特色产业吸引人、留住人，努力探索可持续发展之路。

巴西小镇格拉马杜——

"甜蜜产业"带来集聚效应

格拉马杜位于巴西南部，是一个山区小镇，距离最近的机场有两个多小时车程。这里每年接待游客达数百万，是巴西热门旅游目的地之一。吸引游客远道而来的，有宜人的气候、丰富的节日活动，还有独具特色的巧克力产业。2020年，格拉马杜被认定为巴西手工巧克力之都。

格拉马杜居民不到4万，却有大大小小的巧克力制造商近30家，巧克力年产量达1200吨。每年复活节期间，这里都会举办巧克力节。游客不仅可以品尝节日特供的巧克力，还能在街头观赏丰富多彩的表演。小镇占地3000平方米的巧克力博物馆更是令人大开眼界、味蕾愉悦。由巧克力做成的全球知名景点模型，吸引了很多游客合影留念。

1975年，巴西第一个手工巧克力品牌"布拉维"就出自这个小镇。走进"布拉维"颇具历史特色的木结构建筑，琳琅满目的巧克力制品，富有创意的花束、圣诞树、巧克力礼盒，令人感觉仿佛走进了童话世界。店员会详细询问顾客喜欢的口味、口感、浓度等，并提供试吃样品。店内还展示巧克力生产、制作的部分过程。顾客如果想进一步了解，还可以预约参观工厂。

巴西农业问题专家米尔顿·波马尔告诉记者，格拉马杜全年平均气温约为18摄氏度，凉爽的气候有利于巧克力的生产与保存，当地居民素有手工生产食品的传统。手工巧克力生产程序相对精细复杂，价格也更高。"布拉维"已经带动形成更多的手工巧克力品牌。小镇巧克力产业集聚效应突出，直接创造的就业岗位就有约3000个，同时还带动了酒店、餐饮和其他零售产业的发展。

格拉马杜旅游局局长海伦娜介绍，小镇经常举办推广活动吸引游客，除巧克力节外，还有美食节、电影节等。"'甜蜜产业'与历史文化传统相互融合，让小镇更具魅力。"

法国小镇依云——

资源优势化为发展动力

依云小镇位于法国东部，背靠阿尔卑斯山，面朝莱芒湖。依偎在湖光山色之间，依云以水为核心资源，并由此衍生出旅游观光、健康养生、户外运动、商务会展等产业体系，成为法国知名的特色小镇。

来到依云，游客常常会先在公共饮水点排队喝上一杯"依云矿泉水"。水是当地的重要产业，矿泉水厂近千名工人中约3/4来自当地。小镇还推出特色游览项目：游客可以在专业人员的带领下探索天然矿泉水的奥秘，获得一瓶刻有自己名字的依云水。

温泉养生也是依云水产业的一大亮点。1824年，小镇建成第一家温泉疗养院。多年来，依云打造了多家不同功能和特色的温泉疗养中心，针对人们的需求提供多样的疗养和休闲服务。除了各类酒店外，小镇还提供度假公寓、家庭寄宿、营地等多种住宿选择。

在以矿泉水和康体疗养为主体的传统产业基础上，依云小镇不断创新发展模式、完善配套服务，积极拓展赛事、会议、商务旅游等专业服务内容，将资源优势充分转化为发展动力。这里多次成为环法自行车赛的赛段城镇，还举办过职业高尔夫球赛等。当地旅游局负责人文森特·德莱特表示，依云小镇规模不大，需要挖掘更多特色产品并配以便利的交通和住宿设施，才能留住游客。

"近年来，我们还同周边城市加强互动合作，进行资源整合和优势互补。未来我们希望把依云打造成一个中心点，在带动周边城镇旅游业发展的同时，吸引游客在依云停留更长时间。"德莱特表示。

德国小镇施米尔卡——

"有机旅游"吸引大量游客

施米尔卡镇（见上图，本报记者花放摄）位于德国东部萨克森州边境，常住人口不足百人，每年能吸引超过50万名游客到访。德国首都柏林和捷克首都布拉格都有快速铁路连通小镇附近，两条森林徒步线路也在此交会。得天独厚的旅游优势，使这里成为很多周边居民的郊游目的地和背包客们的停留点。

近年来，小镇不断挖掘生态旅游内涵，加快发展有机产业。沿着石板路蜿蜒而上，来到小镇的中心——一座建于1665年的水磨坊。磨坊连接着一家设有传统木制烤炉的面包房，这里采用300多年前的烘焙方法，游客可以参观从谷物加工成面包的完整流程。

"您在这儿看到的所有原料和配料都是有机产品，是经过权威机构认证的！"店员波泽娜自豪地向记者介绍，小镇上酒店、餐馆供应的面包、啤酒、菜肴基本上都是本地生产的有机产品。

小镇的日常运营也有不少绿色环保的细节。一些酒店采用黏土构筑、实木家具，香皂用牛油果油制作而成。据统计，小镇1/5的能源来自屋顶太阳能板，其余能源也采用清洁能源。来自柏林的西尔克已经是第三次来施米尔卡度假了，她说："白天去国家公园徒步，走累了就回到小镇品尝有机美食，我非常享受这样的'绿色'假期！"

回看20多年来小镇的变化，当地企业家斯文—埃里克·希策尔颇为感慨。那时，小镇上不少年轻人外出工作，空置的房屋越来越多。希策尔调研后认为，来这里的游客热爱自然，也一定会更喜欢有机生活，于是开始推动小镇转型。秉持可持续、生态环保理念，小镇如今已整体改造为"有机旅游"度假村。

现在，小镇的名气越来越响。2018年，小镇被萨克森州的旅游协会评为"旅游行业灯塔项目"。协会主席里希特表示，施米尔卡的"有机发展"策略契合当地实际，将进一步推动周边旅游业的发展。

《 人民日报 》（ 2022年09月09日 15 版）

案例5： 上海市特色小镇，闵行这2处你去过吗？

2023年3月10日，市发展改革委发布2022年度上海市特色小镇清单。上海市目前共有27个特色小镇，其中，闵行区的吴泾科技时尚小镇、虹桥基金小镇上榜。下面，小编就带大家认识一下这两个特色小镇。

吴泾科技时尚小镇

吴泾科技时尚小镇主体在元江路和剑川路之间，莲花南路两侧，面积约3.6平方公里，占全镇面积的10%。东临战略留白区，距黄浦江约1.5公里；向南1公里是上海交大和华东师大；西接颛桥镇；北接梅陇镇。地铁15号线贯穿小镇范围，在小镇中心位置设有元江路站（含上盖），小镇内还有全国文明村和平村以及已建成的放鹤谷公园、樱桃公园、塘湾野生动物保护栖息地和改建中的塘湾老街（古镇）。

功能区分方面，轨交15号线元江路上盖区域承担商住配套功能，莲花南路沿线区域和金领谷承担产业发展功能，和平村美丽乡村和塘湾老街区域承担生态休闲功能。

就产业定位来讲，该区域是吴泾镇十四五规划确定的"4+2"产业定位（高端航空装备、新材料、生物医药、新一代信息技术和时尚服饰、文化创意）的重要承载区，下一步将主要打造新材料和生物医药两大新产业集群，并将原有的时尚服饰产业升级为时尚消费产业。

虹桥基金小镇

虹桥基金小镇位于虹梅路3081号，是由市、区、镇合力打造的上海创新金融集聚的核心实践区，借力东浩兰生集团，由上海双创投资中心自主建设运营，力争在花园式别墅群中积极营造产业发展和生活便利的双生态体系，汇集资金流、信息流、人才流，推动上海科创中心建设，立足长三角，服务全国经济发展方式创新。

目前，虹桥基金小镇已成为一个基金云集、人才汇聚、功能完善、环境优美、充满了浓郁的科创、文化和生活气息的现代化的基金小镇，在绿色生态环境中打造舒适的商务空间，以"人文、生态、专业、创新"多维结合，向企业精英们提供专业的管家式服务、礼宾待遇和定制服务。

未来虹桥基金小镇将更积极结合区域产业结构和区位特点，牢牢把握"金融服务实体经济"这一定位，力争作为未来闵行实体经济发展的有力支撑，并力求打造成上海、长三角乃至全国最具知名度、最具竞争力、最具创造力的基金高地，由此构建一个以金融服务实体经济和产业发展的大平台。

什么是特色小镇？

特色小镇是现代经济发展到一定阶段产生的新型产业布局形态，是微型产业集聚区。重在培育发展主导产业，吸引人才、技术、资金等先进要素集聚，具有细分高端的鲜明产业特色、产城人文融合的多元功能特征、集约高效的空间利用特点，是产业特而强、功能聚而合、形态小而美、机制新而活的新型发展空间。是经济高质量发展的新平台，是新型城镇化建设的新载体，是城乡融合发展的新支点。

案例6：　银杏小镇上榜"云南省特色小镇"

近日，云南省政府命名16个"云南省美丽县城"和6个"云南省特色小镇"，腾冲银杏小镇上榜"云南省特色小镇"。

腾冲银杏小镇位于腾冲市固东镇江东村，因保存有树龄百年以上的古银杏1000余株而声名远扬，拥有古老天然银杏林1万余亩3万余株，被誉为"中国银杏第一村"。

在创建工作中，腾冲银杏小镇按照省级特色小镇及4A级景区建设要求，以江东村传统村落深厚的文化底蕴为基底，依托丰富的千年古银杏林，联动区域内山地峡谷、乡村田园、火山奇观、民俗文化、传统非遗、手工技艺等独特自然人文资源，以乡村旅游为主导产业，拓展"银杏+"模式。通过梳理现状资源、丰富景区景点、重塑景区旅游核心、组织游览流线、提升景区风貌、植入多重业态、完善配套设施七大措施，完成小镇改造提升，打造集群，体现效益，全力打造产业多元、设施完善、旅游智能、文化丰厚的国内一流特色小镇。

2020年，银杏小镇接待体验游客45万人次，旅游、游览、接待及体验收入达6400万元。同时，小镇银杏果产品销售额600万元以上，绒绣销售额达400万元，直接创造就业岗位1000个，带动新增个体生产及经营户约200余户，间接带动辐射区域内新增就业岗位约1500个，实现江东村集体经济收入110万元，农民人均可支配收入13200元。（云南日报）

案例7：　探索生态补偿新机制

随着工业化、城镇化速度加快，赣江流域生态安全面临严峻挑战。但流域上下游分属不同行政区域，流域保护的整体性与管辖权分割的矛盾突出。为破解该矛盾，建立机制统筹协调发展，近年来，丰城市坚定不移走生态优先、绿色发展道路，积极探索生态补偿机制。2019年，丰城市人民政府与樟树市人民政府达成协议，在赣江流域启动实施上下游横向生态保护补偿机制，推进流域上下游协同共治，推动经济发展"高质量"和生态环境"高颜值"协同并进。

据悉，协议明确每年由两市各出资200万元，以赣江流域跨界断面丰城谭家村为横向生态保护补偿考核断面，樟树市为上游，丰城市为下游。若考核年度内考核断面III类水质达标率100%，且II类水质达到六次以上，丰城市补偿樟树市；若考核年度内考核断面年均值未达到III类标准，樟树市补偿丰城市200万元；若考核年度内考核断面出现一次IV类水质，樟树市补偿丰城市100万元，若考核断面出现两次IV类水质或者一次V类水质，樟树市补偿丰城市200万元；若考核断面上游樟树市发生较大以上级别突发环境事件，除污染赔付金正常收缴外，樟树市补偿丰城市200万元。

该生态保护补偿机制为促进赣江流域上下游经济社会协调发展开拓了全新路径，2019年至2022年上半年，赣江丰城段水质Ⅲ类年均值达标率均为100%，Ⅱ类标准达标率分别为91.7%、100%、100%和100%，水质明显改善。

"赣江流域水质持续改善，证明了该项机制推动流域上下游协调发展、促进保护治理的有效性，实现了以生态保护补偿为纽带，促进流域上下游统筹保护和协同发展的目的。"宜春市丰城生态环境局局长陈懿介绍。（江西日报）

案例8：　江苏启东持续推进海洋生态保护修复

这几天，启东南段海域浅滩上出现的"潮汐树"自然景观刷爆南通人的朋友圈。这一自然奇观，是该市持续发力，统筹实施美丽海湾建设的缩影。

大自然赋予了启东得天独厚的自然禀赋——东海、黄海、长江在这里交汇，108公里海岸线和70公里长江岸线成为启东的生态金边、高质量发展带。近年来，启东持续推进海洋生态保护修复项目，强化海岸带、近海海域湿地、生态林、植被等生态系统修复保护，推动形成"水清滩净、鱼鸥翔集、人海和谐"的美丽海湾。

精心呵护 扮靓生态金边

海潮退却，浅滩上出现一棵棵枝丫分明、栩栩如生的"树"，在落日映照下，仿佛一片金色的森林，闪闪发光（见下图 袁小花摄）。这就是霸屏全网的"潮汐树"。

去年，启东江海澜湾旅游度假区、近海镇段、东海镇段、圆陀角段4个岸段入选南通美丽海湾建设试点，力争到2025年形成一批"水清滩净、鱼鸥翔集、人海和谐"的美丽海湾典范。"潮汐树"就生长在试点东南段海域的浅滩上。

"'潮汐树'的成因很复杂，既要有'天生丽质'也要有精心呵护。"启东生态环境局相关负责人在接受记者采访时介绍。"潮汐树"实质是潮滩上发育的潮汐水道，受水动力条件、泥沙性质、生态环境等多种因素共同影响，缺一不可。"潮汐树"在生态保护、水产养殖、航运交通等方面均具有重要价值，可为生物提供充足养料和庇护场所，尤其有利于生物多样性的保护。"一次霸屏的背后，凝聚着启东市近年来海洋生态保护工作的心血。"该负责人说。

建美丽海湾，是民之所需、民之所向。以美丽海湾建设为主线，启东正着力推动海洋生态环境保护从以污染治理为主向海洋环境和生物生态协同治理转变，切实提升人民群众的获得感和幸福感。

持续攻坚 治理近岸海域

通启运河是启东内河"大动脉"，塘芦港闸则是这条"动脉"入海前的最后一道闸口。在塘芦港闸至黄海1.5公里的区域内，是100多艘渔船的临时避风港。长期以来，渔船上的生活垃圾、海洋漂浮垃圾、水生藻类植物等对这片海湾造成巨大伤害。

去年，公厕、生活污水、含油污水中储站亮相塘芦港闸，渔民的生活污水、垃圾不再向海洋直排，而是返港后由专人用专业设施清理、储存，并集中转运至污水处理站。近海镇还聘请了专业团队定期清理岸滩垃圾。"以前这片水域水质是四类，经过一系列综合治理，目前水质可达三类水标准。"近海镇副镇长褚风光说。

得益于近年来净滩公益活动及美丽海湾建设，启东冬季生物多样性观测工作也取得了令人可喜的成果，一批批世界级珍禽、国宝级物种频频亮相。除了黑嘴鸥、白腰杓鹬等老伙计，启东还迎来了新朋友——国家一级重点保护野生动物、IUCN 易危（VU）物种、江苏省生态环境质量指示物种——遗鸥。

保护修复 人海和谐共融

春日融融，美丽的三水交汇处，百万株郁金香迎风摇曳，与壮观的海岸线交相辉映。黄金海滩、"双色海"，近年来，圆陀角旅游度假区的美丽海湾早已成为休闲度假好去处。去年底，圆陀角段更是喜获江苏第一批美丽海湾省级示范项目称号。

海湾因拥有丰富的滨海旅游、海洋渔业、港口运输、能源等海洋资源，一直是开放程度高、经济活力强的区域，也是市民观景休闲、赶海戏水的主要场所。"抓住海湾，就抓住了沿海地区协同推进经济高质量发展和生态环境高水平保护的'牛鼻子'，就抓住了不断提升人民群众临海亲海获得感和幸福感的关键区域。"启东市相关负责人介绍。

"美丽海湾"分为滩净型、生态型、亲海型三个类型，圆陀角便是亲海型美丽海湾的典范。一条江海文化景观大道，串联起黄金海滩、碧海银沙、五国温泉小镇、渔人码头等文旅"明珠"，近年来，依托得天独厚的资源禀赋，圆陀角已成为启东旅游发展的核心板块，秀美江海岸线成高质量发展带。在这片海湾，人与自然和谐共融，2021年以来，圆陀角累计开展近岸海域垃圾清理工作60余次，共清理海洋垃圾40余吨，累计清理海岸线超过12公里。启东圆陀角滨海省级湿地公园、启东长江口（北支）湿地省级自然保护区等先后设立。经统计，圆陀角物种数多达598种。去年，圆陀角旅游度假区面向公众开展美丽海湾建设满意度调查，结果表明，公众满意度达99%。

记者了解到，启东将持续推进海洋生态保护修复项目，强化海岸带、近海海域湿地、生态林、植被等生态系统修复保护，推动形成"水清滩净、鱼鸥翔集、人海和谐"的美丽海湾，扮靓"蓝绿交织、多彩多元"最美岸线。（南通网）

案例9： 西林："变废为宝"打造生态循环农业产业园

走进西林县正和牧业生态养殖产业园，一栋栋现代化高楼养殖车间掩映在郁郁葱葱的柑橘园中，若隐若现。山头山腰山脚的一个个生态肥料处理池有条不紊地运作，把生猪养殖尾水处理后变成适合农作物生长的液态有机肥。只见柑橘园中一条条水肥一体化输送管道铺向四面八方。

在实施乡村振兴战略中，西林县坚持绿色发展，2020年通过招商引资，引进正和牧业有限公司投资6个亿建设生态养殖生猪产业园，周边种植砂糖橘、沃柑、贡柑等柑橘产业，大力发展生态循环农业，推动一二三产业融合发展，促进农业增效、农民增收。

该生态养殖生猪产业园位于西林县普合苗族乡者底村那良屯，是集种植、养殖、屠宰、污水处理、猪粪再生利用于一体的生态循环农业产业园。总投资6亿元，项目占地560亩。其中：果园和绿化面积430亩，猪场占地面积130亩。目前项目建设已完成并投产。

正和牧业生态循环农业产业园负责人高平银指着山头那几个污水处理池，详细介绍猪粪、污水是如何处理变成农作物的肥料。他说，正和牧业年出栏仔猪30多万头，在生产过程中的猪粪、污水等废弃物首先进入第一个储污水池中转站，经过对污水量缓冲和沉淀，再流往固液分离机进行固液分离，分离出的颗粒固体堆沤发酵成为有机肥，液体则进入第二个黑膜池，进行深度发酵净化，发酵一段时间后，最后再流入第三个氧化池，其作用主要是去除水中的有机物氨，最终处理成为农作物需要的肥料水。经水肥一体化输送管道，灌溉柑橘园等农作物。"经过处理的肥料水，不仅浇灌周边的柑橘园，还辐射灌溉周边的百香果、西贡蕉等近千亩的农作物。"高平银说。

眼下，正是果园清园时节，为了来年水果更丰收，种植砂糖橘、百香果的人们都在果园忙碌着。在距离正和牧业生态养殖产业园一个山头的普合苗族乡者底村百香果种植示范基地，只见该基地负责人王芳芳正在果园中剪除百香果的枯枝败叶，并在一个蓄水池中，拿着水管浇灌刚刚清理的果园。

王芳芳指着水池说："这个水池的水是从正和牧业那边通过管道输送来的肥料水，用它来灌溉百香果，既减少施肥次数，又能让百香长势更好，结更多的果。非常感谢县里的正和牧业。"

据王芳芳介绍，百香果基地采用优质现代农业和农民专业合作社发展的模式，打造集采摘、批发、育苗为一体的"百香果"产业。同时开发百香果果汁、饮料等衍生产品，将果肉做成果脯、果壳做成茶品、果子榨油等，让小小百香果发展成致富大产业，带动当地群众增收致富。

西林县正和牧业实施现代化先进技术，将猪粪加工成果树的肥料，变废为宝，将资源循环利用，形成"养殖业带动种植业、种植业带动加工业、加工业带动养殖业"高效生态循环农业模式，在利益最大化的同时又保护了生态环境，实现了经济效益、生态效益最大化。

据了解，近年来，西林县引进尾水处理利用技术，开启生态循环农业模式，引领特色养殖标准化发展。目前打造生猪养殖尾水处理循环灌溉示范区域，建设2万方容积全封闭厌氧塘、1处氧化池、1间粪便回收利用车间、1间有机肥加工车间。年生物反应处理猪场粪污2.3万吨，年生产有机颗粒肥原料约1.5万吨。同时，铺设水肥一体化输送管道6000余米，年输送液态有机肥约2万吨，供周边4个村屯约1000亩水果种植园肥料，也带动周边群众生猪养殖年出栏约26万头猪崽。（人民网—广西频道）

附录一： 共中央办公厅 国务院办公厅印发
《关于深化生态保护补偿制度改革的意见》

生态环境是关系党的使命宗旨的重大政治问题，也是关系民生的重大社会问题。生态保护补偿制度作为生态文明制度的重要组成部分，是落实生态保护权责、调动各方参与生态保护积极性、推进生态文明建设的重要手段。为深入贯彻习近平生态文明思想，进一步深化生态保护补偿制度改革，加快生态文明制度体系建设，现提出如下意见。

一、总体要求

（一）指导思想。 以习近平新时代中国特色社会主义思想为指导，深入贯彻党的十九大和十九届二中、三中、四中、五中全会精神，坚持稳中求进工作总基调，立足新发展阶段，贯彻新发展理念，构建新发展格局，践行绿水青山就是金山银山理念，完善生态文明领域统筹协调机制，加快健全有效市场和有为政府更好结合、分类补偿与综合补偿统筹兼顾、纵向补偿与横向补偿协调推进、强化激励与硬化约束协同发力的生态保护补偿制度，推动全社会形成尊重自然、顺应自然、保护自然的思想共识和行动自觉，做好碳达峰、碳中和工作，加快推动绿色低碳发展，促进经济社会发展全面绿色转型，建设人与自然和谐共生的现代化，为维护国家生态安全、奠定中华民族永续发展的生态环境基础提供坚实有力的制度保障。

（二）工作原则

——系统推进，政策协同。坚持和加强党的全面领导，统筹谋划、全面推进生态保护补偿制度及相关领域改革，加强各项制度的衔接配套。按照生态系统的整体性、系统性及其内在规律，完善生态保护补偿机制，促进对生态环境的整体保护。

——政府主导，各方参与。充分发挥政府开展生态保护补偿、落实生态保护责任的主导作用，积极引导社会各方参与，推进市场化、多元化补偿实践。逐步完善政府有力主导、社会有序参与、市场有效调节的生态保护补偿体制机制。

——强化激励，硬化约束。加快推进法治建设，运用法律手段规范生态保护补偿行为。清晰界定各方权利义务，实现受益与补偿相对应、享受补偿权利与履行保护义务相匹配。健全考评机制，依规依法加大奖惩力度、严肃责任追究。

（三）改革目标。 到2025年，与经济社会发展状况相适应的生态保护补偿制度基本完备。以生态保护成本为主要依据的分类补偿制度日益健全，以提升公共服务保障能力为基本取向的综合补偿制度不断完善，以受益者付费原则为基础的市场化、多元化补偿格局初步形成，全社会参与生态保护的积极性显著增强，生态保护者和受益者良性互动的局面基本形成。到2035年，适应新时代生态文明建设要求的生态保护补偿制度基本定型。

二、聚焦重要生态环境要素，完善分类补偿制度

健全以生态环境要素为实施对象的分类补偿制度，综合考虑生态保护地区经济社会发展状况、生态保护成效等因素确定补偿水平，对不同要素的生态保护成本予以适度补偿。

（一）建立健全分类补偿制度。 加强水生生物资源养护，确保长江流域重点水域十年禁渔落实到位。针对江河源头、重要水源地、水土流失重点防治区、蓄滞洪区、受损河湖等重点区域开展水流生态保护补偿。健全公益林补偿标准动态调整机制，鼓励地方结合实际探索对公益林实施差异化补偿。完善天然林保护制度，加强天然林资源保护管理。完善湿地生态保护补偿机制，逐步实现国家重要湿地（含国际重要湿地）生态保护补偿全覆盖。完善以绿色生态为导向的农业生态治理补贴制度。完善耕地保护补偿机制，因地制宜推广保护性耕作，健全耕地轮作休耕制度。落实好草原生态保护补奖政策。研究将退化和沙化草原列入禁牧范围。对暂不具备治理条件和因保护生态不宜开发利用的连片沙化土地依法实施封禁保护，健全沙化土地生态保护补偿制度。研究建立近海生态保护补偿制度。

（二）逐步探索统筹保护模式。 生态保护地区所在地政府要在保障对生态环境要素相关权利人的分类补偿政策落实到位的前提下，结合生态空间中并存的多元生态环境要素系统谋划，依法稳步推进不同渠道生态保护补偿资金统筹使用，以灵活有效的方式一体化推进生态保护补偿工作，提高生态保护整体效益。有关部门要加强沟通协调，避免重复补偿。

三、围绕国家生态安全重点，健全综合补偿制度

坚持生态保护补偿力度与财政能力相匹配、与推进基本公共服务均等化相衔接，按照生态空间功能，实施纵横结合的综合补偿制度，促进生态受益地区与保护地区利益共享。

（一）加大纵向补偿力度。 结合中央财力状况逐步增加重点生态功能区转移支付规模。中央预算内投资对重点生态功能区基础设施和基本公共服务设施建设予以倾斜。继续对生态脆弱脱贫地区给予生态保护补偿，保持对原深度贫困地区支持力度不减。各省级政府要加大生态保护补偿资金投入力度，因地制宜出台生态保护补偿引导性政策和激励约束措施，调动省级以下地方政府积极性，加强生态保护，促进绿色发展。

（二）突出纵向补偿重点。对青藏高原、南水北调水源地等生态功能重要性突出地区，在重点生态功能区转移支付测算中通过提高转移支付系数、加计生态环保支出等方式加大支持力度，推动其基本公共服务保障能力居于同等财力水平地区前列。建立健全以国家公园为主体的自然保护地体系生态保护补偿机制，根据自然保护地规模和管护成效加大保护补偿力度。各省级政府要将生态功能重要地区全面纳入省级对下生态保护补偿转移支付范围。

（三）改进纵向补偿办法。根据生态效益外溢性、生态功能重要性、生态环境敏感性和脆弱性等特点，在重点生态功能区转移支付中实施差异化补偿。引入生态保护红线作为相关转移支付分配因素，加大对生态保护红线覆盖比例较高地区支持力度。探索建立补偿资金与破坏生态环境相关产业逆向关联机制，对生态功能重要地区发展破坏生态环境相关产业的，适当减少补偿资金规模。研究通过农业转移人口市民化奖励资金对吸纳生态移民较多地区给予补偿，引导资源环境承载压力较大的生态功能重要地区人口逐步有序向外转移。继续推进生态综合补偿试点工作。

（四）健全横向补偿机制。巩固跨省流域横向生态保护补偿机制试点成果，总结推广成熟经验。鼓励地方加快重点流域跨省上下游横向生态保护补偿机制建设，开展跨区域联防联治。推动建立长江、黄河全流域横向生态保护补偿机制，支持沿线省（自治区、直辖市）在干流及重要支流自主建立省际和省内横向生态保护补偿机制。对生态功能特别重要的跨省和跨地市重点流域横向生态保护补偿，中央财政和省级财政分别给予引导支持。鼓励地方探索大气等其他生态环境要素横向生态保护补偿方式，通过对口协作、产业转移、人才培训、共建园区、购买生态产品和服务等方式，促进受益地区与生态保护地区良性互动。

四、发挥市场机制作用，加快推进多元化补偿

合理界定生态环境权利，按照受益者付费的原则，通过市场化、多元化方式，促进生态保护者利益得到有效补偿，激发全社会参与生态保护的积极性。

（一）完善市场交易机制。加快自然资源统一确权登记，建立归属清晰、权责明确、保护严格、流转顺畅、监管有效的自然资源资产产权制度，完善反映市场供求和资源稀缺程度、体现生态价值和代际补偿的自然资源资产有偿使用制度，对履行自然资源资产保护义务的权利主体给予合理补偿。在合理科学控制总量的前提下，建立用水权、排污权、碳排放权初始分配制度。逐步开展市场化环境权交易。鼓励地

区间依据区域取用水总量和权益，通过水权交易解决新增用水需求。明确取用水户水资源使用权，鼓励取水权人在节约使用水资源基础上有偿转让取水权。全面实行排污许可制，在生态环境质量达标的前提下，落实生态保护地区排污权有偿使用和交易。加快建设全国用能权、碳排放权交易市场。健全以国家温室气体自愿减排交易机制为基础的碳排放权抵消机制，将具有生态、社会等多种效益的林业、可再生能源、甲烷利用等领域温室气体自愿减排项目纳入全国碳排放权交易市场。

（二）拓展市场化融资渠道。研究发展基于水权、排污权、碳排放权等各类资源环境权益的融资工具，建立绿色股票指数，发展碳排放权期货交易。扩大绿色金融改革创新试验区试点范围，把生态保护补偿融资机制与模式创新作为重要试点内容。推广生态产业链金融模式。鼓励银行业金融机构提供符合绿色项目融资特点的绿色信贷服务。鼓励符合条件的非金融企业和机构发行绿色债券。鼓励保险机构开发创新绿色保险产品参与生态保护补偿。

（三）探索多样化补偿方式。支持生态功能重要地区开展生态环保教育培训，引导发展特色优势产业、扩大绿色产品生产。加快发展生态农业和循环农业。推进生态环境导向的开发模式项目试点。鼓励地方将环境污染防治、生态系统保护修复等工程与生态产业发展有机融合，完善居民参与方式，建立持续性惠益分享机制。建立健全自然保护地控制区经营性项目特许经营管理制度。探索危险废物跨区域转移处置补偿机制。

五、完善相关领域配套措施，增强改革协同

加快相关领域制度建设和体制机制改革，为深化生态保护补偿制度改革提供更加可靠的法治保障、政策支持和技术支撑。

（一）加快推进法治建设。落实环境保护法、长江保护法以及水、森林、草原、海洋、渔业等方面法律法规。加快研究制定生态保护补偿条例，明确生态受益者和生态保护者权利义务关系。开展生态保护补偿、重要流域及其他生态功能区相关法律法规立法研究，加快黄河保护立法进程。鼓励和指导地方结合本地实际出台生态保护补偿相关法规规章或规范性文件。加强执法检查，营造依法履行生态保护义务的法治氛围。

（二）完善生态环境监测体系。加快构建统一的自然资源调查监测体系，开展自然资源分等定级和全民所有自然资源资产清查。健全统一的生态环境监测网络，优化全国重要水体、重点区域、重点生态功能区和生态保护红线等国家生态环境监测点位布局，提升自动监测预警能力，加快完善生态保护补偿监测支撑体系，推动开展全国生态质量监测评估。建立生态保护补偿统计指标体系和信息发布制度。

（三）发挥财税政策调节功能。发挥资源税、环境保护税等生态环境保护相关税费以及土地、矿产、海洋等自然资源资产收益管理制度的调节作用。继续推进水资源税改革。落实节能环保、新能源、生态建设等相关领域的税收优惠政策。逐步探索对预算支出开展生态环保方面的评估。实施政府绿色采购政策，建立绿色采购引导机制，加大绿色产品采购力度，支持绿色技术创新和绿色建材、绿色建筑发展。

（四）完善相关配套政策措施。建立占用补偿、损害赔偿与保护补偿协同推进的生态环境保护机制。建立健全依法建设占用各类自然生态空间的占用补偿制度。逐步建立统一的绿色产品评价标准、绿色产品认证及标识体系，健全地理标志保护制度。建立和完善绿色电力生产、消费证书制度。大力实施生物多样性保护重大工程。有效防控野生动物造成的危害，依法对因法律规定保护的野生动物造成的人员伤亡、农作物或其他财产损失开展野生动物致害补偿。积极推进生态保护、环境治理和气候变化等领域的国际交流与合作，开展生态保护补偿有关技术方法等联合研究。

六、树牢生态保护责任意识，强化激励约束

健全生态保护考评体系，加强考评结果运用，严格生态环境损害责任追究，推动各方落实主体责任，切实履行各自义务。

（一）落实主体责任。地方各级党委和政府要强化主体责任意识，树立正确政绩观，落实领导干部生态文明建设责任制，压实生态环境保护责任，严格实行党政同责、一岗双责，加强政策宣传，积极探索实践，推动改革任务落细落实。有关部门要加强制度建设，充分发挥生态保护补偿工作部际联席会议制度作用，及时研究解决改革过程中的重要问题。财政部、生态环境部要协调推进改革任务落实。生态保护地区所在地政府要统筹各渠道生态保护补偿资源，加大生态环境保护力度，杜绝边享受补偿政策、边破坏生态环境。生态受益地区要自觉强化补偿意识，积极主动履行补偿责任。

（二）健全考评机制。在健全生态环境质量监测与评价体系的基础上，对生态保护补偿责任落实情况、生态保护工作成效进行综合评价，完善评价结果与转移支付资金分配挂钩的激励约束机制。按规定开展有关创建评比，应将生态保护补偿责任落实情况、生态保护工作成效作为重要内容。推进生态保护补偿资金全面预算绩效管理。加大生态环境质量监测与评价结果公开力度。将生态环境和基本公共服务改善情况等纳入政绩考核体系。鼓励地方探索建立绿色绩效考核评价机制。

（三）强化监督问责。加强生态保护补偿工作进展跟踪，开展生态保护补偿实施效果评估，将生态保护补偿工作开展不力、存在突出问题的地区和部门纳入督察范围。加强自然资源资产离任审计，对不顾生态环境盲目决策、造成严重后果的，依规依纪依法严格问责、终身追责。

各地区各有关部门要充分认识深化生态保护补偿制度改革的重要意义，深入贯彻习近平生态文明思想，把思想和行动统一到党中央、国务院决策部署上来，增强"四个意识"、坚定"四个自信"、做到"两个维护"，主动谋划，精心组织，扎实推进生态文明各项制度建设，切实将制度优势转化为治理效能，努力开创天更蓝、山更绿、水更清的美丽中国建设新局面。

附录二： 中共中央 国务院关于深入打好污染防治攻坚战的意见
（2021年11月2日）

良好生态环境是实现中华民族永续发展的内在要求，是增进民生福祉的优先领域，是建设美丽中国的重要基础。党的十八大以来，以习近平同志为核心的党中央全面加强对生态文明建设和生态环境保护的领导，开展了一系列根本性、开创性、长远性工作，推动污染防治的措施之实、力度之大、成效之显著前所未有，污染防治攻坚战阶段性目标任务圆满完成，生态环境明显改善，人民群众获得感显著增强，厚植了全面建成小康社会的绿色底色和质量成色。同时应该看到，我国生态环境保护结构性、根源性、趋势性压力总体上尚未根本缓解，重点区域、重点行业污染问题仍然突出，实现碳达峰、碳中和任务艰巨，生态环境保护任重道远。为进一步加强生态环境保护，深入打好污染防治攻坚战，现提出如下意见。

一、总体要求

（一）指导思想。以习近平新时代中国特色社会主义思想为指导，全面贯彻党的十九大和十九届二中、三中、四中、五中全会精神，深入贯彻习近平生态文明思想，坚持以人民为中心的发展思想，立足新发展阶段，完整、准确、全面贯彻新发展理念，构建新发展格局，以实现减污降碳协同增效为总抓手，以改善生态环境质量为核心，以精准治污、科学治污、依法治污为工作方针，统筹污染治理、生态保护、应对气候变化，保持力度、延伸深度、拓宽广度，以更高标准打好蓝天、碧水、净土保卫战，以高水平保护推动高质量发展、创造高品质生活，努力建设人与自然和谐共生的美丽中国。

（二）工作原则

——坚持方向不变、力度不减。保持战略定力，坚定不移走生态优先、绿色发展之路，巩固拓展"十三五"时期污染防治攻坚成果，继续打好一批标志性战役，接续攻坚、久久为功。

——坚持问题导向、环保为民。把人民群众反映强烈的突出生态环境问题摆上重要议事日程，不断加以解决，增强广大人民群众的获得感、幸福感、安全感，以生态环境保护实际成效取信于民。

——坚持精准科学、依法治污。遵循客观规律，抓住主要矛盾和矛盾的主要方面，因地制宜、科学施策，落实最严格制度，加强全过程监管，提高污染治理的针对性、科学性、有效性。

——坚持系统观念、协同增效。推进山水林田湖草沙一体化保护和修复，强化多污染物协同控制和区域协同治理，注重综合治理、系统治理、源头治理，保障国家重大战略实施。

——坚持改革引领、创新驱动。深入推进生态文明体制改革，完善生态环境保护领导体制和工作机制，加大技术、政策、管理创新力度，加快构建现代环境治理体系。

（三）主要目标。到2025年，生态环境持续改善，主要污染物排放总量持续下降，单位国内生产总值二氧化碳排放比2020年下降18%，地级及以上城市细颗粒物

（PM2.5）浓度下降10%，空气质量优良天数比率达到87.5%，地表水Ⅰ－Ⅲ类水体比例达到85%，近岸海域水质优良（一、二类）比例达到79%左右，重污染天气、城市黑臭水体基本消除，土壤污染风险得到有效管控，固体废物和新污染物治理能力明显增强，生态系统质量和稳定性持续提升，生态环境治理体系更加完善，生态文明建设实现新进步。

到2035年，广泛形成绿色生产生活方式，碳排放达峰后稳中有降，生态环境根本好转，美丽中国建设目标基本实现。

二、加快推动绿色低碳发展

（四）深入推进碳达峰行动。处理好减污降碳和能源安全、产业链供应链安全、粮食安全、群众正常生活的关系，落实2030年应对气候变化国家自主贡献目标，以能源、工业、城乡建设、交通运输等领域和钢铁、有色金属、建材、石化化工等行业为重点，深入开展碳达峰行动。在国家统一规划的前提下，支持有条件的地方和重点行业、重点企业率先达峰。统筹建立二氧化碳排放总量控制制度。建设完善全国碳排放权交易市场，有序扩大覆盖范围，丰富交易品种和交易方式，并纳入全国统一公共资源交易平台。加强甲烷等非二氧化碳温室气体排放管控。制定国家适应气候变化战略2035。大力推进低碳和适应气候变化试点工作。健全排放源统计调查、核算核查、监管制度，将温室气体管控纳入环评管理。

（五）聚焦国家重大战略打造绿色发展高地。强化京津冀协同发展生态环境联建联防联治，打造雄安新区绿色高质量发展"样板之城"。积极推动长江经济带成为我国生态优先绿色发展主战场，深化长三角地区生态环境共保联治。扎实推动黄河流域生态保护和高质量发展。加快建设美丽粤港澳大湾区。加强海南自由贸易港生态环境保护和建设。

（六）推动能源清洁低碳转型。在保障能源安全的前提下，加快煤炭减量步伐，实施可再生能源替代行动。"十四五"时期，严控煤炭消费增长，非化石能源消费比重提高到20%左右，京津冀及周边地区、长三角地区煤炭消费量分别下降10%、5%左右，汾渭平原煤炭消费量实现负增长。原则上不再新增自备燃煤机组，支持自备燃煤机组实施清洁能源替代，鼓励自备电厂转为公用电厂。坚持"增气减煤"同步，新增天然气优先保障居民生活和清洁取暖需求。提高电能占终端能源消费比重。重点区域的平原地区散煤基本清零。有序扩大清洁取暖试点城市范围，稳步提升北方地区清洁取暖水平。

（七）坚决遏制高耗能高排放项目盲目发展。严把高耗能高排放项目准入关口，严格落实污染物排放区域削减要求，对不符合规定的项目坚决停批停建。依法依规淘汰落后产能和化解过剩产能。推动高炉一转炉长流程炼钢转型为电炉短流程炼钢。重点区域严禁新增钢铁、焦化、水泥熟料、平板玻璃、电解铝、氧化铝、煤化工产能，合理控制煤制油气产能规模，严控新增炼油产能。

（八）推进清洁生产和能源资源节约高效利用。引导重点行业深入实施清洁生产改造，依法开展自愿性清洁生产评价认证。大力推行绿色制造，构建资源循环利用体系。推动煤炭等化石能源清洁高效利用。加强重点领域节能，提高能源使用效率。实施国家节水行动，强化农业节水增效、工业节水减排、城镇节水降损。推进污水资源化利用和海水淡化规模化利用。

（九）加强生态环境分区管控。衔接国土空间规划分区和用途管制要求，将生态保护红线、环境质量底线、资源利用上线的硬约束落实到环境管控单元，建立差别化的生态环境准入清单，加强"三线一单"成果在政策制定、环境准入、园区管理、执法监管等方面的应用。健全以环评制度为主体的源头预防体系，严格规划环评审查和项目环评准入，开展重大经济技术政策的生态环境影响分析和重大生态环境政策的社会经济影响评估。

（十）加快形成绿色低碳生活方式。把生态文明教育纳入国民教育体系，增强全民节约意识、环保意识、生态意识。因地制宜推行垃圾分类制度，加快快递包装绿色转型，加强塑料污染全链条防治。深入开展绿色生活创建行动。建立绿色消费激励机制，推进绿色产品认证、标识体系建设，营造绿色低碳生活新时尚。

三、深入打好蓝天保卫战

（十一）着力打好重污染天气消除攻坚战。聚焦秋冬季细颗粒物污染，加大重点区域、重点行业结构调整和污染治理力度。京津冀及周边地区、汾渭平原持续开展秋冬季大气污染综合治理专项行动。东北地区加强秸秆禁烧管控和采暖燃煤污染治理。天山北坡城市群加强兵地协作，钢铁、有色金属、化工等行业参照重点区域执行重污染天气应急减排措施。科学调整大气污染防治重点区域范围，构建省市县三级重污染天气应急预案体系，实施重点行业企业绩效分级管理，依法严厉打击不落实应急减排措施行为。到2025年，全国重度及以上污染天数比率控制在1%以内。

（十二）着力打好臭氧污染防治攻坚战。聚焦夏秋季臭氧污染，大力推进挥发性有机物和氮氧化物协同减排。以石化、化工、涂装、医药、包装印刷、油品储运销等行业领域为重点，安全高效推进挥发性有机物综合治理，实施原辅材料和产品源头替代工程。完善挥发性有机物产品标准体系，建立低挥发性有机物含量产品标识制度。完善挥发性有机物监测技术和排放量计算方法，在相关条件成熟后，研究适时将挥发性有机物纳入环境保护税征收范围。推进钢铁、水泥、焦化行业企业超低排放改造，重点区域钢铁、燃煤机组、燃煤锅炉实现超低排放。开展涉气产业集群排查及分类治理，推进企业升级改造和区域环境综合整治。到2025年，挥发性有机物、氮氧化物排放总量比2020年分别下降10%以上，臭氧浓度增长趋势得到有效遏制，实现细颗粒物和臭氧协同控制。

（十三）持续打好柴油货车污染治理攻坚战。深入实施清洁柴油车（机）行动，全国基本淘汰国三及以下排放标准汽车，推动氢燃料电池汽车示范应用，有序推广清洁能源汽车。进一步推进大中城市公共交通、公务用车电动化进程。不断提高船舶靠港岸电使用率。实施更加严格的车用汽油质量标准。加快大宗货物和中长途货物运输"公转铁"、"公转水"，大力发展公铁、铁水等多式联运。"十四五"时期，铁路货运量占比提高0.5个百分点，水路货运量年均增速超过2%。

（十四）加强大气面源和噪声污染治理。强化施工、道路、堆场、裸露地面等扬尘管控，加强城市保洁和清扫。加大餐饮油烟污染、恶臭异味治理力度。强化秸秆综合利用和禁烧管控。到2025年，京津冀及周边地区大型规模化养殖场氨排放总量比2020年下降5%。深化消耗臭氧层物质和氢氟碳化物环境管理。实施噪声污染防治行动，加快解决群众关心的突出噪声问题。到2025年，地级及以上城市全面实现功能区声环境质量自动监测，全国声环境功能区夜间达标率达到85%。

四、深入打好碧水保卫战

（十五）持续打好城市黑臭水体治理攻坚战。统筹好上下游、左右岸、干支流、城市和乡村，系统推进城市黑臭水体治理。加强农业农村和工业企业污染防治，有效控制入河污染物排放。强化溯源整治，杜绝污水直接排入雨水管网。推进城镇污水管网全覆盖，对进水情况出现明显异常的污水处理厂，开展片区管网系统化整治。因地制宜开展水体内源污染治理和生态修复，增强河湖自净功能。充分发挥河长制、湖长制作用，巩固城市黑臭水体治理成效，建立防止返黑返臭的长效机制。2022年6月底前，县级城市政府完成建成区内黑臭水体排查并制定整治方案，统一公布黑臭水体清单及达标期限。到2025年，县级城市建成区基本消除黑臭水体，京津冀、长三角、珠三角等区域力争提前1年完成。

（十六）持续打好长江保护修复攻坚战。推动长江全流域按单元精细化分区管控。狠抓突出生态环境问题整改，扎实推进城镇污水垃圾处理和工业、农业面源、船舶、尾矿库等污染治理工程。加强渝湘黔交界武陵山区"锰三角"污染综合整治。持续开展工业园区污染治理、"三磷"行业整治等专项行动。推进长江岸线生态修复，巩固小水电清理整改成果。实施好长江流域重点水域十年禁渔，有效恢复长江水生生物多样性。建立健全长江流域水生态环境考核评价制度并抓好组织实施。加强太湖、巢湖、滇池等重要湖泊蓝藻水华防控，开展河湖水生植被恢复、氮磷通量监测等试点。到2025年，长江流域总体水质保持为优，干流水质稳定达到Ⅱ类，重要河湖生态用水得到有效保障，水生态质量明显提升。

（十七）着力打好黄河生态保护治理攻坚战。全面落实以水定城、以水定地、以水定人、以水定产要求，实施深度节水控水行动，严控高耗水行业发展。维护上游水源涵养功能，推动以草定畜、定牧。加强中游水土流失治理，开展汾渭平原、河套灌区等农业面源污染治理。实施黄河三角洲湿地保护修复，强化黄河河口综合治理。加强沿黄河城镇污水处理设施及配套管网建设，开展黄河流域"清废行动"，基本完成尾矿库污染治理。到2025年，黄河干流上中游（花园口以上）水质达到Ⅱ类，干流及主要支流生态流量得到有效保障。

（十八）巩固提升饮用水安全保障水平。加快推进城市水源地规范化建设，加强农村水源地保护。基本完成乡镇级水源保护区划定、立标并开展环境问题排查整治。保障南水北调等重大输水工程水质安全。到2025年，全国县级及以上城市集中式饮用水水源水质达到或优于Ⅲ类比例总体高于93%。

（十九）着力打好重点海域综合治理攻坚战。巩固深化渤海综合治理成果，实施长江口－杭州湾、珠江口邻近海域污染防治行动，"一湾一策"实施重点海湾综合治理。深入推进入海河流断面水质改善、沿岸直排海污染源整治、海水养殖环境治理，加强船舶港口、海洋垃圾等污染防治。推进重点海域生态系统保护修复，加强海洋伏季休渔监管执法。推进海洋环境风险排查整治和应急能力建设。到2025年，重点海域水质优良比例比2020年提升2个百分点左右，省控及以上河流入海断面基本消除劣Ⅴ类，滨海湿地和岸线得到有效保护。

（二十）强化陆域海域污染协同治理。持续开展入河入海排污口"查、测、溯、治"，到2025年，基本完成长江、黄河、渤海及赤水河等长江重要支流排污口整治。完善水污染防治流域协同机制，深化海河、辽河、淮河、松花江、珠江等重点流域综合治理，推进重要湖泊污染防治和生态修复。沿海城市加强固定污染源总氮排放控制和面源污染治理，实施入海河流总氮削减工程。建成一批具有全国示范价值的美丽河湖、美丽海湾。

五、深入打好净土保卫战

（二十一）持续打好农业农村污染治理攻坚战。注重统筹规划、有效衔接，因地制宜推进农村厕所革命、生活污水治理、生活垃圾治理，基本消除较大面积的农村黑臭水体，改善农村人居环境。实施化肥农药减量增效行动和农膜回收行动。加强种养结合，整县推进畜禽粪污资源化利用。规范工厂化水产养殖尾水排污口设置，在水产养殖主产区推进养殖尾水治理。到2025年，农村生活污水治理率达到40%，化肥农药利用率达到43%，全国畜禽粪污综合利用率达到80%以上。

（二十二）深入推进农用地土壤污染防治和安全利用。实施农用地土壤镉等重金属污染源头防治行动。依法推行农用地分类管理制度，强化受污染耕地安全利用和风险管控，受污染耕地集中的县级行政区开展污染溯源，因地制宜制定实施安全利用方案。在土壤污染面积较大的100个县级行政区推进农用地安全利用示范。严格落实粮食收购和销售出库质量安全检验制度和追溯制度。到2025年，受污染耕地安全利用率达到93%左右。

（二十三）有效管控建设用地土壤污染风险。严格建设用地土壤污染风险管控和修复名录内地块的准入管理。未依法完成土壤污染状况调查和风险评估的地块，不得开工建设与风险管控和修复无关的项目。从严管控农药、化工等行业的重度污染地块规划用途，确需开发利用的，鼓励用于拓展生态空间。完成重点地区危险化学品生产企业搬迁改造，推进腾退地块风险管控和修复。

（二十四）稳步推进"无废城市"建设。健全"无废城市"建设相关制度、技术、市场、监管体系，推进城市固体废物精细化管理。"十四五"时期，推进100个左右地级及以上城市开展"无废城市"建设，鼓励有条件的省份全域推进"无废城市"建设。

（二十五）加强新污染物治理。制定实施新污染物治理行动方案。针对持久性有机污染物、内分泌干扰物等新污染物，实施调查监测和环境风险评估，建立健全有毒有害化学物质环境风险管理制度，强化源头准入，动态发布重点管控新污染物清单及其禁止、限制、限排等环境风险管控措施。

（二十六）强化地下水污染协同防治。持续开展地下水环境状况调查评估，划定地下水型饮用水水源补给区并强化保护措施，开展地下水污染防治重点区划定及污染风险管控。健全分级分类的地下水环境监测评价体系。实施水土环境风险协同防控。在地表水、地下水交互密切的典型地区开展污染综合防治试点。

六、切实维护生态环境安全

（二十七）持续提升生态系统质量。实施重要生态系统保护和修复重大工程、山水林田湖草沙一体化保护和修复工程。科学推进荒漠化、石漠化、水土流失综合治理和历史遗留矿山生态修复，开展大规模国土绿化行动，实施河口、海湾、滨海湿地、典型海洋生态系统保护修复。推行草原森林河流湖泊休养生息，加强黑土地保护。有效应对气候变化对冰冻圈融化的影响。推进城市生态修复。加强生态保护修复监督评估。到2025年，森林覆盖率达到24.1%，草原综合植被盖度稳定在57%左右，湿地保护率达到55%。

（二十八）实施生物多样性保护重大工程。加快推进生物多样性保护优先区域和国家重大战略区域调查、观测、评估。完善以国家公园为主体的自然保护地体系，构筑生物多样性保护网络。加大珍稀濒危野生动植物保护拯救力度。加强生物遗传资源保护和管理，严格外来入侵物种防控。

（二十九）强化生态保护监管。用好第三次全国国土调查成果，构建完善生态监测网络，建立全国生态状况评估报告制度，加强重点区域流域海域、生态保护红线、自然保护地、县域重点生态功能区等生态状况监测评估。加强自然保护地和生态保护红线监管，依法加大生态破坏问题监督和查处力度，持续推进"绿盾"自然保护地强化监督专项行动。深入推动生态文明建设示范创建、"绿水青山就是金山银山"实践创新基地建设和美丽中国地方实践。

（三十）确保核与辐射安全。坚持安全第一、质量第一，实行最严格的安全标准和最严格的监管，持续强化在建和运行核电厂安全监管，加强核安全监管制度、队伍、能力建设，督促营运单位落实全面核安全责任。严格研究堆、核燃料循环设施、核技术利用等安全监管，积极稳妥推进放射性废物、伴生放射性废物处置，加强电磁辐射污染防治。强化风险预警监测和应急响应，不断提升核与辐射安全保障能力。

（三十一）严密防控环境风险。开展涉危险废物涉重金属企业、化工园区等重点领域环境风险调查评估，完成重点河流突发水污染事件"一河一策一图"全覆盖。开展涉铊企业排查整治行动。加强重金属污染防控，到2025年，全国重点行业重点重金属污染物排放量比2020年下降5%。强化生态环境与健康管理。健全国家环境应急指挥平台，推进流域及地方环境应急物资库建设，完善环境应急管理体系。

七、提高生态环境治理现代化水平

（三十二）全面强化生态环境法治保障。完善生态环境保护法律法规和适用规则，在法治轨道上推进生态环境治理，依法对生态环境违法犯罪行为严惩重罚。推进重点区域协同立法，探索深化区域执法协作。完善生态环境标准体系，鼓励有条件的地方制定出台更加严格的标准。健全生态环境损害赔偿制度。深化环境信息依法披露制度改革。加强生态环境保护法律宣传普及。强化生态环境行政执法与刑事司法衔接，联合开展专项行动。

（三十三）健全生态环境经济政策。扩大环境保护、节能节水等企业所得税优惠目录范围，完善绿色电价政策。大力发展绿色信贷、绿色债券、绿色基金，加快发展气候投融资，在环境高风险领域依法推行环境污染强制责任保险，强化对金融机构的绿色金融业绩评价。加快推进排污权、用能权、碳排放权市场化交易。全面实施环保信用评价，发挥环境保护综合名录的引导作用。完善市场化多元化生态保护补偿，推动长江、黄河等重要流域建立全流域生态保护补偿机制，建立健全森林、草原、湿地、沙化土地、海洋、水流、耕地等领域生态保护补偿制度。

（三十四）完善生态环境资金投入机制。各级政府要把生态环境作为财政支出的重点领域，把生态环境资金投入作为基础性、战略性投入予以重点保障，确保与污染防治攻坚任务相匹配。加快生态环境领域省以下财政事权和支出责任划分改革。加强有关转移支付分配与生态环境质量改善相衔接。综合运用土地、规划、金融、税收、价格等政策，引导和鼓励更多社会资本投入生态环境领域。

（三十五）实施环境基础设施补短板行动。构建集污水、垃圾、固体废物、危险废物、医疗废物处理处置设施和监测监管能力于一体的环境基础设施体系，形成由城市向建制镇和乡村延伸覆盖的环境基础设施网络。开展污水处理厂差别化精准提标。优先推广运行费用低、管护简便的农村生活污水治理技术，加强农村生活污水处理设施长效化运行维护。推动省域内危险废物处置能力与产废情况总体匹配，加快完善医疗废物收集转运处置体系。

（三十六）提升生态环境监管执法效能。全面推行排污许可"一证式"管理，建立基于排污许可证的排污单位监管执法体系和自行监测监管机制。建立健全以污染源自动监控为主的非现场监管执法体系，强化关键工况参数和用水用电等控制参数自动监测。加强移动源监管能力建设。深入开展生活垃圾焚烧发电行业达标排放专项整治。全面禁止进口"洋垃圾"。依法严厉打击危险废物非法转移、倾倒、处置等环境违法犯罪，严肃查处环评、监测等领域弄虚作假行为。

（三十七）建立完善现代化生态环境监测体系。构建政府主导、部门协同、企业履责、社会参与、公众监督的生态环境监测格局，建立健全基于现代感知技术和大数据技术的生态环境监测网络，优化监测站网布局，实现环境质量、生态质量、污染源监测全覆盖。提升国家、区域流域海域和地方生态环境监测基础能力，补齐细颗粒物和臭氧协同控制、水生态环境、温室气体排放等监测短板。加强监测质量监督检查，确保数据真实、准确、全面。

（三十八）构建服务型科技创新体系。组织开展生态环境领域科技攻关和技术创新，规范布局建设各类创新平台。加快发展节能环保产业，推广生态环境整体解决方案、托管服务和第三方治理。构建智慧高效的生态环境管理信息化体系。加强生态环境科技成果转化服务，组织开展百城千县万名专家生态环境科技帮扶行动。

八、加强组织实施

（三十九）加强组织领导。全面加强党对生态环境保护工作的领导，进一步完善中央统筹、省负总责、市县抓落实的攻坚机制。强化地方各级生态环境保护议事协调机制作用，研究推动解决本地区生态环境保护重要问题，加强统筹协调，形成工作合力，确保日常工作机构有场所、有人员、有经费。加快构建减污降碳一体谋划、一体部署、一体推进、一体考核的制度机制。研究制定强化地方党政领导干部生态环境保护责任有关措施。

（四十）**强化责任落实。**地方各级党委和政府要坚决扛起生态文明建设政治责任，深入打好污染防治攻坚战，把解决群众身边的生态环境问题作为"我为群众办实事"实践活动的重要内容，列出清单、建立台账，长期坚持、确保实效。各有关部门要全面落实生态环境保护责任，细化实化污染防治攻坚政策措施，分工协作、共同发力。各级人大及其常委会加强生态环境保护立法和监督。各级政协加大生态环境保护专题协商和民主监督力度。各级法院和检察院加强环境司法。生态环境部要做好任务分解，加强调度评估，重大情况及时向党中央、国务院报告。

（四十一）**强化监督考核。**完善中央生态环境保护督察制度，健全中央和省级两级生态环境保护督察体制，将污染防治攻坚战任务落实情况作为重点，深化例行督察，强化专项督察。深入开展重点区域、重点领域、重点行业监督帮扶。继续开展污染防治攻坚战成效考核，完善相关考核措施，强化考核结果运用。

（四十二）**强化宣传引导。**创新生态环境宣传方式方法，广泛传播生态文明理念。构建生态环境治理全民行动体系，发展壮大生态环境志愿服务力量，深入推动环保设施向公众开放，完善生态环境信息公开和有奖举报机制。积极参与生态环境保护国际合作，讲好生态文明建设"中国故事"。

（四十三）**强化队伍建设。**完善省以下生态环境机构监测监察执法垂直管理制度，全面推进生态环境监测监察执法机构能力标准化建设。将生态环境保护综合执法机构列入政府行政执法机构序列，统一保障执法用车和装备。持续加强生态环境保护铁军建设，锤炼过硬作风，严格对监督者的监督管理。注重选拔在生态文明建设和生态环境保护工作中敢于负责、勇于担当、善于作为、实绩突出的干部。按照有关规定表彰在污染防治攻坚战中成绩显著、贡献突出的先进单位和个人。

附录三： 共中央办公厅、国务院办公厅
《农村人居环境整治提升五年行动方案 (2021－2025年)》

改善农村人居环境，是以习近平同志为核心的党中央从战略和全局高度作出的重大决策部署，是实施乡村振兴战略的重点任务，事关广大农民根本福祉，事关农民群众健康，事关美丽中国建设。2018年农村人居环境整治三年行动实施以来，各地区各部门认真贯彻党中央、国务院决策部署，全面扎实推进农村人居环境整治，扭转了农村长期以来存在的脏乱差局面，村庄环境基本实现干净整洁有序，农民群众环境卫生观念发生可喜变化、生活质量普遍提高，为全面建成小康社会提供了有力支撑。但是，我国农村人居环境总体质量水平不高，还存在区域发展不平衡、基本生活设施不完善、管护机制不健全等问题，与农业农村现代化要求和农民群众对美好生活的向往还有差距。为加快农村人居环境整治提升，制定本方案。

一、总体要求

（一）指导思想。以习近平新时代中国特色社会主义思想为指导，深入贯彻党的十九大和十九届二中、三中、四中、五中、六中全会精神，坚持以人民为中心的发展思想，践行绿水青山就是金山银山的理念，深入学习推广浙江"千村示范、万村整治"工程经验，以农村厕所革命、生活污水垃圾治理、村容村貌提升为重点，巩固拓展农村人居环境整治三年行动成果，全面提升农村人居环境质量，为全面推进乡村振兴、加快农业农村现代化、建设美丽中国提供有力支撑。

（二）工作原则

——坚持因地制宜，突出分类施策。同区域气候条件和地形地貌相匹配，同地方经济社会发展能力和水平相适应，同当地文化和风土人情相协调，实事求是、自下而上、分类确定治理标准和目标任务，坚持数量服从质量、进度服从实效，求好不求快，既尽力而为，又量力而行。

——坚持规划先行，突出统筹推进。树立系统观念，先规划后建设，以县域为单位统筹推进农村人居环境整治提升各项重点任务，重点突破和综合整治、示范带动和整体推进相结合，合理安排建设时序，实现农村人居环境整治提升与公共基础设施改善、乡村产业发展、乡风文明进步等互促互进。

——坚持立足农村，突出乡土特色。遵循乡村发展规律，体现乡村特点，注重乡土味道，保留乡村风貌，留住田园乡愁。坚持农业农村联动、生产生活生态融合，推进农村生活污水垃圾减量化、资源化、循环利用。

——坚持问需于民，突出农民主体。充分体现乡村建设为农民而建，尊重村民意愿，激发内生动力，保障村民知情权、参与权、表达权、监督权。坚持地方为主，强化地方党委和政府责任，鼓励社会力量积极参与，构建政府、市场主体、村集体、村民等多方共建共管格局。

——坚持持续推进，突出健全机制。注重与农村人居环境整治三年行动相衔接，持续发力、久久为功，积小胜为大成。建管用并重，着力构建系统化、规范化、长效化的政策制度和工作推进机制。

（三）行动目标。到2025年，农村人居环境显著改善，生态宜居美丽乡村建设取得新进步。农村卫生厕所普及率稳步提高，厕所粪污基本得到有效处理；农村生活污水治理率不断提升，乱倒乱排得到管控；农村生活垃圾无害化处理水平明显提升，有条件的村庄实现生活垃圾分类、源头减量；农村人居环境治理水平显著提升，长效管护机制基本建立。

东部地区、中西部城市近郊区等有基础、有条件的地区，全面提升农村人居环境基础设施建设水平，农村卫生厕所基本普及，农村生活污水治理率明显提升，农村生活垃圾基本实现无害化处理并推动分类处理试点示范，长效管护机制全面建立。

中西部有较好基础、基本具备条件的地区，农村人居环境基础设施持续完善，农村户用厕所愿改尽改，农村生活污水治理率有效提升，农村生活垃圾收运处置体系基本实现全覆盖，长效管护机制基本建立。

地处偏远、经济欠发达的地区，农村人居环境基础设施明显改善，农村卫生厕所普及率逐步提高，农村生活污水垃圾治理水平有新提升，村容村貌持续改善。

二、扎实推进农村厕所革命

（四）逐步普及农村卫生厕所。新改户用厕所基本入院，有条件的地区要积极推动厕所入室，新建农房应配套设计建设卫生厕所及粪污处理设施设备。重点推动中西部地区农村户厕改造。合理规划布局农村公共厕所，加快建设乡村景区旅游厕所，落实公共厕所管护责任，强化日常卫生保洁。

（五）切实提高改厕质量。科学选择改厕技术模式，宜水则水、宜旱则旱。技术模式应至少经过一个周期试点试验，成熟后再逐步推开。严格执行标准，把标准贯穿于农村改厕全过程。在水冲式厕所改造中积极推广节水型、少水型水冲设施。加快研发干旱和寒冷地区卫生厕所适用技术和产品。加强生产流通领域农村改厕产品质量监管，把好农村改厕产品采购质量关，强化施工质量监管。

（六）加强厕所粪污无害化处理与资源化利用。加强农村厕所革命与生活污水治理有机衔接，因地制宜推进厕所粪污分散处理、集中处理与纳入污水管网统一处理，鼓励联户、联村、村镇一体处理。鼓励有条件的地区积极推动卫生厕所改造与生活污水治理一体化建设，暂时无法同步建设的应为后期建设预留空间。积极推进农村厕所粪污资源化利用，统筹使用畜禽粪污资源化利用设施设备，逐步推动厕所粪污就地就农消纳、综合利用。

三、加快推进农村生活污水治理

（七）分区分类推进治理。优先治理京津冀、长江经济带、粤港澳大湾区、黄河流域及水质需改善控制单元等区域，重点整治水源保护区和城乡接合部、乡镇政府驻地、中心村、旅游风景区等人口居住集中区域农村生活污水。开展平原、山地、丘陵、缺水、高寒和生态环境敏感等典型地区农村生活污水治理试点，以资源化利用、可持续治理为导向，选择符合农村实际的生活污水治理技术，优先推广运行费用低、管护简便的治理技术，鼓励居住分散地区探索采用人工湿地、土壤渗滤等生态处理技术，积极推进农村生活污水资源化利用。

（八）加强农村黑臭水体治理。摸清全国农村黑臭水体底数，建立治理台账，明确治理优先序。开展农村黑臭水体治理试点，以房前屋后河塘沟渠和群众反映强烈的黑臭水体为重点，采取控源截污、清淤疏浚、生态修复、水体净化等措施综合治理，基本消除较大面积黑臭水体，形成一批可复制可推广的治理模式。鼓励河长制湖长制体系向村级延伸，建立健全促进水质改善的长效运行维护机制。

四、全面提升农村生活垃圾治理水平

（九）健全生活垃圾收运处置体系。根据当地实际，统筹县乡村三级设施建设和服务，完善农村生活垃圾收集、转运、处置设施和模式，因地制宜采用小型化、分散化的无害化处理方式，降低收集、转运、处置设施建设和运行成本，构建稳定运行的长效机制，加强日常监督，不断提高运行管理水平。

（十）推进农村生活垃圾分类减量与利用。加快推进农村生活垃圾源头分类减量，积极探索符合农村特点和农民习惯、简便易行的分类处理模式，减少垃圾出村处理量，有条件的地区基本实现农村可回收垃圾资源化利用、易腐烂垃圾和煤渣灰土就地就近消纳、有毒有害垃圾单独收集贮存和处置、其他垃圾无害化处理。有序开展农村生活垃圾分类与资源化利用示范县创建。协同推进农村有机生活垃圾、厕所粪污、农业生产有机废弃物资源化处理利用，以乡镇或行政村为单位建设一批区域农村有机废弃物综合处置利用设施，探索就地就近就农处理和资源化利用的路径。扩大供销合作社等农村再生资源回收利用网络服务覆盖面，积极推动再生资源回收利用网络与环卫清运网络合作融合。协同推进废旧农膜、农药肥料包装废弃物回收处理。积极探索农村建筑垃圾等就地就近消纳方式，鼓励用于村内道路、入户路、景观等建设。

五、推动村容村貌整体提升

（十一）改善村庄公共环境。全面清理私搭乱建、乱堆乱放，整治残垣断壁，通过集约利用村庄内部闲置土地等方式扩大村庄公共空间。科学管控农村生产生活用火，加强农村电力线、通信线、广播电视线"三线"维护梳理工作，有条件的地方推动线路违规搭挂治理。健全村庄应急管理体系，合理布局应急避难场所和防汛、消防等救灾设施设备，畅通安全通道。整治农村户外广告，规范发布内容和设置行为。关注特殊人群需求，有条件的地方开展农村无障碍环境建设。

（十二）推进乡村绿化美化。深入实施乡村绿化美化行动，突出保护乡村山体田园、河湖湿地、原生植被、古树名木等，因地制宜开展荒山荒地荒滩绿化，加强农田（牧场）防护林建设和修复。引导鼓励村民通过栽植果蔬、花木等开展庭院绿化，通过农村"四旁"（水旁、路旁、村旁、宅旁）植树推进村庄绿化，充分利用荒地、废弃地、边角地等开展村庄小微公园和公共绿地建设。支持条件适宜地区开展森林乡村建设，实施水系连通及水美乡村建设试点。

（十三）加强乡村风貌引导。大力推进村庄整治和庭院整治，编制村容村貌提升导则，优化村庄生产生活生态空间，促进村庄形态与自然环境、传统文化相得益彰。加强村庄风貌引导，突出乡土特色和地域特点，不搞千村一面，不搞大拆大建。

弘扬优秀农耕文化，加强传统村落和历史文化名村名镇保护，积极推进传统村落挂牌保护，建立动态管理机制。

六、建立健全长效管护机制

（十四）持续开展村庄清洁行动。大力实施以"三清一改"（清理农村生活垃圾、清理村内塘沟、清理畜禽养殖粪污等农业生产废弃物，改变影响农村人居环境的不良习惯）为重点的村庄清洁行动，突出清理死角盲区，由"清脏"向"治乱"拓展，由村庄面上清洁向屋内庭院、村庄周边拓展，引导农民逐步养成良好卫生习惯。结合风俗习惯、重要节日等组织村民清洁村庄环境，通过"门前三包"等制度明确村民责任，有条件的地方可以设立村庄清洁日等，推动村庄清洁行动制度化、常态化、长效化。

（十五）健全农村人居环境长效管护机制。明确地方政府和职责部门、运行管理单位责任，基本建立有制度、有标准、有队伍、有经费、有监督的村庄人居环境长效管护机制。利用好公益性岗位，合理设置农村人居环境整治管护队伍，优先聘用符合条件的农村低收入人员。明确农村人居环境基础设施产权归属，建立健全设施建设管护标准规范等制度，推动农村厕所、生活污水垃圾处理设施设备和村庄保洁等一体化运行管护。有条件的地区可以依法探索建立农村厕所粪污清掏、农村生活污水垃圾处理农户付费制度，以及农村人居环境基础设施运行管护社会化服务体系和服务费市场化形成机制，逐步建立农户合理付费、村级组织统筹、政府适当补助的运行管护经费保障制度，合理确定农户付费分担比例。

七、充分发挥农民主体作用

（十六）强化基层组织作用。充分发挥农村基层党组织领导作用和党员先锋模范作用，在农村人居环境建设和整治中深入开展美好环境与幸福生活共同缔造活动；进一步发挥共青团、妇联、少先队等群团组织作用，组织动员村民自觉改善农村人居环境。健全党组织领导的村民自治机制，村级重大事项决策实行"四议两公开"，充分运用"一事一议"筹资筹劳等制度，引导村集体经济组织、农民合作社、村民等全程参与农村人居环境相关规划、建设、运营和管理。实行农村人居环境整治提升相关项目公示制度。鼓励通过政府购买服务等方式，支持有条件的农民合作社参与改善农村人居环境项目。引导农民或农民合作组织依法成立各类农村环保组织或企业，吸纳农民承接本地农村人居环境改善和后续管护工作。以乡情乡愁为纽带吸引个人、企业、社会组织等，通过捐资捐物、结对帮扶等形式支持改善农村人居环境。

（十七）普及文明健康理念。发挥爱国卫生运动群众动员优势，加大健康宣传教育力度，普及卫生健康和疾病防控知识，倡导文明健康、绿色环保的生活方式，提高农民健康素养。把转变农民思想观念、推行文明健康生活方式作为农村精神文明建设的重要内容，把使用卫生厕所、做好垃圾分类、养成文明习惯等纳入学校、家庭、社会教育，广泛开展形式多样、内容丰富的志愿服务。将改善农村人居环境纳入各级农民教育培训内容。持续推进城乡环境卫生综合整治，深入开展卫生创建，大力推进健康村镇建设。

（十八）完善村规民约。鼓励将村庄环境卫生等要求纳入村规民约，对破坏人居环境行为加强批评教育和约束管理，引导农民自我管理、自我教育、自我服务、自我监督。倡导各地制定公共场所文明公约、社区噪声控制规约。深入开展美丽庭院评选、环境卫生红黑榜、积分兑换等活动，提高村民维护村庄环境卫生的主人翁意识。

八、加大政策支持力度

（十九）加强财政投入保障。完善地方为主、中央适当奖补的政府投入机制，继续安排中央预算内投资，按计划实施农村厕所革命整村推进财政奖补政策，保障农村环境整治资金投入。地方各级政府要保障农村人居环境整治基础设施建设和运行资金，统筹安排土地出让收入用于改善农村人居环境，鼓励各地通过发行地方政府债券等方式用于符合条件的农村人居环境建设项目。县级可按规定统筹整合改善农村人居环境相关资金和项目，逐村集中建设。通过政府和社会资本合作等模式，调动社会力量积极参与投资收益较好、市场化程度较高的农村人居环境基础设施建设和运行管护项目。

（二十）创新完善相关支持政策。做好与农村宅基地改革试点、农村乱占耕地建房专项整治等政策衔接，落实农村人居环境相关设施建设用地、用水用电保障和税收减免等政策。在严守耕地和生态保护红线的前提下，优先保障农村人居环境设施建设用地，优先利用荒山、荒沟、荒丘、荒滩开展农村人居环境项目建设。引导各类金融机构依法合规对改善农村人居环境提供信贷支持。落实村庄建设项目简易审批有关要求。鼓励村级组织和乡村建设工匠等承接农村人居环境小型工程项目，降低准入门槛，具备条件的可采取以工代赈等方式。

（二十一）推进制度规章与标准体系建设。鼓励各地结合实际开展地方立法，健全村庄清洁、农村生活污水垃圾处理、农村卫生厕所管理等制度。加快建立农村人居环境相关领域设施设备、建设验收、运行管护、监测评估、管理服务等标准，抓紧制定修订相关标准。大力宣传农村人居环境相关标准，提高全社会的标准化意识，增强政府部门、企业等依据标准开展工作的主动性。依法开展农村人居环境整治相关产品质量安全监管，创新监管机制，适时开展抽检，严守质量安全底线。

（二十二）加强科技和人才支撑。将改善农村人居环境相关技术研究创新列入国家科技计划重点任务。加大科技研发、联合攻关、集成示范、推广应用等力度，鼓励支持科研机构、企业等开展新技术新产品研发。围绕绿色低碳发展，强化农村人居环境领域节能节水降耗、资源循环利用等技术产品研发推广。加强农村人居环境领域国际合作交流。举办农村人居环境建设管护技术产品展览展示。加强农村人居环境领域职业教育，强化相关人才队伍建设和技能培训。继续选派规划、建筑、园艺、环境等行业相关专业技术人员驻村指导。推动全国农村人居环境管理信息化建设，加强全国农村人居环境监测，定期发布监测报告。

九、强化组织保障

（二十三）加强组织领导。把改善农村人居环境作为各级党委和政府的重要职责，结合乡村振兴整体工作部署，明确时间表、路线图。健全中央统筹、省负总责、市县乡抓落实的工作推进机制。中央农村工作领导小组统筹改善农村人居环境工作，协调资金、资源、人才支持政策，督促推动重点工作任务落实。有关部门要各司其职、各负其责，密切协作配合，形成工作合力，及时出台配套支持政策。省级党委和政府要定期研究本地区改善农村人居环境工作，抓好重点任务分工、重大项目实施、重要资源配置等工作。市级党委和政府要做好上下衔接、域内协调、督促检查等工作。县级党委和政府要做好组织实施工作，主要负责同志当好一线指挥，选优配强一线干部队伍。将国有和乡镇农（林）场居住点纳入农村人居环境整治提升范围统筹考虑、同步推进。

（二十四）加强分类指导。顺应村庄发展规律和演变趋势，优化村庄布局，强化规划引领，合理确定村庄分类，科学划定整治范围，统筹考虑主导产业、人居环境、生态保护等村庄发展。集聚提升类村庄重在完善人居环境基础设施，推动农村人居环境与产业发展互促互进，提升建设管护水平，保护保留乡村风貌。城郊融合类村庄重在加快实现城乡人居环境基础设施共建共享、互联互通。特色保护类村庄重在保护自然历史文化特色资源、尊重原住居民生活形态和生活习惯,加快改善人居环境。"空心村"、已经明确的搬迁撤并类村庄不列入农村人居环境整治提升范围,重在保持干净整洁,保障现有农村人居环境基础设施稳定运行。对一时难以确定类别的村庄,可暂不作分类。

（二十五）**完善推进机制**。完善以质量实效为导向、以农民满意为标准的工作推进机制。在县域范围开展美丽乡村建设和美丽宜居村庄创建推介,示范带动整体提升。坚持先建机制、后建工程,鼓励有条件的地区推行系统化、专业化、社会化运行管护,推进城乡人居环境基础设施统筹谋划、统一管护运营。通过以奖代补等方式,引导各方积极参与,避免政府大包大揽。充分考虑基层财力可承受能力,合理确定整治提升重点,防止加重村级债务。

（二十六）**强化考核激励**。将改善农村人居环境纳入相关督查检查计划,检查结果向党中央、国务院报告,对改善农村人居环境成效明显的地方持续实施督查激励。将改善农村人居环境作为各省（自治区、直辖市）实施乡村振兴战略实绩考核的重要内容。继续将农业农村污染治理存在的突出问题列入中央生态环境保护督察范畴,强化农业农村污染治理突出问题监督。各省（自治区、直辖市）要加强督促检查,并制定验收标准和办法,到2025年年底以县为单位进行检查验收,检查结果与相关支持政策直接挂钩。完善社会监督机制,广泛接受社会监督。中央农村工作领导小组按照国家有关规定对真抓实干、成效显著的单位和个人进行表彰,对改善农村人居环境突出的地区予以通报表扬。

（二十七）**营造良好舆论氛围**。总结宣传一批农村人居环境改善的经验做法和典型范例。将改善农村人居环境纳入公益性宣传范围,充分借助广播电视、报纸杂志等传统媒体,创新利用新媒体平台,深入开展宣传报道。加强正面宣传和舆论引导,编制创作群众喜闻乐见的解读材料和文艺作品,增强社会公众认知,及时回应社会关切。

附录四： "十四五"乡村绿化美化行动方案

乡村绿化美化是实施乡村振兴战略的重要任务。2018年以来，各地认真贯彻党中央、国务院决策部署，扎实推进乡村绿化美化取得积极进展。但是，我国乡村绿化总量不足、质量不高，区域发展不平衡，绿化成果巩固难等问题依然存在，与农村群众日益增长的优美生态环境需要还有较大差距。为科学开展乡村绿化美化，促进农村人居环境整治提升，制定本方案。

一、总体要求

（一）指导思想。以习近平新时代中国特色社会主义思想为指导，认真贯彻习近平生态文明思想，牢固树立和践行绿水青山就是金山银山理念，以"保护、增绿、提质、增效"为主线，持续推进乡村绿化美化，改善提升农村人居环境，建设生态宜居美丽乡村，为建设人与自然和谐共生的现代化作出贡献。

（二）基本原则

——保护优先，突出特色。尊重自然、顺应自然、保护自然，全面保护乡村山水田园、林草植被，维护自然生态系统原真性和完整性。注重乡土味道，保留乡村风貌，留住田园乡愁。

——因地制宜，分类指导。树立系统观念，推进山水林田湖草沙一体化保护和系统治理。统筹耕地保护和生态建设，严禁违规占用耕地绿化造林。顺应村庄发展规律，根据村庄分类，合理确定村庄绿化重点任务和实施步骤。

——科学绿化，量力而行。坚持科学、生态、节俭绿化理念，因地制宜、适地适绿，数量和质量并重。根据地理位置、自然禀赋和发展基础，稳步推进乡村绿化美化，务求实效。

——政府引导，多方参与。充分发挥地方各级政府在组织发动、政策支持等方面的作用，广泛动员村民积极参与，鼓励引导社会资本投入乡村绿化美化。

（三）行动目标。到2025年，全国平均村庄绿化覆盖率达到32%，乡村"四旁"植树15亿株以上，全面巩固提升国家森林乡村，绿化一批国有林区、国有林场居住点，建设一批具有地方特色的森林乡村、绿美乡村，乡村自然生态得到全面保护，乡村绿化水平明显提高，农村人居环境持续改善。

东部地区、中西部条件较好的地区，乡村绿化布局科学，村庄内部基本做到应绿尽绿，科学绿化落地见效，村容村貌明显改善，绿化管护长效机制全面建立。

中西部具备条件的地区，大部分村庄内部基本做到应绿尽绿，绿化质量有效提高，村容村貌持续改善，绿化管护机制基本建立。

自然条件较差、经济欠发达的地区，循序渐进推进乡村绿化，基本实现村村有树、村村有绿，村容村貌得到改善。

二、主要任务

（四）科学编制相关规划。县域范围内，统筹考虑主导产业、人居环境、生态保护等因素，在县、乡（镇）级国土空间总体规划中，优化绿色空间系统布局，编制"多规合一"的实用性村庄规划，明确乡村绿化美化要求，科学划定绿化用地，合理安排年度绿化任务。优先安排村庄周边荒山荒地荒滩、废弃和受损山体、矿山废弃地、退化林地草地等绿化任务。有条件的县级行政区，可以依据县、乡（镇）级国土空间总体规划、村庄规划，以及国土绿化任务要求，编制乡村绿化美化专项规划，合理确定乡村绿化目标和重点任务，批复后叠加到国土空间规划"一张图"上。（自然资源部、国家林草局按职责分工负责）

（五）保护乡村自然生态。突出保护乡村山体田园、河湖湿地、原生植被，维护乡村自然生态系统原真性和完整性。加强天然林保护修复、公益林管护，保护天然草原，提高生态系统自我修复能力和稳定性。开展重点生态功能区、重要自然生态系统、自然遗迹、自然景观及珍稀濒危物种种群、极小种群保护。推进乡村小微湿地保护，开展乡村小溪流、小池塘等小微湿地修复。严格保护古树名木及其自然生境，对古树名木实行挂牌保护，及时抢救复壮。到2025年，实现普查范围内乡村散生古树名木和古树群全面挂牌保护。严禁采挖移植天然大树、古树名木和法律法规禁止采挖的其他林木。（国家林草局、农业农村部按职责分工负责）

（六）稳步增加乡村绿量。实施重要生态系统保护和修复工程，统筹山水林田湖草沙系统治理，科学恢复林草植被。开展护村林、护路林、护岸林建设，构建乡村生态廊道体系。因害设防、节约用地，充分利用农村道路、沟渠、田坎等现有空间，加强农田（牧场）防护林建设。在风沙严重的三北地区、黑土地区、黄河故道区等重点区域，合理规划建设农田防护林。鼓励通过农村土地综合整治，利用废弃地、边角地、空闲地、拆违地，增加村庄绿地。支持有条件的乡村，开展一村一公园建设。大力实施农村"四旁"绿化、立体绿化，见缝插绿、应绿尽绿，充分挖掘绿化潜力，鼓励栽植乡土珍贵树种。引导村民在庭院中栽植果蔬、花木等，打造小花园、小果园、小菜园，积极发展乔、灌、草、花、藤多层次绿化，提升庭院绿化水平。推进实现"山地森林化、农田林网化、村屯园林化、道路林荫化、庭院花果化"。（国家林草局、自然资源部、农业农村部、国家乡村振兴局按职责分工负责）

（七）着力提升绿化质量。优先采用乡土树种草种绿化，审慎使用外来树种草种，防止乡村绿化城市化、奢侈化。居民区周边避免选用易致人体过敏的树种草种。推进保障性苗圃建设，加大乡村绿化紧缺的乡土、珍贵树种苗木生产，鼓励有条件的地区开展赠苗下乡活动。加强中幼林抚育、退化林和退化草原修复，修复村庄周边缺株断带、林相残破的生态廊道和农田林网，提升生态防护功能，利用林间空地补植乡土珍贵树种，适当保留林间和林缘草地，促进天然更新，培育健康稳定的林草复合生态系统。注重历史文化传承，增加长寿命乡土树种比重，营造具有浓郁地方特色的地带性植被。注重常绿树种与落叶树种结合、观叶植物与观花观果植物结合、水系绿化与水生植物培育结合，形成优美和谐的乡村自然生态景观。（国家林草局负责）

（八）发展绿色惠民产业。结合乡村绿化，充分挖掘绿色产业发展潜力。根据区域生态资源禀赋、发展条件、比较优势等，加快产业结构调整，继续推动林草生态产业转型升级。树立大食物观，向森林、草原要食物。在适生区域，扩大油茶等木本粮油种植面积，开展低产林改造，促进经济林生产提质增效。提高天然草原生产能力，在适宜地区且符合规划的前提下，开展人工草地建设，利用农区的农闲田发展人工饲草料地。在不影响森林生态系统的前提下，适度发展林下经济。支持企业发展特色林草产品精深加工。鼓励打造绿色食品、森林生态标志产品等品牌，加强品牌培育和保护。利用农林业展会、产销对接活动等广泛开展品牌营销，发展电商、微商等多方式线上线下对接。依托森林草场，发展乡村旅游、文化体验、健康养老等新产业新业态。按照有关规定遴选认定一批国家经济林重点产区、国家森林康养基地。（国家林草局、农业农村部、国家乡村振兴局按职责分工负责）

（九）弘扬乡村生态文化。将乡村绿化美化纳入乡规民约，引导树立植绿爱绿护绿的良好风尚，提高生态保护意识，巩固提升乡村绿化成果。推动全民义务植树与乡村绿化有机衔接。挖掘和弘扬生态文化、红色文化、民族民俗文化，加强古树名木文化传承。充分利用村民广场、乡村公园等公共绿地，开展乡村生态文化科普宣传，打造生态文化展示的绿色窗口。将乡村绿化美化作为改善农村人居环境的重要组成，纳入各级农民教育培训内容，普及乡村绿化知识。（国家林草局、农业农村部、国家乡村振兴局按职责分工负责）

（十）推动国有林场林区绿色发展。将国有林区、国有林场居住点纳入农村人居环境整治提升范围，统筹考虑、同步推进。全面加强林区林场规划建设，加大林区林场居民点绿化美化力度，改善职工群众人居环境。支持林区林场开展森林经营，实施森林质量精准提升工程，优化森林结构和功能，提高森林生态系统质量、稳定性和碳汇能力。推进林区林场产业转型，推动国家储备林建设，鼓励培育珍贵树种和大径材，大力发展特色经济林、生态旅游等绿色低碳产业，提高职工群众收入。（国家林草局、农业农村部、国家乡村振兴局按职责分工负责）

（十一）建立健全长效管护机制。加强乡村绿化抚育管护、补植补造，建立完善绿化后期养护管护制度，巩固好绿化成果。加强护林员队伍管理、培训，充分发挥生态护林员、专职护林员的巡护作用，落实管护责任，强化火源监管和有害生物防治。将村庄内部及周边绿化成果管护纳入农村人居环境长效管护制度，明确地方政府和职责部门、运行管理单位责任。有条件的地区，可以探索建立绿化管护社会化服务体系。（国家林草局、农业农村部、国家乡村振兴局按职责分工负责）

（十二）强化典型示范引领。加强国家森林乡村动态管理，提升建设水平。鼓励有条件的地区，开展具有地方特色的乡村绿化建设，发挥示范引领作用。总结推广一批可复制、易推广的乡村绿化美化经验做法。（国家林草局、农业农村部、国家乡村振兴局按职责分工负责）

三、保障措施

（十三）加强组织领导。按照中央统筹、省负总责、市县乡抓落实的工作机制，将乡村绿化美化纳入农村人居环境整治提升重要内容，明确时间表、路线图，一体谋划、一体推进。各级林业和草原、农业农村、自然资源以及乡村振兴部门要各司其职、各负其责，密切协同配合，形成工作合力。以林长制为抓手，推动市县乡党委和政府切实担负责任，确保各项建设任务落到实处。（国家林草局、农业农村部、自然资源部、国家乡村振兴局按职责分工负责）

（十四）完善推进机制。完善以质量实效为导向、以农民满意为标准的工作推进机制。继续通过中央财政造林补助支持乡村绿化，鼓励地方创新采取以奖代补、先造后补等方式，提高资金使用效率。完善农民参与机制，鼓励村民投工投劳，吸纳更多农村低收入群体就地就近就业。落实好农机新产品购置与应用补贴。鼓励通过政府购买服务等方式，支持有条件的农民合作社参与乡村绿化项目。鼓励社会资本参与乡村绿化美化，探索以林草生态保护修复为导向的建设模式，对于集中连片开展林草地生态保护修复达到一定规模和预期目标的经营主体，可在符合国土空间规划的前提下，依法办理用地审批和供地手续后，利用不超过3%的修复面积用于生态旅游、森林康养等相关产业开发。（国家林草局、农业农村部、自然资源部、国家乡村振兴局按职责分工负责）

（十五）加强科技支撑。制定完善乡村绿化有关标准。精选乡村绿化、产业发展等培训课程，组织开展远程教学、现场办班等多形式技术培训。加强林草乡土专家队伍建设，遴选一批"看得见、问得着、留得住"的乡土专家。推动科研院所、涉林（草）院校发挥专长，围绕乡村绿化美化，开展科技服务，带动科技创新创业，鼓励组建"1+N"科技服务团创新服务模式。发展乡村绿化"三支一扶"岗位，引导大中专院校毕业生参与绿化美化乡村工作。（国家林草局、农业农村部、国家乡村振兴局按职责分工负责）

（十六）营造良好氛围。将乡村绿化美化统筹纳入农村人居环境公益性宣传范围，借助报刊、广播、电视等新闻媒体和网络新媒体，深入开展宣传报道。加强舆论引导，积极回应社会关切，推广科学绿化理念，营造全社会关心支持乡村绿化美化工作的良好氛围。（国家林草局、农业农村部、国家乡村振兴局按职责分工负责）

第五章　组织振兴

我国是一个农业大国，农业、农村、农民问题关系到社会的安定和国民经济的发展。一直以来，解决"三农"问题都是党和国家工作的重中之重。进入21世纪以来，党和国家已经发布了17 个指导"三农"工作的中央一号文件。实施乡村振兴战略，是党的十九大作出的重大决策部署，也是决胜全面建成小康社会、全面建设社会主义现代化强国的重大历史任务，是做好新时代"三农"工作的总抓手。乡村振兴战略的提出，为从根本上解决"三农"问题带来了新机遇。

乡村基层组织建设是"三农"工作的重要组成部分，也是推进国家治理体系和治理能力现代化向乡村有效延伸的基础性环节。《乡村振兴战略规划（2018－2022年）》明确指出，乡村振兴要按照产业兴旺、生态宜居、乡风文明、治理有效、生活富裕的总要求扎实推进。乡村振兴，治理有效是基础。有效的乡村治理不仅决定着乡村振兴的质量和水平，同时对推动乡村产业发展、生态环境改善、培育乡风文明、促进生活富裕等方面产生直接而深远的影响。乡村振兴中提出治理有效，其根本就是整合乡村中各类组织的力量，不断构建起现代乡村社会治理体系，从而达到乡村善治的目标。

《中共中央 国务院关于实施乡村振兴战略的意见》提出，要建立健全党委领导、政府负责、社会协同、公众参与、法治保障的现代乡村社会治理体制，坚持自治、法治、德治相结合，确保乡村社会充满活力、和谐有序。同时，指明了新时代乡村治理体系的参与主体、职责定位和治理方式等具体内容，确立了在基层党委领导及基层乡镇政府主导下，鼓励和支持社会多元主体的参与，实现政府治理和社会协同、公民自治良性互动，着力打造共建共治共享的乡村社会治理格局。

第一节 组织振兴是乡村振兴的根本和保障

组织振兴是乡村振兴的保障条件。乡村组织振兴，就是要培养造就一批坚强的农村基层党组织和优秀的农村基层党组织书记，就是要深化村民自治实践，发展农民合作经济组织，建立健全党委领导、政府负责、社会协同、公众参与、法治保障的现代乡村社会治理体制。通过自治、法治与德治相结合，走乡村善治之路，确保乡村社会充满活力、安定有序。

一、要抓住组织振兴这一"牛鼻子"

（一）组织振兴是乡村振兴的重要保障

实施乡村振兴战略，是党中央从党和国家事业全局出发，着眼于实现"两个一百年"奋斗目标、解决人民日益增长的美好生活需要和不平衡不充分的发展之间的矛盾、顺应亿万农民对美好生活的向往而作出的重大战略决策，这是决胜全面建成小康社会、全面建设社会主义现代化强国的重大历史任务，也是新时代做好"三农"工作的新指向和总抓手。乡村振兴是一项综合性强、涉及面广、时空跨度大的系统性工程。《乡村振兴战略规划（2018－2022年）》既涉及重大的法律政策制度安排，还围绕着农村政治建设、经济建设、文化建设、社会建设、生态文明建设和党的建设提出了具体而全面的要求。

如何做好统筹规划，将乡村振兴战略在广大农村中深入贯彻落实好，离不开基层党组织的坚强领导，离不开政府部门的制度设计，离不开社会组织的协同治理，还离不开村民自治组织中公众的积极参与。可以说，农村要发展，组织是关键。组织兴，则乡村兴；组织强，则乡村强。在乡村振兴中，各级各类组织是振兴的保障条件，只有把保障条件抓好了，乡村振兴才有坚实的基础和坚强后盾，基层组织的领导力、凝聚力、战斗力才会增强，广大基层党员和群众的力量和智慧才能凝聚起来，乡村振兴才能扎扎实实向前推进。要保证乡村振兴战略有效实施，实现"农业强、农村美、农民富"的发展目标，必须着力推进组织振兴，以提升组织力为重点，突出政治功能，建强基层战斗堡垒。

（二）组织振兴是乡村内生性发展的重要力量

2018 年发布的中央一号文件——《中共中央 国务院关于实施乡村振兴战略的意见》，对我国乡村振兴战略作出了具体的部署和安排。与以往中央一号文件不同的是，《中共中央 国务院关于实施乡村振兴战略的意见》除了强调农业现代化、农村经济建设之外，更加关注当前"三农"发展的深层次矛盾和问题，更加强调农业、农村、农民发展的全面性、长远性和内生性。乡村振兴是"生产力导向"，也是"问题导向"，它需要切切实实解决部分地区的乡村凋敝、乡村破败、乡村污染等难题，需要为各地农民带来实实在在的成果和收益；乡村"不振兴"的原因非常复杂，资金、人才、技术等都是制约乡村振兴的因素，政策也容易以此为依据，迅速制定出乡村振兴的各种针对性政策。一旦外部政策、资金、技术等要素的输血停滞，则表面"振兴"的村庄可能会被迅速打回原形。所以，乡村未能振兴的关键原因是没有形成乡村发展的内生性发展动力，缺少有效整合和创新各类资源的组织力量。如果缺乏乡村振兴的内在动力、再好的政策、再多的资金、再先进的技术，也只是起到暂时的"输血"作用，而不能真正实现乡村振兴。

国家和社会发展的实践证明，正是组织要素的瓦解、匮乏，才导致了乡村"不振兴"。在无组织的乡村，在失去了"统一经营"的乡村，资金、技术、劳动力、人才等要素，都不可能全面展现其积极的力量和前景。而在那些走向康庄大道的村庄里，往往因组织兴旺而带来一种内生性发展力量的孵化和成功。因此，组织作为一种制度化明显、结构性突出、各种要素相互联系的社会系统，对于农业农村的发展至关重要。只有组织振兴了，才能将外部的"输血"资源转换为乡村发展的各类要素，才能形成推动乡村振兴的内在动力。

（三）组织振兴是乡村治理体系和治理能力现代化的体现

习近平总书记在庆祝改革开放40周年大会上的讲话中指出，全面深化改革的总目标是完善和发展中国特色社会主义制度、推进国家治理体系和治理能力现代化。2014年 2月17 日，近平总书记在省部级主要领导干部全面深化改革专题研讨班开班式上又进一步强调，国家治理体系和治理能力是一个国家的制度和制度执行能力的集中体现，两者相辅相成。只有以提高党的执政能力为重点，尽快把我们各级干部、各方面管理者的思想政治素质、科学文化素质、工作本领都提高起来，尽快把党和国家机关、企事业单位、人民团体、社会组织等的工作能力都提高起来，国家治理体系才能更加有效运转。这充分表明了国家治理体系和治理能力在治国理政中的重要地位和作用。

乡村是我国经济社会发展的重要基础，也是国家治理的基本单元，乡村治理作为国家治理体系的重要组成部分，是推进国家治理体系和治理能力现代化的基础性工程，也是实现乡村振兴战略的基石。乡村振兴，治理有效是基础，而治理有效的关键在于加强乡村治理体系和治理能力现代化建设。《中共中央 国务院关于实施乡村振兴战略的意见》指出：必须把夯实基层基础作为固本之策，建立健全党委领导、政府负责、社会协同、公众参与、法治保障的现代乡村社会治理体制，坚持自治、法治、德治相结合。夯实基层基础就是要在基层党组织的领导下，发挥多元治理主体的强大合力。有效推动组织振兴，是实施乡村振兴战略的根本保障，也是乡村治理体系和乡村治理能力现代化的集中体现。

二、组织振兴的主体、目标及与"五大振兴"的关系

（一）组织振兴的主体及特点

乡村基层组织是乡村治理体系、基层民主制度的基础。在推进国家乡村振兴战略时一定要重视"抓基层、打基础"的要求，不断完善乡村基层组织体系，激活各类乡村基层组织的活力，为乡村振兴的实施打下坚实的组织基础。在我国广大乡村，存在着多种多样的组织类型。具体来说，包含基层党组织、基层政权组织、群众自治组织、经济组织、群团组织、社会组织等主要类型

党的基层组织是确保党的路线方针政策和决策部署贯彻落实的基础，也是农村各项工作的领导核心。基层政权组织主要是指乡镇人民代表大会和人民政府，基层政权组织是具体落实党在农村工作的权力机关，也是国家具体农村农业政策的执行机关。群众自治组织是农民群众行使民主权利、管理村社公共事务的基层民主形式，具有直接民主和群众自治的特点。《中华人民共和国宪法》将村民委员会定位为农村基层群众性自治组织，正式确立了村民委员会的法律地位。农村经济组织主要是指村级集体经济组织和股份合作组织等，农村经济组织保障了农民基层党组织和基层政权、村民自治组织的正常运转，为乡村的组织振兴奠定了坚实的物质基础，同时也是吸引人才的重要手段。农村群团组织是乡村基层治理的重要补充力量，以共青团、工会、妇联为代表的群团组织具有体制身份，又有社会属性，在密切联系群众、有效整合资源、促

进乡村振兴方面具有不可替代的作用。农村社会组织是社会治理新格局中的主体力量之一，也是促进农民组织化的重要途径。《中共中央 国务院关于实施乡村振兴战略的意见》明确提出要大力培育服务性、公益性、互助性农村社会组织，有效服务乡村振兴。农民社会组织的振兴对于构建多元、开放的农村基层治理体系十分重要。

2015年6月，习近平总书记在贵州调研时强调："要重点加强基层党组织建设，全面提高基层党组织凝聚力和战斗力。要高度关注基层政权组织、经济组织、自治组织、群团组织、社会组织发展变化的特点，加强指导和管理，使各类基层组织按需设置、按职履责、有人办事、有章理事，既种好自留地、管好责任田，又唱好群英会、打好合力牌。"因此，在实现乡村组织振兴过程中，必须发挥好农村基层党组织的核心作用，引导其他农村基层组织发挥自身力量。

（二）组织振兴的目标及实施关键

党的十九大报告提出乡村振兴战略的基础是"治理有效"。而从贯彻落实的角度来看，治理有效的关键在于在各级党组织的统一领导下，充分发挥乡村基层组织在实施乡村振兴战略中的合力。

2017 年中央农村工作会议及后续出台的2018 年中央一号文件、《乡村振兴战略规划（2018—2022年）》、2019 年中央一号文件强调了乡村基层组织在乡村振兴中的重要作用，同时也为组织振兴明确了发展目标，即通过培养造就一批坚强的农村基层党组织和优秀的农村基层党组织书记，建立健全现代乡村社会治理体制，构建新时代乡村治理体系，走乡村善治之路。这一目标中基层党组织和党员干部是组织振兴的重要基石，立健全党委领导、政府负责、社会协同、公众参与、法治保障的现代乡村社会治理体制是实现组织振兴的具体组织制度，构建自治、法治、德治相结合的乡村善治之路则是组织振兴的根本目标。新时代乡村治理体系"既是在全面推进依法治国进程中加强基层民主法治建设的题中应有之义，也是乡村经济社会发展的必然要求，更是推进国家治理体系和治理能力现代化的重要方面"。组织振兴就是要通过构建新型乡村治理体系解决当前基层组织虚化、基层自治缺失、基层法治失效、基层德治失灵等问题，走出一条符合中国国情，更加完善有效、多元共治的乡村振兴道路。

从组织振兴的主体、组织体系、目标来看，乡村组织振兴是一个系统性工程，也是一场持久性攻坚战，扎实做好组织振兴大文章，要紧紧抓住实施的关键点，通过精准发力来实现基层各级组织的全面振兴。第一，推进组织振兴必须坚持党的领导。习近平总书记强调，办好中国的事，关键在党。要坚持党的领导不动摇，继承和发扬党管农村工作的传统和政治优势，发挥党把方向、谋大局、定政策、促改革的政治功能。第二，组织振兴要坚持农民主体地位，深化村民自治实践。要充分激发农民群众的自我管理能力，创新村民自治的有效组织形式，完善村民代表会议制度，规划基层村组织议事决策程序，形成民事民议、民事民办、民事民管的基层协商格局。第三，组织振兴要重视发挥多元力量的协同参与。乡村振兴战略涉及范围十分广泛，客观上需要投入众多的资源要素，因此，乡村振兴的有效实现不能依赖单一主体完成，必须由多元力量共同参与。从这一层面上来看，组织振兴是一个广义上的概念，即不仅需要乡村基层党组织、基层政权等支持，还需要激发其他社会力量的广泛参与。因此，在推动组织振兴过程中，要处理好传统治理主体与新兴乡村社会主体之间的关系，其形成振兴乡村的合力。

（三）组织振兴与"五大振兴"的逻辑关系

2018 年全国两会期间，习近平总书记在参加山东代表团审议时强调，实施乡村振兴战略是一篇大文章，要统筹谋划，科学推进。要推动乡村振兴健康有序发展，要在推动乡村产业振兴、人才振兴、文化振兴、生态振兴、组织振兴五个方面持续发力。乡村"五大振兴"是习近平总书记关于"三农"工作重要论述的重要内容，也是习近平总书记关于实施乡村振兴战略重要论述的集中体现。乡村"五大振兴"涵盖经济、政治、文化、社会、生态文明等方方面面，与实施乡村振兴战略的产业兴旺、生态宜居、乡风文明、治理有效、生活富裕总要求一脉相承。推动乡村"五大振兴"，是"五位一体"总体布局和"四个全面"战略布局在农业农村领域的具体体现，是加快推进乡村治理体系和治理能力现代化、加快推进农业农村现代化的重大举措。乡村产业振兴、乡村人才振兴、乡村文化振兴、乡村生态振兴、乡村组织振兴、"五位一体"、相辅相成，是乡村振兴战略的核心内容和主要抓手，其目的是增进农民福祉，谱写新时代农业农村现代化华丽新篇章。有效推动组织振兴，就必须准确把握"五大振兴"的内涵要义，以及梳理好组织振兴与产业振兴、人才振兴、文化振兴、生态振兴之间的逻辑关系。产业振兴是乡村振兴的物质基础，产业兴，则经济兴、农村兴。乡村产业振兴就是要拓宽农民增收渠道，增加乡村就业机会，加快农业生产方式转变，形成绿色安全、优质高效的乡村产业体系，全面推进农业农村现代化。人才振兴是乡村振兴的关键因素，实现乡村振兴，就要从根本上解决农村缺人才、留不住、干不好等方面的问题，通过创造条件和整合力量，培养造就一支懂农业、爱农村、爱农民的"三农"工作队伍，聚集乡村发展的人气，为乡村振兴提供人才保障。文化振兴是乡村振兴的精神基础，必须坚持物质文明和精神文明一起抓，大力挖掘乡村文化功能，提升乡村文化内在价值，健全农村公共文化服务体系，促进农耕文明与现代文明有机结合，提升乡村社会文明程度。生态振兴是乡村振兴的重要支撑和集中展现，乡村生态振兴要积极落实生态发展理念，推进乡村自然资源加快增值，实现乡村绿色和可持续发展。组织振兴是乡村振兴的保障条件。推动乡村振兴，必须加强农村基层党组织建设，通过基层党组织把广大农民群众、基层各类组织凝聚起来，建立符合国情、更加完善有效的新型乡村治理体系。

从乡村振兴的逻辑关系上来看，产业振兴是其他方面振兴的物质基础和经济保障，人才振兴则贯穿了其他振兴的全过程，文化振兴是实现产业振兴的重要动力和生态振兴、组织振兴的重要支撑。组织振兴既是乡村振兴的目标之一，也是乡村振兴的根本保障。同时，组织振兴还是乡村振兴的内生性发展力量，乡村振兴中产业的培育、人才的培养、生态的改善和乡村文化的引导都离不开强有力的组织保障。组织振兴必须突出政治功能，提升组织力，打造千千万万个坚强的农村基层党组织。只有坚持党组织的领导，才能让产业"旺"起来；只有坚持党组织的领导，才能让人才"多"起来；只有坚持党组织的领导，才能让乡风"美"起来；只有坚持党组织的领导，才能让生态"好"起来。可以说，"五大振兴"是一个有机的整体，它们相互联系、相互作用、相互促进，在实施过程中，一定要以组织振兴为保障和引领，抓住产业振兴这个重点，以人才振兴为支撑，以文化振兴为灵魂，以生态振兴为基础，共同绘就乡村振兴的美丽画卷。

三、当前组织振兴面临的挑战与问题

（一）基层党组织的战斗堡垒作用没有得到充分发挥

农村基层党组织是我们党农村工作的坚实基础，是"三农"工作的领导者、推动者和践行者，是乡村治理体系的核心，也是乡村治理的根本力量。在乡村振兴战略背景下，带领广大乡村群众发展经济、振兴乡村已经成为新时代农村基层党组织的一项光荣使命。近年来，随着我国城乡经济社会结构的急剧变革，乡村与城市之间的差距越来越大，乡村的衰落严重制约了农村的发展和乡村治理的有效达成，也给农村基层党组织的建设带来了新的问题。

农村基层党组织是党在农村全部工作和战斗力的基础，是党密切联系群众的桥梁和纽带。农村基层党组织的凝聚力和战斗力强弱直接影响到党的路线方针政策的贯彻落实，也影响党在乡村治理体系中"主心骨"功能的发挥。当前，部分农村基层党组织凝聚力和战斗力不强，在工作中不能发挥战斗堡垒的核心作用，制约了乡村振兴的有效实施。少数党组织在落实组织制度中，力度不坚决，"时间难协调、场所难固定、人员难集中、效果难保证"成为基层党组织开党委会、支委会的真实写照。在日常生活中，部分党员的党性意识淡薄，组织观念淡化，不按规定参加党课活动，思想汇报流于形式，党费缴纳拖沓延迟，严重违反了党的规章制度的要求，削弱了党组织的凝聚力和战斗力。

部分农村基层党员的素质和能力相对较低，跟不上当前新形势的发展，加之不愿主动学习新知识和新理念，导致带领农民群众发展经济的知识和本领严重不足，发挥不了"领头雁"的作用。当前，由于人口流动加快，农村中优秀的青年人都倾向于到城市工作，并有着强烈的在城市定居的意愿。这使基层党员队伍中年轻的优秀党员数量不足，党员队伍年龄偏大且没有新鲜血液的补充，造成农村党组织的后备力量空虚，党员年龄结构出现了不匀衡现象。此外，家庭联产承包责任制实施之后，在自主的生产经营方式下，群众对基层组织的依赖性逐渐降低，基层党组织对农民的影响力也大大减弱。加之税费改革之后，村集体经济的"空壳化"越来越严重，村党组织在发展乡村基本公共服务时缺乏必要的资金支持，造成基层党组织为群众办事的能力与群众对党组织的期望之间形成了较大反差，降低了基层党组织在人民群众中的威信。

（二）乡村基层政权的社会控制能力够须增强

农村基层政权是国家政权体系的基础，乡镇政府作为国家基层政权机关，在落实党和国家的农村政策、促进农村经济发展、维护农村社会稳定方面发挥着不可替代的作用。国家乡村振兴战略提出构建现代乡村社会治理体制要重视发挥基层政府职能，让乡镇政权成为国家乡村振兴战略大政方针的细化者、现场组织者和具体实施者。基层政权职能能否有效发挥，是乡村振兴战略能否如期实现的关键。但随着我国新型工业化、信息化、城镇化、农业现代化快速发展，乡村社会正在经历极其重大的社会转型过程，乡村基层政权各类治理资源越来越匮乏，社会控制能力也不断弱化。

改革开放以来，制约城乡发展的城乡二元体制开始松动，农村的富余劳动力出现了大规模外流。由于长时间在乡村之外的地区工作与生活，他们与村庄之间的关系越来越疏远，在与自身利益关系不大的村庄事务上缺乏参与热情，这使乡村振兴过程中最需要的人才、劳动力以及资金都随着农村人口流向了城镇，使农村留守人口的整体素质开始下降，与流出人口对比而产生的相对剥夺感也逐渐凸显，基层政权在乡村治理的压力越来越大。

在农业税改革之前，乡镇政府的运转主要是靠收取"三提五统"等费用来维持，但农业税取消之后，很多缺少治理资源、经济发展状况相对较差地区的基层政权，其收入来源主要靠国家的财政转移支付。乡镇的财政来源锐减，使乡、村两级干部正常支出严重不足，对于向农民提供公共产品和公共服务，基层政权既没有能力，也没有动力。加之农村义务教育、乡级道路建设等项目需在乡镇财政上列支，部分地方出现了乡镇事权与财权严重不对称的局面，既影响了干部队伍的稳定，同时还造成基层政权与农民的关系日益疏离，制约了国家乡村振兴战略的有效落实。

乡镇政府在基层治理中应以辖区内的民众利益为旨归，以提升公众的福祉与谋求公共利益的最大化为目标。从法律界定和政权划分来看，村民委员会是一级自治组织，非行政组织，乡镇政府拥有"指导、支持和帮助"村委会管理村务的职责，与村委会只是指导一协助的关系。但在现实中，部分基层政权的运作特性却表现出极强的自利性，缺乏对自身职能的准确定位，造成村民自治组织与乡镇政府之间的矛盾不断加深，没有真正实现服务型政府的建构目标，弱化了乡镇政府在农村工作中的社会凝聚和控制功能。

（三）乡村基层组织之间的治理协同性有待提高

《乡村振兴战略规划（2018—2022年）》强调，要建立健全党委领导、政府负责、社会协同、公众参与、法治保障的现代乡村社会治理体制，同时还要健全自治、法治、德治相结合的新时代乡村治理体系，打造善治乡村。这就要求在乡村治理过程中一定要发挥乡村各类组织的作用，多元化的治理主体要各司其职、相互协作，共同推进乡村振兴战略。但从当前现实实践来看，乡村治理体系与党和国家的要求还存在着较大差距，主要表现在以下方面。

1.乡村基层组织的关系尚不明确

当前乡村治理各环节主要由乡镇政府、村党支部和村委会共同完成。乡镇政府是国家政权组织体系的最基层单位，村党支部是乡村各项事务的中心，肩负着政治引领及带领广大农民奔小康的责任。村委会是村民自治组织，也是乡村管理的主体。但由于村"两委"在权力范围和自治的权力范围划分不明确，使村党支部与村委会之间的冲突加剧，对乡村治理产生了不利影响，导致乡村治理效率低下。此外，我国在农村实行的"乡政村治"管理模式，也造成了村民自治与基层政权组织之间的利益摩擦。因此，协调好村委会、村党支部和乡镇政府的关系是乡村治理结构中的一个重要环节，也是组织振兴中必须处理好的几个关系。

2.乡村治理中的治理资源整合不够

乡村社会是一个资源载体，拥有丰富的治理资源，需要各种资源的相互整合，达到最佳的治理效果。当前存在于乡村社会的乡村基层组织整体上来看还是比较多的，有基层党组织、基层政权组织、基层经济组织、村民自治组织、基层群团组织、基层社会组织，等等。但从协同治理的角度来看，存在于基层乡村的各类组织大多是各自为政，条块化分割较为严重，造成了治理资源的严重浪费，同时也使乡村治理的效率相对低下。"非体制主体由于不是法律法规明确规定的治理主体，在村治过程中都会印上"非法"痕迹。而体制性主体依仗着较强的制度支持、法制保障和组织依托，治理中体现出较强的刚性治理，容易引起村民的积怨，削弱体制性主体的治理权威和绩效。"因此，在组织振兴中一定要充分整合基层乡村各组织资源，明确治理主体之间的责任，为多元主体参与乡村治理打造一个良好的治理环境。

3.乡村善治中"三治"的融合力度不够

在乡村治理体系中，自治是基础，法治是前提，德治是动力。只有自治、法治、德治三者有效融合才能真正实现乡村治理善治之路。在当前乡村社会的实践中，三者并不能完全有机结合。第一，村民自治受制于制度设计不合理和因大规模人口流动造成的乡村发展空心化态势，支撑村民自治的机制几乎被架空，加之乡镇政府过多地干预村级事务，村民自治也开始流于形式。第二，乡村治理过程中法治观念欠缺。突出表现在普法难、用法难、执法难、监督难，不但制约了乡村振兴中法治保障，还削弱了法律在乡村中的权威地位。第三，德治的生长环境受到影响。受到市场经济和现代化的影响，乡村中传统的优秀道德观念正在受到严重冲击，"缺少法治观念为基础的德治与传统乡民的家族制、宗族制存在一定的冲突，德治滋养自治的土壤和养分不够"。

此外，现代社会冲击造成的乡村社会原子化、空心化等问题也使农民的道德素养出现大面积滑坡。因此，在实施组织振兴过程中，各组织一定要重视自治、法治、德治三者的融合，有效构建新时代乡村治理体系。

第二节　始终坚持党对组织振兴的全面领导

党的十九大报告始终贯穿着一条主线，就是全面加强党的领导和党的建设。党政军民学，东西南北中，党是领导一切的。坚持党对一切工作的领导，不断加强和改善党的领导，是中国不断创造出人类社会发展史上"东方奇迹"的根本保证。实施乡村组织振兴，必须始终坚持党的全面领导。要切实加强统筹协调、整体推进、督促落实，凝聚起实施乡村组织振兴的磅礴力量，推动组织建设全面升级、全面进步、全面发展，谱写新时代组织全面振兴新篇章。

一、全面加强农村基层党组织建设

2018 年 3 月，习近平总书记在参加十三届全国人大一次会议山东代表团审议时指出：要推动乡村组织振兴，打造千千万万个坚强的农村基层党组织，培养千千万万名优秀的农村基层党组织书记，深化村民自治实践，发展农民合作经济组织，建立健全党委领导、政府负责、社会协同、公众参与、法治保障的现代乡村社会治理体制，确保乡村社会充满活力、安定有序。党的力量来自组织，组织能使力量倍增。实施乡村振兴战略，实现"农业强、农村美、农民富"，必须提升组织力，要把农村基层党组织建设成宣传党的主张、贯彻党的决定、领导基层治理、团结动员群众、推动改革发展的坚强战斗堡垒。

（一）坚持党管农村工作重大原则

习近平总书记明确指出，党管农村工作是我们的传统，这个传统不能丢。新民主主义革命时期，我们党领导中国人民走出了一条农村包围城市的革命道路，亿万农民翻身得解放，中国人民从此站了起来。社会主义革命和建设时期，我们党领导农民开展互助合作，发展集体经济，大兴农田水利，大办农村教育和合作医疗，极大改变了农村贫穷落后的面貌。改革开放以来，我们党领导农民率先在农村发起改革，推行家庭联产承包责任制，兴办乡镇企业，鼓励农民进城务工，统筹城乡经济社会发展，农业农村发生了翻天覆地的变化。可以说,我们党能不能把广大农民群众吸引和组织在自己的周围,最大限度地发挥农民的积极性和创造性,决定着党的事业的兴衰成败。

党的十八大以来,以习近平同志为核心的党中央始终把农业农村和农民问题列为各项工作的重中之重,始终坚持加强和改善党对农村工作的领导。2017年12月,中央农村工作会议明确强调:办好农村的事情,实现乡村振兴,关键在党,必须加强和改善党对"三农"工作的领导,切实提高党把方向、谋大局、定政策、促改革的能力和定力,确保党始终总揽全局、协调各方,提高新时代党领导农村工作的能力和水平。党管农村工作,是实施乡村振兴必须坚持的一个重大原则。必须毫不动摇地坚持党管农村工作重大原则,进一步健全党管农村工作方面的领导体制机制和党内法规,确保党在农村工作中始终总揽全局、协调各方,为乡村振兴提供坚强有力的政治保障。

坚持党管农村工作原则,不是一句口号,关键要落到实处。要加强党对"三农"工作的领导,要在深化农村改革、强化投入保障、强化规划引领等方面见真章。如山东省为保证党管农村工作有效实施,进一步完善领导体制,调整省委农村工作领导小组,省委书记任组长,省长任副组长,一名常委任专职副组长兼办公室主任;成立省委农村工作委员会,统筹推动乡村振兴各项任务落实。各市县党委也按此调整机构,配备力量,实行省负总责、市县抓落实的工作推进机制,形成了五级书记共抓乡村振兴的格局。实施乡村振兴战略,是一项长期的历史性任务。必须认真抓好党在农村各项基本政策的全面落实,当前尤其要抓好习近平总书记关于"三农"工作的系列重要讲话精神和《中共中央 国务院关于实施乡村振兴战略的意见》《乡村振兴战略规划(2018—2022年)》等文件精神的贯彻落实。各级党委和政府要提高对乡村振兴战略重大意义的认识,把实施乡村振兴战略摆在优先位置,把党对乡村振兴的集中统一领导落到实处。

(二)着力提升农村基层党组织的组织力

习近平总书记在党的十九大报告中指出:要以提升组织力为重点,突出政治功能,把企业、农村、机关、学校、科研院所、街道社区、社会组织等基层党组织建设成为宣传党的主张、贯彻党的决定、领导基层治理、团结动员群众、推动改革发展的坚强战斗堡垒。这是党中央对党的基层组织建设的新部署、新目标、新定位、新举措,为全面加强农村基层党组织建设、着力提升农村基层党组织组织力指明了方向。

1.突出政治引领，加强政治领导

党的基层组织是政治组织，是党在社会基层组织中的战斗堡垒，是党的领导延伸到基层的重要载体。提升农村基层党组织的组织力，就是要发挥党的政治优势，把党的全面领导落实到农村基层党组织，引导农村基层党员干部牢固树立"四个意识"，坚定"四个自信"，自觉在政治立场、政治方向、政治原则、政治道路上同以习近平同志为核心的党中央保持高度一致，确保农村基层党组织用党的创新理论高度统一起来、巩固起来、用信仰的力量、组织的力量，汇聚起实现乡村振兴战略的磅礴力量。

2.创新设置方式，扩大有效覆盖

提升农村基层党组织的组织力，必须推动党的组织有效嵌入农村各类社会基层组织，使党的工作有效覆盖农村各类群体，切实做到哪里有群众哪里就有党的工作，哪里有党员哪里就有党的组织，哪里有党的组织哪里就有党组织作用的充分发挥。同时，还要适应农村经济社会结构、生产生活方式等深刻变化，按照有利于加强党的领导、有利于开展党的组织生活、有利于党员教育管理监督、有利于密切联系群众的原则，探索创新党组织设置方式。如拉萨市采取单独建、挂靠建、联合建等模式，加大在村民小组、农牧民专业合作组织、村级集体经济、网格单元和联户单位等领域建立党组织力度，使党的组织和工作延伸到每个角落，确保每一名党员都纳入党组织的有效管理。截至2018 年 10 月，"全市共建立村民小组党支部、网格党支部、农牧民专业合作社党支部 1096 个，在全市网格单元和联户单位中建立党小组 8627 个，在易地扶贫搬迁安置点建立党组织25个"。

3.筑牢工作基础，激发组织活力

基层党组织是党最基本的"细胞"，是党全部工作和战斗力的基础。要积极创新思路，加强农村基层党组织建设。要发挥党支部主体作用、使组织体系更加健全、活动更加经常、支部更有活力。尤其要加强村"两委"建设、大力推进村党组织书记通过法定程序担任村民委员会主任和集体经济组织、农民合作组织负责人，推行村"两委"班子成员交叉任职；鼓励非村民委员会成员的村党组织班子成员或党员担任村务监督委员会主任；提高村民委员会中的党员比例。大力开展支部创先争优活动，坚持"量化目标、严格考核、科学评价、动态管理"，建立规范严密的基层党组织管理体系，促进村党组织管理制度化、科学化，引导村党组织创先争优、比学赶超，切实提升基层组织力，真正使农村基层党组织成为教育党员的阵地、团结群众的核心、攻坚克难的堡垒。

（三）整顿软弱涣散的村党组织

基层党组织是党联系群众的桥梁和纽带，是党开展工作的出发点和落脚点。整顿软弱涣散的农村基层党组织，有利于增强农村党员干部的服务意识，密切党群干群关系，发挥村党组织的战斗堡垒作用。因此，必须持续抓、反复抓，一个阵地一个阵地巩固。如湖南省建立健全经常性发现和整顿软弱涣散的村党组织的工作机制，采取领导挂点、部门帮扶、选派第一书记等方式，持续抓好整顿，深入开展党支部"五化"建设，推动农村党支部建设质量整体提升。

1.摸清底数，周密部署

要坚持问题导向，全面开展实地调研，深入了解村党组织领导班子、阵地建设、队伍建设、工作机制、工作业绩和群众反映等方面的问题，采取对照标准"查"、民意调查"评"、聚焦问题"排"和综合分析"定"相结合的办法，找准软弱涣散党组织，逐一登记造册。对确定的软弱涣散和后进村党组织，县、乡要抽调精兵强将组成整顿工作队，重点分析软弱涣散的深层原因，研究制订整顿方案，明确具体责任人和整顿时限、以踏石留印、抓铁有痕的劲头推动软弱涣散和后进村党组织整顿工作扎实开展。

2.对症下药，精准施策

在全面掌握软弱涣散党组织的问题现状和主要症结的基础上，将软弱涣散村党组织划分为换届选举矛盾、党组织书记不胜任现职、村务财务不公开和民主管理混乱、信访矛盾纠纷集中、不开展党组织活动、党内生活不经常、党组织服务意识差、群众意见大等类别，建立集中整顿工作台账。采取因地制宜、分类施治、先易后难、一个党组织一个对策的方式，科学制订整顿方案，明确整改内容、具体时限、整改进度及工作责任，确保做到整顿对象、措施、时限、责任、效果"五明确"，帮助软弱涣散和后进村党组织"挺直腰板"、重焕活力。

3.强化责任，严格督查

要切实提高政治站位，层层压实整顿软弱涣散党组织的工作责任。各级党组织书记要履行好抓党建第一责任人职责，县（区）一级党委书记要加强领导、高位推动，乡镇党委书记要当好"指战员"，软弱涣散基层党组织书记要主动作为，帮扶队员要真正发挥"工作队"的作用。要建立整顿治理工作跟踪问效机制，实行整顿转化销号制度。组织部门要紧盯关键环节、重难点村，不定期对整顿工作进行督导检查，通过实地暗访、专项调研、电话抽查等方式，对整顿工作督导问效。对工作推进不力、成效不明显的要进行约谈，对标准把关不严、弄虚作假走过场的要进行追责问责，切实保证整顿工作用真劲、动真格、见真效，确保软弱涣散和后进村党组织全面进步、整体提升。

二、组织振兴要抓"关键少数"

俗话说，"雁飞千里靠头雁，船载万斤靠舵人"。党的十九大报告明确提出：加强基层党组织带头人队伍建设。办好农村的事情，关键在建强农村基层党组织。而建强农村基层党组织，关键在选优配强村"两委"班子队伍。只有村"两委"班子队伍坚强有力，发挥好"带头人"作用，乡村组织振兴才能得到根本保证。

（一）严格选人标准，拓宽选人渠道

选优配强村"两委"班子，对于一个村的发展至关重要。一个村的"带头人"思想素质好、能力强，班子整体作用发挥较好，那这个村的发展就上得去，老百姓就会安居乐业；反之，则发展停滞困顿，矛盾纠纷层出不穷。村"两委"班子是党在农村工作的推进者、落实者，也是党和政府的形象在农民群众中的直接体现。只有把"带头人"选优，把班子配强，才能夯实党在农村的执政基础。

1.好中选优推能人

选优配强村"两委"班子，要对人选进行全面考察把关，尤其要充分听取各方面的意见建议。考察前，要发布考察预告，主动接受党员群众的监督和举报。如江苏省灌南县汤沟镇党委在 2016 年村级党组织正式换届选举开始前，及时发布考察预告，派出选举指导小组进村入组走访群众、联系党员，向在外打工的党员发送征求意见短信、寄发征求意见函，广泛听取党员群众对基层党支部的意见，共收到群众意见建议126条。考察中，要充分发扬民主，突出听取党员、群众代表的意见，尤其要听取离任村干部和老党员、致富能人、回乡创业人员、第一书记及驻村工作队的意见建议，作为确定村"两委"候选人的重要依据。考察后，对一些不安心本职工作、办事不公、以权谋私、群众不满的不合格村干部人选及时作出清理、排除在外，切实增强村干部的竞争意识、危机意识。

2.拓宽渠道选能人

选优配强村"两委"班子，要大力实施"能人强村"工程，要把能否带领党员群众致富作为选配村党支部书记的重要标尺，将那些素质高、能力强、群众拥护的党员选为"领头雁"，从而提高村党支部书记的群众公认度。要破除论资排辈观念，敢于突破常规，开阔选人视野，大胆起用优秀人才，从退转军人、大中专毕业生、外出务工回乡青年、致富带头人、机关干部、退休回乡干部中选拔村干部，优化村干部结构，提升村级班子整体实力。如陕西省西乡县在 2018年的村"两委"换届工作中，针对部分村人选不足或无人可选的情况，镇村主要领导上门动员外出能人回村参选32人，大胆从优秀村级后备干部中择优遴选79人，因地制宜从机关干部、邻村发展致富带头人、创业能人中派任精选 127人。

3.优化结构配能人

选优配强村"两委"班子，要注意干部队伍老中青搭配。村干部不是"官"，却管着关系老百姓切实利益的大事。村级组织不是"衙门"，却是各项政策落实的终端。要充分发挥老干部"领头雁"的作用，老干部有经验、有威望，尤其是在农村，德高望重的老村干部在化解矛盾纠纷、处理信访维稳、"传帮带"等方面有不可替代的作用。要充分发挥中年干部"顶梁柱"的作用，中年干部既有威望又有精力，有一定的学识也有丰富的阅历，工作能力较为突出，在他们身上少了"暮气沉沉"，多了"成熟稳重"。要充分发挥青年干部"急先锋"的作用，青年干部有干劲、有想法、有知识，思维开阔，做事讲创新，不拘泥于边边框框，工作中往往给人带来意想不到的惊喜。只有通过老少搭班、性格搭配、学历优先、提升能人进班子比例等办法，才能真正选优配强村"两委"班子，才能更好适应新时代基层工作的需要，更好地为老百姓服务。

（二）加大培训力度，完善村干部教育机制

村干部队伍的素质，事关一个村能否管理好、发展好。要切实加强对村干部的教育培训，在培训内容、方法、管理等方面，都要注重培训的灵活性、实用性和规范性。要通过教育培训，使村干部进一步提高理论水平，提高工作能力，努力打造一支想干事、真干事、能干事的"升级版"村干部队伍。

1.拓展网络，确保培训全覆盖

按照统筹规划、分级负责、分层培训的原则，由县委组织部、县委党校、县各涉农单位与乡镇一道，齐头并进抓好村干部培训，充分发挥村级远教站点作用，构筑县、乡、村三级联动的教育网络，确保村干部经常性受教育，"一个不少"全覆盖。如辽宁省新宾县，紧密结合县、乡、村三级工作实际，采取县乡各负其责的方式，通过县乡互动联合联训，将村党支部书记、村委会主任及村监会主任全部纳入县级干部教育培训项目，作为重点主体班次来抓。针对一些村干部培训不经常、热情不高、动力不足等现状，县委组织部专门举办全县村"两委"班子成员专题培训班。同时，针对村干部队伍后继乏人的实际情况，将村级后备干部、村小组长、优秀党员全部纳入乡镇一级培训，加强日常教育和培养。

2.创新方式，注重培训灵活性

要改变就培训抓培训的做法，树立全方位、开放式的培训理念，通过集中培训与分类培训相结合、理论学习和实地指导相结合、经验交流与实地参观相结合等方式，提高村干部"活学活用"的能力。可以采取菜单式培训：通过发放调查问卷、召开座谈会等形式，广泛征求参训人员的建议，确定培训内容。根据村干部需求，邀请有关专家从政策理论和工作技巧等方面开展针对性培训。可以采取体验式培训：组织村干部到各地各类示范点和农村科技产业基地实地参观，让村干部亲身感受和学习示范点在组织建设、产业发展和美好乡村建设等方面的成功经验。可以采取跟班式培训：适当组织村干部到乡镇信访、民政、农技、扶贫办等部门跟班学习，参与信访接待、掌握农村政策、学习农业技术、了解扶贫工作，着力提高村干部的实际工作能力。

3.强化管理，提升培训的质量

按照重管理、严要求的原则，各地可结合自身实际制定《村干部教育培训制度》《村干部学习管理制度》《村干部学籍管理规定》等规章制度，确保教育培训有章可循。要将村干部参加教育培训情况列入岗位目标责任进行考核。参加县级培训的村干部，由县委组织部、县委党校提供培训情况，内容包括培训纪律遵守情况、参学学时、考试成绩等，对参学时间不达标和考试不及格的，在年底考评中不得评优。乡镇一级要建立村干部教育培训档案，内容包括参加县、乡两级各类培训情况及村自行组织的各类教育培训活动，把村干部教育培训列入岗位目标进行考核，与个人绩效补贴相挂钩，并作为干部选拔任用的重要依据。

（三） 健全保障机制，调动村干部工作积极性

村干部队伍是贯彻执行党在农村各项方针政策的骨干，是团结带领农村广大群众全面建成小康社会、建设中国特色社会主义新农村的带头人。如果他们的工作积极性调动不起来，将会严重影响乡村振兴战略的实施。因此、必须加强保障、强化措施，完善村干部培养、选任、激励等机制，营造"事业留人、感情留人、待遇留人"的良好环境。只有这样，才能让广大村干部在新农村建设的主战场上履职尽责、奋勇争先。

1.着力改善经济待遇

村干部基本上是农村人，他们承担着赡养老人、供子女读书上学的重担。而目前村干部的工资水平普遍偏低，这也是村干部对年轻人和能人的吸引力不足的重要原因。村干部待遇不改善，会导致难以选出高水准的村干部，即使选出了村干部，也难以全身心地投入。因此，必须严格按照习近平总书记"要关心和爱护广大基层干部"的重要指示精神，在村干部待遇保障上下功夫。如安徽省合肥市，大力创新村干部激励机制，按照村党组织书记专职化管理意见"不低于新录用乡镇公务员试用期满后工资水平"和村"两委"正职基本报酬不低于当地农村人均可支配收入两倍的标准，落实村"两委"正职报酬待遇；村副职和村"两委"其他成员报酬一般按正职的 0.9、0.8 系数确定，纳入财政预算，统一打卡发放，并根据当地经济社会发展水平，建立正常增长机制。目前，全市村"两委"正职、村"两委"其他干部年人均报酬分别达4.6万元、3.8 万元。现有 93% 的村干部办理了城镇职工养老保险，符合条件的已全部购买。

2.着力改善政治待遇

要激发干事创业活力，让村干部政治上有盼头。应在继续加大从村干部中考试录用公务员工作力度的基础上，对政治素质高、工作能力强、作风正派、实绩突出、群众公认且符合一定条件特别优秀的村干部，经相关组织部门推荐考察通过后，可优先享受政治待遇。特别是一些在基层有特殊贡献、年轻有为、符合条件的村干部，可以参照乡镇机关干部标准给予职级补助，并酌情调到乡镇任职，充实乡镇领导班子。也可以推荐政治素质好、参政议政能力强的优秀党员村干部作为各级党代会代表、人大代表以及政协委员推荐人选。通过拓宽发展空间、打通发展通道，增强基层岗位吸引力，让村干部工作更有劲头，摆脱政治上弱势的帽子。

3.着力改善办公条件

村级办公活动场所是村级各个组织和党员干部集中学习、开展活动的主要阵地，是为村民提供便民服务的重要场所。各地要结合自身财政实际，适当提高村级组织运转经费保障标准，将村级组织运转经费纳入财政预算，使村党组织真正做到有钱办事。如广州白云区，高度重视改善村级办公条件。从2018 年起，全区每村每年办公经费从2.2万元整体提高到5万元，由区、乡（镇）按照财政承担比例足额拨付，进一步整合村级活动场所资源，彰显党建元素，强化政治引领，推动各领域基层党员活动阵地建设，完善党性教育、服务发展、议事决策、学习培训、开展活动、展示成果 6项基本功能。

三、加强农村党员队伍建设

农村党员是党联系农民的桥梁和纽带，他们的形象就是党和政府在农民群众心中的直接印象，他们形象的好坏直接影响着广大农民对党和政府的信任和支持。农村党员队伍建设，事关乡村振兴战略的成败，事关决胜全面建成小康社会在广大农村的最终实现。因此，必须切实加强农村党员队伍建设，从严从实抓好党员教育，提升党员素质能力，优化党员队伍结构，更好发挥党员先锋模范作用。

（一）加强党员教育，提高农村党员综合素养

抓好农村党员教育培训，是党的基层组织建设的迫切要求，是建设社会主义新农村的需要，也是为乡村振兴提供充足的、持续的智力支持和人才保证的有效载体。新时代的农村党员教育培训工作，必须多渠道、多层次、多途径、多方式，要在思想政治上抓坚定，要在生产技能上抓提升、要在为民奉献上抓服务，要把农村党员培养成致富能人，要让农村党员具备引领农村未来发展的能力。

1.突出政治学习

要着力解决好部分农村党员理想信念动摇、党性观念淡薄、思想愚昧落后等问题。现阶段，对农村党员要推进"两学一做"学习教育常态化，积极开展政治理论知识培训，特别是加强对习近平新时代中国特色社会主义思想的学习，强化农村党员干部服务群众的意识。要帮助农村党员认清形势，提高政治鉴别力，自觉树牢"四个意识"，坚定"四个自信"，坚决维护习近平总书记党中央的核心、全党的核心地位，维护党中央权威和集中统一领导，始终自觉在思想上政治上行动上同以习近平同志为核心的党中央保持高度一致，切实带头贯彻执行党的路线方针政策。要充分利用"三会一课""固定党日"等组织活动，讲清党员的权利和义务，党章党纪党规、群众工作、党建工作

等党务知识，增强广大农村党员的党性意识，让广大农村党员明白该做什么、不该做什么，从而进一步严格要求自己，努力做到踏实干事，用心工作，发挥党员的先锋队作用。

2.强化技能培训

按照"缺什么、补什么"的原则，紧密结合农村党员特点开展教育，把开展农村党员教育与解决党员生产生活实际问题相结合，着重解决农村党员普遍存在的创业无技能、发展缺动力等问题，充分利用农闲时间开展农民实用技术培训，增强农村党员群众的技能，加快党员的知识更新，优化知识结构。要依托县级党校、职教中心和远程教育平台，实施农村党员创业技能培训工程，实行菜单式培训，体现培训的实用性需求。要依托乡镇党校，组织农业技术人员与农村党员进行面对面的培训，开办"田间课堂"。同时还要开展法律、经济等知识的培训，不断增强农村党员队伍贯彻执行党的方针政策的能力、依法办事的能力、依靠科技致富的能力和应对市场经济的能力，积极倡导健康向上的生活方式。

3.转变培训方式

过去，由于农村党员素质不高，习惯于把他们集中起来，进行政治理论、党的知识等灌输性教育。这种单调、封闭的教育培训，容易使党员感到乏味，不利于激发学习兴趣。现在，农村党员素质已普遍提高，特别是随着市场经济的不断发展，广大农村党员对教育培训的需求日益多样化，这就要求我们不断改进教育培训方式。在载体上，要充分利用农村远程教育终端站点、QQ 群、微信群等网络社交平台，也可以走出去，到新农村建设示范点参观学习，大力实行开放式教育培训。在时间上，要充分利用冬春农闲时间，对广大农村党员集中进行比较系统的教育培训；针对流动党员，则可以利用他们春节等重大节日返乡之际，集中开展学习。在层次上，组织党校教师、科技人才、种植养殖大户、农村土专家等进村入户，对农村党员分组分层次开展党的方针政策、法律法规、科学技术、实用技能等方面的教育培训，把课堂搬到田间地头，做到活教活学活用，切实增强教育培训实效性。

（二）严格党的组织生活，增强党的组织活力

党的组织生活是党支部对党员实施教育、管理和党内监督的主要途径，是党的自身建设的一项基础性工作。组织生活的质量，直接关系到党员队伍素质的提高和支部

战斗堡垒作用的发挥。当前，随着市场经济的快速发展，部分农村党员对党组织认识模糊，对组织生活不够重视，导致组织生活出现诸多问题，必须引起高度关注。

1.严格执行"三会一课"制度

"三会一课"制度作为党在长期实践中形成的好传统、好做法，必须坚持和继承，同时要立足新时代新实际，不断从内容、形式、载体、方法、手段等方面进行改革创新，增强吸引力和感染力。要教育引导党员按照"三会一课"的制度要求，积极参加党的活动，接受党组织的教育，行使讨论决定党内事务和监督其他党员的权力。要加强对农村党支部"三会一课"活动的规范和指导，及时发现问题，总结经验，不断提高农村党组织"三会一课"的活动质量。如甘肃省临泽县，统一编印《党支部"三会一课"记录簿》，为农村党支部开展工作提供指导；坚持和完善"三会一课"制度，将每月 15 日定为农村"党员固定活动日"，实行"三会一课"报备、审批制度，全面推行乡镇党委派员指导村级组织生活制度，规范指导农村党支部党的组织生活；每月组织专门力量，采取不发通知、不打招呼、不听汇报、不用陪同接待、直奔基层、直插现场的方式，加大督察力度，推动组织生活规范化落实。

2.开好党员民主生活会和民主评议党员会

村级党组织每年至少召开一次民主生活会，由党支部书记召集，党员村干部带头参加，普通党员要积极参加。要提高民主生活会的质量，采取灵活多样的会议形式，增加民主生活会的吸引力，提高党员参与度。要严格执行民主生活会报告制度，各村召开民主生活会前向上级党委上报计划，会后上报会议记录、整改措施等资料，上级党委备案。年底，要组织召开党员大会，并邀请本村非党员村干部、村民代表等参加，进行党员民主评议工作，党员民主评议结果要公开。要管好两头，先进党员要做好示范引领；后进党员要落实帮教措施，促其改正。对经教育不改的后进党员和违法违纪党员，按党内条文规定作出处理。

3.创新支部主题党日活动

党日活动作为农村党员受教育、增强党员意识的重要载体，要不断创新活动内容，坚持开展多种形式的主题党日活动，切实丰富农村党员的组织生活。要创新支部主题党日活动形式，丰富活动组织方式，绝不能将活动随意化、形式化、庸俗化、娱乐化，更不能借活动之名行娱乐之实、必须以严的态度、活的形式、高的标准、实的作风，在组织上下功夫，在活动上做文章，确保支部主题党日活动取得实效。如武汉市黄陵区蔡官田村，严格按照武汉市委组织部《关于全面推行"5+N"模式进一步深化"支部主题党日"活动的通知》文件要求，认真落实"支部主题党日"按月缴纳党费、集中诵读党章、集中学习研讨、联系实际讲党课、落实公开制度等 5项规定动作，并创新开展"党日+生日"自选动作，切实增强支部主题党日活动的吸引力、感染力。要通过开展支部主题党日活动，切实增强农村党组织和党员的政治责任感，强化党员意识、党性观念，真正让党员得到锻炼、受到熏陶。

（三）加强流动党员管理，发挥流动党员作用

随着改革开放的不断深入和我国城市化进程的进一步加快，农村"打工经济"持续攀升，特别是中西部地区大量农村人口外出务工。由此，农村流动党员的数量越来越多，流动范围越来越广。雁行千里不掉队，党员无论流动到哪里，都应参加党的组织生活，接受党组织的教育、管理和监督，履行党员义务，发挥先锋模范作用。在当前及今后一段时间，农村外出流动党员将保持逐年增多的趋势，流动党员管理工作急需加强。

1.精准施策，从严管理流动党员

加强农村流动党员管理，是新形势下党要管党、全面从严治党的一项十分紧迫的任务，也是一个"老大难"的问题，必须从严从实，精准施策。如山西省浑源县，积极克服困难，切实把农村流动党员管理工作牢牢抓在手上。一是实行"一证一档"，采取多种方式发放流动党员活动证，让流动党员随身携带亮身份，每年进行一次审核，看流动党员是否到流入地党组织报到并参加组织活动。二是建立"一图一卡"，将流动党员活动流程图、流动党员知晓卡发放给流动党员，明确流动党员外出前后参加流入地组织学习、定期汇报等注意事项，让流动党员"离乡不离党"。三是建立四本"登记簿"，建立定期联系汇报、基层党组织服务、先锋事迹、意见建议四本"登记簿"，切实把流动党员管好管活，引导流动党员主动服务家乡发展，为脱贫攻坚、乡村振兴贡献自己的力量。

2.优化服务，关心关爱流动党员

基层党组织要增强为农村流动党员服务的意识，提高服务水平，把教育、管理、监督和服务融为一体。无论是流出地还是流入地党组织，都要建立联系流动党员制度，由党支部确定专人与流动党员保持经常联系，了解流动党员的思想动态和工作情况以

及家庭情况，从政治上、思想上、工作上、生活上关心和帮助流动党员，维护他们的合法权益，为他们解决实际困难和问题，使他们感受到党组织的温暖。如流入地党组织建立党员服务中心，开通流动党员咨询服务电话、免费服务热线、手机服务信息，设立流动党员之家，积极为流动党员提供政策咨询、信息引导等服务；流出地党组织设立流动党员创业担保基金，鼓励党员返乡创业、回报家乡，探索推行留守儿童代理家长、空巢老人代理服务等制度，解决外出务工流动党员后顾之忧，使其能深切感受党组织对他们的关怀和支持。

3.搭建平台，发挥流动党员作用

充分发挥农村流动党员作用，是适应新形势、探索党员管理工作新机制的主要内容，也是实施乡村振兴战略的必然要求。流动党员是农村党员队伍中的中坚力量，有着振兴乡村的巨大潜力。流动党员中大多是中青年党员，他们有知识、有文化、有思想，见识广泛、信息灵通、思维敏捷、思想先进、有的懂技术，有的有致富诀窍，有的资产丰厚，有的人脉积淀丰富。因此，要想方设法积极引导流动党员通过多种形式参与乡村振兴的伟大事业之中。一方面，基层党组织可以通过党支部微信群、QQ 群、党员管理 APP 等网络形式加强与流动党员的沟通交流，如在群里定期更新党组织工作状况、家乡发展状况，让他们就一些问题发表意见看法、出谋献力。另一方面，注重发挥流动党员中致富能人的先锋作用。如安徽省无为县昆山镇新华村，充分发挥在外开办羊绒厂的流动党员范德芬同志的作用，带动新华村一批群众到其企业就业。同时，范德芬同志还利用自己的人脉资源，与外地经销商取得联系，把乡亲们的干竹笋、深山野茶等土特产卖出去，为乡亲们带来一定的经济收入。

第三节　发挥基层政权组织在乡村振兴中的主导作用

乡镇政府作为国家治理体系的末端，是联系国家与乡村社会的桥梁和纽带、对乡村社会中的广大农民群众直接进行着公共管理和农村基本公共服务的有效供给。农村基层政权组织在落实党和政府的"三农"政策、促进农村经济社会发展、维护农村社会稳定和谐等方面有着举足轻重的作用。根据党和国家的总体规划和"三农"工作的重要布局，实施乡村振兴战略的总要求是"产业兴旺、生态宜居、乡风文明、治理有效、生活富裕"。而有效完成乡村振兴战略的总体要求，离不开乡镇政府在全面振兴中"引领、推动、服务、监督"的重要作用。

"纵观世界发达国家乡村振兴的历史进程，政府无一例外地在乡村振兴中发挥着主导作用，离开了政府的主导作用，乡村振兴将寸步难行，无一着落。"尤其是在我国农业基础薄弱与农村发展不平衡的严峻形势下，完全依靠农民群众自身或任何其他的社会组织来实现乡村振兴是不现实的，需要国家和政府承担乡村振兴战略实施的任务，作为中国政权组织中最基层的一级政府，乡镇政府更应该成为实施与推动乡村振兴战略的中坚力量。因此，在乡村振兴过程中，要积极地推动基层政权组织的振兴，充分发挥基层政权组织在乡村振兴中的主导作用和主动作为意识，通过构建简约高效的基层管理体制，健全农村基层服务体系，不断夯实乡村治理的基础，为实现乡村全面振兴提供基层政权保障。

一、进一步加强乡村基层政权组织建设

（一）合理设置乡镇政府机构

政权组织机构是政府职能实施的有效载体，科学合理的机构设置在优化组织管理、降低运行成本、提高政府行政效率、厘清机构权责边界、有效调配人力资源等方面发挥着巨大的作用。在广大乡村，农村基层政权是最基层的政府组织，是党的路线方针和国家政策有效落实的执行主体，上级的众多指令大多需要乡镇政府这一层级来实现，需要有效地对接上级的行政任务。但从实际的工作来看，乡镇政府与上级行政机关又不完全相同，需要根据各地的具体情况进行机构设置。乡镇政府是直接黄足基层人民群众的公共服务需求的政权机构，要时刻与农民群体打交道。"上级机关是分部门研究制定政策，乡镇和街道则是组成团队，包村居委会）到人、包户到人去落实政策。工作模式不同，人员和职能任务的摆布模式自然也就不同。"2014 年，习近平总书记在兰考考察时强调：乡村处在贯彻执行党的路线方针政策的末端，是我们党执政大厦的地基。这句话不仅强调了乡村干部在农村发展中的作用，同时也进一步强调了乡镇政府在乡村振兴中的重要性。但从现有的乡镇政府机构的运行来看，当前的机构设置还不合理、不规范、不科学，存在着因照搬上级机关的设置模式而带来的机构庞杂、职能交叉、管理混乱、权责不清、人员超编等问题，严重影响了乡镇政府为广大村民服务的效率，延缓了乡村振兴的有效推进。

在实践乡村振兴过程中，要因地制宜地设置结构和配置职能，在保证国家要求的"规定动作"的同时，根据各地的实际情况做好"自选动作"。具体来说，乡镇政府的机构设置要面向服务群众、符合基层事务特点，不简单照搬上级机关的设置模式，在机构合理的基础上，能对口设置就对口设置，不能对口设置的，只要能保证下级有承接上级机关的部门即可，防止乡镇政府机构设置"一刀切"现象的出现。党的十九届三中全会通过的《中共中央关于深化党和国家机构改革的决定》指出："根据工作实际需要，整合基层的审批、服务、执法等方面力量，统筹机构编制资源，整合相关职能设立综合性机构，实行扁平化和网格化管理。"这要求各地乡镇政府要根据工作的实际需求来考虑结构设置，防止部门繁杂、机构臃肿问题的出现。同时，乡镇政府要加强对现有部门优化组合，合并职能互补的部门、撤销职能重复的部门，以岗定人，优化组织结构。通过综合性的机构设置，来实现人力资源的利用最大化。如设立方便群众办事的综合服务大厅或农村社区综合服务平台等。通过组织机构的扁平化管理和网格化管理，有效简化乡村管理的层级，提升乡村事务处理效率，加大农村居民公共服务的精细化等。

（二）推动基层政权治理重心下移

"基层工作很重要，基础不牢，地动山摇"，这是习近平总书记对基层工作重要地位的高度总结。进一步加强基层政权建设，是夯实国家治理体系和治理能力的基础，也是实现国家管理社会、服务民众政治目标的必由之路。随着我国城镇化进程的推进以及我国经济社会转型的不断加快，基层政权在国家治理体系中的地位和作用越显重要，乡镇政府组织生产、服务社会、改善农民民生的职责也在不断增加。党和国家的很多工作任务都要由基层乡镇政府来具体落实，"上面千条线，下面一根针"成为上级机关和基层单位关系的真实写照。

虽然基层治理在国家治理体系中的地位不断加强，"但在实践中，现有的基层治理同基层社会发展的要求不适应，一个重要表现是政府管理社会、服务民众的许多事务下移到了基层，但政府治理的重心没有完全下移"。上级职能部门并没有将"事权"与"职权"同时下放到基层乡镇政府，上级机关与乡镇政府在具体事项上的权责关系并不明确，仍将基层乡镇政府定位为政策执行者，没有赋予其相应的权限和资源。此外，农村税费改革之后，原本依靠农村税费维持运转的乡镇政府逐渐演变为依靠上级的财政转移支付，使乡镇政府处理乡村事务的基本经费严重不足，压缩了乡镇财政的运作空间，造成基层政权与农民关系的疏远，呈现出"悬浮型"政府的状态。除了"职权""财权"的自主性低之外，与城镇化快速推进并存的乡村衰落的趋势也更加凸显，人口流动造成优秀人才外流使基层政权面临"选人难、无人选"的困境。

因此，有效落实乡村振兴战略就要进一步推动基层政权的治理重心下移，全面提高基层政权的能力和水平，通过强化基层乡镇政府权力，改变乡镇政府"小马拉大车"的权责窘境。首先，切实转变理念。重视基层治理在国家治理体系中的重要地位，认识到基层政权不仅是上级政策的执行者，还是社会治理的直接实施者，在实施乡村振兴战略中起着推动乡村发展的主导作用。其次，工作倾斜基层。正如习近平同志在浙江工作时指出，上级该做的是进一步加强指导帮助，赋予相应权力，既给基层下达"过河"的任务，又切实指导帮助其解决"桥"和"船"的问题，并尽可能地在人力、物力、财力上向基层适当倾斜，为基层开展工作创造必要的条件。上级机关应该依据乡镇发展实际和客观承接能力，将资源、服务、管理等下放给乡镇政府，扩大乡镇政府在乡村振兴中的事项决策权、财政权、人事配置权等。最后，完善法制建设。通过法律或法规明确乡镇基层政权与上级机关之间在乡村治理上的责权关系与界限，保证基层事情基层办、基层权力给基层，使下放给乡镇政府的权力既有制度保障，又有法律支撑。

（三）加快乡镇干部人才队伍建设

人才是各项事业发展的基础，是维持组织竞争优势的重要资源。在落实乡村振兴战略过程中，一定要充分发挥人才作用。2014 年9月，中共中央办公厅印发的《关于加强乡镇干部队伍建设的若干意见》提出，要努力建设一支数量充足、结构合理、素质优良、作风扎实、精干高效、适应农村工作需要的乡镇干部队伍。面对近年来乡村事业发展的形势，近平总书记在党的十九大报告中进一步强调：培养造就一支懂农业、爱农村、爱农民的"三农"工作队伍。只有"懂农业"才能对农业发展有使命感，把握现代农业发展的方向，做现代农业的推动者；只有"爱农村"才能有深厚的农村情怀，能够扎根基层，做振兴乡村的实践者；只有"爱农民"才能心系民心，为农民谋福祉，做农民增收的助力者。在这支工作队伍中，乡镇基层干部作为奋战在乡村振兴第一线的工作人员，对于推动乡村振兴战略的各项制度有效落实，促进农业强、农村美、农民富的全面实现具有不可替代的作用。但由于各种原因的制约，当前在乡镇干部队伍中还存在跟不上时代步伐，与乡镇职能、组织期望、群众要求等不相匹配的问题。因此，有效推进乡村振兴战略，必须加快农村基层的乡镇干部人才队伍建设。

要切实增强乡镇干部队伍的活力，加大干部交流任职力度，增强基层干部适应不同地区、不同岗位、不同环境的实践能力。不断探索干部交流任职的多样化模式，如实行乡镇单位内部的轮岗交流，加大乡镇干部多面手的培养。通过有计划地选派省、市、县机关部门有发展潜力的年轻干部到乡镇任职，让上级机关的年轻干部"懂农业""爱农村""爱农民"、增加其基层治理的经验。加大乡镇领导班子成员的选拔力度，不断改善干部队伍结构。根据乡镇领导班子建设需要，要加大从优秀选调生、优秀村（社区）干部、大学生村官和乡镇事业编制人员中选拔乡镇领导干部，同时要注重从企事业单位领导人员中择优调任乡镇领导干部。要不断优化干部队伍结构，做到乡镇干部队伍中既有熟悉现代农业、农村工作的干部，也有熟悉乡镇规划、社会治理、文化教育、医疗卫生等领域的专业人才。基层领导班子要形成老中青相结合的年龄结构，充分调动各年龄段干部的积极性。为有效减少乡镇基层干部的流动问题，要实行最低服务年限制度，不断保持干部队伍的稳定。严格管理上级机关对乡镇干部的借调使用，一般不得借调乡镇干部，确因工作特殊需要借调的，须经乡镇党委研究同意，且需要报上级组织部门备案，借调时间一般不得超过半年，对同一干部一般不得重复借调。乡镇领导班子成员任期内一般不得调动或调整。加大对现有乡镇基层干部的教育培训力度，按照"干什么学什么，缺什么补什么"的原则，不断提高乡镇干部在乡村治理中的各项素质。要促进优质教育培训资源向乡镇延伸倾斜，发挥互联网、新媒体传播速度快、覆盖范围广的优势。

二、构建简约高效的基层管理体制

（一）树立服务型基层政府的理念

党的十九届三中全会通过了《中共中央关于深化党和国家机构改革的决定》，充分体现了以习近平同志为核心的党中央治国理政的历史担当，是推进国家治理体系和治理能力现代化深刻变革的纲领性文献，明确提出了构建简约高效的党和国家管理体制。在乡村振兴过程中，构建乡镇政府简约高效的基层管理体制，首先需要走出传统的治理模式，摆脱乡村治理的路径依赖，尽快树立服务型基层政府的理念。"服务型政府是以为人民、为社会服务作为政府存在、运行和发展的基本宗旨，以人民本位、社会本位、权利本位为指导思想，权责分明、公正执法、民主高效、敢做敢当的新型政府。"

乡村振兴战略是党和国家在精准定位新时代中国特色社会主义的社会主要矛盾转化而提出的系统性的工程，其根本目的在于推动"三农"问题有效解决，增强人民群众的获得感、幸福感和安全感。而服务型政府的基本理念就是通过"为人民服务"达到"人民满意"。可以说，乡村振兴的价值理念与服务型基层政权组织的价值追求是一致的。因此，树立基层政权组织服务理念对于推动乡村振兴战略在基层的有效落实意义重大。

树立乡镇政府服务理念，关键是改变以往对乡村事务"管控"的行政理念和执政方式。在传统的治理模式中，乡镇政府通过强大的国家机器整合社会资源，通过权力命令和管控的方式处理乡村事务，更加强调硬性经济指标和上级行政任务，对于广大民众的利益诉求关注度不高。随着我国农村社会结构、农业生产方式、农民利益诉求和思想观念发生深刻变化，村庄空心化、农民兼业化、人口老龄化趋势更加明显。加之，乡村基本公共产品的供给不足，群众诉求表达渠道不通畅等问题，使得乡村社会不稳定因素大量存在。如果还是采取传统的"管制"思维来进行乡村治理，势必会造成乡镇政权脱离人民群众的问题，严重影响党和国家政策在基层的落实。《乡村振兴战略规划（2018—2022年）》中进一步提到了要"构建简约高效的基层管理体制"，就是要求乡镇政府要切实转变"全能型政府""管制型政府"的治理理念，通过一系列"瘦身"动作来更好地为人民服务。要推动形成以人为本、执政为民的工作理念，治理工作要接地气、通下情，想群众之所想，急群众之所急，解群众之所忧，在服务中实施管理，在管理中实现服务。这就要求乡镇政府的一切工作成效要以人民群众的实际获得感、幸福感和安全感为衡量标准。必须尊重人民群众的主体地位，切实实现好、维护好、发展好最广大人民的根本利益。

（二）推进基层政权组织职能转变和"放管服"改革

在乡村振兴构建的现代乡村社会治理体制中，政府起的是主导作用。而有效发挥主导作用的关键在于乡镇政府职能的转变。习近平总书记在党的十八届二中全会第二次全体会议上的讲话中提出：转变政府职能是深化行政体制改革的核心，实质上要解决的是政府应该做什么、不应该做什么，重点是政府、市场、社会的关系，即哪些事应该由市场、社会、政府各自分担，哪些事应该由三者共同承担。当前国家紧紧围绕使市场在资源配置中起决定性作用和更好发挥政府作用，深入推进简政放权、放管结合、优化服务的"放管服"改革，这对增强政府治理体系和治理能力现代化、激发乡村振兴的活力具有重要的现实意义。

在乡村振兴战略推进过程中，基层政权组织要简政放权，以"放"产生乡村振兴的活力和动力。对涉及乡村振兴有关行政审批项目、涉农收费项目、不合理的市场准入条件等进行进一步审查，能取消的尽量取消，达到"放到底""放到位"的目的，从而激发市场和农民群众振兴的活力。要打破部门之间的隔阂，改变各自为政的局面。乡村工作看似比较简单，但实际上是牵一发而动全身，涉及国土、城建、农林业等各个部门，但由于长久以来的政府职能转变不到位，部门之间的协同机制并不健全，很多时候都是"各扫门前雪"。因此，政府机构之间以国家利益、整体利益为重，以围绕中心、服务大局的意识落实好乡村振兴战略，建立起部门间的经常性协同制度，通过组建跨部门的联席会议机制，来促进相关政策的有效衔接，减少部门之间的政策执行障碍。要创新执政方式，重新定位治理的角色，将重心从抓事务管理转向提供公共服务、乡村治理、环境保护、文化教育等职能上来，通过专业化、高效率的服务来密切党群干群关系，推动乡村振兴战略不断向前。要不断创新干部的考核方式，鼓励乡镇干部主动作为，打破原有的"围墙意识""权威意识"，与时俱进增强自己的服务意识、公众互动意识，通过引入群众打分的考核机制，让基层政权组织真正行使好手中的权力，提高工作效率和服务水平。

（三）创新推进政务公开的制度机制

基层政务公开是指基层政府部门将正在筹划或正在准备的各项工作，如基础设施建设、乡村道路改造、农村教育、医疗保健、乡镇事务等工作内容分类向社会公开，并对上述工作的内容、进度以特定的途径予以公布。政务公开是保障公民知情权、参与权、表达权和监督权的具体形式，也是加强对基层公权力制约与监督的一项制度性安排。政务公开体现了立党为公、执政为民的宗旨，有利于从源头上防治腐败，真正地实现好、维护好和发展好最广大人民根本利益。目前，中央和地方各级政府都在积极地推行政务公开，也取得了一定成效，这对于建设法治型政府、服务型政府具有很好的促进作用，但由于我国的政务公开建设处于初期阶段，在实践过程中还存在着较多的问题，尤其是在基层政府方面，政务公开的制度机制还没有建立起来，实际运作中与广大人民群众的期待相比还有着一定差距。网站信息公开不及时、不充分，发布的内容看不懂、缺解读，回复诉求的速度慢、渠道少等问题，是基层政府政务信息公开的突出表现。为了让群众对政府行政工作看得到、听得懂、易获取、能监督、好参与，2016 年中共中央办公厅、国务院办公厅印发了《关于全面推进政务公开工作的意见》，提出了各级政府要坚持以公开为常态、不公开为例外，推进行政决策公开、执行公开、管理公开、服务公开和结果公开，切实满足群众需求。针对基层政权组织直接联系服务群众的实际，2017 年国务院办公厅又印发了《开展基层政务公开标准化规范化试点工作方案》来进一步提高基层政务公开的针对性、实效性。

乡村振兴战略在基层有效推进是一个系统性工程，涉及农村发展的方方面面。为了更好地让广大农民了解党和国家的大政方针，建设人民满意的服务型政府，提高群众政治参与度，基层政府需要通过政务信息公开建立起与群众之间的沟通渠道，形成乡村振兴的民众合力。

要转变基层政权组织的政务公开观念，将政务公开作为常态化工作，主动、及时地将乡村建设信息等向全社会公开，提高权力运行的透明度。

要加快推进权力清单、责任清单、负面清单公开。通过清单方式，明晰政府部门掌握的公共权力，并将权力的使用范围等公之于众，进一步促使政府规范履职行为，严格按制度办事。同时通过权责清单的梳理，可以有效确保公开事项分类科学、名称规范。

要进一步规范政务公开工作流程，加强基层政权组织对乡村振兴政策的解读力度，通过群众喜爱的语言深入浅出地讲解政策背景、目标和要点，同时要做好推动发布、政策解读、需求回应有序衔接，实现决策、执行、管理、服务、结果全过程公开。

要不断创新政务公开方式，探索以"互联网+"推进乡村治理现代化。基层政权组织要立足直接联系服务群众的实际，结合各部门各行业特点，积极探索高效、便捷的公开方式，加快推进政务公开平台标准化规范化。在有条件的基层地区，可以探索把政务公开与网络行政审批改革结合起来，通过互联网新媒体的使用，全面提高政府门户网站公共服务水平和综合办事能力。同时要利用好政务微博、微信等社交媒体，灵活发布政务信息，及时、准确公开影响群众权利义务的行政行为和服务事项，让群众看得到、听得懂、易获取、能监督、好参与。

三、建设人民满意的服务型基层政权组织

（一）加强基层政权组织的服务能力建设

在实施乡村振兴战略的主战场上，基层政权组织是前沿阵地。它既是基本的乡村治理单元，也是促进农业生产、保障农民生活的基本单元。在大力实施乡村振兴战略

的大背景下，基层政府的办事能力、行政理念、服务态度直接影响着广大人民群众对基层政府的认可度和满意度。因此，建设服务型基层政权组织，增强基层政权组织的服务能力，对于建设美丽乡村、满足群众的服务需求、促进社会和谐、助力乡村振兴战略、实现乡村善治之路意义重大。

2017年，中共中央办公厅、国务院办公厅印发了《关于加强乡镇政府服务能力建设的意见》，为加强乡镇政府建设、提升乡镇政府服务效能、推进基层治理体系和治理能力现代化提供了重要遵循，进一步明确了乡镇政府的公共服务职能：一要不断优化乡村基本公共服务资源配置，积极推进基本公共服务均等化，在乡镇基础设施建设、公共服务项目和乡村社会事务发展方面要加大支持力度，推进城乡基本公共服务一体化，可推动和培育一批乡镇政府基本公共服务标准化试点项目。二要明确基层政府职能定位，"尽量减少没有实际成效的达标评比活动和过多的'一票否决'，减轻乡镇干部工作负担和压力，使乡镇干部真正把主要精力放在为人民服务、为民办实事上"。三要增加乡镇政府经费投入，为乡镇政府有效完成其职责提供切实的财政保障。上级机关对乡镇政府涉及乡村振兴任务所需开支给予专项经费支持，防止乡镇政府开支无门。四要完善基层政府的财政事权与支出责任相匹配的财政管理体制，改进乡镇财政预算管理制度，防范和化解乡镇的债务风险。乡镇政府要积极整合乡镇资源，大力培植乡镇经济增长点，引导和鼓励农民参与到乡村振兴热潮之中，增强政府富民服务能力。

（二）进一步完善乡村便民服务体系

乡村便民服务体系建设是《乡村振兴战略规划（2018—2022 年）》中乡村治理体系构建计划的重要内容，也是基层政权组织转变作风、改变为民服务方式、提高办事效率的有力举措。以往群众去政府办事普遍觉得"门难进""手续多""事难办"，跑几次都不一定能把事办成，严重影响着政府在人民群众心中的形象。《乡村振兴战略规划（2018—2022 年）》提出：在村庄普遍建立网上服务站点，逐步形成完善的乡村便民服务体系。这就要求基层政权组织要不断创新服务模式，增强基层人民群众办事的便利化，努力提升人民群众的获得感、幸福感和安全感。

要结合农民群众的实际需求，整合服务资源，探索新型服务模式。通过积极打造 15 分钟便民服务圈，让老百姓在"家门口"就能解决在乡村文化教育、农业科技、医疗卫生、社会保障、就业等方面的需求，真正将公共服务送到田间地头，提高人民群众的满意度。全面加强乡村两级便民服务中心和便民服务室建设，形成"一趟不用跑"

和"最多跑一趟"的办事制度。积极探索以信息化推进乡村社会治理现代化，实施"互联网+农村社区"计划，建立基于互联网的"一门式办理""一站式服务"的基层综合服务平台，引导群众通过手机 APP 或扫描二维码实现网上事务的申请与办理，以网络信息化助推乡村振兴。深化专业化项目服务帮办模式，通过在乡、村两级便民服务中心和便民服务室设立综合代办窗口，便于专职代办帮办人员和乡村服务志愿者完成便民服务。为了促进代办帮办服务的发展，各地还要根据实际情况，尽快出台乡村便民服务中心代办工作制度，使之制度化、规范化。要开展常态化的督促检查工作。通过定期或不定期的检查，对乡村便民服务的成效进行绩效评估，促进乡村便民服务体系良性建设。

（三）建立农村公共服务的多元供给机制

农村公共服务是我国公共服务供给体系的基础层面和关键环节，也是有效推进乡村振兴战略的基础性工作。《乡村振兴战略规划（2018—2022 年）》着眼于当前社会主要矛盾的转化，提出了以解决突出民生问题为中心的五个主要供给方向，即按照城乡公共服务均等化的要求，促进公共教育、医疗卫生、社会保障、养老、灾害防治等资源向农村倾斜，逐步建立健全全民覆盖、普惠共享、城乡一体的基本公共服务体系。当前、我国农村公共服务供给模式中政府单一提供农村公共服务供给是最为常见的。但事实上，政府的供给能力是有限的。随着乡村社会结构的不断演变，农民群众对各类服务的需求也日益呈现出多层次、差异化特征。加之各乡村的历史、地理、人口和体制等复杂原因，完全依靠单一的政府公共服务供给模式显然是不够的。因此，推进乡村振兴战略，需要形成以乡镇政府为供给主体，多方力量积极参与的农村公共服务多元主体供给体系。多元主体供给不是削弱基层政权组织的主导地位，而是肯定政府作为公共治理核心和主导的"元治理"作用，充分发挥市场、社会、农民等多元主体的力量，以乡镇政府为平台，整合多方力量，形成乡村振兴与发展的合力。

第四节　让社会协同成为乡村振兴的建设性力量

《乡村振兴战略规划（2018——2022 年）》强调，实施乡村振兴战略，要搭建社会参与平台，加强组织动员，构建政府、市场、社会协同推进的乡村振兴参与机制。"现代社会治理需要政府力量管理、社会力量服务、群众力量自治，其分别发挥'他治、辅治、自治'作用，形成'政府主导治理、社会参与治理、群众融入治理'新格局。"其中社会介入乡村振兴的主要方式就是社会组织的积极参与。社会组织的主要目标是服务于农村社会、经济、文化建设，为广大农民谋取福利、提供便利。因此，在乡村组织振兴中一定要发展壮大社会组织，重视乡村社会组织的培育与振兴，通过发挥社会组织的自身优势，为乡村振兴提供建设性力量。

一、构建社会组织参与乡村振兴的有效机制

（一）社会组织参与乡村振兴战略实施的意义

"治理有效"是新时代全面实施乡村振兴战略的关键环节和重要保障，但"治理有效"这一目标的达成仅靠政府是远远不够的，因为政府在公共资源配置过程中会出现"失灵"的情况，并且政府部门在提供公共物品时缺乏竞争机制，效率低下，使基层的有效治理难以充分达成。营的十九大报告提出："转变政府职能，深化简政放权，创新监管方式，增强政府公信力和执行力，建设人民满意的服务型政府。"建设服务型政府的重要任务之一就是把那些政府管不了、管不好、管不到、不该管的事情坚决地剥离出来，通过培育发展、孵化支持、购买服务等多种机制，大力促进多种形式的社会组织的形成，鼓励公共服务供给方式创新，推动社会组织积极参与到公共服务和社会管理等公共事务中来，从而形成政府与社会协同治理的新格局。

社会组织参与到乡村振兴中有着特殊意义。具体来说，社会组织可以提供多样化的公共服务。首先，社会组织自诞生之日起就有着贴近基层的天然基因，其创新灵活、专业高效的组织优势，能够协调和调动更多的社会资源来支援乡村的发展，满足乡村振兴过程中资金、人才、技术等方面的需求，成为政府在乡村振兴过程中的有力帮手，减轻基层政府的治理压力。其次，社会组织能够有效推进农村基本公共服务均等化。党的十九大报告提出要建立健全城乡融合发展体制机制和政策体系，加快推进农业农村现代化。推进农业农村现代化基本要求就是逐步实现基本公共服务均等化。受制于长久以来的城乡二元结构，乡村与城市之间在基本公共服务方面的差距不断拉大，并日益成为制约乡村振兴有效实现的主要障碍。"农村社会组织是最能代表农民利益的群体，其参与基本公共服务供给有着坚厚的制度基础、理论基础和实践基础。"社会组织在乡村治理中可以有效地避免政府部门的行政干预，同时还可以针对乡村基层的实际需求提供专业高效的基本公共服务。最后，社会组织参与乡村振兴有利于营造支持和帮助乡村发展的良好氛围。当前乡村基层中社会组织的构成是多方面的，社会组织的

广泛参与能够在全社会中营造良好的社会大环境，吸引更多的社会组织参与到乡村振兴建设中来。

（二）明确社会组织的类型及组织优势

政府和社会组织在基层社会治理上存在着优势互补的关系，社会组织是政府的伙伴，又是公益事业的补充。从协同治理理论的角度来看，社会组织能够从组织引导、资源供给、能力建设等多方面为社会参与提供支持，同时还可以有效弥补政府和市场在资源配置方面的不足，促进乡村社会的可持续发展。从组织形式和组织属性来看，当前我国乡村治理的社会组织包括半官方性质的群团组织、企事业单位、一般社会团体、协会等。此外，民主党派及无党派人士作为社会参与的民主力量，也是乡村振兴的重要协同主体。

在优化乡村治理的过程中，应深入分析不同社会组织的性质、职责范围，并利用一定的规范引导社会组织发挥自身的优势，体现分类治理的优势。以共青团、工会、妇联等为代表的群团组织，在乡村基层治理中既具有党和政府赋予的体制身份，又具有群众性明显的社会属性。《中共中央关于加强和改进党的群团工作的意见》明确指出，群团事业是党的事业的重要组成部分，是创新社会治理和维护社会和谐稳定的重要力量。因此，在乡村振兴过程中，要支持群团组织依法参与社会事务管理，发挥群团组织在社会协同中的政治引领、示范带动和联系服务的天然优势，通过去行政性不断增强其乡村治理的服务性、公益性和社会性。企事业单位作为专业性的组织，在乡村振兴中起着技术服务、资金引进、理念更新的重要作用，要引导企事业单位发挥其专业力量，通过合作参与、协同参与、援助参与的方式助力乡村振兴。要不断完善企业社会责任的考核与激励机制，构建起常态化的乡村治理参与模式。一般社会团体和协会的最大特点是以公共事务治理、共同利益追求为目标，该类社会组织贴近基层，能够有效地表达群众的意见，同时其高度的组织性还可与有关方面建立对话、协商和沟通机制，减少社会非理性行为的发生。统一战线是我们党凝聚人心、汇聚力量的政治优势和"法宝"，历史实践证明民主党派和无党派人士在民主监督、智力支持和示范带动方面发挥了巨大作用，发挥乡村振兴中的社会协同，要创新基层统战工作方式，结合民主协商制度，凝聚社会力量，助力乡村振兴战略深入实施。

（三）推动社会协同的制度化与法治化

"社会协同治理机制的制度化与法治化是确立社会协同治理模式的根本保障。"党的十九大报告提到，加强社会治理制度建设，提高社会治理社会化、法治化、智能化、专业化水平。因此，发挥社会组织在乡村振兴中的协同力量，就必须加强社会协同治理的制度化和法治化建设。在乡村组织振兴过程中，推进社会协同有效开展，首先要厘清各社会组织参与乡村振兴的协同边界。现阶段，在乡村治理中基本形成了基层党组织、基层政权组织、村民委员会组织和各社会组织四者共存的主体结构关系，这在一定程度上打破了传统的政府单一治理模式。但是在具体实践过程中，以上四类主体由于各种原因，并没有形成有效的衔接，四类主体之间的职责界限不明确，而权责不明则会造成一种"有组织的不负责"问题，严重扰乱了乡村治理过程中的系统秩序。因此，在乡村振兴过程中要明确党组织、基层政权组织、村民自治组织与社会组织之间的角色定位，形成主体协同治理乡村事务的互补机制，充分发挥社会组织在公共服务、化解各种矛盾、整合社会资源、加强交流合作等方面的突出作用。

要加强对社会协同模式的立法，将社会协同治理过程中的合理机制转化为制度性成果和法律性规定。通过"顶层设计"与"基层探索"之间的良性互动，肯定社会组织在乡村振兴实践中的合理成分和合法性地位，鼓励他们参与到乡村振兴之中。实践证明，与政府和市场相比，各类社会组织在提供农村公共服务和基层社会治理时具备贴近基层、灵活创新、专业高效的比较优势。此外，要进一步解决改善社会组织参与治理时的制度障碍，如社会组织准入制度、财政投入制度等不合理要求，从根本上解决限制乡村振兴协同治理工作的客观因素。同时，要完善各项配套制度，形成体系化的保障制度，尽快建立起社会组织协同治理的责任分担机制、合作动力机制、平等协商机制、利益平衡机制、信息共享机制和监督评估机制，确保社会组织在乡村振兴中真正发挥建设性力量。需要指出的是，在乡村振兴中推动社会组织参与，必须坚持党的领导这一重要原则，只有坚持党的领导，才能有效整合各方参与力量，把握好乡村振兴参与方向，维护好乡村振兴参与秩序，优化社会参与效果。

二、增强社会组织参与乡村振兴的内在动力

（一）不断加强社会组织专业化能力建设

社会组织专业化能力是指社会组织为了实现既定的价值理念和组织目标，通过发挥自身的专业优势，有效管理和利用各类资源，为社会提供公益性产品与专业化公共

服务的能力。"打铁必须自身硬",社会组织参与乡村振兴除了需要政府部门在制度设计和政策扶持上给予保障之外,自身的专业化能力建设也极其重要。但从近年来社会组织在我国的发展状况来看,其独立性及专业化能力与乡村社会不断增长、日益多样的服务需求仍有较大的偏差。因此,社会组织要不断提高自身的专业化服务能力,为乡村治理的有效开展提供专业化力量。

1.明确自身的服务定位,保持社会组织的独立能力

社会组织在乡村治理中良性运行,其独立性是关键,但当前由于大多数社会组织的资源来自党政部门,加之"全能政府"观念的影响,社会组织的发展缺少应有的民间性、社会性和公益性,对政府部门的依赖过于严重。而乡村振兴战略强调了政府、市场和社会之间的有序协同,这就要求社会组织必须明确目标定位,处理好与政府部门之间的关系,保持自身的独立参与和乡村公共服务供给主体的角色。

2.不断完善内部治理,提高自身专业化能力

社会组织能力建设是推动公共服务效能提升的根本驱动力。加强社会组织能力建设要完善组织的法人治理结构,引入科学的决策机制、运行机制、组织保障机制和监督、评估机制,增强社会组织运行的透明度。加强社会组织能力建设要重视组织文化,树立正确的社会参与价值观、强化使命意识,不断提高社会组织的公信力。加强社会组织能力建设要推进职业化队伍建设,不断吸引优秀人才到社会组织中就业,通过加大专业化人才的培养力度,逐步形成人才引进和人才成长的机制,通过提升从业人员的素质和能力,促进社会组织不断提升自我管理和服务的水平。

3.提高筹资能力

目前我国社会组织普遍面临的困难是资金匮乏,除了群团组织、企事业单位和少数社会组织外,多数社会组织并没有太多的资金来源,其社会服务的运行能力相对较弱。因此,在乡村振兴过程中,发挥社会组织的建设性力量就要不断提高社会组织的筹资能力。可在保持独立性的前提下建立与政府的良好合作,通过自有申报项目、PPP项目模式或承接政府购买服务项目来争取资金支持。要积极地拓宽筹资渠道,通过提升自身的经营管理能力、增强社会服务水平来争取企业和个人等社会性资金支持。

（二）积极推动政府购买公共服务工作

2018 年财政部公布的《政府购买服务管理办法（征求意见稿）》指出：政府购买服务，是指把属于政府职责范围且适合通过市场化方式提供的服务事项，按照一定的方式和程序，交由符合条件的社会力量和事业单位承担，并由政府根据服务数量和质量及合同等约定向其支付费用的行为。政府购买服务是促进政府管理职能变革、有效盘活社会资源、促进政府公共服务管理能力提升的重要方面。在乡村振兴过程中，积极推动政府购买公共服务有利于提高乡村基层的公共服务供给质量和资金使用效率，有效改善乡村治理结构，满足广大村民的多元化、个性化需求，同时也是积极建设人民满意的服务型政府的集中体现。

在具体实施过程中，要明确政府购买在农村公共服务中的角色。顾名思义，政府购买是一种较为明显的"委托代理"关系，遵循的是购买方与承接方之间的契约协议，而不是管理者与被管理者之间的上下级关系。这就需要政府不断提升其科学化统筹安排与系统化规范管理的社会治理能力和治理水平，突破政府公共服务管理的既定思维，厘清政府购买公共服务全流程中的权利边界与责任清单。首先，要根据乡村公共服务的类型、需求等确定乡镇政府的购买范围、成本和质量标准，科学地划定购买农村公共服务的指导性名录和市场准入清单等，以明晰政府在公共服务购买上的权、责、利，明确"买什么"的问题。其次，要进一步规范社会力量承接公共服务的资质认证等，出台政府购买服务的市场准入清单，构建科学有序、透明公正的公共服务购买环境，解决好"向谁买"的问题。再次，要创新政府购买公共服务的模式，秉承公正、公平、公开的原则，通过市场化的运作方式进行公开招标、有序竞标、竞争性磋商、网络化采购询价等方式，鼓励社会组织加入公共服务供给之中，通过多样化购买模式来理顺"怎么买"的思路。最后，不断完善政府购买公共服务的制度化体系，确保乡村所需的公共服务"买得值"。乡镇政府要在购买公共服务项目之后，需要认真履行监督职责，对项目实施过程中的资金使用、项目进度等进行定期和不定期的检查，同时当项目结束后，要加大对购买服务的绩效评估，可邀请专家学者、专业评估机构等对其经济性、规范性、效率性和公平性开展评价。

（三）拓宽参与乡村振兴实践的具体方式和领域

随着党和国家对社会组织在参与社会治理中地位与作用的认可，社会组织正以其独有的功能和作用不断适应并满足基层社会治理的各种需求。但从实践情况看，社会组织在参与乡村社会治理时存在着被动式参与的问题。很多基层社会组织往往是在乡镇政府或村"两委"预设的政策框架下进行活动，仅仅是协助基层政府部门开展简单的公益性服务，具体的参与方式仅局限于自上而下的被动参与，缺乏主动协作精神。因此，社会组织在乡村振兴中发挥力量，一定要发挥社会组织紧密联系基层以及专业灵活的组织优势，通过建立起良好的自下而上的问题发现与反映机制，准确把握基层民众在生产生活过程中真实而迫切的需求。同时，为了增加组织活力，社会组织不能仅仅停留在简单、被动地回应农村居民现实需求，而是要主动地发现潜在需求，增强对参与治理的乡村的归属感和责任感，通过主动参与实现乡村振兴的有机协同。在参与方式上，社会组织还应重视与其他社会组织之间的协作，减少各自为政、各管一摊的问题，通过多部门多组织联合服务，使农民群众将困难解决在家门口。要积极创新参与形式，推动"互联网+社会组织"的模式，建立社会组织数据管理和数据共享机制，实现不同层级、部门间信息互通，打破"信息孤岛"。引导社会组织提升信息化服务能力和互联网传播水平，积极稳妥运用互联网和新媒体发声，推动品牌建设与传播。

乡村治理涉及的范围非常广泛，包括农业发展、基础教育、医疗卫生、公共服务、扶贫减贫、乡村安全、环境资源保护、乡村文化等。社会组织参与的活动是其作为乡村治理主体之一发挥治理功效的实践性基础。从目前社会组织参与领域来看，存在着参与领域单一且同质性较高的问题。社会组织的特性之一是公益性，社会组织在参与乡村治理时更多是选择如基础教育、助残、扶贫等公益性活动作为自身的参与内容，但涉及农业发展、乡村安全、生态保护、乡村文化、民主政治等领域的参与内容则相对较少。此外，随着社会组织数量的不断增多，社会组织的同质性也越来越强，相同的服务领域、相同的服务对象、相同的服务方法甚至相同的服务区域的社会组织越来越多，一定程度上造成公共服务资源的浪费。因此，社会组织在乡村振兴中发挥力量，需要进一步增加乡村治理的参与内容，不断发现乡村民众的多元化需求，通过开发新的服务项目，提供乡村社会参与的差异化服务，形成社会组织的品牌项目。

三、多举措促进社会组织发挥协同力量

（一）大力培育专业性农村社会组织

党的十九大报告指出："中国特色社会主义进入新时代，我国社会主要矛盾已经转化为人民日益增长的美好生活需要和不平衡不充分的发展之间的矛盾。"这里的发展不平衡最突出的问题是城乡发展不平衡、区域发展不平衡，而主要矛盾中的发展不充分

更多是指乡村发展不充分，受发展不平衡不充分影响最大的是农民。当前，农村社会组织涉及的领域呈现多元化趋势，并日益成为乡镇政府、村民委员会与乡村居民在乡村社会治理中沟通联系的中介。从中国目前的国情和发展形势来看，农村社会组织普遍存在着同质性问题，已经不能满足广大农民群众日益增长的美好生活需要，急需推进农村社会组织向精细化、专业化方向转变。

要突出重点，差异化培育农村社会组织。根据不同农村的实际发展和群众的迫切需求情况，适当地变换培育方法，对那些与农民群众生产、生活息息相关的农村社会组织予以重点培育，鉴于当前农村社会组织发展现状，应大力培育公益型、服务型、互助型等专业性社会组织。对于公益型农村社会组织，我们要着力培育其扶贫济困、助残养孤的功能，进一步增强平等、博爱、共享的社会公益意识。对于服务型社会组织，我们要着力培育其保障居民基本公共服务的能力，重点关注社会组织在农村养老、教育、科技、文化、卫生、体育、环保、法律等方面专业化服务水平，提高农民群众生活水平。对于互助型社会组织，我们要着力培育其增强发展农村经济、发挥村民自治性的功能，体现出村民之间互相帮助、共同发展。通过对不同类型社会组织的指导和重点培育，实现农村社会组织发展的整体推进，充分发挥农村社会组织在乡村振兴中的重要作用。

（二）激活社工和农村志愿者服务力量

积极发展农村社会工作和志愿服务是《乡村振兴战略规划（2018—2022 年）》多次提及的重要工作要求，这将为开展社会工作者和志愿者参与乡村振兴提供最好的制度保障。实施乡村振兴战略，推动乡村有序发展，专业化人才是关键，在乡村组织振兴过程中，需要专业化队伍的有效推进。当前，由于农村优质劳动力不断流出，乡村空心化现象日益凸显，而借助社会工作者和农村志愿者的服务力量，有利于重建乡村社会资本和社区支持网络，使农村发展恢复活力。社会工作"是以科学的理论知识为基础，以社会发展需求为问题意识，对社会发展过程中产生的社会矛盾具有明确的专业性视角，因此社会工作参与乡村振兴具有自身的专业优势"。各社会组织中的志愿者往往来自不同的阶层，他们的知识背景、专业能力各不相同，其平等、博爱的价值理念促使他们愿意在农村产业发展、乡村建设、乡村基层治理等方面发挥建设性作用。因此，在乡村振兴建设过程中，一定要重视激活社会组织中的社会工作者和农村志愿者的服务力量。

推动组织振兴，要在乡村设置更多的基层社会管理和公共服务公益性岗位，通过支教、支农、支医、乡村扶贫，以及乡村的法律援助、就业援助、文化科技服务、养老、助残等岗位的设置，吸引社会组织中更多的社会工作者和志愿者加入乡村治理之中。要积极构建以农村社区工作为核心的乡村振兴介入模式，通过社会调研，科学把握乡村的差异性，准确预估乡村社区的发展形势，提出有针对性的乡村治理方案。要培养社区居民的参与意识和能力，发动和组织居民参与集体活动，提高社区的社会福利水平，有步骤地解决社会问题。要通过社会工作者和志愿者驻村，盘活用好乡村社区资源，搭建好政府、市场、社会等各主体之间的桥梁，协助各类资源的有效对接与转化。

（三）整合智库及民主党派等咨政建言的协同力量

在乡村组织振兴过程中，具有人才和科技优势的高校、科研院所等智库机构也应该成为社会参与乡村振兴的重要力量。2013年4月，习近平总书记首次提出了"中国特色新型智库"的建设目标，并将智库发展看作国家软实力的重要组成部分，从此，各领域的智库建设被提升到了国家战略的高度。2015年1月，中共中央办公厅、国务院办公厅印发了《关于加强中国特色新型智库建设的意见》，指出要发挥中国特色新型智库咨政建言、理论创新、社会服务等重要功能。在乡村振兴过程中，以高校和科研院所为主体的乡村智库是一类较为特殊的社会组织，他们是农业农村知识溢出的重要辐射源和信息的"服务源"，拥有覆盖农林牧渔业和加工流通业等多领域的专家及大量的知识储备，能及时准确地收集外界各种农业科技信息，为乡村治理提供理论和智力支撑。因此，发挥乡村振兴建设的社会协同力量就需要重视发挥乡村智库在乡村治理过程中的治理作用。要鼓励包括高校和科研机构等在内的乡村智库投身乡村振兴，建立乡村振兴专家决策咨询制度，组织智库加强乡村治理理论研究，积极争取研究机构在乡村建立研发基地、科技平台等。建立起乡村智库之间的联动机制，促进不同智库之间的资源共享，提升乡村现代化治理水平。同时要促进乡村振兴国际交流与合作，总结我国乡村振兴经验，为世界贡献中国智慧和中国方案。

实现乡村振兴过程中社会组织的参与，还需要建立最广泛的统一战线，充分发挥民主党派和无党派人士的积极性，找准民主党派在乡村振兴中发挥作用的着力点，力争更好更快实现乡村振兴战略。民主党派和无党派人士是各行各业的优秀分子，政治素质高，业务素质精，与社会各阶层有着广泛的联系，是我国社会主义建设的重要力量。因此，要组织教育、科技、文化、卫生等各界党外知识分子等围绕现代农业发展、农村集体产权制度改革、生态宜居美丽乡村建设、发展农村集体经济、乡村治理改革、脱贫攻坚等乡村振兴中的重大问题，多搞实地调查，多做深入思考，多谋发展之路，多献务实之策。要继续发挥民主党派在乡村振兴中基层民主协商作用，推动基层乡村治理过程中决策更有科学性和可操作性。民主党派要利用自身社会基础好的优势，搭建一系列乡村振兴服务平台，为深入贯彻落实乡村振兴战略贡献力量。

第五节　村民自治实践推动乡村组织振兴

村民自治是我国民主政治制度的重要组成部分，是村民实现自我管理、自我教育、自我服务和自我监督的制度。作为改革开放以来我国农民的三大创造之一，村民自治在农村经济建设、政治建设、文化建设、社会建设、生态建设诸领域取得了巨大成效。党的十八大以来，习近平总书记就推进社会主义基层民主政治建设提出了一系列重要论述，多次强调要坚持和完善基层群众自治制度，创新村民自治的有效实现形式，通过民主协商、村民监督等，充分发挥村民在乡村振兴和乡村管理中当家作主的主人翁作用，真正做到让农民自己"说事、议事、主事"，有效促进乡村振兴实施过程中乡村治理体系的构建。

一、完善党组织领导下的村民自治机制

（一）明确村民自治在乡村振兴中的战略地位

推动国家治理体系和治理能力现代化，是决胜全面建成小康社会、实现社会主义现代化和中华民族伟大复兴的重要任务。乡村振兴，治理有效是基础。要加强农村基层基础工作，健全自治、法治、德治相结合的乡村治理体系。作为乡村治理体系核心内容的村民自治是我国民主政治制度的重要组成部分，是实施乡村振兴战略的重要内容，也是对实现国家治理体系和治理能力现代化的重大战略部署。

农民是乡村振兴的主体，也是乡村振兴战略的直接受益者，必须把农民群众的积极性、主动性和创造性充分调动起来，让农民自己的事情自己作主。村民自治组织作为村民自我管理、自我教育、自我服务和自我监督的重要载体，其广大的自治空间和丰富的自治内容将有效推动乡村振兴战略的实施。但从现有的村民自治实践来看，农村基层干部和部分村民对村民自治的认识还不够充分，村民自治仍停留在喊口号阶段，

没有真正落实到位。一些乡镇党政干部还没有明确"乡政"与"村治"的关系，对村务由过去的领导地位变成现在的指导地位不习惯，没有切实转变工作方式和工作作风。对于村委会和村民来说，集体经济实力的匮乏以及民主观念不强、主体意识淡薄、参与热情不够，也制约了村民自治在广大乡村的开展。因此，推动村民自治组织的发展，就需要明确村民自治在乡村振兴中的战略地位，自觉将村民自治作为乡村治理的重要抓手。

要明确村民自治在乡村各类基层组织之间的协调作用。乡村振兴是一个系统性工程，涉及农村工作的方方面面，也牵涉促进农村发展的各级各类组织。村民自治是基层党组织领导下的村民自治，村民委员会作为村民自治组织体现村民意志，实现村民意志，按照村民意志处理集体经济组织、合作社、工商企业等各类经济社会组织之间的关系，以维护广大村民的合法权益。要明确村民自治在乡村治理中推动农村基层民主政治建设的作用。村民自治能调动广大村民参政议政的政治热情，使其在参与民主实践活动中提高民主素质，形成学法、知法、懂法、守法和依法办事、依法自治的好风气。要明确村民自治在政府和市场之间的纽带作用。党的十九大报告明确提出：使市场在资源配置中起决定性作用，更好发挥政府作用。农村经济如何发展，如何优化配置农村资源，根本是靠市场，关键是靠政府，核心要靠村民自治。村民自治能有效组织村民依法发展各种形式的合作经济和其他经济，服务和协调本村生产活动，在经济运行和资源配置中发挥重要作用，在市场和政府之间做好"桥梁"，当好"润滑剂"，促进农村生产建设和经济发展。

（二）加强村民自治能力建设

村民自治是广大农民群众在村委会的组织下，按照一定的规则直接行使自我管理、自我教育、自我服务和自我监督等民主权利的制度形式。村民自治的核心内容是由民主选举、民主管理、民主决策、民主监督构成的"四个民主"。村民自治能力具体指的就是村民自治的"四个民主"能力。由于我国农村经济文化的长期落后，村民的主体意识没有得到显著增强，参与村民自治活动的程度还比较低。多数村民包括一些村干部不能正确理解村民自治，对乡村治理知识的缺乏，使他们对村民自治制度和现行农村政策认识不清，民主选举中的贿选、拉选票问题、民主管理中的不到位、民主决策的一言堂，主观随意、民主监督的流于形式，都削弱了村民及村委会的自治能力。

从当前的村民自治实践来看，村民总体素质的高低和自治能力的强弱是制约村民自治有效实现的关键因素。近年来，随着人口流动的不断加快，城市对乡村中精英群体形成了巨大的拉力，村民自治中参与村务管理的村民整体素质也不断下降。因此，在乡村振兴实践中要将提升村民自治能力作为一项重点工作进行推进。

加强村民自治能力建设，要强化基层党组织建设，提高组织凝聚力和领导力，落实"三会一课"、支部主题党日、组织生活会等制度，提高党员的教育管理水平。扩大基层党组织覆盖面，着力解决基层党组织弱化、虚化、边缘化的问题。推动村党支部书记通过选举担任村委会主任、农村集体经济组织主要负责人，引导村民在党组织领导下开展自治活动。要不断壮大农村集体经济，强化村委会的服务功能，提高村民参与自治的意愿。集体经济是村民自治的重要财政支撑，也是实现农民增收、缓解农村社会矛盾的重要经济形式。实践证明，农村集体经济强，村民自治组织的服务功能越全面，村民参与自治的主动性越强。因此，推动乡村治理中的村民自治，关键要不断发展壮大农村集体经济，积极推进农村集体经济产权制度改革。要大力发展农村文化教育，提高村民的民主参与意识。

加大《中华人民共和国村民委员会组织法》的宣传力度，让农民真正懂得村民自治的内涵和具体规定，不断提高村民和村委会的治理能力。强化村委会建设，完善村委会选举制度。按照民主、平等、公开、竞争、合法的标准进行村委会民主选举，同时要加强村委会班子队伍建设，吸收医生、教师、大学生、回乡创业青年等能人参与到村委会管理之中，提高自治组织的整体素质。

（三）理顺村民自治与村党组织、乡镇政府的关系

村党组织和村委会是我国农村基层最为重要的两个组织，两者性质不同，功能各异，并存于同一农村社区之中，发挥着各自的乡村治理功能。按照《中国共产党农村基层组织工作条例》的要求，村党组织是党在农村的基础组织，主要发挥着政治引领、思想引领和组织引领的作用，是由党员大会选举产生的。在乡村治理中村党组织起着把方向、定政策、管全局的领导地位。村委会是依据《中华人民共和国村民委员会组织法》的规定，由村民民主选举产生，是村民自治运作的常设机构，也是基层群众性组织的典型代表。村民代表大会是村民自治的决策机构，村委会则是具体的执行组织，主要发挥着广大村民的自我管理、自我教育、自我服务、自我监督的作用，在乡村治

理过程中承担着办理本村的公共事务和公益事业、调解民间纠纷、协助维护社会治安、反映村民意见、向上级提出建议等方面的任务。

村委会是村一级村民自治的"行政机构"。对村级的土地、财产、账目以及村级经济的发展建设负有直接责任。在完成上级政府交给的各项法律、法规规定义务的同时，维护村级集体财产及广大农民的切身利益。村委会成员必须由村民自选和海选，除极特殊状态下，要限制和禁止上级党政机构的提名和派选；村委会重大决策必须通过村民大会，或村民代表大会；村委会的各项工作，必须定期地、经常性地向村民报告并定期接受村民以各种方式的监督、质询和检查，以保证村委会的工作真正切实地代表村民的利益。村民大会是村委会的最高、最权威的决策监督机构，村委会是其日常事务的执行机构。科学有效的村委会基层群众自治组织建设，使其能有效地代表广大农民各方面利益诉求。

村委会与村党组织的关系，实质是基层民主政治建设与党的领导的关系。随着村民自治的不断深入，整个农村基层社会的政治生活发生了较大的变化，但村"两委"之间的矛盾和冲突也逐渐凸显。在乡村治理过程中、村"两委"干部中存在"一把抓""争着管""两不管"的现象。由于村"两委"之间的职能、功能划分不清，村党组织过多干预了具体的乡村事务，挤压了村民自治的空间，加深了两类组织之间的矛盾。从乡村振兴的大背景来看，虽然村党组织和村委会的性质不同，但其根本目标是一致的，都是为了促进农村经济社会发展，更好地服务于广大农民群众的根本利益。

从村委会的性质来看，村委会并不是一级政府，也不是行政机关，是广大村民自发的群众性自治组织。按照《中华人民共和国村民委员会组织法》的规定，乡镇政府与村委会之间是指导与被指导关系，同时乡镇政府不得干预依法属于村民自治范围的事项。但现实中，乡镇政府过多介入村民自治，使村民委员会的行政化越来越严重，自治职能受到削弱，成为一个"为政府服务"的机构。而有些村民自治组织则过分强调村庄和村民的局部利益，大包大揽属于乡镇基层政府的行政职能，不接受乡镇政府的指导，自治权过分膨胀，基层政权组织的乡村治理难以有效实施。

有效推动基层群众性自治组织的振兴，就要厘清村"两委"以及村委会与乡镇政府之间的关系。要明确村"两委"的职能定位，从制度上合理划分村党组织与村民委员会之间的权力范围和职能，严格按照《中国共产党农村基层组织工作条例》和《中华人民共和国村民委员会组织法》的相应规定，明确各自的目标、任务、职责、工作流程。发挥党组织对村民自治所承担的支持与保障责任,专职于乡村振兴过程中的政治引领、思想引领和组织引领。要创新工作机制,建立乡镇政府和乡村自治组织之间合作治理农村公共事务的运行模式,明确指导与协助、服务与监督的关系。按照 2015年民政部、中组部下发的《关于进一步开展社区减负工作的通知》要求,有效解决村委会行政事务多、检查评比多、会议台账多、不合理证明多等问题,切实减轻村委会负担、提升村民自治水平。同时,要加强政府对村民自治业务的指导和制度保障,通过设置协调部门、配置专职人员、加大财政转移支付等,为村民自治的开展提供有利条件。

二、尽快形成多层次的基层协商格局

村民自治制度是一个具有规范性、程序性的协商讨论平台,在这一平台,广大农民通过协商对话的方式商议具体事务。为此,要建立健全基层协商工作机制,不断创新思维、扩展内容、规范程序,有效推进基层民主进程,助推乡村振兴战略的实施。

(一)拓宽协商范围和渠道

协商民主是我国社会主义民主政治的特有形式和独特优势,是扩大村民有序政治参与的重要形式,是在中国共产党的领导下,就与自身利益密切相关的问题进行有组织的议事,通过相关程序依法参与乡村决策和乡村治理的民主实践。2015年中共中央印发了《关于加强社会主义协商民主建设的意见》,对基层民主协商作出全面的部署:要按照协商于民、协商为民的要求,建立健全基层协商民主建设协调联动机制,稳步开展基层协商,更好解决人民群众的实际困难和问题,及时化解矛盾纠纷,促进社会和谐稳定。因此,在村民自治过程中,一定要善于拓宽协商范围和渠道,丰富协商内容和形式,保障人民群众享有更多更切实的民主权利。

要搭建基层协商议事平台,实现针对基层公共事务治理矛盾和问题在平等的议事平台上进行有效的沟通与交流。形成以村民会议、村民议事会、村民代表会议、村民小组会议、村民理事会、村民监事会等民主协商新渠道。要扩宽基层协商范围,重视吸纳利益相关方、民主党派、社会组织、驻村单位、乡村智库等主体参与基层协商,从制度上保证参与协商的各利益主体之间的平等对话,寻求最优解,寻找最大公约数。要合理利用新技术创新协商渠道和协商质量,基层民主协商的一个重要前提是信息的对等性，参与协商的议题和内容都应让参与者充分了解。可积极使用互联网等新媒体手段，突破协商的地域范围，让更多的利益相关方参与乡村民主建设进程之中。

（二）创新村民议事形式

目前，我国正处于全面深化改革的深水区和攻坚期，伴随着改革过程。一些深层次的社会问题及矛盾逐步凸显出来，传统的协商实践形式已然不能满足广大农民的协商诉求，亟须创新村民议事形式。《乡村振兴战略规划（2018—2022 年）》明确提到，要创新村民议事形式，通过创新基层协商民主实践形式，充分发挥基层人民群众的创新精神，能够提升基层协商民主的真实性及实效性。要积极引入村民议事会制度，进一步明确村民自治中决策权、执行权、监督权的组织定位，形成村干部领导、议事会决策、村委会执行、监事会监督的模式。

在创新村民议事形式上，要坚持因地制宜原则。在乡村振兴背景下，基层村民议事建设是一项种类多、地域性强、层次广的系统性工程，要充分考虑到地域特点，在"村民会议一两委议事"这条主线之外，需要广大基层群众通过对村民议事制度形式上不断完善与修改，逐渐形成符合自身村域特色、议事方式灵活多样、议事效果成熟有效的村民议事形式，积极引人"村民恳谈会""村民理事会""决策听证会"等多样的乡村社区议事方式。要发挥农民的创造性，让农民在村民议事中"唱主角"。注重实践经验提炼总结，并适时上升为制度规范。2018 年 7月，习近平总书记对实施乡村振兴作出指示："要尊重广大农民意愿，激发广大农民积极性、主动性、创造性，激活乡村振兴内生动力，让广大农民在乡村振兴中有更多获得感、幸福感、安全感。"近年来，在推进农村基层民主政治建设过程中，各地区农民群众广泛参与，形成了丰富的议事实践形式，如"民主恳谈会""四民工作法""四议两公开""青县村治模式"等，这些基层的有效探索和实践是当前我国村民议事创新形式的典型代表，推动着基层协商民主的深入发展。

（三）完善议事决策主体和程序

村民自治的有序发展，离不开权力平衡机制和监督机制来防止权力的滥用。村民会议和村民代表会议是村民直接参与村务管理的最高决策机构，也是平衡机制和监督机制的有效组织载体。深化村民自治实践，应在平等协商的框架内构建各类参与主体的公共理性，疏通基层政权、社会组织、村民之间关系的"梗阻"，进而完善议事决策主体及程序，确保村民自治的民主方向和农村基层民主的深入发展。

要明确议事决策主体，坚决维护以村民会议和村民代表会议为核心的议事决策机构。加快成立由村党支部成员、村委会成员、村务监督委员会成员、基层群团组织负责人和村民代表组成的村民议事委员会，明确村党支部书记为召集人。要重点抓好村"两委"班子队伍建设，充分发挥村党支部书记的主导作用，通过优化人才培养体系和选拔制度，来锻炼造就一批年富力强的优秀村干部，发挥其在村民自治中的骨干作用。要不断健全和完善党员代表议事制度，强化党员代表的主体作用，突出基层党员在村民自治中的战斗堡垒作用，由党员代表全程参与乡村发展重大事项的商议与决策。要优选议事的村民代表，对那些素质高、能力强、肯干事、有本领、有威信、热心为广大村民办事的群众要优先选拔，同时要对村民代表进行村民自治相关理论知识的专题培养，并对其进行群众自治知识的专题培训，不断提高代表的参政议政能力，让其成为村民利益诉求的传递者和代言人，架起村"两委"与群众之间的桥梁。

进一步完善村民议事决策的程序，提高议事决策的灵活性。要形成议事决策程序的规范化、制度化。只有议事决策的程序以制度的形式确定下来，整个议事决策过程才会有章可循、有序运转，也才能维护村民议事决策的严肃性和重要性。因此，要树立程序意识，按照提议、准备预案、提前通知、商议、审议、决议、决议公开和结果公开等环节进行，实现决策环节的精细化。但同时也要根据村务实际进行灵活调整，如在提议方式上，可探索村自治组织提议、村民联名提议、村民代表联名提议、党员议事会成员联名提议等不同类型的提议方式。在参议成员上，面对与群众利益最相关、最现实的问题，可以采取召开涉及村民小组的户代表来决议，让最直接的人来参加，而无须召集全村的村民代表大会来决议。在涉及党员代表的议事决策上，可根据需要让普通党员轮流来参加审议，而非局限于党员代表参加。在决议公开上，也可以采取多样化的公示方式，不再局限于在村委会进行公示。

三、创新村民有效自治的有效形式

（一）建立健全村务监督委员会

村民自治作为一种具有中国特色的基层民主形式，在维护社会稳定、促进农村经济发展和推动农村基层民主政治建设方面的成效巨大，已经深深植根于广大乡村社会之中。但随着乡村经济的不断发展、社会结构的日益变化，村民自治的发展也存在着一定的问题。"相对于民主选举而言，民主决策、民主管理、民主监督明显滞后，特别是在农村经济发展和村庄治理过程中，干部违法乱纪案件频发，引发群众的强烈不满。"村民自治中出现的问题严重损害了党在人民群众中的形象，也破坏了政府在乡村治理中的公信力。2017年中共中央办公厅、国务院办公厅印发了《关于建立健全村务监督委员会的指导意见》，提出各地要建立健全村务监督委员会，从源头上遏制村民群众身边的不正之风和腐败问题、促进农村和谐稳定。2018年中央一号文件也明确要求各级党委和政府要全面建立健全村务监督委员会，推行村级事务阳光工程，进一步从制度层面规范了"小微权力"在村民自治中的使用。

村务监督委员会是村民对村务进行民主监督的机构。重视村务监督委员会建设，加强村务监督，是乡村主体实现自治的重要体现。要突出监督重点。村务监督应紧紧围绕群众关注的热点及难点问题，并把村务决策、村级工程项目建设和村务公开作为监督重点，督促村"两委"严格执行村务决策和管理的制度，形成"以制度治村、按程序办事"的民主管理模式。尤其是对涉及村民切身利益的问题，村务监督委员会应定期开展审核，全程参与监督，确保村"两委"公开、公平、公正地行使权力，避免村干部侵害村民集体利益和以权谋私等行为。

要规范监督程序。村务监督委员会应广泛收集民意，规范地调查分析，严格监督落实工作，并进行有效的通报反馈，根据村务监督的不同内容，细化流程，规范操作。同时，在对村务公开的监督上，应围绕村务公开事前、事中、事后的环节，做到公开范围、内容、形式、时间、程序的科学性、全面性、准确性、及时性和规范性，让广大民众对公开效果满意。此外，要密切基层纪委监委与村委会的联系与指导，实行工作报告和评议制度。2018 年6 月 20 日，中央纪委国家监委明确表示，今后村委会、居委会将纳入监察范围。因此，村务监督委员会要定期向乡镇纪委汇报工作，每年向村民会议报告工作并接受检验。

（二）发挥自治章程、村规民约的作用

自治章程是指设立村民自治委员会的乡村，为了更好地行使自治权，规范自治行为，实现村民自我管理、自我教育、自我服务和自我监督，经过村民代表大会协商讨论通过的制度条款。村规民约是指基层群众在熟人社会基础上，根据日常生产与生活中形成的共同的价值追求和行为方式而约定俗成的社会规范，它是一种自发的公共性

规则。村民自治章程和村规民约都体现出了明显的契约性、内生性和规范性特征，都是村民自治制度的重要组成部分，是法律之外规范广大民众的道德准则，也是乡村治理的重要工具。

《中共中央国务院关于实施乡村振兴战略的意见》指出，要深化村民自治实践，发挥自治章程、村规民约的积极作用。为了指导各地区有序开展自治工作，推动形成多维度依法治理，不断提升乡村治理能力利治理水平，2018 年 12 月民政部、中组部等7个部门联合出台了《关于做好村规民约和居民公约工作的指导意见》，从总体要求、主要内容、制定程序、监督落实和组织领导等五个方面对村规民约和居民公约工作提出规范要求。可见，在乡村振兴战略背景下，重视村民自治章程和村规民约在村民自治机制的作用已经得到了政策制定者的高度重视。乡村振兴，治理有效是基础，秩序稳定是保障。因此，在践行村民自治推动乡村振兴过程中，要重视发挥乡村自治章程和村规民约的内在协调作用，充分发挥村民的积极性和创造性，有效保障村民的民主参与权，推进乡村治理体系积极建成。

有效发挥自治章程、村规民约的作用，首先，要坚持和加强党的全面领导。各级党组织在村民自治章程和村规民约的制定、实施、执行以及监督方面要进行全方位领导和把关，确保自治章程和村规民约体现党的意志主张，确保村民自治的正确政治方向。其次，要突出群众的主体性，体现广大村民主动性，充分发扬民主精神。必须坚持"一切为了群众，一切依靠群众，从群众中来，到群众中去"的原则。农民是村民自治章程和村规民约的制定者，更是践行者，要引导村民积极参与，在广泛征得民意的基础上，通过基层民主协商，制定或修订自治章程和村规民约、形成村民自治的最大公约数，让农民清清楚楚知道干什么，怎么干，什么该干，什么不该干，为实施乡村振兴战略奠定坚实的群众基础。最后，要坚持依法办事原则。村规民约是一种非官方农村居民自我认同的民间规范体系，是农民基于内在认同的自律性规范，体现为一种民间行为，在产生方式上具有自发性。民间行为的发生在一定程度上会涉及合法合规的问题。因此，自治章程和村规民约在制定程序、具体内容以及执行监督上要符合《中华人民共和国村民委员会组织法》的有关规定，厘清村规民约与法律、道德的关系，防止自治章程和村规民约代替法律。要结合村情实际，突出因地制宜，体现针对性和实效性。

十里不同风，百里不同俗。自治章程和村规民约要从各村实际出发，不千篇一律，不生搬硬套，从长治久安、环境卫生整治、经济发展、社会事务、群众工作等方面，科学系统地制定条约。此外，要针对乡村自治的新情况、新矛盾和新问题，与时俱进地修订自治章程和村规民约。此外，还要加大对村民自治章程和村规民约的宣传力度，通过顺口溜、墙体宣传画以及其他艺术表现形式，让广大村民更加容易接受，愿意遵守，逐渐转变文明乡风，提升自治水平。

（三）探索村民有效自治"微"模式

我国乡村社会具有鲜明的区域性和地方性，这就决定了全国各地不同地区乡村治理的复杂性，如果采取单一的村民治理模式则很难根据实际情况和地方特色进行有效的乡村治理。因此，必须创新村民自治单元，推动村民自治组织的完善，使乡村发展和秩序得到组织化保障。2016 年印发的《<中共中央办公厅 国务院办公厅关于以村民小组或自然村为基本单元的村民自治试点方案>的通知》，要求试点地区根据地方实际，进一步完善农村基层自治体系。开展以村民小组或自然村为基本单元的村民自治试点工作是加强农村基层组织建设、完善村级党组织领导下的村民自治有效实现形式的具体工作，对于形成规范有序、充满活力的乡村治理机制，巩固党在农村的执政基础，推动乡村振兴的逐步实现意义重大。

要根据不同乡村的特点和需求，采取具体可行、治理有效的方式实行民主自治。通过"微治理"来细化自治主体、明确自治范围、丰富自治内容，使搭建出来的基本自治单元由客体变为主体，由被动变主动，从后台走向前台。比如在地貌以丘陵、山区为主，且居住点较为分散的地区，农民参与村民自治受到客观条件的制约，可以探索以村民小组或自然村为基本单元的村民自治；而那些村民居住较为集中且地理条件较好、村民自治便利性较高的地区，则可以采取"新型农村社区"作为村民自治的基本单元。此外，为了提高自治效率，规范议事规则，实现民主管理和监督，可以根据村民意愿成立具有法人资格的村民理事会，使大量集体事务、公共事业等在村内商议解决。

第六节 将法治理念贯穿乡村组织振兴全过程

乡村组织振兴，法治是保障。构建现代乡村社会治理体系，需要法治的保驾护航。要将法治理念贯穿乡村组织振兴全过程，让法治精神、法治理念在广大农村生根发芽，着力推进法治乡村建设。要不断强化法律权威地位，提升乡村执法水平，健全农村公共法律服务体系。

一、强化法律权威地位

建设法治乡村，需要不断强化法律的权威地位。要引导广大农民群众充分认识法治乡村建设的重大意义，不断完善乡村法律体系，加大普法力度，提高农民法治素养。

（一）充分认识法治乡村建设的重大意义

全面依法治国，是我国的基本方略。2014年10月，党的十八届四中全会审议通过的《中共中央关于全面推进依法治国若干重大问题的决定》对建设法治中国作出顶层设计，要求在法治国家、法治政府、法治社会三个方面同步推进、协调发展，并提出："增强全民法治观念，推进法治社会建设。""推进多层次多领域依法治理。坚持系统治理、依法治理、综合治理、源头治理，提高社会治理法治化水平。"法治乡村建设的提出，是全面推进依法治国、建设法治中国的必然要求。法治乡村建设，既是法治中国建设的基础，也是法治中国建设的重点。

2017年10月，在党的十九大报告中，习近平总书记明确提出"实施乡村振兴战略"，并要求"健全自治、法治、德治相结合的乡村治理体系"。2018年2月印发的《中共中央 国务院关于实施乡村振兴战略的意见》，首次提出"建设法治乡村"。2018年3月，习近平总书记在参加十三届全国人大二次会议山东代表团审议时强调："推动乡村组织振兴"，要"建立健全党委领导、政府负责、社会协同、公众参与、法治保障的现代乡村社会治理体制，确保乡村社会充满活力、安定有序"。2018年9月，中共中央、国务院印发的《乡村振兴战略规划（2018—2022年）》，对"推进乡村法治建设"作出明确规定。由此可见，法治乡村建设已成为乡村振兴战略的关键一环。法治乡村建设，必将为乡村振兴提供强有力的立法、执法、司法、守法保障，进而助推乡村振兴战略的顺利实施。基层干部要切实增强法治观念，树立法治为民意识，引导广大群众遵法、学法、守法、用法，将各项涉农工作切实纳入法治化轨道。要坚持法治为本，树立依法治理理念，强化法律在维护农民权益、规范市场运行、农业支持保护、生态环境治理、化解农村社会矛盾等方面的权威地位。

（二）建立健全法律法规，确保有法可依

改革开放 40多年来，在党中央的坚强领导下，乡村的法治建设取得巨大成就，实现了跨越式发展。在立法领域，以农业法为核心的农业农村法律体系逐步构建。截至 2018 年 12 月，农业领域共有法律 15 部、行政法规 29部、部门规章 148 部，涵盖农业基本法、农村基本经营制度、农业生产资料管理、农业资源环境保护、农业支持保护、农产品质量安全等主要内容的农业农村法律法规体系基本建立，农业农村治理总体上实现了有法可依。这些法律法规，将党中央的强农惠农富农举措和乡村改革发展的成果法律化、制度化，稳定和完善了农村基本经营制度，破除了农业农村生产力发展的体制机制障碍，切实维护了广大人民群众的权益。

进入新时代，要不断建立健全相关法律法规，确保法治乡村建设有法可依。要围绕乡村振兴战略，加快农村土地制度改革、集体产权制度改革、农业绿色发展、现代乡村治理等领域的立法建设，积极推进乡村振兴促进法、农村集体经济组织法、农村土地承包法、土地管理法、农产品质量安全法等法律法规的制定和修订，同时加强配套规章制度建设，增强法律法规的及时性、系统性、针对性、有效性。要按照党的十九大报告要求，探索完善宅基地所有权、资格权、使用权分置改革，完善承包地"三权"分置制度，完善农业支持保护制度，推动资源变资产、资金变股金、农民变股民，探索农村集体经济的实现形式和运行机制，增加相关领域的法律供给

要充分发挥立法在法治乡村建设过程中的保障和推动作用。特别是在土地产权制度改革过程中，要切实防止非法改变土地用途甚至通过炒作、买卖土地来谋取利益；在扩大土地经营规模的同时，要加强农业用地保护，确保农业用地流转不流失，耕地能得到更好的保护；赋予经营主体更有保障的土地经营权，保障其有稳定的经营预期。

（三）加大普法力度，提高村民法治素养

加大普法力度，深入开展"法律进乡村"宣传教育活动，提高村民法治素养，是法治乡村建设的重要内容。无规矩不成方圆，法治是乡村振兴的根本。要按照党的十九大精神，加大全民普法力度，建设社会主义法治文化，引导亿万群众遵法信法用法守法。要广泛开展普法宣传教育，引导广大群众遇事找法、办事依法、解决问题靠法，

在全社会营造良好的法治氛围。要积极构建新时代农村普法教育"大格局"，加强组织领导，完备内容体系，创新方式方法，完善保障机制。

在组织领导上，要完善党委领导、政府实施、人大监督、全社会参与的运作机制，推动落实"谁执法谁普法"责任制。在内容体系上，要从法律意识教育、法律规则教育、用法能力教育、法律信仰教育等方面着力完备。在方式方法上，加强新媒体、新技术的深度运用，推行法官、检察官、行政执法人员等以案释法制度，不断创作有正能量、有感染力的法治文化作品，持续开展"送法下乡"活动。在保障机制上，要推动普法教育工作立法，强化法律保障；要健全法律服务体系，完善服务保障；要优化人员配置与培训机制，加大人员保障；要保证专项经费，提供物质保障；要建立科学考评机制，实现评估保障。

从各地实践来看，近年来农村普法教育取得了显著成绩，积累了一些好经验、好做法。如湖南省积极探索农业普法新形式，努力将农业法律宣传普及到村入户，普法效果显著。"七五"普法以来，截至 2018 年12月，湖南全省举办农民普法骨干培训班130余期，培训农民普法骨干5000 余人，增强了农业普法力量。湖南省农业农村厅和湖南省司法厅联合举办农村"法律明白人"评选活动，面向广大农民，每年评选出百名学法、懂法、守法、用法的农民法律骨干。在普法方法上，继续巩固农村法治宣传传统阵地，在韶山、宁乡、浏阳等 20 多个县市区开展农村普法试点，举办农民法治夜校 500余所，建立农民法治书屋 600 多个。积极探索农村普法新途径，在《湖南农业》杂志开展法治案例解读，开设手机 APP 法治宣传专栏。同时，结合"放心农资下乡进村宣传周"活动，编印农村普法资料，组织普法人员深入乡村、集镇开展农业法律咨询服务，传授农资识假辨假知识，指导农民依法维权，满足农村普法需要。2017 年，湖南全省举办政策法律咨询活动 1500 场次，参加咨询农民 200 万人次，印发宣传资料 240 万份，受到农民广泛欢迎。

二、提升乡村执法水平

法律的生命力在于实施，法律的权威也在于实施。法治乡村建设，必须确保农业农村各项法律法规严格实施，做到严格执法，把"纸面上的法"真正落实为"行动中的法"。要不断提升基层干部依法办事能力，做到严格执法、规范执法、公正执法、文明执法。深入推进综合行政执法改革向基层延伸，推动执法队伍整合、执法力量下沉。完善矛盾预防化解机制，有效维护农村社会和谐稳定。

（一）提高基层干部依法办事能力

落实乡村振兴战略，广大基层干部是关键。要切实提高基层干部依法办事能力，让依法履职、依规办事成为常态。要树牢法律面前人人平等、依法用权等法治理念，把对公平、公正、公开的追求作为执法的习惯，自觉维护社会主义法治权威和公信力。每位基层干部在做任何事前，首先要想想合不合法，明确哪些该办、哪些不该办，在任何时候、任何情况下都要依法办事，维护法律权威。每位基层干部都是法治形象的窗口，只有每一位基层公权力的行使者带头遵法守法，严格依法办事，才能让群众遵守宪法法律。

首先，要严格依法行政。对于滥用职权、目无法纪、设租寻租、暗箱操作、不依法决策等行为，要坚决抵制。要严防以行政手段或行政命令代替依法行政。要严格依照宪法和法律规定行使权力、履行职责，把合不合法、合不合规作为想问题、办事情、作决策的前置条件，做到法无授权不可为、法定职责必须为。其次，要秉公执法。秉公执法是法治乡村建设的关键环节，只有秉公执法才能赢得人民群众的信任。要进一步完善乡村执法队伍建设，强化对执法工作的监督。要围绕乡村振兴过程中出现的新情况、新问题，进一步健全执法制度、完善执法程序、强化执法管理、深化执法公开，最大限度地防止徇私枉法、执法不公等问题的发生。要让人民群众在每一起案件办理、每一件事情处理中都能感受到公平正义，坚定不移做社会公平正义的维护者、捍卫者。最后，要公正司法。努力让人民群众在每一个司法案件中都能感受到公平正义，这是党中央对人民的庄严承诺。司法是维护社会公平正义的最后防线，让每一个司法案件充分体现公平正义，人民群众才会有安全感、获得感。近年来，党中央从深化司法体制改革着手，取得了司法责任制、以审判为中心的诉讼制度改革等重大改革成果。公正司法，大大提高了司法效率和司法公信力，切实增强了人民群众的获得感。老百姓最讲究"公道"二字。必须"一碗水端平"，让公平正义的阳光普照中国大地，照进人民群众心田。

总之，正如 2018 年 3 月习近平总书记在参加十三届全国人大一次会议重庆代表团审议时强调：要坚持法治、反对人治，对宪法法律始终保持敬畏之心，带头在宪法法律范围内活动，严格依照法定权限、规则、程序行使权力、履行职责，做到心中高悬法纪明镜、手中紧握法纪戒尺，知晓为官做事尺度。

（二）深化农业综合行政执法改革

深化农业综合行政执法改革，是贯彻落实《深化党和国家机构改革方案》和《关于深化农业综合行政执法改革的指导意见》的现实要求，也是实施乡村振兴战略、完善乡村治理体系的迫切需要。2018 年 12月，农业农村部主持召开深化农业综合行政执法改革工作视频会议，农业农村部部长韩长赋出席会议并讲话。会议强调，各级农业农村部门要严格遵循改革总体要求，正确把握改革基本原则，把党的全面领导贯穿改革各方面和全过程。全面整合农业执法队伍，加快构建权责明晰、上下贯通、指挥顺畅、运行高效、保障有力的农业综合行政执法体系。按照职权法定、属地管理、重心下移的原则，厘清不同层级的执法权限，明确职责分工和执法重点。加强农业执法规范化建设，推进严格公正规范文明执法，完善执法程序，强化执法监督，着力培养既懂农业农村又熟悉法律的"通专结合""一专多能"执法人才。积极创新执法制度机制，改进执法方式，严格落实"谁执法、谁普法"普法责任制，引导、教育和帮助农民依法维护自身合法权益。强化农业综合行政执法队伍党组织建设，充分发挥基层党组织战斗堡垒作用和党员先锋模范作用。会议的召开为农业综合行政执法改革指明了方向，提供了根本遵循。各级农业农村部门要根据地方实际，不折不扣抓好改革任务落实。

从实践来看，各地积极探索，成效明显。如江西省抚州市，积极进取，敢于作为，深入推进农业综合行政执法改革，全面提升农业综合执法水平。一是以打击假劣产品为重点，全面加强农资市场监管。深入开展农资打假专项治理行动，重点打击侵犯知识产权和"套牌"生产经营行为，依法严厉查处无证、冒证、伪造登记证书，销售假劣农业投入品的行为。此外，加大农业投入品生产源头、市场销售行为的监管力度，成绩显著。抚州市组织开展了 6次农资市场整治专项行动，一共办理跨区域大案要案 11 件，出动行政执法人员 4210人次，检查农资市场 710个次，查处案件 86 起，结案 80 起，罚没款进账 260 多万元，挽回损失800 万元，有效净化了农资市场环境。二是以建设执法队伍为重点，进一步健全执法体系。2017 年，抚州市本级与 11 个县区全部成立了农业执法机构，落实了人员编制，完善了农业执法体系框架。三是以创新执法方式为重点，提升农业执法水平。采取交叉执法、暗访、检查联动等方式，提升执法水平。四是以维护稳定为重点，加强行政调解。在行政调解工作中，始终坚持以维护农民合法权益为宗旨，对每一件农户投诉案都进行了登记，并到现场进行调查了解情况，成效明显。

（三）完善矛盾预防化解机制

维护农村社会和谐稳定，是乡村振兴战略的基本要求。党的十八大以来，以习近平同志为核心的党中央始终把解决好"三农"问题作为全党工作的重中之重，美丽乡村、平安乡村建设取得重大成就，人民群众的获得感、幸福感、安全感显著提升。但也要看到，当前农村社会矛盾多发、已由过去较为单纯的婚姻、家庭、邻里、继承、赡养等常见性纠纷转变为宅基地、土地承包、项目征地、林地收益等各种新型纠纷，呈现出复杂性、多样性特点，治理难度较大。党的十九大报告明确提出："加强预防和化解社会矛盾机制建设，正确处理人民内部矛盾。"这为新时代有效维护农村社会和谐稳定指明了方向。

1.加强乡村人民调解工作机制

农村矛盾纠纷，涉及人民群众生产生活的方方面面。处理不及时，就可能激化矛盾，甚至转化为治安案件、刑事案件，有的还可能引发群体性事件。人民调解，是保持社会稳定、化解矛盾纠纷的第一道防线。近年来，全国人民调解组织每年调解各类纠纷达 900 万件左右，调解成功率96%以上。乡村各基层党组织要不断加强人民调解员队伍建设，不断完善人民调解组织网络，加强人民调解制度建设，加强对人民调解员的培训工作。要积极探索运用现代信息技术推动人民调解工作，使矛盾及时化解在农村基层，不扩大、不上移。

2.形成自主化解机制

党的十九大报告明确提出：推动社会治理重心向基层下移，发挥社会组织作用，实现政府治理和社会调节、居民自治良性互动。农村社会矛盾的化解，有赖于加强和创新农村社会治理。要积极整合农村社会内部资源，引导自治组织健康成长，使村民能够有序参与乡村治理，自主化解利益矛盾。要根据各地实际情况，探索多样化的村民自治模式，引导新乡贤积极参与乡村治理。如重庆市永川区，于2017 年在全区 23个镇街培育了 1009名成长于乡土、奉献于乡里的新乡贤，遴选了 108名具备法律知识、善于调解纠纷、热心公共事务的"乡贤评理员"，建成"乡贤评理堂"，搭建起调解矛盾纠纷、传播文明乡风、参与基层治理的重要平台。这批"乡贤评理员"，从群众中来、由群众推选，进得了家门、坐得下板凳、拉得上家常、建得起感情，对邻里知根知底知想法，能做到问寒问暖问民情，有效带动民事民议、民事民办、民事民管。

3.优化法治保障机制

要围绕新时代农村土地流转、土地征迁、人口流动与生态环境保护等方面的问题，不断完善立法，进一步规范相关主体行为。在法律执行上，切实提高基层干部依法化解农村矛盾的能力。要加强执法监督，努力实现严格、规范、公正、文明执法。

三、健全农村公共法律服务体系

推进覆盖城乡居民的公共法律服务体系建设，是党的十八届四中全会提出的明确要求。但在农村，公共法律服务长期以来存在供给不足、水平不高等问题。实施乡村振兴，必须不断健全农村公共法律服务体系，提高农村公共法律服务能力和水平。要积极开展农村法律援助，加大农村司法救助力度，推进公益法律服务进乡村。

（一）积极开展农村法律援助

法律援助，是国家建立的保障经济困难公民和特殊案件当事人获得必要的法律咨询、代理、刑事辩护等无偿法律服务，用以维护当事人合法权益、维护法律正确实施、维护社会公平正义的一项重要法律制度。法律援助工作，是一项暖人心的重要民生工程。党的十八大以来，习近平总书记多次对法律援助工作作出重要指示，强调要加大对困难群众维护合法权益的法律援助。2015 年6月，中共中央办公厅、国务院办公厅印发《关于完善法律援助制度的意见》，为进一步加强法律援助工作作出全新部署。近年来，在党中央的坚强领导下，法律援助覆盖面不断扩大，服务质量不断提升，经费保障能力明显提高，法律援助制度建设取得重要进展，在维护困难群众合法权益、保障社会公平正义和维护社会和谐稳定中发挥着越来越重要的作用。据不完全统计，截至 2018 年9月，全国共设立法律援助机构 3200 余个，法律援助工作站 7万余个。2018年11月 29 日，司法部副部长刘振宇在司法部新闻发布会上介绍："近五年来，全国法援机构共组织办理法律援助案件 633.6 万件，法律援助受援人达 695.7 万人次，有力维护了困难群众合法权益。"

加强农村法律援助，是推进法治乡村建设的重要抓手，是保护农民合法权益的重要手段之一。近年来，我国广泛开展一村（社区）一法律顾问制度、构建全覆盖的法律援助工作体系。比如，截至 2018 年 8月，福建全省已建成 78个市（县、区）公共法律服务中心、1033 个乡镇（街道）法律服务站、14492 个村（社区）法律服务联系点，实现市、县、乡、村四级全覆盖。通过推进一村（社区）一法律顾问工作，福建省共有 16728 个村（社区）聘请律师等担任法律顾问，实现全省全覆盖。市县两级已全面开通"12348"法律服务热线，2018 年上半年共受理法律咨询5.17万件，群众满意率达 98%。为了适应人民群众不断增长的法律援助需求，各地普遍扩充援助事项范围。此外，法律援助经济困难标准进一步放宽，已有20多个省份将经济困难标准调整至低收入、最低工资标准或者低保标准的2倍，让更多付不起律师费的人通过法律援助维护了自身合法权益。为拓宽申请渠道，各级司法行政部门还在偏远地区和困难群众集中的地区设立流动工作站巡回受案，着力构建覆盖城乡的法律援助服务网络，打造城区半小时、乡村一小时法律援助服务圈。法律援助工作，让困难群众有了更多法治获得感。

（二）加大农村司法救助力度

党的十八大以来，国家司法救助的力度不断加大。国家每年拿出 20多亿元资金，对受到侵害但无法获得有效赔偿的当事人给予救助，帮助他们摆脱困境。2018 年4 月，最高人民检察院下发《关于在全国检察机关开展"深入推进国家司法救助工作"专项活动的通知》，强调专项活动按照《关于建立完善国家司法救助制度的意见（试行）》明确的救助对象范围，全面开展救助工作，并将贫困户、军人军属、未成年人和残疾人四类人群作为重点救助对象。各级检察机关要将国家司法救助工作深度融入精准扶贫工程，为因案致贫、因案返贫的困难群众提供有效司法救助。专项活动开展后，司法救助取得明显成效。截至2018 年9月，"全国有865个检察院制定了国家司法救助工作制度，有 593个检察院联合有关部门建立了工作机制，加强了内部衔接、上下联动、内外协同，合力救助初见成效"。截至2018年8月底，全国检察机关共救助4561人，发放救助金6079万余元，其中贫困家庭 1935 人，占全国救助人数的近半。

但受制于我国经济发展水平，司法资源的分配在城市和农村之间仍呈现出明显的差异性。在广大农村，往往由一个基层派出辐射管辖数个村镇，这种现状不仅给司法工作人员增加工作负担，给当事人走诉讼程序带来不便，而且也让案件执行力度打了折扣。与此同时，不少地区的法律援助与司法救助向基层延伸不够。这些因素在一定程度上影响了农民群众通过法律途径维护自身的合法权益。因此，必须加强农村司法救助，保护困难群体的基本权利。基层人民法院要完善对经济困难的当事人缓、减、免交诉讼费的具体条件与标准。对追索劳动报酬、抚养费、婚养费、医疗损害赔偿、工伤保险待遇等关涉农民重大利益的案件，且当事人经济上确有困难的群众，要依法采取缓、减、免交诉讼费措施。加大刑事司法救助力度，对生活困难的被害人及其亲属依法及时给予司法救助。做好司法救助执行工作，细化救助标准，推进救助公开，将司法救助款项精准发放到符合救助条件的农民群众手中。人民检察院要加强涉农案件的诉讼监督工作，确保法律正确平等实施，充分保障农民合法权益。要以实际行动彰显检察机关的人文关怀，凸显司法救助的温情。

（三）推进公益法律服务进乡村

当前，农村法律服务需求急剧增长，法律服务资源有效供给明显不足。要按照国家基本公共服务均等化的要求，坚持以政府为主导，广泛动员和组织社会力量，积极构建农村公益法律服务体系。

1.不断壮大农村公益法律服务力量

要积极构建政府主导、政府部门和非政府部门相互协调、社会各方面力量积极参与的农村公益法律服务主体。一是建立以政府为主导的公益性法律服务组织，建立一批由政府引导和大力扶持的农村公益性法律服务的骨干力量。二是建立由政府大力引导和扶持的群众自治性社区公益法律服务组织。在方式上，政府可以通过政府购买的方式来引导和扶持群众自治性社区公益法律服务组织的壮大。三是充分发挥律师事务所和律师在农村的公益功能。律师是法律服务最主要的也是最为专业的提供者，律师职业的公益性特征是律师职业道德的一大表现。四是充分发挥其他社会力量的作用。如可以充分发挥公益法律服务志愿者的作用，将高校师生、公安、检察院、法院、司法局的退休人员以及其他有一定法律专长的社会人员吸收到公益法律服务志愿者队伍中来，为农村提供公益法律服务。

2.明晰农村公益法律服务对象与范围

农村公益法律服务对象及范围的确定，既要考虑公益法律服务有限性的特点，又要最大限度地减轻农民负担，努力满足广大农民群众基本的法律需求。服务的对象，既要考虑本土本乡的农民，又要考虑离土但没有离乡的农业产业工人和既离了土又离了乡在外打工的农民工。在服务范围上，要确定免费的涉农服务事项，例如凡是涉及村集体和村专业经济合作组织的法律事项，农村教育、卫生、科技、文化等农村公益事业的法律事务，土地承包、土地流转方面的法律事项，生产经营合同的订立、修改、审查及合同纠纷以及城乡统筹发展中其他涉及农村公共利益和农民重大利益的法律事项，都可以纳入免费的服务范围。

3.创新农村公共法律服务的载体

2017 年 9月，司法部印发《关于推进公共法律服务平台建设的意见》，提出要打造公共法律服务实体、热线和网络三大平台，作为公共法律服务体系的重要载体。截至 2018 年上半年，"全国已建成 2200多个县（市、区）公共法律服务中心、2.8 万多个乡镇（街道）公共法律服务工作站，覆盖率分别达到 81% 和 72%，12个省份实现了县级实体平台全覆盖，7个省份实现了乡镇实体平台全覆盖，16 个省份实了村（社区）法律顾问全覆盖；各省（区、市）均已建成热线平台，省级、市级、县级热线座席分别为 411个、545 个和691个"。2018年5月20日，由司法部建设的中国法律服务网（12348 中国法网）正式上线运行。该平台整合了 38 万多家法律服务机构、139 万多名法律服务人员数据，提供法律事务咨询、法律服务指引、法律法规与案例查询等多种服务。

4.加强农村公益法律服务的资金保障与考核评估

要充分发挥政府的主导作用，加大财政投入。积极鼓励与促进社会力量对农村公益法律服务的资金投入，如专门成立法律援助基金会等。各级政府、司法行政机关要将农村公益法律服务工作纳入考核评估范畴。要以健全的考核机制，推动农村公益法律服务工作的高效发展。

第七节　提升德治水平带动乡村组织振兴

改革开放40多年来，农村发生了翻天覆地的变化。随着生产方式和生活方式的改变，乡村社会价值观念也在发生深刻变化。不遵守职业道德、家庭美德、社会公德、网络道德，感恩意识淡化，甚至漠视他人利益、集体利益、国家利益的现象还有一定程度存在，因此亟须加强乡村德治建设。近年来，国家高度重视乡村德治工作，并从顶层设计层面作出了一系列部署，为乡村德治工作提供了根本遵循。党的十九大报告明确提出:加强农村基层基础工作，健全自治、法治、德治相结合的乡村治理体系。《乡村振兴战略规划（2018—2022年）》也明确提出，要提升乡村德治水平，并就如何提升乡村德治水平作了宏观部署。加强乡村德治建设，对于实施乡村振兴战略、带动乡村组织振兴具有重大意义。

一、着力振兴和发展乡土文化

一方水土养育一方人，一方文化熏陶一方人。在长期的乡村劳作和生产活动中，人们积累和孕育了许多优秀乡土文化。乡土文化有着无可替代的凝聚和认同功能，是凝聚向善的力量，是文明风尚的引领，是崇德尚贤的精神礼堂。乡村振兴离不开文化振兴，文化是乡村振兴的灵魂所在。只有以乡土文化振兴为抓手，才能更好、更快、更高效地推动农村经济、政治、社会和生态的发展。只有不断推动乡土文化繁荣发展，才能提升农民的素质，激发乡村发展的活力，为乡村振兴、组织振兴引来源头活水。

（一）深入挖掘乡村传统道德规范

中国传统伦理道德源远流长、精深博大，这对乡村传统道德规范起了关键性的作用。传统的乡村道德观念倡导爱国家、孝父母、敬师长、重教养、睦宗族、和乡邻、敦理义、勤职业、笃耕耘、端教诲、守本分、尚节俭、从宽恕、息争讼、戒赌博、重友谊、慎言行，等等，这些传统道德观念，构成一个完整的价值体系，在中国农村延续了上千年。但是，随着市场经济和互联网络等现代化浪潮席卷而来，乡村传统道德观念正面临着严峻考验，一些道德失范问题日益凸显，严重侵蚀着传统乡村秩序。因此，唤醒当代人继承和发扬乡村传统道德观念是很必要的，也是非常迫切的。

1.用好乡规民约

党的十九大报告明确提出：深入挖掘中华优秀传统文化蕴含的思想观念、人文精神、道德规范。这就为新时代重塑乡规民约的乡治功能提供了广阔舞台。在我国城乡各处，存在形式多样的乡规民约。有些是记载于当地史志、碑石等处的成文规定，有些只是在民间口口相传的不成文规矩。长期以来，一些优秀的乡规民约在规范基层社会生活、净化社会风气等方面发挥了积极作用。当前，要充分利用好乡规民约，深入挖掘其中所蕴含的优秀思想观念、人文精神、道德规范，并根据村情有针对性地进行创造性转化、创新性发展，制定（修订）一村一规，让村规民约与村情民意紧密结合，促使村民在潜移默化中认知、认同，发挥其在凝聚人心、教化群众、淳化民风中的重要作用。

2.传好家风家训

重视家庭建设、注重家教家风、传承优良家训，是习近平总书记对每个家庭的深情寄语和股切希望。优良的家风家训，可以影响家庭的每个成员心存真善美，行思仁礼信。要深入挖掘传统家风、家训中修身齐家、为人处世的理念和智慧，广泛宣传其中的优秀思想和文化精髓。如近年来，湖南省娄底市充分挖掘曾国涨家规、家训、家风，大力宣传以曾国藩"家规·家训·家风"为主要内容的"家文化"，与湖南广播电视台合作拍摄了《湖南双峰曾国藩：清芬世守、盛德日新》专题片。娄底市通过打造曾国藩家教特色文化品牌，将家风家训引入广大群众的日常生活，广泛开设"家训课堂"，广泛开展以"曾国藩家规·家训·家风"为主题的专题讲座，让老百姓在耳潘目染中领略曾国藩家风家训，引导广大群众学习和践行中国传统家规中倡导的思想道德观与行为准则，推动乡村社风民风不断好转。

3.修好地方史、地方志

2014 年2月，习近平总书记在首都博物馆参观北京历史文化展览时明确提出：要在展览的同时高度重视修史修志，让文物说话、把历史智慧告诉人们。史、志文化是传承中华文化、弘扬历史传统的重要方式和载体，承担着资政育人、保存史料、提供借鉴的重要功能。中华民族自古就有修史的传统，修史修志是坚定文化自信、守望乡土文化、留住乡愁的重要载体。要高度重视、拓展思路，推动乡村史志编修，深入挖掘村史、地方志的精髓。同时，也可通过对丰富的文化资源进行搜集、整理、系统研究和传播，增强本地区人们的文化自豪感和自信心。近年来，浙江省宁波市高度重视村史村志编修工作，积极抢救乡村文化。仅鄞州区姜山镇走马塘村，就先后出版了《中国进士第一村：走马塘》《走马塘村志》《文翰书香走马塘》《宁波历史文化名镇名村：走马塘》等多个版本的志书。这对于传承乡村文明、启迪乡村治理、发挥传统道德规范教化作用，都具有非常重要的意义。

（二）培育和践行社会主义核心价值观

社会主义核心价值观是中华民族的灵魂所系，引领着乡村振兴中精神文明建设的根本方向，对乡土文化的发展和繁荣具有战略指导作用。只有坚持以社会主义核心价值观为指导，大力推动乡土文化建设，切实增进农村群众的价值认同和思想共识，着力提升广大农民的整体素质，才能形成家庭和睦、民风淳朴、互助合作、稳定和谐的良好社会氛围，才能更好地推动乡村组织振兴。

1.加强宣传教育引导

正确的舆论引导是培育和践行社会主义核心价值观的重要条件。要通过编印宣传资料、开展"三下乡"活动、开设广播电视专题讲座、举行基层巡回宣讲等多种形式，利用村宣传栏、村广播、村远程教育站等有效载体，推动社会主义核心价值观引领农村社会风尚，大力弘扬传统美德，弘扬爱国主义主旋律，培育知荣辱、讲正气、作奉献、促和谐的良好风尚。通过抢占舆论宣传阵地，坚决抵制农村封建残余和迷信思想，确保社会主义核心价值观和积极健康的乡土文化精神成为社会主义新农村的主流意识。

2.发挥典型示范作用

先进典型是推进培育和践行社会主义核心价值观的鲜活教材。要把开展向先进典型学习与培育和践行社会主义核心价值观紧密结合起来，注重发掘和树立群众身边的典型。比如让有能力、有威望、懂法律、热衷于农村建设并有一定特长的"五老"、乡贤、"致富能手""贤媳孝子""慈行善举"榜样等现身说法。要加大评选表彰先进的力度，推选群众身边看得见、摸得着、学得到的"平民英雄"，大力推出涌现在基层的"凡人善举"。通过发挥农村先进典型的榜样示范引导作用，使广大农民学有榜样、赶有目标，进而使社会主义核心价值观内化为农民群众的思想意识，外化为农民群众的自觉行动。

3.突出制度机制保障

推动社会主义核心价值观在农村落地生根，形成对广大农民群众道德行为有效的制约力，必须健全规范制度约束机制。在广袤的农村培育和践行社会主义核心价值观，不仅要靠思想教育、实践养成，而且要用制度机制来保障。要通过健全规章制度，把社会主义核心价值观的要求融入农村各项规章制度中，进一步完善乡规民约等行为规范，推动思想道德建设日常化、具体化，努力在落实上下功夫，使社会主义核心价值观成为农民朋友日常工作生活的基本遵循。

（三）搭建乡村公共文化平台

乡风文明，是乡村文化建设的目标。而实现乡风文明的关键，是重构乡村文化，大力建设新时代乡村公共文化。乡村公共文化建设，事关广大农民群众基本文化权益保障，是一项关系民生的基础工程，也是一项提升农民素质，促进农村经济发展、社会和谐的基础工作。因此，要充分认识加强乡村公共文化建设的重要性和紧迫性，更多地把目光投向农村、投向农民，努力提高乡村公共文化服务水平。

1.完善乡村公共文化服务网络

要建立健全县、乡、村三级公共文化设施网络，构建县有文化中心、乡有文化站、村组有文化活动室、自然村有文化活动户的公共文化服务格局。特别是要依托村党组织活动场所、公共设施、农村祠堂等载体，加快建设集书报阅览、影视播放、应急广播、文体活动、农技推广、教育培训、信息发布、村务公开、电子商务等多功能于一体的村级综合性文化服务中心，打通乡村公共文化服务的"最后一公里"。如安徽省试点推广村按照"一场（综合文体广场）、两堂（讲堂、礼堂）、三室（文化活动室、图书阅览室、文化信息资源共享工程室）、四墙（村史村情、乡风民俗、崇德尚贤、美好家园）"的硬件设施建设标准，统一新建或改扩建文化设施，实现乡村公共文化服务网络全覆盖。

2.创新乡村公共文化服务方式

要抓好"三农"题材图书、广播、电影、电视和剧目的创作、生产与演出，鼓励文艺工作者深入农村体验生活、采风创作，推出反映乡村振兴实践中农民群众生产生活的优秀文艺作品，充分展示新时代农村农民的精神面貌。探索建立农民群众文化需求反馈机制，开展"菜单式""订单式"服务，为农村留守妇女儿童、老年人和务工返乡人员等提供适宜的文化服务。进一步提高社会组织在乡村公共文化服务体系建设中的参与度，探索建立政府主导、社会参与、机制灵活、政策激励的乡村公共文化服务供给模式，实现乡村公共文化产品供给主体和方式的多元化，切实提升乡村公共文化服务的质量和水平。

3.培育乡村公共文化服务人才

重视发掘扎根基层的乡土文化能人，努力培育一支懂文体、爱农村、爱农民、专兼职相结合的乡村文体工作队伍，充分发挥他们的引领带动作用，兴办读书社、书画社、乡村文艺俱乐部，组建演出团体、民间义艺社团、健身团队和个体放映队等，广泛开展文体活动。引导社会各界人士积极投身乡村文化建设，建立聘任专家学者、艺术家、青年学生、退休教师、退休干部等人员为乡村提供文体志愿服务的制度，大力开展文化结对帮扶。

二、建立乡村道德激励约束机制

建立健全乡村道德评价激励机制，是加强农村群众思想道德建设、提高农村群众文明素质的重要环节，也是加强和创新乡村社会管理、提高乡村治理能力的重要手段。推进乡村道德评价激励机制是一项涉及面广、长期复杂的系统工程，对于转变乡村传统道德教育模式，引导农民自我管理、自我教育、自我服务、自我提高具有重要意义。

（一）开展村级道德评议活动

坚持以榜样为引领，弘扬主旋律，推行道德评议活动，对群众身边发生的道德事件进行评议，褒扬好人好事，激励文明风尚，引导广大群众遵纪守法，遵守公民道德规范，着力解决法律管不到、村规管不了、干部不好管的"繁杂事"，鞭挞不良习惯，助推社会新风。

1.建立健全评议机制

开展道德评议活动，关键要建立健全评议机制，推动实现制度化、规范化、常态化。首先，要建强评议力量。要依托村级党组织成立道德评议委员会，可选派村"两委"班子成员担任评议委员会负责人，而评议员由群众民主推荐本村为人正直、办事公道、威信较高、说服能力强的老党员、老干部、人大代表、政协委员及妇女代表担任。其次，要规范评议工作。对道德评议的章程和评议内容、评议方式、评议时间、评议流程、评议结果运用等都要进行明文规定，确保评议工作事前、事中、事后都有章可循、有规可依。最后，要明确评议原则。开展评议要坚持实事求是、公平公正，确保公正评判，做到一事一评，就事论理、以理服人，不能搞形式主义、走过场，更不能徇私舞弊。

2.积极开展评议活动

要在充分听取村民意见和细致调查的基础上，把村中一些不好管或管不好的人和事、言和行作为评议重点，围绕村庄管理、青少年教育、尊老爱幼、环境整治、村务公开及邻里、家庭矛盾纠纷等方面，开展有针对性的道德评议活动。同时，注重选树典型，以"我推荐、我评议身边好人""文明示范户"创建和"文明家庭""好媳妇、好婆婆"评选等活动为契机，让道德评议活动由评析不文明不道德的人和事，向弘扬文明新风转变，用道德示范引领道德评议，用先进个人带动广大群众，从而更好地达到"评议一件事、教育一群人、影响一大片"的效果。

3.科学把握评议方式

坚持以正面引导为主，对正面的进行表扬，弘扬正气，对反面的进行剖析，促其转化。对普遍存在的倾向性问题及群众关注的热点问题，通过召开道德评议会进行集中点评；对个别存在的或涉及隐私、不宜公开的问题，要尊重被评议对象，进行谈心式点评；对好人好事，要利用广播、橱窗、板报等平台公开表扬，弘扬真善美，传播正能量；对不文明不道德问题，要在"对事不对人"的前提下采取适当方式及时予以曝光，并实行动态管理，制定帮教措施，采取"一人一案、一事一策"办法，通过思想疏导、解决困难等方式促其改正，力争把思想问题和社会矛盾解决在村组，化解在萌芽状态。

（二）抵制乡村中的封建迷信活动

封建迷信在我国农村有着悠久的历史，尤其在一些偏远农村其影响不可忽视。封建迷信不仅阻碍了社会主义新农村的经济社会发展，而且影响农民群众综合素质的提高，不利于建立科学、文明、健康的生活方式，不利于弘扬社会主义核心价值观等先进文化，有碍乡风文明。因此，《乡村振兴战略规划（2018—2022年）》明确提出：加强无神论宣传教育，抵制封建迷信活动。

1.发挥党员示范作用

农村反对封建迷信，首先要抓住领导干部这个"关键少数"。共产党员不得信仰宗教，不得参加宗教活动，是我们党从建立之初就一贯坚持的重要思想原则和组织原则。农村党员必须是无神论者，必须与封建迷信划清界限，必须发挥模范带头作用。农村党员要加强自身党性锻炼和科学知识的学习，从思想上认清封建迷信活动，切实增强反对封建迷信活动的行动自觉。同时，要以身作则，积极向周围的群众宣传科学知识和科学思想，带领群众追求美好生活，树立科技致富、勤劳致富理念，正确对待人生境遇，揭批迷信歪理邪说，动员群众自觉抵制迷信行为，真正发挥党员的先锋模范作用。对于参加封建迷信活动的农村党员，一经查实，必须进行严肃处理。

2.加强舆论宣传引导

要推动县、乡、村三级联动，强化舆论宣传，正面引导广大人民群众崇尚科学、破除迷信、抵制邪教，树立文明健康的生活方式。开设宣传专栏、制作宣传标语，特别是要利用广播电视、QQ 和微信群等，加大宣传反对封建迷信的力度。精心制作一些反映迷信邪教危害、倡导文明生活的文艺作品和公益广告。采取免费公演的形式，组织文艺工作者向群众开展专题宣传。同时，对社会上各种不良现象、丑恶行为要敢于曝光。切实营造出崇尚科学、反对迷信邪教的舆论氛围。

3.坚决整治迷信活动

依法整治农村封建迷信活动，要坚持"多管齐下"。首先，要整顿农村乱建庙宇行为。近年来，一些乡镇政府对建庙宇用地管理不严，没有把好土地审批关，对一些乱建现象没有及时处理，这是造成农村乱建庙宇的重要原因之一，必须进行清理整顿。其次，要整顿农村文化市场。文化市场是社会主义精神文明建设的重要阵地，必须加强对出版市场的管理、认真清理整顿农村文化市场，严厉打击非法出版、传播封建迷信文化用品活动。最后，加强对参与封建迷信活动的群众的管理和教育。倡导群众理性参加宗教活动，引导群众尊德守礼、见贤思齐，树立文明新风。

（三）深入推进移风易俗文明行动

近年来，农村攀比之风愈演愈烈，婚丧嫁娶大操大办、铺张浪费，各种名目的酒席越来越多，人情消费越来越高。这已成为老百姓的沉重负担，让曾经淳朴的乡土民风变了味。而这些陈规陋俗往往积久而成，具有易反复、易反弹的特点。因此，推动移风易俗，必须持之以恒反复抓、抓反复，坚持以社会主义核心价值观为引领，把反对大操大办、反对铺张浪费等作为农村精神文明建设的重要内容，引导广大群众树立文明乡风。

1.完善治理机制

乡，村两级要成立移风易俗工作领导小组，充分发挥村民议事会、道德评议会、红白理事会、禁毒禁赌协会等群众自治组织的作用，遏制人情攀比、失信老赖、好逸恶劳、黄赌毒黑、庸俗表演等恶俗。乡镇要与各村签订《践行移风易俗承诺书》，把移风易俗工作纳入村年度考核重要内容，作为年终评优评先的重要依据，督促村"两委"班子切实扛起移风易俗的责任。同时，要严格开展日常监督检查，坚持每季度调度一次、每半年测评一次，及时掌握和公开移风易俗工作的进展情况，推动乡村移风易俗工作走上制度化、规范化的轨道。

2.强化宣传教育

要充分利用广播喇叭、宣传车、黑板报、宣传栏、张贴标语以及 QQ、微信群等方式进行广泛宣传，重点宣传上级部门的有关政策规定。通过召开村民大会、专题座谈会等形式，给广大农民群众常打招呼、常敲警钟。要及时对有婚丧事大操大办苗头的人员开展说服教育，进行正确引导。举办农村道德讲堂，将移风易俗教育与社会主义核心价值观教育相结合，并作为必讲内容。充分发挥榜样的导向作用，总结挖掘乡村移风易俗的先进典型，对典型事迹要进行大张旗鼓的宣传，坚持用身边人、身边事教育广大群众，使移风易俗工作真正入耳、入脑、入心，推动形成移风易俗的良好氛围。

3.开展专项治理

突出重点、集中治理是净化社会风气、移风易俗的最直接、最有效的手段。当前，农村要以开展专项治理活动为切入点，严厉打击在红白喜事活动中宣扬封建迷信、妨害公共秩序、危害公共安全、侵害他人合法权益和污染环境的行为，大力倡导和推行婚事新办、丧事简办、其他喜庆事宜不办的文明新风。推行"婚事新办"，以治理"高价彩礼"为重点，可以通过召开党员和村民代表会议的形式，结合村情实际，共同商讨彩礼、随礼标准和宴席规模等，形成"婚庆公约"。推行"丧事简办"，简化治丧仪式、缩短治丧时间、缩小治丧规模，切实从源头杜绝丧事大操大办和扰民现象。推行"其他喜庆事宜不办"，对生育、升学生日、乔迁等喜庆事宜，自觉抵制大摆宴席、请客送礼等行为，倡导通过一束鲜花、一条短信、一杯清茶、一句问候等文明方式表达贺意，增进感情，形成清新简朴的社会风气。

三、发挥乡贤力量，促进乡村振兴

乡村振兴，关键在人，重点要发挥人才的支撑作用。乡贤是难得的乡村人才、是助推乡村振兴的宝贵力量。步入新时代，乡贤正被赋予新的使命，尤其对于提升乡风民俗、传播诗书礼义、焕发德行光芒、修复乡村记忆、聚拢乡愁文脉等方面具有重要作用。建设乡贤文化，培育乡贤群体，将为乡村振兴战略注入凝聚人心、教化群众、淳化民风的强大正能量。因此，要加大力度培育乡贤，挖掘乡贤，发挥乡贤作用，助力乡村振兴。

（一）弘扬乡贤文化，培育新乡贤队伍

乡贤文化是中华民族优秀传统文化的组成部分，是扎根于华夏大地的母土文化，是几千年来植根于农村这一特定生态环境下的文化积淀，更是蕴含着见贤思齐、崇德向善的精神力量。改革开放 40 多年来，乡村形态不断变迁，新乡贤群体作为一个特别的文化群体，愈来愈发挥着不可替代的作用。弘扬乡贤文化，发挥新乡贤在乡村治理中的桥梁、乡村发展中的智库、乡风文明的榜样作用，日渐成为推进乡村建设和乡村振兴的源头活水。

1.继承和弘扬优秀传统乡贤文化

近年来，我国不少地方高度重视优秀传统乡贤文化所具有的人文道德价值以及经济社会效益，不断挖掘和发挥优秀传统乡贤文化的巨大潜力与积极作用，用优秀传统乡贤文化引领乡村振兴，如有的地方组织编印了各具特色的乡土教材、乡贤榜、英才录等。但仅此远远不够，还必须通过开展乡贤文化遗产保护、乡贤家规家训整理、乡贤文化研讨等活动，真正用乡贤的嘉言懿行垂范乡里、涵育乡风。比如，作为我国历史上最早的村规民约《吕氏乡约》发源地，陕西省蓝田县通过推动吕氏家族墓遗址的保护和考古发掘工作，举办"蓝田吕氏家族墓出土文物精品展"，举行"四吕"文化研讨会，并把《吕氏乡约》精髓纳入乡村社会管理等多种举措，积极引导广大村民自我教育、自我管理、自我提高，对推动当地培育文明乡风发挥了重要作用。

2.培育和选树新乡贤骨干队伍

新时代呼唤新担当、新作为，中央对新乡贤的作用发挥也提出了更高的要求和标准。"十三五"规划纲要和近两年的中央一号文件，都明确提出要培育"新乡贤文化"。其目的就是要通过培育和选树新乡贤骨干队伍，发挥新乡贤在基层农村的示范带动和引领作用。培育和选树新乡贤骨干队伍，就要善于挖掘退休返乡的政府官员、耕读故土的仁人志士、德高望重的基层干部、有口皆碑的模范人物、反哺桑梓的业界精英以及其他所有愿意为家乡发展建设建言献策、出钱出力的贤达人士等人才资源，通过开展爱乡睦邻、孝贤友善，创业富民、反哺桑梓，崇文兴学、守望乡情，公道正派、促进和谐，热心公益、教化乡民，移风易俗、树立新风等先进典型的评选活动，真正把群众认可、乡邻敬佩的新乡贤选拔出来。同时，还要通过巡回宣讲、公开表彰等方式让新乡贤事迹成为群众学习的典范，让新乡贤文化在农村更具有道德张力，大力营造人人学乡贤、人人颂乡贤、人人做乡贤的浓厚氛围。

（二）汇聚乡贤力量，发挥新乡贤作用

推动乡村振兴，新乡贤作用不可或缺。新乡贤具有独特的血脉、人脉优势，是联系乡村与城市的"新纽带"。新乡贤往往在村里的威望都比较高，可以起到弥合社会分歧的作用，在乡村治理中可以起着"安全阀"的维稳作用。从某种意义上说，新乡贤虽然一般都不是乡村干部，但他们来源于群众，在处理一些乡村事务时，甚至有可能比乡村干部更能发挥作用。

1.注重发挥新乡贤在乡村治理中的调和作用

新乡贤具有人熟、地熟、村情熟的优势，在参与乡村治理过程中，既能帮助化解鸡毛蒜皮的小事，也能帮助处理事关乡村和谐的大事。要大力引导和发挥他们的"黏合剂"和"安全阀"作用，让新乡贤在新农村建设、社会治理和培育社会主义核心价值观中发挥正能量、引领新风尚。比如，孟子的故乡山东省济宁市邹城市唐村镇，为破解乡村治理中的一系列难题，当地党委政府非常重视发挥新乡贤的作用。有一次，唐村镇西颜庄村一户村民在收麦的时候，因误收了邻家一垄麦子，被强行拔了收割机的钥匙，顿时两家剑拔弩张。此时，乡贤齐如松及时赶到，并言道："俗语说焦麦炸豆，不能耽误了抢收，多少损失我先赔上。"接着让家人送过来 200 斤麦子。把麦子一放，齐如松讲起了"六尺巷"的故事，两家领会其意，麦子也不要了，邻里和好如初。据了解，像齐如松这样的乡贤在邹城的唐村镇还有很多、他们通过自己的个人影响力传递乡情，用正能量来化解邻里间的纠纷，使邻里更和睦。

2.注重发挥新乡贤在乡村发展中的助推作用

特别是在外为官、研学、创业的新乡贤，其人脉广、资源多、信息灵，请回乡村，聚集起来，就是一支队伍强大、人数众多、不可替代的重要力量。可以说，新乡贤是乡村建设的宝贵资源，发挥好新乡贤的作用对助推乡村经济社会发展有着十分重要的作用。对此各地都作了大量探索，有的已取得丰硕成果。比如，重庆市永川区实施"乡贤反哺工程"，发挥乡贤资源优势，组建"乡贤智囊团""乡贤创业团""乡贤民情团""乡贤宣讲团""乡贤反哺团""乡贤爱心团"等组织，打造"新乡贤＋"系列品牌，把乡贤回报乡里的善意变成真正的善举。为公益事业共捐款 1.25 亿元，修筑村道400多公里，为乡亲办助困、助学、助医等好事实事 3000余件，资助贫困学生上大学372 人，受扶助和帮助的困难户达2900多户，开展志愿服务 2万余场次。

3.注重发挥新乡贤在乡风文明建设中的引领作用

新乡贤成长于乡土、奉献于乡里，最熟悉农村社会的人文底蕴，最了解农村的传统文化，也最清楚如何把现代的文明理念嵌入民风民俗中去，他们往往能够在生活方式和处事原则方面给普通乡民以示范，起到逐渐教化乡民、涵养社会正气的作用。因此，在推动乡风文明建设过程中，要注重发挥新乡贤的示范引领作用，使其成为破解农村赌博迷信、不敬不孝、大操大办婚丧嫁娶等不良风俗和引领乡村文明新风尚的"标杆"。

（三）健全乡贤保障机制，激励新乡贤新作为

栽下梧桐树，引得凤凰来。建立健全新乡贤回乡反哺保障机制，使人才资源在乡村实现良好循环，是助力乡村振兴的先决条件。只有通过建立健全激励和保障机制，进一步优化完善政策措施，精心搭建乡贤反哺家乡的优质平台，才能更好更多地吸引有品德、有能力、有公益心的新乡贤回乡干事创业。

1.建立健全引入机制

新乡贤能否"出得来、立得住"，在很大程度上依赖于基层党委和政府能否创造好的条件和环境。要认真研究出台各类新乡贤引人标准，建立健全持续稳定的吸纳引入机制，鼓励退休公务员、退休教师及工商界人士等还乡施展才能。要因地制宜出台相应的政策措施，增强人才包容度，用更加优惠、更具吸引力的政策条件激发新乡贤参与乡村建设的热情。尤其要在创业扶持、特殊补贴、子女教育及住房医疗等方面加大政策倾斜，扎实做好乡村筑巢引凤人才引进工作。同时，还要做好"内外结合"文章，既通过优惠政策吸引本地外流人员，又不拘一格吸引外乡人才来乡就业创业，激活乡村振兴内生动力。

2.建立健全激励机制

新乡贤作用不是凭空产生的，如何让人才更好地发挥作用，是一道现实考题。基层党委和政府要探索成立新乡贤联络服务中心，搭建新乡贤工作平台，与新乡贤签订协议书，以及通过网络宣传、新闻媒体推介、召开新乡贤引进发布会等方式，大力宣传鼓励新乡贤担当作为的有关政策。同时，要注意对新乡贤先进事迹的宣传和表彰，如对作出突出贡献的新乡贤，可以给予相应的荣誉或表彰；安排列席政府部门相关会议，鼓励他们广开言路，积极建言献策；定期或不定期举办一些联谊活动，逢年过节

对其进行走访慰问等，让他们有强烈的成就感、自豪感。通过大力宣传、表彰激励，让新乡贤充分感受到基层党委和政府的真诚态度，从而更好地激发其为家乡建设作出更多更大贡献的热情和动力。

3.建立健全监督管理机制

发挥新乡贤作用，既要开门迎才、广纳贤士，又要严格标准、精细管理，确保新乡贤不拉低"贤"的称号，不辜负老百姓的期待。要探索建立科学、合理、严谨的新乡贤监督管理机制，尤其要明晰新乡贤的权责边界，让其有所为、有所不为，切实加强对新乡贤的监督制约，坚决防止个别新乡贤利用自己的影响力干扰乡村治理，甚至搞"期权腐败"。同时，要建立乡镇政府、村"两委"、群众等多元主体共同参与的权重评价机制，为新乡贤工作成效提供科学、合理、有效的评价方式。根据新乡贤的工作情况，以及各界的评价，建立柔性退出机制，始终确保新乡贤队伍的纯洁性和公信力。

第八节　平安乡村为乡村振兴保驾护航

乡村振兴，平安乡村是基础。习近平总书记指出：平安是老百姓解决温饱后的第一需求，是极重要的民生，也是最基本的发展环境。要不断健全农村社会治安防控体系，深入开展扫黑除恶专项斗争，严厉整治农村社会治安乱象，严厉打击各类涉农犯罪行为，完善农村公共安全体系，让平安乡村为乡村振兴保驾护航。

一、健全农村社会治安防控体系

健全农村社会治安防控体系，是平安乡村建设的重点工程。2015年4月，中共中央印发《关于加强社会治安防控体系建设的意见》，对构建立体化、信息化的乡村社会治安防控体系作出顶层设计。当前，要着力从落实社会综合治理领导责任制、创新现代乡村警务机制、健全矛盾纠纷多元化解机制和推动基层网格化管理等方面入手，将社会治安防控体系的建设落到实处。

（一）落实社会综合治理领导责任制

2016年3月，中共中央办公厅、国务院办公厅印发的《健全落实社会治安综合治理领导责任制规定》明确强调：抓住"关键少数"，强化担当意识，落实领导责任，科学运用评估、督导、考核、激励、惩戒等措施，形成正确导向，一级抓一级，层层抓落实，使各级领导班子、领导干部切实担负起维护一方稳定、确保一方平安的重大政治责任，保证党中央、国务院关于社会治安综合治理决策部署的贯彻落实。《健全落实社会治安综合治理领导责任制规定》从责任内容、督促检查、表彰奖励、责任督导和追究等方面，对健全落实综合治理领导责任制作出明确要求。这是我们党首次以党内法规的形式，将综合治理领导责任制纳入制度化的设计，具有非常强的科学性和可操作性。

健全落实社会综合治理领导责任制，是平安中国建设的主要抓手，也是巩固平安建设成果的重要保障。近年来，各地积极贯彻落实社会综合治理领导责任制，治理成果得到初步显现。截至 2016 年年底，28 个省（区、市）实现县级综合治理中心全覆盖，全国县、乡、村三级综合治理中心覆盖率达97%以上。2016 年 11月，北京市编制实施全国第一个社会治理五年规划，即《北京市"十三五"时期社会治理规划》，推出 28项量化发展指标。浙江省自 2004 年起就部署开展平安浙江建设，将平安建设和综合治理工作纳入经济社会发展总体布局，一手抓经济报表，一手抓平安报表，实现富民与安民并重，成为全国最安全省份之一。湖北省自 2013 年起将综合治理工作纳入省委、省政府的专项督察内容，将其与领导干部评先评优、晋职晋级挂钩。在奖惩方面，湖北省健全了以奖励、约谈警示、诚勉谈话、黄牌警告、一票否决为主的综合治理手段规范体系。江西省在重奖严惩方面也形成了良好经验，如对荣获全省综合治理工作先进市、先进单位和全省安全感调查公众满意县（市）的地区、单及其综合治理责任人给予嘉奖；对综合治理责任落实不到位或发生影响急定问题事件的地方，视情况给予警示、约谈、挂牌督办、限期整改、黄牌警告、一票否决等处罚。各地实践证明，凡是社会综合治理领导责任制落实到位的地方，一定是刑事案件少、治安案件少、矛盾纠纷少的地方，也是人民群众满意度高、社会和谐稳定的地方。在平安乡村建设过程中，各级各部门一定要高度重视综合治理工作，严格落实综合治理领导责任制，切实肩负起促一方发展、保一方平安的政治责任。

（二）创新现代农村警务机制

农村警务资源不足的问题，是乡村治理现代化面临的一大难题。特别是随着工业化和城镇化进程的不断加快，农村青壮年劳动力大量外流，不少农村出现了"空心化"问题。面对不法侵害等行为时，预防能力和抵抗能力明显降低。因此，推动警力下沉和创新警务机制，补足农村治安短板，是当务之急。近年来，各地不断创新农村警务机制，为实现农村的平安和谐发挥了重大作用。

2014 年 4 月以来，贵州省深化农村警务机制改革，先后探索建立和推行农村"一村一警务助理"工作模式。警务助理既是当地公安机关的"千里眼""顺风耳"，也是当地老百姓眼中的"和事佬""勤务兵"。他们承担着情报信息收集员、法治宣传员、矛盾纠纷调解员、群众服务员、义务帮教救助员、交通管理员、消防监督员、社会治安管理员"八大员"的作用，知民情、解民忧，面对面、心贴心、实打实地服务群众。截至 2015年8月31日，全省 15786 个行政村，已配备警务助理2 万余人，配备比例达到 134%，初步解决了农村社会治理"真空""盲点"问题。

2017 年以来，湖南省衡阳市从解决农村地区人民群众共同安全需求日益增长与警察服务短缺低效之间的突出矛盾入手，主动转变理念，在衡阳县探索推行巡警、刑警、交警、派出所"四合一"网格化农村警务新模式。衡阳县在全县 25 个农村乡镇设立了"三级网格警区"： 第一级由8个"大网格警区"组成，第二级由 25 个"中网格警区"组成，第三级由491个"小网格警区"组成。每个大网格警区包含 3~4个中网格警区，中网格警区以行政乡镇为单位，小网格警区以行政村和农村社区为单位。有效盘活农村警务资源，取得明显成效。"四合一"网格化农村警务新模式的推行，在夯实基层基础、加强社会治理、筑牢治安防范、强化侦破打击、服务人民群众等方面发挥了重要作用。

在浙江，各地公安坚持"矛盾不上交、平安不出事、服务不缺位"，创新实践，打造"枫桥经验"新样板。如绍兴市上虞区，通过"乡警"回归，打造共治共享的社会治理格局。2017 年以来，上虞区公安分局以破解基层派出所"事多人少"难题为切入点，以制度形式组织民警"常回家看看"。而今，678 名民警深入全区 365 个行政村担任"乡警"，利用业余时间协助农村基层组织和驻村民警做好农村警务工作。"乡警"回归后，上虞全区疑难复杂矛盾纠纷调解成功率达到 98.7%，同比提升20.1%；成功化解一起长达 8 年的信访积案；110 接报的矛盾纠纷警情同比下降 21.8%，同一纠纷重复报警数同比下降 49.5%，治安纠纷处罚率同比下降 27.7%。

（三）推动基层网格化管理

基础不牢，地动山摇。只有夯实基层基础，才能筑牢平安根基。近些年来，北京、上海、湖北、浙江等地在推进基层社会治理的过程中，创造性地开展网格化管理，被中央推广到全国各地。《乡村振兴战略规划（2018—2022年）》明文指出：探索以网格化管理为抓手，推动基层服务和管理精细化精准化。加强网格化建设，将是乡村振兴战略的一个重要抓手，亦是夯实乡村治安防控体系的根基所在。网格化服务管理，是指在党委领导、政府主导下，各部门齐抓共管，把管理区域按一定范围、人口、户数及楼宇数量，划分为若干网格状单元，相应定员定岗配置服务管理人员（即网格员），每个网格员对自己管理网格内的人、地、物、事、组织等基本治安要素进行动态化管理，依托数字管理信息系统提高效率，并提供精细化、个性化服务，从而做到信息掌握到位、矛盾化解到位、治安防控到位、便民服务到位。近年来，各地牢牢抓住网格比服务管理这把"金钥匙"，社会治理的基础进一步夯实。截至 2016年年底，全国社区（村）网格化覆盖率达到 93%，切实做到了"网格全覆盖、工作无缝隙、服务零距离、管理无漏洞"。

在推进农村网格化管理过程中，必须着力做好以下工作：

1.协同治理，实现治理主体多元化

农村社会治理，应包括村民、村委会、基层政府、基层党组织、农村自治组织、网格员等主体。这些主体之间需分工清晰、权责明确、通力合作。特别是村民自治委员会和网格管理员两者的关系，一定要合理分工，明确权责。2017 年 11 月，浙江省第十二届人民代表大会常务委员会第四十五次会议修订通过《浙江省社会治安综合治理条例》，在全国率先以法规形式对网格管理人员的职责进行规范。

2.区域联动，形成高效协调的运行机制

要织密织牢乡村社会治理的"安全网"，必须上下联动，形成部门合力，着力构建高效协调的运行机制。要通过镇、村、格三级农村网格治理平台建设，构建横向覆盖全部地域、纵向贯通各业务层级的立体网格治理体系，确保每寸土地有人管、每项事务有人抓。

3.集成创新，提升乡村治理水平

进一步加强信息化、智能化水平，是农村网格化社会治理工作的一个重要发展方向。要找准科技手段服务乡村治理的切入点，以信息化、智能化技术手段提升乡村社会治理能力。如山西省平遥县，创新"网格＋"，基本实现"小事不出村、大事不出镇、矛盾不上交"。平遥县古陶镇，围绕平安建设，拓展网格功能、放大网格效应，创新"网格+"模式，截至2018 年1 月，全镇累计受理各类网格化服务管理事件 4 万余件，办结率达97%。

二、打造平安、祥和、稳定新农村

实施乡村振兴，必须创造一个平安、祥和、稳定的社会环境。必须深入开展扫黑除恶专项斗争，坚决整治农村社会治安乱象，加大对农村非法宗教、邪教活动打击力度，确保人民安居乐业、社会安定有序，进一步夯实党的执政基础。

（一）深入开展农村扫黑除恶专项斗争

当前，一些农村黑恶势力仗着"保护伞"，恣意妄为，欺行霸市，严重威胁人民群众生命财产安全，严重影响农村经济社会健康稳定发展。进行平安乡村建设，就必须坚决打掉这些黑恶势力，确保乡村振兴的战略成果为群众所享。2018 年1月，中共中央 国务院正式发出《关于开展扫黑除恶专项斗争的通知》，吹响了严厉打击黑恶势力的号角。

1.全面排查，广泛收集案件线索

要按照"属地管理"和"谁主管、谁负责"的原则，分辖区、分村（组）开展地毯式排查，把排查线索、摸清底数作为开展扫黑除恶专项争的重要基础。畅通举报渠道，向社会公布监督举报电话或 QQ、微信等举报方式，广泛发动农村群众参与扫黑除恶。组织乡、村两级干部有针对性地开展走村入户，聚焦涉黑涉恶问题突出的重点地区和重点领域，收集相关线索。统筹协调县、乡两级公安、司法、综治等部门，对农村可能存在的各类涉黑涉恶性质组织团伙和势力进行摸排，特别是对有犯罪前科或有涉恶倾向的对象要予以重点关注和掌握，对梳理出来的问题线索要逐项甄别，建立健全线索管理台账，实行清单制管理，为打击处理奠定基础。

2.雷霆出击，始终保持严打态势

开展扫黑除恶专项斗争，要坚持"黑恶必除，除恶务尽，打早打小，露头就打"的方针，主动出击，向农村黑恶势力发起凌厉攻势。对接报的寻衅滋事、非法拘禁、聚众斗殴等现行涉恶案件，要坚持做到快速出击、露头就打。对在侦的重点涉恶团伙，要注意加强研判经营、专案攻坚，力争挖尽同伙、挤清余罪、扩大战果。始终保持严打态势，让"村霸"、宗族恶势力、"保护伞"等犯罪黑恶势力得到真正铲除，为乡村振兴扫清障碍。比如，2017年山西省吕梁市以雷霆万钧之势，开展了打击农村黑恶势力及痞霸为重点的"春季行动"，短短两个多月就打掉农村恶势力团伙 4 个，抓获犯罪嫌疑人 16人，打击处理寻衅滋事、欺行霸市、恐吓群众、横行乡里的各类"痞霸"277人，人民群众安全感、满意度明显提升。

3.营造声势，形成浓厚的社会氛围

要加大宣传力度，营造严厉打击涉黑涉恶违法犯罪活动的浓厚氛围。充分利用广播、电视、网站、微信、QQ 等平台，以及刷写标语、发放宣传单、办宣传专栏、LED电子显示屏滚动播放字幕等多种形式、多种方式，对深入开展农村"扫黑除恶"专项工作进行全方位无死角的发动宣传，动员广大群众积极主动提供案件线索，大打"扫黑除恶"人民战争，做到家喻户晓，为扫黑除恶营造良好的社会氛围。

（二）坚决整治农村社会治安乱象

改革开放 40 多年来，农村面貌焕然一新，发生了翻天覆地的变化。但随着市场经济的发展，改革进入深水区，许多深层次的矛盾也日益凸显，农村社会治安状况也变得日趋复杂。这主要表现为民间纠纷呈"井喷"态势、民生案件数量"暴涨""黄赌毒"问题禁而不绝、群体性事件"燃点"较低等，必须引起高度重视和认真加以解决。

造成农村社会治安乱象的原因有很多，但主要有两个：一是农村群众文化素养偏低。随着城镇化进程的加快，农村物质文明发展迅速，但广大农民的文化素质却没有根本提高，一些原已消失的落后愚昧、消极腐朽的文化卷土重来，导致一些扭曲的人生观、价值观乘虚而入，拜金主义、享乐主义、极端个人主义等思想成为其产生犯罪的驱动力和内在原因。加之农村普法工作不够深入，许多农民法制观念淡薄，缺乏防范意识，不能在法律的约束下去行使自己的公民权利，也不会用法律武器来维护自己的合法权益。二是维护农村治安的力量严重不够。农村基层乡镇派出所普遍管辖范围大，同时警力有限，一旦出现警情，由于受警力和交通条件等的限制，往往民警赶到现场，犯罪分子早已逃之夭夭，无法给犯罪分子以足够的震慑。

整治农村社会治安乱象，必须严厉打击涉农犯罪。要着重打击农村入户盗窃，以及盗窃变压器、电缆等公共设施的违法犯罪；着重打击近年来不断渗透到农村、侵害农民的金融诈骗和假冒伪劣农用物资、农作物籽种等破坏农业生产和经营的违法犯罪；着重打击农村卖淫嫖娼、聚众赌博、贩毒吸毒等违法犯罪；着重打击农村食品领域违法犯罪，保障群众的舌尖安全；集中整治农村麻将场所、网络游戏场所等容易藏污纳垢的场所，深挖幕后组织者、经营者、获利者；加强和规范娱乐场所、出租房、暂住人口、旅店业的管理；等等。要通过解决一批突出的农村治安问题，整治一批农村治安重点地区，全面推动农村地区社会治安综合治理，确保农村社会大局持续稳定，有效提升农村社会的安全度。

2018 年陕西省咸阳市公安在打击涉农犯罪行动中，5 个月时间全市共办理涉农刑事案件 69 起，刑事拘留 87人；查处涉农治安案件 196起，行政处罚 631人；农村盗窃机动车案件发案 28 起，较去年同期下降3%；处理农村各类赌博违法犯罪案件 106起 500余人；摸排出涉毒行政村（社区）6个，破获毒品刑事案件1起、行政案件 2 起、治安案件起，抓获违法人员 5名，毒品涉嫌犯罪人员 1名，强制戒毒 2人，行政拘留3人；破获农村黑恶势力犯罪案件 2 起，逮捕 3 人。有效地净化当地农村社会风气，深受群众欢迎和赞许。

（三）严厉打击农村非法宗教、邪教活动

随着国际环境的变化和我国改革开放的推进，境外敌对势力加紧利用非法宗教、邪教活动对我国农村进行渗透，手段层出不穷，乱建庙宇、教堂和滥塑宗教造像的现象比较普遍。这些不健康的宗教现象，严重影响了社会主义精神文明建设，严重干扰了平安乡村建设和乡村振兴战略实施。为此，2018 年中央一号文件和《乡村振兴战略规划（2018—2022 年）》都明确提出，要依法加大对农村非法宗教、邪教活动打击力度。这是党中央纵览当前农村宗教发展形势，高瞻远瞩，作出的重要安排部署，对于净化农村文化阵地、推进平安乡村建设、巩固农村基层政权，都具有重要的意义。

我国历来实行政教分离原则，任何宗教都没有超越我国宪法和法律的特权，决不能干预行政、干预司法、干预学校教育和社会公共教育，决不允许强迫任何人特别是

未成年人入教、出家或到寺院学经，始终坚持政府依法对涉及国家利益和社会公共利益的宗教事务进行管理。目前，一些农村地区，少数宗教、邪教组织干预政务、村务，利用教法干预司法、干预婚姻，甚至干预基层选举，这些行为严重触犯了我国政策法规底线，必须坚决予以制止和纠正。对农村非法宗教、邪教活动渗透问题不可小觑，农村处于意识形态领域里斗争的"一线阵地"，必须站在事关国家意识形态安全和巩固国家基层政权战略的高度来看待。

如何提高广大农民群众抵御和防范非法宗教、邪教的能力，切实保障广大农民群众的合法权益，构建无邪乡村，为推进乡村振兴创造良好的社会环境，关键要从五个方面来加强农村的反邪教、非法宗教工作。是要把对农民的教育问题提到重要的议事日程，纳入解决"三农"问题和实施乡村振兴战略的重要内容。二是加强基层组织建设是当务之急，要把筑牢基层政权组织的大堤作为防范各种邪教、非法宗教渗透的第一道防线。三是要依靠宗教团体、反邪教协会等群团组织的力量，发挥其在反邪斗争中的积极作用。四是在提高农民的物质生活水平的同时，要把农村的文化建设、"精神扶贫"放在重要位置，不断满足农民群众的精神需求。五是加大宗教治理力度，依法打击非法宗教、邪教活动，充分运用法律武器抵御别有用心的势力利用宗教向农村渗透。

自古正邪不两立。各种打着宗教旗号、冒用宗教名义的乱象和非法违法活动扰乱了正常的宗教秩序，亵渎了信教群众的宗教感情，败坏了社会风气。国家依法制止、打击、治理这些乱象，必将得到广大宗教界人士和信教群众的一致赞同和热烈拥护。

三、健全农村公共安全体系

当前，农村公共安全治理体系和运行模式都难以适应乡村振兴要求。必须进一步树牢安全发展理念，扎实做好农村公共安全工作，为广大农村编织起全方位、立体化的公共安全网。要持续开展农村安全隐患治理，探索实施"路长制"，推进农村"雪亮工程"建设，确保乡村振兴战略安全、健康、顺利实施。

（一）持续开展农村安全隐患治理

农村安全隐患排查整治是推动农村经济社会发展，确保农民群众生产、生活安全的重要举措。要通过持续深入开展排查和整治，有效消除农村各类安全隐患，建立健全农村隐患排查治理及重大危险源监控的长效机制，进一步提高农村安全防控管理水平，增强农民群众安全防范意识，坚决遏制农村重特大安全事故发生，真正实现农村公共安全防控网全覆盖。

1.强化组织，压实工作责任

基层党委和政府要切实担负起本辖区农村安全隐患排查整治工作的主体责任，要成立安全隐患排查整治工作领导小组，明确各相关部门分管领导为分项工作责任人，承担起职责范围内的排查整治工作。同时，要将责任传导、下压到村"两委"班子，明确村支部书记、村主任为本村安全隐患排查整治工作的第一责任人，其他班子成员协同配合、各负其责，形成工作合力。推动实行责任分包制度，乡干部包村、村干部包片，做到乡不留村、村不漏户，确保排查不留死角，整治有实效。

2.突出重点，集中排查整治

集中开展排查整治，是迅速、有效解决农村安全隐患问题的重要举措。要结合农村实际，着重对用电消防安全、房屋安全、水利设施安全、食品安全、道路交通安全、取暖安全和教育、卫生、养老公共设施安全等方面，逐项开展拉网式排查，全面掌握农村问题多发、易发的重点区域、重点场所、重点环节，建立隐患问题台账，逐项提出整治措施，明确整治责任人、整治时限，精准施策，精准整治，精准销号，做到发现一个消灭一个，真正把各类安全隐患消除在萌芽状态。

3.严格督察，推动常态长效

基层党委和政府要对本辖区农村安全隐患排查整治工作及时开展跟踪督察，并将督察情况通报各村，凡是整治工作抓得好的，给予通报表扬；凡是工作不力、群众不满意、限期整改仍无改进的，给予通报批评，而造成人员、财产损失的要追究相关人员责任。同时，要按照集中整治与长效管理、治标与治本同步推进的原则，进一步建立健全农村安全隐患排查整治的长效工作机制，不断规范农村安全防范各项工作制度，促进农村安全防控工作持久、深入开展。

4.广泛宣传，营造良好氛围

要加大对农村安全隐患排查整治工作的宣传力度，充分利用广播、手机短信、QQ、微信、专栏、展板、入户宣传等形式，广泛组织开展安全教育活动，宣传安全隐患知识、安全生产法律法规和安全常识，典型事件警示，提升农民群众安全风险辨识和自我保护能力，最大限度调动起农民群众自己动手消除安全隐患的积极性、主动性，营造人人讲安全、处处抓安全的良好氛围。

（二）探索实施农村道路"路长制"

随着经济社会的快速发展，新农村建设的加快推进，农村公路通车里程不断延伸，乡村旅游、农村电商、物流配送等新兴行业快速发展，农村人流量、车流量日益增大，农村道路交通拥堵、事故风险也日益增大。当前，我国农村地区普遍存在交通管理能力不足的问题。推行道路交通安全管理路长责任制，旨在对每条农村道路实行网格化、实名制管理，建立"一村一路长、一路一专员"管理模式，着力构建共建共治共享的农村道路交通管理社会治理格局，实现农村道路交通安全管理全覆盖、基本消除农村公路重大安全隐患，有效防范和遏制重特大道路交通事故。

1.健全"路长制"管理体系

加强农村道路"路长制"管理体系的顶层设计，厘清相关部门、人员承担的责任内容，通过建立健全县、乡、村与交警、路政等多层级、多部门联合行动的"路长制"工作运行机制，转变过去被动应急为现在常态主动出击，切实加大管路护路的工作力度，推动实现农村道路齐抓共管的良好局面。比如，河北省政府办公厅印发《关于全面推行农村公路"路长制"的通知》提出，按照"县道县管、乡村道乡村管"的原则，建立覆盖县、乡、村的路长组织体系，明确县（市、区）政府主要负责人任本行政区域农村公路总路长，乡（镇）政府和村民委员会主要负责人分别担任本区域乡级路长、村级路长，农村公路具体管理单位负责人或养护承包人为管养路段的段长，形成了权责清晰、齐抓共管、高效运转的农村公路管理机制，农村公路服务能力显著提高，人民群众满意度明显提升。

2.推动"路长制"有效运行

省、市、县要加大对农村道路"路长制"的保障力度，着重从人员、机构、资金及考核、管理等方面强化保障措施，切实提升农村道路"路长制"的运行效率。要加强对"路长"的监督管理，签订目标责任书，严格实施考核和开展监督检查，对发现问题不及时、处置不力的"路长"，责令其限期整改，如果造成了重大影响、发生了重大交通事故，则还要追究其相关责任。同时，还要在路段与路段之间、路段与产权单位之间建立路长工作联系，及时加强沟通、协调、配合，消除工作盲区，形成横向到边、纵向到底的安全监管体系。通过强化保障、压实责任、动态管理、有效衔接，推动农村道路"路长制"管理向常态化、精细化方向快速发展。

3.发掘"路长制"先进典型

要高度重视农村道路安全的宣传引导工作，大力推介"路长制"的好经验、好做法，以及涌现出的先进集体和先进个人，鼓励乡（镇）积极创建农村道路"路长制"实施示范乡（镇），推选农村公路"路长制"实施示范村，以点带线，从线到面，以典型来示范引导，进而将"路长制"工作推广开。同时，还要通过电视、广播、互联网、新媒体等加大宣传力度，提高"路长制"管理工作的社会参与度，鼓励人人护路爱路，为"路长制"管理工作营造良好的氛围。

（三）推进农村"雪亮工程"建设

近年来，随着农村青壮年劳动力纷纷加入外出务工行列，老人、孩子和妇女构成了农村的留守群体，不可避免地减弱了农村地区的群治群防能力，形成了社会治安"空心村"。显然，传统的治安防控措施已经难以满足现实的需求。也正是基于此，2018年中央一号文件提出建设平安乡村，推进农村"雪亮工程"建设，着力解决农村社会治安防控管理的现实问题和群众强烈的安全诉求。实施农村"雪亮工程"，是把治安防范措施进一步延伸到农村群众身边，发动社会力量和广大群众共同做好视频监控，筑牢治安防控的"篱笆"，不仅为群防群治注入新的内涵，焕发新的活力，而且能够有效解决群众安全感满意度"最后一公里"的问题。

1.高位推动，多方助力

根据"十三五"规划，到2020年，我国要基本实现"全域覆盖、全网共享、全时可用、全程可控"的公共安全视频监控建设联网应用。各地要高度重视农村"雪亮工程"建设，并将其上升为创新社会治理、提升群众安全感和满意度的重要抓手，省、市、县、乡、村五级联动，层层抓好工作部署，层层压实工作责任，层层推动工作落实。同时，要大力创新方式方法，推动社会组织、农村群众等积极参与"雪亮工程"建设。比如，湖南常德鼎城区顺应市场经济规律，采取"政府引导、运营商投入、农户参与"的模式推进农村"雪亮工程"建设，引入联通、电信、移动等通信企业参与竞争，政府无须投资建设即可拥有监控平台，农户每月仅需缴纳少量固定套餐费用，在同比消费更低的情况下，享受家庭监控、电视、宽带、话费的整体服务，既破解了农村建设技防设施资金难题，又为农村群众提供了优质服务。

2.合理规划，科学布局

要进一步提升农村社会治安防控水平，按照"统筹使用、兼容整合、统一规划、合理布局、先易后难"的原则，组织公安、交通、供电、通信等部门，对农村已建监控点位，进行联网整合，避免重复建设。同时，大力推进农村全方位布点设控，尤其是对村庄主要路口、显要位置、重点场所要做到全覆盖，确保进出村庄所有路口不留死角、不漏一处，实现全天候、无缝隙监控。通过推进农村视频监控"一张网"建设，以及广泛应用智能传感、物联网、云计算等信息技术手段，构建起社会化、法治化、智能化、专业化的防控机制，逐步实现"全域覆盖、全网共享、全时可用、全程可控"的目标。

3.加强管理，做好维护

实施农村"雪亮工程"，不仅要抓好建设，还要抓好管理、保养、维护等工作。基层党委和政府要建立健全视频监控常态巡检工作机制，经常组织相关工作人员学习设备运行及日常维护知识，切实提高农村"雪亮工程"运行管理能力和水平。要督促网络运营公司定期做好维护保养工作，明确维护责任人，公布联系电话，对监控探头、辅光灯等硬件设施要定期进行保养，对发现的故障要及时维修解决，确保所有的视频监控都能全天候有效运转，而不是稻草人、摆设，更好推动"雪亮工程"在农村社会安全治理中发挥应有的作用。

第九节　在壮大农村集体经济中推进组织振兴

农村集体经济是指农村社区成员利用集体所有的生产资料，通过共同劳动、联合经营的方式，来实现共同发展的一种经济组织形式。农村集体经济是社会主义公有制的重要组成部分，是实现乡村振兴目标的重要物质基础和关键环节。发展壮大村级集体经济，是构建现代农业产业体系，提高农村公共产品供给和服务能力，实现农业强、农村美、农民富的重要举措，也是乡村政治、社会、文化、生态建设的重要组织载体。农村集体经济组织作为农村集体经济资产管理的主体，在推动农村生产力发展、促进农村增收、协调村民与集体利益矛盾方面作出了巨大的贡献。推动乡村组织振兴要把壮大村级集体经济组织作为抓手，通过创新集体经济组织方式和经营方式，激发集体经济在乡村振兴中的活力，通过提供必要的物质基础，不断确立集体经济组织在乡村振兴中的主体地位。

一、深化农村集体产权制度改革

习近平同志在福建宁德地区工作期间指出：集体经济是农民共同致富的根基，是农民走共同富裕道路的物质保障。集体经济健康发展了，不但可以为农户提供各种服务，还可以发挥调节作用，防止两极分化。近年来，我国乡村发展迅速，全国现有的 23.8 万个村、75.9万个村民小组均已经建立了集体经济组织。村级集体经济组织的建立，对于提升村级组织公共服务水平、完善农村社会治理体系、实现农民增收致富具有极其重要的作用。但由于农村经济发展不平衡以及政策顶层设计不足，村级集体经济还存在着集体经营性资产归属模糊、经营收益不清、成员的集体收益分配权难以保障等突出问题，严重制约了乡村发展。因此，有效推动农村集体经济组织振兴，就要进一步深化农村产权制度改革。

（一）落实农村集体经济组织"特殊法人"地位

科学合理的法人治理结构，是实行民主决策、民主管理、民主监督的保障。与村委会、村党组织的基层行政性组织相比，农民集体经济组织从本质上来看，是以经营所在农村社区土地等资源要素的集体经济性组织，是中国特色社会主义市场经济的重要组成部分。虽然宪法明确了农村集体经济组织的法律地位，但对其法人地位如何确定并没有清晰的划分。"农村集体经济组织兼具地域性、社区性、内部性，不同于一般的法人组织，也不同于公益性组织，简单套用营利性法人、非营利性法人和非法人组织都难以准确界定其属性。"法人地位的缺失严重制约了村级集体经济组织的发展壮大，也阻碍了村级集体经济在乡村振兴中力量的发挥。

2017年，十二届全国人大第五次会议通过的《中华人民共和国民法总则》赋予了农村集体经济组织特殊法人地位。这意味着符合条件的农村集体经济组织作为特定法人，可以依法登记，取得法人资格，成为合法的市场主体，更好地释放出促进乡村振兴的动能。2018 年为了推动农村集体产权制度改革、农业农村部、中国人民银行、国家市场监督管理总局联合印发《关于开展农村集体经济组织登记赋码工作的通知》，明确了农村集体经济组织的成立、注册登记程序和运行机制等细则，确保了农村集体经济组织市场的主体地位。

全面开展农村集体资产清产核资工作，按照《中共中央国务院关于稳步推进农村集体产权制度改革的意见》，对集体所有的各类资产进行全面清查工作，搞清楚集体的家底有多少。重点清查核实承包到户的资源型资产和集体统一经营的经营性资产、现金、债权债务，查实存量、价值和使用情况。同时，要在清产核资的基础上明确集体产权的归属问题，为农村集体产权制度改革打下坚实的基础。

要积极开展农村集体经济组织登记赋码，建立起省级政府负责、县级政府组织实施的领导体制和工作机制，各级农业农村管理部门要充分发挥业务主管部门的作用，指导新型集体经济组织及时办理相关手续，通过填写农村集体经济组织登记证，确保农村集体经济组织正常活动的开展。要深入研究农村集体经济组织法律相关问题，推动农村集体经济组织的立法工作，"对组织登记制度、成员确认和管理制度，组织机构设置和运行制度、资产财务管理制度、法律责任制度、监管制度等进行全面规定"，不断完善支持农村经济发展的法律政策。要加快农村集体资产监督管理平台建设，提高集体资产管理制度化、规范化、信息化水平。

（二）全面确认农村集体经济组织成员身份

确认农村集体经济组织成员身份是保障和实现农民集体经济组织成员权利的基础，贯彻落实《中华人民共和国物权法》的基本要求，也是推动农村集体经济产权制度改革的关键一步。从历史发展脉络来看，农村集体经济组织是以土地资源为生存保障基础的组织，这就决定了这一类组织是与村民、乡村发展的利益紧紧绑在一起的，三者构成农村社会发展的基本"生命共同体"。村民个人发展离不开集体经济组织这个依托，集体经济组织的蓬勃发展也需要全体村民的共同努力。

由于各方面原因，我国对农村集体经济组织成员身份的界定与确认一直处于相对模糊的状态。新型城镇化建设不断推进过程中带来的土地、人口等各类资源要素快速流动，使涉及农村集体经济组织成员身份的利益冲突日益增多，为了更好地壮大农村集体经济、促进农民增收，促进农村全面发展，有必要对农村集体经济组织成员身份进行确认。党的十八届三中全会首次提出"保障农民集体经济组织成员权利"，为村民集体经济组织成员身份的确立迈出了坚实的一步。之后出台的《中共中央 国务院关于稳步推进农村集体产权制度改革的意见》、2018 年中央一号文件、2019年中央一号文件又进一步明确全面确认农村集体经济组织成员身份是我国农村集体产权制度改革的重点领域和关键环节，也是振兴乡村集体经济组织、发挥农民参与乡村振兴战略的题中应有之义。

要尊重农民的民主自觉权利，将选择权充分交给农民。各地区要探索在群众民主协商基础上确认农村集体经济组织成员的具体程序、标准和管理办法。在确认成员的时间上，要充分吸收不同村民的意见，以少数服从多数的原则协商确定集体经济组织成员的时间。在确认成员的标准上，要依据有关法律法规，按照尊重历史、兼顾现实、程序规范、群众认可的原则，统筹考虑户籍关系、农村土地承包关系、对集体积累的贡献等因素，做好各类人群的成员身份确认工作。在确认成员的程序上，要开展集体经济组织人口基本情况摸底调查，对每个家庭提供的人口信息，要依据标准逐一核对，之后要对核实后的结果给予张榜公布，接受群众评议与监督。要建立健全农村集体经济组织成员登记备案机制，通过登记备案有效维护农村集体经济组织成员的权利。通过公示无异议的成员，集体经济组织应尽快建立成员花名册并将花名册，报县乡政府主管部门进行备案。

（三）理顺村委会与村集体经济组织的关系

乡村振兴战略提出要不断健全乡村治理体系，而健全乡村治理体系势必涉及村级组织体系的合理构建问题。村级组织体系构建的基本问题除了两委关系，就是村民委员会与村集体经济组织的关系；村委会和村集体经济组织的职责划分和机构分设是乡村治理体系构建的基本问题之一。村民自治委员会是村民实现自我管理、自我服务的基层群众性自治组织，是我国广大农村实行村民自治制度的主要组织载体。从组织属性来看，村民自治委员会是特殊的基层"政务性"组织，以"村民"为管理和服务对象。农村集体经济组织是一个村办经济实体，是经营所在农村社区土地等资源要素的集体经济性组织，是我国农村集体经济制度的主要组织形式，其组织属性是基层"经济性"组织，两者之间并不存在行政上的上下级关系。

但现实中，农村的党组织、自治组织和集体经济组织捆绑在一起，"一套班子、两块牌子"的现象在乡村中很多。村民自治委员会由于对自身的地位不清，经常代行农村集体经济组织的职能，同时担负着集体资产管理、民主自治、社会管理等多方面的职能，不仅导致了政府对农村社区公共服务的供给不足，挤压了农村集体经济的发展空间，加重了农村集体经济组织的负担，同时也有违乡村振兴战略中提到的"归属清晰，权能完整，流转顺畅，保护严格"政策要求。

2015 年 11月，中共中央办公厅、国务院办公厅印发了《深化农村改革综合性实施方案》，提出农村集体经济组织制度与村民自治组织制度是相互交织的，两者构成了我国农村治理的基本框架，也为中国特色农业农村现代化提供了基本的制度支撑。《深化农村改革综合性实施方案》指出：在进行农村集体产权制度改革、组建农村股份合作经济组织的地区，探索剥离村"两委"对集体资产经营管理的职能，开展实行"政经分开"试验，完善农村基层党组织领导的村民自治组织和集体经济组织运行机制。"政经分开"是党和国家在农村治理层面出台的又一项新的举措，对于促进农村集体资产保值增值、提高经营效率、实现农村治理能力和治理体系现代化具有重要意义。

各地在实施乡村振兴战略过程中，要建立新的基层治理模式，打破原有的"政经混合"模式。通过推行"政经分开"实验，理顺村委会和农村集体经济组织的关系，引导农村集体经济组织完善经营管理制度，做到村委会和经济组织在责任、管理、人员、财务、选举上的"五分开"，做到"三清晰"——边界清晰、权责清晰、产权归属清晰，让集体经济组织专心发展乡村集体经济，激发乡村振兴的创新潜力和市场活力。让村民自治委员会专责做好乡村自治和社区服务工作，真正做到"各归其位、各营主业"。

二、不断壮大新型农村集体经济

在计划经济时代，传统的集体经济是发展"一大二公三纯四平均"的集体化经济体制，强调的是生产资料的集体性质，排斥农村经济的个体所有制，经济组织内部成员存在边界不清和少数人经营与决策的问题。乡村振兴战略中提到的新型农村集体经济并不是回归到传统集体经济模式之下，而是在不改变土地集体所有制性质的前提下，成立集体成员边界清晰、集体产权关系明确的股份合作经济，是一种"个人积极性与集体优越性得到有效结合的新型集体经济，是更具活力和凝聚力的农村集体经济"。在乡村振兴实践过程中，一定要重视发挥新型集体经济在全面激发农业生产要素活力、唤醒农村沉睡资产、有效增加农民收入的作用。

（一）推进农村集体经营性资产股份制改革

2019年中央一号文件指出：加快推进集体经营性资产股份合作制改革，继续扩大试点范围。总结推广资源变资产、资金变股金、农民变股东经验。股份合作是新型集体经济的基本形式，是农村集体经济适应市场不断变化而构建的一种新型组织类型。

"它是建立在农村集体资产量化到个人的基础上，实行以劳动联合为主、资本联合为辅的经济组织形式。"推动农村集体经济股份制改革有利于发挥劳动者主体作用和监督作用，加速生产要素的自由流动，体现集体资产产权归属明晰，权责明确，运作规范，公平公正。

推动集体经营性资产股份制改革，首先要做好折股量化工作。在尊重农民意愿的前提下，将农村集体经营性资产以股份或等份额形式量化到本集体经济组织成员，作为其参加集体收益分配的基本依据。在股权设置上，要探索以"基本成员股"为基础，多种股权形式（如集体股、混合持股、交叉持股）为补充的设置模式。明确政府拨款、减免税费等形式的资产归农村集体经济组织所有。支持农村集体资金、资产、资源通过入股农业产业化企业、农民合作社等经济组织，开展多领域股份合作或联合经营，带动农村集体经济发展。

要不断完善农村集体经济组织的治理机制，制定组织章程，建立集体资产股权登记制度，对集体经济组织成员所持有的股份数额、比例等进行登记，并出具股权证书，把成员对集体资产股份的占有权落实到位。健全集体收益分配制度，通过公平、公正、公开的分配机制，切实保障组织成员享受到发展壮大村级集体经济带来的红利。探索农民对集体资产股份有偿退出的条件和程序。在涉及成员利益的重大事项上，要实行民主决策，防止损害集体利益和村民利益的事件发生。

（二）新多元化集体经济增长模式

农村发展不平衡是我国的基本国情之一，农村集体经济组织受历史变革、地理区位、农业资源、村集体领导班子能力等因素影响，呈现出严重的发展不均衡。调查显示，2016年，我国无经营收益的村与有经营收益的村的比例为 1.24 ：1。无经营收益的乡村整体上多于有经营收益的自然村。推动乡村振兴战略，必须把大力发展农村生产力放在首位，拓宽农民就业创业和增收渠道。从历史发展和我国的实践来看，经济的发展壮大必须突破单一的发展模式，推进农村集体产权制度改革也不能一套方案打天下，要整合农村集体自身资源优势，选准路子，引导各村立足资源发展壮大集体经济。

要盘活用好集体的各种资源资产，拓宽农村集体经济发展路径，通过一二三产业的融合发展，壮大农村集体经济的实力。可以通过资产租赁来壮大集体经济。将新型集体经济组织振兴与新型城镇化发展有机结合，通过商业门店、村民宅基地房屋等出租，盘活村级集体闲置门店房屋，提高现有集体资产利用率，增加集体经济收入。可以通过"自有或联合开发"来壮大集体经济。对没有承包到户的集体"四荒"地、果园、养殖水面等闲置资源进行全面清理，村集体经济组织自身或联合有开发能力的企业、社会组织或个人，通过对上述资源发展现代农业项目，形成的股份和收益，作为集体经济收入。要善于对现有农业资源再开发、再利用，探索"集体 +旅游"模式，以村集体为主导大力开发特色旅游资源，发展休闲农业、观光旅游、体验旅游等。集体经济组织要大力发展互联网经济，利用电商平台，发展特色农产品电子商务，将专业合作社、生产基地、农民个人的特色农产品汇集到电商平台，由村集体进行统一宣传、统一销售，增加集体经济收入。

要支持农村集体经济组织为农户和各类农业经营主体提供产前、产中、产后农业生产性服务。通过建立土地流转服务站，开展信息沟通、委托流转等服务。鼓励村集体利用农村闲置劳动力建立劳务合作社，通过整体承包、劳务输出、统一用工的形式来承接城乡社区各项公共性服务，增加集体收入。村集体要注重发展农业生产性服务业，开展代耕代种代收、集中运输等综合性服务。支持农村集体资金、资产、资源通过入股农业产业化企业、农民合作社等经济组织，开展多领域股份合作或联合经营，带动农村集体经济发展。总之，在乡村振兴的实践中，各地一定要在多种联合与合作中寻求发展集体经济的新路径，不断壮大农村集体经济组织。

（三）维护农村集体经济组织合法权利

长久以来，由于法律对农村集体经济组织的概念、地位、财产和治理结构等都没有特别清晰的界定，加之村委会与农村集体经济组织在一定程度上的边界不清、职能重合等问题，使农村集体经济组织的合法权利不能得到保障，集体资产所有权在一定程度上被少数人控制，违反了集体资产归集体所有的本质属性，严重制约了农村集体经济组织在乡村治理中功能作用的发挥。

要维护农村集体经济组织合法权利，就要坚持农民集体所有的原则不动摇，让集体财产权掌握在集体经济组织成员手中，不能把集体经济改弱了、改小了、改垮了，通过加强对农村集体资产的维护、管理和监督，防止集体资产的流失和虚置，防止内部少数人控制和外部资产侵占。要从法律上保护农村集体经济组织在乡村经济治理中的主体地位，发挥好农村集体经济组织在管理集体资产、开发集体资源、发展集体经济、服务集体成员等方面的功能，明确农村集体经济组织在资产租赁、农业开发、生产服务、乡村旅游、联合发展等多元经营形式上的法律地位。让集体经济在乡村振兴的背景下焕发新的生机活力，实现集体资产保值增值，增加农民财产性收入。

三、完善农村集体经济的政策和制度保障

（一）坚持党对农村集体经济的领导

实施乡村振兴战略，党的领导是前提，治理有效是基础。习近平总书记多次强调：办好农村的事情，实现乡村振兴，关键在党，必须加强和改善党对"三农"工作的领导。党的基层组织处在农村工作的最前沿，发挥基层党组织的引领作用是农村集体经济的根本，事关农村集体经济组织的发展方向，事关乡村振兴战略的有效实现。

坚持党对农村集体经济的领导，要加强对农村集体经济组织的政治引领，确保农村集体经济发展方向不偏航。基层党组织要发挥密切联系群众的光荣传统，通过走访调研、入户座谈等方式，广泛征求党员、群众对集体经济的意见，同时结合地域特点和发展基础，明确农村集体经济发展思路，通过对重点产业做大做强，形成规模，打造品牌，同时引导农村集体经济组织走多元化发展道路，形成多种农村特色产业齐发展的良好局面。

要充分发挥党组织的领导核心作用，积极统筹各方力量，协调好乡村振兴各组织之间的关系，通过凝聚力量，主推乡村振兴目标的实现。要不断提升基层党组织的组织力，着力选优配强村级组织班子，特别是村党组织书记这只"领头雁"。把基层党组织的政治领导力、思想引领力、群众组织力、社会号召力转化为发展壮大村级集体经济的强大战斗力。坚持在基层党组织的领导下，加强村级集体经济发展人才队伍建设，鼓励那些爱农业、懂经营、善管理的人才参与农村集体经济建设，增强农村集体经济的智力支持和生机活力。要将全面从严治党向基层延伸，把学习贯彻习近平新时代中国特色社会主义思想作为重大政治任务，培养锻造一支既懂农业、爱农村、爱农民，又忠诚、干净、担当的"三农"工作队伍，为实施乡村振兴战略提供坚强有力的保证。

（二）进一步强化政策综合支持效力

随着市场化改革和城镇化步伐的加快，我国农村集体经济发展现状与推进农业现代化、促进农村经济社会发展和完善乡村治理的要求还相差较远。在乡村振兴的背景

下，要切实抓好农村集体产权制度改革，通过强化政策支持推动新型农村集体经济组织实现集体资产、资源和资金的保值增效，激发村级集体经济发展活力和实力。

要加大财政资金扶持力度。建立省、市、县三级农村集体经济发展专项扶持资金，将发展村级集体经济扶持资金纳入财政预算，对集体组织发展农业产业培育、农村基础设施建设、土地开发、扶贫开发、农业综合开发等项目进行专项资金扶持。要进一步强化金融支持。金融机构要积极创新金融产品，提高授信额度，大力支持村级集体经济发展。加大在信贷提供、融资支持、简化手续、利率优惠等方面给予金融支持。要加大部门帮扶力度，采取领导定点帮扶、部门结对帮扶、抽调驻村干部以及先进村帮薄弱村等方式，充分发挥技术、人才优势，帮助解决发展壮大集体经济中遇到的实际问题，搞好农村集体产权制度改革工作，促进集体和农民收入的增长。政府要增加对农村公共服务投入力度，探索通过政府优先购买农村集体经济服务，不断提升村级公共服务质量和能力。规范引导鼓励社会资本参与村级集体经济发展的政策措施，支持农村集体经济组织在集体内民主协商的基础上引进社会资本发展集体经济。

（三）提升农村集体经济"三资"管理水平

农村集体的资金、资产、资源（统称"三资"）是农村集体经济发展核心，能够管好用好集体经济"三资"会直接影响到农村经济的持续发展、民众合法权益以及乡村治理的有效实现。随着城镇化进程的不断加快，农村集体资产监管出现了一些新情况、新问题，如有些集体"三资"因权属不明存在被侵占、拖欠、挪用及流失的风险。此外，因制度建设不健全、监管措施不到位、监管队伍不整齐等原因造成的集体经济管理不足，也不同程度地影响了集体经济的健康发展。

壮大乡村振兴中的农村集体组织，需要提升农村集体经济的"三资"管理水平。首先，要进一步健全农村集体"三资"管理体制。在所在地市设立农村集体资产管理联席会议制度，负责统筹各镇村的集体资产管理工作。乡镇和自然村要按照规定建立集体经济组织成员代表大会制度和集体资产监督管理委员会，完善集体经济组织内部管理制度。其次，要严格农村集体经济的财务制度，有效规范农村集体"三资"的处置行为，通过推进村级会计委托代理制，实行集体经济的统一记账、统一审核、统一公开、统一建档的财务管理模式，促进产权的合理流动和各类资源的优化配置。再次，要健全监督机制。扎实推进集体经济组织重大决策、重大活动、重大项目安排等村务公开，通过接受村民监督，防止"一言堂"和"少数人说了算"。要进一步深化完善集体经济资产监管网络平台建设，进一步提高集体资产管理的规范化和信息化水平。最后，加强村级债权债务清理工作，防范村级财政财务风险。要根据各村实际，加大对债权清收的力度，同时确立以工程款为重点，厘清债务来源，明确债务用途的工作思路，为农村集体经济发展创造良好的发展环境。

（四）加大农村集体产权制度改革培训力度

农村集体产权制度改革，是涉及农村基本经营制度和中国基本经济制度的一件大事，也是全面深化农村改革的重大任务。从改革的内容来看，涉及了"三农"工作的方方面面，也相对复杂，这就对现有工作模式和工作路径提出了新的要求。因此，要围绕农村集体产权制度改革、清产核资等内容，重点对各级党委政府分管领导、县市党委政府主要领导、农业系统领导干部等进行培训，确保领导干部全面了解改革目的和政策要求。

要明确农村集体产权制度改革培训的意义，引领参训人员充分认识到农村集体产权制度改革在培育农村经济发展新动能、有效促进乡村振兴中的重要性。要突出农村集体产权制度改革培训的重点。按照国家对农村集体产权制度改革的要求，加强对清产核资、人员身份界定、资产量化范围、股权设置及配置、规范管理运营集体资产等重点环节的政策和业务指导，保障改革取得实实在在的成效。要创新农村集体产权制度改革培训的形式。一方面，积极改进和完善常规培训班次设置，推广专题研究、短期培训、小班研讨式教学等模式，提高案例教学和实践教学比重，提升受训人员学习的积极性和实效性。另一方面，积极推进干部网络培训，要利用好新媒体的传播功能，引入优秀的教学资源，鼓励各级人员开展线上学习。要加大对农村集体产权制度改革培训的督导。要强化督察的广度和深度，督促各地严格落实改革主体责任和政策措施，用督察成果推动改革的深入。

第十节　典型案例

案例1：　奋进新征程 建功新时代让组织振兴成乡村振兴动力引擎

深秋时节，通往修文县景阳街道红星村的公路整修一新，道路两侧种满了绿油油的蔬菜，"红星小屋"里远远传来一阵琅琅读书声。"靠谱书记"驻村一年半，红星村的村容村貌换新颜，村民们交口称赞。

去年5月，贵阳市财政局的黄汉铖主动请缨，来到红星村担任乡村振兴驻村第一书记。他与党员干部谈村情，与乡亲们话家常，带领群众发展产业，被亲切地称为"靠谱书记"。黄汉铖坦言："重任在肩，恨不得一天当作两天用。"

民族要复兴，乡村必振兴。党的二十大报告指出，加快建设农业强国，扎实推动乡村产业、人才、文化、生态、组织振兴。贵州压紧压实基层党建工作责任，进一步加强基层党组织在"三农"工作中的领导核心作用，把基层党组织的政治优势、组织优势以及密切联系服务群众的作风优势，转化为推动乡村振兴的发展优势，为全面推进乡村振兴提供坚强组织保证。

强堡垒树旗帜 凝聚发展合力

周末，锦屏县亮江河畔的雷屯村分外热闹，游客们露营、划船、烧烤，感受原汁原味的田园风光。"一年前，雷屯可不是这番模样。"雷屯村驻村第一书记田如灿说。

2021年，雷屯被列入贵州省特色田园乡村·乡村振兴集成示范试点，锦屏县委"高配"雷屯村"两委"班子，在村党支部的组织下，雷屯村整合各类资金，实施步道建设、污水处理、供水管网建设等项目，规划农文旅融合发展道路，把风景变成了产业，让美丽转化为生产力。

火车跑得快，全靠车头带。农村基层党组织与基层群众距离最近、联系最广、接触最多，是党在农村全部工作和战斗力的基础。贵州坚持党建引领，不断优化组织架构，建强基层组织，释放组织动能，强化组织引领，以组织振兴引领乡村振兴。

省、市、县三级党委成立乡村振兴领导小组，建立省领导乡村振兴联系点制度；3万余名驻村第一书记和驻村干部深入农村，1万余支驻村工作队奋战乡村振兴；各级党委书记当好乡村振兴"一线总指挥"，选优配强乡镇领导班子、村"两委"班子。为确保党的组织全覆盖，各地还打破地域、行业、行政区划限制，在合作社、农业企业、农村经济组织和产业基地中设置党支部和党小组，织密党的组织体系。

石阡县龙塘镇大屯村与周边7个村成立联村党委，以"大村联小村、强村联弱村、富村联穷村"的方式，合力做强茶产业；绥阳县风华镇通过"党员能人模范带、党员定责传帮带、党员示范产业带"机制，不断盘活要素资源，实现支部引领、企业增效、农民增收……各地不断强化基层党组织建设，以乡村组织振兴带动和保证乡村振兴战略实施。

强队伍聚人才 打造"头雁"队伍

"个人富不算富、大家富才是富。"上任第一天，贵阳市花溪区金筑街道金山村党支部书记、村委会主任王思源向村民郑重承诺。

金山村位于阿哈湖水库上游，经过调研分析，王思源决定以特色精品水果种植为突破口，壮大村集体经济，并主动提出让村集体在自己创办的农业科技公司占10%的原始股，让群众吃下"定心丸"。

选出"好苗子"，搭建好班子。在全省第十一届村（社区）"两委"换届选举工作中，贵州坚持把选优配强"两委"班子特别是党组织书记作为重中之重，用好"政治过硬、能力突出、群众满意"三把尺子，选拔一大批有本事、想干事、敢担当、善治理的基层干部，着力打造政治过硬、素质优良、结构合理、数量充足的乡村振兴生力军。

贵阳市把政治标准放在首位，坚持"治穷"选能人、扭住"治乱"选硬人、着眼"振兴"选贤人的选拔机制。996名实绩突出、群众公认的优秀干部当选村党组织书记，成为乡村振兴"领头雁"。

"要当好党的声音'传递员'、产业发展'先导员'、人民群众'服务员'，努力在乡村振兴中担当作为。"凤冈县9名新任村党组织书记在村级党组织书记履职能力提升培训班结业仪式上作出履职承诺。

立足选得出、选得准、用得好，各地统筹乡镇党校、农村实训基地、职业技能培训等资源，大力开展村干部能力素质和学历水平提升行动计划；通过"岗位大练兵、业务大比武"活动，亮成效、学经验、补短板，提升村党组织书记责任感和使命感；建立村干部履职能力评估退出机制，倒逼村干部履职尽责。

固根本利长远 完善制度建设

每逢农事，凤冈县进化镇临江村三新组的议事会频率格外高。发展产业、规划建设、加强治理……每一件与群众息息相关的事情都可以通过"党群直议制"找到思路，推动落实。它激发了群众主动参与乡村振兴的内生动力和创造力。

党的二十大报告指出，全过程人民民主是社会主义民主政治的本质属性，是最广泛、最真实、最管用的民主。我省各地不断健全村民大会、村民代表会议等民主决策机制，推进群众说事、干部问事、集中议事、合力办事、民主评事，打造充满活力、和谐有序的善治乡村。

针对少数民族地区自然寨距离较远、群众办事不便、管理难度大等问题，黔东南州组建"寨管委"1547个，配备"寨管委"委员1.2万人，推动基层治理触角向自然寨延伸。

六盘水市水城区把地域相邻、产业布局相同、基础设施相通、民风民俗相近的多个村民小组整合成"片区"，实施"片管委"乡村治理模式，探索建立村级"学习、议事、公开、监督"四项制度和"项目管理、联系帮扶、述评考核、财务管理"四个办法，为乡村治理开出"新药方"。

乡村振兴是实现全体人民共同富裕的必经之路。贵州各级党组织和广大党员干部正按照党的二十大报告擘画的宏伟蓝图，踔厉奋发、勇毅前行，以组织振兴助推乡村全面振兴，让中国式现代化的"三农"基础更牢靠。（贵州日报）

案例2： 贵州大方："组织引擎"激活乡村振兴"一池春水"

2022年8月24日，笔者在贵州省大方县绿塘乡五星村魔芋基地看到，绿油油的魔芋成片分布，10多位村民正在给长势喜人的魔芋施肥。该乡按照"政府主导、企业主体、农民参与"的组织形式，通过"企业+基地+党支部+合作社+农户"的模式，发展魔芋种植10000亩，打造"魔芋之乡"，以产业振兴助力乡村振兴。

据了解，近年来，大方县把打造坚强有力的农村基层党组织，作为实现乡村振兴的重要组织保障，把建设一支引领乡村发展的骨干队伍，作为推动乡村振兴的关键所在，全面加强农村基层党建，推动基层党组织全面进步、全面过硬，有效夯实了党建引领乡村振兴的组织基础。

"党建+"激发乡村振兴内生动力

乡村振兴，离不开组织振兴。

大方县着眼乡村振兴任务需要，先后出台抓党建促乡村振兴、创建"双好双强"基层党组织引领乡村振兴实施意见等一揽子指导性文件，放大"党建+"的示范带动效应，激发乡村振兴内生动力。

走进大方县核桃乡木寨社区，一幅"乡村美、产业兴、百姓富"的画卷映入眼帘。"我们以'党建+产业+康养文旅'为主线，引进康养文旅项目，打造集产业发展、观赏游玩、餐饮娱乐、休闲康养于一体的乡村振兴及文化休闲旅游示范点。"木寨社区党总支书记姚芳介绍。

"全国乡村旅游重点村""全国少数民族特色村寨",贴着这些闪亮标签的核桃乡木寨社区成了远近闻名的乡村旅游打卡地,小山村实现了美丽"蝶变",不仅带动相关产业发展,村民"钱袋子"也更鼓了。

目前,大方县建立"联村党委"6个,在产业链、合作社上建立党支部118个,502个农村基层党组织全部创建达标。

"人才+产业"激发乡村发展活力

乡村要振兴,关键在人才振兴。目前,大方县持续巩固提升乡村两级换届工作成果,加强乡村两级班子建设,大力培育"懂技术、爱农村、善经营、会管理"的农村实用人才5.8万名,全力推动产业链、人才链融合发展。

"狮子村深入推进党支部标准化规范化建设,规范村服务窗口,修订完善村规民约,深化农村'三变'改革,人居环境美起来了、群众口袋鼓起来了、村集体经济强起来了!"已任狮子村委会副主任的王学祥高兴地介绍。

近年来,大方县坚持做稳农业,以粮食安全为"中心",突出发展中药材、蔬菜两大"主导产业",加快推进生态畜牧、水果、食用菌三大"优势产业",持续巩固烤烟、茶叶、天麻、冬荪四个"重点产业"的"1234"农业产业发展布局,高标准农田累计建设13.97万亩。

穷则变、变则通。大方县星宿乡松树社区产业基础曾很薄弱,村级集体经济发展严重滞后。近年来,松树社区深化农村"三变"改革,深入推进党支部领办村集体合作社工作,采取"党支部+合作社+农户"的发展模式,以劳动务工、政策红利、入股分红等多渠道利益联结农户,群众的日子越过越红火。

"现在,在村里领办的基地务工,每天80-100元,一个月至少有2500元的收入。"松树社区村民黄国华笑言,自从回村务工,他顾家挣钱两不误,生活越来越有奔头。

"治理+"充分激发乡村治理能力

乡村治理,既要塑形也要铸魂。走进大方县凤山乡谢都村,浓厚的德治文化气息扑面而来,法制广场、清风长廊、村民活动中心,德治元素与乡村建设相融合。

谢都村依托谢都小学旧址，建设新时代"醉月草堂"书院，教授书法、绘画、儒家经典，培育弘扬社会主义核心价值观，诵经述典成为谢都村青少年假期必修课。

截至目前，大方县成功创建民主法治示范村（社区）国家级2个、省级17个、市级87个，26个村（社区）获"贵州省村规民约示范村"称号，探索形成了"两带三治""三个一元""乡村治理督导员"等一批可复制、可推广的党建引领基层治理和发展的工作经验。

案例3： 遵义市：创建"五强组织"助推乡村振兴的实践与探索

党的十八大以来，习近平总书记多次就农村基层党建工作的重要地位、工作重点、路径方法等作出重要指示。2021年6月，中组部印发《关于抓党建促乡村振兴的若干意见》，对抓党建促乡村振兴提出具体要求。为加快有效推进抓党建促乡村振兴各项任务的落实，遵义探索创新"五强组织"，切实以组织振兴推动乡村全面振兴。

一、背景与动因

（一）创建"五强组织"是抓基层、打基础、固基本的深入行动。习近平总书记指出："适应我国社会主要矛盾的变化，更好满足人民日益增长的美好生活需要，必须把促进全体人民共同富裕作为为人民谋幸福的着力点，不断夯实党长期执政基础。"农村基层党组织是农村各个组织和各项工作的领导核心，是坚持党在农村领导地位、巩固党在农村执政基础的内在要求。随着农村社会深刻变革，一些地方村党组织不同程度存在软化、弱化倾向。创建"五强组织"就是拧住基层基础建设不放松，不断增强农村基层党组织的政治功能的强力举措。

（二）创建"五强组织"是坚持以人民为中心、激发基层创造活力的生动实践。党的根基在人民、血脉在人民、力量在人民，人民是党执政兴国的最大底气。习近平总书记指出："我们党能够在那么弱小的情况下发展壮大起来，能够在千难万险中一次次浴火重生，根本原因就在于我们党始终牢记初心使命，忠实践行全心全意为人民服务的根本宗旨，从而赢得了人民衷心拥护和支持。"创建"五强组织"就是坚持走好新时代党的群众路线，坚持从群众中来到群众中去的原则，把乡亲们的需求作为一切工作的出发点，尊重农民群众的首创精神，让党的伟大事业的基业长青。

（三）创建"五强组织"是在乡村振兴上破难题、开新局的积极探索。农村基层党组织是党在农村的基层单位，是党全部工作和战斗力的基础，是落实党的路线方针政策和各项工作任务的战斗堡垒，也是联系群众的桥梁和纽带、农村各项事业的领导核心。创建"五强组织"是立足遵义是贵州第二大城市，有乡镇200个、行政村1728个，农村党员11万名的基本实际，奋力在打造生态美环境优、生产美产业强、生活美百姓富美丽乡村上走前列、做示范的有力抓手。

二、主要做法

（一）突出组织功能强，推动乡村堡垒立起来。紧紧围绕严密党的组织体系，拧住基层建设不放松，不断增强农村基层党组织的政治功能，提升组织力、凝聚力，持续强基固本。一是组织体系贯到底。以"整乡推进、整县提升"创建为契机，突出基础组织和基本单元，统筹健全以农村基层党组织为轴心、村民自治组织和村务监督组织为基础、集体经济组织和农民合作组织为纽带、其他各类组织为支撑的村级组织架构，系统推进"行政村党支部（党总支部、党委）—网格（村民组）党小组（党支部）—党员联系户"建设，推动党的组织体系在农村基层横到边、纵到底，不断向村民小组、产业链条、群众身边延伸。二是规范运行管到底。健全村党组织领导下的议事决策机制、执行机制、监督机制，严格执行重要事项、重大问题向乡镇党委请示报告制度，全面落实"四议两公开"，把稳村级工作正确方向，保障群众知情权、参与权、表达权、监督权。完善和落实村党组织书记县级党委组织部门备案管理制度，建立村干部任职资格联审联查机制，抓实"一肩挑"闭环跟踪监管。聚焦"五个基本"，常态化开展党支部标准化规范化建设"回头看"，持续倒排整顿软弱涣散村党组织，注重增强"三会一课"、主题党日实效。三是能力素质抓到底。深入实施农村基层干部乡村振兴主题培训计划，细化市县两级任务清单30项，构建起市级抓重点培训、县级抓普遍培训、乡镇抓兜底培训、部门抓行业培训的工作格局，对农村党员分类开展教育培训、设岗定责、创先争优，抓实支部晋级、党员晋星和党员积分制管理等，充分发挥先锋模范作用。创新开展村党组织书记"擂台比武"，鼓励各地制定和出台村干部学历提升配套政策，全力打造一支政治品行优、综合素质优、带动发展优、工作实绩优、群众口碑优的"领头雁"队伍。

（二）突出人才队伍强，推动乡村人才聚起来。充分发挥党的政治优势和组织优势，紧紧抓住人才这个关键，勠力内部挖潜和外部拓源并举，推动各类人才向乡村集聚、在乡村扎根。一是定向制"补员"。严格乡镇编制"专编专用"，实行乡镇公务员"满编招录"计划，积极探索"县编乡用"等从上往下调剂优化编制使用方式，统筹选派市县机关优秀年轻干部到乡镇挂职，派强用好驻村第一书记和工作队，持续选派选调生到村任职，不断充实加强乡村工作力量。严格乡村干部管理，明确新进乡镇服务年限未满2年的人员、到村任职选调生、驻村第一书记和工作队员、农技干部等不得抽调。二是梯次化"练兵"。着眼村级事业前有头雁、后继有人，创新实施乡村振兴村级组织领军人才和后备力量"双培养"工程，建立市级主导、县级主抓、乡镇主管的责任体系和三级联审选人、联帮出招、联训提质的培养体系，实行"一人一策、一村一策"，先后从35岁左右村干部中动态选育市县两级领军人才培养对象，从中职学校学生、退役军人、外出务工经商人员中择优选育村级后备力量，积极引导优秀培养对象成长为第十一届村"两委"班子成员。三是组团式"育才"。持续拓宽科技特派员选派来源渠道，探索从市县两级机关选派政治坚定、"一懂两爱"、劲头充足的非领导职务干部担任乡村振兴指导员，先后向重点乡村选派科技特派员和乡村振兴指导员，形成人才带产业、产业育人才良性互动。研究支持知识、资本、技术、管理等生产要素参与收益分配办法，搭建乡村振兴人才驿站，激励更多"新农人""农创客""兵支书"等各方面人才在乡村振兴中建功立业、大显身手。

（三）突出集体经济强，推动乡村产业旺起来。始终把产业兴旺作为解决农村问题短板的前提，深入推进农村集体产权制度改革，立足资源优势，发挥比较优势，强化制度创新，持续壮大村级集体经济，带动群众增收致富。一是增强造血功能。制定扶持壮大村级集体经济的若干政策措施，建立自上而下的集体经济发展议事协调机制，将村级集体经济纳入县域经济发展布局统一谋划，鼓励返租倒包、整村推进、村村联动、强弱联合、城乡带动、区域协同等发展模式，鼓励支持涉农市场主体与村合作社以股份合作方式发展壮大村级集体经济，鼓励村集体采取自主开发、合资合作、投资入股、就业参与等方式壮大集体经济，并鼓励支持多种市场主体参与村级集体经济发展。二是完善激励机制。完善村级集体经济经营管理、效益评价、收益分配等机制，推进村党组织书记通过法定程序担任村级集体经济组织、合作经济组织负责人，明确对有功劳、有贡献的村干部，可按适当比例、法定程序分阶梯进行奖励。用好农村集体产权制度改革成果，将集体资产和收益折股量化到户到人，规范建立产权明晰的集体经济发展公司或股份经济合作社，实现收益共享。鼓励和支持民选村干部、退役军人、返乡创业人员、大中专毕业生等带头以自有资金入股或参股，参与经营并分红。三是扣紧监管链条。建立健全集体经济组织内部经营管理与监督分离的制约机制，依照章程规定设立监事会或监督小组，由集体经济成员代表担任。健全完善集体经济组织财务管理和会计核算办法，严格落实村财乡镇代管、会计委托代理、集体经济组织财务公开等制度。加强农村集体经济组织资产负债、财务管理、损益、分配等经济活动常态化监督检查，实行集体经济组织负责人离任审计，确保资产保值增值、经营规范透明。

（四）突出治理能力强，推动乡村文明美起来。着眼于把组织优势转化为治理效能，建立健全党组织领导的自治、法治、德治相结合的乡村治理体系，大力推动移风易俗，树立文明乡风，推动乡村社会充满活力、安定有序。一是健全治理机制。推行村级事务准入制度改革，加强村党组织对各类组织开展活动的前置把关和事中事后监管，细化村级"三重一大"事项清单，对村党组织讨论和决定事项作出严格界定。聚焦群众反映强烈的临街占道办理红白事、高价彩礼、低俗婚闹等问题开展排查整治，创新建立"四不出"（问题发现不出村寨网格、办理地点不出指定区域、人情往来不出村规民约、监督约束不出红白理事会）长效机制，推动党建引领乡村治理有效。二是丰富服务供给。推进"放管服"改革和"最多跑一次"改革向基层延伸，健全首问负责、全程代理、一次告知、限时结办和责任追究"五项制度"，实行服务制度、内容、流程和结果"四公开"，为群众提供"一站式服务"。深化"我为群众办实事"实践活动，建立干部大排查、大走访、大调研机制，推动乡镇党委班子成员和乡村党员干部定期对辖区群众开展全覆盖走访，实现户户见面，加强关爱服务，解决群众急难愁盼问题。三是抓实自治实践。依托新时代文明实践站（所）、群众会、院坝会等平台，面向村民广泛开展思想教育、感恩教育，引导群众听党话、感党恩、跟党走。探索"寨管家""党建+村管事"等微治理模式，采取"村党组织+村管事+群众"组织方式，发挥村民主体作用，促进"你管我、我管他、大家管大家"，推动"小事不出村、大事不出乡"。积极开展"道德模范""最美家庭"等创建评选活动，培育文明乡风、良好家风、淳朴民风。

（五）突出要素保障强，推动乡村发展快起来。坚持大抓基层鲜明导向，持续加大基层保障力度，激励乡村干部新时代新担当新作为，在乡村振兴一线激扬起干事创业的强劲动力。一是提高报酬待遇。坚持年度综合考核绩效分配重点向乡镇干部倾斜，乡镇机关事业编制干部参照乡镇公务员标准发放交通补贴。深化村干部岗位等级序列改革，严格落实村干部待遇报酬"345"政策，强化"一卡通"村干部报酬绩效发放督促，足额、及时发放村干部报酬，探索对非选任制村干部实行员额制管理，实现村干部待遇有保障、稳增长。二是改善工作条件。全覆盖推进乡镇小食堂、小厕所、小澡堂、小图书室、小文体活动室和周转房建设，充分整合各类资源，采取"财政投入一点、部门帮扶一点、村级自筹一点、社会支持一点"的方式，完善1728个村级阵地建设，科学规划办公区、活动区、生活区，满足村干部、驻村第一书记和工作队员等工作在村、吃住在村的需要。三是鲜明干事导向。大力发现、选拔、使用乡村振兴中表现优秀、实绩突出的干部，优先考虑具有到村工作经历的优秀干部进入乡镇领导班子。稳步提高乡镇干部年度考核优秀等次比例，表彰、奖励持续向乡村一线干部倾斜，每年拿出一定公务员、事业编制定向招录优秀乡村振兴工作队员和村干部。落实带薪年休假、健康体检、谈心谈话等制度，及时帮助乡村干部解决实际困难。

三、成效与启示

加强和改进农村基层党建工作，深入推进抓党建促乡村振兴，最重要的就是要把基层党建工作与人才队伍、经济发展、基层治理等紧密结合起来。遵义市开展"五强组织"创建，没有就党建抓党建、就农村抓农村，而是通过有机融合，实现了组织强根子、能人进村子、致富有路子、治理有法子、村庄变样子，乡村面貌焕然一新，书写了生态美环境优、生产美产业强、生活美百姓富的美丽乡村新画卷。

（一）建强了乡村振兴一线堡垒。遵义把镇村党组织作为"五强组织"创建主体，抓住乡村振兴"前沿作战部""一线战斗队"这个关键，通过评选命名一批示范乡镇、示范村，每年常态化开展软弱涣散党组织排查整顿，真正做到抓"两头"带"中间"。通过着力选准一个人、振兴一个村，选优配强村党组织书记，实现村级换届后学历年龄"一升一降"，一肩挑比例达98.73%。组织1728名村党组织书记开展"擂台大比武"，选派2966名第一书记和工作队员扎根乡村。健全现场观摩调度机制和基层党建日常督查"罚单制"，以清单化、责任化、时限化整改问效，真正实现由弱到强的华丽转变。

（二）育强了乡村振兴骨干队伍。遵义着眼于整市巩固拓展脱贫攻坚成果、全面开启乡村振兴的迫切需求，针对村干部队伍能力不足、青黄不接，乡村振兴人才缺乏，农村空心化等突出问题，探索实施乡村振兴村级组织领军人才培养工程和在中等职业学校培养乡村振兴人才充实村级后备力量"双培养"工程，动态培养市县两级领军人才563人，遴选培养乡村振兴后备力量13749人，其中5116名培养对象已成长为第十一届村"两委"班子成员。同时，采取市县联动和双向选择的方式，从市直党政机关选派曾任副县级及以上领导干部、县（市、区）选派曾任科级及以上领导干部269名担任乡村振兴指导员驻村指导，选派334名科技特派员进驻乡村，为用活用好人才资源，更好推动乡村振兴、促进农业农村高质量发展提供了坚强人才支撑。

（三）夯实了乡村振兴物质基础。遵义实行项目专班化、专班责任化、责任清单化，由县委书记担任村级集体经济发展领导小组组长，统筹县域经济发展布局，研究制定金融、税费、激励等若干政策措施，推进"农超、农企、农校"有效对接，丰富推广返租倒包、整村推进等模式，拓宽订单、定点、量产式销售渠道，先后建成村集体经济示范基地20个，带动265个村集体经济经营性收入超50万元，全市2021年实现村级集体经济经营性收入达6.8亿元，全面消除经营性收入10万元以下的村。通过探索专人专抓集体经济、村村联合成立供销合作联社、跨县域抱团发展等形成集体经济强劲动力，推动了规模化经营、提升了组织化程度，促进了多渠道增收，夯实了美丽乡村物质基础。

（四）激发了乡村振兴内生动力。遵义通过深化党组织领导下的乡村治理体系建设，用网格化组织体系保障"一中心一张网十联户"作用发挥，创新党建引领下的微治理模式，探索"车不过十、礼不过百、时不过三"，以及"寨管家""红黑榜""积分制"等好经验好做法，完善村民议事会、红白理事会、道德评议会等群众自治组织运行机制，带动各地制定完善村规民约、行为准则、家训家规等，引导群众积极参与人居环境整治、美丽乡村建设，真正做到了尊重和发挥人民群众主体地位。

（五）搭建了乡村振兴保障体系。遵义坚持压实县乡党委和党委书记抓党建工作责任，县（市、区）党委常委会每年专题研究农村基层党建工作，重点解决党建工作规划、目标任务落实、人员经费工作保障等重难点问题。通过深化村干部岗位等级序列改革，确保村党组织书记基本报酬按照不低于所在县上年度农村居民人均可支配收入3倍核定，且年收入不低于4万元，目前"一肩挑"平均月报酬4804元，村正职平均月报酬4262元，村副职平均月报酬3695元。此外，立足阵地最小化、功能最大化、服务便民化，持续改善村级办公阵地，并始终坚持"三个区分开来"，旗帜鲜明为乡村干部撑腰鼓气，让乡村振兴一线干部更加安心安身安业。（中共遵义市委组织部）

案例4：　坚实组织保证助力乡村振兴

进一步把村级组织和村干部从形式主义的束缚中解脱出来，不断提高农村基层治理水平，必将巩固党在农村的执政基础，扎实推动各项工作落地落实为深入贯彻落实党中央关于减轻基层负担的决策部署和习近平总书记关于基层治理重要指示批示精神，不久前，中办、国办印发《关于规范村级组织工作事务、机制牌子和证明事项的意见》（以下简称《意见》）。健全基层减负常态化机制，规范村级组织承担的工作事务、设立的工作机制、加挂的牌子、出具的证明事项，对持续减轻基层负担、加强基层组织建设具有深远意义。

村级组织作为基层治理体系的重要一环，是党和政府联系村民群众的桥梁纽带，是全面实施乡村振兴战略的重要力量。习近平总书记高度重视农村基层组织建设，强调"要把党的基层组织建设好，团结带领乡亲们脱贫之后接续推进乡村振兴"。党的二十大报告提出："坚持大抓基层的鲜明导向，抓党建促乡村振兴"。《意见》以增强村党组织领导的村级组织体系整体效能为主线，以为村级组织和村干部松绑减负为目标，以推动党政机构、群团组织工作思路和作风务实转变为保障，着力深化拓展基层减负工作成果，提高党的农村基层组织建设质量，顺应了推动乡村全面振兴的战略需要。按照《意见》要求，分级建立工作台账，明确时间进度和责任主体，健全监管机制，切实把规范村级组织各项任务要求落到实处，才能以高质量村级组织工作推动乡村振兴高质量发展。

从基层实际看，深入做好减负文章，是激发村级组织活力的必然要求。现实中，基层工作许多时候是"上面千条线，下面一根针"，有时甚至是"上面千把锤，下面一颗钉"。《意见》从明确工作事务、创新工作方式、完善考核评价机制等三个方面，着力减轻村级组织工作事务负担。《意见》还围绕精简村级工作机制和牌子提出了从严控制、整合办公场所、规范挂牌等改进措施，充分体现了精简、统一、效能原则。进一步把村级组织和村干部从形式主义的束缚中解脱出来，不断提高农村基层治理水平，必将巩固党在农村的执政基础，扎实推动各项工作落地落实。

减负担不是减责任，让村干部卸下包袱、轻装上阵，为的是让他们能够集中精力为群众办实事解难题。乡村振兴的出发点和落脚点是维护广大农民根本利益、促进广大农民共同富裕。规范村级组织工作必须注重抓好服务质量提升。《意见》的出台，为村级组织更好在发展壮大农村集体经济、维护村民群众合法权益、为村民提供更好公共服务等各项工作中发挥作用，提供了更加有力有效的指导。村级组织要贯彻党的群众路线，牢记全心全意为人民服务根本宗旨，探索以清单等方式规范公共服务事项，强化兜底服务、综合服务能力，真正做到减负不减质、减负更增效，更好富裕农民、扶持农民。

历史和实践证明，党管农村工作是做好"三农"工作的重要政治优势，实施好乡村振兴战略根本上要靠党的领导。全面建设社会主义现代化国家，最艰巨最繁重的任务仍然在农村。奋进新征程，加快构建党领导下的乡村治理体系，推动各类力量在党组织领导下形成治理合力，必能在新时代祖国大地上描绘出农业高质高效、乡村宜居宜业、农民富裕富足的幸福画卷。（人民日报）

案例5：　石嘴山市全面推动组织振兴 激发乡村振兴"新动能"

记者2月22日获悉，去年以来，石嘴山市聚焦"党建强、产业兴、群众富"目标，以织密建强党的组织体系为关键，以乡村全面振兴为根本点，推动党建工作与乡村振兴深度融合，着力把党组织的政治优势、组织优势转化为推动"五大振兴"的发展优势，激发推进乡村振兴的内生动力。

聚焦政治引领，建强乡村振兴"指挥部"。成立乡村"五大振兴"工作专班，健全乡村振兴领导和工作机构，建立乡村振兴考核机制，完善市县乡村"四级书记"抓乡村治理责任制，36名市级领导包抓22个乡镇和涉农街道、54名县区领导和141名市县部门负责人包抓195个村，着力完善党建引领乡村振兴乡村治理的政策体系、工作体系、制度体系，以更高的标准、更大的力度、更实的举措抓党建促乡村振兴。

打造硬核支部，筑牢乡村振兴"新堡垒"。坚持抓两头带中间，公开挂牌亮星、动态管理摘星，8个软弱涣散党组织全部摘帽。开展城市社区和农村党组织结对共建，组织全市70个三星级以上社区党组织和三星级以下村党组织进行"1+1"精准结对，通过思想共促、组织共建、活动共办、资源共享、治理共抓"五共发力"，推动形成以城带乡、以乡促城、优势互补、共同提高的基层党建工作新格局，助力乡村振兴。持续派强用好驻村第一书记和工作队。面向全市20个乡镇选派乡镇党委挂职副书记，统筹区市县三级派驻力量281人，建立重点村（社区）"3+1"力量捆绑机制，实现所有乡镇和村全覆盖。

紧盯骨干力量，培育乡村振兴"主力军"。以乡镇领导班子换届为契机，将乡村振兴工作实绩纳入换届考察重要内容，选拔表现突出的干部62名，乡镇领导班子成员平均年龄37.8岁，大学本科及以上学历达到85%，熟悉乡村振兴、新型城镇化、基层治理等干部占96%，"五方面人员"进入乡镇领导班子26名，乡村振兴"一线指挥部"和"一线作战部"功能更强、结构更优。深入实施农村"两个带头人"工程，实施"四个一批"计划，将642名致富能手、47名外出务工返乡人员、176名本土毕业大学生、82名退役军人充实到村"两委"班子。

抓实集体经济，点燃乡村振兴"新引擎"。统筹推进195个村完成了集体产权制度改革，清产核资7.92亿元，确认集体经济组织成员32.47万人，成立村集体股份经济合作组织160个、集体经济合作社33家，探索形成了资源开发型、产业带动型、资产租赁型、自主经营型、村企合作型、能人带动型等6种集体经济发展模式，先后争取实施扶持发展壮大村集体经济项目125个，整合各类资金1.47亿元，全面消除经营性收入5万元以下的薄弱村，全市经营性收入10万元以上的村达到151个，占全市195个村的78%，涌现出龙泉村、银河村等一批集体经济强村和产业发展"明星村"。

案例6：　　日喀则定结县：组织带"路"练就产业振兴"真功夫"

自2021年以来，定结县充分利用特色资源优势，围绕"四件大事"，以组织振兴引领产业振兴新思路、致富路、新出路，积极探索新发展模式，练就产业振兴"真功夫"，巩固拓展脱贫攻坚成果同乡村振兴有效衔接。

开创支部引领"新思路"。定结县以党支部为引领，提升组织力为重点，进一步规范合作社发展，大力发展珠峰种植养殖产业、手工业、林下资源产业以及苗圃经济产业，真正实现"党支部搭台、合作社唱戏、老百姓受益"的发展目标，把基层党组织建设作为合作社运行的坚强战斗堡垒，充分发挥党员先锋模范作用，在春播秋收农忙时节，组织党员干部帮助缺乏劳动力家庭抢收农作物，免除合作社管理以及外出务工人员后顾之忧。

找准产业振兴"致富路"。该县采用"招商引资+景点建设+扶贫开发"新模式，以特色旅游景区"湿地明珠、多彩定结""珠峰小江南、神秘陈塘沟"为旅游品牌，以6处3A级旅游景区为支撑，提升旅游区域的休闲游憩功能和旅游集散功能，引进西藏万昶旅游有限公司对牧村土林旅游景区进行开发经营，大力促进奇林峡（牧村土林）国家3A级旅游景区快速发展。

踏上抱团取暖"新出路"。定结县强化与龙头企业合作，始终保持与日喀则市农投百亚成公司等龙头企业的沟通衔接，学习龙头企业运行管理先进做法，积极开展人员技术交流等活动，同时搭建合作社平台，整合乡镇畜牧资源，着力推行集中管理、科学养殖的模式，将养殖成本降下来，牲畜成活率提上去，解放富余劳动力参与自主创业、外出务工，进一步稳定农牧民经济收入，完善利益链接机制，实现抱团取暖，合作发展。（西藏日报）

案例7： 找到组织 信任组织 依靠组织

—北京平谷区镇罗营镇提升基层组织效能引领乡村振兴

在全面推进乡村振兴中，农村基层党组织如何发力？如何破解农民富裕了却与组织疏远的现象？怎样让群众在家门口就能找到组织、信任组织、依靠组织，共同实现乡村振兴的目标？北京市平谷区镇罗营镇作为国家乡村振兴示范区，找到了一条提升基层组织效能的"独家秘笈"。

镇罗营镇位于北京市平谷区最北部。近年来，该镇取消村委会独立办公室，安排村"两委"干部到村民中心统一开放办公，打开村委会大门，让群众能随时找到组织，直接与村干部对话；构建镇党委、村党组织、农村党员全员发力的服务模式，实现农村的事有人管；发展适合本镇特色主导产业，让群众不出村能致富……

打开村委会大门迎接乡亲

让群众找得到组织

镇罗营镇上镇村村委会有一间房，挂牌为"村民服务中心"。走进房间，内有一排办公桌。从2022年7月开始，村干部统一把工位搬到这里，连村党支部书记刘德宏的单独办公室都被取消了，大厅最右边的工位就属于他。

刘德宏担任村党支部书记已十几年，过去，他的办公室有沙发、茶桌，敞亮、体面。可群众找他需敲门进屋，这一道门就拉开了干部群众之间的距离。"现在办公环境肯定不如以前，但现在的办公地能开门迎乡亲，干部随时和群众面对面。"刘德宏介绍，村里开展集中办公后，村民办事说事，都能"一站办齐"，再也不用各办公室来回跑了。

2022年7月以来，村里的接诉即办投诉件的数量归零。

推动村干部集中办公，是平谷区健全高效有序基层治理机制的一项举措。旨在通过推广村干部集中办公制度，打通为民便民利民的"绿色通道"。镇罗营镇落实平谷区要求，按照"办公空间最小化"原则，在大庙峪村、下营村、上镇村先行试点，取消村"两委"干部独立办公室，实现集中开放办公，专门出台村"两委"干部集中办公管理制度，要求村干部不论具体分工如何，要对所有业务有所了解，落实首问负责制，不能说"不知道""说不清"。按照镇里统一部署，各村根据实际情况，安排村干部轮班在岗，让群众能24小时找得着人、办得了事。

腾出的空间怎么用？镇罗营镇相关负责人介绍，全镇20个村已全部实现集中办公，共腾出47间1016平方米闲置空间，有的建成了图书馆、娱乐室，有的建成大桃直播间，也有的建成村史资料室、医务室。

"集中办公不仅是办公地变迁，更是通过功能整合、流程再造、服务优化，实现办公事项的集中、为民服务的集中。"镇罗营镇相关负责人表示，"打开村委会大门"，推行集中办公，不仅拆除了干群关系的"隔心墙"，还为群众搭建了一个有事能说、有苦能诉、有理能评的矛盾纠纷解决平台，方便群众办事只进一个门，实现接诉即办，群众有了主心骨和归属感。"有事找组织"，已经成为镇罗营镇群众共识。

紧扣群众切身需求破难题

让群众信任组织

镇罗营镇位于深山区，年轻人外流现象突出，老龄率35.4%。"上镇村是镇罗营镇人口最多的村庄之一，60岁以上的老人508人，老龄率高达42.7%。"据村干部介绍，面对老龄率高、老年人不愿离村等实际情况，养老成为上镇村乃至全镇亟待解决的问题。

上镇村从2022年开始互助养老实践，这是一种农村养老模式的新尝试。上镇村发动村内党员和妇女等力量，通过自愿报名、严格筛选的方式，选拔出72名志愿者，组成"党员巾帼敬老服务队"等4个志愿者团队，为村内老年人提供互助养老服务。互助不仅发生在邻里之间，也产生于老人之间。低龄的老人服务于高龄老人，健康的老人帮助生病的老人。养老服务紧扣村民需求，集中在做饭、理发、就医等领域。形成了由"面"到"点"的精细化乡村互助养老新模式，着力解决老人不愿离村、就近养老及老有所为问题。

"党员巾帼敬老服务队"队员沈太景成为志愿者之后，第一个帮助的是65岁的孙桂英。孙桂英曾经是家里的"顶梁柱"，不仅照看小孙女，还照顾70多岁的老伴儿和90多岁的母亲。然而，孙桂英突发疾病后，家里"停摆"了。沈太景陪孙桂英看病，给孙家人做饭，有时还要帮助照顾孙桂英的小孙女。

在充分发挥志愿者互助作用的同时，上镇村强化网格员对老年家庭的走访，要求每名网格员每周入户1至2次，每次不低于15分钟，为老人及特殊人员做好帮买帮送、安全检查、问题收集等事项。针对失能失智的老人家庭，上镇村组建4个互助养老点，设置养老管家，为老人们提供就医、生活等各个方面的帮助，为这些老人提供长期且持续的服务。

上镇村只是镇罗营镇解决农村养老难题的一个实例。据介绍，该镇党委、政府规范出台《镇罗营镇养老互助点建设规范》《镇罗营镇养老管家管理规范》《镇罗营镇上镇村互助养老志愿服务时间银行管理办法》等相关文件方案，明确服务内容，保障规范化管理，指导各村立足本村实际，灵活运用互助力量破解本村养老难题。

同时，镇罗营镇还建设一家养老驿站、两家互助养老点和一所村民中心，老年人可在这些机构中享受包括助餐、助洁、助浴、助行、紧急救助、文化娱乐、帮买帮送、家政维修等多项服务。该镇围绕群众需求，办好民生实事，让群众实现"家门口"养老。

发展适合本地特色的产业

让群众依靠组织

"小农户"直接对接"大市场"存在生产规模小、经营方式分散、生产效率较低等突出问题。镇罗营镇东四道岭村属于山区村，桃、梨、苹果、核桃等林果业是本村传统产业。为打破"户自为战"的传统种植模式，东四道岭村党支部以服务为纽带，把农户组织了起来。

通过引入现代生物科技技术，实施大桃种植有机化改造，充分发挥村集体经济组织"统"的作用，成立村集体领办的东四道岭村果品产销专业合作社。村党支部带领农户，与科技公司、科研院所合作，通过推广测土配方施肥、增施有机肥，完成土壤有机改良，提升有机大桃品质。硬化田间路面、架设灌溉管道等配套设施，及时解决村民果品运输、果木浇水等难题，引进大桃优良品种，推进果树品种更新。组建村级服务工作组，安排专人负责有机大桃的收储、运输和市场对接，保证各环节有序衔接。近年来，该村还与生鲜超市、大型企业、高校等对接，实现直供直销。随着种植规模和产量扩大，逐步发展会员制、订单制销售，带动果农大幅增收。

镇罗营镇通过深化乡镇级集体产权制度改革，积极探索推进镇联社下设专业化的农业产业公司方式，整合全镇资源，聚焦老北京小蜜梨和8000多棵百年老树，实施小蜜梨高端品牌发展工程，从品种保护、提质、存储、品牌包装等全链条进行规范提升，重新定位产品，主推"点对点、个性化、定制化"销售，把农业做"精"做强。

近日，《组织振兴为杠杆 推进乡村全面振兴：北京市平谷区镇罗营镇国家乡村振兴示范区典型经验汇编》在京发布。"镇罗营镇以组织振兴为杠杆，健全和完善乡、村两级集体经济组织体制机制，形成了组织振兴撬动乡村全面振兴的新模式，探索了一条具有一般性示范意义的全面推进乡村振兴的实践路径。"参与典型经验汇编的北京市农研中心经济体制处处长陈雪原说，通过加强顶层设计，构建镇党委领导下的镇政府与镇联社有机统一的组织内核，选优配强村带头人、规范村级重大事项管理、推动各类组织发挥作用，让群众能找到组织、信任组织、依靠组织，切实提高了基层组织的凝聚力、战斗力，为乡村振兴示范区建设打下了坚实的基础。

案例8：　贵州各地强化组织振兴推进乡村振兴

实施乡村振兴战略，组织是保障，组织振兴是乡村振兴的"第一工程"，是新时代党领导农业农村工作的重大任务。加强党的领导，推动组织振兴，是凝心聚力，应对各种困难和挑战，实现乡村振兴的关键和根本保障。

在乡村振兴工作中，为强化农村基层党组织的战斗堡垒作用，贵州各地压实基层党建工作责任，实现农村党建与乡村振兴深度融合，真正把农村党组织的政治优势、组织优势以及党员密切联系服务群众的作风优势转化为推动乡村振兴的发展优势，为实现乡村振兴提供坚强的组织保证。

政治建设更加有力

农村富不富，关键看支部。

加强基层党组织政治建设，强化基层党组织政治理论及业务培训，发挥好党组织战斗堡垒作用和党员先锋模范作用，才能把基层党组织的组织优势、组织功能、组织力量充分发挥出来。

"这次培训紧扣乡村振兴主题，课程架构合理，内容全面丰富，非常适用。"提及日前在村党组织书记专题培训班学到的内容，绥阳县郑场镇狮山村党支部书记黄刚有感而发。绥阳县2021年村党组织书记专题培训班在县委党校正式开班，全县114名党组织书记参加培训，旨在进一步提升村（社区）党组织书记的思想理论水平和工作能力。

德江县本着缺什么补什么的原则，有针对性地在县委党校开展农村综合改革人才培训班、后备干部示范班、党组织书记培训班等主体班次，在村（社区）组织后备干部收看"新时代大讲堂"业务知识讲座、时代前沿知识专题讲座，并充分利用枫香溪会议会址和黔北工委旧址等红色教育基地，组织村级党员干部参观学习，感悟红色故事，激励担当作为。

农村基层党组织是党直接联系群众的纽带，是党的理论和路线方针政策的直接执行者，是推进乡村振兴战略走好"最后一公里"的关键。结合当前党史学习教育，贵州各地基层党组织以党的创新理论武装头脑、指导实践、推动工作，不断提高领导和服务发展的能力，既确保干部在思想上不动摇不含糊，又在实践中找路径找方法，进一步健全组织体系，完善制度机制，确保农村基层党组织的领导落到实处。

队伍建设全面过硬

乡村组织振兴，必须突出问题导向，着力破除积弊、夯实基础。针对一些基层党组织软弱涣散的问题，要做好减法，稳妥有序开展不合格党员处置工作，着力引导农村党员发挥先锋模范作用。

为全面推进乡村振兴的步伐，三穗县出台《关于在全县实施党支部规范化建设提升组织力的意见》《关于对全县党支部进行星级管理的实施方案（试行）》等指导文件，通过分类评星定级、项目清单管理、年度收官考核、刚性退出机制，补短板、强弱项、建机制、提效能，从严从实抓好软弱涣散村党组织整顿，发挥农村党员带头作用，力争村级党组织全面进步、全面过硬。目前，全县建成党支部标准化规范化建设286个，示范支部32个，被评为省级优秀基层党组织15个，州级优秀基层党组织20个，县级优秀基层党组织124个。

平塘县以钉钉子的精神持续抓好软弱涣散基层党组织整顿提升工作，对纳入软弱涣散的村级党组织列入整顿提升对象，按照"一村一策"及时制定整顿方案，挂图作战进行整顿提升，并明确每个软弱涣散党组织由1名县领导、1名部务会成员、1名包村领导、1名第一书记、1个包保单位进行责任包保。

乡村要发展得好，很重要的一点就是要有好班子和好带头人。结合当前继续选派驻村第一书记和驻村干部工作，贵州各地把作风扎实、攻坚能力强的党员干部放在乡村振兴工作的前沿，把强大的力量、优势的资源下沉到组织建设相对薄弱的地方，把实施乡村振兴战略作为培养锻炼干部的平台，调动和激发党员干部积极投身乡村振兴的伟大实践。同时，持续强化"领头雁"工程建设，抓好支部书记这个"关键少数"，不断强化村"两委"班子力量，多措并举锻造一支靠得住、信得过、顶得上的党员干部队伍。

为民服务更加务实

推动组织振兴，要凝聚各方力量，才能更好地促进"三农"发展。

充分尊重广大农民意愿，调动广大农民积极性、主动性、创造性，贵州各地基层党组织把广大农民对美好生活的向往化为推动乡村振兴的动力，把维护广大农民根本利益、促进广大农民共同富裕作为出发点和落脚点。

六枝特区将党史学习教育与为民办实事结合起来，全区广大基层党员干部深入田间地头真抓苦干，推动改革发展成果更多惠民利民。聚焦农业产业，发展茶叶、刺梨、猕猴桃、樱桃等特色优势产业131.8万亩。建成省级现代高效农业示范园区9个、万亩产业基地8个、规模养殖场416个、农产品加工企业55家。培育省市级农业产业化经营重点龙头企业69家。

威宁自治县五里岗街道棒木社区地种植蔬菜有得天独厚的条件。2019年8月以来，棒木社区充分发挥党支部先锋模范带头作用，不断创新产业发展模式，将一家一户分散种植的农户组织起来，按照"党支部+合作社+农户"的组织方式，大力种植白萝卜、大白菜等蔬菜，引领群众"抱团"种植高产蔬菜，有效带动社区建档立卡贫困户实现持续增收。

江山就是人民，人民就是江山。

以服务于民为宗旨，在实施乡村振兴战略过程中，全省各地以基层党组织为引领，充分发挥党员干部先锋模范作用，聚焦产业发展、乡村治理、乡村建设等重点工作，俯下身、沉下心，头上冒汗、脚上沾泥，民有所呼、我有所应，凝聚起推进乡村振兴的磅礴力量。（贵州日报）

第四篇
新时代农业农村现代化
建设实务

第一章　我国农业现代化的内涵与发展现状

第一节　农业现代化的内涵

一、农业现代化的概念

农业现代化是指从传统农业向现代农业转化的过程和手段。在这个过程中，农业日益用现代工业、现代科学技术和现代经济管理方法武装起来，使农业生产力由落后的传统农业日益转化为当代世界先进水平的农业。实现了这个转化过程的农业就叫作农业现代化的农业。农业现代化是一个过程，同时，又是一种手段。

二、农业现代化的特征

从当前农业发达的国家和地区发展上看，农业现代化具有以下6 方面的特征。

1.农业生产机械化

农业生产机械化在农业现代化中处于基础地位，主要指在农业生产过程中普遍实现机械化，运用先进设备代替人的手工劳动，极大地改善劳动工具，特别是在产前、产中、产后各个环节广泛采用机械化作业，大大降低劳动者的体力强度，改善劳动者的劳动条件与环境，提高劳动生产率。

2.农业生产技术科学化

科技是推动社会经济发展的核心，是农业现代化进程的核心。现代科技是农业生产发展的动力源泉和主要推动力。农业生产技术科学化，就是要把先进的科学技术广泛应用于农业，提高农业生产的科技水平和农产品的科技含量，提升农产品的质量和产量，降低生产成本，保证食品安全。

农业生产科技不仅是农业现代化的一个重要特征，而且还会更广泛地渗透农业生产的各个方面、各个环节。如在经营方式中，不仅要体现农业生产工具的机械化、现代化，而且还要实现管理工具的现代化，特别是互联网的推广应用，加速了农产品销售的信息化。这些都离不开科技在各个领域的推广、应用和渗透。

3.农业基础设施现代化

因农业的弱质性，农业生产必须具有良好的基础设施，农业发展才有根基，因此，农业基础设施现代化是农业现代化发展的前提。农业基础设施主要包含农村道路、水利、电力和通信等基础设施。只有贯通了城乡道路，建立了农村电力网络和通信网络，提升了农田水利工程抗灾减灾的能力，才能逐渐缩小城乡差距，为农业科技在农业领域的大量推广应用奠定基础。这样既有利于增强农业抵御自然灾害的能力，又有利于农业资源的高效利用。

4.农业生产劳动者素质现代化

劳动者是农业生产的最基本生产要素，在所有参与农业生产的要素资源中具有主导地位。提高农业生产劳动者素质是实现农业现代化的关键，提高农业劳动者的思想道德素质和科技文化素质，使农业劳动者熟悉农业生产的相关政策和法律知识。农业生产劳动者综合素质高，才能充分理解和认识农业科技的重要性，才能增强农业科技应用的主动性，在农业生产的各个环节中科技应用率才高，农业产品的科技含量才高、市场竞争力才强。

5.农业经营方式现代化

农业现代化的过程，也是传统粗放型农业逐步向现代集约型农业转变的过程，改变粗放的、落后的传统农业就是要把农产品粗加工转变成现代精加工、深加工；把单一的经营格局转变成产供销一体化的经营格局，使农产品生产、加工、流通各环节相结合。经营方式现代化，还体现在农业现代化要与工业化、城市化协调发展，大力发展产业化经营，提高农业经营效益，增强农业抵御自然风险和市场风险的能力。

6.生态环境可持续发展

自然环境是人类社会赖以生产和发展的基础，保护生态环境是实现社会经济可持续发展的重要物质条件。农业现代化进程必须用现代化的手段保护环境，不但不能在农业生产过程中破坏生态环境，而且还要大力保护生态环境，使农业生态环境更加美好，促进农业可持续发展。

第二节 农业现代化发展现状与问题

我国农业现代化内涵与时俱进，农业现代化实践不断取得进步。但在解决旧问题的同时，也出现了一些需要重视和研究的新问题。

一、我国农业现代化发展现状

1.粮食生产能力不断提高和巩固

为夯实粮食生产能力，2017年3月，《国务院关于建立粮食生产功能区和重要农产品生产保护区的指导意见》决定划定9亿亩粮食生产功能区和 2.38亿亩重要农产品生产保护区。截至2018 年7月底全国已划定粮食生产功能区 1.77 亿亩和重要农产品生产保护区0.34 亿亩。同时在"两区"基础上创建集中连片、生态良好的高标准农田。据农业农村部数据，截至 2018 年底，全国已建设高标准农田6.4 亿亩。截至2018 年，我国粮食总产量达到了 6.58 亿吨，是 1949 年的 5.8 倍，连续 7 年稳定在 1.2 万亿斤（0.6万亿千克）以上；粮食播种面积连续 7 年稳定在 17 亿亩以上；单位面积粮食产量连续7年保持在350千克以上。

2.现代化农业科技实力取得可喜进步

2018年我国农业科技贡献率达 58.3%，比2010 年的52%提高了6.3个百分点。2017年全国农业机械总动力接近 10 亿千瓦，机播面积 18.4 亿亩，机耕面积13.5亿亩，机收面积 14.2亿亩，全国农作物耕种收综合机械化率超过67%。2018 年我国良种覆盖率超过97%，良种对增产的贡献率达到45%。

3.农产品品种结构发生明显改变

经过农业供给侧结构性改革，2018 年玉米播种面积由2015 年的67453万亩调减为63194万亩。调减了4200多万亩；2017 年大豆播种面积由2013 年的7050万亩扩大到8245万亩，增加了近 1 200万亩。改革后，价格由改革前较高的临储价格向较低的进口价格靠拢，起到了调节供求关系的作用。

4.农产品质量得到显著提升

据中国绿色食品发展中心数据，2018 年"三品一标"产品总数为 121827 个。其中，绿色食品数量为30932 个，有机食品数量为4 323 个。无公害食品数量为 84049 个。绿色食品抽检合格率达 99.34%。

5.农民持续增收，城乡差距缩减

在宏观经济趋缓和农产品价格下降的双重背景下，农民增收速度由两位数缩减为个位数，但仍然保持在8%以上，高于 GDP 增速两个百分点左右。此外，城乡居民收入倍差降至 2.69，为18 年来的最低点。

6.农业生态环境向好发展

据生态环境部数据，2017 年净减少耕地面积降至 89 万亩，2018 年化肥、农膜施用量连续两年下降，农药施用量连续3 年下降。另据水利部数据，2018 年全国水土流失面积比 2011 年减少3.18 亿亩；农业用水量占全社会用水总量的 61.4%，比 1997 年下降了9个百分点；农田灌溉水有效利用系数为0.536。农业农村部数据显示，2018 年水稻、玉米和小麦三大粮食作物化肥、农药利用率分别达 37.8%和 38.8%。比 2014 年降低2.6个和2.2个百分点；综合利用率达 82%，禽畜类污综合利用率达 64%。

二、我国农业现代化发展存在的问题

1.现代农业主体缺失且劳动力素质较低

由于机械使用率较高，现代农业需要的技术要求相应提高，因此需要有知识、会经营、懂管理的新型现代化农民。而目前的农村劳动力状况堪忧，劳动力文化水平普遍不高，科学技能水平更是短板，连人数也严重不足。

2.科技服务缺失且没有跟上互联网的发展

如今，农业的发展越来越离不开科学技术的支持，对科学技术的依赖越来越严重，而现在的情况是大多数农机推广服务站，都是一些老人在维持，很少有年轻人加入，甚至有的地方没有。所以在基层。老年化、少量化问题严重突出。另外，在一些贫穷、偏远的地区，农业发展生产组织还不是很完善，远不能满足现代农业发展对科学技术的需求。还有农业信息化程度不高，没有合理依靠互联网来发展现代化农业，所以目前农村电商行业还是很有潜力的。

3.农业产业结构不合理，劳动生产率低

目前，我国农业生产以种植业为主，但种植的作物结构不是很合理。粮食作物占比较大，而经济作物占比较小，导致在国际和社会上竞争力较弱，有的商品只能依赖进口来补充国内的不足。国外很早就实行农场主的农业发展模式，而我国在最近几年才开始逐步推广，由于耕地等比较分散，不适合使用较大型的机械操作，导致劳动力生产率比较低。

第二章 我国农村现代化的内涵与发展现状

第一节 农村现代化基本内涵

农村现代化是人民利用现代科学技术和先进的思想，全面提高农村居民的物质生活条件和精神条件，并最终实现农村社会从政治到经济、从文化到思想等方面的全面发展过程。农村现代化的内容十分丰富，主要包括以下4个方面。

一、农村经济现代化

经济现代化的本身包含着3个层面：一是物质层面，就是通常理解的人均产值、生活水平、工厂铁路等方面的增长与增加；二是制度层面，它表现为经济秩序的建立与维护；三是观念层面，指人民对经济生活的世俗化态度。就我国现阶段而言，农村经济现代化主要指农业的机械化、农村产业结构的调整、乡镇企业的发展以及农民物质生活水平的提高等，也就是说主要指的是物质层面。其中农业现代化是其主要内容，农业现代化要求把传统农业变成现代农业，建立起广泛采用现代生产工具、现代科学技术和现代管理方法的农业生产体系，不断提高农业生产的集体程度以及农产品流通的专业化水平。

二、农村政治现代化

政治现代化是经济现代化的主要保证，西方学者一般将政治现代化分为3个大的方面，即权威的理性化、功能的分化和参与的扩大。在我国农村，政治现代化主要涉及农村组织的现代化，其中村民自治是农村政治现代化的一个重要内容。《中华人民共和国村民委员会组织法》规定，村民委员会是村民自我管理、自我教育、自我服务的基层群众性组织。民主选举、民主管理、民主决策、民主监督是村民自治的核心内容，是实现人民当家作主的具体表现。村民自治不仅是农村政治现代化的主要内容，也是推进农村政治现代化的根本途径。农村村民自治是我国农村政治生活的重大变革，对农村经济、文化的发展和进步以及农民民主权利观念、法律观念、参与意识的加强具有直接的影响，在农村现代化中发挥着重要作用。

三、农村文化教育现代化

就文化本身而言，世界各个社会的文化并没有高低之分。并且现代社会中的文化不完全是现代的，有的还是传统的、所以才构成文化的多元性和多样性。但是文化是可以发展的，而且从现代性扩展的趋势看，传统文化有可能最终会被改变，对此不能抱任何侥幸心理。至于农村教育更是需要不断改善，现在全国农村都实现了九年制义务教育，但农村教育的现代化还有很长的道路可走。为此，要在做好普及义务教育的基础之上，充分发挥农村各级各类学校的优势，改革农村中小学教育内容，促进农村基础教育、职业技术教育和成人教育的协调发展，从而培养大批新型的农村建设者。农村文化教育现代化要着眼于增强综合国力，营造良好的农村环境，从提高农民的思想道德素质和科学文化素质入手，不断改善农村的医疗卫生和社会风气，不断更新农民的价值观念和思想意识，不断提高农民的文明程度和道德水准，从而为农村社会的发展和全面进步提供精神动力和人才支持。

四、农民现代化

人是社会活动的主体，当然也是社会现代化的主体。同时人的现代化也是现代化的基本内容之一。因此要全面实现现代化，首先要实现人的现代化。美国的英格尔斯等人曾专门对人的现代化问题进行了社会学的开创性研究，他的研究小组得出一个重要的结论："现代化"包括许多方面，如民族、政治体系、经济、城市、学校、医院、服装、行为举止等。而在各方面的现代化中，人的现代化是至关重要的。英格尔斯指出，理想的现代人是一组相互联系的个人品质的综合，这些品质和特征可以概括为4个重要的方面：

他是一个消息灵通的、参与的公民；

他具有明显的个人价值意识；

就与种种传统影响的关系而言，他具有高度的独立性和自主性；

他容易接受新经济和新思想，即他是心怀相对开放的和具有认识的弹性。

所以现代人的素质涉及人的观念、知识、能力、思维等各个方面。毫无疑问，农村社会的现代化也依赖于农民自身的现代化。因此、要引导和教育农民，最终实现农民的生产方式、生活方式、思维方式和价值观向现代化转变。

第二节 农村现代化发展现状与问题

一、我国农村现代化发展现状

改革开放 40 多年，在党中央和国务院的坚强领导下，我国始终坚持不断解放思想，坚持农民的主体地位，我国农村现代化发展取得了瞩目的历史性成就。

1.农村改革取得新进展

自20 世纪 80 年代实行家庭承包经营为基础、统分结合的双层经营体制确立以后，农村土地承包经营制度改革进一步深化。一方面，土地确权颁证工作持续推进，截至2017年6月底，已完成确权面积 10.5 亿亩。另外，土地流转加快，截至 2016 年底，全国耕地流转面积达到4.79 亿亩，适度规模经营已成趋势。农村集体产权制度改革试点稳步开展。截至2015 年底，全国有 5.8 万个村，4.7万个村民小组实行农村集体产权制度改革，农民股金分红累计达到 2600 亿元。农村集体资产股份权能改革 29个试点县（市、区） 中，组织开展清产核资、集体经济组织成员身份确认、积极发展农民股份合作，极大激发了农村资产潜能，促进了农村集体经济的壮大和农民增收。农村金融服务综合改革不断深化，农村金融服务水平得到有效改善。我国目前已经形成了政策性金融、商业性金融和合作性金融相结合的多形式、多层次的农村金融服务体系。自2007 年我国首次创立涉农贷款，涉农贷款余额从 2007 年末的 6.1 万亿元增加至2016 年末的28.2 万亿元，占比从 22%提高至 26.5%。截至2016 年末，全国累计为1.72亿农户建立信用档案，约9248万农户获得银行贷款，贷款余额2.7 万亿元，缓解了农民资金短缺问题。农村金融机构针对农业适度规模经营、绿色生态等农业发展新变化不断创新金融产品，探索大型农机具、林权等抵押贷款业务，进一步完善农村金融服务体系。

2.农民增收实现新突破

从年际变化来看，1978 年农民人均纯收入为 134 元，由于城乡二元体制的存在，农民进城务工受到限制，几乎没有务工收入，加上当时没有农业补贴，农民无法享受到政府提供的财政转移收入，此时农民收入仍以家庭农业经营收入为主，收入来源单一。2016 年农民人均纯收入上升为 12363 元，扣除物价指数因素影响，年均增长7.2%。农民收入来源结构日趋多元化，2013—2016 年，根据国家统计局提供的统计年鉴数据，农民人均可支配收入中，工资性收入、经营净收入、财产净收入和转移净收入都呈现上升趋势。2016 年工资性收入对农民增收的贡献率达到 48%，成为增收的主渠道。从与城镇居民的收入差距来看，2017 年农村居民人均可支配收入达到 13432元，增速为7.3%，高于城镇居民收入增速 0.8 个百分点，且增速连续 8 年高于城镇居民，城乡收入倍差缩小至 2.71：1。我国现行标准下农村贫困人口从 1978 年的2.5 亿人减少到2016年的4335万人，贫困发生率下降到4.5%。

3.公共设施和服务实现新提升

1978 年以前，农村基础设施较少，农业生产仍然"看天吃饭"，农业为工业发展提供大量积累和物质基础，但农民生活水平低下，农村基本公共服务缺失。随着改革开放进程加快，这一状况发生明显改观。根据第二次和第三次全国农业普查数据，我国农村基础设施、基本公共服务和农民生活条件明显改善。2006 年末全国有 72.3%的镇实施集中供水，19.4%的镇生活污水经过集中处理，36.7%的镇有垃圾处理站，20.6%的村完成改厕。到2016 年末，91.3%的乡镇集中或部分集中供水，17.4%的村生活污水集中处理或部分集中处理，90.8%的乡镇生活垃圾集中或部分集中处理，53.5%的村完成或部分完成改厕。2006 年末，30.2%的村有幼儿园、托儿所，13.4%的村有图书室、文化站，74.3%的村有卫生室。到 2016 年末，32.3%的村有幼儿园、托儿所，96.8%的乡镇有图书馆、文化站。81.9%的村有卫生室。农村实现村村通电话、乡乡能上网、广播电视基本全覆盖。农村教育基础设施继续改善。农村医疗卫生服务体系进一步健全。新型农村社会养老保险与城镇居民养老保险并轨，实现制度全覆盖。

二、我国农村现代化发展存在的问题

我国社会主要矛盾已经转化为人民日益增长的美好生活需要和不平衡不充分的发展之间的矛盾。我国发展最大的不平衡是城乡发展的不平衡，最大的不充分是农村发展的不充分。社会主要矛盾的转化是消费需求升级、产业结构升级、治理体系升级的必然要求。当前,我国农村发展中存在着诸多不平衡不充分的问题。

1.农村人口老龄化问题日趋严峻与外出劳动力不稳定并存

20世纪90年代以来,人口结构变迁趋势明显,劳动力老龄化速度加快,人口和劳动力更加向城市群、都市圈集中。我国农村青壮年劳动力大规模向城镇转移,农村劳动力短缺情况也越来越严重。农业吸引力下降,青年农民务农积极性明显下降。根据全国第三次农业普查,2016 年农业生产经营人员年龄在 55 岁以上的比例已经达到33.6%。农业青壮年劳动力短缺,老龄农民对现代化科技和业态掌握能力有限,越来越不适应农业农村现代化的要求。即使是农业劳动力进入城镇非农产业,他们中的大多数人就业稳定性也较差,只能通过从事简单的、机械的、低水平的劳作,换取在城市稍作停留的机会。如果发生经济下行,一部分农业转移劳动力就可能会离开工作岗位回到农村老家。这一方面会加刷农村老龄化态势,另一方面还可能与新型经营主体争夺已经稀缺的土地等农业生产资源。

2.水电路气房网建设滞后

据全国第三次农业普查,2016 年尚有 52.3%的农村居民未能用上经过净化处理的自来水,38.1%的村内主要道路没有路灯,10.5%的村内主要道路为沙石或砖石板,44.2%的农户在使用柴草做生活能源,钢筋混凝土结构住房的比例仅为 12.5%,52.2%的农户手机联通不了互联网。尤其是,农村道路尽管实现了"村村通",但是农村道路多数以3.5 米标准建设,难以满足未来农村小客车的增长速度,也很难满足城镇居民返乡下乡休闲旅游、养生养老、创业创新的需求。

3.农村基本公共服务和社会事业发展滞后

农村社会公共服务历史欠账仍然较多,城乡之间在教育、养老、医疗、社会保障等方面的差距已经成为社会民生最大的痛点之一。根据第三次全国农业普查数据汇总结果,2016年全国仍有 3.5%的乡镇没有幼儿园、托儿所,这一比例在西部达到6%;全国近41%的村没有体育健身场所,其中西部为 54%;全国 33.2%的乡镇没有社会利收养性单位,西部为46.7%;全国58.7%的村没有农民业余文化组织,中部、西部这一比例分别高达59.2%和63.3%;全国45.1%的村没有执业医师,其中东部和西部分别为50.6%和50.1%。

4.城乡就业收入和生活方式差异仍然较大

从相对数来看，2019年城乡居民收入比已经缩小为2.64：1，但是，城乡居民人均可支配收入的绝对差距已达 26338 元。实际上，城乡收入差距只是一个方面。农村经济繁荣的程度也无法与城镇相比。就就业总量而言，2014 年城镇就业人口已经超过乡村，目前城镇的产业吸引了4.34亿人就业，而乡村则容纳了3.42 亿人就业。从就业质量来看，乡村就业多是临时性、非完全的就业，从事产业层次和水平也不高。而且，乡村水电路气房的基础设施落后，生活单调、乏味，缺乏青壮年向往的生活方式。农村利益格局深刻调整、新老矛盾交织。"农二代""农三代"已经成长为乡村建设的主要力量，也成为农村生活方式改善的主要需求者。

第三章 提高农业质量效益和竞争力

第一节 完善农业支持保护制度

当前，我国新型农业经营主体有了大力发展，但其发展规模尤其是数量相对于带动广大农民增收的需求而言，还有很大发展空间，新型农业经营主体的发展壮大还面临很多困难。相对于我国的农林牧渔业总产值、农作物播种面积、乡村从业人员的总量而言，新型农业经营主体的总量还显不足，且在广大农村的不同区域分布不平衡，尤其在远离城市的区域发展较为缓慢，对农业产业化和农民增收的带动力还有待进一步提升。农产品市场化水平和知名品牌效应有待大幅提升，农产品电子商务专业人才缺乏、电子商务补贴项目申报难、农村物流亟须财政补贴、亟须加强商标注册和"三品一标"认证。因此，培育新型农业经营主体，发展多种形式适度规模经营，实施乡村振兴战略亟待完善农业支持保护制度。

一、完善农业基础设施标准化制度

广大农村区域吸须快速干道通达辐射，现代农业生产设施缺乏，抗风险能力低。亟须加强基础设施和特色农旅融合发展规划，以普通干线公路网改造和农村联网公路建设为重点，着力实施"快联工程"和"通畅工程"，实现产业集中区快速到达，干线公路和连接公路提档升级，促进乡村旅游产业发展；提升休闲农业和乡村旅游配套基础设施整体规划和建设水平，加大标准化果园、农田、养殖场所建设；扩大机耕道宽度，便于大型农业机械通行，为机械化创造条件。

二、完善耕地保护和农业设施用地保障制度

耕地保护是必须长期坚持的一项基本国策。但农业设施用地需求普遍强烈，且农业附属设施用房资产缺乏法律保障，制约社会资本和农户投资农业的积极性。亟须深入贯彻落实十九大报告所提出的"完成生态保护红线、永久基本农田、城镇开发边界三条控制线划定工作"要求，依照特色农旅融合发展规划，合理确定城镇空间、农业空间和生态空间边界，调整基本农田保护规划、土地利用总体规划，运用法律、行政、经济、技术等手段加强耕地数量和质量保护，将本不是基本农田的土地调整出基本农田保护区、把永久基本农田管住、用好，把生态旅游资源管好、用活，为深入实施乡村振兴战略行动计划和生态优先绿色发展战略行动计划提供发展空间和用地保障。

三、完善涉农财政资金统筹使用制度

农业投资回报周期长、投入循环难，对财政补贴需求强烈。基层政府对农业财政投入的重点对象、额度、时间等的自主性不足，导致财政投入的确定性和针对性不足，基层政府难以实现部门间资金的有效整合利用，资金使用效益难提高。亟须依托项目整合涉农财政资金，完善投入方式提高使用效率。贯彻落实中央全面深化改革领导小组第三十八次会议关于探索建立涉农资金统筹整合长效机制推进行业内资金整合与行业间资金统筹相互衔接配合的精神，依托农业综合开发项目，整合涉农财政资金，完善财政投入方式，提高支农资金的使用效率。

四、健全农民合作和社会化服务组织培育扶持制度

各地区在以农旅融合发展综合开发项目为依托加大整体招商引资力度引进龙头企业的基础上，亟须立足本土培育新型农业经营主体。在龙头企业难以引进和培育的地区，通过行政引导，自愿成立专业合作社支持农户抱团发展，通过统一设施、统一管理、统一农资、统一社会化服务、统一营销、包销、入股分红、代耕代种、免费技术服务等多种方式，促进农业生产方式转变、市场培育、品牌打造、产品竞争力提升；对村委会主动谋发展的村，可以多配备专业技术性强的村委会专职人员。通过政府引导和购买服务等方式健全农业社会化服务体系，着力提升农业生产机械化、专业化、集约化和市场化水平，推动技术服务社会化专业化，加强品控风险防范提升市场品牌效应，给农村快递物流财政补贴。

五、健全农村产权交易和风险防范制度

农村土地所有权、承包权、经营权"三权"交易市场缺乏,"三权"所代表的资产专用性很强,资产流动性弱,交易价值发现难,风险高,收益率低,银行经营管理者放贷积极性不高;农业保险产品和保险评估机构缺乏。各地区亟须建立健全农村综合产权流转交易中心,充分发挥其培育和规范土地流转市场的功能;建立新型农业经营主体强制退出机制;建立土地经营权"再流转"机制;建立健全土地流转风险防范机制,合理设定预交土地租用、入股分红等风险保障金的标准和年限,加强土地租用或入股等方式流转的风险防范。创新金融保险产品和考核监管机制,银行创新开展果树、渔业等附着物、农作物、水产品的抵押贷款新产品,开发经济作物保险产品,景区团体保险、游客保险和价格保险新产品;银行及银监部门对农业贷款需要建立专门的贷款考核指标和标准以及偿贷周期、考核周期;建立健全农业保险费财政补贴机制。

第二节　强化农业科技和装备支撑

围绕事关农业核心竞争力的公益性、战略性、关键性技术和重大产品等需求,实施重大科技专项、重点研发计划、基础研究等项目,获取一批具有自主知识产权的农业技术成果,实现农业技术的群体性突破,支撑引领农业新兴产业集群式发展,带动引领农业科技实现新跨越。

一、农业新品种选育

种业是农业的核心竞争力。要围绕农业供给侧结构性改革的要求,以高效生态、进口替代、特色优势、功能需求为目标,着力选育一批高产、优质、多抗、低耗和广适性好、专用性强、适合机械化作业的农业新品种。

完善育种体系。围绕种质创新、基因挖掘、育种技术、新品种选育、良种繁育等科技创新链,从基础研究、前沿技术、共性关键技术、品种创制与示范应用等方面,开展全产业链育种协作攻关。构建以市场为导向、资本为纽带,利益共享、风险共担的产学研协同种业技术创新体系,全面提升现代种业科技创新能力、企业竞争能力和良种供应保障能力。实施藏粮于地、藏粮于技战略,通过新品种选育,建立主要农林产品有效供给的科技支撑体系。

种质资源挖掘利用与优异育种材料创制。育种的基础是种质资源。我国幅员辽阔，动植物种质资源丰富，育种条件得天独厚。要做好种质资源搜集、保护、鉴定工作，继续加强种质资源圃、资源库或基因库的建设。利用大数据、"互联网+"技术开展基因数据资源的共享、科学评价和研究开发。积极开展以分子标记育种、转基因育种、分子设计育种为代表的现代作物育种前沿技术研究，结合传统育种技术，协同建立高效育种技术体系，解决农业新品种选育中存在的预见性差、周期长、效率低等突出问题。

新品种选育及配套技术研究。将现代育种新技术、新方法与常规育种技术相结合，重点开展产业主导品种、适合集约化、工厂化和专用化的多元特色品种选育研究，育成一批高产、优质、抗性或广适性好、专用性强的新品种。开展高效制种技术研究，建立种子种苗优质化、标准化、规模化繁育技术体系。加强良种良法配套技术研究，开发符合品种特性与环境生态、适合机械作业、省工省力的配套技术，强化新品种推广。

商业化育种模式探索。引导和鼓励科技资源在科研院所与企业之间的双向流动，鼓励有实力的种业企业整合育种力量和资源，充分利用公益性研究成果，按照市场化、产业化育种模式开展品种选育研究，增强种业企业核心竞争力。通过体制机制创新，逐步建立科学合理、优势互补的育繁推相结合、产学研一体化的现代种业新体系。

二、生态循环农业技术创新

依据现代生态循环农业发展"一控两减三基本"（严格控制农业用水量，减少化肥和农药使用量，基本实现畜禽粪便、农作物秸秆、农膜资源化利用）的要求，开展农业生产系统建构与平衡机理研究，重点支持农田面源污染与土壤污染综合防治技术研究、动植物病虫害防治和生态高效种养殖技术研究、化肥减量与替代增效技术和农药减施及绿色防控技术研究，实施渔场修复振兴技术研究与模式创新，推动农业生态、林业生态和渔业生态发展，加快建设农业绿色发展科技支撑体系。

农业面源污染控制与修复。开展各类农业面源污染物的高通量快速检测技术和高光谱监测技术开发，建立农业污染预警体系。加快污染修复技术、重金属捕获剂、微生物修复菌剂等的研发，建立农业污染修复体系。推进低山丘陵水源区水土流失型面源污染治理、保障水环境安全。加强森林和湿地生态系统功能促进技术研究。

土壤环境保护与修复。重点开展土地资源评价技术、耕地质量监测数字化管理技术、土地后备资源开发与复垦技术、保护性耕作技术、土壤退化机理与修复技术、中低产田治理与退化土壤修复技术、产地生态环境治理与新垦地力培育技术、农田土壤污染综合防治技术的研发。

肥药两减与节水。开展化肥减量与替代增效、高效施肥、肥料使用监控、超高产条件下集成养分资源综合管理、作物营养遗传潜力挖掘与测土配方施肥等技术的研究。加大力度研究农作物耗水机理、节能节水栽培技术、需水信息诊断技术、农业用水过程降耗技术，开发经济型灌溉技术与产品。

动植物病虫害防治和生态高效种养殖技术。加强动植物主要病虫害绿色防控技术研究。重点推动动植物保护、抗灾防灾、种植模式等技术的集成创新，形成操作性强、适用性广、成本适中、生态效益明显的动植物栽培（养殖）技术体系。针对畜禽养殖业发展面临的生态环境限制难题，突出规模化养殖环境控制技术创新，研究畜禽高效养殖和疫病诊断与防控等技术，形成工业化、生态化、标准化、信息化的畜禽健康养殖体系。加强森林涵养和生态修复综合集成新技术研究，开展林业选择配置、立地控制、结构控制、营养控制、病虫害防治等关键技术研究和应用。开展高品质、多抗广适、丰产的新品种选育，工厂化育苗以及高效栽培技术研究。

渔场修复与海洋产业发展。开展渔场海洋环境修复治理，在设施装备、良种良法、岛礁渔业、健康养殖、循环水养殖、生境修复以及绿色加工等方面加强共性关键技术攻关，着力打造一批新技术、新装备、新模式和重大产品，形成产业链完整的"蓝色粮仓"产业集群，培育和集聚"蓝色粮仓"创新、创业核心团队，建成若干重大粮仓。

推进水污染治理。在水污染综合防治等重点领域攻克一批急需解决的关键共性技术，形成一批具备自主知识产权的新技术、新工艺和新设备，为污染物减排、环境质量改善、生态保护与修复提供强有力的科技保障。加大治水关键技术、共性技术、适宜技术的研发、攻关，进一步加强对农村基层治水技术的需求对接和培训指导，更好地发挥科技支撑综合治水的作用，提高农业农村环境污染评估与控制水平。

三、农产品质量安全技术

农产品质量控制技术。加强"三药五剂"（农药、兽药、鱼药，除草剂、杀菌剂、植物生长调节剂、饲料添加剂、肥料添加剂）减施及绿色防控技术开发，开展农产品生产、加工、储运全过程质量安全关键控制点研究，追溯化学污染和生物污染来源，探索农产品质量安全预警、溯源及控制技术，构建全产业链农产品质量控制技术体系。

农产品追踪溯源技术。研究开发基于物联网技术的质量安全溯源系统，重点研究有毒有害物质监测技术、动植物疫病监测技术、农林产品生产加工过程监测以及物流过程监测技术。

农产品安全检测技术。开展农产品质量安全识别检测与风险评估技术研究，开发快速高通量筛查和精准检测技术，研发相关一体化设备，建立农产品安全大数据平台，构建通用共享和高效的农产品质量安全检测技术体系。

四、营养健康食品开发与保鲜物流技术

针对食品产业科技支撑与未来发展需求，按照全链条创新设计、一体化组织实施的总体思路，加强营养健康食品研发理论和创制关键技术及装备研究，满足特殊膳食和特殊工作环境人群的营养健康需求，实现营养健康食品的产业化开发和跨越式发展。

健康营养食品开发。分析和挖掘农产品中的健康功能，研究提取分离和稳态化技术，利用现代加工方法开发健康功能产品。加强对新资源食品、特色农产品和药食两用农产品资源的评价与开发利用。注重对特色果蔬、粮油、畜产、水产和森林资源及副产物健康组分的研究，开发相关产品，为健康消费提供科学指导。

特色食品现代化生产技术。针对农产品加工的高能耗、高水耗、利用率低和机械化程度低等问题，开展低碳化、智能化、信息化和自动化的高增值全利用节水节能新技术和新工艺研发，提升食品感官品质和理化特性。以现代加工技术挖掘传统食品、中华烹饪食品和地方特色农产品（食品） 加工技术，实现机械化、标准化和产业化。加强规模化集中配餐，注重对生鲜食品、浅盘食品（半成品）、中式调理食品加工、流通和安全技术的研究。

保鲜与物流技术。突出生鲜食品冷链流通品质控制技术研究，研发新技术、研制新产品、设计开发包装新材料、新产品，破解食品在物流过程中的品质劣变与损耗等难题。开展物流配送与销售等智能化系统研究应用，确保食品物流过程安全可控。

食品加工机械装备。加强食品装备机械稳定性、可靠性、材料安全性、数字化设计、信息感知、仿真优化等技术与自动控制系统研究。开展具有自主知识产权的智能

化、数字化、规模化、自动化、连续化、工程化、成套化核心装备与技术开发研究。积极开展新型杀菌、节能干燥和高速包装等核心关键技术装备集成与开发。

五、农业资源高效利用技术

重点支持大宗农产品加工利用技术、农业生物资源高效转化技术、农业废弃物资源化处理技术等研究，建立农业生物制造科技支撑体系。通过对化学改性、物理提质、生物资源高效转化等方法的研究，开发新技术、新产品、新装备，促进农产品全质化高效利用。加强生物质能源制造技术研究，重点研发高效生物转化新型菌种、催化技术和成套装备。加强生物基材料研究，开发高效微生物工程菌和生物催化剂以及生物基塑料、新型农用膜材料、生物树脂材料等生物基新产品。研究畜禽养殖废弃物、农作物秸秆、农林水产加工废弃物资源化利用新技术，开拓高值利用新途径，重点突破废弃物肥料化、能源化、材料化、饲料化、基质化等关键技术及配套设备。

六、农业跨界融合技术

按照系统化设计、一体化布局、阶段性安排和持续性推进的思路，充分运用工业和服务业领域的技术成果，推进农业生产、农产品经营、农产品物流等模式创新，实现跨界融合发展。推进"农业+"综合集成，加快现代工业技术、文化创意、科技服务业、工业设计、信息化等领域成熟技术在农业领域的应用和转化，开展对农业产业变革趋势具有重大影响的跨界技术的综合集成研究，促进一二三产业融合、嫁接和再创新，以现代工业领域科技成果推进农业领域的现代化。

七、绿色宜居技术

以农村人居环境整治为主线。以建设绿色宜居乡村为导向，统筹生产生活生态。针对不同规模、不同特点的村庄，重点突破乡村清洁、村镇规划、宜居住宅、绿色建材、清洁能源等方面的关键技术，构建基础研究平台、智慧乡村平台、生态建设平台，大力推进农村环保产业、新能源产业、住宅产业等发展新动能。推进水污染治理。在水污染综合防治等重点领域攻克一批急需解决的关键共性核心技术，形成一批具备自主知识产权的新技术、新工艺和新设备，为水资源保护和水生态修复提供有力的科技保障。进一步加强对农村基层治水技术的需求对接和培训指导，更好地发挥科技支撑"五水共治"的作用。加大大气污染防治、土壤治理、水环境保护、防灾减灾等领域的核心关键技术转化应用力度，强化重点地区生态保护与修复。开展集生产生活生态、文化娱乐、科技教育、医疗卫生等多种服务功能于三体的社区综合技术集成与应用，推动科技成果更多惠及民生改善。

八、现代农业装备研发

针对当前农业生产效率低、投入粗放、综合生产成本高等现实问题，加强农业生产过程的技术和装备研发，构建集约、高效、安全、持续的智慧农业科技支撑体系，满足现代农业产业发展对设施装备的迫切需求。

数字农业。开展数字农业软硬件技术研发，突破农业专用传感与识别技术、农业传感网、智能化农业信息处理等重大共性关键技术，集成设施农业领域的信息获取、传输、决策、控制等技术与装备，建立农林植物系统中要素和过程的数字化、智能化种植管理体系。

设施农业。推进设施种植、设施养殖、林特业中的农业新材料、智能装备与配套机具研制。开展工厂化农业的立体栽培技术和机械化装备研究，推动 LED（Light Emitting Diode）光源等技术在设施农业中的应用。加强无土栽培技术研究。

农机装备。以推动农业生产高效率、机械化、自动化和智能化为目标，围绕不同产业的不同需求，研究种植、养殖、管理、收储、加工、商品化处理等机械化作业技术，形成一批适用于平原、丘陵、山地、林地等不同区域的智能化关键装备。

第三节 促进一二三产业融合

推动农村一二三产业融合发展，是党中央对新时代"三农"工作作出的重要决策部署，是实施乡村振兴战略、加快推进农业农村现代化的重要举措。

一、我国农村一二三产业融合的意义

1.有利于农民增收，分享产业融合的红利

推进农村产业融合发展，使农业生产经营活动在传统的生产环节之外，增加了农产品加工、包装、运输、保管、销售等环节，将与农业产业链相关的二三产业增值收益留在农村，拓展了农民就业增收渠道。农村产业融合发展可以激活农村土地、住宅和金融市场。增加农民收入。

2.有利于推进农业转型升级，促进农业现代化

推进农村产业融合发展，广泛应用现代农业技术成果，加快高端农业、设施农业、资源节约型农业发展，既有利于克服农业产业结构单一、农业发展空间相对狭小的局限，推进农业内部结构调整，又有利于减少农业生产对自然资源的依赖，农业发展更多地依靠科技和知识投入，增强农业可持续发展能力，还有利于更好地发挥服务业对农业发展方式转变的引领、支撑、带动作用，促进农业价值链升级，提高农业竞争力和附加值，促进农业现代化。

3.有利于催生农村新业态，形成国民经济新增长点

推进农村产业融合发展，实现一二三产业关系在农村的优化组合和空间重构，将催生生物农业、智慧农业、休闲农业、创意农业、工厂化农业等新业态，以及农村电子商务、产地直销、会员配送、个性化定制等新模式。借此，顺应或引领消费结构升级方向，更好地满足城乡居民多层次、多样化的消费需求，并创造新的社会需求，带动形成居民消费新热点和国民经济新增长点，促进农业发展由"生产导向"向"消费导向"转变。

4.有利于实现城乡一体化，推进美丽乡村建设

推进农村产业融合发展，有利于推动形成生态农业和循环农业的发展模式，提高农产品和加工副产品的综合利用率，减少农业对水、土、气等自然环境的污染，促进农业生产和农民生活方式向绿色、环保方向改变，更好地推动生态文明建设；有利于拓展城市资本和生产要素进入农业、农村，强化农村产业发展的要素支撑，促进以城带乡和强农惠农、缩小城乡差距及实现城乡一体化；有利于通过发展休闲农业、创意农业等产业融合新领域，增加对农村基础设施、生态环境、居住条件等建设和投资，完善农村公共服务体系，更好地保存乡村传统文化和历史底蕴，维护村落功能和农村环境，推进美丽乡村建设。

二、农村一二三产业融合的对策

1.完善利益分配，构建紧密利益联结机制

"基在农业、惠在农村、利在农民"，是农村二二三产业融合发展的内在要求。在农村一二三产业发展中，大部分主体的利益联结比较松散。解决这一问题，需要构建科学紧密的利益联结机制，确保农村一二三产业融合发展更好惠及农民，以产业兴旺

促进农民增收。加强相关政策设计，让农民充分享受融合发展带来的增值收益。优先支持农业合作社等与农户具有密切联系的经营组织，构建"公司+合作社+农户""公司+基地+农户"等农企融合共赢模式。将农民特别是贫困家庭劳动力安排到产业组织和产业链中，带动农民积极参与融合发展，实现稳定增收。在支农资金分配、涉农企业扶持等方面，向有利于农民分享增值收益的融合主体倾斜，确保农民更好分享产业链增值的收益。

2.聚焦要素需求，完善要素供给政策体系

农村一二三产业融合发展，离不开劳动、资本、土地、知识、技术、管理、数据等生产要素支撑。当前，土地供应还不能完全满足融合发展项目扩大规模、延伸业务的需要，设施农业用地在产业融合价值链中难以实现资产增值，科研机构、高校等的科研成果转化率偏低，融合经营主体科研能力和技术支撑较弱，高素质复合型人才、网络、信息等生产要素短缺。解决这些问题，需要根据农村产业融合发展用地特点，完善相关政策体系，在用地总体规划及农业领域专项规划中对一二三产业融合发展用地予以保障。多渠道盘活农村存量土地资源。在履行相关手续和不改变土地性质前提下，鼓励经营主体依法使用农村集体建设用地以及四荒地。推行"多规合一"，有效保护农业设施和资产，改善农业投资环境，增强农村一二三产业融合发展的稳定性和可预期性。大力培养懂农业、爱农村、爱农民的"三农"工作队伍，培养有文化、懂技术、善经营、会管理的高素质农民队伍。造就更多乡土人才。建立吸引人才、留住人才的有效机制，树立人才向农村基层一线流动的用人导向。改革科技成果转化收益分配机制，提高科技成果转化率，提升融合主体技术水平和研发能力。构建科学完善的要素管理机制，强化要素管理对产业融合的导向作用。

3.培育市场主体，激发融合发展市场活力

从一定意义上说，市场主体的综合素质决定着农村一二三产业融合发展的水平和规模。推动农村一二三产业融合发展，亟须培育市场主体，激发市场活力。一是支持农民合作社发展农产品加工、销售，拓展合作领域和服务内容，开展农民合作社创新试点，引导发展农民合作社联合社。二是把家庭农场作为现代农业的重要经营方式，探索多种发展路径，带动更多农户参与。三是培育大型现代农业龙头企业。以龙头企业为核心，依托区域特色产业，引导融合主体向优势产区、综合性加工园区集中。因地制宜组建农业产业化联合体，实现规模化集约化经营，提高农产品市场竞争力，示范带动农村一二三产业融合发展。四是拓展供销合作社经营领域。使其由主要从事流通服务向全程农业社会化服务延伸、向全方位城乡社区服务拓展。在农资供应、农产品流通、农村服务等重点领域和环节为农民提供便利实惠、安全优质的服务。五是推动供销合作社与新型农业经营主体有效对接，培育大型农产品加工、流通企业。健全供销合作社经营网络，支持流通方式和业态创新，搭建全国性和区域性电子商务平台。

4.强化应急管理，有效应对各种风险挑战

农业生产经营面临自然、市场、社会等多重风险。增强农村一二三产业融合发展的稳定性和可持续性，需要强化应急管理。以土地、劳动、资本、技术入股、订单生产等方式，强化利益共享、风险共担。增强新型农业经营主体契约意识，完善适应农村特点的信用评级体系。依法打击涉农合同欺诈违法行为。加强农田水利基础设施建设，建立农村一二三产业融合发展的公共服务平台，增强自然灾害预警和防范能力。调整优化产业结构，加快发展互联网农产品等新业态，提升产业融合发展质量。逐步完善土地流转、订单农业等风险保障金制度，促进其与农业保险、担保相结合。加大对涉农保险的支持力度，推动农业保险加快发展，提高涉农企业的风险应对能力。

第四节　推进农业标准化建设

一、农业标准化概述

1.农业标准化的含义

农业标准化是指以农业为对象的标准化活动。具体而言，是指对农业经济、技术、科学、管理活动中需要统一、协调的各类对象，制订并实施标准，使之实现必要而合理的统一的活动。其目的是将农业的科技成果和多年的生产实践相结合，制订成"文字简明、通俗易懂、逻辑严谨、便于操作"的技术标准和管理标准向农业经营主体推广，最终形成质优、量多的农产品供应市场。这不但能使农民增收，同时，还能很好地保护生态环境。其内涵就是指农业生产经营活动要以市场为导向，建立健全规范化的工艺流程和衡量标准。

根据我国农业的传统分类方法，农业标准化共分为五大类。分别是种植业标准化、林业标准化、畜牧业标准化、水产标准化、农业综合标准化。

2.农业标准化的内容

农业标准化十分广泛，主要有以下 8 项。

（1）农业基础标准。农业基础标准是指在一定范围内作为其他标准的基础并普遍使用的标准。主要是指在农业生产技术中所涉及的名词、术语、符号、定义、计量、包装、运输、储存、科技档案管理及分析测试标准等。

（2）种子、种苗标准。种子、种苗标准主要包括农、林、果、蔬等种子、种苗、种畜、种禽、鱼苗等品种种性和种子质量分级标准、生产技术操作规程、包装、运输、储存、标志及检验方法等。

（3）产品标准。产品标准是指为保证产品的适用性，对产品必须达到的某些或全部要求制订的标准。主要包括农林牧渔等产品品种、规格。质量分级、试验方法、包装、运输、储存、农机具标准、农资标准以及农业用分析测试仪器标准等。

（4）方法标准。方法标准是指以试验、检查、分析、抽样、统计、计算、测定、作业等各种方法为对象而制订的标准。包括选育、栽培、饲养等技术操作规程、规范、试验设计、病虫害测报、农药使用、动植物检疫等方法或条例。

（5）环境保护标准。环境保护标准是指为保护环境和有利于生态平衡，对大气、水质、土壤、噪声等环境质量，污染源检测方法以及其他有关事项制订的标准。例如，水质、水土保持、农药安全使用、绿化等方面的标准。

（6）卫生标准。卫生标准是指为了保护人体和其他动物身体健康，对食品饲料及其他方面的卫生要求而制订的农产品卫生标准。主要包括农产品中的农药残留及其他重金属等有害物质残留允许量的标准。

（7）农业工程和工程构件标准。该标准是指围绕农业基本建设中各类工程的勘察、规划、设计、施工、安装、验收以及农业工程构件等方面需要协调统一的事项所制订的标准。如塑料大棚、种子库、沼气池、牧场、畜禽圈舍、鱼塘、人工气候室等。

（8）管理标准。管理标准是指对农业标准领域中需要协调统一的管理事项所制订的标准。如标准分级管理办法、农产品质量监督检验办法及各种审定办法等。

3.农业标准化的特点

（1）农业标准化的主要对象是生命有机体。农业生产不仅受经济规律的影响，而且受生命活动自身规律的影响，农业技术是在不易控制、复杂多变的自然环境中。通过动植物的生命过程来实现的。在一定时间和区域内将哪些产品、哪种农业技术列为标准化对象，都要受到具体的社会经济条件和自然条件的制约。这比工业技术推广难度大，同一农业新技术在不同条件下产生不同结果，相同的标准化对象，执行统一标准，其经济效果往往不一样。

（2）农业标准化的区域性。因不同地区自然资源、自然条件有差异，导致农产品品质有很大区别，同一技术在不同区域效果不同。世界上许多国家按照自然条件、地理环境和农作物特点，划分了各种"生长带"，如玉米带、棉花带、草原放牧带等，就是注意了农业区域性的特点。我国的标准中设有农业地方标准，就是考虑了农业标准化地域性较强的特点。

（3）农业标准化的复杂性。表现在制（修）定标准的周期长，要考虑的相关因素较多。制定一项农产品标准至少要有 3 年的统计数据。农业标准化的主要对象是活的有机体，它们种类繁多，各有其生长发育规律，成批新品种的育成、使用和推广，总是需要农机、化肥、农药、温室、地膜等先进技术和设备相配合，其中，只要有一项没跟上，就会给农业生产带来影响。

（4） 文字标准和实物标准同步。文字标准来源于实践，是客观实物的文字表达。但是、文字标准较抽象，由于人们的理解能力或认识程度不同，会产生不同的感觉。而且，有些感官指标如色泽、口味很难用文字确切表达。如许多农产品是依据产品的形态、光泽、颜色等因素确定等级的，但是颜色又分为十几种甚至几十种之多，按照文字标准难以辨别差异，在这种情况下，应以比色板和实物标准加以对照。

二、农业标准化对于农业产业化的作用

1.推进农业标准化是提升农业产业化水平的必然要求

农业产业化的实质是农业的市场化和社会化，按照市场需求组织农业的产加销一体化经营是现代农业产业化的发展方向。农业产业化的实施过程，既是农产品生产，加工、流通行为标准化的过程，也是规范农业经营主体生产行为和应对千变万化农产品市场的过程，农业产业化可以促进农业新型经营主体健康成长和新型职业农民的培育。没有农业的标准化，就难以实现农业的产业化。

2.农业标准化是促进农业科技成果转化的有效途径

农业标准化既源于农业科技创新，又是农业科技创新转化为现实生产力的载体。科技成果转化为标准，可以成倍地提高推广应用的覆盖面。同时，标准的提高又会推动科技创新。农业产业化引入"标准化"机制和理念，由于标准化的导向作用，有利于加速农业科技成果、科学技术转化，促进农业生产效率的提升，提高农产品品质和增加农民的收入。

3.推进农业标准化是农业供给侧结构性改革的必然要求

供给侧结构性改革旨在调整经济结构，使要素实现最优配置，提升经济增长的质量和数量。供给侧结构性改革需要以科学发展的眼光，用改革的办法推进结构调整，矫正要素配置扭曲，扩大有效供给，提高供给结构对需求变化的适应性和灵活性，提高全要素生产率，更好满足广大人民群众的需要，促进经济社会持续健康发展。农业供给侧结构性改革，一个最为重要的目标就是要实现优化结构、提高质量和效益。大力推行农业标准化，可以促进农业新科技、新品种的推广应用，加速农业新品种、新产业的成长，同时，农业标准化能够有力推动农业生产专业化和区域化，进而推动农业供给侧结构性改革。

4.推进农业标准化是保障农产品质量和消费安全的基本前提

随着人们生活水平的提高，社会对于"舌尖上"的安全越来越关注。但是，近年来，因农药残留、兽药残留和其他有毒有害物质超标，导致农产品污染和中毒事件时有发生，严重威胁了广大消费者的身体健康和生命安全。解决问题的一个重要前提，就是要建立起与中国农业和农村生产力发展阶段相适应的农产品质量安全标准体系、检验检测体系和认证认可体系。在这三大体系中，农产品质量安全标准体系具有基础性的作用。

5.农业标准化有利于提高农业产业化龙头企业竞争力

现代农业产业化发展，农业龙头企业起到核心带动作用，而农业龙头企业的成长离不开农业标准化的实施。首先，农业标准化可以增强农业产业化项目的可持续发展能力，形成效益增长的长效机制；其次，按照标准化生产的农产品，在消费者眼中就有安全保障，有利于提高市场占有率；最后，按照标准化生产的农产品，具有基本相同的质量和口感，有利于培养稳定的消费爱好者，扩大品牌知名度。以上3点，对于提高农业产业化龙头企业的竞争力具有重大作用。

6. 农业标准化是调节农产品进出口的重要手段

当前，我国大宗农产品的价格已经超过国际平均价格，大部分农产品出口企业，不仅处于市场价格竞争的不利地位，而且不同程度地受到国外技术壁垒的影响。由于我国标准"门槛"低，加之检测能力弱，客观上为国外农产品大量进入我国市场提供了便利。在此形势下，加快建立符合国际规范和食品安全的农业标准化体系，使农业产业化龙头企业承担起扩大出口、调节进口的作用，已成为当务之急。

三、农业标准化的实施

（一）农业标准化的实施程序

农业标准化的实施程序，一般包括制订计划、准备和试点、全面推广实施、督导与检查、总结与反馈等工作环节。

1.制订计划

有关农业标准发布后，凡涉及的地区和部门，应该根据标准的级别、性质和范围，积极制订贯彻标准的计划，并逐级下达和部署。对于一些重要的农业标准，应该由政府部门下达贯彻落实的指导文件，明确贯彻标准的方式、内容、步骤、时间节点、资责任部门和目标要求。

2.准备和试点

为了保障标准实施的有序进行，首先必须在实施之前，做好各项准备工作。并且充分估计执行标准过程中可能遇到的困难和问题，准备工作包括思想发动、组织落实、资源保障；其次要做好试点工作，可以根据实际需要，选择有代表性的地区和农业经营主体，进行执行标准的试点工作，在试点阶段，可以进行新老标准（或者标准方法与原来的方法）的比较试验，以便于积累数据，进行比较分析，形成典型的经验和好的推广模式，为全面贯彻标准提供依据。

3.全面推广实施

经过试点过程后，农业标准化工作就进入正式推广执行阶段，在这个阶段任何人不得擅自降低标准要求。当然，为了有利于标准的贯彻落实。各地可以在不降低标准的前提下，根据本地区的实际情况制定实施细则，根据标准的性质特点，采取因地制宜的实施方法。对于在全面实施过程中可能出现的问题，要及时查找原因，研究解决的方法途径，尽最大可能保障标准的全面实施执行。

4.督导与检查

在标准的全面贯彻落实过程中，有必要加强平时的督导和检查，督导工作有利于标准化措施的全面贯彻执行，避免制度设计方面的漏洞和弄虚作假情况的发生。加强标准落实工作的检查，可以进一步验证标准的科学性、合理性，可以分析标准执行中存在的问题和取得的经验，以利于及时督促改进标准执行中存在的问题，查找原因，也有利于典型经验的及时传播推广，扩大典型经验的经济效益和社会效益。

5.总结与反馈

在农业标准按照预定计划实施一个完整周期后，应该及时总结试点及全面实施标准所采取的技术和方法。收集归类各类有关的文件资料，做好资料的整理立卷归档工作。要认真总结实施标准化的科学方法和措施，分析标准化所取得的经济效益、社会效益、生态效益，同时，也要查找存在的问题，剖析原因，以便下一步更加有效地实施标准化工作。在认真总结经验的同时，应该将实施农业标准取得的成效、标准化达到的水平、实施标准存在的问题等信息，加以提炼，并及时反馈给标准的发布机构、标准的提出单位和起草单位。信息反馈有利于标准的制定发布机构全面掌握标准的推广执行情况。为今后修订标准提供科学依据。

（二）农业标准化的实施模式

在我国农业标准实施推广的过程中，各地创造了许多模式，这些模式形式各异，方法不一，大致上有8种模式值得加以肯定推广。

1.政府主导型

政府主导模式是当前加快农业标准化实施的主要模式，主要依靠农业部门和农技推广机构通过项目示范、产品认证、技术指导和培训咨询等形式，带动辐射农业企业、农民专业合作社、家庭农场、专业大户按照农业标准组织生产。以政府为主导的农业标准化实施，优势在于能够集约项目、集成技术、集中资源，有重点、有步骤地在优势农产品产业带和一些条件成熟的地区，组织开展标准实施的示范性推广活动。但是其缺点是难以兼顾农民的意愿，调动农民主动参与实施的积极性不够。

2.基地示范型

这种模式的特征是以政府推动为主，通过项目实施的方式进行标准化的推广普及和标准的实施示范。具体做法包括几个步骤：一是由政府部门制定发展规划，按照发展导向和问题导向，推进农业产业化基地建设，并且按照产业政策和区位优势，选择一个或者几个农产品品种作为主导产业；二是科学选定有关标准；三是进行广泛的专业知识和专业人才培训；四是积极培育标准化实施的样板，形成以点带面，促进标准化工作全面开花结果。

3.市场准入型

这种模式的特征是涉及农产品安全、卫生方面的标准，这类标准具有强制执行性质。在标准实施结果考核上，必须经过一定的程序证明符合标准要求，达到法律、法规规定的最低准入条件。对农产品生产而言，主要是农药残留、兽药残留方面的规定和市场准入要求。这些强制性标准的执行，国家大多有明文规定，如果确认为违法有关的标准，将受到强制性处罚。

4. 认证促进型

这种模式的特征是通过专门的机构，按照相应的规定程序办法，促进标准的使用者严格实施和推行标准，并通过对各个环节贯彻标准的情况进行检查，做出科学评价，颁发证明贯彻标准和达标行为的证书与标志。这种通过认证措施，促进标准实施推广的方式，有利于提高生产经营者实施标准的自觉性，是世界各国普遍推崇的标准实施推广模式。

5.龙头企业带动型

这种模式的特征是农业产业化龙头企业，利用资金和品牌，通过标准化手段，将企业的加工、贸易行为和区域的家庭农场、专业大户或者农业合作社的生产有机结合起来，通过合约的方式，形成生产、技术、品牌、资金相融的利益共同体。随着现代农业产业化的发展和新型农业经营主体的培育成长，这种模式将成为我国农业标准实施推广的主要模式。

6.行业自律型

这种模式的特征是行业协会通过标准将产销有机衔接起来，利用协会的技术特长和社会资源，联合协会的会员单位，将某类或者某种农产品生产规模做大，实行统一品牌经营，提高竞争力和经济效益，既保护生产者的利益也有利于维护消费者的利益。让广大农民尝到实施标准的甜头，有利于标准的自觉执行。

7.品牌创建型

这种模式的特征是围绕知名品牌，利用品牌的优势，通过标准化的手段和统一的标准实施推广，将品牌产品规模做大，质量提高，效益提升。这种模式需要不断加强品牌建设和品牌营销的专门化管理，以持久维护品牌的市场声誉。

8.产销对接型

这种模式的特征是产销双方根据生产实际和市场需求，签订产销合作协议。在产销合作协议中明确产品质量安全水平以及共同遵循的技术标准和双方的权利与义务。这种模式的特点是通过市场对接生产，直接推动农产品标准的实施。

第五节　加强农产品品牌建设

一、农产品品牌概述

（一）品牌的概念

品牌是制造商或经销商附加在商品上的识别标志。它由名称、名词、符号、象征、设计或它们的组合构成。品牌具有识别某个销售者或某群销售者的产品或劳务，并使之同竞争对手的产品和劳务区别开来的功能：品牌注册后形成商标，即获得法律保护拥有其专用权。一个著名品牌也是品质优异的体现，是一种精神象征，代表经营者价值理念。品牌的培养是一个长期的过程，也是不断创新的过程，品牌是给拥有者带来溢价，是商品增值的源泉，在激烈竞争的市场经济环境下，加强品牌建设与管理是一项战略性工作，是立于不败之地的基础工程。

（二）农产品品牌

农产品品牌是农产品经营者根据市场需求与当地资源以及产品特性，给自己的农产品命名的称谓，并配有相应的标志，是农产品之间相互区别的符号。农产品品牌创建是指农产品经营者根据市场需求与当地资源以及产品特性，给自己的产品设计一个富有个性化的品牌，并取得商标权，实行农业产业化经营，使品牌在经营过程中不断得到消费者的认可，树立品牌形象，扩大市场占有率，实现经营目标的一系列活动。

在人们生活水平日益提高的现代社会，人们购买农产品的动机呈现多样性，越来越依赖品牌辨别和选择农产品或服务，乃至借助于品牌表达自己的喜好。满足心理需求，体现自己的消费观念。而品牌创建者则希望借助于品牌影响力，传递品质承诺、价值理念、情感诉求等多重信息，满足目标市场消费者的喜好，赢得顾客的信赖和忠诚度，以谋求巩固和扩大市场占有率。为此，强化农产品品牌创建与管理的是农产品市场供求双方的共同需要，也是社会主义市场经济发展的根本要求。

（三）农产品品牌建设的作用

1.创建农产品品牌是农业产业化经营的必然要求

现代农业产业化有多种实现模式，但基本的要求是实现农业的产加销、贸工农一体化。通过延伸产业链和规模化经营、标准化生产实现农业增效，提高农业的技术装备和科技水平。在推进农业产业化经营的过程中，加强农产品品牌创建是一项不可或缺的战略任务。实施农产品品牌战略，不仅有助于提高生产经营者的管理素质和技术素质，加快技术进步，有助于优化农业资源配置，促进产业结构优化，还可以农产品品牌建设为突破口，改革传统生产方式和管理手段，合理利用和保护农业资源，实现发展经济、保护环境的可持续发展目标。

2.品牌化经营是农业产业化龙头企业做大做强的基础

现代农业产业化的发展主要依赖农业龙头企业的带动作用，而品牌化经营是农业龙头企业做强做大的前提条件。第一，农业龙头企业必须创建自己的品牌，并逐步塑造品牌的形象，才能赢得消费者的信任，打动消费者的购买情感，才能有稳定的市场，并逐步扩大市场占有率。第二，创建农产品品牌必然以农产品"质量"为核心，按照品牌的质量标准组织生产、优化品种、提高质量、精深加工、精美包装，从而能树立品牌形象和信誉。第三，农产品品牌化经营的目标是提高农产品的附加值，而且品牌的价值就在于它可以稳定商品的市场价位和创造新的价值。实行品牌化经营可以使现代农业产业化项目的经济效益稳步上升，资产不断升值。

3.农产品品牌化有助于增强现代农业产业化项目市场竞争力

随着我国进入中等发达国家的行列，人们的购买力水平大幅提升，消费者开始逐渐青睐品牌农产品，农产品销售的竞争将进入"品牌时代"。实施农产品品牌战略，不仅可以通过农产品的整体品牌形象，充分展示农产品的特色，扩大农产品的销量，走

"以质量求生存、靠品牌抢市场"的发展之路。同时，品牌农产品以企业信誉作担保，以品牌作为质量标志，给消费者提供品质上的保证，降低消费者的购买风险。此外，品牌可以作为质量之外的风味、口感等指标的选择标准，增加产品的顾客让渡价值，培养大批忠于品牌的消费者。通过品牌建设赢得购买者的信赖，赢得市场，可以让农业产业化项目具有立于不败之地的市场竞争力。

4.农产品品牌化有助于农业增效和保障农民收入

促进农业增效和农民增收是推进农业产业化经营的主要目的。农业产业化的实践证明，农产品品牌建设是实现农业增效和农民增收的长久之计。一方面，产业化农产品以品牌的鲜明特征进入市场。有利于建立长期稳定的销售渠道和网络，并建立有效的市场沟通协调机制，不仅能使农产品生产者与农产品市场保持较快的信息沟通，以适应市场的变化，而且长期稳定的销售渠道和网络有助于保持农产品销售量的稳定，还可以发展订单式农产品，有效规避农产品的市场风险；另一方面，农产品常常因为供求关系的周期性变化，导致价格的大起大落，出现增产不增收的现象，而品牌农产品可以在一定程度上抵御这种市场风险，防止农产品价格出现大幅波动，保持农产品价格的基本稳定。此外，品牌农产品具有更高的附加值和溢出效益，有利于实现农业企业增效和保障农民增收。

现代农业产业化、品牌化经营是农业企业化、规模化和集约化经营，通过农业产业化龙头企业的带动，实行一村一品，一乡一业的专业化生产、规模经营、区域化布局、社会化服务，采取贸、工、农相衔接，种养相协调，产供销一条龙经营模式，形成龙头企业带基地、带农户的经营管理体制和运行机制，形成大市场、大流通和大产业的现代农业产业化布局。农业产业化+农产品品牌化，可以让农产品外具形象，内具质量，形成拳头产品，立于市场不败之地，使农业经营者获得长期稳定的收益，不断促进农业的扩大再生产。

二、农产品品牌建设存在的问题

1.农产品品牌意识淡薄

我国各地农产品丰富，具有地方特色的名、优、特农产品和"老字号"农产品数量众多，但许多农产品的生产者品牌意识不强，甚至没有品牌意识，没有意识到这些传统优势农产品所蕴含的巨大经济潜力，没有认清品牌在提升农产品档次、提高市场竞争力和市场价值方面的巨大作用，没有把品牌看作是影响自身长期发展的资源，而认为品名、商标、标志等品牌要素是外在形式，没有意识到品牌是生产者和产品走向广阔市场和获得消费者广泛认知的通行证，以致诸多名、优、特农产品尚无品牌，在市场上没有"名分"，与一些不同品质的农产品在市场上鱼目混珠，丧失市场销售的优势定位。

2.对农产品品牌的内涵建设重视不够

我国地域辽阔，自然条件、自然资源差别较大，形成农产品的形态、营养成分、口感的区域差异，这些差异实际上是农产品不可多得的品种资源，目前一些农产品生产者在农业发展项目中没有很好地依托区域优势资源，发展特色地区农业。在创建农产品品牌时，没有注入地方特色品种和产业文化，丰富农产品的文化底蕴，忽视了农产品品牌文化内涵的研究挖掘和建设深化。

3.品牌营销手段缺乏

我国农产品品牌的营销手段与国外农产品品牌的营销手段有较大差距。品牌所有者的品牌营销意识淡薄、手段缺乏，导致品牌的认知度低，销售增值乏力，品牌价值提升的空间有限，在激烈的市场竞争中很容易被竞争对手抢占先机。

品牌营销的手段多种多样，一个成熟的品牌，必定是公关、事件、媒体等多种营销方法的集合。以综合运用产品的独特设计、广告的新颖创新、媒体的恰当传播、最佳的投入时机、个性化的包装装潢，形成强有力的品牌营销组合手段，不断塑造品牌的活力。让品牌能跨越生命周期永葆青春。品牌承载着消费者的心理认同与归属感，以品牌营销为基础形成的市场知名度和美誉度，是产品和消费者之间沟通的桥梁，是抢占更多市场份额，实现销售持续增长的独门武器。

4.农产品品牌质量和信任度不高

质量是产品的生命线，农产品也不例外。产品质量是树立农产品品牌形象的根基，是赢得消费者信任的主要原因，这两个因素直接影响和决定着重复购买行为，影响着品牌的认知和传播。而目前，有些农产品的质量与品牌质量不相符合，参差不齐、品质的稳定性较差，导致消费者对品牌标志的真伪以及是否符合质量安全标准产生怀疑，降低了消费者对品牌的信任。

5.政府对农产品品牌的引导和扶持政策落实不够

许多地方政府对农产品品牌建设给予了高度关注，制定了一些地方性的政策和指导性意见，但有些措施没有落到实处，农产品品牌建设缺少专业人才，缺少专业化的社会服务组织，也没有加强这方面的专业培训，导致品牌建设在品牌策划、品牌推广等方面存在一些问题，而政府和相关职能机构在这些方面尚存在缺位现象，引导的作用没有发挥出来，扶持政策具体落实不够。

三、加强农产品品牌建设的对策

当前，我国农业产业化正处在加速发展的进程中，在市场竞争日益加剧的现实背景下，实施农产品品牌战略是农业企业和生产者的现实选择。现针对目前农产品品牌建设中存在的一些典型问题，提出以下对策和措施。

1.强化品牌意识，找准品牌定位

品牌是商品及其生产者或者经营者的标志和形象信誉的表现。农业产业化龙头企业必须强化品牌意识，充分认识到品牌在市场竞争和企业发展中的巨大作用。树立强烈的品牌意识是实施品牌战略的基础，品牌创建的成功与否取决于企业家和管理层的品牌意识如何，决定了品牌战略的制定与实施，关系到品牌建设的力度和深度。同时，在制定品牌战略时，很关键的是要选准品牌的市场定位，从占领目标市场出发，瞄准和抓住目标市场购买者的消费心理。农业产业化龙头企业和生产者要通过分析市场消费趋势和竞争态势，选择能发挥自身优势的策略，为自己的品牌在市场上选准一个明确的、符合消费需求的、有别于竞争对手的品牌定位。

2.依托优势资源，发展特色农业

农产品生产受到自然条件的深刻影响。由于不同地域的自然条件、优势资源和种植习惯的差异，形成了农产品的区域特色和比较优势，进而可以在市场上转化为市场优势。因此，在发展农业项目中要充分依托并整合区域优势资源，发展特色农业，培育主导产业，使其形成规模和特殊品质；在创建农产品品牌时，也要挖掘利用好地方的历史、文化、人文等资源，把地方特色文化元素注入其中，丰富农产品的文化底蕴，提升品牌的文化品位，使消费者在获得物质享受的同时，也获得精神文化上的享受。

3.融合农产品销售渠道和品牌传播渠道

品牌影响力的扩大与和产品销售在方向、目标、渠道等方面存在着高度的一致性。为此，要积极探索农产品销售渠道和品牌传播渠道的融合，不断创新农产品分销传播推渠道，进一步拓展"农一超"对接、直销专卖、订单营销、网络营销、农产品会展、观光农业和知识营销等渠道，扩张农产品品牌传播空间。要迎合网络直销的发展趋势，建设好网上销售平台，减少农产品的中间流通环节，提高流通效率，降低流通成本，形成价格优势。使农产品以较快的流通速度和具有优势的价格直接呈现给广大的消费者，更快更有针对性地把农产品及其品牌信息广泛地传播。同时，要加强农产品的质量管理和物流管理，保证农产品的质量安全，保障产品的及时供应，保护好品牌的声誉。

4.建设好品牌农产品的质量标准体系

建设好品牌农产品的质量标准体系，有利于加强品牌农产品的质量管理，保障农产品的质量、档次和安全性，从而获得较高的品牌知名度和美誉度，提高品牌农产品的社会信任度。建立品牌农产品质量标准体系，就是以质量为中心，以市场为导向，以科技为动力，以生产为基础，以农产品的等级制度为重点，建立农产品生产、加工、储藏、销售全过程及生产作业环境和安全控制等方面的标准体系，把农业生产的产前、产中、产后各环节纳入标准化管理，逐步形成与行业、国家、国际相配套的标准体系。农业产业化龙头企业应当树立强烈的质量意识，把品牌建设与质量标准管理结合起来，严格按照质量标准体系管理整个产业链，从根本上保证农产品的质量和安全，赢得消费者的信赖。

5.加强政府引导，落实好扶持政策

政府部门要积极介入当地农产品的品牌建设，作为惠农、强农的具体措施。采取政策鼓励、宣传倡导、财政补贴、产品评比等方式营造良好的品牌建设氛围。与此同时，政府还应在管辖区域内，积极传递市场信息，整合传播媒体资源，协助农业龙头企业或农业经营主体进行品牌宣传和公共关系活动，要积极培育能够服务品牌建设的专业化社会组织，提供品牌建设的各类专项服务，加强品牌建设专业知识培训和专家指导。除此之外，政府部门要加强农产品的安全检测，加强农产品安全质量执法的严肃性和公正性，提高农产品品牌的公信力。

第四章　实施乡村建设行动

第一节　完善乡村基础设施

继续把基础设施建设重点放在农村，持续加大投入力度，加快补齐农村基础设施短板，促进城乡基础设施互联互通，推动农村基础设施提档升级。

一、改善农村交通物流设施条件

以示范县为载体全面推进"四好农村路"建设，深化农村公路管理养护体制改革，健全管理养护长效机制，完善安全防护设施，保障农村地区基本出行条件。推动城市公共交通线路向城市周边延伸，鼓励发展镇村公交，实现具备条件的建制村全部通客车。加大对革命老区、民族地区、边疆地区、贫困地区铁路公益性运输的支持力度，继续开好"慢火车"。加快构建农村物流基础设施骨干网络，鼓励商贸、邮政、快递、供销、运输等企业加大在农村地区的设施网络布局。加快完善农村物流基础设施末端网络，鼓励有条件的地区建设面向农村地区的共同配送中心。

二、加强农村水利基础设施网络建设

构建大中小微结合、骨干和田间衔接、长期发挥效益的农村水利基础设施网络，着力提高节水供水和防洪减灾能力。科学有序推进重大水利工程建设，加强灾后水利薄弱环节建设，统筹推进中小型水源工程和抗旱应急能力建设。巩固提升农村饮水安全保障水平，开展大中型灌区续建配套节水改造与现代化建设。有序新建一批节水型、生态型灌区，实施大中型灌排泵站更新改造。推进小型农田水利设施达标提质，实施水系连通和河塘清淤整治等工程建设。推进智慧水利建设。深化农村水利工程产权制度与管理体制改革，健全基层水利服务体系，促进工程长期良性运行。

三、构建农村现代能源体系

优化农村能源供给结构，大力发展太阳能、浅层地热能、生物质能等，因地制宜开发利用水能和风能。完善农村能源基础设施网络，加快新一轮农村电网升级改造，推动供气设施向农村延伸。加快推进生物质热电联产、生物质供热、规模化生物质天然气和规模化大型沼气等燃料清洁化工程。推进农村能源消费升级，大幅提高电能在农村能源消费中的比重，加快实施北方农村地区冬季清洁取暖，积极稳妥推进做煤替代。推广农村绿色节能建筑和农用节能技术、产品。大力发展"互联网+"智慧能源，探索建设农村能源革命示范区。

四、夯实乡村信息化基础

深化电信普遍服务，加快农村地区宽带网络和第四代移动通信网络覆盖步伐。实施新一代信息基础设施建设工程。实施数字乡村战略，加快物联网、地理信息、智能设备等现代信息技术与农村生产生活的全面深度融合。深化农业农村大数据创新应用，推广远程教育、远程医疗、金融服务进村等信息服务，建立空间化、智能化的新型农村统计信息系统。在乡村信息化基础设施建设过程中，同步规划、同步建设、同步实施网络安全工作。

第二节　改善农村人居环境

一、村庄整体规划

好的村庄规划，是凝固的艺术、历史的画卷。整治村容村貌，要坚持规划先行，从各地的实际出发，通过精心的规划设计，切实提高村庄布局水平、村落规划水平和民居设计水平，避免把村庄建成"夹皮沟"，把村落建成"军营式"，把民居建成"火柴盒"。农村就是要像农村，规划建设村庄，要依山就势、傍河就景、错落有致，与自然山水融为一体，体现生态田园风光。

民居的外在风貌要有地域和民族特色，彰显农村蓬勃生机，内部功能要现代实用，有利于群众享受现代文明生活。有条件的地方，民居设计要前庭后院，建设"微田园"，既满足群众发展种养副业的需要。又彰显鸡犬之声相闻的农家情趣。

农村规划建设要做到"产村相融",与产业发展相配套,村庄布局、村落规划、基础设施建设、民居功能设计等方面,都要有利于发展生产,提高农村的承载能力、服务能力和发展能力,帮助农民增收致富。

二、乡村道路规划

乡村道路系统是以乡村现状、发展规划、交通流量为基础,并结合地形、地貌、环境保护、地面水的排除、各种工程管线等,因地制宜地规划布置。规划道路系统时,应使所有道路分工明确,主次清晰,以组成一个高效、合理的交通体系,并应符合下列要求。

1.安全

为了防止行车事故的发生,汽车专用公路和一般公路中的二、三级公路不宜从村的中心内部穿过;连接车站、码头、工厂、仓库等货运为主的道路,不应穿越村庄公共中心地段。农村内的建筑物距公路两侧不应小于30米;位于文化娱乐、商业服务等大型公共建筑前的路段,应规划人流集散场地、绿地和停车场。停车场面积按不同的交通工具进行划分确定。汽车或农用货车每个停车位宜为 25~30 平方米;电动车、摩托车每个停车位为 2.5~2.7平方米;自行车每个停车位为 1.5~1.8 平方米。

2.灵活运用地理条件,合理规划道路网走向

道路网规划指的是在交通规划基础上,对道路网的干、支道路的路线位置、技术等级、方案比较、投资效益和实现期限的测算等的系统规划工作。对于河网地区的道路宜平行或垂直干河道布局。跨越河道上的桥梁,则应满足通航净空的要求;山区乡村的主要道路宜平行等高线设置,并能满足山洪的泄流;在地形起伏较大的乡村,应视地面自然坡度大小,对道路的横断面组合做出经济合理的安排,并且主干道走向宜与等高线接近于平行布置;地形高差特大的地区,宜设置人、车分开的道路系统;为避免行人在"之"字形支路上盘旋行走,应在垂直等高线上修建人行梯道。

3.科学规划道路网形式

在规划道路网时,道路网节点上相交的道路条数,不得超过 5条;道路垂直相交的最小夹角不应小于45°。道路网形式一般为方格网式、环形放射式、自由式和混合式4类。

三、乡村住宅功能布局

根据乡村住宅类型多样、住宅人数偏多、住户结构复杂等特点，住宅设计重点应落在功能布局上。主要应注意以下 6 个方面。

1.合理规划房间

根据常住户的规模，有一代户、两代户、三代户及四代户。一般两代户与三代户较多，人口多在3~6口。这样基本功能空间就要有门斗、起居室、餐厅卧室、厨房、浴室、储藏室，并且还应有附加的杂屋、厕所、晒台等功能，而套型应为一户一套或一户两套。当为3~4口人时，应设2~3个卧室；当为4~6 口人时，应设3~6个卧室。如果住户为从事工商业者，还可根据实际情况进行增加。

2.确保生产与生活区分开

凡是对人居生活有影响的，均要拒之于住宅乃至住区以外，确保家居环境不受污染。

3.做到内与外区分

由户内到户外，必须有一个更衣换鞋的户内外过渡空间；并且客厅、客房及客流路线应尽量避开家庭内部的生活领域。

4.做到"公"与"私"的区分

在一个家庭住宅中，所谓"公"，就是全家人共同活动的空间，如客厅；所谓"私"，就是每个人的卧室。公私区分，就是公共活动的起居室、餐厅、过道等，应与每个人私密性强的卧室相分离。在这种情况下，基本上也就做到了"静"与"动"的区分。

5.做到"洁"与"污"的区分

这种区分也就是基本功能与附加功能的区分。如做饭烹调、燃料农具、洗涤便溺、杂物储藏、禽舍畜圈等均应远离清洁区。

6.做到生理分居

一般情况下，5岁以上的儿童应与父母分寝；7岁以上的异性儿童应分寝；10岁以上的异性少儿应分室；16 岁以上的青少年应有自己的专用卧室。

四、农村垃圾分类处理

1. 垃圾分类的概念和意义

垃圾分类是指按照一定的规定或标准将垃圾分类储存。分类投放和分类搬运，从而转变成公共资源的一系列活动。它的目的是提高垃圾的资源价值和经济价值，力争物尽其用。

垃圾分类是一种可持续的经济发展和生态保护模式，具有社会、经济、生态3方面的效益。近年来，随着经济社会的快速发展，人民生活水平不断提升，垃圾数量也与日俱增，给生态环境、财政支付等都带来了很大压力。推进农村生活垃圾分类处置已到了刻不容缓的地步。

2.常见的农村垃圾

常见的农村垃圾有3类：可回收利用垃圾、可堆肥垃圾、不可降解垃圾或有害垃圾。

（1）可回收利用垃圾。可回收利用垃圾由民间废品回收公司回收。包括如下内容。

废纸系列：报纸、书本纸、外包装用纸、办公用纸、广告用纸、纸盒、作业本、草稿纸等。

废塑料系列：农膜、各种塑料袋、塑料泡沫、塑料包装、一次性塑料餐盒、牙刷、塑料杯子、饮料瓶、矿泉水瓶、洗发水瓶、洗洁精瓶、牙膏袋等。

废金属系列：易拉罐、铁皮罐头盒等。

废玻璃系列：玻璃瓶和碎玻璃片、镜子、罐头瓶、啤酒瓶、墨水瓶等。

废橡胶系列：橡胶鞋、单车胎、摩托车胎等。

废衣料系列：废弃衣服、毛巾、书包、布鞋等。

其他：纤维袋、纤维布等。

（2）可堆肥垃圾。可堆沤垃圾由保洁员督促农户就地分散，采取堆肥或填埋处置。包括：瓜果皮、废菜叶、藕煤渣、食物残渣、鸡鸭毛和禽鱼动物内脏等。

（3）不可降解垃圾或有害垃圾。不可降解垃圾和有害垃圾由合作社向农户购买，特指3类：废农药瓶、废电池、废塑料制品。

3.常见的垃圾分类方法

垃圾分类方法很多。具体到农村地区，初期阶段，可以简单分成"可烂的"厨余垃圾和"不可烂的"其他垃圾，这样村民易于理解和接受。

五、生活污水处理模式

根据我国农村基本国情，生活污水处理大致形成3种模式，即分散处理模式、村落集中处理模式和纳入城镇排水管网模式。

1.分散处理模式

分散处理模式，即单户或几户，采用小型污水处理设备或自然处理形式处理生活污水，其适用于人口密度稀少、地形条件复杂、污水不易集中收集的村庄污水处理。目前，庭院式分散处理—街道式局部集中就地处理采用较多。

2.村落集中处理模式

我国提出"连片治理"模式，连片村庄有如下3种形式。

（1）对地域空间相连的多个村庄，通过采取措施实施综合治理。

（2）围绕同类环境问题或相同环境敏感目标，对地域上互不相连的多个村庄进行同步治理。

（3）通过建设集中的大型污染防治设施，利用其辐射作用，解决周边村庄的环境问题。该模式适用于污水排放量较大、人口密度大、远离城镇的地区。该处理模式，与污水处理站类似，通常采用生物与生态组合处理等工艺形式。

3.纳入城镇排水管网模式

城镇近郊区的农村，经济条件较好，能直接接人市政污水管道的生活污水，可选择纳入城镇污水管网，进行统一集中处理。该方法具有投资省、施工周期短、见效快和统一管理方便等优点。

因此，应根据村庄所处地域、人口规模、聚集程度、地形地貌、排水特点及排放要求，结合当地经济承受能力等，采用适宜的污水收集和处理模式进行农村生活污水处理。

靠近城市的城镇或村庄生活污水可以并入城市集中式污水处理厂，远离城市的村庄因其独立性和分散性等特点，可以灵活组合生物+生态处理技术，如"化粪池+潜流式人工湿地"工艺的庭院式污水处理技术或"强化一级处理+生物处理+人工强化生态净化"工艺的分散式处理技术等。

第三节 明确宅基地"三权"分置形式

农村土地制度改革中，农村宅基地改革最为独特、最为敏感，触及深层次矛盾和重大利益调整。探索宅基地所有权、资格权、使用权"三权分置"改革，是乡村振兴的重要内容。

一、落实宅基地集体所有权

"三权分置"体系中的"集体所有权"，是指农村集体组织依法对宅基地拥有占有权、管理权、使用权、收益权和处置权等权能。从理论上讲，农村宅基地集体所有权是农村集体组织的"成员集体"所享有的权利，但是成员集体并不是一个法律"组织"，只是一个抽象的、没有法律人格意义、全体农民的集合群体，因而实践上该权利由农村集体经济组织或者村民委员会代表集体行使。坚持农村宅基地集体所有，是整个农村土地制度改革不可逾越的底线，必须长期坚持毫不动摇。

落实农村宅基地集体所有权，以确保农户及相关主体合理有效使用宅基地，主要体现在以下5 个方面。

一是农村集体组织依法发包给其成员宅基地资格权，保障农户都能够享受基本的生活居住权益。这是宅基地集体所有的逻辑起点和价值所在。

二是严格坚持"一户一宅"制度，农村集体组织有权收回农户多占的宅基地，不愿退出多占宅基地的农户要向村集体缴纳宅基地使用费，以确保农村宅基地的公平使用。

三是凡农户自愿放弃农村宅基地资格权的，必须将宅基地退回农村集体组织，农村集体组织可依法有偿收回：以其他形式流转宅基地使用权的，应当向农村集体组织备案，切实保障农村宅基地的规范使用。

四是对于重新收回的农村宅基地，农村集体组织有权将其重新发包给未获得宅基地使用权的集体成员，也可以自行开发、入股、租赁、抵押等形式放活集中连片的宅基地使用权，确保宅基地的高效使用。

五是涉及农村宅基地所有权、农户资格权等重大事项调整的，必须实行农村集体组织成员大会或者村民代表会议等议事决策程序，切实保障农村集体组织成员的知情权、参与权、决策权、监督权。

二、保障宅基地农户资格权

"三权分置"体系中的"农户宅基地资格权"，是基于农户作为农村集体组织成员所获得的宅基地资格权利，本质上属于一种组织成员福利权，只有农村集体组织成员才拥有宅基地资格权，具有典型的社区封闭性、身份依附性和不可交易性。当农户将户籍迁入农村集体组织时，自动获得宅基地资格权；当农户将户籍迁出农村集体组织时，宅基地资格权也自动消失；任何组织和个人无法通过买卖方式获得宅基地资格权。

保障农户宅基地资格权应该重点关注以下4个问题。

一是从理论上讲，农村集体组织成员平等享受宅基地资格权，然而实践上农户获得宅基地资格权，并不意味着也能够相应获得宅基地使用权。当农村集体组织所拥有的宅基地已经分配完毕后，后来加入农村集体组织的农户虽然自动获得宅基地资格权，但是已经无法获得宅基地使用权。他们或者等待其他农户退回宅基地使用权，或者以继承的方式获得宅基地使用权。

二是只拥有宅基地资格权而没有宅基地使用权的农户，与其他拥有宅基地资格权和使用权的农户一样，可以平等享受农村集体组织将宅基地使用权用于其他经济用途所产生的收益。

三是农户可以依法自愿或以有偿等方式，将宅基地使用权退给农村集体组织，但这并不影响农户的宅基地资格权，将来农户仍然可以向农村集体组织提出申请，重新配给或者赎回宅基地使用权。

四是要严格界定农村宅基地资格权依据，既要避免非农村集体组织成员非法取得宅基地资格权，又要切实保障农村集体组织成员的宅基地资格权益，任何组织和个人不能强制剥夺农户的宅基地资格权。

三、放活宅基地使用权

"三权分置"体系中的"宅基地使用权"，是指农村集体组织成员依法享有的宅基地占有权、使用权、收益权和一定条件下的处分权。

在当前乡村振兴战略深入推进的大背景下，要通过深化农村宅基地产权制度改革，全面放活宅基地使用权，挖掘乡村多重价值和功能，构建乡村价值输出体系，促进城乡资源双向流动，将乡村建设成为百花齐放、剧目丰富的大舞台。

一是整合利用宅基地改革、村庄整治等所节约的建设用地，建设一批综合性、活态化的乡土博物馆，集中搜集农业生产用具、生产生活遗物遗迹，保护和传承农耕和民俗文化，加快推进乡村记忆工程。

二是利用乡村独特的自然山水、乡土风情、生态宜居等优势，吸引热爱民间艺术的文艺工作者来乡村采风创作，打造一批影视村、摄影村、民俗村、画家村、茶道村等艺术旅游村，让文创激活乡村、艺术唤醒乡土，为乡村振兴插上艺术的翅膀。

三是结合下乡返乡创新创业等政策，推进乡村振兴创业创新创客工程，培育壮大农村创客队伍，为乡村振兴提供"动力源"。

四是以土地入股、联营等方式积极探索引入社会资本，利用企业运作模式进行经营管理。重点是以"旅游+""生态+"等模式，推进农村宅基地改革与旅游、文化、教育、康养、体育等深度融合，使之成为设施完备、功能多样的休闲观光园区、森林人家、康养基地、乡村民宿、渔夫垂钓、旅游小镇、田园综合体等新产业新业态，有序推动城市资源向农村流动。同时，要探索将农村宅基地纳入集体经营性建设用地入市范围，构建农村集体建设用地与国有建设用地同平台、同规则并轨运行的市场交易体系，确保农村集体组织及其成员长久享有宅基地入市的收益。

第四节　深化农村集体产权制度改革

农村集体产权制度改革是一项管全局、着长远、治根本的重大改革，是实施乡村振兴战略的重要制度支撑。

一、完善农村集体资产股份权能

切实赋予农民集体资产股份权能是农村集体产权制度改革的核心内容。从试点情况来看，农村集体资产股份权能改革对农业农村发展及农民增收发挥了重要的推动作用，形成了良好的经济社会效应。《中华人民共和国民法总则》明确赋予了农村集体经济组织特别法人地位。为此，在"还权于民"基本实现的基础上，还需在"赋能于民"上多下功夫。一要加快推进《农村集体经济组织法》立法进程，妥善处理农村集体经济组织成员资格认定过程中存在的矛盾和问题，使农村集体成员资格认定于法有据、有法可依。重点关注"外嫁女""嫁城女""农转非""入赘婿"等特殊人群的成员资格认定和权益保障，既要防止"两头占"，也要避免"两头落空"。二要开展多元化的集体资产股权设置模式（如基本股、土地股、贡献股、资金股、奖励股、老龄股等），赋予农村集体成员对集体资产股份的收益权和分配权权能，因地制宜地选择股权管理模式，在起点公平的基础上兼顾效率。三要健全和完善集体资产股份的价值评估机制，适当调整相关法律法规对集体资产股份抵押权担保的限制性规定，开展农村集体资产产权、股权的抵押、担保及有偿退出，最大程度提升农村集体成员财产权能农村集体资产股份的转让和有偿退出不可突破社区边界，抵押融资及担保应加强规范化管理。

二、推进经营性资产股份合作制改革

经营性资产股份合作制改革是农村集体产权制度改革的重点内容。近年来，一些地方集体经济蓬勃发展，形成了数额较大的经营性资产，但是未能明晰归属、充分赋能、盘活整合，制约了农村集体经济的长远发展。经营性资产股份合作制尚处于初步阶段，需进一步规范程序、完善治理、扩大试点范围。

一要重点抓好清产核资和股份合作制改革两个关键环节。在清产核资的基础上，将集体经营性资产折股量化到人、确权到户，发展多种形式股份合作，构建集体经营性资产保值增值和集体成员财产权益联结机制，让集体成员共享经营性资产收益。

二要完善治理机制，延伸改革效能。对于改革后的新型集体经济组织，要厘清与村民委员会的职责功能和权责关系，依法依规、民主决策，制定组织章程及管理办法，建立健全股东大会、理事会、监事会等组织机构和运行机制。

三要扩大改革覆盖面。将试点范围从集体资产相对较多的城中村、城郊村和经济发达村等地区，逐步推广到村里有资产、群众有意愿的村。对于无经营性资产或经营性资产较少的村，应认真做好清产核资、界定成员等工作，为日后开展改革做好准备。

三、加强农村集体资产管理

坚持政府监督和民主监督相结合的原则，以村级集体资产保值增值为目标，以改革为手段，加强农村集体资产、资源、资金管理。

一是切实维护农村集体经济组织和成员的权益，将村级负担纳入农民负担的监督管理范围，严格规定任何单位、任何组织不得向村级摊派、捐助、赞助，村级集体经济组织也不得为任何单位进行担保。

二是严格落实村级零招待（特别是行政接待零招待）、村级报刊订阅限额制度，制订村干部补助、出差住勤、会议开支、村民误工补贴等非生产性开支的范围与标准。

三是完善村级会计委托代理制，严格执行村务监督委员会民主监督制度，全面实行村级财务公开、落实村级项目招投标制度，加强对村级收支的审计监督。

四是推进农村集体经济组织股份合作制改革，加强清产核资，通过民主程序科学设定每个成员的股权，由村集体经济组织发放股权证，作为享受村级集体资产经营收益分配的依据。

五是完善内部治理机制，将农村集体经济组织的名称变更为村股份经济合作社，选举产生村股份经济合作社董事会、监事会。向全体成员大会或成员代表会议负责。

第五节　健全农村金融体系

一、农村金融体系

我国农村金融体系是以商业性金融、政策性金融和合作性金融为主，民间金融为辅，但它们之间的功能既有重叠，又有空缺，使得金融体系存在一定的缺陷，因此，需要重新定位和调整。

1.加快推进中国农业银行股份制改革，继续促进农村经济发展

在尊重农村金融体系现实格局的前提下，应充分发挥中国农业银行在县城商业金融的基础作用。坚持农业银行的商业化改革方向，并通过改革进一步拓宽和增强农行的支农功能，巩固自身已取得的商业化改革成果，使其经营决策和金融服务贴近基层，贴近农村。

2.逐步调整邮政储蓄银行的业务范围

随着邮政储蓄银行内部控制和风险管理能力的提高，可以发挥在农村的网点优势。考虑从以下渠道解决邮政储蓄资金部分返回农村使用的问题：

一是通过邮政储蓄银行总行将邮政储蓄资金用于国家级大型涉农项目；

二是在县一级邮政储蓄银行开办小额质押贷款、保证贷款、小企业联保贷款业务;

三是开办担保公司担保类贷款;

四是与农村信用社合作，开办协议存款业务。

3.逐步健全农村政策金融

要改变目前农业发展银行只负责国家粮棉油收购贷款的格局，必须扩大其业务外延。进一步拓宽支农领域，逐步将支持重点由农产品流通领域转向农业生产领域。要严格界定政策性金融的业务边界，对农村的教育、卫生等有社会效益，但经济效益差的基础设施项目，需要财政的无偿投入;对农业开发等社会效益高而经济效益低、但回收有保障的项目，需要财政有偿投入，这是政策性金融应给予支持的领域。

4.调整并规范农村合作金融

坚持在自愿互利的基础上。按照通行的合作原则建立相互协作、互助互利的"合作性"资金融通机构，真正体现自愿性、互助共济性、民主管理性、非营利性。农村信用社要在坚持合作制改革基本方向的前提下，继续加大产权改革力度。完善法人治理结构。充分发挥农村信用社服务"三农"的主力军作用，进一步创新金融服务措施，推出更多的适合农民的、更为便捷的金融产品，满足农村对信贷资金的需求。

5.规范和发展民间金融

与正规金融相比，民间借贷具有灵活、简便、快速的优势。这些独特的优势，使民间借贷与正规金融形成了强烈的互补效应，成为我国金融体系中不可或缺的组成部分。但民间金融也会带来一系列负面影响，如缺乏法律约束、风险大、不稳定性、盲目性、非规范性等。所以国家要尽快制定"民间借贷法"等法律法规，明确其借贷最高额、利率，要求借贷双方向税务部门纳税、到公证机关进行公证，并对高额暴利行为予以打击、取缔，将这一传统的民间金融纳入法制化轨道。

此外，还应积极发展农业保险，发展农产品期货，建立农业生产风险规避机制等，从多发面共同建立一个与社会主义新农村建设相适应的农村金融体系。

二、金融信贷服务

综合运用税收、奖补等政策，鼓励金融机构创新产品和服务，加大对新型农业经营主体、农村产业融合发展的信贷支持。建立健全全国农业信贷担保体系。确保对从事粮食生产和农业适度规模经营的新型农业经营主体的农业信贷担保余额不得低于总担保规模的70%。支持龙头企业为其带动的农户、家庭农场和农民合作社提供货款担保。有条件的地方可建立市场化林权收储机构，为林业生产贷款提供林权收储担保的机构给予风险补偿。稳步推进农村承包土地经营权和农民住房财产权抵押贷款试点，探索开展粮食生产规模经营主体营销贷款和大型农机具融资租赁试点，积极推动厂房、生产大棚、渔船、大型农机具、农田水利设施产权抵押贷款和生产订单、农业保单融资。鼓励发展新型农村合作金融，稳步扩大农民合作社内部信用合作试点。建立新型农业经营主体生产经营直报系统，点对点对接信贷、保险和补贴等服务，探索建立新型农业经营主体信用评价体系，对符合条件的灵活确定贷款期限，简化审批流程，对正常生产经营、信用等级高的可以实行贷款优先等措施。积极引导互联网金融、产业资本依法依规开展农村金融服务。

三、专项资金补助

高效设施农业专项资金，重点补助新建、扩建高效农产品规模基地设施建设。

农业产业化龙头企业发展专项资金，重点补助农业产业化龙头企业及产业化扶贫龙头企业，对于扩大基地规模、实施技术改造、提高加工能力和水平的给予适当奖励。

外向型农业专项资金，重点补助新建、扩建出口农产品基地建设及出口农产品品牌培育。

农业三项工程资金。包括农产品流通、农产品品牌和农业产业化工程的扶持资金，重点是基因库建设。

农产品质量建设资金，重点补助新认定的无公害农产品产地、全程质量控制项目及无公害农产品、绿色、有机食品获证奖励。

农民专业合作组织发展资金，重点补助"四有"农民专业合作经济组织，即依据有关规定注册，具有符合"民办、民管、民享"原则的农民合作组织章程；有比较规范的财务管理制度，符合民主管理决策等规范要求；有比较健全的服务网络，能有效地为合作组织成员提供农业专业服务；合作组织成员原则上不少于 100 户，同时具有一定产业基础。鼓励他们扩大生产规模、提高农产品初加工能力等。

海洋渔业开发资金。重点补助特色高效海洋渔业开发。

丘陵山区农业开发资金，重点补助丘陵地区农业结构调整和基础设施建设。

四、财政贴息政策

财政贴息是政府提供的一种较为隐蔽的补贴形式，即政府代企业支付部分或全部贷款利息，其实质是向企业以成本价格提供补贴。财政贴息是政府为支持特定领域或区域发展，根据国家宏观经济形势和政策目标。对承贷企业的银行贷款利息给予的补贴。政府将加快农村信用担保体系建设，以财政贴息政策等相关方式，解决种养业"贷款难"问题。为鼓励项目建设，政府在财政资金安排方面给予倾斜和大力扶持。农业财政贴息主要有两种方式：一是财政将贴息资金直接拨付给受益农业企业；二是财政将贴息资金拨付给贷款银行，由贷款银行以政策性优惠利率向农业企业提供贷款。为实施农业产业化提升行动，对于成长性好、带动力强的龙头企业给予财政贴息，支持龙头企业跨区域经营，促进优势产业集群发展。中央和地方财政增加农业产业化专项资金，支持龙头企业开展技术研发、节能减排和基地建设等。同时探索采取建立担保基金、担保公司等方式，解决龙头企业融资难的问题。此外，为配合各种补贴政策的实施，各个省和市同时出台了较多的惠农政策。

五、小额贷款政策

为促进农业发展，帮助农民致富，金融部门把扶持"高产、优质、高效"农业、帮助农民增收项目作为重点，加大小额贷款支农力度。明确要求基层信用社必须把65%的新增贷款用于支持农业生产，支持面不低于农村总户数的 25%，还对涉及小额信贷的致富项目、在原有贷款利率的基础上、下浮30%的贷款利率。

六、财政支持建立全国农业信贷担保体系政策

财政部、农业部、银监会联合下发《关于财政支持建立农业信贷担保体系的指导意见》（财农【2015】121号），提出力争用3 年时间建立健全具有中国特色、覆盖全国的农业信贷担保体系框架，为农业尤其是粮食适度规模经营的新型经营主体提供信贷担保服务，切实解决农业发展中的"融资难""融资贵"的问题，支持新型经营主体做大做强，促进粮食稳定发展和农业现代化建设。

全国农业信贷担保体系主要包括国家农业信贷担保联盟、省级农业信贷担保机构和市、县农业信贷担保机构。中央财政利用粮食适度规模经营资金对地方建立农业信贷担保体系提供资金支持，并在政策上给予指导。财政出资建立的农业信贷担保机构必须坚持政策性、专注性和独立性，应优先满足从事粮食适度规模经营的各类新型经营主体的需要。对新型经营主体的农业信贷担保余额不得低于总担保规模的 70%。在

业务范围上，可以对新型经营主体开展粮食生产经营的信贷提供担保服务，包括基础设施、扩大和改进生产、引进新技术、市场开拓与品牌建设、土地长期租赁、流动资金等方面，还可以逐步向农业其他领域拓展，并向与农业直接相关的二三产业延伸，促进农村一二三产业融合发展。

第五章　深化农村改革

第一节　深化农村土地制度改革

实行以家庭承包经营为基础、统分结合的双层经营体制，是以公有制为基础、多种所有制共同发展的中国特色社会主义基本经济制度的客观要求，是由农业生产的特点和生产力水平决定的，也是世界各国农业发展的共同经验，更是我国农业发展正反两方面实践得出的基本结论。

一、实行以家庭承包为基础的土地承包制

在人民公社体制下，农民没有生产经营自主权，农民的劳动付出与其在土地上的产出无法直接挂钩而导致"大锅饭"、内部监督费用高的问题，阻碍了农业生产力的发展。在各地普遍实行包产到户、包干到户的基础上，1983 年中央一号文件《当前农村经济政策的若干问题》提出，要对人民公社体制进行改革：一是实行生产责任制，特别是联产承包责任制；二是实行政社分设。至此，人民公社体制解体，取而代之的是以土地承包经营为核心的家庭联产承包经营责任制。

第一轮土地承包期限为 15年。家庭承包制是广大农民群众的实践创造，刚开始由于没有统一规定承包期，期限一般为2~3 年。因承包期短，农民对承包的土地缺乏稳定感，不敢对土地进行持续投入，出现了对土地的掠夺性经营。为了解决这一问题，1984年中央一号文件指出，土地承包期一般应在15年以上。在延长承包期前，群众有要求调整的，可以本着"大稳定、小调整"的原则，经过充分协商，由集体统一调整。1990年12月，中共中央、国务院在《关于1991年农业和农村工作的通知》中指出："只要承包办法基本合理，群众基本满意，就不要变动。"

第二轮土地承包期再延长30年。1993 年11月，中共中央、国务院在《关于当前农业和农村经济发展的若干政策措施》中指出，在原定的承包期到期后，再延长30年不变。提倡在承包期内实行"增人不增地，减人不减地"的办法。1997 年，中共中央办公厅、国务院办公厅在《关于进一步稳定和完善农村土地承包关系的通知》中指出，土地承包期再延长30年，是在第一轮土地承包的基础上进行的。开展延长土地承包期工作，要使绝大多数农户原有的承包土地继续保持稳定。不能将原来的承包地打乱重新发包，更不能随意打破原生产队土地所有权的界限，在全村范围内平均承包。要及时向农户颁发由县或县级以上人民政府统一印制的土地承包经营权证书。1998.年10月党的十五届三中全会将家庭联产承包经营改为家庭承包经营，取消了"联产"两字，并指出，家庭承包制是农业生产特点决定的，不仅适应目前的生产力发展水平，农村生产力发展水平提高以后也适应。

2002年8月，全国人民代表大会常务委员会会议通过、中华人民共和国主席令（第73号）颁布了《中华人民共和国农村土地承包法》（以下简称《农村土地承包法》），至此，我国集体所有制前提下的家庭承包制制度完全确立，并成为农村的基本经营制度、党的农村政策的基石。随后，全国各地根据《农村土地承包法》的规定，对一些不符合法律规定的做法进行了完善。

党的十九大提出，第二轮土地承包到期后再延长 30年。这是保持土地承包关系长久不变的重大举措，顺应了亿万农民保留土地承包权、流转土地经营权的期待，给农民吃下了长效的"定心丸"，进一步夯实了实施乡村振兴战略的制度基础。

二、土地承包方式及其保护

《农村土地承包法》规定，农村集体土地承包的当事人、合同期限、权利和义务都由国家法律规定。承包方式主要有家庭承包和其他方式承包两种。家庭承包方式主要针对耕地、草地和山林，发包方是村集体经济组织（一些集体经济组织建设不健全的地方由村民委员会代行发包方职责），坚持以家庭为单元、户户平等承包的原则。承包方限于本集体经济组织内的农户，其他集体经济组织的农户或人员不得承包。每一个农户根据家庭人口、劳动力数量、土地级差等情况承包数量、地块不一的土地。第一轮的承包期限为15 年，第二轮的承包期限，耕地为 30年，草地为30~50年，林地为30~70年。

其他承包方式主要针对村内除耕地、林地、草地外的其他面积不大的土地，如果园、茶园、鱼塘或者荒山、荒地、荒滩、荒溪等，实践中也叫专业承包。其他承包方式坚持效率优先、兼顾公平的原则，一般采用招标、拍卖、公开协商来确定承包对象，一般谁出的承包费多就由谁来承包。承包对象不一定局限于本集体经济组织内的人，但在同等条件下，本集体经济组织内的人优先承包。承包期可长可短，比较灵活。

土地承包经营权的保护。国家法律和政策对农民的土地承包经营权实行严格保护。

一是坚持农村土地的集体所有制不动摇。无论农村土地制度怎么改革，都不得否定农村土地的集体所有制，不得平调不同集体所有的土地实行平均承包，不得买卖农村集体土地。

二是在承包期内，发包方不得收回农民的承包地、不得调整农民的承包地、不得因承办人或负责人变动或集体经济组织分立合并而变更或解除承包合同。

三是采取不同方式解决土地承包纠纷。可以由双方当事人协商解决，可以请求村委会、乡镇政府调解，可以向法院直接起诉，可以向市、县（市、区）土地承包仲裁机构申请仲裁。

三、推进"三权"分置改革

农村土地的"三权"分置，是指将现阶段土地承包经营权分为承包权和经营权，实行所有权、承包权、经营权分置并行（简称"三权"分置），是继家庭联产承包责任制后农村改革又一重大制度创新，要在依法保护集体土地所有权和农户承包权前提下，平等保护土地经营权，理顺"三权"关系。

完善承包地"三权"分置制度。农村集体土地权益是个"集合"，基本权利就是所有权、承包权、经营权，所有权是物权。承包权是用益物权，经营权是债权。这"三权"既可合而为一，也可分而实施。推进"三权"分置就是要明晰所有权、稳定承包权、搞活经营权，目的是让农民的土地权益保护更加充分，土地使用更加高效。实行家庭承包制实现了土地所有权和承包经营权的分离，但承包经营权并没有进一步实现分离。完善承包地"三权"分置，明晰所有权是前提，要对不同的集体土地颁发农村集体土地所有权证，规定征收农村集体所有土地的条件、程序及补偿办法和标准。稳定承包权是关键，拥有土地承包权是农民家庭的"天然"权利，土地对农民而言既是生产资料又是生活资料，拥有了承包权，进一步可进城经商务工，退一步可生产生活，对农村的稳定和乡村振兴具有特别重要的意义，不能以各种理由剥夺农民的土地承包权。搞活经营权是目的，让土地经营权在市场配置下与其他要素结合发挥更好的效益。

开展土地确权登记颁证。历经二轮土地承包后，虽然家庭承包制在农村得到普遍推行，广大农民也都领到了土地承包经营权证，但仍存在承包地四至不清、承包面积不准、承包权证登记的面积与实际面积不符等问题。开展确权登记颁证的重点就是要解决这些问题，并且为二轮承包到期后再延长 30 年打下坚实基础。首先是要由专业人员借用 GPS 等定位仪器精准确定承包地的四至位置和面积。其次是与农户确定实际面积，得到农户的普遍认可。最后是重新换发新的土地承包经营权证，并对权证实行信息化管理，将此作为保护农民土地承包权的依据，进一步提高土地承包管理的水平。

搞活土地经营权权能。对家庭承包方式的承包土地，重点是实行土地承包权与经营权的再分离。获得土地经营权的"债权"权利。获得经营权的个人与组织可以向有关部门申请并进行登记后，由有关部门颁发土地经营权证。通过其他承包方式获得的土地经营权则可直接向有关部门申请登记获得土地经营权证。当前重点是要抓紧制定土地经营权登记、抵押贷款的相关制度。

第二节　创新现代农业经营体系

承包农户和专业大户、家庭农场、专业合作社、农业公司组成的"一基础四骨干"，是构成现代农业经营体系的主要力量，除承包农户外，专业大户、家庭农场、专业合作社、农业公司是新型农业生产经营主体的主要形式。

一、新型农业经营主体的主要形式

劳力、土地、资金、技术是经济活动的"四要素"，各要素虽都能反映生产规模水平，但唯有组织制度才能将这"四要素"按数量和结构有机组合起来，从而形成现实生产力。培育新型农业经营主体就是将各种经济组织制度引入农业各产业和农业生产经营各环节。当前的新型农业经营主体主要包括专业大户、家庭农场、农民专业合作社、农业公司。

1.专业大户

其表现为经营规模大，专业从事某一种农产品的生产或经营，投入和生产以家庭人员为主，主要通过土地流转形成，无须工商注册。专业大户是最早的新型农业经营主体，随着土地流转开始而产生，对粮食增产、农业增效、农民增收做出了极大的贡献。从20世纪末至21世纪初最为普遍，目前仍是最主要的新型农业经营主体之一。

2.家庭农场

党的十七届三中全会首次提出家庭农场这一组织形式，近年来越来越受到重视，数量也不断扩大。对什么是"家庭农场"，目前尚没有统一的提法，一般将具有一定经营规模，主要靠家庭人员生产经营，农业收入在家庭收入中占主要比例的农户称为家庭农场。实际上，家庭农场是对一类具有某些共同特征的组织的"俗称"，并不是一种独立的农业组织制度。从内涵上看，家庭农场具有以下特点：

一是出资者和经营者特别是出资者主要是家庭成员。这是核心内涵。至于家庭成员的范围，可以是直系三代，也可以适当放宽到旁系。至于规模有多大。可从实际出发，一家人承包两三亩土地，成立家庭农场也可以。

二是一定要经过工商注册。这是它与专业大户的根本区别。没有工商注册，只能算是专业大户或承包农户，只有进行了工商注册，才有可能成为家庭农场。

三是主要从事农业生产经营。包括从事种植业、养殖业或农牧结合的多种经营。从外延上看，家庭农场可以按多种组织制度进行工商注册。以浙江省为例，一般可以用4种形式进行注册：以个体户形式登记，领取营业执照，这种形式简单方便；以个人独资企业登记、领取企业营业执照；以普通合伙制企业登记，领取企业营业执照；以公司制企业登记、领取法人营业执照。家庭农场可以是负无限责任的个私企业或合伙制企业，也可以是公司制的法人组织。

3.农民专业合作社

合作社是一种古老的组织制度，甚至比股份制公司的出现还要早，其基本特征是"共同拥有、共同管理、共同享用"，是世界各国农业发展普遍采用的一种生产经营组织制度，在很长一段时间内几乎是我国农业唯一的生产经营组织。农民专业合作社是农业专业化生产、社会化服务的产物，十多年来在农业生产经营和服务中大放异彩。浙江省是农民专业合作社的发源地，全国最早的经工商登记的农民专业合作社、最早的农民专业合作社地方性法规都产生于浙江。根据有关规定，成立专业合作社的条件很简单，只要5个以上的出资人共同发起，制定一个章程（农业行政管理部门有示范章程），就可到工商局免费进行登记。专业合作社的根本特征是"统分结合、双层经营"，类型大致有3种：

一是全体社员统一生产经营，社员之间共同生产、共同服务，类似于过去的生产队（但生产队存在加入不自愿、退出不自由的缺陷）；

二是社员分头生产专业合作社全程服务，从产前购买农业生产资料，到产中技术服务，再到最后的统一品牌销售，都由专业合作社统一服务；

三是在社员分头生产各自服务的基础上，专业合作社在某一环节实行统一服务，如统一购买生产资料，可以发挥"团购"作用，降低采购价格，又如统一销售农产品，可以发挥"团销"作用，促进农产品销售。

办好专业合作社，应当具备以下要素：

"一村一品"，即一个地方的主导产业或主导产品突出，这是兴办专业合作社的产业基础；

"一品一社"，即围绕主导产业或主导产品来兴办专业合作社，这是提高农业组织化程度的表现；

"一社一牵头人"，即专业合作社需要能人牵头，凡是发挥作用比较好的专业合作社，都是既有驾驭市场的能力，又有带领大家共同致富的意愿的"能人"在起作用；

"一社一套服务设施"，专业合作社主要是为社员服务的，必须有比较强的服务设施；

"一社五化"，即组织开展运行规范化生产标准化、经营品牌化、社员技能化、产品安全化等各项活动，努力规范好社员的生产经营行为，按照标准组织生产、申请或转让品牌销售农产品，加强对社员的技能培训，切实保障农产品的质量安全。

4.农业公司

其代表性组织制度是责任有限公司，基本特点是出资者和从业者不同，出资者是老板，拿的是利润；从业者是工人，领的是工资。出资者中，谁出资多，谁就是董事长。赚来的钱，按出资份额进行分配。因此，公司具有产权清晰、运转高效的优点，是现代企业制度的代表。成立农业公司是有志于农业发展的个人或组织常用的一种组织制度，也是农业领域大众创业、万众创新普遍采用的一种办法，更是工商资本投资农业采取的主要形式。在实践中要把握好以下几点：

一是鼓励。农业是弱质产业，各级政府和有关部门都要鼓励各种社会资本投资农业，切实增强农产品的供给能力。

二是引导。引导公司特别是工商资本向种业、技术服务业、农产品加工流通业等领域投资，成为各类农业龙头企业，提高带动小农户的能力。

三是支持。政府和有关部门对各类农业公司的生产经营要一视同仁，使其在财政、税收上和其他农业组织享受同等待遇。

四是管理。加强对农业公司的监督，促进其依法经营，切实禁止"非农化"，防止"非粮化"。

新型农业经营主体除了以上4 种形态外，还有民办非企业单位，如民办的农业研究所、民办的农业培训中心，以及民间组织，如农产品行业（产业） 协会、学会、研究会等。这些经营主体都从不同的角度投入农业生产经营或为农业提供各种服务。当然，国有和集体农场也是农业生产经营主体，但目前数量有限，并且土地基本上都实行承包制或租赁制，农场已退出农业的直接经营。

二、合理选择农业经营组织形式

承包农户和专业大户、家庭农场、专业合作社、农业公司组成的"一基础四骨干"，是构成农业经营体系的主要力量，除承包农户外，专业大户、家庭农场、专业合作社、农业公司是新型农业生产经营主体的主要形式。在实践中，采用何种组织形式也有讲究，衡量的标准是哪种组织形式最有利于节省成本、提高效益，这又与不同的农业产业特点、不同的生产规模、不同的经营者管理水平紧密相关。

专业大户和家庭农场相比较。专业大户形式最简单，不用配会计、出纳，最多记个流水账，产品自产自销也都免税，但只能享受政府的普惠制政策，如粮食直补，而对于一些需实行申报制的支农项目无能为力，在品牌化经营上也是如此。而家庭农场首先要注册登记，还要不定期接受工商部门、税务部门的检查。但家庭农场可以在银行开户，可以有更好的信用跟其他组织签订产销合同，还可以申请有关部门给予项目支持。因此，专业大户是基础，只要有志于扩大农业生产规模的农户都可以采用，而家庭农场是专业大户的高级形式。培育的家庭农场要优先从专业大户中选择，当前应积极鼓励"户改场"，鼓励专业大户经工商登记改造成为家庭农场。

专业合作社与农业公司相比较。组织制度各有优势，从一般经济活动来看，公司制要优于合作制，虽然合作制的产生要早于公司制，但后来被公司制"打败"了。合作制在世界范围内辉煌了一段时期后，领域不断缩小，数量不断下降，最主要原因是经营机制不佳。合作制讲究的是公平，公司制追求的是效率，而对于经济组织来说，效率才是第一位。从农业生产经营来看，公司制并不优于合作制，这主要由农业生产特点决定。农业是自然再生产和经济再生产的统一，经济再生产是共性，自然再生产是个性。农业生产季节性强、生产周期长，不用像工业企业一样必须造一批固定的厂房、吸收一批固定的工人，农忙时大家出力，农闲时只要一个或几个人管理就可以。合作制虽然已退出大部分领域，但在农业领域是一枝独秀，成为世界各国发展农业普遍采用的组织制度。

具体来说，劳动密集型、土地密集型农产品的生产一般选择合作制；

技术密集型、资金密集型农产品的生产，一般选择公司制。如对于畜牧业中的家禽生产，合作制要好于公司制，而生猪生产，则用公司制好；

鲜活农产品的生产，一般选择合作制，而加工型农产品的生产，一般选择公司制；

还有提供农业生产性服务的，选择合作制，而提供营销、物资供应服务的，选择公司制。

特别是农业服务业，合作制明显具有优势，在某种程度上说，专业合作社不是一种生产组织，而是一种服务组织。

产业扶贫是实行精准脱贫的主要途径，应当大力采用专业合作社的组织形式，通过能人带动和提供服务，促进那些缺资金、缺技术、缺销路的贫困户发展生产加收益，尽早脱贫。

但各种组织制度并不是对立的，实践中更多的是多种组织制度交织在一起，对于生产者来说，可以采用多种组织制度。如家禽业产业化经营过程中，在种禽环节用家庭农场形式比较好，在养殖环节选用专业合作社，而在屠宰（加工）环节则用公司制。又如在茶叶生产加工中。在茶园管理和青叶采摘中，选用合作制为好，而在茶叶加工中。则必须采用公司制。不同的组织制度可以在不同的环节起到节约成本、提高经济效益的作用，而某一位能人可以成为其中的家庭农场场长、专业合作社社长和公司董事长。

一个农业生产者也并不是只参加一种组织。农业公司与其他公司之间完全可以共同出资成立新的公司，专业合作社也可以与其他组织共同出资成立新的经济组织。一个水果专业合作社要搞农产品加工，当然自己可以办，但最好还是与其他企业，如某一个水果加工企业共同出资成立新的水果加工公司，既可以节省投资，也可以借用别人的技术力量。当然，到底是行使控股还是参股的职权，就要看各自在总出资额中的比重了。

在各种组织制度中，农民专业合作社具有特殊的"魅力"。这种组织既可以是农户与农户的联合，也可以是公司与公司的联合，更可以是专业合作社与专业合作社的联合。实际上，专业合作社与农业生产力发展水平高低没有关系，前者是由农业生产特点决定的，这与家庭承包经营跟农业生产力发展水平没有关系是同一个道理。从最早出台农民专业合作社地方性法规的浙江省来看，"农业因合作社而美丽"已被实践证明。当前应重点打好专业合作社能力建设"组合拳"：通过资产重组打造大社、强社或成立专业合作社联合社，通过设施建设增强服务能力，通过规模扩大提高盈利水平，通过应用先进技术提高生产水平，通过延长产业链形成新的经济增长点，通过引进人才促进管理水平、通过创新经营机制提高效率。专业合作社必将因提升壮大而更加灿烂。

第三节　健全城乡融合发展体制机制

一、加快户籍制度改革

健全城乡统一的户口登记制度，取消农业户口与非农业户口的性质区分和由此衍生的蓝印户口等户口类型，统一登记为居民户口，体现户籍制度的人口登记管理功能。与统一城乡户口登记制相适应，建立教育、卫生健康、就业、社保、住房、土地及人口统计等制度。按照有序放开大城市落户限制的要求，立足现实和发展需要，合理确定大城市落户条件与政策。可建立统一的积分落户制度及按梯度享受基本公共服务的政策，即根据农民到大城市的就业年限、居住时间以及职业资格、技术水平、学历层次、岗位贡献等内容，设置积分指标体系、标准及奖惩办法，并根据其积分指标提供按梯度划分的基本公共服务，以引导其合理有序流动、集聚，分期分批到大城市落户，逐步享受同城同待遇的基本公共服务。

二、提升人口管理水平

探索建立"身份证+居住证+市民卡"的现代人口服务管理平台。要在创设新的待遇管理服务系统的前提下，取消现行户籍制度，剥离附加在户籍上的待遇，回归户籍制度登记和统计人口的本原功能。借鉴一些发达国家的做法，从我国实际出发修改《中华人民共和国居民身份证法》，在居民身份证中存储指纹信息或其他生物学特征信息，完善居民身份证使用、查验制度，以公安人口信息为基础，融合人力资源和社会保障、工商、税务、统计等部门以及金融系统的相关信息资源，建立以居民身份证号码为唯一代码的国家人口基础信息库，健全实有人口动态管理机制，从而实现以身份证取代户口簿、由"管户"到"管人"、由人口静态管理到动态管理的历史性转变。积极探索由社保卡和居住证、临时居住证承担差别化管理，其中社保卡（市民卡）落实本地居民待遇，居住证和临时居住证落实以农民工为主的外来人口待遇。为了保证相关待遇的可转移、可接续，可以借鉴美国社会保障卡的运行经验，借助信息技术的发展，将身份证与社保卡功能联通、融合，实现社保卡在全国范围内的统一、规范。

三、完善城乡就业服务

健全城乡统一的劳动力市场和就业服务体系。转变培训方式，加快农村劳动力从普通务工者向一技之长的"技工"转变。打破城乡、区域、行业分制和身份、性别歧视，维护劳动者的平等就业权利。建立覆盖城乡的公共信息服务平台，实现就业数据实时联网、资源共享。健全城乡统一的用工管理制度、合理的工薪增长机制和最低工资标准制度，完善农民工欠薪支付机制，切实维护城乡劳动者的合法权益。高度重视和大力支持灵活就业、新就业形态，提高农民充分就业水平。深入开展公益性岗位进村活动，切实解决低保户、低保边缘户和被征地农民、低收入农户等的就业困难问题。

四、增强社会保障能力

加快形成城乡一体、惠及全民、功能完备、保障有力的社会保障体系，推进社会保障从制度全覆盖向人群全覆盖转变。完善城乡居民基本养老保险制度，做实养老保险个人账户，实现基础养老金跨区域统筹。加快被征地农民养老保险与城镇养老保险相接轨，结合居民收入增长和物价上涨等因素稳步提高基础养老金。构建以基本医保为主体、大病保险为延伸、医疗救助为托底、社会慈善和商业保险等多种保障形式为补充，层层递进、功能互补、有机衔接的多层次全民医保体系。完善最低生活保障制度，逐步提高低保标准和补助水平，不断缩小城乡低保补助标准的差距，适当扩大低保人口的比例。大力推进保障性住房建设，让困难群众住有所居、居有所安。

第四节　创新乡村治理体系

乡村治理体系是国家治理体系的重要组成部分，加强和创新乡村治理是推进国家治理体系和治理能力现代化的关键领域和重要内容。自治、法治、德治相结合的乡村治理体系，是实现乡村善治的有效途径。

一、以乡村自治为根本

乡村自治在乡村治理体系中居于核心地位，既是乡村民众参与乡村治理的重要平台，也是乡村民众当家做主的最有效、最广泛的途径。健全乡村治理体系，要以乡村自治为根本，突出乡村自治的核心地位，激发乡村民众参与乡村建设的活力。具体来看：

1.完善相关人才政策，通过突破性激励吸引人才投身乡村事业发展。激发乡村发展建设的活力、需要从政策层面研究建立各类人才从城市向乡村回流的突破性激励机制、培养造就一支懂农业、爱农村、爱农民的工作队伍，吸引更多人才投身农业发展农村建设，为推进农业农村现代化不断注入新动能。同时，积极培育新型农业经营主体，培育多元化农村基层集体经济社会组织，将其有组织地纳入乡村治理整体布局，形成统一有序高效的乡村治理格局。

2.加大乡村公共建设投入，满足公共服务需求在农民对农村基础设施建设、文化教育、医疗卫生和社会保障等公共服务需求增强的情况下，应加大公共建设投入。满足人们对公共服务的需求。

3.增强自治意识、培育自治观念。乡村自治在体现村民意志、保障村民权益、激发农村活力等方面具有重要作用。应通过引导乡村基层组织、社会组织和村民个人积极性参与乡村建设，进一步提升农民群众自我管理、自我服务水平，逐步培育村民的自治观念，强化自治意识。

4.完善制度基础，提供制度保障。乡村自治需要不断完善和夯实制度基础，通过完善民主选举、民主决策、民主参与和民主监督制度为广泛的自治参与提供制度保障。

二、以乡村法治为保障

乡村治理"秩序规范"问题的解决，关键在于充分发挥乡村法治的秩序保障功能。

从规范公共权力运行看：

1向乡村行政主体渗透正确的权力观念。乡村行政主体源于法治所凝聚的制度规范的认知，培养其法治精神。乡村自治的引领中，以法治所倡导公益观、公平观、自由观、人本观内化为个人权力执行的价值理念，以此作为自治中权力运行的内核，实现掌握内在世界的有序化。

2依法确保乡村行政主体权力行责任化。法治以明文规定乡村行政主体的责任范畴，有权有责是规范权力、保障乡村民众利益的根基，也是权力运行有序的内容之一。

3法治实现乡村行政主体权力运行阳光化。法治为乡村公共权力在阳光下运行提供渠道，以此建构行为规范、运转协调、廉洁高效的乡村行政管理体系，推动乡村行政主体的权力走向有序化。

从保障公民权利实践有序化看：法治最重要的价值在于能够防范民主弱性的暴露，防止民主对个人权利的背离和误击。以形成民主实现的秩序状态，防止民主的无序和混乱。

法治涵养乡村民众规则意识。自治中公民规则意识形成是在法治状态下通过对法律规范内在价值的认同，进而把法律有效地内化为其自觉的价值尺度和行为准则。

对公民行使自治权利与承担责任提供法治保障。法治为公民参与自治的权利提供制度保障，同时赋予公民责任，增强乡村民众的责任感、对乡村公共利益负责、以权责相统一参与自治，从而构成乡村自治良性运行的内在保障。

为公民参与的途径、方式提供法律规范。法治是一种规则之治，它使人类活动服从法律规范，公民参与自治作为人类活动之一，理应服从既定的法律规范。将公民参与途径、方式纳入规范化、合理化轨道下最根本的就是靠法治，以法律的约束性、规范性调整其公民的参与途径、方式。

三、以乡村德治为支撑

德治是一切良治善治的基石。在乡村治理中融入德治，能够为乡村自治和法治赢得情感支持、提供重要支撑，使乡村治理体系发挥事半功倍的效果。健全乡村治理体系，要以德治为支撑。具体来看：

1.要大力培育和弘扬社会主义核心价值体系和核心价值观,加快构建充分反映中国特色、民族特征以及时代特征的价值体系,并将具有中国特色的社会主义核心价值观作为乡村道德建设的灵魂。

2.重视乡规民约,培育村民的道德情怀。村规民约所强调的宣扬尊老爱幼、长幼有序、邻里和睦、团结他人等道德思想,彰显了以传统伦理道德理念为核心的治村模式,在乡村社会曾得到村民普遍的认同,一度成为治村的规范。新时代的背景,德治作为乡村治理体系的情感支撑。其作用的发挥不仅需要社会主义核心价值观浸入村民的道德体系,同时也要让村民接受我国优秀传统道德文化的滋润,培养对乡村共同体建设的道德情怀。

3.以乡贤示范引领村民进行道德实践。乡贤体现了"德"与"行"的核心要素,他们以自身的言行,不仅向乡村社会传递崇德向善的道德理念,而且他们引领着乡村的道德实践。封建社会时期乡贤因其言行举止、学识或德行而受到人们的尊重,奉为村中榜样或者典型,推动了村民的道德实践。新时期,乡村治理应发挥乡贤的道德榜样示范作用。通过乡贤的示范作用,劝诫村民遵守道德规范提高道德修养,遵守社会公德,引导村民进行道德实践,以道德实践驱动村民对乡村建设的认同感,从而以情感支撑乡村治理体系作用的发挥。

第六章　脱贫攻坚成果同乡村振兴有效衔接

第一节　建立长期有效机制

实现巩固拓展脱贫攻坚成果同乡村振兴有效衔接，关键在于建立巩固拓展脱贫成果的长期有效机制。

一、建立低收入人口和欠发达地区帮扶机制

建立低收入人口和欠发达地区帮扶机制，需要明确低收入人口和欠发达地区帮扶在国家扶贫战略和乡村振兴战略中的地位，明确低收入人口和欠发达地区帮扶原则、主要帮扶方式、资源保障机制以及相应的领导和责任机构、治理体系。

二、建立和完善脱贫地区基础设施管护制度

脱贫攻坚期的交通、水利、能源、通信、环境等基础设施，是巩固拓展脱贫成果和推进农业农村发展的物质基础，需要尽快建立和完善脱贫地区基础设施管护制度，明晰各个基础设施项目的产权和管护责任，确定合适的管护形式和制度，明确管护经费来源。

三、建立扶贫项目资产运营、管理和分配制度

脱贫攻坚期间投资建设了大量的归集体所有且形成固定资产的基础设施、公共服务设施及扶贫车间、扶贫基地等扶贫项目。这部分资产的产权、收益和分配不仅影响资产的安全，也影响脱贫攻坚成果的巩固。需要建立健全扶贫项目资产管理体制和运行机制，构建归属清晰、权能完整、流转顺畅、保护严格的扶贫项目产权制度，切实维护农村集体和农民群众的合法权益。

四、建立和完善低收入人口和欠发达地区的就业支持及保障制度

为有劳动能力的脱贫和低收入人口提供就业支持和保障，事关脱贫成果的巩固拓展。应该在推进包容性充分就业战略、总结已有就业扶贫政策的基础上，探索、建立和完善脱贫和低收入人口就业支持和保障制度。继续为脱贫和低收入人口提供就业技能培训，促进就业信息分享；继续在东西劳务协作、创造就近就业机会、分配等方面向脱贫和低收入人口倾斜，同时建立包括农村劳动力在内的失业保险和就业救助制度，加强就业保障。

五、建立和完善基本公共服务供给与提升保障制度

要巩固拓展义务教育、基本医疗保障成果。建立和完善基本公共服务供给和提升保障制度势在必行，为此首先需要建立和完善基本公共服务供给和保障机制。使城乡和区域均等化程度不断提升，并建立和完善相应的责任体制、经费保障机制、资源相对均衡配置机制以及监测评估机制；建立和完善保障脱贫地区、脱贫人口、低收入人口和其他脆弱人口基本公共服务供给的长效机制，特别是在基本公共服务的基础设施建设和配套、运行经费、资源配置和能力建设等方面。

六、完善社会保障和社会救助制度

养老、医疗等社会保障和低保、特困人员救助供养、医疗救助、教育救助、住房救助等社会救助，是巩固拓展脱贫攻坚成果的重要制度保障。要完善和加强社会养老保险、基本医疗保险在巩固拓展脱贫攻坚成果中的基础性作用，根据发展水平和财政能力逐步提高保障标准、优化支付程序、增加使用和支付的便利性；加快社会救助法的立法、完善社会救助法对脆弱群体的救助标准、程序和管理，更好地发挥社会救助在巩固拓展脱贫攻坚成果中的基础性和补充性作用。

七、完善东西部协作扶贫等社会扶贫制度

东西部扶贫协作和对口支援、社会力量参与帮扶，是具有中国特色且行之有效的社会扶贫制度。在我国脱贫攻坚任务中发挥了重要的积极作用。要在总结已有经验的基础上，根据协作互助、共赢、奉献相结合的原则，建立和完善东西部扶贫协作和对口支援的长效机制。通过完善准入税收减免、信息共享、购买服务等政策引导，逐步建立和完善个人和社会组织等社会力量共同参与扶贫的长效机制。

八、完善防止返贫和新生贫困监测帮扶机制

减少和防止已脱贫人口返贫和滋生新的贫困人口是巩固脱贫攻坚成果的内在要求。《国务院扶贫开发领导小组关于建立防止返贫监测和帮扶机制的指导意见》确定了防止返贫机制建立的基本原则和防止返贫的帮扶措施。现在需要根据脱贫攻坚任务完成后的新形势，结合已有的试点经验，完善防止返贫和新生贫困监测及帮扶机制。重点是进一步明确和动态调整返贫和新生贫困监测及帮扶的对象和标准，优化监测和帮扶对象确定程序，细化和规范监测数据来源及质量控制，完善帮扶措施并提高多种帮扶措施的协调性。

九、建立易地扶贫搬迁脱贫人口的基层治理和社会融入帮助机制

在做好易地扶贫搬迁脱贫人口的就业、创收和基本公共服务保障等后续帮扶工作的同时，建立易地扶贫搬迁脱贫人口的基层治理和社会融入帮助机制也显得尤为重要。要加强和改善易地扶贫搬迁集中安置社区的基层组织建设和制度机制建设，使搬迁脱贫户的需求和诉求能够得到合理有效的满足。同时通过建立和完善搬迁入口社会融入帮助机制，让搬迁入口尽快完成再社会化过程。

十、适时加快推动扶贫的法治建设

法治化建设是巩固脱贫攻坚成果、实现扶贫制度化规范化的基础性工作。我国要加快推进扶贫开发法治建设，通过扶贫立法确定我国扶贫工作的长期性，界定政府和社会等不同主体在扶贫中的法律责任，确定扶贫的主要方式及资金保障，规范扶贫治理和扶贫主体的行为。

第二节　发展壮大乡村产业

一、稳定发展乡村农业

农业是乡村的主体产业，是乡村基础价值的体现。按照农业供给侧结构性改革要求，在确保国家粮食安全的基础上，紧紧围绕市场需求变化，以提高农产品供给质量为主攻方向，优化产业产品结构，统筹调整粮经饲种植结构，发展规模高效种养业，做大做强特色优势产业，优化区域布局，全面提升质量安全水平。

1. 粮食产业

粮食产业是稳民心安天下的基础性战略性产业。稳定粮食生产、发展粮食产业，提高粮食供给质量、确保粮食安全，是构建乡村产业体系的基础和基本任务。

（1）稳定提高生产能力。深入实施藏粮于地、藏粮于技战略，落实最严格的耕地保护制度。划定粮食生产功能区，做好所有地块建档立册、上图入库，实行信息化精准管理，推行功能区内经营用地承诺制。实施好标准农田质量提升和粮食生产功能区提标改造，努力改善农田质量条件，提升地力。

（2）优化生产结构。稳定水稻、小麦生产，确保口粮绝对安全，重点发展优质稻米、强筋弱筋小麦，调减非优势区籽粒玉米，增加优质食用大豆、薯类、杂粮杂豆等。大力推进良种制（繁）种及基地建设，充分调动农民生产水稻、小麦良种的积极性，稳定水稻、小麦生产种源，扩大良种覆盖面。

（3）扩大先进科技应用。推进统一育插秧、病虫害专业化统防统治、测土配方施肥等适用技术推广，推广应用粮经结合、水旱轮作、农牧结合等高效农作制度和生态种养模式。推进粮食生产领域全程机械化，深化农艺农机融合。组织粮食作物高产创建、示范创建，发挥好示范创建引领作用。

（4）创新规模经营机制。推进粮食生产功能区内连片集中流转土地，培育种粮大户、家庭农场、农民专业合作社（联合社）和社会化服务组织等新型主体，发展多种形式的粮食适度规模经营、全程机械化作业和社会化服务。实行储备粮生产订单计划，开展省际、产销区间、产粮用粮主体间合作，构建粮食全产业链，形成粮食开放合作新格局。

2. 畜牧业

畜牧业发展事关食品有效供给、农业生态循环、农民持续增收。要按照生态优先、供给安全、结构优化、强牧富民的思路，稳定生猪生产，优化南方水网地区生猪养殖布局，引导产能向环境容量大的地方和玉米主产区转移，大力发展牛、羊等草食畜牧业。全面振兴奶业，引导扩大生鲜乳消费。大力推进畜牧业规模化、生态化、标准化、特色化和产业化发展，走出一条产出高效、产品安全、资源节约、环境友好的现代畜牧业发展之路。

（1）用生态循环改造。依据资源禀赋和发展基础，完善产业布局和特色精品发展规划，加快推进农牧结合生态循环养殖。改造提升现有畜禽规模养殖场，提高畜禽排泄物资源化利用水平。对区域内畜产品产量、有机肥需求量、农村环境质量进行综合平衡，实现畜牧业与农业农村协调发展。

（2）用规模经营提升。深入推进畜牧业标准化建设，提升规模化和特色化发展水平。通过机制创新和产业融合，建设一批区域优势突出、地方特色鲜明、集聚规模显著、标准化生产程度高、品牌经营强的特色精品产业。培育带动力、竞争力强的龙头主体和产销联合、利益共享的合作组织。

（3）用科技创新支撑。引导研发畜牧业清洁化生产、排泄物资源化综合利用和重大动物疫病综合防控等新技术、新装备，培育畜禽新品种，研发新兽药、新饲料和饲料添加剂，加大先进适用技术示范推广力度。建成畜牧兽医主体地理信息系统，健全动物标识及动物产品追溯系统。提升畜牧兽医系统行业管理、监督执法和服务主体信息化水平。

（4）用监管服务保障。完善动物防疫基础设施，充实基层监管力量，加强关键环节监管。探索建立政府补助、企业运行、保险联动的病死畜禽无害化处理新机制，探索其他畜禽的保险联动机制，确保不发生区域性重大动物疫病、重大畜产品安全事故和流域性漂浮死猪事件。

3.渔业

渔业是水网地带乡村产业的重要组成部分。按照养殖业提质增效、捕捞业（国内）压减产能、远洋渔业拓展、一二三产业融合发展的方针，引领渔业转型升级。内陆地区大力推广循环水养殖（"跑道养鱼"）等节能减排、节地节水、环境友好型养殖模式：沿海地区发展浅海贝藻、鱼贝藻间养和全浮流紫菜养殖等碳汇渔业和深海网箱（围网）建设。实施鱼塘生态化改造、大水面增殖放流、稻鱼共生轮作减排等措施，划定水产养殖禁限养区，严厉整治乱用药、施肥养鱼、尾水直排等行为，降低养殖生产对水环境的负面影响。以渔业油价补助政策调整为契机，用市场化手段赎买渔船和功率指标，着力压减国内海洋捕捞产能，逐步实现海洋捕捞强度与渔业资源再生能力相协调。规范发展远洋渔业，积极稳妥库存鱿鱼等大宗远洋产品，持续增强远洋渔业市场竞争力和发展后劲。

4.优势特色产业

地方特色优势农产品具有显著的地域性，在乡村产业振兴中具有独特作用。要充分利用地域、品种、资源和文化优势，大力发展特色农业，把地方土特产和小品种做成带动农民增收的大产业。优化农业区域布局，以主体功能区规划和优势农产品布局规划为依托，科学划定蔬菜瓜果、茶叶蚕桑、花卉苗木、食用菌、中药材和特色养殖等产业重点发展地区。并与现代农业产业园、科技园、创业园紧密结合。开展特色农产品标准化生产示范，建设一批地理标志农产品和原产地保护基地。积极发展木本粮油林等特色经济林、珍贵树种用材林、花卉竹藤、森林食品等绿色产业。科学制定特色农产品优势区建设规划，建立评价标准和技术支撑体系，推动各地争创园艺产品、畜产品、水产品、林特产品等特色农产品优势区。

二、稳步发展乡村工业

推动农业现代化和加快乡村工业化是城乡关系协调发展的基本条件，两者相辅相成、互促互进。乡村工业发展要突出农业工业化方向、农民参与性导向、农村适应性取向，按照集群化、园区化、特色化、绿色化要求，优化结构布局，增强乡村工业对乡村产业的引领和支撑作用。

1.农产品加工业

农产品加工业连接工农、沟通城乡，行业覆盖面宽、产业关联度高、带动农民就业增收作用强。要适应市场需求变化和产业升级趋势，推动农产品加工业从数量增长向质量提升、要素驱动向创新驱动、分散布局向集群发展转变，促进农产品加工业持续稳定健康发展。

（1）合理布局。根据全国农业现代化规划和优势特色农产品产业带、粮食生产功能区、重要农产品生产保护区分布，合理布局原料基地和农产品加工业。在大宗农产品主产区重点发展粮棉油糖加工特别是玉米加工，建设优质专用原料基地和便捷智能的仓储物流体系。在特色农产品优势区重点发展"菜篮子"产品等加工，推动销售物流平台、产业集聚带和综合利用园区建设。在大中城市郊区重点发展主食、方便食品、休闲食品和净菜加工，形成产业园区和集聚带。以县为单元建设加工基地，以村（乡）为单元建设原料基地。

（2）因地制宜、初精结合。围绕农产品产后减损增收，建设商品化处理全产业链，重点改善农产品产后净化、分等分级、烘干、预冷、保鲜、包装等的设施装备条件，以及购置运输、称重、检化验、污水处理等的辅助仪器设备。建设田头收储设施，购置收储及处理设备，提升产后农产品储藏保鲜能力。在大中城市郊区建设一批农产品精深加工示范基地，开发多元产品，打造产业发展集群。推动副产物循环利用、全值利用和梯次利用，提升副产物附加值。

（3）加快发展绿色加工体系。加强国家农产品加工技术研发体系建设，建设一批农产品加工技术集成基地。大力发展绿色加工，引导建立低碳、低耗、循环、高效的绿色加工体系。支持农产品加工园区循环化改造，推进清洁生产和节能减排，引导企业建立绿色工厂，加快应用节水、节粮等高效节能环保技术装备。

2.饲料工业

饲料工业是联结种养的重要产业，既是种植产品的加工业，又是养殖业的投入品，为现代养殖业提供物质支撑。我国饲料工业经过30多年快速发展，迫切要求加快供给侧结构性改革。实现发展动能转换。

（1）优化饲料工业布局。综合考虑养殖业发展趋势、环境资源禀赋、区位优势和现有产业基础等因素，区别加快发展区、稳定发展区、适度发展区，调整优化饲料工业布局，促进不同区域饲料加工业与种养业协调发展。

（2）保障饲料原料供应。稳定蛋白饲料原料供应，适度增加油菜籽等其他品种进口，加强合成氨基酸新品种应用。建设现代饲草料生产体系，推广草料结合的全混合日粮和商品饲料产品。持续推进秸秆饲料化利用，促进农副资源饲料化利用。

（3）发展安全高效环保饲料产品。加快发展新型饲料添加剂，稳定提高营养改良型酶制剂生产水平，加快研发新型酶制剂，加强药食同源类植物功能挖掘，开发饲用多糖和寡糖产品。研发推广安全环保饲料产品，发展能改善动物整体健康水平的新型饲料产品。

3.农机装备产业

农业机械装备是发展现代农业、推动乡村振兴的重要物质基础。我国是世界第一农机制造和使用大国，农机装备产业发展，要按照"自主创新、加速转化、提升产业、全面发展"的要求，以创新驱动促进产业转型升级为核心，以市场主导和政府引导相结合为手段，着力扩大产业规模，着力提升创新水平。

（1）开发适用产品。适应农业生产规模化、精准化、设施化和全程机械化要求，优化农机产品结构。积极发展适合家庭经营需要的中小型、轻简化农机，形成高中低端产品共同发展格局。按照绿色化发展要求，开发生产高效节能环保、多功能、智能化、资源节约型农业装备产品。

（2）提升制造水平。加大农业装备企业技术改造力度，应用精密成型、智能数控等先进加工装备和柔性制造、敏捷制造等先进制造技术。完善农机产品质量标准体系，实现动力机械与配套农具、主机与配件的标准化、系列化、通用化开发生产。

（3）调整行业结构。完善产业组织结构，提升产业集中度和专业化分工协作水平。中小型企业走"专、精、特、新"发展道路，培育一批零部件加工企业；通过优化重组、兼并，形成整机核心部件均能全程自主生产的龙头企业。

4.肥料产业

肥料产业存在产能过剩、基础肥料品种发展不平衡、产品同质化严重、绿色有机肥料发展不足等问题。肥料产业发展要为农业绿色发展提供绿色无污染肥料，为农民提供个性化、多样化的套餐增值服务。推行测土配方施肥模式，在了解土壤养分等基本情况的基础上，有针对性地生产氮磷钾配比更科学、更符合土壤养分需求的肥料，同时把环境中蕴藏的养分充分利用起来。通过配方增加微量元素等方法，充分挖掘土壤微生物潜力，更好地发挥营养调控价值。充分利用植物秸秆、动物排泄物等有机质资源，通过物理形态改变、微生物发酵等方式，创新开发有机肥，并生产有机无机复混肥。适应农业专业化和社会化服务发展要求，肥料企业向后延伸服务、发展测土配方施肥、水肥一体化、施肥机械化等精准化便利化服务。

5.农药产业

现代农药已步入超高效、低用量、无公害的绿色农药时代，新种植形态和生态理念对农药发展及其应用提出亚高要求。要根据新的《中华人民共和国农药管理条例》及我国农药行业发展现状，推动农药产业高质量发展。

（1）优化产业布局。加快农药企业向专业化园区集中，降低生产分散度。强化行业监管，健全公平公正行业准入政策。制止低水平重复建设，建立和完善重污染企业退出机制。组建大型农药企业集团，培育有国际竞争力的企业。

（2）深化品种结构调整。支持高效、安全、经济、环境友好的农药新产品发展，推动农用剂型向水基化、无尘化、控制释放等高效、安全的方向提升，发展用于小宗作物的农药、生物农药和用于非农业领域的农药新产品、新制剂。

（3）强化创新驱动。建设农药技术创新体系，加强共性关键技术和技术集成开发。加快成果转化，重点突破"三废"处理关键技术、环保型剂型开发技术、基于农药药物传递系统的环保农药剂型开发共性技术等。

三、发展乡村服务业

乡村服务业是指服务于农业再生产和农村经济社会发展，通过多种经济形式、多种经营方式、多层次多环节发展起来的一大产业，是现代服务业的重要组成部分。要适应乡村产业的兴旺需求和农村居民日益增长的美好生活需要，在加强政府公益性服务的基础上，积极培育经营性服务组织，鼓励种子、农机、农药生产企业延伸服务链，拓展服务内容，规范服务行为，推动乡村服务产业有序、健康、快速发展。

1.农资配送服务

农资配送服务包括作物与畜禽水产种子种苗、化肥、农药等的配送服务。在种子种苗方面，由服务组织与"育繁推一体化"种业企业合作，在良种研发、展示示范、集中育秧（苗）、标准化供种、用种技术指导等环节向农民和生产者提供全程服务；开发包括种子供求、品种评价、销售网点布局等信息在内的手机客户端，为农民科学选种、正确购种提供服务；开展种子种苗、畜种及水产苗种保存、运输等物流服务。在肥药方面，积极发展兽药、农药和肥料连锁经营、区域性集中配送等供应模式。开展青贮饲草料收贮，推广优质饲草料收集、精准配方和配送服务。特别要重视发挥供销合作社在农资供应和资源配送上的主渠道优势，优化农资配送服务方式。供销合作社可在有条件的农民合作社设立农资供应网点，加强农资物联网建设与应用；与农民专业合作社、农产品行业协会等协作，开办"庄稼医院"，建立智慧农资网络，承担政府向社会力量委托或购买的相关公共服务，提供农资配送等服务。

2.农技推广服务

农技推广服务涉及农民千家万户对粮食等大宗生产技术、公共性技术的需求，一般由政府农业公共服务机构直接提供或通过购买服务的方式由经营性服务机构提供。在作业内容上、开展深翻、深松、秸秆还田等田间作业，集成推广绿色、高产、高效技术模式。采用测土配方施肥、有机肥替代化肥等减量增效新技术，推进肥料统供统施服务、加快推广喷灌、滴灌、水肥一体化等农业节水技术。推广绿色防控产品、高效低风险农药和高效大中型施药机械，以及低容量喷雾、静电喷雾等先进施药技术，推进病虫害统防统治与全程绿色防控有机融合。动物防疫服务组织、畜禽水产养殖企业、兽药生产企业、动物诊疗机构和相关科研院所等各类主体。提供专业化动物疫病防治服务。促进公益性农技推广机构与经营性服务组织融合发展，基层农技推广机构通过派驻人员、挂职帮扶、共建载体、联合办公等方式，为新型经营主体和服务主体提供全程化、精准化和个性化指导服务。探索农技人员在履行好岗位职责前提下，通过提供增值服务获取合理报酬的新机制。构建农技推广机构、科研教学单位、市场化主体、乡土人才、返乡下乡人员等广泛参与、分工协作的农技推广服务联盟，实现农业技术成果组装集成、试验示范和推广应用的无缝链接。

3.农机作业服务

推进农机作业服务领域从粮棉油糖作物向特色作物、园艺作物、养殖业生产配套拓展，服务环节从以耕种收为主向专业化植保、秸秆处理、产地烘干等农业生产全过程延伸。加快应用基于北斗系统的作业监测、远程调度、维修诊断等大中型农机物联网技术，农机作业服务主体可利用全国"农机直通车"信息平台，及时掌握需求信息，加强信息交流，提高跨区作业服务效率。积极发展农机具维修服务，有效打造区域农机安全应急救援中心和维修中心，以农机合作社维修和农机企业"三包"服务网点为重点，推动专业维修网点转型升级。在粮食生产功能区、重要农产品保护区、特色农产品优势区，支持农机服务主体以及农村集体经济组织等建立集中育秧、集中烘干、农机具存放等设施，为农户提供一站式服务。

4.农业生产托管

农业生产托管是农户等经营主体在不流转土地经营权的条件下，将农业生产中的耕、种、防、收等全部或部分作业环节委托给服务组织完成或协助完成的农业经营方式，是多方面服务的综合体，是服务型规模经营的主要形式，具有广泛的适应性和发展潜力。总结推广土地托管、代耕代种、联耕联种、农业共营制等托管形式，把发展农业生产托管作为推进农业生产性服务业、带动普通农户发展适度规模经营的主推服务方式，采取政策扶持、典型引导、项目推动等支持推进措施。

5.农业废弃物资源化利用服务

鼓励通过政府购买服务的方式。支持专业服务组织收集处理病死畜禽。在养殖密集区推广分散收集、集中处理利用等模式，推动建立畜禽养殖废弃物收集、转化、利用三级服务网络，探索建立畜禽类污处理和利用受益者付费机制。加快残膜捡拾、加工机械和残膜分离等技术装备研发，积极探索生产者责任延伸制度，由地膜生产企业统一供膜、统一回收。推广秸秆青（黄）贮、秸秆膨化、裹包微贮、压块 （颗粒）等饲料化技术，采取政府购买服务、政府与社会资本合作等方式，培育一批秸秆收储运社会化服务组织，发展一批生物质供热供气、颗粒燃料、食用菌等可市场化运行主体，促进秸秆资源循环利用。

6.农产品流通交易服务

加强产地批发市场建设，培育现代农业物流中心，在巩固提高现有大中型批发市场的基础上、探索绿色农产品直供、连锁配送、定点销售等营销机制，提供农产品预选分级、加工配送、包装仓储、信息服务、标准化交易、电子结算、检验检测等服务。完善农产品物流服务，推进农超对接、农社对接，利用农业展会开展多形式产销衔接。支持有资质的服务组织开展农产品质量安全检验检测，推动检测结果互认，提供准确、快捷的检测服务。基层农产品质量安全监管机构提供追溯服务，指导主体开展主体注册、信息采集、产品赋码、扫码交易、开具食用农产品合格证等业务。以整合开发现有农业信息资源和健全农业信息服务体系为重点，建立延伸至农业龙头企业、农产品批发市场、中介组织和经营大户的信息网络，加强市场购销、价格等信息采集、分析和发布，建立健全市场引导生产、推动农业结构调整的机制。

7.提升乡村服务业水平

搭建统一高效、互联互通的信息服务平台，加快建设和汇集各类农业重要基础性信息系统，为生产主体提供农产品生产状况、市场供求走势、资源环境变化、动植物疫病防控、产品质量安全以及服务组织资信等信息服务。全面实施信息进村入户工程，支持各类服务组织参与益农信息社建设，共用共享农村各类经营网点资源。为农民和新型经营主体提供公益服务、便民服务、电子商务和培训体验等服务。积极拓展服务领域，为农业农村发展提供基础设施管护、小额资金信贷等服务。

健全乡村服务业标准体系，针对不同行业、不同品种、不同服务环节，制订服务标准和操作规范，加强服务过程监管，引导服务主体严格履行服务合同。建立服务质量和绩效评价机制，有效维护服务主体和服务对象的合法权益。将农业服务领域信用记录纳入全国信用信息共享平台。

着力规范服务行为，大力推行专项服务"约定有合同、内容有标准、过程有记录、人员有培训、质量有保证、产品有监管"模式，提高服务标准化水平。统筹和整合基层农业服务资源，搭建集农资供应、技术指导、动植物疫病防控、土地流转、农机作业、农产品营销等服务于一体的区域性综合服务平台，集成、应用、推广先进适用技术和现代物质装备，不断提升综合服务的集约化水平。

第三节　提升乡村治理能力

乡村治理是国家治理体系的重要组成部分，如何提升其治理水平，既有国家治理共性问题，也有其特殊性。乡村文化中凝结的优秀思想观念、乡村公共空间特有的社会结构特点，蕴含着丰富的乡村治理资源，提升乡村治理能力需要充分利用乡村治理资源优势，总结和提升乡村治理经验，健全自治、法治、德治相结合的乡村治理体系。

一、重视乡村文化建设

乡村文化是中国传统文化的宝库，是乡村德治的重要资源。遵循乡村文化价值，通过弘扬乡村优秀文化实现乡村治理，是提高乡村治理能力的有效措施。

1.农业文化

农业文化既体现在物质方面，如农具、地方品种、梯田，也体现在发展理念和精神气质方面，如耕作制度、栽培措施、生态理念和乡风民俗等。更多的是物质与精神的结合，如农业景观文化、农产品寓意文化等。农业文化与治理的关系，一方面体现在农业文化中包含了人与环境的关系，体现尊重自然、顺应自然的理念和利用自然的生存智慧；另一方面，农业文化赋予很多农产品以特定的文化内涵和寓意，反映着人们对未来美好生活的期盼和向往。如"平平安安"（苹果）、"万事（柿）如意"、"早（枣）生贵子"、"多子多福"（石榴、佛手）、"健康长寿"（桃）等，这些文化寓意，对人们具有重要的教化价值。

2.乡村手工艺

乡村手工艺的功能除了创造财富，满足村民生活与精神需求外，还像"文以载道"一样，凝结了村民们敬畏自然、崇尚祖先的淳朴精神信仰与心理诉求，承载着乡村悠久的历史文化、民间习俗及精神信仰。手艺人就地取材，凭借手工劳动，把诸如泥土、石头、麦秸、竹子、柳条、玉米皮等天然材料制作成手工产品，并把产品功能和审美结合起来，满足人们对美的要求。手工艺品所包含的思想、道德、信仰、愿望等内涵以及工匠精神，使其价值超出使用价值而成为实施教化的载体。

3.生活习俗

习俗作为一个地区居民生活方式的反映，是村民对作为本村成员身份的心理确认。这种祖祖辈辈流传下来的心理认同，是一种向心力和凝聚力，能从人的心理深层唤起对村落利益的关心。生活习俗作为生活中的文化现象，包括生老病死、衣食住行、婚丧嫁娶的习俗，宗教信仰、巫术与禁忌等广泛内容，对人们的价值观、为人处世的原则和行为发生着重要影响。习俗对乡村至少有三大功能：一是维护乡村共同利益。这成为今天村民自治的重要基础；二是组织乡里协同生活，在诸如婚丧大事的协力互助过程中，人们不仅体验到协作与互助观念，还有对礼仪的理解和为人处世方式的熏陶等十分丰富的内容；三是维系村落共同生活秩序，村议事、制定村规民约、制裁和约束不良行为，调解纠纷矛盾，是形成群体意识、获得参与观念、增长议事能力，实现村民自我教育、自我管理的有效途径。因此，传承优秀习俗的社会功能，并通过移风易俗使之发扬光大，是乡村治理的重要途径。

4.乡村文学艺术

包括富有地方特色的庙会、花会、地方戏、杂耍、游戏、舞蹈、民族体育、故事、传说、民歌、乡土文学等文化类型，也包括贴对联、贴窗花、放鞭炮等民俗活动和节日庆典中的文化娱乐内容。人们常用"喜闻乐见"形容村落文化形式，反映的是村落娱乐文化的乡土性和群体参与性特点。乡村文学艺术最接近老百姓的劳动和生活习惯，像唢呐、快板、评书、对歌等，很多娱乐形式都来源于生活。乡村文艺通过寓教于乐实施教化，或歌颂好人好事，或鞭笞丑事恶俗，文艺节目或故事所传达出的对人的教导、感化意义会延续到村民的日常生活当中，并潜移默化地影响他们的为人处事方式。

乡村文化之所以能够发挥治理作用，是因为在特定文化环境中成长起来的村民具有很深的地方文化认同感，具有一致和稳定的价值观，很多已经内化为人们的行为自觉。在遵循乡村文化特点的基础上实施乡村治理，最容易得到村民的认可和接受。如通过整理优秀家规、家训。利用人们为家族争光的意识，使其在树立良好家风中发挥作用；通过提倡新乡贤文化，鼓励外出的能人返乡创业或为家乡作贡献；通过弘扬德孝文化，使敬老、诚信、互助等传统美德逐渐成为村落文化的主旋律。

不仅如此。村落文化娱乐活动还可以破解如何将党和国家的方针政策有效传递到农户和村民的难题。有些地方把政府的惠农政策、法律知识、国家大事等以村民喜闻乐见的文艺形式表现出来，村民在娱乐的同时理解并接受党和政府的相关政策。此外，乡村文化建设在增强农民的凝聚力，重现乡村生机，进一步实现乡村整合方面具有显著效果。在共同参与的文化活动中村民获得了集体荣誉感，强化了村民对村落的认同感和归属感，有助于恢复乡村的活力。

乡村文化在促进交流信息、密切感情、消除隔阂、化解矛盾等方面都有其独特的发挥作用空间。就是像乡村环境整治这样的工程，也可以从传统乡村文化中汲取智慧，受到启发。如种养结合、循环利用是传统农业文化的精髓，依托乡村作为实现循环利用的节点、乡村的结构、农业生产和生活方式对维系乡村低碳生活和乡村可持续发展意义重大。今天的厕所革命、垃圾分类、污水处理、人畜排泄物的消化等，如果能遵守乡村可持续发展理念，避免呆板的工程思维，不仅节省投入和运营成本，也可以最大限度地实现资源再利用。因此，传统文化蕴含的治理智慧与现代科技的有机结合，是提高乡村治理能力不可忽视的两个方面。

二、强化乡村教化价值

村落是一个天然的教化空间，村落教化是通过特定的村落空间结构、特殊的社会关系和文化结构发挥作用的。

在空间结构方面，乡村是由一个个农户组成的，每个农户不仅空间位置是固定的，而且是开放的。所谓开放，指农户的大事小情邻里之间基本上都清楚，于是形成了特定的邻里关系和熟人社会，并相应产生了多种熟人社会的规则。如邻里互助、诚实守信、社会舆论等。这样的村落形态会产生两个效果：一是每个人都自觉约束自己的行为，二是便于村落内的舆论监督。村落监督现象在传统乡村无处不在，如"街头巷议"作为村落舆论最为常见的形式，对村落成员行为的监督和矫正作用十分显著。

在社会结构方面，乡村具有两个结构特征：一是以血缘为纽带形成的家庭与家族关系。家有家规、族有族规，一个家庭或家族要维系成员的和谐需要有规矩。家规是为维护家族秩序，由家族制定并遗传下来的教育规范后代子孙的行为准则，是治家教子、修身处世的重要准则。把家规凝练成便于传颂和铭记的格言、警句，就成为家训，是对家族对子孙后代立身处世、持家治业的教诲。二是以地缘为基础形成的邻里与同乡关系。由于生产互助、生活互帮、应对突发事件等需要，也因为频繁的互动条件和情感需要，于是形成了与邻为善、守望相助、讲诚信、守信用、远亲不如近邻等文化传统，发挥着引导人向善向上的教化功能，潜移默化地对乡村成员的意识和行为发挥作用。

乡村劳动是实施教化的重要途径。特别是农业生产劳动，是帮助劳动者获得知识和感悟人生的重要途径。一系列优秀品质均可以在农业劳动中获得，如善待大自然，尊重自然规律，理解人与自然的关系；体验劳动的艰辛。锻炼耐力与忍耐力，培养诚实和珍惜劳动成果的品质；培养感恩和祈福的情操以及关爱生命等品质；在劳动过程中养成协作与互助的品质等。

提高乡村的治理能力，要在党组织的领导下，充分利用乡村的自治与德治资源，形成有效化解乡村矛盾和问题的机制。要利用乡村教化价值，充分发挥农民的主体作用，做到民事民议、民事民办、民事民管。利用乡村熟人社会的教化机制，从最小单元、最小细胞抓起，完善重心下移、力量下沉的工作机制，实现"小事不出村，大事不出镇，矛盾不上交"的治理效果，把矛盾化解在基层。深入挖掘乡村文化中蕴含的优秀思想观念、人文精神、道德规范，不断赋予时代内涵、丰富表现形式，充分发挥其在凝聚人心、教化群众、淳化民风中的重要作用。

附录： 中共中央 国务院关于
全面推进乡村振兴加快农业农村现代化的意见
（2021年1月4日）

党的十九届五中全会审议通过的《中共中央关于制定国民经济和社会发展第十四个五年规划和二〇三五年远景目标的建议》，对新发展阶段优先发展农业农村、全面推进乡村振兴作出总体部署，为做好当前和今后一个时期"三农"工作指明了方向。

"十三五"时期，现代农业建设取得重大进展，乡村振兴实现良好开局。粮食年产量连续保持在1.3万亿斤以上，农民人均收入较2010年翻一番多。新时代脱贫攻坚目标任务如期完成，现行标准下农村贫困人口全部脱贫，贫困县全部摘帽，易地扶贫搬迁任务全面完成，消除了绝对贫困和区域性整体贫困，创造了人类减贫史上的奇迹。农村人居环境明显改善，农村改革向纵深推进，农村社会保持和谐稳定，农村即将同步实现全面建成小康社会目标。农业农村发展取得新的历史性成就，为党和国家战胜各种艰难险阻、稳定经济社会发展大局，发挥了"压舱石"作用。实践证明，以习近平同志为核心的党中央驰而不息重农强农的战略决策完全正确，党的"三农"政策得到亿万农民衷心拥护。

"十四五"时期，是乘势而上开启全面建设社会主义现代化国家新征程、向第二个百年奋斗目标进军的第一个五年。民族要复兴，乡村必振兴。全面建设社会主义现代化国家，实现中华民族伟大复兴，最艰巨最繁重的任务依然在农村，最广泛最深厚的基础依然在农村。解决好发展不平衡不充分问题，重点难点在"三农"，迫切需要补齐农业农村短板弱项，推动城乡协调发展；构建新发展格局，潜力后劲在"三农"，迫切需要扩大农村需求，畅通城乡经济循环；应对国内外各种风险挑战，基础支撑在"三农"，迫切需要稳住农业基本盘，守好"三农"基础。党中央认为，新发展阶段"三农"工作依然极端重要，须臾不可放松，务必抓紧抓实。要坚持把解决好"三农"问题作为全党工作重中之重，把全面推进乡村振兴作为实现中华民族伟大复兴的一项重大任务，举全党全社会之力加快农业农村现代化，让广大农民过上更加美好的生活。

一、总体要求

（一）指导思想。以习近平新时代中国特色社会主义思想为指导，全面贯彻党的十九大和十九届二中、三中、四中、五中全会精神，贯彻落实中央经济工作会议精神，统筹推进"五位一体"总体布局，协调推进"四个全面"战略布局，坚定不移贯彻新发展理念，坚持稳中求进工作总基调，坚持加强党对"三农"工作的全面领导，坚持农业农村优先发展，坚持农业现代化与农村现代化一体设计、一并推进，坚持创新驱动发展，以推动高质量发展为主题，统筹发展和安全，落实加快构建新发展格局要求，巩固和完善农村基本经营制度，深入推进农业供给侧结构性改革，把乡村建设摆在社会主义现代化建设的重要位置，全面推进乡村产业、人才、文化、生态、组织振兴，充分发挥农业产品供给、生态屏障、文化传承等功能，走中国特色社会主义乡村振兴道路，加快农业农村现代化，加快形成工农互促、城乡互补、协调发展、共同繁荣的新型工农城乡关系，促进农业高质高效、乡村宜居宜业、农民富裕富足，为全面建设社会主义现代化国家开好局、起好步提供有力支撑。

（二）目标任务。2021年，农业供给侧结构性改革深入推进，粮食播种面积保持稳定、产量达到1.3万亿斤以上，生猪产业平稳发展，农产品质量和食品安全水平进一步提高，农民收入增长继续快于城镇居民，脱贫攻坚成果持续巩固。农业农村现代化规划启动实施，脱贫攻坚政策体系和工作机制同乡村振兴有效衔接、平稳过渡，乡村建设行动全面启动，农村人居环境整治提升，农村改革重点任务深入推进，农村社会保持和谐稳定。

到2025年，农业农村现代化取得重要进展，农业基础设施现代化迈上新台阶，农村生活设施便利化初步实现，城乡基本公共服务均等化水平明显提高。农业基础更加稳固，粮食和重要农产品供应保障更加有力，农业生产结构和区域布局明显优化，农业质量效益和竞争力明显提升，现代乡村产业体系基本形成，有条件的地区率先基本实现农业现代化。脱贫攻坚成果巩固拓展，城乡居民收入差距持续缩小。农村生产生活方式绿色转型取得积极进展，化肥农药使用量持续减少，农村生态环境得到明显改善。乡村建设行动取得明显成效，乡村面貌发生显著变化，乡村发展活力充分激发，乡村文明程度得到新提升，农村发展安全保障更加有力，农民获得感、幸福感、安全感明显提高。

二、实现巩固拓展脱贫攻坚成果同乡村振兴有效衔接

（三）设立衔接过渡期。脱贫攻坚目标任务完成后，对摆脱贫困的县，从脱贫之日起设立5年过渡期，做到扶上马送一程。过渡期内保持现有主要帮扶政策总体稳定，并逐项分类优化调整，合理把握节奏、力度和时限，逐步实现由集中资源支持脱贫攻坚向全面推进乡村振兴平稳过渡，推动"三农"工作重心历史性转移。抓紧出台各项政策完善优化的具体实施办法，确保工作不留空档、政策不留空白。

（四）持续巩固拓展脱贫攻坚成果。健全防止返贫动态监测和帮扶机制，对易返贫致贫人口及时发现、及时帮扶，守住防止规模性返贫底线。以大中型集中安置区为重点，扎实做好易地搬迁后续帮扶工作，持续加大就业和产业扶持力度，继续完善安置区配套基础设施、产业园区配套设施、公共服务设施，切实提升社区治理能力。加强扶贫项目资产管理和监督。

（五）接续推进脱贫地区乡村振兴。实施脱贫地区特色种养业提升行动，广泛开展农产品产销对接活动，深化拓展消费帮扶。持续做好有组织劳务输出工作。统筹用好公益岗位，对符合条件的就业困难人员进行就业援助。在农业农村基础设施建设领域推广以工代赈方式，吸纳更多脱贫人口和低收入人口就地就近就业。在脱贫地区重点建设一批区域性和跨区域重大基础设施工程。加大对脱贫县乡村振兴支持力度。在西部地区脱贫县中确定一批国家乡村振兴重点帮扶县集中支持。支持各地自主选择部分脱贫县作为乡村振兴重点帮扶县。坚持和完善东西部协作和对口支援、社会力量参与帮扶等机制。

（六）加强农村低收入人口常态化帮扶。开展农村低收入人口动态监测，实行分层分类帮扶。对有劳动能力的农村低收入人口，坚持开发式帮扶，帮助其提高内生发展能力，发展产业、参与就业，依靠双手勤劳致富。对脱贫人口中丧失劳动能力且无法通过产业就业获得稳定收入的人口，以现有社会保障体系为基础，按规定纳入农村低保或特困人员救助供养范围，并按困难类型及时给予专项救助、临时救助。

三、加快推进农业现代化

（七）提升粮食和重要农产品供给保障能力。地方各级党委和政府要切实扛起粮食安全政治责任，实行粮食安全党政同责。深入实施重要农产品保障战略，完善粮食安全省长责任制和"菜篮子"市长负责制，确保粮、棉、油、糖、肉等供给安全。"十四五"时期各省（自治区、直辖市）要稳定粮食播种面积、提高单产水平。加强粮食

生产功能区和重要农产品生产保护区建设。建设国家粮食安全产业带。稳定种粮农民补贴，让种粮有合理收益。坚持并完善稻谷、小麦最低收购价政策，完善玉米、大豆生产者补贴政策。深入推进农业结构调整，推动品种培优、品质提升、品牌打造和标准化生产。鼓励发展青贮玉米等优质饲草饲料，稳定大豆生产，多措并举发展油菜、花生等油料作物。健全产粮大县支持政策体系。扩大稻谷、小麦、玉米三大粮食作物完全成本保险和收入保险试点范围，支持有条件的省份降低产粮大县三大粮食作物农业保险保费县级补贴比例。深入推进优质粮食工程。加快构建现代养殖体系，保护生猪基础产能，健全生猪产业平稳有序发展长效机制，积极发展牛羊产业，继续实施奶业振兴行动，推进水产绿色健康养殖。推进渔港建设和管理改革。促进木本粮油和林下经济发展。优化农产品贸易布局，实施农产品进口多元化战略，支持企业融入全球农产品供应链。保持打击重点农产品走私高压态势。加强口岸检疫和外来入侵物种防控。开展粮食节约行动，减少生产、流通、加工、存储、消费环节粮食损耗浪费。

（八）打好种业翻身仗。农业现代化，种子是基础。加强农业种质资源保护开发利用，加快第三次农作物种质资源、畜禽种质资源调查收集，加强国家作物、畜禽和海洋渔业生物种质资源库建设。对育种基础性研究以及重点育种项目给予长期稳定支持。加快实施农业生物育种重大科技项目。深入实施农作物和畜禽良种联合攻关。实施新一轮畜禽遗传改良计划和现代种业提升工程。尊重科学、严格监管，有序推进生物育种产业化应用。加强育种领域知识产权保护。支持种业龙头企业建立健全商业化育种体系，加快建设南繁硅谷，加强制种基地和良种繁育体系建设，研究重大品种研发与推广后补助政策，促进育繁推一体化发展。

（九）坚决守住18亿亩耕地红线。统筹布局生态、农业、城镇等功能空间，科学划定各类空间管控边界，严格实行土地用途管制。采取"长牙齿"的措施，落实最严格的耕地保护制度。严禁违规占用耕地和违背自然规律绿化造林、挖湖造景，严格控制非农建设占用耕地，深入推进农村乱占耕地建房专项整治行动，坚决遏制耕地"非农化"、防止"非粮化"。明确耕地利用优先序，永久基本农田重点用于粮食特别是口粮生产，一般耕地主要用于粮食和棉、油、糖、蔬菜等农产品及饲草饲料生产。明确耕地和永久基本农田不同的管制目标和管制强度，严格控制耕地转为林地、园地等其他类型农用地，强化土地流转用途监管，确保耕地数量不减少、质量有提高。实施新一轮高标准农田建设规划，提高建设标准和质量，健全管护机制，多渠道筹集建设资金,中央和地方共同加大粮食主产区高标准农田建设投入,2021年建设1亿亩旱涝保收、高产稳产高标准农田。在高标准农田建设中增加的耕地作为占补平衡补充耕地指标在省域内调剂,所得收益用于高标准农田建设。加强和改进建设占用耕地占补平衡管理,严格新增耕地核实认定和监管。健全耕地数量和质量监测监管机制,加强耕地保护督察和执法监督,开展"十三五"时期省级政府耕地保护责任目标考核。

(十)强化现代农业科技和物质装备支撑。实施大中型灌区续建配套和现代化改造。到2025年全部完成现有病险水库除险加固。坚持农业科技自立自强,完善农业科技领域基础研究稳定支持机制,深化体制改革,布局建设一批创新基地平台。深入开展乡村振兴科技支撑行动。支持高校为乡村振兴提供智力服务。加强农业科技社会化服务体系建设,深入推行科技特派员制度。打造国家热带农业科学中心。提高农机装备自主研制能力,支持高端智能、丘陵山区农机装备研发制造,加大购置补贴力度,开展农机作业补贴。强化动物防疫和农作物病虫害防治体系建设,提升防控能力。

(十一)构建现代乡村产业体系。依托乡村特色优势资源,打造农业全产业链,把产业链主体留在县城,让农民更多分享产业增值收益。加快健全现代农业全产业链标准体系,推动新型农业经营主体按标生产,培育农业龙头企业标准"领跑者"。立足县域布局特色农产品产地初加工和精深加工,建设现代农业产业园、农业产业强镇、优势特色产业集群。推进公益性农产品市场和农产品流通骨干网络建设。开发休闲农业和乡村旅游精品线路,完善配套设施。推进农村一二三产业融合发展示范园和科技示范园区建设。把农业现代化示范区作为推进农业现代化的重要抓手,围绕提高农业产业体系、生产体系、经营体系现代化水平,建立指标体系,加强资源整合、政策集成,以县(市、区)为单位开展创建,到2025年创建500个左右示范区,形成梯次推进农业现代化的格局。创建现代林业产业示范区。组织开展"万企兴万村"行动。稳步推进反映全产业链价值的农业及相关产业统计核算。

(十二)推进农业绿色发展。实施国家黑土地保护工程,推广保护性耕作模式。健全耕地休耕轮作制度。持续推进化肥农药减量增效,推广农作物病虫害绿色防控产品和技术。加强畜禽粪污资源化利用。全面实施秸秆综合利用和农膜、农药包装物回收行动,加强可降解农膜研发推广。在长江经济带、黄河流域建设一批农业面源污染综合治理示范县。支持国家农业绿色发展先行区建设。加强农产品质量和食品安全监管,发展绿色农产品、有机农产品和地理标志农产品,试行食用农产品达标合格证制度，推进国家农产品质量安全县创建。加强水生生物资源养护，推进以长江为重点的渔政执法能力建设，确保十年禁渔令有效落实，做好退捕渔民安置保障工作。发展节水农业和旱作农业。推进荒漠化、石漠化、坡耕地水土流失综合治理和土壤污染防治、重点区域地下水保护与超采治理。实施水系连通及农村水系综合整治，强化河湖长制。巩固退耕还林还草成果，完善政策、有序推进。实行林长制。科学开展大规模国土绿化行动。完善草原生态保护补助奖励政策，全面推进草原禁牧轮牧休牧，加强草原鼠害防治，稳步恢复草原生态环境。

（十三）推进现代农业经营体系建设。突出抓好家庭农场和农民合作社两类经营主体，鼓励发展多种形式适度规模经营。实施家庭农场培育计划，把农业规模经营户培育成有活力的家庭农场。推进农民合作社质量提升，加大对运行规范的农民合作社扶持力度。发展壮大农业专业化社会化服务组织，将先进适用的品种、投入品、技术、装备导入小农户。支持市场主体建设区域性农业全产业链综合服务中心。支持农业产业化龙头企业创新发展、做大做强。深化供销合作社综合改革，开展生产、供销、信用"三位一体"综合合作试点，健全服务农民生产生活综合平台。培育高素质农民，组织参加技能评价、学历教育，设立专门面向农民的技能大赛。吸引城市各方面人才到农村创业创新，参与乡村振兴和现代农业建设。

四、大力实施乡村建设行动

（十四）加快推进村庄规划工作。2021年基本完成县级国土空间规划编制，明确村庄布局分类。积极有序推进"多规合一"实用性村庄规划编制，对有条件、有需求的村庄尽快实现村庄规划全覆盖。对暂时没有编制规划的村庄，严格按照县乡两级国土空间规划中确定的用途管制和建设管理要求进行建设。编制村庄规划要立足现有基础，保留乡村特色风貌，不搞大拆大建。按照规划有序开展各项建设，严肃查处违规乱建行为。健全农房建设质量安全法律法规和监管体制，3年内完成安全隐患排查整治。完善建设标准和规范，提高农房设计水平和建设质量。继续实施农村危房改造和地震高烈度设防地区农房抗震改造。加强村庄风貌引导，保护传统村落、传统民居和历史文化名村名镇。加大农村地区文化遗产遗迹保护力度。乡村建设是为农民而建，要因地制宜、稳扎稳打，不刮风搞运动。严格规范村庄撤并，不得违背农民意愿、强迫农民上楼，把好事办好、把实事办实。

（十五）加强乡村公共基础设施建设。继续把公共基础设施建设的重点放在农村，着力推进往村覆盖、往户延伸。实施农村道路畅通工程。有序实施较大人口规模自然村（组）通硬化路。加强农村资源路、产业路、旅游路和村内主干道建设。推进农村公路建设项目更多向进村入户倾斜。继续通过中央车购税补助地方资金、成品油税费改革转移支付、地方政府债券等渠道，按规定支持农村道路发展。继续开展"四好农村路"示范创建。全面实施路长制。开展城乡交通一体化示范创建工作。加强农村道路桥梁安全隐患排查，落实管养主体责任。强化农村道路交通安全监管。实施农村供水保障工程。加强中小型水库等稳定水源工程建设和水源保护，实施规模化供水工程建设和小型工程标准化改造，有条件的地区推进城乡供水一体化，到2025年农村自来水普及率达到88%。完善农村水价水费形成机制和工程长效运营机制。实施乡村清洁能源建设工程。加大农村电网建设力度，全面巩固提升农村电力保障水平。推进燃气下乡，支持建设安全可靠的乡村储气罐站和微管网供气系统。发展农村生物质能源。加强煤炭清洁化利用。实施数字乡村建设发展工程。推动农村千兆光网、第五代移动通信（5G）、移动物联网与城市同步规划建设。完善电信普遍服务补偿机制，支持农村及偏远地区信息通信基础设施建设。加快建设农业农村遥感卫星等天基设施。发展智慧农业，建立农业农村大数据体系，推动新一代信息技术与农业生产经营深度融合。完善农业气象综合监测网络，提升农业气象灾害防范能力。加强乡村公共服务、社会治理等数字化智能化建设。实施村级综合服务设施提升工程。加强村级客运站点、文化体育、公共照明等服务设施建设。

（十六）实施农村人居环境整治提升五年行动。分类有序推进农村厕所革命，加快研发干旱、寒冷地区卫生厕所适用技术和产品，加强中西部地区农村户用厕所改造。统筹农村改厕和污水、黑臭水体治理，因地制宜建设污水处理设施。健全农村生活垃圾收运处置体系，推进源头分类减量、资源化处理利用，建设一批有机废弃物综合处置利用设施。健全农村人居环境设施管护机制。有条件的地区推广城乡环卫一体化第三方治理。深入推进村庄清洁和绿化行动。开展美丽宜居村庄和美丽庭院示范创建活动。

（十七）提升农村基本公共服务水平。建立城乡公共资源均衡配置机制，强化农村基本公共服务供给县乡村统筹，逐步实现标准统一、制度并轨。提高农村教育质量，多渠道增加农村普惠性学前教育资源供给，继续改善乡镇寄宿制学校办学条件，保留并办好必要的乡村小规模学校，在县城和中心镇新建改扩建一批高中和中等职业学校。完善农村特殊教育保障机制。推进县域内义务教育学校校长教师交流轮岗，支持建设城乡学校共同体。面向农民就业创业需求，发展职业技术教育与技能培训，建设一批产教融合基地。开展耕读教育。加快发展面向乡村的网络教育。加大涉农高校、涉农职业院校、涉农学科专业建设力度。全面推进健康乡村建设，提升村卫生室标准化建设和健康管理水平，推动乡村医生向执业（助理）医师转变，采取派驻、巡诊等方式提高基层卫生服务水平。提升乡镇卫生院医疗服务能力，选建一批中心卫生院。加强县级医院建设，持续提升县级疾控机构应对重大疫情及突发公共卫生事件能力。加强县域紧密型医共体建设，实行医保总额预算管理。加强妇幼、老年人、残疾人等重点人群健康服务。健全统筹城乡的就业政策和服务体系，推动公共就业服务机构向乡村延伸。深入实施新生代农民工职业技能提升计划。完善统一的城乡居民基本医疗保险制度，合理提高政府补助标准和个人缴费标准，健全重大疾病医疗保险和救助制度。落实城乡居民基本养老保险待遇确定和正常调整机制。推进城乡低保制度统筹发展，逐步提高特困人员供养服务质量。加强对农村留守儿童和妇女、老年人以及困境儿童的关爱服务。健全县乡村衔接的三级养老服务网络，推动村级幸福院、日间照料中心等养老服务设施建设，发展农村普惠型养老服务和互助性养老。推进农村公益性殡葬设施建设。推进城乡公共文化服务体系一体建设，创新实施文化惠民工程。

（十八）全面促进农村消费。加快完善县乡村三级农村物流体系，改造提升农村寄递物流基础设施，深入推进电子商务进农村和农产品出村进城，推动城乡生产与消费有效对接。促进农村居民耐用消费品更新换代。加快实施农产品仓储保鲜冷链物流设施建设工程，推进田头小型仓储保鲜冷链设施、产地低温直销配送中心、国家骨干冷链物流基地建设。完善农村生活性服务业支持政策，发展线上线下相结合的服务网点，推动便利化、精细化、品质化发展，满足农村居民消费升级需要，吸引城市居民下乡消费。

（十九）加快县域内城乡融合发展。推进以人为核心的新型城镇化，促进大中小城市和小城镇协调发展。把县域作为城乡融合发展的重要切入点，强化统筹谋划和顶层设计，破除城乡分割的体制弊端，加快打通城乡要素平等交换、双向流动的制度性通道。统筹县域产业、基础设施、公共服务、基本农田、生态保护、城镇开发、村落分布等空间布局，强化县城综合服务能力，把乡镇建设成为服务农民的区域中心，实现县乡村功能衔接互补。壮大县域经济，承接适宜产业转移，培育支柱产业。加快小城镇发展，完善基础设施和公共服务，发挥小城镇连接城市、服务乡村作用。推进以县城为重要载体的城镇化建设，有条件的地区按照小城市标准建设县城。积极推进扩权强镇，规划建设一批重点镇。开展乡村全域土地综合整治试点。推动在县域就业的农民工就地市民化，增加适应进城农民刚性需求的住房供给。鼓励地方建设返乡入乡创业园和孵化实训基地。

（二十）强化农业农村优先发展投入保障。继续把农业农村作为一般公共预算优先保障领域。中央预算内投资进一步向农业农村倾斜。制定落实提高土地出让收益用于农业农村比例考核办法，确保按规定提高用于农业农村的比例。各地区各部门要进一步完善涉农资金统筹整合长效机制。支持地方政府发行一般债券和专项债券用于现代农业设施建设和乡村建设行动，制定出台操作指引，做好高质量项目储备工作。发挥财政投入引领作用，支持以市场化方式设立乡村振兴基金，撬动金融资本、社会力量参与，重点支持乡村产业发展。坚持为农服务宗旨，持续深化农村金融改革。运用支农支小再贷款、再贴现等政策工具，实施最优惠的存款准备金率，加大对机构法人在县域、业务在县域的金融机构的支持力度，推动农村金融机构回归本源。鼓励银行业金融机构建立服务乡村振兴的内设机构。明确地方政府监管和风险处置责任，稳妥规范开展农民合作社内部信用合作试点。保持农村信用合作社等县域农村金融机构法人地位和数量总体稳定，做好监督管理、风险化解、深化改革工作。完善涉农金融机构治理结构和内控机制，强化金融监管部门的监管责任。支持市县构建域内共享的涉农信用信息数据库，用3年时间基本建成比较完善的新型农业经营主体信用体系。发展农村数字普惠金融。大力开展农户小额信用贷款、保单质押贷款、农机具和大棚设施抵押贷款业务。鼓励开发专属金融产品支持新型农业经营主体和农村新产业新业态，增加首贷、信用贷。加大对农业农村基础设施投融资的中长期信贷支持。加强对农业信贷担保放大倍数的量化考核，提高农业信贷担保规模。将地方优势特色农产品保险以奖代补做法逐步扩大到全国。健全农业再保险制度。发挥"保险+期货"在服务乡村产业发展中的作用。

（二十一）深入推进农村改革。完善农村产权制度和要素市场化配置机制，充分激发农村发展内生动力。坚持农村土地农民集体所有制不动摇，坚持家庭承包经营基础性地位不动摇，有序开展第二轮土地承包到期后再延长30年试点，保持农村土地承包关系稳定并长久不变，健全土地经营权流转服务体系。积极探索实施农村集体经营性建设用地入市制度。完善盘活农村存量建设用地政策，实行负面清单管理，优先保障乡村产业发展、乡村建设用地。根据乡村休闲观光等产业分散布局的实际需要，探索灵活多样的供地新方式。加强宅基地管理，稳慎推进农村宅基地制度改革试点，探索宅基地所有权、资格权、使用权分置有效实现形式。规范开展房地一体宅基地日常登记颁证工作。规范开展城乡建设用地增减挂钩，完善审批实施程序、节余指标调剂及收益分配机制。2021年基本完成农村集体产权制度改革阶段性任务，发展壮大新型农村集体经济。保障进城落户农民土地承包权、宅基地使用权、集体收益分配权，研究制定依法自愿有偿转让的具体办法。加强农村产权流转交易和管理信息网络平台建设，提供综合性交易服务。加快农业综合行政执法信息化建设。深入推进农业水价综合改革。继续深化农村集体林权制度改革。

五、加强党对"三农"工作的全面领导

（二十二）强化五级书记抓乡村振兴的工作机制。全面推进乡村振兴的深度、广度、难度都不亚于脱贫攻坚，必须采取更有力的举措，汇聚更强大的力量。要深入贯彻落实《中国共产党农村工作条例》，健全中央统筹、省负总责、市县乡抓落实的农村工作领导体制，将脱贫攻坚工作中形成的组织推动、要素保障、政策支持、协作帮扶、考核督导等工作机制，根据实际需要运用到推进乡村振兴，建立健全上下贯通、精准施策、一抓到底的乡村振兴工作体系。省、市、县级党委要定期研究乡村振兴工作。县委书记应当把主要精力放在"三农"工作上。建立乡村振兴联系点制度，省、市、县级党委和政府负责同志都要确定联系点。开展县乡村三级党组织书记乡村振兴轮训。加强党对乡村人才工作的领导，将乡村人才振兴纳入党委人才工作总体部署，健全适合乡村特点的人才培养机制，强化人才服务乡村激励约束。加快建设政治过硬、本领过硬、作风过硬的乡村振兴干部队伍，选派优秀干部到乡村振兴一线岗位，把乡村振兴作为培养锻炼干部的广阔舞台，对在艰苦地区、关键岗位工作表现突出的干部优先重用。

（二十三）加强党委农村工作领导小组和工作机构建设。充分发挥各级党委农村工作领导小组牵头抓总、统筹协调作用，成员单位出台重要涉农政策要征求党委农村工作领导小组意见并进行备案。各地要围绕"五大振兴"目标任务，设立由党委和政府负责同志领导的专项小组或工作专班，建立落实台账，压实工作责任。强化党委农

村工作领导小组办公室决策参谋、统筹协调、政策指导、推动落实、督促检查等职能，每年分解"三农"工作重点任务，落实到各责任部门，定期调度工作进展。加强党委农村工作领导小组办公室机构设置和人员配置。

（二十四）加强党的农村基层组织建设和乡村治理。充分发挥农村基层党组织领导作用，持续抓党建促乡村振兴。有序开展乡镇、村集中换届，选优配强乡镇领导班子、村"两委"成员特别是村党组织书记。在有条件的地方积极推行村党组织书记通过法定程序担任村民委员会主任，因地制宜、不搞"一刀切"。与换届同步选优配强村务监督委员会成员，基层纪检监察组织加强与村务监督委员会的沟通协作、有效衔接。坚决惩治侵害农民利益的腐败行为。坚持和完善向重点乡村选派驻村第一书记和工作队制度。加大在优秀农村青年中发展党员力度，加强对农村基层干部激励关怀，提高工资补助待遇，改善工作生活条件，切实帮助解决实际困难。推进村委会规范化建设和村务公开"阳光工程"。开展乡村治理试点示范创建工作。创建民主法治示范村，培育农村学法用法示范户。加强乡村人民调解组织队伍建设，推动就地化解矛盾纠纷。深入推进平安乡村建设。建立健全农村地区扫黑除恶常态化机制。加强县乡村应急管理和消防安全体系建设，做好对自然灾害、公共卫生、安全隐患等重大事件的风险评估、监测预警、应急处置。

（二十五）加强新时代农村精神文明建设。弘扬和践行社会主义核心价值观，以农民群众喜闻乐见的方式，深入开展习近平新时代中国特色社会主义思想学习教育。拓展新时代文明实践中心建设，深化群众性精神文明创建活动。建强用好县级融媒体中心。在乡村深入开展"听党话、感党恩、跟党走"宣讲活动。深入挖掘、继承创新优秀传统乡土文化，把保护传承和开发利用结合起来，赋予中华农耕文明新的时代内涵。持续推进农村移风易俗，推广积分制、道德评议会、红白理事会等做法，加大高价彩礼、人情攀比、厚葬薄养、铺张浪费、封建迷信等不良风气治理，推动形成文明乡风、良好家风、淳朴民风。加大对农村非法宗教活动和境外渗透活动的打击力度，依法制止利用宗教干预农村公共事务。办好中国农民丰收节。

（二十六）健全乡村振兴考核落实机制。各省（自治区、直辖市）党委和政府每年向党中央、国务院报告实施乡村振兴战略进展情况。对市县党政领导班子和领导干部开展乡村振兴实绩考核，纳入党政领导班子和领导干部综合考核评价内容，加强考核结果应用，注重提拔使用乡村振兴实绩突出的市县党政领导干部。对考核排名落后、履职不力的市县党委和政府主要负责同志进行约谈，建立常态化约谈机制。将巩固拓展脱贫攻坚成果纳入乡村振兴考核。强化乡村振兴督查，创新完善督查方式，及时发现和解决存在的问题，推动政策举措落实落地。持续纠治形式主义、官僚主义，将减轻村级组织不合理负担纳入中央基层减负督查重点内容。坚持实事求是、依法行政，把握好农村各项工作的时度效。加强乡村振兴宣传工作，在全社会营造共同推进乡村振兴的浓厚氛围。

第五篇
农业农村现代化发展
与创新驱动

第一章 农业农村现代化发展的科学内涵及创新驱动路径

党的十九大报告中首次提出了农业农村现代化的概念，农业农村现代化强调的是全面现代化。到2050年我国要建成富强民主文明和谐美丽的社会主义现代化强国，作为我国经济社会发展的重要组成部分的农业农村发展，其现代化发展具体就是按照产业兴旺、生态宜居、乡风文明、治理有效、生活富裕总体要求，最终实现农业强、农民富、农村美的现代化目标，让农业、农村、农民和整个国家一起实现现代化。

当前，在我国农业农村现代化发展过程中，"三农"问题在我国工业化、城镇化加速推进过程中再一次显现出来，是在我国经济发展过程中必须面对的更高层次的问题，是破解"三农"发展的现代性、公平性问题。突破自身发展瓶颈、解决深层次矛盾和问题，根本出路就在于创新。现阶段"三农"发展面临的新形势和新挑战，迫切需要创新理念和思路，提出破解"三农"问题的新方法和新举措。创新发展是引领发展的第一动力，推动经济社会发展要更多依靠创新驱动，加快实施创新驱动发展战略，增添、培育和催生中国经济发展的新动力。面对农业短腿和农村短板，在推动"三农"发展时我们要将创新摆在突出位置，要在围绕建设特色现代农业，努力在提高粮食生产能力上挖掘新潜力，在优化农业结构上开辟新途径，在转变农业发展方式上寻求新突破，在促进农民增收上获得新成效，在建设新农村上迈出新步伐。向创新要活力，要动力，要效益，通过制度创新和政策创设，建立起"三农"发展的制度环境和内生机制，引领"三农"发展，是当前"三农"发展的根本和关键。

本章坚持唯物辩证的思想方法和理论联系实际的原则，采用文献研究法和借助现代科技手段的方法，坚持系统思维的方法等方法，坚持问题导向意识。重点对当前农业农村现代化进程中面临的问题、农业农村现代化的科学内涵和创新要求等方面进行了较为深入系统的研究。

第一节　农业农村现代化发展进程中面临的问题

近年来，由于各级党委政府高度重视，我国"三农"工作取得了积极的成效，但我们也要清醒地看到，"三农"工作依然面临严峻的挑战。当前。在我国农业农村现代化进程中，"三农"发展面临的新形势和新挑战，迫切需要创新理念和思路，提出破解"三农"问题的新方法、新举措。

一、农业现代化面临着严峻挑战

目前，我国已经进入农业现代化的加速推进期，但是，农业现代化建设过程中的许多矛盾日益加剧，问题更加突出。

（一）农业劳动力的劣质化

随着工业化、城镇化进程的加快，大批的青壮年劳动力离开农村进城务工，农业留守劳动力老龄化、低素质化。农业现代化发展面临人力资本困境。

（二）农业发展瓶颈趋紧

我国农业发展长期以来主要依靠的是要素驱动，包括对土地掠夺式的利用和对农药和化肥等农业用品的高投入，这种粗放式的农业发展模式造成了农业生产面临的资源环境约束进一步增强。

（三）农业经营方式落后

分散经营下的小规模农业生产，生产经营专业化、标准化、规模化水平不高，农产品的质量与人民的生活水平提高的要求之间还有很大的差距，市场竞争力不强，也难以获得规模效益。农业现代化面临着严峻挑战，迫切需要转变农业发展方式，寻求新的发展动力机制。

二、农村社会建设和公共服务滞后

长期以来，我国城乡之间存在要素交换的不平等和公共资源配置的不均衡问题，不仅如此，随着工业化、城镇化进程的快速推进，农村与非农产业和城镇的争夺战造成农村土地、资金、人才等生产要素日益紧缺，农村的弱势地位逐渐凸显。

（一）农村生产要素流动性低下，亟须构建要素流动和配置机制

长期以来，由于受法律和体制的限制。农村缺乏增强发展动力的顶层设计，导致农民的承包地、宅基地、住房等要素流动性低下，农村资源不能优化配置和充分利用。

（二）农村公共服务保障不足，亟须构建新的投融资机制

近年来，中央把加强农村基础设施建设作为新农村建设的关键环节，农村的教育、卫生、社保等社会事业取得显著进展。但由于我们长期实行的是城乡分割的社会政策，共财政资源主要面向城市供给公共物品和服务，由于历史欠账多，农村基础设施落后、社会事业发展水平低的问题还没有根本解决，亟须创新思路，为农村营造内核驱动力和外部吸引力，构建"新型工农城乡关系"。

三、农民增收与权益公平问题亟待解决

在工业化、城市化快速增长的推动下，农民总体收入水平依然比较低。我们国家农村居民中还有 2600多万未能解决温饱问题的贫困人口；城乡人口的收入差距日益扩大，出现"丰裕型贫困"。

（一）农民经营性收入增长缓慢

农民经营性收入受自身文化素质、经营规模和外部政策环境等因素影响。截至2012年，农村小学及以下程度劳动力所占比例仍高达 31.98%，传统农民文化水平低且缺乏培训，加之土地经营规模小，农业效益比较低下，导致农民经营性收入增长缓慢。

（二）农民赋权不足，财产性收入比重低

长期以来，由于农民的承包地、宅基地等资产的法制建设滞后，农民赋权不足，导致财产性收入在农民家庭收入中的比重极低，2012 年农村居民家庭人均财产性收入仅占农村居民家庭人均纯收入的 3.15%。

（三）转移性收入和工资性收入增幅趋缓

农民收入增长与国民经济发展密切相关。当前，在新常态下财政收入放缓，增加农民的转移性收入面临财政直接补贴下降的困境；农民工文化素质和就业技能较低。综合素质滞后于城市产业结构调整的需求。导致农民务工数量增长的速度减缓，工资性收入增长面临挑战。农民增收缓慢，亟须创新思路，开辟农民增收的新的动力机制。

（四）农村贫困人口全部脱贫问题突出

全面建成小康社会，难点在农村，特别是贫困地区。换言之，我国农村贫困地区贫困人口脱贫问题成为制约农村全面建成小康社会的瓶颈和短板。进入21世纪，我国扶贫工作的实施范围已经缩小到乡村和农户，这使扶贫工作的复杂性增强，对扶贫工作的精准识别也提出了更高的要求。在农村，由于贫困家庭和贫困人口致贫原因存在诸如生产、疾病、教育等差异性，因此需要找准致贫的病根，实施靶向治理，以便使贫困地区的"造血功能"自动自觉地运转起来，彻底断掉穷根。采用"眉毛胡子一把抓"的扶贫方式，将导致扶贫效果不佳。鉴于此，在保持大的扶贫战略不变的条件下，扶贫政策与扶贫战术需要做出相应调整，精准化成为必然趋势。

第二节　农业农村现代化发展的科学内涵

实施乡村振兴与推进农业农村现代化是新时化解决"三农"问题的基本方针政策。没有农业农村现代化，就没有整个国家现代化。乡村振兴过程中要始终坚持农业农村优先发展的理念和政策措施，让农业、农村、农民和整个国家一道实现现代化。

一、坚持"三农"工作重中之重的全局定位

在工业化和城镇化现代化进程中，尽管党中央已经将解决"三农"问题列为全党工作的重中之重，但重城轻乡，强工弱农的政策思维一直在不同程度上延续着，仍有不少领导干部把发展农业作为只推进工业化和城市化的工具。我们要立足于中国实际，对行进在工业化城镇化进程中的"三农"战略地位给予科学的认知，明确"三农"这块压舱石。为赢得全局工作主动发挥的战略意义，从强烈的问题意识、全面的评价标准和国家战略全局三个方面明确中国全面改革开放和农业农村现代化战略目标，"中国要强，农业必须强；中国要美，农村必须美；中国要富，农民必须富"，从根本上说"三农"发展是国家发展的终极评判，解决"三农"问题是全党工作以及具体化和现实化。

（一）任何时候"三农"地位不可动摇

"中国要强，农业必须强"。务农重本，国之大纲。农业是国民经济和社会发展的基础，这是马克思主义揭示的经济和社会发展的一个重要规律。由于我国长期存在农业人口占人口绝大多数、农村占地域的绝大部分的基本国情，因此，尽管当前农业

占 GDP 的比重持续下降，但农业在国民经济中的基础地位没有变；尽管农民大量转移就业，但农民是社会结构的基础没有变；尽管农村生产生活条件不断改善，但农村是全面建成小康社会的短板没有变。我国的基本国情决定了农业农村农民问题是贯穿我国现代化建设进程始终的根本问题。这种根本性不能因解决了吃饭问题而动摇，这一点不会随着农业对国民经济的贡献率的下降而改变，不能因城镇人口超过农村人口而动摇，任何时候都不能忽视农业，不能忘记农民，不能淡漠农村。这几年，在我国取得粮食产量连增和农民增收连快的佳绩时，中国政府始终高度重视国家粮食安全。把发展农业、造福农村、富裕农民、稳定地解决13亿人口的吃饭问题作为治国安邦重中之重的大事。即使我国城镇化率达到了70%，按届时总人口15亿人计算，仍有4.5亿人生活在农村，虽比现在大幅度减少，但还是很大的数字，这就是中国的国情，任何时候"三农"地位不可动摇。

（二）乡村是中国文明之根的地位

"中国要美，农村必须美"。在许多地方城镇化规划中，把解决中国农村与农民的发展问题统统寄希望于城市化的一端。在新的历史条件下，我们要明确乡村在中国走向新常态发展中的本位地位。要从中华民族历史与文化的高度，明确乡村在中国城镇化中不能缺失和不可替代的功能和地位：中国乡村是中国五千年文明传承之载体，是中国文化传承与发展之根，乡村是中国人的精神归属。明确新农村建设一定要走符合农村实际的路子，要遵循乡村自身发展规律，留得住青山绿水，记得住乡愁。农村绝不能成为荒芜的农村、留守的农村、记忆中的故園。继续推进社会主义新农村建设，建设美丽乡村，并提出了推进农村人居环境整治、改善农村卫生条件等配套措施，为农民创设美好的人居环境，建设幸福家园。城镇化要发展。农业现代化和新农村建设也要发展。城镇化建设与新农村建设是实现城乡一体化发展的两翼，要一手抓城镇化，一手抓新农村，城镇与乡村并存，互促共进。

（三）农民增收致富是执政为民的内在要求

"中国要富，农民必须富"。消除贫困、改善民生、逐步实现共同富裕，是社会主义的本质要求，是我们党的重要使命。落实党全心全意为人民服务的根本宗旨，决不能忘记农民，而必须实现好、维护好、发展好广大农民的根本利益。党中央的政策好不好，要看乡亲们是笑还是哭。农民日子好，现在农民对党的政策是满意的，这是我们党长期执政的可靠基础。农业基础稳固，农村和谐稳定，农民安居乐业，整个大局就有保障，各项工作都会比较主动。我们要更加重视促进农民增收，让广大农民都过上幸福美满的好日子，一个都不能少，一户都不能落。要让广大农民平等参与现代化进程、共同分享现代化成果。农民日子好，农民对党和政府的向心力才会增强，社会才能获得稳定的根基。

二、推进农业现代化，走中国特色农业现代化发展道路

（一）确保国家粮食安全

保障国家粮食安全是一个永恒的课题，任何时候这根弦都不能松，这充分体现了党和国家领导人对粮食安全的重视，也体现了居安思危的战略思想。我们要坚持以我为主、立足国内、确保产能、适度进口、科技支撑的国家粮食安全战略，既要加强粮食安全的建设，又要充分利用好粮食资源，提高国家粮食安全保障水平，树立大粮食观念。

（二）加快农业科技创新，推进农业生产现代化

依靠创新驱动加快现代农业建设，科技创新是关键。在农业资源约束日益趋紧、农产品质量需求刚性增长的新形势下，我国农业要走内涵式发展道路。矛盾和问题是科技创新的导向，农业出路在现代化，农业现代化关键在科技进步。为实现农业向高产优质高效跨越，我国农业要注重创新机制，激发活力，真正让农业插上科技的翅膀。农业生产现代化要求加快构建适应高产、优质、高效、生态、安全农业发展要求的技术体系，通过科技支撑补充农业产能和农业生态环境的短板。

（三）加强农村基本经营制度创新，推动农业经营体系现代化

依靠创新驱动加快现代农业建设，制度创新是根本保障。首先，全面深化农村土地制度改革。农村基本经营制度是党的农村政策的基石。十一届三中全会之后。中国开始实行农地集体所有权与农户承包经营权逐渐分离的家庭联产承包责任制。面对大量承包农户因进城务工需要部分或全部流转土地经营权问题，农村要加强制度创新和改革，要完善农村基本经营制度，要顺应农民保留土地承包权、流转土地经营权的意愿，把农民土地承包经营权分为承包权和经营权，实现承包权和经营权分置并行。农地产权由两权分离向三权分置转变，以利于消除农地经营规模小、农业机械化水平和

技术利用水平低、资本密度低等障碍，从而加快新型农业经营主体的形成。其次，农业经营制度创新，构建新型农业经营体系。以解决"地怎么种"为导向，农村农业经营中要加快培育专业大户、家庭农场、农民合作社、农业产业化龙头企业等新型经营主体，通过创新完善相关制度，激发农业发展活力。

（四）注重人力资本创新，推动农业队伍职业化

农村经济发展关键在于人。针对当前大批农村青壮年劳动力的城镇转移就业，农业从业人员低质化、老龄化等问题，要建立专门的政策机制，吸引青年人务农，构建职业农民队伍，为农业持续健康发展提供坚实的人力基础和保障。

三、发挥创新引领力，激发农村活力

进入21世纪以来，广大农民的生产生活条件显著改善。但是，客观地讲。城乡差距还很大。为推动农村发展，要坚持不懈推进农村改革和制度创新。激发农村发展活力。

（一）创新农村发展理论，激发原动力

发挥创新引领力，理论创新是前提。"无工不富" 一度成为农村经济社会发展"格言"。我们要积极探寻乡村发展优势，坚持"绿水青山就是金山银山"的科学论断。"两山理论"找到了乡村原动力，让农村自己拥有的青山绿水变成财富，让农民依托独具魅力的乡土资源和乡土文化变成乡村旅游资源，办成休闲度假、旅游农业。充分发挥绿水青山的生态性、乡村文化的独特性，推动农村一二三产业融合发展，扬乡村乡土人文绿色生态吸引力大的长处。让传统的农村焕发出新的生机和活力。

（二）健全城乡发展一体化体制机制，加快形成新型工农城乡关系

发挥创新引领力，制度创新是关键。我国城乡二元结构是制约城乡发展一体化的主要障碍，解决问题的关键在于深化改革，要通过构建城乡一体的体制机制，促进城乡一体化发展。针对农村社会事业和公共服务落后、农村基础设施建设的落后问题，农村要完善农村基础设施建设机制，推进城乡基础设施互联互通、共建共享。为促进城乡公共服务均等化，解决好农村公共事业发展问题，我们要把城市和乡村作为一个整体来统筹谋划，强调通过建立城乡融合的体制机制，形成以工促农、以城带乡、工农互惠、城乡一体的新型工农城乡关系。

四、发挥创新推动力，促进农民增收

摆脱贫困，实现共同富裕始终是中国人民和中华民族的共同夙愿。小康不小康，关键看老乡。收入的"平均数"不能掩盖农民的"大多数"。只有农民整体收入水平提高了，全面建成小康社会的共富梦才能实现。我们要更加重视促进农民增收，让广大农民都过上幸福美满的好日子，一个都不能少，一户都不能落。新常态下农民增收越来越受我国经济社会发展大局和外部环境的影响，要构建农民增收长效政策机制，在紧紧依靠稳步增加农民经营性收入的基础上，通过加快现代农业发展、推进新型城镇化和创新体制机制等"多轮驱动"增加农民收入。

（一）加快发展现代农业，增加农民经营性收入

我国农业发展存在产业链条短、产品附加值低的问题，产业不强，农民增收困难，需要拓宽农民经营性收入的增收空间。现代高效农业是农民致富的好路子。要加快建立现代农业产业体系，延伸农业产业链、价值链，促进各级产业交叉融合。让农民更多地分享农业增殖的效益，让农民"以农"致富。

（二）推进新型城镇化战略，增加农民工资性收入

新型城镇化不仅是拉动经济增长的重要引擎，也是增加农民工资性收入的重要途径。城镇化健康发展有利于实现农民的转移就业，促进工资水平提升，又能使留下的农民有扩大农业经营规模的空间。以人的城镇化为核心。更加注重提高户籍人口城镇化率，更加注重城乡基本公共服务均等化。要把有序推进农业转移人口市民化作为城镇化首要任务，解决好进城农民的户籍、就业和社会保障问题，加强农民工职业技能培训，使农业转移人口市民化与城镇化同步发展，让他们能真正平等地享受现代化发展成果。

（三）加强制度创新，增加农民财产性收入

农民问题的核心是增进农民利益和保障农民权益问题。首先要完善土地制度保障。制度在本质上是一系列权利的集合。而利益是权利的内核。权利是利益的外化。没有相应的制度保障，利益是不稳定的。土地制度是农村的基础制度，是农村各项制度的核心。在当前和今后相当长的时期内，土地不仅是农业最重要的生产资料。也是农民最基本的生活保障。保护农民的土地权利，是对农民利益最直接、最具体的维护。要把住家庭承包经营制度这条底线，改革完善土地制度，重点保护农民的土地权利和自

主经营权。现有农村土地承包关系保持稳定并长久不变，是维护农民土地承包经营权的关键。农村基本经营制度是党的农村政策的基石，针对农民的土地承包关系不稳定问题，我们要要抓紧落实土地承包经营权登记制度，土地确权使农民获得经济主体性，切实通过落实农民的集体土地承包使用权来切实保障其经营和收益权，让农民吃上"定心丸"。针对农民的土地流转机制不健全、出现了与农民争利和"土地非农化"问题，我们要在土地流转中不能搞强迫命令，不能搞行政瞎指挥。土地流转要尊重农民意愿、保障基本农田和粮食安全，要有利于增加农民收入，这是从制度角度为农民增收致富提供了保障。针对农民赋权不足，我们要加强制度创新，全面深化农村改革，赋予农民更多财产权利，赋予农民公平分享土地增值收益的权利、土地承包经营权抵押、担保权能，扩大农民住房财产权和的集体资产股份的权能，保障农民增加财产性收入的公平性。

（四）注重精准扶贫，增加贫困农民收入

我国农村尚有几千万的贫困人口，每年面临很大的减贫压力。实现全面小康的这一目标需要付出比以往任何时期都要艰辛的努力。为促进贫困地区农民共享现代发展成果，各级政府要把抓好扶贫开发工作作为重大任务，明确扶贫开发的主体责任，要求切实扭转政绩观，贫困地区要把提高扶贫对象生活水平作为衡量政绩的主要考核指标，要看真贫、扶真贫、真扶贫，少搞一些盆景，多搞一些惠及广大贫困人口的实事，精准扶贫补短板。脱贫攻坚一定要扭住精准，区别不同情况，做到对症下药、精准滴灌、靶向治疗。必须在精准施策上出实招，在精准推进上下功夫，在精准落地上见实效。通过发展生产、易地搬迁、生态补偿、发展教育、社会保障兜等方式解决我国农村贫困人口脱贫问题。地方政府要基于贫困地区和贫困人口展开有针对性、有层次性的扶贫，构造立体的扶贫模式，为农村贫困人口脱贫致富提供了保障。

第三节　创新驱动农业农村现代化发展的路径选择

"三农"工作是全党工作的重中之重，是党和国家发展大局的压舱石、定盘星。新常态下。我国农业农村社会发展面临新的挑战，我们要坚持"重中之重"战略定位，切实把农业农村优先发展落到实处。加快推进农业农村现代化，要加强理论思维创新、科技创新、体制创新和制度创新。通过创新激发农业农村发展内生动力和活力，开发农业农村发展新动能，推动农业农村可持续发展，努力开创"三农"发展新局面。

一、加强理论思维创新，提升谋划"三农"发展的能力

依靠创新驱动"三农"发展，理论思维创新是前提和先导。创新思维就是敢于冲破传统思维惯性与逻辑规则的束缚，不因循守旧，敢于推陈出新，以新思路解决问题；就是要破除单一思维定式，善于多角度、多层面思考问题，提出解决问题的新方法和新举措。"三农"问题是一个极其复杂、相互关联的问题集合，由来已久，同时，随着我国农业农村新情况新问题的不断出现，我们必须要加强理论思维创新，提升创新思维能力，冲破"重城轻乡"的思想束缚，树立全国一盘棋、城乡发展"一体化"的大局观念；破除农村"无工不富"的思想禁锢，树立厚植农业农村发展优势的新观念；破除就"三农"论"三农"的单向思维、封闭思维的方式，用多向思维、开放思维谋划"三农"。要把"三农"放到国家经济社会发展大局背景下去考量，注重把农业、农村、农民作为一个整体来统筹，要发展农业、造福农村、富裕农民，把城市和农村作为一个整体去谋划，努力破解"三农"发展中的关键性、瓶颈性问题。在推动农业农村现代化的进程中，我们善于通过科学思维方式分析复杂事物，要增强战略思维辩证思维、系统思维能力，不断增强决策的科学性、前瞻性、主动性。高瞻远瞩的战略思维。运用战略思维，对"三农"发展进行高瞻远瞩的谋篇布局，深刻阐明了农业安天下、稳民心的重要战略意义，有防患未然的底线思维。要善于运用底线思维的方法，做到有备无患、遇事不慌，牢牢把握主动权。要树立"红线"意识，中国人的饭碗任何时候都要牢牢端在自己手上；既要绿水青山，也要金山银山；宁要绿水青山，不要金山银山等。我们依靠自身力量解决中国人的吃饭问题，统筹经济发展与生态建设要有清晰的底线。科学的系统思维。领导干部要善于运用系统思维，抓住治国理政各领域的关联性、整体性、协调性问题，通盘考虑，全面推进。

二、加快农业科技创新，提升农业现代化水平

依靠创新驱动"三农"发展，科技创新是关键。因此，要加强农业科技体制机制创新，构建现代农业产业技术体系，以科技创新激发农业活力，补充农业产能和农业生态环境的短板。具体来讲：一是创新农业科技投入融资机制。农业科研创新周期长、风险大的特点导致社会资本支持科研创新的力度不大，而我国财政支持有限，创新农业科技投入融资机制成为必须。新常态下，在努力增加财政农业科技投入的同时，还应创新农业科技投入的多元化、市场化融资机制，拓展产业投资基金、科技金融等支

持农业科技创新的渠道，鼓励社会资本参与农业科技创新创业。二是推进农业科技体制改革创新。坚持市场需求和产业导向，优化配置农业科技资源，建立政府、科研机构、涉农企业协作攻关的农业科技创新运行机制；完善以知识产权为核心的科技政策，进一步实施专利制度、税收制度等政策，激发科研机构研发人员和涉农科技企业创新的积极性，重点突破生物育种、农机装备、生态环保等领域的关键技术。三是要加强农民科技教育与培训。新型职业农民是农业科技成果的主要应用者。要按照现代农业发展的要求，完善新型职业农民在创业兴农、教育培训、科技服务等方面的扶持政策体系，增强新型职业农民的科技成果应用能力，进一步发挥其引领和带动作用。

三、加快体制机制创新，推进资源逆向汇聚"三农"

依靠创新驱动 "三农" 发展，体制机制创新是重要条件。在市场机制的作用下，在城市化和工业化的比较收益驱动下， "三农" 发展会更加 "缺血"。"三农"要发展，必须逆向汇聚资源，完善相应的市场导向机制。在发展机制上，要创造政策推动力和配套的市场吸引力向农业和农村汇聚资源要素。一方面，让市场在城乡资源配置中起决定性作用，稳步有序地推进建立农村劳动力市场、土地市场和金融市场，加快建立城乡要素平等交换机制，建立城乡要素自由流动、平等交换的市场体系。通过体制机制创新和政策体系的完善，进一步使要素向"三农"流动，促进城市的现代化要素能够更多配置到农业和农村，改变城乡要素配置的效率和效益双低下问题，加快推进农业和农村现代化，真正实现乡村的振兴。另一方面政府要在供给城乡公共物品及公共服务和促进城乡发展公平正义方面发挥作用。在市场配置资源的基础上，政府要发挥其在促进城乡发展公平正义方面的作用，通过税收、财政补贴、公共服务等政策手段提高农业的比较收益，改善农村环境，创造良好的投资环境与制度保障，引导信息、科技、资本等生产要素向农业回流。同时为应对青壮年农民数量短缺，农业从业人员老龄化问题，政府应加紧完善建立青年经营农业的政策激励机制，吸引返乡农民工和大学生等青年到农村经营农业。

四、加快农村制度创新，释放"三农"发展活力

依靠创新驱动"三农"发展，制度创新是保障。做好"三农"工作。关键在于向改革要活力。农村改革千头万绪，休大面广，要破旧立新，不能单打独斗，要注重整体性、系统性、协同性，通过制度创新盘活农村各类资产，激活农村各类生产要素潜能，赋予农民更多的财产权益，为加快推进"三农"提供制度保障。第一，稳定和完

善农村土地制度。在稳定农村土地承包关系的前提下，要进一步加快农民土地承包确权登记，维护农民对承包地的使用、流转及抵押权能，鼓励农民在坚持自愿、平等、有偿的原则下流转土地的经营权。有利于促进土地经营权在更大范围内的优化配置、推动土地经营向集约化、规模化发展，也让流出土地经营权的承包农户增加财产性收入。第二，要加快推进农村集体产权制度改革。健全农村集体"三资"管理监督和收益分配制度，赋予农民对集体资产占有、收益、担保和继承等权利，让农民得到更多的财产性收入。第三，推进农村金融制度改革创新。政府要鼓励和引导涉农金融机构大力开展农村金融产品创新，拓宽贷款的抵押范围。允许农民用住宅权和土地流转经营权等抵押贷款，提升其贷款可行性；完善农村金融服务体系，积极引导民间资本进入农村，推动农村小额贷款公司为农民产业发展提供金融支持。

第二章 创新驱动乡村产业振兴，推进农业农村现代化

推进农业现代化进程，要加快转变经济发展方式，推动农业结构调整，推动乡村产业振兴。产业兴旺关键在质量兴农、绿色兴农，要推动农业由增产导向转向提质导向，根本上就是要依靠科技创新转变发展方式，提高农业创新力、竞争力，因此，乡村产业振兴的过程，实质上是以科技创新为基本动力，以市场为导向的产业转型升级过程。

发展多种形式的适度规模经营，培育新型农业经营主体，是发展现代农业的必由之路，也是农村改革的基本方向。要实施新型农业经营主体培育工程，培育发展家庭农场、合作社、龙头企业、社会化服务组织和农业产业化联合体，发展多种形式适度规模经营。加强高质量农业科技供给新型农业经营主体，通过发展多种形式的科技社会化服务，实现专业化经营、标准化生产，生产更多高品质农产品。开展商业模式创新，鼓励新型农业经营主体发展乡村创意农业和特色产业，构建农村各级产业融合发展体系。推动乡村产业振兴过程中，在注重科技创新推进新型农业经营主体发展的同时，要注意处理好发展适度规模经营和扶持小农生产的关系。要坚持家庭小农生产为基础与多种形式适度规模经营为引领相协调，要认清小规模农业经营仍是很长一段时间内我国农业基本经营形态的基本国情农情。必须立足农户家庭经营的基本面，要采取普惠性政策扶持措施，培育各类专业化市场化服务组织，提升小农生产经营组织化程度。改善小农户生产设施条件，提升小农户抗风险能力，着力强化服务联结，把小农生产引入现代农业发展轨道，促进小农户和现代农业发展衔接。

第一节 农业科技成果向新型农业经营主体转化的创新驱动路径

新型农业经营主体是现代农业发展的主力军，是农业科技的需求主体，是农业科技成果转化的主要对象。当前，随着国内城乡居民对农产品的多样化、优质化、专用化消费的需求，随着当前我国规模化生产的快速发展和农业产业链条的延伸，全国各地涌现出了各类专业种养大户、营销户、农机大户、家庭农场等新型市场经营主体，产生了大批农业产业化组织带头人、农业产业工人和农业技术服务人员。他们将农业作为产业进行经营，从事着以市场需求为导向的专业化生产。并充分利用市场机制和规则来获取报酬以期实现利润最大化的理性经济人，即职业化农民。职业农民具有较强的职业技能和经营能力，有着很强的科技意识，为追求利润最大化，成为农业科技的需求主体，迫切需要农业科技成果转化。然而我国每年出现大量科技成果，成果转化给职业农民的却不高，职业农民的有效科技需求不足，制约了现代农业的发展。目前，农业科技供给与服务、农业科技投资与保障机制、职业农民自身素质、农业生产环境等因素制约农业科技成果向职业农民转化。因此，分析农业科技成果向职业农民的制约因素，找出对策，对加快农业科技成果转化和加快现代农业发展具有重要意义。

一、农业科技成果向职业农民转化的制约因素

农业科技成果向职业农民转化的实质就是供给成果、传播成果和获得所需成果的互动过程。农业科技成果转化过程的成功与否。是南成果供给部门供给成果的质量、传播渠道的通畅性和职业农民的理解接受能力、投资意愿和能力等因素所共同决定的。当前，农业科技成果向职业农民转化面临以下制约因素。

（一）农业科技供给与服务与职业农民实际需求脱节

国家政府的各级各类农业科研机构是我国农业科技成果的供给主体，但长期以来他们作为国家事业单位，主要任务是完成国家下达的科研课题，为科研而科研，与现代生产脱节，缺乏对职业农民生产过程中迫切需要的农业技术的真实感知，导致虽然每年有大量科研成果出现，但与职业农民的实际科技需求脱节。如农业科研目标主要

是提高种植业产量，与现代农业和职业农民相联系的农产品优质化、多样化技术、植物病虫害和动物疫病综合控制技术，设施农业综合配套技术、规模化、集约化养殖技术少；大多数科研集中在产中阶段，职业农民急需的农产品贮运保鲜和深加工技术滞后等。同时，政府主导型农业科技服务体系的主要职能是满足各级政府下达的技术推广任务，而较少考虑农民的需求意愿，这样导致农户的农业技术需求行为与技术推广人员的推广行为存在脱节。传统的"技术示范+行政干预"的推广模式效果不佳，需要探索行之有效的推广方法；农村科技服务手段落后，信息化、网络化程度不高，农业科技成果的传递者和职业农民尚未建立起有效的沟通传递机制。

（二）农业科技投资与保障机制不健全

相对于其他产业来说，农业生产经营的自然风险较高，农民不仅经常面对各种极为不利的自然条件，面临着相对较大的市场风险，而且常常会遭受各种社会和经济的不确定性造成的风险。农业生产经营不但风险性高，而且其回报周期也较长。由于投入和产出两方面都面临市场价格的不确定性，再加上职业农民大都是规模经营，使职业农民吸纳新技术时面临巨大的风险。目前我国还没有形成完善的农业技术风险投资与保障机制、在缺乏政府支持和保护前提条件下，农业生产的经益很不稳定，农业技术应用的风险性制约职业农民的科技需求。

（三）农业生产要素市场不健全

农业生产环境不优化。法制建设滞后，影响了职业农民经营规模的扩大，制约了投资农业科技的积极性。

1、土地市场不完善。土地使用权流转机制不健全。职业农民需要一定生产规模做基础。目前，我国农村土地市场普遍发育不够完善，存在着诸如土地流转量小、流转周期短、流转土地质量差、流转土地价格波动大等问题，不利于职业农民对农业科技成果的运用和提高单位面积土地的经营效益。

2、农业技术市场不健全。由于我国农业技术市场处于起步阶段，农业技术市场还不健全：在全国范围内还没有形成全国性的"大市场"，单个"小市场"各自为战，发展带有相当的盲目性，缺乏科学有效的调控、激励与监督机制、技术的评估与咨询机制、风险投资与保障机制、信息反馈机制，这严重制约了农业技术市场的发展；运行中管理制度不规范、不健全，农业技术市场经营人才匮乏，严重影响了农业技术市场基本功能和潜在能力的发挥。由于农业技术市场不健全，各种低质、劣质农业技术充斥市场，损害了农户的利益，而且适应市场经济运行的行政管理体制还未完全建立起来，不规范的农业技术市场秩序加大了采用农业技术的风险，制约了职业农民采用新技术的积极性。

3、我国针对农户的信贷服务还不完善。相对充裕的资金是职业农民扩大规模采用新技术的前提和保障，但当前我国针对职业农民的信贷服务还不完善，资金不足已成为影响职业农民投资农业科技的因素之一。

（四）职业农民综合素质较低

由于长期城乡二元经济导致城乡差别甚大。农业成为弱势产业，农村成为薄弱地区。我国目前每年初高中毕业生未能继续升学的人数在 500 万左右，这其中大部分是农村学生。这些农村两后生中的绝大多数在结束求学后选择"跳农门"，进城务工，愿意留在农村务农的比例很低。职业院校农业人才长期存在的"招不来、下不去、留不住"的问题仍没有得到很好的解决。与此同时，当前我国职业农民的教育培训仍存在规模小、投入不足、法制建设滞后等问题。导致致力于农业生产的职业农民整体年龄偏大、素质结构性下降，与发达国家相比差距很大。虽然职业农民有丰富的种养殖经验。有专门的劳动技能，有一定的经营管理头脑，但由于农民我国职业农民总体上受教育程度低，培训少，对农业科研成果的消化吸收能力较弱。制约了农业技术的推广与扩散，制约了农业科技成果的转化。

二、创新农业科技成果向职业农民转化的路径选择

职业农民是现代农业生产的主力军，在现实农业生产中具有强大的示范和引领作用。针对当前农业科技成果向职业农民转化的障碍分析，积极探求农业科技成果向职业农民转化的对策，使农业科技创新成果通过他们落实到农业生产中，传导到千家万户，将进一步推动现代农业发展和增加农民收入。

（一）增加农业技术成果的有效供给，为加快农业科技成果向职业农民转化提供重要前提

提供满足职业农民真正需要的技术是加快农业科技成果转化的基础和前提。为此，必须深化农业科技体制改革，改革现有的远离农民、远离市场的农业科研体制，促进农业科研与农民生产的紧密结合。首先，建立农业技术供给和职业农民需求的沟通和

交流机制。鼓励更多的科技研发工作者深入到田间地头,考察、了解农户在实际生产中存在的问题。只有获得准确的技术需求信息,才能提供职业农民最需要的技术。同时,吸纳职业农民参与农业技术研发过程。由于职业农民具有丰富的生产和经营经验,而且直接面向市场,因此作为生产者和经营者的职业农民不应该成为单纯的、技术成果的接受者,除非是涉及农产品安全性或国家农业发展目标。农业研究课题可以吸纳职业农民参与农业技术创新过程,把农民对市场信号的反应有效地传递给农业技术创新者,并对创新者的创新活动产生激励。其次,调整农业科研方向和重点。加快农业科技创新平台建设,引导涉农企业开展技术创新活动。农业技术的研发应适应现代农业发展的客观要求,以农民的实际需求为前提,以增加农民收入为目标,调整农业科研方向和重点。加大农业产前、产后、农产品质量和农业高新技术研究的资金投入,促进产、学、研的有机结合,改变两张皮现象。

(二)构建完善的农业科技推广与服务体系,为加快农业科技成果向职业农民转化提供支撑

在实施科技成果向职业农民转化的过程中,需要借助比较发达的推广和社会服务体系,推广和社会服务体系越发达、越健全,就越有利于成果转化。首先,针对原有的基层推广体系队伍不稳、机制不活、条件不佳,推广效果不好,需要政府大力支持并从体制上进行改革。推进农业科技推广服务组织创新,围绕特色优势产业,组建由教育、科研、推广机构和行业协会等多方参与的区域性专业性科技服务组织,建立和完善首席专家、推广教授、科技特派员、责任农技员制度,构建农科教、产学研一体化的新型农技推广体系。提高基层农技人员待遇,优化基层农技队伍。鼓励科技人员以技术参股与农户、企业结成利益共同体,实行风险共担、利益共享,这样能够调动科技人员的积极性,也能够缩短科研成果的转化路径。其次,探索适应职业农民技术需求的多元化的技术推广服务模式。既要搞好产前信息服务和农资供应,又要搞好产中技术指导和产后加工、营销服务;除在农闲时节邀请农技专家下乡为农民开设"田间课堂"外,还可以组织农民到当地农业产业园区、示范区等进行实习;抽调理论水平高、实践经验丰富的技术业务骨干,实行上门培训服务,扎实推进现代农业教育资源进村入户。再次,进一步拓展面向农民的技术信息网络建设。以农民技术需求为导向。构建以政府为主导的开放式的信息平台,增加信息技术内容,保证职业农民能够最大的技术选择空间。加强涉农龙头企业、专业合作组织、农村经营大户的信息培训,让他们掌握收集、分析、传播信息的基本技能。提高信息网络科技管理和服务水平。

（三）加快教育与培训，为促进农业科技成果向职业农民转化奠定基础

职业农民是现代农业的主体，对当前职业农民进行教育和培训，造就一支有知识、懂技术、善管理的现代化新型农民队伍，从农户角度形成对农业科技成果的有效需求，提高职业农民认知、采纳和应用先进技术的能力，是提高我国农业科技成果转化率的必要措施。

1.要加强农村教育基础设施建设。大幅度提高农民教育培训的财政投入，加强县乡村三级农民教育基础设施建设和现代远程教育设施建设，构建农民终身教育平台。

2.创新农民教育模式。农业职业院校、农民教育培训专业机构要以农业产业需求为导向，不断推进"送教下乡""半农半读"等人才培养模式改革，让农民在家门口就地就近接收职业教育。

3.大力加强职业技能培训。依托各地农业技术中学、当地农业技术推广机构的农业技术培训中心和农业科技园等农民教育培训资源，通过示范和实际操作，以规模化、集约化、专业化、标准化生产技术，以及农业生产经营管理、市场营销等知识和技能为主要内容开展系统化职业技能培训，培养适应现代农业发展要求和符合市场要求的职业农民。

（四）加大对农业生产的扶持政策，是增强职业农民对农业科技的投资的关键

农业科技成果转化成功实现的根本在于职业农民基于其利益考虑的实际采用。职业农民作为市场经济下的门由投资者，他们投资农业科技的主观动力来自对经济利益的考虑。不仅要考虑技术投资的低成本，还要考虑技术应用后的收益和风险。积极推进建立完善投资补贴、风险支持、信息服务等内容的综合扶持政策体系。从经济利益上刺激其投资农业科技的主观动机，是加快农业科技成果向职业农民转化的关键，主要有以下措施。

1、加强和完善农村基础设施和物质装备建设。农村基础设施和物质装备具有促进农产品市场流通、抵御自然灾害和便于农业科技成果传播等功能。各级政府要加大资金投入，改善农村地区的交通条件，加快基本农田改造、完善灌溉设施建设等方面的

工作。为职业农民投资农业科技创造良好的客观环境。

2、政府对职业农民在农业生产和科技投资上实行补贴。向种粮大户、农民专业合作组织和社会化服务组织带头人等职业农民实行良种补贴、农机补贴等，根据需要适时建立主要农产品的生产补贴制度和农业生产资料市场价格的补贴制度，稳定农产品的市场销路和价格。支持农户实现科技投资效益。

3、鼓励职业农民承担农业项目，并在信贷发放、土地使用、税费减免、技术服务等方面给予优惠。鼓励职业农民根据当地资源禀赋、产业基础和市场需求，积极拓展农业的多种功能，大力发展健康养殖业、农家乐休闲观光农业和农产品精深加工业。

（五）创设良好的制度环境，为促进农业科技成果向职业农民转化提供保障

政府部门要制定和完善相关制度和法律法规，并确保各项政策、法规执行过程中的连贯性，为职业农民从事生产和经营创设良好的制度环境，为加快农业技术投资和应用提供保障。

1、建立规范农业技术市场的法规体系。相关部门应加大对农业技术市场的整治力度，并出台调节市场交易秩序、优化技术市场织围的法规和制度为农业科技成果采用创造良好的社会环境。要致力于健全农业技术以及农产品交易的市场机制，营造主体平等、职责清晰的市场环境。在市场经济条件下，要推进农业科技进步、实现农业结构调整的目标，必须按照"放开、搞活、扶植、引导"的方针，加快培育技术要素市场，提高人才、技术、信息和资金等生产要素的配置效率，为农民进行农业结构调整搭建平台。

首先，完善农业技术市场供求机制。当前，我国农业技术市场存在需求不足、供给不畅、中介不力等问题。政府要广辟渠道，形成以政府拨款为主，科技贷款、企业和社会投入等多元化、多层次、多渠道的农业科技投入与创新体系以增加市场供给；通过多种渠道提高农民的科技素质及其对技术商品的需求动力以增加市场需求；通过发展多种形式的技术交易中介组织，强化农业技术市场的中间环节。

其次，完善管理机制。我国农业技术市场处于起步阶段，政府有关部门必须大力支持和正确引导，为技术市场发育创造良好的外部环境，加强农业技术市场管理与监督，维护市场交易秩序，确保农业科技成果按市场机制公平有效交易，维护技术交易

主体的权益。增强农业技术市场对技术开发及科技成果转化的供需调节功能，完善农业技术商品的价格评估办法；加强农业技术市场管理体系和队伍的建设。

再次，逐步完善农业技术市场的运行机制。逐步建立和完善农业技术价格形成机制。农业专利或专有技术实行市场定价，价格由供求双方协商确定；对其他物化性农业技术，应建立科学合理的估价系统，使农业技术价格对农业技术供求形成自动调节。明确界定农业技术产权，保护农业技术持有者、采用者的合法权益。对农户而言，农业新技术的应用产权越明晰，越有利于保证最早采用新技术所产生的收益。建立健全农村技术市场体系。

2、建立土地商品化与自由流转机制，扶持和发展农业适度规模经营。建立健全地价评估机制，确立科学的评估方法，使农地估价有章可循；健全土地使用权流转市场运作的立法、执法和仲裁机构建设，加强地籍管理；在尊重农民意愿的基础上通过相关制度创新引导规模经营的农户扩大经营规模，实现土地资源的优化配置，为先进技术的采用提供良好的环境。

3、完善农业技术风险机制，积极探索和建立农业政策保险制度。当前，随着我国农业结构调整的推进，农民对农业科技的需求在增加。但是，我们必须清醒地意识到，技术的运用带来的不仅仅是收益和效率，其背后还隐含着风险。如何规避农业技术应用中的风险，应该成为现阶段政府和农户考虑的一个重要问题。当前迫切需要以政府为主导建立农户技术采用风险防范机制，从各方面创造条件，促进农业科技需求的产生，并尽可能降低农户在农业科技应用的风险。

首先，应加强自然灾害和重大动植物病虫害预测、预警应急体系建设。注重信息的传递，提高农业防灾减灾能力。

其次，建立完善以国家财政收入支持为依托，以商业保险公司为辅助，吸引农户积极参与的新型农业保险制度，农户就有了采用新技术的基本保障，客观上会大大加快技术进步。

再次，建立农业高新技术采用风险储备金制度和农产品风险基金制度，对农业科技风险进行适度转移，减少农民的经济损失。当出现较大的风险和自然灾害时，给予农民适当补偿，另外允许农业科技服务经营实体按规定在税前提取农产品风险基金。对职业农民采纳农业新技术提供相关的保险，可以大大降低采纳新技术的风险，对于加快农业新技术的转化进程具有强大的推动作用。

第二节　农户在农业结构调整中面临的困境及创新驱动路径

农业结构战略性调整是发展现代农业、增加农民收入和促进农村可持续发展的重要手段，事关大局。农户是农业结构调整的主体，但由于农业的特殊性。调整农业结构应在政府指导下进行。当前，农户在农业结构调整中存在诸多困境。政府应在尊重农民的主体地位的前提下。对不适应结构调整的体制和制度进行相应的改革和创新，强化政府的引导、服务和调控作用，帮助农户走出困境，加快结构调整的进程。

一、农户在农业结构调整中面临的困境

据第三次全国农业普查，到 2016 年底，全国小农户数量占农业经营户的 98.1%，小农户农业从业人员占农业从业人员总数的 90%，小农户经营耕地面积占总耕地面积超过70%，小农户三大谷物种植面积占全国谷物总播种面积的 80%。目前，我国有2.3亿农户，户均土地经营规模7.8亩，经营耕地 10 亩以下的农户21亿户。由于农业结构调整本身是一项综合性系统工程，在当前情况下，农户在农业结构调整中面临很多制约因素，存在诸多困境。

（一）农民组织化程度低、分散经营风险大

我国农村农户的组织化程度低，这种分做经营的小农经济给农户进行农业结构调整带来了很多困境。

一是市场风险大。由于我国分做的成千上万的市场主体受市场价格和利益的诱导，相互之间缺乏信息联系，因竞争而排斥或缺乏合作，导致农户生产出来的农产品顺利卖出的不确定性增加。

二是资金缺乏。农户进行农业结构调整是需要一定量资金的，但由于单个农户本身的资本存量过小，再加上农村金融市场落后，农村的融资渠道很少，单个农户贷款很难，导致很多农户因资金缺乏而不能进行结构调整。

三是增收困难。许多农产品由于经营分散、不成规模，产量低，不利于建立和完善农产品流通体系。由于农产品不能批量外销，只能在乡村农贸市场上销售，经济效益很低。分散化经营也不利于发展农产品加工业，延长产业链，实现产品增殖和拓展

市场，农户增收困难。

（二）农业结构调整的市场供给机制滞后

我国农业结构调整的市场供给机制滞后，导致广大农民由于信息不灵、技术缺乏、资金短缺、销售不畅等原因，农业结构调整往往存在着盲目性和从众性。出现了几乎年年出现大热大冷的现象。市场供给机制滞后主要表现为：

一是信息市场发育不健全。结构调整中，要使千家万户的小生产适应千变万化的社会化大市场，信息是一个关键性的因素。只有农民获得真实、准确的产品和要素的价格信号，才能准确有效地形成有关成本、风险和收益的预期，去安排生产经营，解决农户微观决策与宏观供求关系的矛盾。但是我国农村经济信息发布、传播的覆盖面狭窄，直接为农民服务的市场供求、科技等方面的信息远远不能满足需要。在实践中，由于信息滞后，极易一哄而上、一哄而下，造成市场均衡的脆弱性和市场进入的盲目性，严重影响了农民收入的稳定增加。

二是销售市场发育不全，价格形成机制不规范。农民最担心的是农产品"卖难"问题。在广大农村，农产品主要在乡村集贸市场销售。乡村集贸市场设施落后，农产品的吞吐能力弱、流通不畅，农产品销售困难。在价格形成机制方面，定价的随意性较大，质量差价没有拉开，特别是农民调整结构、采用新技术、引进优质新品种所承担的自然、技术、市场等方面成本得不到应有的经济补偿，风险与收益严重不对等，极大挫伤了农民的积极性，结构调整也无从谈起。

三是农业结构调整的技术推广与服务不利。农业科技推广与服务部门是提高农民科技素质的重要力量，但在实际工作中面向农村、为基层服务的农业科技体系面临着"网破、线断、人散"的困难局面。当前、我国农业科技推广与服务存在的主要问题有：

农技推广体系职能定位不清。农技推广人员既是推广人员，又是其他机构的人员，层次不清，效率低下。

农业科技推广与服务人员缺乏。现有的机制还没有把技术创新与技术创新者的利益结合起来，农业科技推广人员收益偏低。使得农业科研部门优秀人才流失多，一些重要学科后继乏人。

农业科技服务供给与农民的需求脱节。长期以来，政府主导型农业科技服务体系的主要职能是满足各级政府下达的技术推广任务，而较少考虑农民的需求意愿，这样导致农户的农业技术需求行为与政府、科研人员及技术推广人员的科研与推广行为存在着脱节，政府农业科技服务供给失衡影响农民农业科技运用。

（三）农民自身素质束缚了农业结构调整

农民是农业结构调整的主体。农民科技素质高低直接制约了农业结构调整的进程和农村生产效益的提高。农民科技素质高的话，对新科技、新成果吸纳和应用能力也比较强，能有效地掌握科学知识和技能，有利于农业技术传播、扩散与普及，推进农业科技转化为生产力的实现程度，加速农业结构调整的进程。但目前，我国农民科技素质低的现状束缚了农业结构调整。我国农村劳动力教育程度较低，文盲率为 7.8%，小学文化人员比重为30.9%，初中文化人员比重为 42.3%，而高中文化人员比重只有13.5%；农村劳动力培训程度较低，有 45.3%的人没有接受过任何培训，25%的人只接受过不超过15 天的简单培训，接受过正规培训的人员仅占 13.1%。大多数农民的种植、养殖等农业生产技能一般是世代相传的经验，很少运用现代农业科技的发明成果，造成了许多先进的农业技术成果和农机装备无法应用推广。由于缺乏正规和系统的职业技术培训，难以高效利用农业资源。农民技术素质低还会影响到农民获取信息的能力，缺乏对未来进行结构调整的预见性。

（四）农业结构调整中政府管理缺位和越位

在农业调整的实践中，有些地方政府没有从计划经济时期形成的思想观念中解放出来，往往愿意包揽一切，给出过多的行政干预，而在农民急需的信息和销售等问题上，给予的指导又偏少，即在农业结构调整指导问题上"越位"与"缺位"并存。一方面，一些地方的集体经济组织以调整农业结构为名，存在"越位"行为。有的地方政府号召"压粮扩经"，出现了新的结构趋同；有的地方政府简单地搞"政府包办"，把自己的主观愿望强加在农民身上，忽视市场需求：有的地方政府甚至把调整农民种植结构搞成了自身的"政绩工程"，要求农民按照他们的要求搞整齐划一的种植或规模较大的集中养殖，结果受害的还是农民，既影响了干群关系，又影响了农民的结构调整的积极性。另一方面，在农民急需的产、供、销等方面的服务上，农村集体经济组织的功能并未有效发挥，"缺位"问题尤为明显。没有给农民提供及时必要的信息，仅仅关注种植，忽视加工转化增殖。许多地方的农业结构调整往往就农业抓农业，很少关注农产品加工和流通环节，与结构调整形成强烈反差。结果，农业结构调整中仍然没有摆脱小农户与大市场的对接矛盾，农民没有机会分享加工流通环节的利润。有的地方虽然注重了农产品加工业的发展，但往往是围绕农业办工业，没有从根本上确立"围绕市场办加工，围绕加工抓调整"的意识，导致农业结构调整空间有限。

二、农户农业结构调整的创新驱动路径

农业本身是一个与众不同的产业和特殊的经济类型，具有独特的约束、风险、劳动条件，任何一个国家的农业都不是在完全的市场经济体制下发展的，特别是我国农民素质普遍较低，市场发育不完备，调整农业结构应在政府指导下进行。当然，政府不能包办代替，对农业的干预以不打破农产品交易市场机制为限。政府在推进结构调整时，在尊重农民主体地位的前提下，应当发挥政府的引导、服务和调控作用，加快农户进行结构调整的进程。

（一）强化农业科技创新，为农户进行农业结构调整提供支撑

农业结构调整的成效如何，关键要看科技在农业中的贡献份额。当前，一方面，农民缺乏及时有效的科技管理，直接制约了农业结构调整的进程和农村生产效益的提高；而另一方面，大量的科技人员开发的农业科研成果远离农民，难以转化为现实生产力。因此。政府要紧紧围绕农业结构调整的目标和农户的科技需求，发挥在农业技术进步中的主导作用，增加农业公共技术投入。做好农业科技创新、引进和推广工作，为农户进行结构调整提供强大的技术支撑，具体来讲有以下措施。

一是加大农业科技研发投入力度。中央和地方政府要逐渐加大对农业科技研发资金的投入，为农业科技发展创造必要的物质技术条件。同时，还要拓宽农业科技资金的筹集渠道，鼓励和吸引社会多方面资金用于农业科技开发，逐步形成多元化的农业科技投资体系。

二是推进农业科技管理体制改革。政府要优化配置农业科技资源，建立开放、流动、竞争、协作的农业科技运行机制，逐步形成适应农业结构战略性调整的新型管理体制。

三是要切实做好科技创新的"战略重点转移"工作。政府要围绕结构调整和产业升级，调整农业科研开发的方向与重点，从过去提高产量、增加供给转移到更加注重提高质量、降低成本、提高效益和促进可持续发展上来。

四是建立健全农业科技推广体系。政府尤其要加强以县、乡两级为主的各级推广机构建设。其中，县农技推广中心应成为集种子、栽培、土肥等专业技术服务于一体，实行试验、示范、培训、推广和有偿服务相结合的业务实体。在乡镇级要建立以农户为中心的技术推广新机制，扎扎实实办好试验示范基地，培养科技示范户。同时，要转变农技推广机构的职能。要采取有效的方式将农技推广机构和农民组织起来，双方投资，风险共担，结成利益共同体，从而使农技推广从单纯的生产技术指导向全面的经营管理服务转变。

（二）加快市场化培育，为农户进行农业结构调整搭建平台

在农业和农村经济结构的战略性调整中，市场机制是最基本的动力机制。如果市场机制得不到应有的发育，那么以市场为导向的结构调整就失去了最重要的基础。区域化布局和比较优势的发挥也就无从谈起，结构调整就容易陷入数量框架内的增减变化，不可能取得令人满意的效果。实际上，通过市场机制配置资源，不仅可以使稀缺资源得到最大限度的利用，而且可以对农业和农村经济结构调整加以检验并进行选择。政府必须按照市场经济规律，加快培育要素市场，为农民进行农业结构调整搭建平台。

一是完善农村金融服务体系。目前及今后相当长时期内，农民进行经济结构调整缺乏的是资金，急需国家加大改革的力度，积极引导有关金融部门改进农村信贷服务，在保障资金安全的前提下，加大对农业结构调整的支持力度，从农村实际出发，简化手续，减少环节，降低门槛。通过小额贷款等形式，支持农户自主地调整生产结构，发展高效农业。

二是加强市场信息化体系建设。为了适应战略性结构调整和农村经济发展，政府要尽快建立和完善国家与地方农业信息网络，进一步扩大和完善农产品市场信息网，形成农业市场化要求的信息传播系统，加强信息预测、收集、发布活动，因地制宜地采取多种形式向农民及时传播市场供求信息。

三是加快土地市场化流转。政府应出台土地流转法律法规，规范土地使用权流转市场，建立相应的监督管理组织和协调机构。农村土地使用权流转要在农民自愿的基础上规范进行。农村土地流转必须按规范的操作程序进行，实施农村土地流转登记制度，明确流转双方的权利和义务以及违约责任，使土地流转在依法、自愿有偿的原则下合理、有序、健康地进行。通过土地由分散经营向集中经营的再分配和再调整，以

实现农业调整的需要。

四是加快农业技术市场建设。我国农业技术市场处于起步阶段。政府有关部门必须大力支持和正确引导，为技术市场发育创造良好的外部环境。加强农业技术市场管理与监督，维护市场交易秩序，确保农业科技成果按市场机制公平有效交易，维护技术交易主体的权益。逐步建立和完善农业技术价格形成机制，使农业技术价格对农业技术供求形成自动调节。

（三）加强对农民的教育和科技培训，为农户进行农业结构调整奠定重要的基础

农业结构调整的新阶段，需要更多的农业高新技术和现代管理技术，而这些技术又需要有较多的文化和科技知识的农民才能掌握。政府不仅应组织农业科技人员，通过加强科普宣传，引导农民转变传统的小农意识，树立现代、市场的科学意识，激发农民潜在的致富欲望和创新能力，政府还有必要建立一个以基础教育为依托，以农村职业教育为主体，以科技普及、培训和推广为重点的农村教育体系，造就一批有知识、懂技术、会管理的新型农民。

一是优化农村教育结构。政府在继续加大基础教育、职业教育和成人教育的投入前提下，通过完善农民教育的法律、法规和制度建设，充分发挥各种教育优势，实现基础教育、成人教育、职业教育"三教"统筹。及时适应科技进步、结构调整和市场需求，有针对性地培养各类实用型农业人才。

二是要加大对农民科技培训的力度。政府要加大对农民科技培训的投入力度，推广普及农民用得起的实用技术，重点向农民介绍一些农田科学管理、节约用水、科学施药施肥、科学饲养、病虫害综合防治等实用技术，提高农民把握新品种、新技术和实用技术的能力，促进农业结构调整和增加农民收入。地方政府根据地区农业发展的主导产业、培养能掌握主导技术的具有较高素质的新型农民。充分发挥农民专业协会（合作社）在农村职业技术教育中的积极作用，通过典型示范、举办科技培训班、提供技术咨询、发放各种宣传资料、传播科技知识和信息等，指导农民科学种田和进行农业结构调整。龙头企业、产业协会等农业产业化组织具有联系面广、服务直接的优势，在培训农民方面比较有效，龙头企业可通过"订单式"培训。紧紧围绕着产业所需的科技知识和经营管理能力培训农民。

（四） 完善市场与农民组织和扶持政策，为农户进行农业结构调整提供保障

由于我国农户生产经营规模小，分散经营以及无序竞争和控制风险能力较差等组织形式缺陷，"小生产"与"大市场"间的矛盾越来越明显突出，农民的合理利益也难以得到有效保护。政府要完善市场与农民组织和扶持政策，为农民进行农业结构调整提供保障。

一是加强市场服务职能。在发挥市场机制在资源配置上的基础性作用的同时，应当加强政府在市场服务方面的职能，包括提供市场信息服务等，以指导农民进行正确的农业结构调整行为，降低风险。

二是引导发展农民专业合作组织。由于农业产业化经营可以降低农民进行结构调整的盲目性和风险，可以有效规避千家万户的小生产直接进入千变万化的大市场带来的风险。政府要鼓励农民在自愿基础上发展农民专业合作组织，把分散的弱势农民联合起来，提高农民进入市场的组织化程度，实现让分散的农户经营与广阔的市场有效对接，降低进入市场的风险成本和交易成本。同时政府还要加强对各种合作组织的支持，包括法律法规支持和保护，在管理技术方面提供培训，在税收方面给予适当的优惠等。

第三章　创新驱动乡村人才振兴，推进农业农村现代化

人才兴则乡村兴，人气旺则乡村旺。农业农村现代化的重要标志是从业人员素质的现代化，培育乡村实用人才是实现农业农村现代化的关键。目前，随着工业化、城镇化进程的加速，大批农村青壮年劳动力的转移，当前农业从业人员低质化、老龄化等问题日益凸显。现代农业和农村发展遭遇人力资本困境，农业农村现代化发展过程中实用人才缺乏。加快推进农业农村现代化，迫切要求积极培养本土人才，鼓励支持返乡农民工、大中专毕业生、科技人员、退役军人和工商企业者等从事现代农业建设、发展农村新业态新模式，成为新型职业农民，这就要求必须创新乡村人才工作体制机制，在培育人才、吸引人才等方面下足功夫，让人才振兴成为推动农业农村现代化的内生动力。

农村本土实用人才、返乡农民工、大中专毕业生、科技人员、退役军人等构成的新型职业农民队伍，为构建新型农业经营体系奠定微观基础，是破解现代农业发展"难题"的有效途径。从2012年开始我国开展了新型职业农民培育工作，其成效已逐渐显现，但在现有的制度和政策供给背景下，新型职业农民培育面临着诸多问题。新型职业农民培育中面临的多重困境，归根结底是机制体制建设的问题。如何进行体制机制创新，实现困境摆脱，为加快新型职业农民培育创造条件成为急需。本章以当前农业农村现代化发展过程中实用人才缺乏为着眼点，分析新型职业农民培育的战略作用；梳理总结发达国家新型职业农民培育实践经验，探索新型职业农民成长与培育规律，为新型农民培育机制构建建立可行的路径；以农业农村现代化进程中山东农村人才培养现状为例，在分析山东培育实践中实践经验、问题及其制约因素基础上，提出新型职业农民培育机制构建与优化对策。

第一节　农业农村现代化进程中新型职业农民培育的战略性

一、本研究的相关概念界定

当前，关于人们对新型职业农民的概念界定和内涵理解的差别较大，有些理解比较片面，有些理解甚至是错误的，这样势必影响职业农民的培育实践，因此需要从概念内涵上予以把握，以避免实际工作的失误。

（一）农民和农民培训

1.农民。"农民"本身是一个职业概念，与"医生""教师"等职业是并列的一种职业。但是，受我国城乡二元结构的影响，其兼具职业和身份两种属性。随着市场经济的发展和社会的进步，很多"农民"离开农村，离开土地，到城镇从事非农领域的工作，但是无论职业如何，只要其农村户口不变，就是"农民"。本书中"农民"的概念界定为主要或兼职从事农业生产的劳动者，不包括已完全离开农村到城市工作但户口仍在农村的农民工、个体工商户和个体经营者等。

2.农民培训。培训是一种有组织的知识传递、技能传递、标准传递、信息传递行为。从大的方面来说，培训可以理解为人力资源开发的中心环节，而从小的方面说，培训即指为提高人们实际工作能力而实施的有步骤、有计划的介入行为。我们应在全面理解培训内涵的基础上，对培训做出合理的界定。本书所说的"培训"则主要指在知识和技能方面的培养。农民培训一般指使农民通过学习获得相应知识和技能的活动，是培训主体对农民进行技能训练或短期再教育的活动，包括管理型人才、技能型人才、生产人员等。

（二）新型职业农民和新型职业农民培育

1.新型职业农民的内涵。对职业农民概念内涵的界定，国内外专家学者目前尚未形成统一的观点。美国学者埃里克·沃尔夫（1966）指出，传统农民是身份意义上的农民，维持生计是他们从事农业生产的目的，而职业农民则将农业作为产业，并利用市场机制使报酬最大化的理性经济人。郭智奇【2011】认为，职业农民从事农业生产经营是自主选择的结果，具有充分的流动性，为了追求报酬的最大化，是能够主动适应现代农业市场化、产业化、标准化要求的职业人。李文学【2012】认为职业农民是农业内部分工、农民自身分化的必然结果，是国家工业化、城市化达到相当程度之后产生的一种新型职业群体。他指出，全职务农、高素质、高收入以及获得社会尊重是新型职业农民应有的四个特质。中国农业大学朱启臻【2013】教授认为，新型职业农民除具有农民的一般条件外，还应具有把务农作为终身职业、充分参与市场竞争和具有社会责任感三个条件。综上，在融合专家学者观点的基础上，本书将新型职业农民界定为：具有较高的文化素质、掌握一定的农业生产技能，以农业生产、经营或服务为主要职业的农业从业人员。从职业来看，新型职业农民必须专职从事农业生产经营；从素质来看，有文化、懂技术、会经营是新型职业农民主体观念、基本素养和职业能力的展现。这样把新型职业农民与兼业农民和传统农民相区分。当前，农村本土实用人才、返乡农民工、大中专毕业生、科技人员、退役军人等构成了新型职业农民队伍。

2.新型职业农民培育。2005 年中共十六届五中全会提到的是"培训"新型农民，2007 年十七大报告指出要培养新型农民，2012 年中央一号文件提出"培育"新型职业农民。从中央发布的政策文件看，"培育"一词的选用经历了一个"培训"到"培育"的变化过程。就原意而言，"培训"是人力资源开发的重要方法，是有组织地向受训者传递知识和技能传递的行为，政府主要进行农民文化知识传授、农业实用技术培训等工作。"培育"不仅重视全面而系统的农民职业教育，更加注重通过"环境"和"扶持"去"育"，从农民"培训"到"培育"，充分体现了环境支撑在农民成长过程中的重要作用。综上，本书认为新型职业农民培育与原先的新型农民教育与培训不同，它在培育内容上不仅仅是农业生产技术的传授，而且还包括农产品加工与服务、农产品营销、农业管理知识培训和农业项目的开发等扶持，同时还注重制度变革和环境优化。

二、理论基础

（一）劳动力转移的推拉理论

英国经济学家拉文斯坦等人最早提出推拉理论。该理论指出。劳动力人口转移是农村推力和城市拉力共同作用的结果。他们认为，在大多数发展中国家，农业生产经营的比较效益低，对农村劳动力形成推力；而城市一般有较多的就业机会，具有较高的工资收入，较完善的生活设施和条件，这些因素对农村劳动力形成拉力。推拉理论对新型职业农民的培育具有重要的指导意义，只有不断推进城乡一体化建设，持续优化农村生产生活环境和条件，才会提高农业农村拉力，才会吸引更多高素质的劳动力致力于农业发展和农村建设。

（二）人力资本理论

人力资本理论学派众多，本书中所用到的是在经济学界被称为"人力资本之父"的舒尔茨的理论观点。舒尔茨是把人力资本作为一种生产要素去研究的。他曾指出，造成发展中国家农业落后和农民贫困的主要原因不是土地或自然资源的贫瘠，而是农业人口质量不高。他认为，由于政府实施以牺牲农业为代价而片面追求工业化的政策造成现实中农业的落后，向农民进行投资是政府改造传统农业的最好办法。其理论观点主要有三方面的内容：

1）　人力资本的投资是促进经济增长的最主要因素；

2）　人力资本在劳动者方面主要表现在劳动者的数量和素质上；

3）　人力资本的形成依靠教育投资，具体表现有劳动者的知识和技能等方面。

在当前我国正处于发展现代农业和建设城乡一体化的关键时期，必须要加大对职业农民的人力资本投资。

第二节　发达国家职业农民培育经验及启示

发达国家在农业现代化发展道路上，对职业农民培育都给予了高度重视。他们从自身国情和禀赋条件出发，在职业农民培育方面大都已建立起一整套制度和教育培训体系。本部分选择美国、英、德和韩国等典型发达国家作为分析对象，为培育新型职业农民的研究提供可借鉴的经验。

一、发达国家职业农民培育经验

美、英、德、韩等发达国家在实现农业现代化历程中，尽管各国国情状况和国民素质不同，但培育职业农民的很多做法和经验值得我们借鉴。

（一）注重职业农民培育的立法保障

通过立法保障职业农民培育的顺利开展，是各国的普遍做法。发达国家通过立法保障农民职业教育的地位，规范和协调政府部门、培训机构和农民的责任与义务，明确了农民职业教育的公益性，保障了农民培育所需的人力、物力和财力，促进了发达国家职业农民培育工作的顺利开展，推动了职业农民培育的规范化、制度化发展。

1.通过立法保障农民职业教育培训的顺利开展。从 1862 年出台的《莫雷尔法案》开始、在随后的一百多年中美国先后制定颁布了《就业机会法》等数十部有关职业教育法律法案，为美国职业农民培育的顺利实施和推进提供了法律保障。韩国为解决农村青年人大量下降，特别是高学历的青年农民离开农村和农业的问题，先后颁布了《农渔民后继者培养基本法》和《农渔村发展特别措施法》，以此吸引高素质青年人从事农业生产，培养并强化其农业生产经营技能，为培养农业后继者和专业农户从法律上提供了保证。

2.通过立法明确农民职业教育的公益性。农民职业教育关乎国家粮食安全和现代农业发展，具有明显的公益性，持续稳定的资金投入是农民职业教育公益性实现的重要保障。发达国家通过完善的法律。使农民职业教育培训的资金投入规范化、稳定化。各国都以政府资金投入为主，同时也注意激励企业和协会积极参与培训。英国农民培训的 70%的经费开支由英国政府财政负担，德国国家教育投资的 15.3%用于农民教育。为保障培训的公益性，许多国家的法律规定，参加培训的农民一般不交或仅交纳很低的费用，不仅如此。有的国家还向参加职业教育培训的农民支付一定的补助。如法国政府用相当于高等农业教育的拨款数对农民接受职业教育培训进行拨款，主要用于补贴农民参加培训期间的工资和津贴。调动了农民教育培训的积极性。

（二）构建系统的职业农民培育体系

经过长期的探索与实践，发达国家建立了由政府主导、学校、社会、民间力量多主体参与的系统的职业农民培育体系。

1.设立专门的管理机构。由于农民培养量大面广，多部门参与，为有效地开展农民教育培训工作，发达国家普遍设立专门的教育培训管理机构。英国《农业培训局法》规定教科部负责院校教育，同时也抓院校的职业培训。韩国的农民教育培训由国家统筹规划，具体由具有教育培训资质和职能的科研、教育和培训机构，包括农业协作合同组织、农业大学和农村振兴厅等部门来负责，教育培训分工协作，1969 年德国联邦政府颁布的《职业教育法》，规定农业协会主管农民培养工作，地方教育部门和培训农场协同推进。

2.职业农民培育主体多元化。为满足农业现代化发展对人才的需求,发达国家逐渐形成政府为主导,以农业院校、各类培训机构、农业协会和农技推广站等为补充的多个层次相衔接的职业农民教育培训体系,形成一主多元的趋势。

通过相关法律的制定和实施,美国建立起了以政府为主导,以农业院校为基地,以社会培训机构为补充,实现农业教育、农业科研和农技推广三位一体的完善的农业科教培训体系。为调动了企业组织培训的积极性,确保农民培训的市场需求为导向,德国通过立法。由企业和个人以纳税形式缴纳培训费用。韩国的农民教育培训也十分注重政府与社会多元化机构的合作,在国家统筹规划下,逐渐形成以农村振兴厅、农业院校和农民协会为主体,同时积极吸纳各种社会力量共同参与的培训体系。

3.职业农民培育模式多样化。国外很多发达国家农民教育培训的核心:以农业生产需要、农民需求为基础,注重实践操作能力、创新能力的提升。随着农业和农村社会的不断发展,发达国家不断创新教育培训模式,教育培训趋向多样化。韩国农民在接受培育时不是由政府统筹安排培育课程,而是根据自身需要使用培训券来支付培训费用。此外现代远程教育已成为多数发达国家的农民培育形式,网络远程教育不仅为农民的基础理论教育提供方便。而且广泛传播农产品交易价格、农业市场供求等农业信息,促进了农民市场观念的提升,加速了其融入市场的步伐。

(三)建立严格的农民职业准入

许多发达国家较早地实现了农民职业化,"持证种田"是许多发达国家的普遍做法。在农业现代化水平较高的欧洲,劳动者要想获得农民从业资格,必须首先完成农业职业教育,考试合格且获得"绿色证书"才能从事农业生产。发达国家职业农民认证形成了完善的认证体系和法律保障体系。

1.严格的认定标准和程序。发达国家职业农民认定标准以资格证书的形式体现,英国职业农民资格证书分农业职业培训证书和技术教育证书两类。德国职业农民资格证书分为5个级别(如表4-5-1)。虽然发达国家职业农民的认定证书在类别和名称上有差异,但在认定程序上都设置了完善的考试考核机构和严格的考试制度,指定了不同人员组成的考评委员会,考试合格后才能获得证书。且考试级别有等级划分。比如英国由14家社会认证机构负责农民资格认证,政府设立由农场工人、农场主和教师代表组成一个专门的职业资格考试委员会,有一整套严谨的监督检查程序。

表5-3-1德国职业农民资格证书名称及功能

等级	名称	认定标准	证书功能
1	学徒工证书	技术员证书	初级证书,但非合格职业农民
2	专业工证书	经历3年的农业职业教育,通过规定的结业考试	农业专业工人,合格职业农民
3	师傅证书	通过一年制的专科学习,或参加农业师傅考试	有独立经营农场和招收学徒的资格
4	技术员证书	通过两年制的农业准可学校深造	可担任技术员和领导
5	工程师证书	经考试,到高等学府深造并毕业	可担任农业工程师（欧盟颁发）

2.完善的法律保障体系。西欧发达国家职业农民资格认定有完善的法律和政策扶持体系作保障。依据德国颁布的《职业教育法》，受训者必须经过正规的职业教育，通过国家考试取得农业师傅证书才能获得农场经营权，成为农民职业教育的基础法律。依据法律规定，法国公民必须接受职业教育，在获得相关证书后，才可以享受国家政策补贴和农业优惠贷款。发达国家通过法律手段，把农业教育培训和农业生产经营挂钩，建立起了严格的职业准入制度。

（四）重视职业农民的政策支持

1.对职业农民实施专门的支持政策。重视持证农民的权益保护，推动其加快发展，是发达国家职业农民培育的普遍做法。许多国家在政府农业补贴、金融信贷和农业产业继承等方面，都给予职业农民优先权。为调动职业农民的务农积极性，政府对于持证的农民在技能培训、贷款、经营农场很多优惠政策。比如丹麦农民通过教育培训获得绿色证书者，可以获得政府给予地价 10%的利息补贴，并能享受诸如环境保护等经济补助。

2.注重青年农民的政策扶持。为应对青壮年农民数量短缺，农业从业人员老龄化问题。发达国家非常注重青年农民的教育培训和政策扶持。欧盟 CAP 设立"青年农民计划"（Young Farmers Scheme），对40岁以下的青年农民实行最高2%的直接财政支付专项。支持其进行农业经营，使青年农民得到实惠。韩国政府高度重视农业后备军的培育，政府每年选拔 1000名不满35 岁的创业型农民，不仅免除他们服兵役，还为他们提供资金支持、培训机会和经营用地。美国针对农民日益老龄化的现实，《2014 年农业法案》提出延续2008 年提出的"新农民发展计划" （Beginning Farmer and RancherDevelopment Program），计划耗资1亿美元对新农民进行培养。

二、发达国家职业农民培育经验的启示

随着工业化城镇化的推进，农业劳动力老龄化、低素质化凸显。新型职业农民的培育是确保农业后继有人的重要举措，是加快农业现代化进程的关键环节。美国、欧盟和韩国等发达国家和地区，虽然在农民素质和农业发展条件等方面与山东省有很大不同，但他们在职业农民培育中所遵循的基本原则值得我们学习。借鉴发达国家新型职业农民培育中的经验，结合山东省实际，加快制度创建、机制创新和政策完善，加快新型职业农民培育步伐。

（一）制定相关法律，规范保障新型职业农民培育

发达国家经验证明，制定相应的法律法规是职业农民培育中的关键环节。完善的法制可以明确政府部门、培训机构的职责，规范经费和师资的投入，保证职业农民培育工作的顺利开展，同时相关配套制度和扶持政策也有利于保障农民权益，调动他们的培育和生产积极性。目前，我国现有的法律条文对农民教育培训只是作了一些原则性的规定，缺乏可操作性，对认定管理和政策扶持等方面缺乏明确、具体的规定，各地区职业农民认定标准和扶持政策不一，法制建设严重滞后于新型职业农民培育实践。借鉴发达国家职业农民培养的立法经验，加快新型职业农民立法进程，以法律形式明确职业农民教育的地位、扶持措施和考核评价，对培训机构、经费投入、师资队伍等加以规范，把职业农民培育纳入法制化和规范化的轨道，为职业农民培育提供保障。

（二）整合教育资源，完善新型职业农民培育体系

无论是美国、英国、德国还是韩国，各国通过长期实践形成了以政府为主导、高等院校、行业协会等积极配合的培育体系。政府整合各类教育资源、协调各部门分工合作，鼓励调动合作社、行业协会和民间组织办学积极性，满足了不同层次农民的需求，提高了培训的质量和效率。借鉴国家的经验，由于新型职业农民培育是一项多部门参与的系统工程，政府要继续发挥为主导作用，加强教育、农业和科技等部门资源的整合，借鉴美国实施农科教结合的经验，积极发挥农业院校、科研院所和农技推广

部门的作用。强化培育联动机制，形成合力。同时借鉴发达国家以政府购买方式推进非政府组织参与农民培育的普遍做法，鼓励涉农企业建立农民培育基地，发挥培育基地的引领、示范和带动作用。借鉴发达国家经验，支持和鼓励农民自发成立农业协会和合作组织，进行自我教育。逐渐形成以农广校、农民科技教育培训中心为主体，涉农科研院所、农技推广部门、农业龙头企业为辅的"一主多元"的培育体系。

（三）完善政策体系，健全新型职业农民培育制度

从西方发达国家扶持职业农民的措施看出，完善的农业政策和农民扶持政策是培育和壮大职业农民队伍的重要保障。当前农业依然是弱势产业，需要国家政策扶持。同时山东新型职业农民培育方才刚刚起步，规模有限，现有扶持政策大多以条例或地方性指导性文件的形式出现，缺乏规范性和整体性，缺乏国家和省层面对新型职业农民的专项扶持政策保障。可以借鉴美国和欧盟等国和地区的扶持农业和农民的政策，立足当前实际情况，制定一系列的农业扶持政策，加大强农惠农支持力度，在农业保险、技术支持、信贷、市场营销等各方面给予农民扶持与帮助，保障种地得到实惠；借鉴欧盟实施的"青年农民计划"，制定优惠政策吸引高素质中高等学校毕业生和其他有志青年到农村务农创业；另一方面出台专门的新型职业农民培育政策，在产业扶持、教育培训和社会保障等方面进行倾斜和扶持。

第三节　山东省新型职业农民成长与培育现状

一、山东省新型职业农民培育现状

山东是农业大省，历来重视农民教育和培训。自 1994 年以来，山东省积极开展落实国家层面的"绿色证书""劳动力培训阳光工程""新型农民培训计划"等一系列工程，为农村建设和现代农业发展培育了大批农村发展带头人才和农业技能型、经营型技术骨干。2012 以来山东省积极实施新型职业农民培育工程。

（一）山东省新型职业农民培育主要做法

1.加强组织领导，制定实施方案。为培育好新型职业农民，山东各级政府及农业部门高度重视这项工作，成立了工作领导组，明确了工作的指导原则，把培育生产经营型、专业技能型和社会服务型的职业农民作为工作的目标任务。各试点在实践中，具体制定了新型职业农民认定管理办法和教育培训制度，出台了相关扶持政策。

2.县级试点先行，稳步推进培育。2012 年8 月，农业部办公厅下发《关于印发新型职业农民培育试点工作方案的通知》，山东齐河、招远和桓台等六县市被农业部列为全国试点县。经过 2013 年的试点，六县市被确定为全国新型职业农民培育工程示范县。2015 年山东将临沂市确定为新型职业农民培育整体推进市，同时在全省选择了82 个县（市） 作为新型职业农民培育工作示范推进县（市）。2012~2015年，共培训新型职业农民7万余人、认定超过1万人。2015 年9月，山东省出台实施就业优先战略行动方案，计划每年培训 10万名有文化、懂技术、会经营的新型职业农民，将进一步加快新型职业农民培育步伐。

3.整合优势资源，形成支撑体系。在培育过程中，政府负责宏观管理和过程监控；农广校等培训机构培育中占主体地位，组织优秀教师负责教育培训全过程；省农广校按区域建立农民教育培训基地。选择部分农民专业合作社和龙头企业配套建设生产经营型实训基地；各市县依托农民田间学校和各类试验示范基地配套建立农民培育实训基地。农民培育实训基地为农民学员提供实践的场所，增强学员实践能力，构建了多层次、多形式的新型职业农民培育支撑体系。

（二）山东省新型职业农民培育的模式

山东各地以产业为立足点，积极探索建立新型职业农民培育长效机制，完善管理办法及政策支撑体系，在新型职业农民的培育上进行了多层次探索，形成了新型职业农民培育特色模式。下面以山东齐河、招远和桓台最早试点县为例，分析山东省新型职业农民培育的特色模式。

1.分产业认定培育对象。产业是农民专业化和职业化的基础和前提，实施动态化的资格认证管理是新型职业农民培育的重要环节。调查显示，三县市在培育实践中，一方面，立足主导产业认定培育标准。根据当地优势主导产业，遴选粮食、果树、蔬菜等产业为试点产业，以农民的种植规模、科技含量、带动能力等为条件，制定了不同产业、不同类型的新型职业农民的具体认定标准。另一方面，依据认定标准遴选培育对象。农民自愿申请，政府逐级审核，认真筛选种养殖大户、家庭农场主、合作社负责人等作为新型职业农民培育对象。对认定的新型职业农民及时进行了公示，对新型职业农民实行动态管理，建立准入和退出机制。2013 年，招远市共培育新型职业农民240人，首批认定初级职业农民40人。2014 年度，招远市共有 350名新型职业农民学员参加培训、有 348 名农民获得了新型职业农民资格。经过2013 年的试点。2014 年德州市齐河县700名培育对象经过层层选拔评审，有200人获认定。

2.分层次加强职业教育培训。以阳光工程等项目为依托，分层次分别开展职业技能和经营管理培训，打造出了一条新型职业农民培育线。一是充分利用职业教育平台，把有农业创业的希望进行学历提升的新型职业农民推荐到职业院校进行学历培养。齐河采取农学结合弹性学制，实行"送教下乡"教育模式，开展以中等职业教育为主的专业学历教育。二是以农村劳动力培训阳光工程为依托，组建讲师团，各地依据农民学习特点和农时季节，结合县域特色，实行集中培训和分散培训相结合、课堂教学和实践操作相结合的教育培训方式。比如，招远一方面根据农时季节，由培训教师到镇开展集中培训，依据农民学习特点，到示范基地和果园开展田间课堂"实践式"培训，农民与专家和辅导员进行互动交流；另一方面组织学员到省级农广校培训基地实行军事化培训，加强经营管理知识和创业技能知识的系统的理论培训，同时组织农民到龙头企业和产业化科技园区进行参观学习，开阔学员视野。三是对已经获得证书的新型职业农民加强后续的培训和指导。建立后续跟踪平台，通过手机短信等方式根据时令季节向农民发送创业、灾害预防等信息。指导农民进行有效生产经营。利用互联网技术搭建科技信息服务平台，利用平台进行沟通联系，实现资源共享，共同致富。

3.分领域制定扶持政策。三县市在实践中，党委、政府注重整合集成现有惠农政策，从当地情况出发，因地制宜出台了《新型职业农民扶持奖励办法》。在建设上支持，在涉农项目的安排上新型职业农民具有优先权；在保障上扶持，对职业农民在生产当中的风险处置安排上，扩大农业保险范围，减少农业生产的风险；在政策上激励，加大对认证农民在土地流转、无公害产品生产经营等的奖扶力度，提高农业从业人员积极性。实践中，在 2013 年的试点工作中。山东省桓台县农业局制定了粮食产业生产经营型新型职业农民的8 项扶持政策，对获得粮食产业生产经营型新型职业农民证书的农民进行激励扶持，在促进当地粮食产业的稳定发展等方面显示了生机和活力。根据《招远市新型职业农民支持扶持政策》规定，获认定的新型职业农民连续 2 年获得市财政补贴，按照初级、中级和高级依次为 300元、400 元和500元，并在保险、金融和税收等方面给予优惠或减免。获证职业农民流转土地发展果树达到 100 亩以上的，政府奖励 10万元。2013—2014 年度发放认证农民奖金24.87 万元齐河出台的新型职业农民扶持政策规定，获认定农民在农机补贴、农业奖扶和涉农项目申报上具有优先权；对获得"三品一标"认证、食品质量安全认证和商标注册的认定农民给予奖励。

（三）山东新型职业农民培育的主要成效

结合当前农业农民发展的现状，围绕新型职业农民"有文化、懂技术、会经营、成组织"的基本内涵和特征，各地加强了专业化、产业化和组织化培育，成果显著，为新型职业农民培育指明了方向。结合山东省齐河、招远和桓台三县市实践，培育取得的成效主要体现在以下几个方面：

1.坚持专业化培育，产生了一批先进典型和科技示范户。专业化就是职业化的基础。在实践中，三县市加强对新型职业农民进行专业化培育。一是分地域培育。山东各地的农业生产具有差异性，试点县培育新型职业农民时从当地地域情况出发，结合当地农业农民的发展现状，进行专业化培育，培养农民适应当地特色农业生产经营所需的农业知识和专业技能、经营管理能力。如，桓台是平原地区，也是粮食主产区，土地比较容易集中，有利于农民机械化、组织化生产，重点培育与机械化生产和土地集中经营的农业机械手、种粮大户、家庭农场主等相关职业农民；招远是丘陵地区，果树种植面积较大，着重对农民进行果树育苗、果业生产管理技能等方面的培育。二是分对象培育。首先，从职业特征和需求出发，分别对生产技能型、经营管理型和技术服务型三类进行培育。其次，针对处在不同发展阶段的职业农民采取相应的培育措施。对于具有丰富的生产管理经验的农民，加强培训，使其取得职业农民证书；对已经获得证书的新型职业农民加强后续的培训和指导；并大力鼓励支持其进行学历教育。坚持专业化培育，提高了新型职业农民的综合素质和专业技能，出现了一批先进典型和科技示范户，影响和带动村民推广应用农业新技术和新品种，加快土地流转，扩大经营规模，促进农民整体素质提升和当地生产发展。

2.强化产业化培育，推动了农业标准化、规模化发展。一是培育依托地方特色农业的发展。三县市依托当地主导农业和特色农业的发展，使新型职业农民的培育接地气。例如，桓台根据当地平原地区农业发展的特点，重点对新型职业农民进行农业机械应用与维修、深松精量施肥、粮食田间管理、贮藏和农产品加工等方面的培育。在招远丘陵山区，利用当地果业林业资源，着重从苗木繁育栽培、果品加工和农业服务等方面对农民进行培训。二是培育以市场为导向。现代农业产业化的特点要求农民的经营方式必须由小农经营转变为以市场为导向的产业化经营。为此，各地农广校在培育时，科学设置培育内容，除了开展实用性的专业知识和技能的培训之外，针对种养殖大户、农业企业负责人和合作社负责人等新型职业农民，加强包括市场经营、农业创业市场分析、创业风险的防范、现代物流管理等方面的经营管理方面的培训，提升农民的市场意识和市场竞争能力，增强其生产经营的管理水平和进行决策的能力，努力将农民培育成为会经营、善管理的职业化的市场主体。三县市经过摸索，逐渐积累了依托产业发展催生职业农民，在培育中壮大产业的成功经验。促进了当地产业向标准化、规模化方向发展。比如，桓台经过一年的培育，2013 年3 月基本符合恒台县新型职业农民条件的种粮大户只有 53 人，到11月底发展到220人，经营面积达到4.5万亩，人均种植205亩。

3.推动组织化培育，提升了农业社会化服务水平。而对瞬息万变的市场需求和经营风险，农民必须拥有足够的资源、信息，因而加强联合形成不同的农业经济组织是一种必然。依托农业经济组织，个体职业农民能够提高生产能力、应对市场风险能力和信息获取能力，有利于增强市场竞争力。三县市在培育中注重加强新型职业农民的组织化培育。在实践中，有不少认证新型职业农民注册登记了家庭农场，牵头领办或参与了农民专业合作社。比如，桓台 2013 年培育对象中有 15 人领办了农民专业合作社、有11人注册登记了家庭农场。截至2015 招远市有 60多名新型职业农民创办了专业合作社，共吸纳 17000 余人人社，创造了 2300 多万元的经济效益。合作社在生资供应、技术服务和市场开发等方面发挥了聚力规模效应，促进了新型农民成长和农业社会化服务的发展。职业农民领办的农业经济组织是根据当地的农业产业链环节和农民从事的具体农业经营来构建的，与当地的农业生产密切相关，有利于组织开展各种职业农民教育和培训工作，有利于更多新型职业农民的成长和发展。

二、山东省新型职业农民培育存在的问题分析

当前山东省新型职业农民在一些地区开始成长和发展，但现有的国情背景下。新型职业农民培育依然面临多重困境。本研究通过对山东齐河县、桓台县和招远市三个县的新型职业农民培育现状进行调查、分析，为构建的职业农民培育机制奠定基础。

（一）研究对象与研究方法

1. 研究对象和研究方法。为了解当前山东省新型职业农民培育现状及问题，基于地理位置的差异性和经济发展的不平衡性的考虑，2015 年7月至9月，课题组选取在山东省西部、中部、东部三个农业部 2012 年认定的 100个新型职业农民试点县中的（德州齐河县、淄博桓台县和烟台招远市）进行调研。在三县市涉及乡镇的村委会的支持

下，围绕当地主导产业，根据培育实际情况，采取分层随机抽样方法。每个县选取 3 个乡（镇），每个乡（镇）选3 个村，每个村选取 20 名农户的方式选取样本，共选取 9乡（镇）27 村 540人，调查对象限定为当地种养殖大户、家庭农场主、农业专业合作社成员以及普通职业农民等多种经营主体，就其人口结构情况、生产经营状况、培训状况开展调查。调查主要采用抽样问卷调查、访谈法调查法。调查员主要由山东理工大学来自上面三个县的当地的本科生组成，在问卷调查前对其进行了系统的培训。同时，课题组成员分别对新型职业农民培育主管部门（农科教）、村委会和参训农民进行访谈。本次调研共发放问卷 540 份，回收问卷 514 份，回收率为 95.2%，其中有效问卷为489份，有效率为95.1%。由专业人员对有效问卷进行编码、数据录入和统计分析。

2.调查结果统计分析。

（1）劳动力结构情况。人口结构方面；在接受调查的对象中，从性别来看，男性占69%、女性只占31%。从文化程度来看，大专 3.3%，高中24.9%，初中48.4%，小学 23.4%，初中文化程度的所占比重较大。达到 48.4%，而高中及以上文化程度的比重较少，仅占 28.2%。表明新型职业农民培育群体文化程度较低。从年龄来看。30岁以下 3%，31-40为13%，40~50占45%，50~60岁为39%，劳动力人口老龄化明显。

从事农业背景来看，长期务农有从事农业背景的比例最高，达到76%，而大学毕业创业的比例最低仅有 1%左右，复转军人从事农业背景的比例不高，只占5%左右，打工返乡的占7%，在职村干部从事农业背景占 11%。从调查对象的人口结构来看。目前从事农业生产经营的农民来源比较广泛，但高素质的青年从业者较少。

（2）培训现状方面。通过访谈调查，被调查对象中高达77.1%的调查对象表示没有参加新型职业农民培训。调查显示没时间和培训内容不合适、效果不好是最大的影响因素，163位农民认为自身没有时间参加培训，占样本总数的43.2%。119 位农民听说效果不好，培训内容不合适占 31.6%。培育名额少，宣传力度不强也在一定程度上影响了农民的实际参训行动，调查发现75名的农民不知道培训信息：98位农民认为想参加但没有名额。还有一部分是因为年龄大、学历低不符合培育条件也学不会，最终没有参加培训。总体来看，农民没有参与培训既有主观约束，也有客观制约。农民自身培育意识、文化素质和缺少时间等是制约农民参与培育的主观因素，而培育名额少、宣传力度不足等客观因素在一定程度上也制约了农民培育的积极性。

调查发现。农民参与培训的目的具有多样性，但通过培训提高职业技能和增加收入所占比重较高，分别占51.3%、25.2%、反映了农民把教育培训作为增加技能、实现增收致富的一条路径；同时他们十分看重政府对农民的扶持政策，比重占 19.9%，希望通过资格证书获得相关优惠政策，增加收入。对112 位参加培训的调查对象的供给主体进行分析，个体参加过政府部门、农广校等提供的培训所占比重高，达85.2%，而社会培训机构、龙头企业和合作社提供培训的比率较低，分别只占4.5%、2.5%和7.8%。这表明在当前职业农民培育中，政府处于主导地位，农业合作社和龙头企业等其他培训单位的积极作用并没有得到充分发挥。

（3）生产经营方面。从经营模式来看，调查对象中 72.1%没有参加农民专业合作社、组织化程度比较低，大多仍然是单一化、分散化经营。从从事农业经营结构上来看、职业农民由于缺乏资金、经营管理知识等原因，同时受当地农业产业化水平影响，从事农产品加工、服务、销售的职业农民所占比重较少，分别只占3%、9%、2%，分布不合理。

从调查对象生产经营情况来看。农民主要是单一化、分散化经营，难以面临农业生产带来的风险，希望政府在技术、资金和保险等方面加大对扶持力度。从政府对发展农业提供的帮助需求来看，需要政府在技术服务方面给予帮助所占人数最多，比例最大，同时在项目资金和优惠政策方面也有很大需求。

（二）山东省新型职业农民培育中存在的问题

1.新型职业农民培育群体整体水平有限，增加了培育的难度。抽样调查显示，三县市从事农业生产和经营的农民综合素质不高。首先。文化程度偏低。三县市从事农业生产经营的农民虽然文化程度大部分为初中或高中。但从农业现代化对从业农民的学历要求看，仍有一定的差距。由于农村劳动力文化程度低，不仅在接受教育培训时理论知识的学习掌握有一定困难，同时对生产方式、生活方式和思维方式都有很大影响。农民的经营管理理念、抵御市场风险的能力偏弱，很难适应新型农业产业化发展的需要，为通过技术培训引导留守农民向新型职业农民转变带来困难，增加了职业农民培育的难度。其次，年龄偏大，缺乏农业生产经营的可持续发展能力。再次，观念落后。由于年龄和文化程度等原因，农村劳动力大多不愿意让自己的孩子从事农业，调查显示，受访农户中，愿意让自己孩子从事农业生产当职业农民的仅占 17.4%。通过访谈。三县市职业农民来源比较单一，绝大多数由当地传统农民转换而来。职业农民整体文化素质不高、年龄偏大，尤其是高技能、高层次人才紧缺，同时新生代农民大多不愿从事农业生产，在老龄化的背景下新型职业农民培育面临学员组织难、培育难的问题。

2.新型职业农民培育体系不健全，制约了培育的规模和力度。

（1）培育资金不足。当前新型职业农民培训的经费来源单一，培训主要以"政府买单"的形式财政下拨。但是相对于参训人员的增加，国家和省下达的资金可谓杯水车薪。调查显示，桓台县作为国家级新型职业农民培育试点县，连续三年得到国家 160万元经费。从国家设立培育 1 名新型职业农民的 3000 元标准看，只有千余个名额。淄博市耕地面积317万亩，按照1名新型职业农民种植100亩地计算，淄博市仅种植业就需培育新型职业农民近3万名。调查中发现有很多农民想参加培训，但培育指标的有限性制约了农民职业化进程，影响了培育规模和力度。

（2）培育主体比较单一。新型职业农民培育刚刚起步，目前主要以各地各级农广校、高中等农业院校等政府主导为主体，培育主体比较单一。2013 年山东工商登记注册的农民合作社数量达93193 家，但大部分农民专业合作社规模比较小，教育培训功能还不强，合作社内部开展的教育培训主要是所处行业的快餐式生产技能培训，内容单一，而农业企业等参与培育的激励机制不健全，其作用远未得到充分发挥。为适应现代农业产业发展的人力资源需求，必须考虑吸引包括农业企业、农民合作组织等方面力量参与新型职业农民培育，形成多层次的培育体系。

（3）培育资源缺乏统筹。新型职业农民培育内容包括职业农民的技能培训和创业培训、学历教育和后续技术服务等多个环节，需要农业、教育和科技等部门来组织领导，农广校、农业职业院校和农业科技推广部门参加，但由于技能培训、学历教育和技术推广服务等分属农业、教育和社会保障等多部门，目前新型职业农民培育没有设立独立的管理机构，各种培育资源之间缺乏统一领导规划，存在分头管理，统筹协调和衔接性不强，导致培育资源分散、重复培训，影响培育效果，也造成培育资源浪费。

3.新型职业农民培育机制不完善，影响了培育的效率效能。

（1）培育专职教师不足。当前，新型职业农民培育专职教师队伍总量不足，缺少真正了解农村基层情况的教师，尤其是双师型教师严重短缺。参与新型职业农民培育的教师，虽然他们学历、职称较高，专业化水平较强，但与参训农民的文化水平不高的认知特点不能有效对接，对当地的经济发展水平、农村产业结构的现状及农民参训需求缺乏了解和分析较少，影响培育效果。

（2）培育模式比较单一。通过访谈，当前大多数农民培训通过聘请有关方面的专家和技术人员，以举办培训班、课堂讲授为主要形式进行，在培训中由于受经费、基地和师资所限，深入田间地头开展的技术指导和示范教学等培育模式大部分培训机构考虑较少；由于农村信息基础条件比较薄弱，加之农民素质文化素质较低，现代的网络远程教育模式难以大范围普及，不利于农民对农产品生产信息和市场信息的获取，影响了培育效果。

（3）培育缺乏长效机制。职业农民培育工作起步较晚，培育的考核和监督长效机制尚未建立，导致培训过程中"短期化"行为较多。考核标准往往以数量为主，地方政府和许多职能部门把主要精力放在农民教育培训工作的组织上，而对教育培训质量缺乏有力的关注和监督。现阶段对农民培训评估主要是培训结束后的统一考核和自愿参加的职业技能鉴定，并不能真正起到考核和监督整体培育效果的作用。

（4）新型农民培训需求呈现多样化。农业产业结构升级、生产经营方式转变、高新技术广泛应用，以及农村的人口结构和社会组织结构的变化，在生产、生活、市场、文化、观念等方面对农民都提出了新的要求。农民对培训需求的个性化和多元化特点将更加突出。加之农民居住分散、流动性大、构成复杂、需求多样，这就要求农民培训应更具灵活性、组织性、针对性和实效性，应面向农村，深入了解农民和市场的需求，突出经营，讲求效益。通过对现代农业趋向下新型农民培训需求的论证，新型农民培训要适应现代农业发展，具体表现为新型农民培训需求变化适应现代农业技术体系，种植业主要趋向于标准化、养殖业趋向于规模化，并向非农化和系统化转变。培训内容与现代农业经营者密切相关，且培训层次逐步适应现代农业发展，众口难调，当前新型农民培训多样化需求实现面临很大困难。

4.职业农民生产经营要素制约凸显，扶持力度不够。在调查职业农民从事农业生产经营遇到的困难时，土地资源占 15.6%，贷款占30%。技术占 32.4%，政府扶持力度不够，影响了职业农民规模扩大。一是土地流转难。调查显示，大部分职业农民反映面临的困难之一就是土地流转，土地流转尤其是集中连片流转较难，并且土地流转期限普遍较短，连续性差，影响长远计划规划，影响投入和产出。二是贷款难。大多数职业农民资金实力不强，加之缺乏金融机构规定的贷款抵押物，影响其扩大生产规模和发展设施农业。三是技术服务难。据调查数据显示，由于职业农民大多来源于传统农民，受传统小农思想的影响比较大，参加农民专业合作社的只有 27.9%，组织化程度低，农业生产大多是分散化、单一化经营，缺乏组织成员间的经济协作、信息、技术和经营管理等方面的交流、沟通和技术服务，职业农民现代科学管理知识的不足，市场意识和风险意识也比较薄弱，因此，他们最希望政府给予技术服务方面的扶持。同时，职业农民由于农业生产面临的各种自然风险与市场风险频繁，因此，他们希望有农业保险补贴政策来帮助规避风险。在调研中通过访谈，发现参加过培训的学员都有扩大生产规模的意愿，希望政府对新型职业农民进行评价鉴定后，在信贷、土地流转和科技服务等方面能给予政策扶持，但当前，新型职业农民扶持政策力度不够，缺乏政策配套支持和相应的服务机制，影响农民规模扩大和生产经营积极性。

（三）影响制约职业农民培育的因素分析

在新型职业农民培育中所存在的上述问题，与目前山东新型职业农民培育中所面临的诸多制约因素不无关系，这些制约因素主要有以下几个方面。

1.城乡二元体制因素。良好的城乡环境是职业农民培育成长的内部动因。城乡二元结构体制成为制约新型职业农民培育的深层次原因。长期存在的城乡二元结构导致农民在教育、医疗和社会保障等方面与城市居民难以享受平等的社会福利和待遇，存在诸多政策方面不公。农民社会地位低，"农民"成了歧视性的名词，其职业属性不断被淡化，身份属性不断被强化，农民本身不想当"农民"，更想"跳农门"。许多新生代农民通过升学等途径脱离"农门"向城市集聚。同时，由于长期二元分割的缺陷影响，农村经济社会发展缓慢，农村基础设施和社会保障体系建设滞后，农业收益低下，农民收入较低，缺乏高素质人才回流的社会拉力，导致农村人口结构劣质化，增加了新型职业农民培育工作的组织难度。

2.法制保障因素。与传统的农民培训不同，新型职业农民培育工作涉及政府投入、认定管理、教育培训和政策扶持等多个环节，是一项多部门参与复杂的工程，需要相应的法制来保障工作有序推进。目前在国家和省的层面存在新型职业农民培育专门立法的缺位问题，这使得新型职业农民培育的地位、实施主体以及各级政府的责任和义务等都缺乏相应的制度保障。立法缺失导致培育工作中导致出现一些现实问题；目前新型职业农民培育没有设立独立的管理机构，培育资源缺乏统筹，影响培育效果；一些地方领导对农民职业教育缺乏足够的重视和支持，对新型职业农民培育宣传和组织方面缺乏积极主动，培育缺乏长远发展规划。

3.政策扶持因素。新型职业农民培育是一项系统工程，需要一系列的政策变革。政策扶持是增强农业吸引力、提高职业价值、强化新型职业农民身份认同的关键。当前，新型职业农民培育政策推力不足，制约了新型职业农民发展和潜在职业农民参与职业培育的积极性。

（1）强农惠农政策的力度小。农业生产经营比较收益低，风险大是导致高素质劳动力弃农、转业的重要原因。近几年来，我国出台的普惠性的政策比较多，专门针对种养大户等新型生产经营主体的还不多。农业补贴种类少、补贴力度不高。农业保险覆盖面小、赔付水平低，国家缺乏相关保险补贴政策，农民参保积极性和地方政府支持农业保险发展积极性低等问题还比较突出。种粮补贴等各项强农惠农富农政策标准低已成为影响农民种粮积极性的重要因素。

（2）独享扶持政策缺失。农民是最讲实际利益的群体，很多农民对"职业农民"称谓问题可能不太在意，但对"职业"化背后的实际利益——扶持政策会特别关注。目前、国家尚未出台对新型职业农民的相关优惠扶持政策，各地在新型职业农民培育中虽制定了向认定农民在土地流转、金融担保和社会保险等方面的优惠政策，但大多由于发展的扶持配套机制不完善，实效性和可行性不足，受当地经济发展状况影响极大。独享扶持政策缺失不仅影响了认证农民的发展，对潜在的新型职业农民缺乏吸引力。降低了潜在的新型职业农民的培育的积极性。

（3）激励配套政策不到位。2013 年中央一号文件提出制定专项计划，对符合条件的中高等学校大学生、返乡农民工务农创业给予贷款支持和补助，加大教育培训力度，但至今支持中高等学校毕业生等务农创业的专项计划仍然没有落实，"加大力度"的实施优惠配套政策也没有出台。各地近年来出台新政鼓励高校毕业生和返乡农民工到农村创业，但由于创业服务机制和创业平台建设不完善，返乡农民工和大学生农村创业的积极性依然不高。

4.市场环境因素。虽然职业农民正在逐渐成长，但土地流转制度、农业科技服务体系和农村金融服务体系等农村市场环境不完善，职业农民成长存在资金、土地等共性要素瓶颈约束，制约着职业农民的发展。

（1）土地流转机制不完善。职业农民进行规模化经营离不开土地的流转。当前，由于农村社会保障制度不健全和农户的分散经营，职业农民面临兼业农户长期流转意愿不足和连片流转难等多重矛盾，再加上现有土地流转公共服务平台和服务机构建设不健全，土地流转不畅，阻碍着规模经济的发展。

（2）农业科技服务体系滞后。农业科技服务体系发育成熟与否直接影响着新型职业农民的生产经营成效。根据实际调查数据显示，通过对农民获取科技信息途径的调查统计，仅有 16.1%的农民通过农业科技推广部门来获取科技信息，37.9%的农民通过广播、电视等传统媒体获取，而接近50%的农民需要依靠亲朋好友来获取农业科技信息。这种现象固然与农民不敢冒险的守旧思想有关，也与当前农业科技推广体系滞后有很大关系。当前，农村科技服务供给主体、供给途径还比较单一，综合技术服务水平不高，制约着职业农民的发展。

（3）农村金融服务体系不健全。在生产经营过程中，职业农民因为要流转土地、购买农具和改善农业基础设施，需要较大的资金作保障，而农村金融服务体系不健全，使得职业农民发展面临着融资难的问题。一方面，农村的金融服务发展比较滞后，资金供给不足，金融机构为职业农民提供的融资担保服务能力不足；另一方面，职业农民生产规模不大，缺乏有效的固定资产来充当抵押担保品，难以通过资产抵押等方式获得信贷支持，制约其扩大生产规模。一定程度上阻碍了职业农民的发展。

第四节　创新乡村人才工作机制，汇聚农业农村现代化人才资源

乡村振兴，人才是关键。加快推进农业农村现代化，培养造就一支懂农业、爱农村、爱农民的"三农"工作队伍，这就要求必须创新乡村人才工作体制机制。在培育人才、吸引人才等方面下足功夫。要积极培养本土人才，鼓励外出能人返乡创业，鼓励大学生村官扎根基层，为乡村振兴提供人才保障。坚持"培"和"育"结合，从制度机制和良好的外部社会环境等方面合力推进，实施人才战略，建设新型职业农民队伍，让人才振兴成为推动农业农村现代化的内生动力。

一、创新乡村人才培养工作机制，激发乡村现有人才活力

坚持农业农村优先发展，培养选拔乡村振兴的人才不能只盯着外面的世界，要善于从脚下的土地上发现人才，培养"本土能人""土专家"和"田秀才"。培育本土人才应与地方特色和产业优势紧密结合，坚持"培"和"育"结合，创新人才培训模式，提升农民自我发展能力。一方面，要激励本土各类人才积极投身乡村建设，完善

本土人才成长机制，充分激发本土乡村人才的创新精神和创造能力。发挥本土乡村人才的技术技能优势，进而带强产业、带动致富。让农业更加焕发活力，农村更加富有魅力，不断为农业农村发展注入新活力。另一方面，要通过改善农村教育、就业、医疗、基础设施、人居环境等，健全多元投入保障机制；完善政府主导和社会参与相结合的教育培训体系和质量管理体系；根据农民的地域性、多样化、选择性、实用性、阶段性和层次性等需求特点。创新培训模式；搭建服务平台，建立新型职业农民发展的市场促进机制等方式，培养本土人才。

（一）注重战略谋划，健全高效的新型职业农民培育组织工作机制

新型职业农民培育是一项复杂的系统工程，涉及多部门、多领域，需要统一思想认识，加强战略谋划和资源整合，需要建立高效的组织领导工作机制予以保障和支持，形成合力绩效。

1.统一思想认识，营造良好工作氛围。各级政府和相关部门要统一思想认识，把培育新型职业农民纳入"三农"工作总体战略谋划中，进一步营造良好的工作氛围。一是将新型职业农民培育列入省和地方经济社会发展长远规划，加快农村实用人才队伍的建设。各级地方政府要以服务农村经济社会发展大局为目标。根据地方产业发展对人才的需求情况，科学制定新型职业农民培育规划，并纳入省和地方中长期人才发展规划中统筹实施。二是将新型职业农民培育纳入各级政府目标管理和绩效考核，建立新型职业农民培育的目标责任机制。把培育任务的数量和持证农民的质量纳入各级政府的综合考核，变"软任务"为"硬约束"，保证培育效果。

2.加强立法保障，明确公益定位发达国家高度重视农民职业教育培训工作，注重教育培训的法制建设，通过相关法规的制定和实施保障了农民培育所需的人力、物力和财力。为进一步促进新型职业农民队伍的发展壮大，借鉴美国、德国和韩国等发达国家立法保障职业农民培育的经验，省际应加快制定《新型职业农民培育条例》，通过法律形式对新型职业农民教育培训的组织管理、经费投入和教育培训机构等方面进行规范，明确各级政府和农业、教育、劳动保障、财政和科技等相关部门的管理职责与任务，进一步增强各级政府和相关部门农民教育培训工作的主动性和责任感，为各地新型职业农民培育提供法律保障。

3.理顺管理体制，形成工作合力。各级政府要打破新型职业农民培育多头管理、条

块分割的管理体制，加强部门的协调和联动，形成工作合力。由农业部门作为新型职业农民培育的牵头部门，制定和完善新型职业农民培育总体规划，加强工作协调和组织推动工作；教育部门要加强与职业院校、农业院校的沟通和协调，将新型职业农民培育工作纳入职业教育规划，做好农业后继者培育工作；科技、人力资源社会保障部门要建立健全新型职业农民科技服务、社会保障等扶持政策体系。形成农业部门牵头，科技、教育、财政等相关部门联动配合的新型职业农民培育工作格局。

（二）注重科学规范，完善新型职业农民教育培训机制

1.构建新型职业农民教育培训的经费投入保障机制。经费投入是否稳定充足和持续，直接关系着农民培训的规模和力度。新型职业农民教育培训，资金投入不足，投资主体比较单一，缺乏相应的法律保障。因此，在农民培训经费保障上，首先，制定相关法律法规将职业农民教育培训的资金投入制度化，各级政府将农民培训经费纳入财政年度预算，每年根据实际需要逐步增加投入。其次，要拓宽职业农民教育培训资金投入渠道。借鉴英国通过征取特别税的形式来鼓励企业参与培训的做法，综合运用财政和金融手段，以政策优惠方式吸引社会资本的支持，鼓励企业与社会参与农民培训工作。

2. 完善政府主导和社会参与相结合的教育培训体系。新型职业农民培育体系正处在初步构建时期，目前各地主要以各级农广校为主体，力量相对单一薄弱。为加快培育适应现代农业产业发展需要的人才，要聚合优势资源，坚持教育培训公益性与市场化相融合，构建以农广校、农民科技教育培训中心等为主体，农业职业院校和农业企业等参与的多元协作培育体系，加强对不同培育阶段新型职业农民的分类指导。

3. 健全新型职业农民教育培训质量管理体系。制度化、规范化的教育培训管理体系是保障农民教育培训质量的重要环节。高素质的师资队伍是确保农民培训的质量和效率的保障，如德同对农民教育培训的师资队伍设定了严格的准入制度，规定只有取得相当于中国硕士学位的农业工程师资格，才能从事农民培育工作，而参训农民必须通过严格的资格认定，才能获得从业资格。借鉴西方发达国家经验，

一是加强师资队伍建设。鉴于当前农民实际文化素质比较低的实际情况，要进一步加强"双师型"队伍建设，教师除了具有理论教学水平之外，还应具备解决农民生产和经营实践中具体问题的能力，具备把教学班办到乡村、农业企业、农民合作社和

家庭农场的能力。

二是规范职业资格认定程序及管理机制。首先，加强职业农民认定的专门机构建设。职业资格认定可以通过对相关政府部门进行认证管理培训，也可以借鉴国外经验，建立政府主管、社会经办的专业性职业农民资质认证机构。其次，加强职业资格认证程序的制度建设。规范认定条件、考核考试方法和认定程序，根据实施的《劳动法》《职业教育法》等相应规定，政府有关部门进一步完善标准内容，对新型职业农民实行动态管理。

（三）创新新型职业农民培训模式

农民的需求具有地域性、多样化、选择性、实用性、阶段性和层次性等特点，因此，无论是农民培训的结构体系，还是农民培训的内容、方法和手段整个教学方式都随着现代农业和农村经济的发展而发展。在类型结构上，要坚持"农"与"非农"并举；在形式结构上，要坚持学历教育与非学历教育并重；在层次结构上，要坚持初、中、高等农民教育并存，现阶段以中等农民教育为主；在办学体制结构上，要坚持公办、民办、合办并行。鼓励在各自层面上发挥优势；在布局结构上，要坚持以省高等院校为龙头、市县农业职业中专为重点、乡镇农民学校为依托；在专业结构上，要坚持办好种植类、养殖类、加工类、市场营销类、经营管理类等大农、涉农专业，新型农民培训是一个高度综合化的系统工程。模式的选择与当地的经济和资源条件密切相关，受当地经济社会发展战略目标或与农业现代化发展方向的关联度影响，模式的选择还要考虑模式对农民自身发展需求的满足情况。

新型农民培训模式选择和过程中切不可搞一刀切，应紧密结合农业产业结构调整的需要、结合当地特色产业发展需要，结合农业规模产业和创业发展的需要。目前政府主导类模式在我国新型农民培训中占据主导地位，说明我国农民培训良性机制尚未完全形成，还需要政府部门的大力推动。因此，新型农民培训模式的选择应根据各地的不同经济区域、不同的产业领域和不同的培训目标进行选择。

（四）搭建服务平台，建立新型职业农民发展的市场促进机制

目前、新型职业农民在生产经营方面面临着诸多困难，需要依托市场，搭建服务平台，建立新型职业农民发展的市场促进机制，增强发展活力。

1.建立土地流转服务机制。地方政府要加大土地流转公共服务平台建设的财政支持，

加强土地流转网络服务平台建设，在乡镇建立土地流转服务中心或土地流转服务站，构建土地流转服务网络，通过平台和网络的桥梁作用，引导土地向新型职业农民流转进行适度规模经营。

2.完善农业科技服务机制。首先，要加快新型农业科技服务体系建设。基层农技人员要强化责任意识，创新工作思路，加快新产品、新技术向新型职业农民的推广与应用；积极鼓励农业院校、科研院所专家通过组建科技服务专家技术指导组，对新型职业农民开展技术服务。其次，建立新型职业农民科技服务跟踪制度。提供持续服务。从基层农技推广队伍中遴选一批技术人员，与经认定的新型职业农民进行对接服务，进行产业发展和生产经营扶持。再次，要搭建科技服务服务平台，提升服务效能。农业部门要积极利用移动互联网、农技推广服务云平台等信息化服务手段，多渠道、多层次地为新型职业农民提供科技服务，让新型职业农民及时了解市场动态、扶持政策和新技术成果。

3.健全金融服务机制。政府要鼓励和引导涉农金融机构根据新型职业农民生产经营发展需求。大力开展农村金融产品和服务方式创新，不断提升农村金融服务水平。

第一，创新金融产品，加大对新型职业农民的金融扶持。引导省金融机构加强金融产品创新，拓宽贷款的抵押范围，允许新型职业农民以农民住宅权和土地流转经营权等抵押贷款，提升其贷款可行性。

第二，完善农村金融服务体系，提升金融服务质量。积极引导民间资本进入农村，加快信贷投放进度，推动农村小额贷款公司为新型职业农民产业发展提供金融支持。

第三，建立和完善农业保险政策。由于新型职业农民规模经营面临的更大的风险，通过保费补贴引导新型职业农民积极参保，扩大投保范围，同时，通过税收减免或提供适当补贴引导保险机构针对新型职业农民农业生产开展农业保险险种创新。提供优质保险服务。

二、创新制度和政策供给，吸引创新创业人才

人才振兴是乡村振兴的基础。为加快推进农业农村现代化提供坚实的人才支撑。破解当前人才瓶颈制约，创新乡村人才工作体制机制，要在充分激发乡村现有人才活力的基础上，鼓励支持引导乡村精英和社会群体返乡回乡，引导返乡农民工、大中专毕业生、科技人员、退役军人和工商企业者等返乡回乡创业创新，在推动乡村振兴上

贡献才智。各地政府部门要积极作为，加强制度创设和政策供给，鼓励支持引导乡村精英群体返乡投身乡村振兴。同时，要在吸引人才上出实招。营造良好的创业环境，制定人才、财税等优惠政策，为人才搭建干事创业的平台。从制度机制和良好的外部社会环境等方面合力推进，鼓励支持大中专毕业生、科技人员和工商企业等从事现代农业建设、发展农村新业态新模式，激活农村的创新活力。

（一）加强制度配置，健全新型职业农民培育的保障机制

新型职业农民培育是一项复杂的系统工程，借鉴西方发达国家的经验，遵循培育规律，建立培育制度，加大制度供给，以制度来规范引领新型职业农民培育。

1. 建立农业职业资格准入制度，提升农民地位。大多数西方发达国家法律规定，只有通过农业职业教育和培训且获得职业资格证书者，才能进行农业生产经营，同时法律规定持证农民可以获得很多优惠政策。从20世纪90年代开始我国开始实施"绿色证书制度"和"农业职业资格证书制度"，但获得绿色证书的农民享受不到政策扶持，扶持政策与证书不挂钩，导致农民参与培训的积极性不高，影响工作的后续推进。考虑到我国农业现代化水平不高、农民综合素质较低的实际情况，现阶段还不完全具备全面推行准入制度的条件。但是，随着我国农业产业化的不断提高，为确保粮食安全和农产品安全，必须实行准入制度。可以率先在专业化生产和适度规模经营领域试点，逐步实施职业资格准入制度。为持证农民经营管理宝贵的农业资源，保障农业的可持续发展。

2. 改革地流转制度，拓展农民发展空间。目前，全国人均耕地为1.52亩，在当前农业现代化建设的背景下，农村一面是对于农业产业效益低而出现撂荒，而另一面新型职业农民开展规模化经营面临土地紧缺。因此，加快农村土地流转制度改革，为职业农民从事土地规模经营提供重要前提。首先，要进一步加快农民土地承包确权登记，为土地流转创设前提；其次，要着力搭建土地流转交易平台，培育土地流转市场，完善流转法律程序，鼓励农民在坚持自愿、平等、有偿的原则下流转土地的承包经营权，推动土地经营向集约化、规模化发展，为现代农业发展所需的职业农民培育创造条件；再次，建立和完善城乡一体化的社会保障制度等保障制度，弱化土地的生活保障功能，为兼业农户进行土地流转扫除障碍，推进土地基本保障制度向社会保障制度的转变。

3.建立农民职业教育培训制度，提升农民自身素质。教育培训是培育新型职业农民

的重点环节。新型职业农民教育培训要围绕区域主导产业发展，提升培育的实效性。

（1）明确培育对象。为保障培育的质量，要认真遴选培育对象，使有限的培育资源"好钢用在刀刃"上。根据当前的农村实际，现阶段培育的主要对象包括："骨干型农民"，即目前正在从事农业生产经营的现实型职业化的农民群体，他们长期务农，有比较丰富的农业生产经营知识，是新型职业农民培育的首选对象；返乡创业的农民工，返乡农民工一般都有从事农业生产的经历，是新型职业农民培育的重点对象；回乡创业的大学生，由于就业压力的原因，有很多大学生选择到农村创业，从事生态高效农业经营，这些大学生有较高的文化素质，是新型职业农民培育的理想对象；农村初高中毕业生，虽然农村初高中毕业生从事农业的较少，大都选择了外出务工，随着制度创新和农村环境优化，他们是潜在的新型职业农民培育对象。

（2）优化培育内容。按照新型职业农民高素质的要求，不仅要对其进行农业技能的传授，还要进行现代农业经营理念和社会责任感等内容的培育。

（3）创新培育形式。以产业需求为导向，结合农民生产实际需求，开展"分段式、重实训、参与式"教育培训，扎实推进"固定课堂""田间课堂"和"空中课堂"一体化建设。

（二）加大扶持力度，完善新型职业农民培育的政策激励机制

在农业现代化发展过程中政府提供各项惠农政策争取各方支持，是发达国家培育职业农民的普遍做法。立足当前实际，政府为新型职业农民的培育制定一系列扶持激励政策，能够为实现农业现代化提供坚实的保障。

1. 制定新型职业农民的专项扶持政策。为进一步增强农业吸引力，让农民看到成为新型职业农民之后的实际利益，壮大新型职业农民队伍，省际层面应出台新型职业农民扶持政策，建立包括创业兴农、风险处置、科技服务、社会保障等综合性扶持政策体系。建立起严格的农民资格准入制度，将职业农民资格与政策扶持挂钩，获证农民在成片土地流转、惠农政策扶持、金融信贷和保险上具有优先权。通过政策扶持增强新型职业农民农业生产经营能力，进一步发挥其引领和带动作用。

2. 建立青年经营农业的政策激励机制。为应对青壮年农民数量短缺。农业从业人员老龄化问题，省际的层面应加紧建立和完善政策激励机制。吸引返乡农民工和农业类大学生等青年学农务农，成为新型职业农民。

一是要制定和完善青年尤其是农业类大学生到农村经营农业的优惠政策，在投资补贴、教育培训和科技服务等方面加强扶持，对大学生自主创业建立家庭农场和农业企业达到一定规模的给予创业补贴。

二是要加强同乡创业新型职业农民的政策扶持。返乡农民工一般都有从事农业生产的经历，外出务工的丰富实践为他们再次从事农业经营积累了物质资本和人力资本，地方政府要出台优惠政策，对返乡重操"农业"的新型职业农民给予资金、科技服务等方面的大力扶持。

（三）持续优化外部环境，营造新型职业农民成长的良好氛围

社会地位、收益和生活条件是人们考虑把农业作为职业的重要因素。持续优化新型职业农民培育的外部环境，吸引更多的年轻人加入农业现代化的建设中。

1. 优化产业环境，诱发产业动力。农业收益低，是新型职业农民培育的首要制约因素。政府要继续加强对农业的政策扶持，提高农业比较收益。同时，产业是农民职业化前提和条件，提升现代农业产业魅力是增强新型职业农民培育的根本动力。政府要积极拓展农业多功能，大力发展特色产业，加快构建现代农业产业体系，使生存型、保障型的传统农业转变为高效生态农业，农业成为增收致富的产业，提升高素质青年"以农为业"的动力。

2. 优化社会环境，提升培育推力。农民地位低是影响新型职业农民发展壮大的重要障碍。加快推进城乡一体化建设，加强户籍制度、土地制度和社保制度等制度创新，推进城乡社会保障一体化，回归农民的职业属性。同时，政府要积极引导各类新闻媒体，加强对培育新型职业农民的战略地位和优惠政策的宣传，加大对先进典型的报道，增强"农民"职业的吸引力，营造氛围推力。

3. 优化农村环境，强化社会拉力。农村环境差是新型职业农民成长的主要制约因素。加强城乡发展统筹，强化社会拉力，进一步加大对农村基础设施建设和公共服务的投入力度，并在公共交通、供水供电、环境保护等各类基础设施规划方面做好城乡规划衔接，实现城乡联网、城乡共建、城乡共用，增强农村发展活力，建设美丽乡村，营造良好的创业环境，不断优化本土乡村人才成长环境，破除当前农村高素质从业者后继乏人的困境。

第四章　创新驱动乡村文化振兴，推进农业农村现代化

推动乡村文化振兴，应加强农民思想文化建设，焕发乡村文明新气象；传承弘扬优秀传统农耕文化，不断赋予其新的时代内涵。科技创新在为提升农民素质、引领农村乡风文明新风尚和传承保护弘扬优秀传统农耕文化方面发挥着重要作用。一方面，科技创新在提升农民素质、引领农村乡风文明新风尚方面发挥重要作用。当前，我国一些乡村存在的迷信、恶俗、陋习等不文明现象，核心原因就是农民科学文化素质有待提高。通过优化农村教育结构、加快实施科技培训、大力加强农村科技的推广、充分发挥政府调控作用等措施推动农民科技素质提升。引领形成文明、科学的生活风尚。另一方面，科技创新促进农村优秀传统文化现代化转型。乡村传统文化发展是乡村振兴的重要基础和保障，是乡村建设的灵魂所在。随着工业化城镇化的推进，乡村文化逐渐被边缘化，再加上人为因素的破坏、自然因素的侵蚀和现代文化强势介入，农村传统文化保护和发展面临载体、空间和手段等方面的困境和挑战。科技在记录乡村民间文化、培养文化受众和推动传统文化产业转型升级等方面发挥着独特的作用，它提升了乡村传统文化的存储力、传承力、传播力和竞争力。乡村传统文化借助科技的优势，不断地注入新内涵。在时代文化互动和异质文化的对话和碰撞中进行自身的创新与创造性的发展，推进实现其现代转型，增强朝气与活力。

推动乡村文化振兴，应传承保护弘扬优秀传统农耕文化。不断赋予其新的时代内涵。当前，乡村传统文化发展面临载体、空间和技术等方面的发展瓶颈。科技在记录乡村民间文化、培养文化受众和推动传统文化产业转型升级等方面发挥着独特的作用，它提升了乡村传统文化的存储力、传承力、传播力和竞争力。面对乡村传统文化发展的科技制约，要通过强化政府推动传统文化发展的科学决策意识、完善科技对传统文化发展的支持体系、加快乡村科技信息化服务建设和创新科技与传统文化传承内生机

制等有效途径，促进乡村传统文化现代化转型。

党的十九大报告明确提出实施乡村振兴战略。乡村振兴既要塑行，也要铸魂。乡村传统文化发展是乡村振兴的重要基础和保障，是乡村建设的灵魂所在。我国传统文化深深根植于广大的农村地区，当前很多农村仍然保持着相对丰富的历史记忆和文化遗存，成为历史文化的重要载体。在一些农村保留着古村落、古建筑等珍贵的物质财富；仍然保存着历史遗留的民族、习俗、节庆等方面的民俗活动，祭祀土地神、灶神的习俗至今在中国某些地区中的农村仍然广泛流行；仍然保存着一些民间表演艺术、传统戏剧和曲艺、传统手工技艺等，是集物质和非物质文化等多种元素于一身的珍贵历史遗产。我们要保护传承传统文化，要让农村看得见青山绿水，记得住乡愁。记得住乡愁就是要保存好乡村的文化记忆，延续乡村文脉，打造乡村名片。

刘方玉、李祖钊【2014】通过分析农村社区建设和城镇化改造导的困境，提出要重视对农村传统文化的发掘、整理、保护、传承。王艳，淳悦峻【2014】 分析了在城镇化进程中保护农村优秀传统文化的政治、经济和文化意义，提出采取诸如对农村传统文化的现状进行全面调查、加强关于传统文化保护的宣传教育、保护和培养乡村文化的传承者、探索乡村文化产业化途径等有效措施加强对传统文化的保护和开发。李家寿【2014】认为我国农村有丰富而优秀的民族民间文化，为经济社会发展发挥了巨大作用。要建立科学、有效的新农村文化遗产传承发展机制，加大对农村传统文化保护开发的投入力度。郭雪君、李玉萍、王振【2013】从保护农村传统文化的价值出发，分析不同角度下对农村传统文化价值的认知，通过纵向历史对比去解释保护农村传统文化的紧迫性和必要性；运用博弈论的分析方法探讨农村传统化保护的内在机理，探索保护农村传统文化的具体途径。

乌云高娃【2012】论述了科技创新与民族传统文化之间具有积极和消极的双重的互动过程，指出抑制二者之间的消极影响，促进积极影响过程对于民族传统文化的传承和发展。促进民族地区经济社会的繁荣兴盛。构建具有地域性、民族性的科技创新体系具有重要的意义。潘冬东【2013】指出，通过提高传统文化产品的科技含量与原创力，推进区域传统文化的竞争力与市场活力，是保持传统文化创意产业经久不衰之根本保障。并提出要积极完善文化科技创新扶持政策，加强文化科技资源整合，建立健全文化科技投融资体系等措施。陈思、潘树【2013】中指出，积极应用现代的高新技术手段，推进文化机制体制、内容形式、传播手段的创新。是发展繁荣传统文化的必经之路。科技创新是文化发展的重要引擎。这种科技创新将渗透文化内容形式、体制机制、传播手段等方面。

综上，关于农村传统文化发展的研究，学者的理性思考主要集中于对农村传统文化保护与发展的作用、现存状态、困境及对策等方面；基于当代科技发展的现实背景，也有部分学者从科技与信息化发展视角来关注和研究文化与科技建设，但具体到乡村传统文化发展和振兴视角，对科技提升乡村传统文化发展的作用、路径及对策的研究还不多见。2018年，《中共中央国务院关于实施乡村振兴战略的意见》文件指出：在保护传承的基础上，创造性转化、创新性发展，不断赋予时代内涵、丰富表现形式。在现代科技和信息网络技术高度发展的今天，乡村传统文化一定要借助科技的优势，不断地注入新内涵，在时代文化互动和异质文化的对话和碰撞中进行自身的创新与创造性的发展，推进实现其现代转型，增强朝气与活力。我们需要新视野和新方法来研究和指导乡村传统文化建设，探索解决途径，推动乡村文化振兴。

一、乡村传统文化发展的现状及存在的问题

保护和传承乡村传统文化对于农村社会的和谐稳定、农民增收致富和留住乡村记忆等具有重要意义。近年来，党中央高度重视乡村文化遗产保护工作，许多省市已启动实施乡村记忆工程，古村落、古建筑、古民居等历史文化遗迹进存，随着村庄整治工作的开展得到了保护，一些乡村还根据自身的优势，培育并发展了具有地方特色的文化产业和文化品牌。还有一些乡村试图恢复"孝顺父母、恭敬长上、和睦乡里、教训子孙"的传统乡约。但总体上来说，随着工业化城镇化的推进。乡村文化逐渐被边缘化，再加上人为因素的破坏、自然因素的侵蚀和现代传媒的强势介入，农村传统文化保护和发展面临载体、空间和手段等方面的困境和挑战，致使中华民族的传统文化基因在农村有逐渐流失的趋向，传统社会的父义、母慈、兄友、弟恭、子孝的五教伦理也日趋衰微。

（一）乡村传统文化发展面临建设载体消失的困境

乡村村落和古建筑承载着广大农民所共同认可的生产方式、生活方式、价值观念，记录着乡村文化的历史印记，是乡村传统文化发展的重要载体，但当前面临传统村落的破坏和消失的严峻挑战，使得农村优秀传统文化发展失去了根基、空间和载体。城镇化进程中，留住最美乡愁极具紧迫性。主要有以下原因：

其一，自然因素影响。受到物理、化学、生物等因素的影响，古村落发生损坏和历史性老化，导致许多建筑破败不堪，产生了年久失修甚至无法实物保存的危重局面。

其二，建设性破坏。由于对于物质文化遗产缺乏应有的保护和敬畏意识，再加上一些地方片面理解乡村建设的实质，认为搞建设就是拆旧房，建新房，许多珍贵的历史文化遗著遭到人为的丢弃和破坏。许多地方一味地追求村容村貌的整洁，搞的千篇一律，毫无特色和文化内涵，忽视对传统文化遗存和文化形态的保护。也有一些地方政府受不良政绩观影响，急功近利，在城镇化过程中，出于经济利益的考量，使一些极具有文化价值和历史价值的古村落、古民宅在商业开发中逐渐消失。

其三，旅游开发过度。一些传统文化项目的旅游开发常常摒弃珍贵的民间文化特色，对乡村旅游资源实行掠夺式经济开发，导致许多乡村优秀文化资源受到严重破坏。由于开发缺乏科学规划，随意翻建、新建古建筑,使得古村落的原生面貌渐渐消亡，村落消亡使人们产生失落感和丧失"根"的归属感。

（二）乡村传统文化发展面临建设主体的减少与弱化的困境

要让农村优秀传统文化获得保护并持续传承，培养文化传承者以及研究者等专业人才、探索创新传承方式成为必须，但当前乡村传统文化传承面临建设主体的减少与弱化的困境，乡村传统文化传承面临建设受众日益小众和断代的问题。主要有以下原因：

其一，受工业化城镇化的影响。在工业化城镇化的背景下。农村中很多年轻人外出打工，受城市文化和外来文化影响，心向城市文化的主观愿望更加强烈、主动，乡土社会的地缘性和血源性减少，农村年轻一代对家乡的文化认同、故土情结也在逐步减弱。

其二，受信息化的影响。信息网络背景下，喜爱新技术的年轻人迅速接受和运用这一新的传媒手段，而传统的戏曲、艺术形式、礼仪习俗传播方式单一。一些年轻人已经失去兴趣，转而崇尚"普化"的大众文化，文化传承内生动力不足。

其三，受传统传授方式的影响。大多数传统手工技艺都是口手相传。这种传承方式受到很大限制、传承手段单一。

随着那些年有长的民间文化传人相继去世，留在农村的年轻人，很少有人愿意学习和传承这些民间技艺，乡村传统文化失去了创新发展的最有生力量，严重影响了文化的保护和传承，很多民间技艺面临后继乏人乃至后继无人的困境，乡村文化发展出现了传承上的断层。

（三）乡村传统文化发展面临建设手段缺乏的困境

要想让农村优秀传统文化具有长久的生命力，就必须对其进行市场化运作，利用各种资源进行文化产业开发，产生经济效益。但长期以来，乡村传统文化的经济开发价值没有引起重视，再加上开发手段单一，导致现阶段我国乡村文化产业的发展十分滞后，规模小、品牌少、链条短、产值低，文化资源优势还没能转化为产业优势。

其一，我国大部分农村传统文化资源尚处于"野生"状态，商品化程度低。因地域交通、经济状况或其他因素而深藏于大山之中，缺乏各种现代化的信息渠道进行产业推介，影响投资环境优化，无法吸引社会资本流向农村文化开发市场，优秀文化资源、原始特色旅游资源无法进行挖掘，农村特色文化产业无法合理化运作与开发。

其二，乡村许多文化产业经营单位还是家庭作坊式生产为主。产品档次低，大多数民间工艺品还是靠自我销售来传播，竞争力不强，缺乏电子商务和网络平台的市场拓展，无法延长产业链，形成规模化生产。面对信息化发展的产业发展需求，乡村传统文化产业开发经营方面不断的探索创新成为必须。

二、科技进步提升乡村传统文化发展的作用

现代科技对乡村传统文化的传承和发展带来了巨大的冲击，但乡村传统文化要实现文化的"静态保护"与"动态传承"，离不开科技的推动作用。现代科技通过对文化资源的数字化存储、虚拟再现传承和传播，在培养文化受众、记录民间文化、丰富文化传播和管理方式等方面发挥着独特的作用，提升了乡村传统文化的创作力、表现力、传播力和影响力，可以进一步缓解乡村传统文化保护和发展方面面临的载体、空间和手段等方面的困境和挑战。

（一）科技推动乡村传统文化静态保存

保存是乡村传统文化发展的基础和前提。通过"影像记录"与"数字馆藏"。科技推动乡村传统文化静态保存。

第一，科技推动乡村传统文化的数字化保存。信息数字化具有诸多特征便于文化保护。凡以视听形式的文化，可进行数字信息存储，可以虚拟再现传统文化产品的全

貌及文化空间，从而加强了文化保存的安全性，突破时间、空间和语言的局限。农业文化遗址、民间曲艺和剪纸等农村传统文化，以文字、图片、图像、视频等多种方式的记录，形成文化遗产的文本与影像资料数据库，展示当地地理、物产、生产与生活等村情，提供了"影像化表达"。让广大农民群众认识、了解这些文化瑰宝，了解村史，也让离开的乡土的城市外乡人留住记住乡愁。

第二，文化的实物保存。历史文物皆以实物形态存在，采用现代科技进行防护、保养，用科技手段能恢复已被损坏的文物，能预防和克服各种人为不利因素所造成的损坏，能延缓、阻止文物老化变质。各个地区从实际出发，推行"乡村记忆工程"，选择一批具有浓郁地方特色的古村古镇进行整体维修保护，对现存的文物进行高精度的复制和记录并保存，建设"乡村博物馆"，让人们在农村地区找到"根"的归属感，留住乡愁，记住乡愁。

（二）科技促进乡村传统文化活态传承

传承是乡村传统文化发展的内在要求。依托高新技术手段创造性地开展乡村传统文化生态传承工作，以数字化形态出现的信息技术对比以非数字化形态存在的传统文化，其生命力、辐射力、扩张力更有效，传承力更强。

1.信息化推动促进文化消费，培养文化受众，使文化重建的主体由被动变自觉。一方面，现代数字媒介包括音频、视频、文字等内容，更加符合现代人特别是青年人的接受习惯，信息技术促进了乡村传统文化的大众化，丰富了文化传播的方式，扩大了文化影响范围。另一方面，在传承方面，可以通过网络视频、视讯点播等多种技术方式进行对外宣传和传播，改变了民间文化传统的传播方式师徒授业、口耳相传的模式，突破了时间、空间、语言的障碍，为非物质文化遗产的受众奠定广阔的群众基础。

2.信息化推动"文化进校园"和"数字校园"建设，通过整合学校各类信息资源，对学生发挥潜移默化的文化熏陶作用，推动活态传承。通过校园虚拟网站，学生可以了解家乡传统文化背后的历史。学生运用现代信息技术，可以通过视频教学等方式学习传统文化，营造传统文化氛围，增强文化保护与传承意识。

（三）科技创新推动乡村传统文化产业升级

产业化是乡村传统文化发展的重要途径。发挥科技创新的主导带动作用，推动乡村优秀传统文化产业合理化运作与开发，在一定程度上了"活化"了传统文化。

其一，现代科技推动乡村传统文化的开发。乡村独特的文化特性为文化创意提供了丰富的创意素材，我们以某些传统文化为原型，进行深入挖掘和艺术加工，提升文化产品或文化服务层次，把深藏于大山之中，优秀文化资源、原始特色旅游资源进行充分挖掘，通过创意能够为老屋、老街和文化产品注入文化内涵，成为具有高附加值和时尚品位的创意产品，通过网络在互联网上进行发布和传播，以科技为基础，提高了观光旅游的延伸能力。

其二、现代科技推动乡村传统文化产业的升级。将一些乡村传统手工艺制品进行产业开发，工艺改造，形成规模化生产。科技创新改变了传统文化产业物质载体，更新了传统文化产业的生产工艺和方式，提升非物质文化遗产转化产品竞争力；利用科学技术创造出宏大、唯美场面，以吸引观众，刺激了乡村旅游和观光文化消费需求；在市场开发上，通过会展、基地平台和电子商务平台进行推介，延长产业链，为剪纸、竹简雕刻等传统手工艺和文化观光旅游继续生存和发展找到一条有效途径。通过科技创新，挖掘利用农村传统文化资源，开展乡村文化旅游、民间工艺加工或是民俗旅游等第三产业，带动农民增收致富，激发农民的乡土意识，对于保护传承复兴乡村文化产生积极有益的影响，形成适应现代科技发展的特色文化产业。

三、科技提升乡村传统文化发展存在的问题

在现代化进程中，要正确认识农村传统文化变迁的客观性。通过科技创新实现传统文化在变迁中传承，在变迁中发展，实现传统与现代、文化与科技的统一。但目前，在科技提升乡村传统文化发展中，存在乡村传统文化发展的科技创新供给能力不足，乡村传统文化与科技融合的体制机制不完善、驱动力不足，乡村传统文化传承与科技融合的效率不高等问题。

（一）乡村传统文化发展的科技创新供给能力不足

乡村传统文化发展中数字化保存、活态传承、传统产业优化升级和产业链延伸等都需要科技，但当前乡村传统文化科技创新供给、开发能力不强，传统文化发展技术创新供给能力不足。主要有以下原因：

1. 经费投入和专业人员不足。一方面，近几年来，虽然政府对乡村传统文化的保护与传承专项经费投入逐年增多，但相对于经费需求而言，依然缺口很大。另一方面，乡村传统文化发展涉及民间文学、技艺、民俗等，政府部门缺乏这些专业研究的人员，不能完全承担这些项目的保护、传承等工作。由于经费和专业人员不足，导致政府投

入只能用于资源普查资料整理，村落中的许多古建筑、传统民俗和手艺等文化活动项目的现代化技术维护和开发无法展开实施，项目文本和录像片制作等工作无法开展。

2. 科技管理体制机制不顺。科技创新中，良好环境的营造、政策支持是科技创新的必要条件。乡村文化建设与管理涉及文化、农业、经济、民族等相关部门，地级市都设立了专门的保护中心，但县级市在省际层面还没有单独设立保护工作机制的先例，依托在文化馆或群众艺术馆代行，工作针对性不强，更为重要的是，政府、专家学者、传承人、文化企业，作为文化项目保护和发展的核心力量，各自为政，形不成合力，导致在传统文化与科技融入问题上，缺乏科学规划和科学统筹，存在随意性、盲目性和功利性的问题。同时由于缺乏有效的法规和政策，各类创新主体动力不足。

3. 科技创新服务平台建设滞后。为了保证传统文化的保存和发展，地方要建立各层次的数字图书馆和网络平台，但当前很多乡村传统文化数字资源长期保存、内容组织与管理等关键问题没有解决，对文化资源的数字化存储、虚拟再现传承、传播民间中的应用程度低，制约了农村传统文化发展。

（二）乡村传统文化发展的科技服务滞后

1. 乡村信息化建设滞后。城乡信息化融合发展协调推进体制机制不健全，城乡通信信息基础设施建设严重失衡，农村数字基础设施、农村信息服务站和信息化终端接受设备网络通信等设施不完善，数字校园、数字社区建设滞后，阻碍了农村传统文化信息化传承。

2. 科技信息网络人才缺乏且素质不高。乡村旅游产业和信息业的不断发展，对信息服务人才素质提出了新的要求，需要有网络信息采集、开发、推及和服务等知识和技能，但当前信息网络人才素质不高，培训滞后，造成从乡村传统文化信息化的效益减弱。

3. 科技信息化融合发展协调管理推进体制机制不健全。由于不尊重文化遗产的原真性，存在过度开发的倾向，出现文化的展示脱离"原真性"的情形，传统文化出现了许多"移植、修剪"后的新形态；为吸引"外界眼球"，制造各种各样的伪遗产和伪民俗，散布一些虚假文化信息，大大降低了乡村的文化品位。

（三）乡村传统文化发展的科技应用效率不高

科技提升乡村传统文化发展不仅要重视"科技外推"在文化保护中的作用，更为重要的是与文化主体传承实践的结合。乡村记忆工程的理念要引入社区、学校系统中，但现实农村传统文化发展与科技融合应用的效率不高。有些乡村虽然已经建立起来了当地乡村传统文化数据资源，但并不与学校的文化传习平台相联系，再加上学校的乡土文化课程教学缺乏师资、教材和信息化传承机制，学生无法通过网络来了解和学习当地文化，导致乡村传统文化数据资源形同虚设；有些农村社区缺乏有效的宣传和活动推介，农民对传统文化信息搜集、保存和传播的积极性不高，主体作用没有发挥出来，动力不足。因此，如何以"信息化"为契机整合农村文化资源，在社区与学校间形成共享机制成为必须。

四、科技提升乡村优秀传统文化发展的对策及建议

现代科技对乡村传统文化的传承和发展带来了巨大的冲击，也对乡村传统文化的保护与发展带来机遇。我们既不能以乡村传统文化消亡的代价来推进现代科技的发展，也不能无视科技的发展来保护和发展乡村传统文化。随着我国现代科技的发展与进步，社会经济与文化的发展对科技的依存度越来越高，科技进步提升乡村传统文化保护和发展方面的研究也越来越受到许多专家学者的重视。以科技与信息化发展为切入点，加快运用新的视野对乡村传统文化的保护与发展的相关问题及解决措施进行研究，积极探索分析科技与乡村传统文化保护与发展的作用以及融合的路径，使文化与科技相互促进，促进乡村传统文化的现代化转型发展，为乡村振兴注入文化动能。

（一）强化政府乡村传统文化发展的科学决策意识

通过科技创新推动乡村传统文化发展的过程中，政府应该坚持科学的理念为指导，根据地方特点。加强科学规划和科学统筹，处理好创新与保护、传统与现代的关系，推动乡村传统文化的传承和发展。

1. 科学理念指引。保护传承与开发利用乡村传统文化建设中，政府承要坚持保护优先、科学开发的理念。一方面，要树立高度的文化自觉和文物保护意识。乡村历史文化是一类不可再生的珍贵资源，一旦遭到毁坏或破坏，将造成无法弥补的损失。要充分利用现代科技对农村优秀文化遗产保护，文化遗产保护的目的是旨在给予传统文化遗产可持续的保存。另一方面，任何有生命力的文化都有现代性，我们不能为了保

持传统文化的原汁原味，去拒绝使用新的技术，只为保护而保护。为了传承文化命脉。要促进文化创新，但不是为了创新而创新。即使是发展创新，必须遵循传统文化自身规律，在科学开发的基础上塑造和挖掘，使得文化遗产能够在开发利用中实现可持续发展。

2. 科学规划指导。地方政府在对乡村文化遗产进行普查和整理基础上，对乡村文化活动开展以及文化产业发展等方面向专家学者、文化顾问和民间艺人等进行咨询，结合他们的合理化意见和当地的地域文化特征，设计保护和科学开发计划，彰显一地（村）一品、一（地）村一韵，凸显个性设计，打造地域品牌，减少随意性、盲目性和功利性，加强保护和开发工作中的专业性，技术性和科学性。

3. 科学方法开发。政府在文化遗产的保护与开发中坚持科学统筹方法开发，将民俗风情和历史建筑等有机结合起来，建成生态村。建立非物质文化遗产博览园，通过与旅游相结合、开展生产、保护和经营活动，吸引游客观光、购物，打造集展演、互动和传承于一体的展示园区，拉长文化旅游产业链。

（二）完善科技对乡村传统文化发展的支持体系

在现代化进程中，乡村传统文化变迁具有不可避免性。政府要迎合时代发展的步伐，支持文化与科技创新的融合，完善科技对乡村传统文化发展的支持体系，通过科技创新实现乡村传统文化更为有效的保存和发展。

1. 加快乡村传统文化科技创新。通过科技创新活动将乡土民间文化资源转化为产业资源，转化为经济资源，塑造本土文化形象，创立文化品牌，实现乡村传统文化的市场化、产业化发展。针对当地乡村传统文化发展所面临的突出问题，形成具有地域特色和风格的科技创新体系，增强传统文化的市场竞争力。积极利用当地高校科研院所文化创新的科技和人才优势，吸引鼓励开发经营。通过财政、税收等政策，鼓励企业、文化开发公司增加科技投入，提高文化产品的市场竞争力，打造文化品牌。

2. 优化科技创新环境。加强政府引导，多元筹措资金。加大对乡村文化发展事业的科技投入。用于文化遗产的普查建档、文化传承人的培养和文化基础设施的投资建设等工作；优化投资政策环境，以吸引企业、个人和社会团体在内的社会资本和人才流向农村文化开发。

3. 加快建立支撑乡村文化发展的科技创新服务平台，为文化产业发展提供有力的科技支撑。建立规范化、特色化资源数据库。利用好数字化技术，分门别类对项目及代表性传承人资料逐一进行数字化采录、存储，以便长期保存。应用数据库、存储技术，更系统科学地管理非物质文化遗产信息；构建起乡村文化宣传推广体系，建立起当地非物质文化遗产保护网站，打造非物质文化遗产的形象活动和品牌，普及和保护知识，培养保护意识，形成非物质文化遗产保护工作的良好氛围；总结乡村传统文化发展中科技支撑作用的经验和成功模式。进行试点示范及推广。

（三）加快乡村科技信息化服务建设

增强乡村文化供给，注重城乡资源共享，加强适应于现代科技发展的农村文化工作队伍建设。完善适应科技信息化发展的文化服务体系。

1. 加大科技信息化条件下乡村文化基础设施的投入。开办社区网站，展开对文化的收集、整理和宣传，采集大量真实的影像和数据资料，借此吸引更多的人了解当地乡土文化。以"虚拟再现"和"现实影像"结合的手段，增加文化观光的新动力。

2. 提高乡村地区科技创新人才队伍的素质。当前加快培养能适应数字技术环境中多种产业需求的开发和管理人才。一方面，坚持本土化培养，以返乡青年和大学生村官等青年创业群体为重点，加强培训，提升信息采集、宣传推介和销售支持等技能，培养一批农村信息化带头人；另一方面，根据产业发展需求，加强人才引进，引进信息化专业人才从事创意设计、网络推广和信息维护等工作，为科技创新和产业化提供智力支撑。

3. 加强信息化管理。乡村传统文化的网络化和科技化建设，应遵循信息化的规律，研究文化遗产本身的特性，处理好信息化与文化遗产保护和发展的关系。

（四）创新科技与传统文化传承的内生机制

发展延续乡村传统文化，物质支援和制度植入虽然成为必须，但借"信息化"的手在现代化进程中构建有生命力的乡村文化传承机制更为紧迫和重要。通过科技与文化主体传承实践的结合，激发村民和学生的"文化自觉"，实现保护和活态传承的双重目标。催生文化发展的内在动力。

1. 通过信息化加强宣传教育，激发村民自觉参与。首先，各级政府宣传部门要加大网络媒体的宣传力度，而乡村的广播和电视亦经常播放乡土历史、风俗等影像资料，通过手机 App 实现当地乡土文化数字报、新闻的直播和点播。发展乡村文化产业，增强村民的传统文化发展的旅游价值和经济价值的认同度，为乡村传统文化的传承和发展提供更好的动力支持。进一步激发其文化的数字化整理和保护文物古迹的积极性；其次，举办文化活动，结合本地实际，组织开展诸如地方戏曲、民俗表演等活动，组织开展文化产品推介会，增强民众对乡村传统文化的认同感。

2. 落实学校传统文化资源利用的共享机制。植入乡土记忆，不仅要设立传统文化传习所，将当地的乡土艺术和民间工艺等融入课堂教学中；还要建立一种除当的信息化机制，利用信息技术工具在文化传承人和年轻一代之间架构起沟通的桥梁。通过校园网络，提高传统文化影响普及程度，了解相关的背景知识和历史沿革；通过网络申请，获得传承人直播式教学，实现传承人的"活态化"，让文化遗产资源在年轻一代的生活和学习中"活化"起来。

第五章　创新驱动乡村生态振兴，推进农业农村现代化

　　乡村振兴要实现生态宜居，就是要尊重自然，顺应自然，保护自然，确保农村良好生态环境这一乡村最大优势和宝贵财富；就是要加快建设农村生态文明，推动农村生态振兴，创造经济社会与资源、环境相协调的可持续发展模式。当前，农业持续发展、农村环境保护和农民能源利用方式迫切需要科学的生态伦理观念指引，需要科技的支撑。首先，应对农业面源污染等突出环境问题，增加农业生态产品和服务供给。需要技术的支撑和创新的推动，需要生态发展方式，促进生态和经济良性循环。生态农业是实现食品安全和现代农业持续发展的重要条件。科技进步是推动生态农业发展的重要支撑。目前我国生态农业科技创新和推广还不够完善，作为公益性的生态科技投资与保障的法规政策不健全，生态技术应用受到很大制约，使得农业科技难以发挥其应有的支持作用。通过加大对生态农业技术的有效供给、加强对农民生态科技培训、完善生态科技投资与保障法律政策体系等措施促进生态农业发展。再次，针对当前农村生态文明建设的科技需求，我们要以科技进步为动力，推动农业可持续发展；以科技进步为支撑，治理农村环境污染；以科技创新为途径，优化农村能源消费结构；以科技教育为手段，提高农民科技素质。

第一节　农村生态文明建设的科技需求及创新驱动路径

　　党的十八大报告已经提出了建设生态文明的目标，没有农村生态的良好，全国生态就难以达到良好，特别是随着农村工业化的迅速加快，农村的生态破坏、环境污染、资源浪费等现象非常突出。制约了农村经济的可持续发展，推进农村生态文明建设显得非常迫切。农村生态文明建设是一项重大的社会系统工程，它需要诸多部门和领域

的协调推进。在科学技术日益渗透到社会系统的各个领域的今天，科学技术成为推动人类社会进步与文明发展的巨大动力，构建农村生态文明就必然离不开科学技术的支撑和推动。如何积极利用现代科技，使科技的应用既有利于提高农村生产力又能保护生态环境，实现农村的可持续发展，是农村生态文明建设的关键所在。

一、农村生态文明建设的科技需求

改革开放以来，农村生态环境恶化已是不争的现实，而其得不到真正治理的主要原因是科技发展的滞后。落后的科技水平会导致落后的生产方式，无法提高资源的利用率，却增加了排放到环境中的污染物；落后的科技水平会导致能源利用方式单一。农村生态文明建设现状迫切需要科技的支撑。

（一）农业发展对科技的需求

没有产业的支撑，农村生态文明的建设无异于空中楼阁。农业是农村的基础产业，农业生产方式的改进与创新，是农村生态文明建设的根本途径与方法。由于我国农村人多地少，农业长期以种植业为主，经济发展方式粗放，土地利用强度加大，耕种期过长、过密，掠夺式耕种使可耕地肥力衰退，这已成为我国实现环境与经济协调发展的首要问题。一些化学农药在发挥作用的同时，导致了土壤板结和农药残留等后果，阻碍了农业的持续发展。落后的农业生产方式，不仅导致有限的农业资源浪费严重，而且使本来日趋恶化的农村生态环境问题更加突出。农业生态文明是农村生态文明的基础，如果农业生产中的环境问题不能得到控制，农村生态文明的建设是无法实现的。由于我国将长期存在着对农业高增长的要求与农业生态对农业经济增长的强硬约束的矛盾，要解决这个矛盾迫切需要现代科技。一方面利用现代农业科技成果的推广和普及，稳定播种面积，优化品种结构，提高单产水平，从根本上夯实粮食增收的基础，确保国家粮食安全。另一方面针对目前农业生产中污染和浪费的现象，急需节约和环保型新技术的发明与推广。特别需求优质新品种的选育、节水技术、农产品精深加工和储运技术、生态环境治理、防沙治沙技术等方面的技术攻关和成果推广，用以降低农药、化肥、农膜污染的影响，改善土壤、水体和空气环境质量，推进农业可持续发展。

（二）农村环境保护对科技的需求

"垃圾成堆，路脏泥泞，鸡鸭鹅狗，水土污染"是一些农村地区存在的普遍现象。

不仅如此，我国每年约产生农业废气物40多亿吨，其中包括畜牧粪便排放、农作物秸秆、废弃农膜等塑料、肉类加工厂废气物、蔬菜废气物等，这既是很大的污染源，也是很大的生物质资源。由于缺少政府引导，缺乏优惠政策和研发资金。我国没有专门从事农村生态环境保护技术研究的机构。我国农村环境保护大多是直接套用城市环境保护的办法，很少重视和开展农村环境保护的科技创新，致使农村生态环境保护工作尚未建立起配套的科学技术支撑体系，农村环保适用技术的开发和推广成为农村环境保护的薄弱环节。要达到农村村容整洁，创造良好的生态环境和整洁的生活环境，农村环境的压力迫切需要大力推广生态施肥和病虫草害生态控制技术，推广生活污水、生活垃圾、畜禽粪便、作物秸秆生产生活废弃物无害化处理与资源化利用技术，把农村"三废"变"三料"，即农村畜禽粪便、农作物秸秆、生活垃圾和污水变成肥料、燃料、饲料。以"三节"促进"三净"，即节水、节肥、节能促净化水源、净化农田和净化庭院，从根本上解决农村污染和环境保护，建立起环境友好的社会主义新农村。

（三）农民能源利用方式对科技的需求

农村生态文明建设需要节约能源、开发新能源。在我国农村很多地方，农民利用的能源主要是薪材和煤炭，液化气、沼气、电气等清洁能源利用率则不高。随意焚烧秸秆、稻草等农作物的现象屡禁不止。我国农作物秸秆利用极不合理，40%未被有效利用、大量被作为燃料焚烧，不仅资源没有得到有效合理的利用，而且对环境造成了污染。除此之外，许多乡镇没有建立起沼气系统，未能有效利用人畜粪便、秸秆等转化为照明、燃料能源。科学技术可以使废物资源化，不仅能使废物问题在生产过程中就得到解决，而且能发现废物的其他价值，使废物的排放达到最小化。要建设农村生态文明，迫切需要开发紧缺资源替代技术，通过现代技术手段将凝结在农作物以及农业副产品、剩余物、废弃物等中的生物质能开发出来，将其转化为可供农民直接利用的能源、缓解农村经济发展中能源短缺问题，促进农村的可持续发展。

二、科技进步推动农村生态文明建设的路径选择

我国农村面临的现状是无论在生产过程中，还是在生产之后的科技水平都远远达不到建设生态文明所要求的标准，我们要认真贯彻落实科学发展观，坚持可持续发展原则。在大力发展科学技术的同时，注重人文社会关怀，通过科技进步，提高农民科技素质、转变农业生产方式、优化能源利用结构和增强治污能力，建设经济活动与生态环境有机共生、人与自然和谐相融的生态农村。

（一）以科技进步为动力，推动农业可持续发展

农业可持续发展是农村生态文明建设提供重要的物质基础。可持续农业要求在强调农业发展的同时，重视自然资源的合理开发和环境保护：在增加生产和提高人民生活水平的同时，合理利用、保护和改善自然资源和生态环境，不仅要保持持续增长的农业生产率，还要保护稳定的土壤肥力，保持健康协调的生态环境和资源利用。为了达到农业可持续发展的要求，我们要增加绿色农业科技的投入，改变过去粗放的生产方式，发展生态农业。即要利用传统农业精华和现代科技成果，通过人工设计生态工程、协调发展与环境之间、资源利用与保护之间的矛盾，强化生态过程，实现清洁生产，提高资源利用率，合理利用农业废弃资源，合理提高水和耕地利用率。实现生态的良性循环与农业的可持续发展。当前，在突出农业对生态环境的维护功能。强调人与自然和谐发展的同时，我国发展生态农业战略应采取以下举措：

一是深化农业科研、技术推广机构的改革。提高科技推广人员的素质和效率。采取激励机制。推动农业科技人员深入生产一线，实现技术与农民对接，推动农业结构的不断升级换代，推动农业的可持续发展。

二是推进生态农业发展的技术集成体系建设。在土地、水资源有限的情况下，发展可持续发展的现代农业要以提高农业资源利用效率为核心，以节地、节水、节肥、节药、节能以及农业资源的合理利用和循环利用为重点，从技术方面推进农业可持续发展。不断提升农产品的技术含量，拓展农业空间的技术集成与创新，为发展农业可持续发展提供技术支撑。

三是积极推进农业产业化经营。农业产业化经营有利于清洁生产技术和废弃物资源化技术在农业中的广泛应用，便于域内相关产业之间的耦合。同时，生态农业的发展也会加快农业产业化升级，两者相互间协同发展，必将促使我国农业真正走上可持续发展的道路。

四是合理确定未来农业生物技术创新的优先领域，在动植物品种选育、农业资源高效利用、现代集约化养殖技术、农业生物灾害防治等方面取得突破。加大新品种、新技术、新成果的引进、转化运用，充分挖掘现有品种、技术、成果的生产力潜力。

（二）以科技进步为支撑，治理农村环境污染

科技进步是保护生态环境的有效途径。要提高农村生活污水处理率、生活垃圾处

理率、畜禽粪便资源化利用率、测土配方施肥技术覆盖率、低毒高效农药使用率，必须依靠农村环保实用技术的研发和推广。加强农村环保科技工作，要做好以下几方面工作：

一是加大对农村环保技术研究机构的投入。将科研资源配置向农村环境保护技术研究倾斜，不断壮大农村环境保护科研机构和研究队伍，提高农村环保技术创新能力。

二是鉴于农村的实际情况，环境治理的设施规模和成本要小，且操作性要强，应大力引进各类绿色新科技、新工艺、新产品，推广成熟的绿色农业技术，如畜禽粪便和秸秆综合利用技术、土壤污染控制技术、农药残留速测技术等，同时推广污染处理技术，如防治乡镇工业废水、废气新技术、污灌区污染控制的治理技术等。关注生物技术、无公害农业技术、经济施肥技术、节水技术等的发展。并加强这方面的技术研究与开发。

三是抓好农村干部群众的技术培训与推广工作，组织专家和相关技术人员成立技术指导组，进村入户做好技术服务工作，做到技术下乡、标准下乡、图纸下乡、服务下乡。

通过采取以上措施，建立起符合不同地域特点、高效实用、低成本的污染防治和废物综合利用技术支撑体系。当前迫切需要的有农村生活污水处理技术、生活垃圾处理技术、秸秆综合利用技术、规模化畜禽养殖污染防治技术、生态农业技术等。相关部门应组织技术力量进行攻关，选择不同类型的村庄进行试点。通过试点，总结各类处理工艺的技术特点、处理效果、适用范围、建设投入、运行成本等相关指标，编制指导性技术工艺目录。供各地选用，并在面上进行推广。

（三）以科技创新为途径，优化农村能源消费结构

大力加强科技创新，推进农村能源消费结构调整，是解决农村能源短缺问题的有效途径。能源是农村经济可持续发展的物质基础。我国农村能源短缺问题主要是由资源不足和资源浪费两个方面的因素引起的，要解决这一问题，归根结底是要依赖于科技的进步。一方面，依靠科技进步，可以不断开拓可利用能源的领域。在进一步抓好沼气开发和利用的前提下，稳步推进生物质固化气化技术的开发与利用。以农作物秸秆和林木加工废弃物等生物质为原料的生物质固化成型燃料，既可作为农村居民的炊事和取暖燃料，也可作为城市分散供热的燃料。还应大力发展新能源技术。不断开发

新的可持续能源，如风能、太阳能、潮汐能在农村的推广与应用。另一方面，强化农村生产生活节能技术的推广。生活上，以薪柴为主要用能的地区，要大力推广省柴灶；以煤炭为主要用能的地区。要大力推广节煤炉。生产上，既要大力推广节能砖瓦窑、节能灶等用能加工设备，又要大力开发农村生产节能设备和产品。全方位节约能源，不断提高农村生产生活的用能效率。切实解决农村耗能高、浪费大、污染重的问题。

（四）以科技教育为手段，提高农民科技素质

广大农民是农村生态文明建设的主体，因此具有生态意识并具有较高科技素质的农民能加速推进生态文明建设的进程。当前，农民生态意识薄弱，科技素质较低，从立足长远和培育农村生态文明建设的主力军来看，需要加强对农民教育和科技培训，提高农民的科技素质、培育农民生态自然观。当前应加强以下工作：

一是帮助农民树立清洁生产的理念。进行农业清洁生产，农民应该是主力军。我们要通过发放农业生产技术简讯、手册、图书和录像资料等形式向农民进行环境保护知识、生态知识及农业可持续发展知识的普及宣传工作，加大清洁生产和绿色产品的宣传力度，形成清洁生产观念；通过大力宣传和政策推动，形成农村绿色消费氛围。提倡健康文明、有利于节约资源和保护环境的生活方式与消费方式。

二是加大农村教育投入和科技培训，提高农民科技素质。农民科技素质提升是推动农业可持续发展的途径。全面振兴农村教育是提高农民科技素质的基础，要加大基础教育、职业教育和成人教育的投入。通过发展农村各种教育形式，充分发挥各种教育优势，让每个农民都有相应的机会学习科技文化知识，为农民科技素质提高创造有利条件。实施科技培训，为农民科技素质的提升搭建平台。要向农民普及和推广各种实用的农业科学技术，当前尤其要开展以跨世纪青年农民科技培训工程、绿色证书教育工程等工程，通过科技培训，农民在生产上更多地加强安全用药，科学施肥的技术指导，提高农民的环保和食品安全意识。

三是大力建设绿色科技示范基地、示范园、培育一批科技示范户和科技带头人，充分发挥科技应用的示范带动作用，引导带动更多农民学科技、用科技。依靠科技致富，进一步提高自身科技素质。

第二节 生态农业发展的科技支持困境及对策

农业是国民经济发展的基础,生态农业是实现食品安全和现代农业持续发展的重要条件。生态农业为了兼顾经济效益和生态效益的统一,以促进农业资源的集约持续利用和农业生态系统经济生产力水平的提高,需要不断采用更先进的技术,不断研发应用新的生态模式和优质高效、低资源投入、少污染的产品,因此,生态农业需要科技进步的强大支持。当前,虽然政府已经出台了很多相关的政策来促进生态农业科技发展,但目前我国农业科技总体发展水平不高,生态农业科技创新和推广还不够完善。作为公益性的生态科技投资与保障的法规政策不健全,生态技术应用受到很大制约,使得农业科技难以发挥其应有的支持作用。因此,分析我国生态农业发展中的科技困境,积极探索促进生态农业技术研发和应用的对策,对于推动农业可持续发展具有战略意义。

一、我国生态农业发展中的科技支持困境

经过 30多年的发展建设,我国生态农业建设取得了阶段性成果。生态农业试点范围不断扩展,生态农产品检测认证体系正在完善,但总的来说,我国生态农业发展进程比较慢,生态农业建设仍没在全国范围内广泛推广,而生态农业发展的主要制约因素来自农业技术方面的问题:科技供给、应用和保障对生态农业发展的支持不够,具体表现于以下几个方面。

(一)生态农业技术研发不足制约生态农业发展

生态农业技术是促进生态农业发展的重要因素,但我国生态农业技术研发不足。

1. 生态农业科技创新落后。目前我国生态农业科技研发总体发展水平不高,与发达国家相比还存在较大差距,转基因植物的培育与推广、病虫草害控制技术、农业废弃物资源化利用技术等基础研究方面仍需要进一步开拓创新,生态农业复合模式研究在生态农业示范区建设过程中虽得到了相应的发展,但目前我国大多数生态农业模式缺少量化的技术参数与操作技术规程,在实践上不容易推广应用,生态农业生产出来的产品不容易进行标准化认证。

2. 生态农业技术研发人员动力不足。生态农业技术的研发具有极强的外部性，生态农业技术的开发不仅有经济效益，还会产生生态效益和社会效益，但生态农业技术的这种外部性却很难内化为科研机构、企业和厂商的直接收益。因而科研机构和涉农企业从事生态农业技术研究开发的动力不足。

3. 生态农业技术脱离农户和实际，难以转化。近十年来，我国农业科技平均每年约有7000多项成果问世。其中生态技术占绝大多数，但平均推广率仅为 30%~40%，远不及发达国家 60%-70%的水平。我国许多科技成果为达到所谓国内领先、国际先进标准，技术成果在表现形式方面往往倾向于复杂化、高深化。没有总结出一套让农民一看就懂、一学就会的实用技术，而且技术应用效果的鉴定往往流于形式。

（二）生态农业技术推广与服务滞后束缚了生态农业发展

生态农业强调的是对现有的技术的优化组合，但如何在实际生产中实现技术的有效组合比较抽象难懂，需要有效的生态农业技术推广与服务，但我国农业科技推广与服务非常滞后。

1. 生态农业技术推广体系尚未建立。公益性绿色农业技术必须通过政府农业技术推广机构进行，但在实际工作中面向农村、为基层服务的农业科技体系面临着"网破、线断、人散"的困难局面；涉农企业和农民合作经济组织在推广生态农业技术上也由于缺乏政策支持、利益激励等原因举步维艰。

2. 生态农业技术推广人才缺乏。生态农业是一种新型的农业发展模式，对推广人员的技术要求高，但由于经费不足且缺乏再教育和培训的机会，技术人员的知识更新很难跟上生态农业技术发展的需要；现有的机制还没有把技术创新与技术创新者的利益结合起来，技术推广员缺乏积极性和创造性。

3. 生态农业技术推广服务效率不佳。各级政府几乎每年都安排专门的技术推广活动，但由于科技人员和推广对象数量上的差距甚大，再加上生态技术采用者教育文化程度较低，技术本土化和标准化转化不够，农户理解和操作困难，技术并没有扎根农村。

（三）农户自身素质影响了生态科技应用

农户是生态农业发展的主体。由于现代生态农业是一个涉及多学科技术的生产体系，技术种类需要多而且整合起来还比较复杂，而这些技术又需要有较多的文化和科技知识的农民才能掌握。我国农村劳动力教育程度较低，文盲率为 7.8%，小学文化人员比重为30.9%，初中文化人员比重为 42.3%，而高中文化人员比重只有 13.5%。特别是当前由于大批农村青壮劳动力进城务工，老龄化、妇女化、低文化成为农户的主要特征，这样的科技文化素质也就直接制约农民对农业科技成果的吸纳能力。他们当中系统接受过初级职业技术培训的为 3.4%，接受过中等专业技术培训的仅为0.13%，而没有接受过任何技术培训的却高达 76.4%。再加上农民组织化程度低，间接接受龙头企业和合作社的技术示范和技术指导少，标准化知识和技术尚未普及，农民和有关企业不熟悉各种农业标准，农户标准化意识淡薄，农户自身科技素质影响了生态技术的应用，制约了生态农业发展。

二、生态农业发展的科技支持路径及对策

发展生态农业仍是我国当前和今后农业工作的中心任务之一，必须加快我国生态农业科技进步，积极探求生态农业发展的技术支持路径和对策，为促进现代生态农业发展提供强大的动力支持，进一步促进农业生态系统经济生产力水平的提高，缓解现代农业生产带来的生态环境恶化、农产品污染等负面影响，达到经济与生态的"双赢"。

（一）加大生态农业技术有效供给，为生态农业发展提供支撑

以农民增收、农业发展和生态保护为目标，不断完善生态技术群，克服农业生态文明建设中的技术异化。建立适应生态农业发展需要的科技研发体系。为增加生态技术有效供给，须从以下几个方面着手进行：

1. 加大生态农业科技研发投入力度。中央和地方政府要逐渐加大对农业科技研发资金的投入，同时要拓宽农业科技资金的筹集渠道。鼓励和吸引社会多方面资金用于农业科技开发，逐步形成多元化的农业科技投资体系，实现生态技术的持续有效供给。

2. 推进生态农业科技创新管理体制改革，完善农业科技创新体系。生态农业技术研发涉及的学科非常多，政府要优化配置农业科技资源，建立开放、竞争、协作的农业科技运行机制，为基础科技的研究打造良好的平台；生态农业技术的公共品性质决定了政府科研部门应充当研发的主体，通过完善农业科技创新的激励政策来进一步推动技术研发，同时进一步完善农业科研课题申报验收制度，严格限制污染环境、破坏生态的技术研发；对于农业科技成果具有正外部性效益，政府应通过实施专利制度、税收制度等政策，鼓励民营资本向生态农业技术的研究开发。

3. 加强生态农业关键技术的创新与突破。运用传统技术精华与现代技术的有机结合，因地制宜，加快生态农业模式的标准化与产业化技术的研究与突破，以适应各地区生态农业发展需要；进一步完善生态技术群发展配套绿色农业技术，在良种优选技术、农业信息技术、立体种养技术、农作物病虫害综合防治技术等生态环境友好型技术上有创新与突破。应注重其适用性和可操作性。

（二）加快农业科技推广建设，为生态农业发展提供服务

生态农业是一种新型农业，有不同于传统农业技术的推广要求。以提高技术成果实际应用率和贡献率为着眼点，加强农技推广体系建设，积极探索新的经营机制和技术推广服务模式，充分发挥农业科技推广的"杠杆效应"。

1. 构建生态农业技术推广体系。生态农业技术推广体系应在政府领导下，形成政府、高校、科研机构、企业、农民合作组织和农户共同参与的多元化农业技术推广网。通过"专家组—技术指导员—科技示范户"的技术指导、"县—乡—村"的技术培训，进一步解决技术推广中的"线断、网破、人散"的体制缺陷，促进技术在民间扩散与应用。

2. 通过政策倾斜，提高推广人员的素质。提升推广服务积极性。通过科研机构、高校联合等模式，有组织、有计划地对农业技术推广人员进行生态农业实用法规、政策和技术等科技培训，尤其是要加强对县、乡两级的技术培训与指导。从而更好地指导所负责的农户：发挥奖励和职称评聘倾斜等激励因素的促进效应，实现技术服务活动与推广人员之间的利益挂钩，提升推广人员服务积极性；农民专业合作组织、农业龙头企业、农业技术推广协会等民间科技服务组织是推广生态农业技术的主要依靠力量，政府管理部门应给予必要的引导、鼓励和政策及税收的支持，为生态农业技术进入农村和生态农产品走出农村提供中介。

3. 加快生态农业技术推广效率。把那些技术含量高、理论抽象程度高的农业技术通过标准化和本土化转化成农村需要的适用技术和标准，技术的用语规范和使用逻辑吻合当地社区的使用习惯，也易于农户理解和掌握；农业科技示范园（区）是推进农业技术的窗口和阵地，政府以产业为方向，确定示范推广项目，组织创办农业科技示范基地，农业专家和技术人员挂靠基地，及时向农民示范推广农业新科技。

（三）加大对农民的生态科技培训和生态理性培育，为生态农业发展奠定基础

农民是农业科技应用的主体。只有广大农民意识到环境—经济—社会协调发展的必要性和紧迫性，现代生态农业才会有持久的生命力，而农民的人力资本积累和生态理性培育的基本途径是教育和培训。

1. 要加大对农民教育和科技培训的力度。增加农村教育投入，大力发展中等农业专业教育和成人教育，不断提高农业技术应用者的基础；加大对农民科技培训的力度。积极推进绿色证书培训、农业远程培训、青年农民培训，并通过专项立法，推进农民科技教育培训的制度化和长效化。

2. 拓宽培训的内容。举办形式多样的专家送科技下乡活动，不仅向农民介绍一些立体种植、科学施药施肥、病虫害综合防治等技术，而且重视培训农民应用新品种、新技术的配套技术和操作规程；广泛开展标准化知识培训，增强农民的科学种田、生态环保等意识。

3. 应着力发挥涉农企业、农民专业合作组织、科技示范户等各类现代农业经营主体的示范培训作用。发挥龙头企业和农民专业协会在农村职业技术教育中的积极作用，为所带动的农户提供使用的技术培训，不仅指导农民进行生态农业发展，也通过他们进行监管来促进农民采用生态农业技术；科技示范户是促进技术推广应用与扎根农村的有效载体，正成为广大乡村"看得见、问得着、留得住"的乡土专家。

（四）完善生态农业科技投资与保障法律政策体系，为生态农业发展提供保障

随着生态农业技术的不断更新，生态农业实践的不断深入，政府需要根据发展要求制定和完善相关法律法规，确保各项法规执行过程中的连贯性，为农户从事生态农业生产创设良好的环境，同时完善投资补贴、风险支持、信息服务、市场培育等内容的综合扶持政策体系，扩张农户生态技术需求，为加快农业技术投资和应用提供保障。

1. 政府对农户在生态农业科技投资上实行补贴。从生态农业技术所能带来的社会综合效益及所倡导的低碳经济考虑，政府非常有必要对技术采用者实行补贴，特别是加强对龙头企业、农民专业合作组织和农业科技示范户实行良种和农机等补贴。

2. 完善农业技术风险机制。增强自然灾害和重大动植物病虫害预警应急体系建设，加大生态农业信息网络系统建设，提高农业防灾减灾能力；建立新技术风险储备金制度，为用户应用新技术投保，必要时提供贴息贷款，对农业科技风险进行适度转移；完善农业技术风险投资与保障机制，鼓励成立专门性农业保险公司，通过政府拉动、政策支持、商业运作的经营模式提高农业保险的经营管理水平，化解农民技术应用的实际风险。

3. 完善生态农产品检验监测、认证制度，健全市场监管体制，保护绿色农产品生产者的正当利益不受侵害，提高生产者采用生态农业技术的积极性。要积极开展农产品市场农药残留量监测工作，加强生态农业标准化管理，加强绿色食品的认证和标签制度，实现市场上产品的差异化；加快有机农产品市场体系建设，建立专门的营销网络，疏通市场信息渠道，加强生态农产品宣传，促进产品销售，促进生产经营者的切身利益实现。

第六章 创新乡村治理新模式，推进农业农村现代化

《乡村振兴战略规划（2018—2022 年）》明确要求，要"以城市群为主体构建大中小城市和小城镇协调发展的城镇格局，增强城镇地区对乡村的带动能力"，适应我国城乡格局和城乡关系变动的新特征，乡村振兴与城镇化要实现双轮驱动，构建城市、小城镇和美丽乡村协调发展的空间形态。

新时代要构建城乡村协调发展的新格局，一方面要创新构建乡村治理新模式，建设和谐有序的乡村；另一方面，我们要持续推动新型城镇化，为乡村振兴提供源源不断的动力。城镇化可以为乡村振兴提供更广阔的市场需求和更强大的技术支撑，是乡村振兴重要的动力所在。县域是我国新型城镇化的关键和重要生长增长点。新常态下，县域新型城镇化需要走产业创新、城乡统筹发展道路。在这一过程中，创新驱动在推动县域产业转型升级、城镇可持续发展、城镇和农村幸福指数提升等方面发挥着重要作用。当前，创新驱动对城镇发展的支持作用尚未有效发挥。新时代推进县域城镇化，要以创新为驱动力，应通过完善县域新型城镇化相适应的技术创新体系、创新信息化与县域新型城镇化融合机制、加强农村科技推广服务体系创新和创新县域新型城镇化发展体制机制等措施，推动县域新型城镇化发展。完善城镇化健康发展体制机制，鼓励农民工就地就近转移就业，推动农业转移人口市民化。

第一节 科技创新构建乡村治理新模式

党管农村工作是我们的传统。实施乡村振兴推进农业农村现代化要求夯实党在农村的工作基础。建立健全党委领导、政府负责、社会协同、公众参与、法治保障的现代乡村社会治理体制，提高农村社会管理科学化水平，维护农民的利益。当前，现代

化技术手段应用不足是制约当前农村治理的短板。科技创新为农村治理有效构建新模式，推动乡村充满活力、安定有序。

一是要充分利用远程教育等现代科技工具，强化农村基层党组织建设，加强上级党组织对农村基层党组织的领导。村民富不富，关键看支部；村子强不强，要看"领头羊"。我们要以加强和改进农村基层党组织建设为核心。激活基层干部和人才队伍活力。村级党组织是党在农村全部工作的基础，农村要发展，农民要致富，关键靠支部。要重视本土"永久牌"和流动"飞鸽牌"两类干部。在推进社会主义新农村建设的过程中。基层党组织应着力加强自身干部队伍建设，提高党员干部的领导组织能力，尤其是要选准配强村级党支部班子，切实把那些勇于创新、能带领农民群众增收致富的能人选进班子、培养一大批优秀的农村基层干部。强必须落实到能力上，在建设乡村的实践中不断加强农村干部的科技培训，增强带领群众发展经济、科技扶贫、增收致富的本领。

二是利用互联网、移动通信、智能终端等科技产品，实现村民有效知情、有效参与、有效监督，建立党群协商民主机制。农村基层干部要"用心听民声，以情察民意"，切实解决好人民群众最关心、最直接、最现实的利益问题。要加强和创新社会管理、为适应社会转型要求。要求农村基层党组织必须树立民主协商的精神，注意运用科技信息产品与众多治理主体进行民主平等的协商沟通，以协商方式谋事，保障农村社会公共安全。

三是健全农村社会治理的体制机制。对于社会治理来说，"现代大数据平台能够为其发展提供一种更为方便、快捷和廉价的有效载体"。因此，当前要充分利用大数据、人工智能等技术打造乡村治理和服务系统，为平安乡村、村民自治、乡村法治德治等方面提供重要技术保障。

第二节　创新驱动县域新型城镇化发展的路径选择

目前。我国仍处在城镇化较快发展阶段，推进农业农村现代化，离不开城镇化的支撑。县域是我国新型城镇化的关键和重要增长点。经济新常态下劳动密集型产业面临转型升级的调整，城市的就业压力加大，引导农民工从大城市返乡回到小城镇，可以形成比较良性的城乡的双向流动。目前，县域城镇化由于产业和公共服务吸引力、制度政策拉力不足等原因，城镇化率较低。因此，需要为县域城镇化发展注入新动力，走出一条以创新为驱动力、实现城乡统筹协调发展的县域新型城镇化道路。

一、县域新型城镇化现状

县域新型城镇化是以县城和中心镇为重点，以新型农村社区建设为基础。通过创新发展城镇产业、完善公共设施和社会服务、提高农民自身素质等途径，推动农民在县域范围内实现就近就地转移和市民化。县域新型城镇化对于全国新型城镇化建设和农村发展与稳定具有重要贡献。

一是县域是推进就地城镇化的重要空间载体。县域城镇化能促进产业空间与劳动力分布有效契合，使农民工兼顾就业与安家。能有效地保留其地域特色和文化。

二是能化解农业转移人口落户城镇难的问题。相较于大中城市，县域城镇化农业转移人口成本低，能多渠道解决农业转移人口落户，实现就地市民化。

三是有利于优化中国城市结构。县域城镇化发展有利于促进新型城镇化与新农村建设协调推进，形成"县城—特色城镇—村域城镇化社区"的城乡融合体。

2016 年，我国城镇化率达到 57.35%，但占城镇总人口 40%以上的县域地区城镇化率却远低于这一数值，县域地区城镇化率较低。当前，县域城镇化进程中存在的问题：

一是产业结构不完善，二、三产业支撑不足。由于传统城镇化发展模式对技术创新重视不够，导致相当一部分县域城镇工业技术支持不足，农业产业化程度低，第二产业链条短，附加值低，服务业发展层次低，县域城镇整体吸纳就业能力不够。

二是县域虽然规模大多不大，但依然要面临诸多管理问题。在以往以要素为主要驱动力的城镇化发展中。政府更多关注发展速度指标，对管理创新关注较少，城市管理水平已落后于城镇发展水平，城镇基础设施和公共服务不足，环境污染、资源承载力有限等各种矛盾凸显。三是农民市民化制度性障碍较多，导致部分农村人口转为城镇户口意愿不强。传统的自上而下行政命令推动下的城镇化，往往重视项目、工程建设，而制度创新不足。一些县域甚至既没有非农就业机会支持，相关政策和保障制度建设也异常滞后，导致农村转移人口长期处于半城镇化状态。

二、创新在县域新型城镇化发展中的作用

（一）创新驱动制度改革和社会管理水平提升，增强城镇吸引力

创新驱动制度改革和社会管理水平提升，可增强制度保障，丰富城镇内涵，提升农村人口转为城镇户口的意愿，吸引农民落户城镇。

一是通过制度创新更好地维护进城农民的相关权益。城乡统一的户籍制度的改革创新，能推进教育、医疗、社会保障等方面基本公共服务城乡均等化，使进城的农民享受与城镇居民同等待遇，有利于促进入口向城镇集中；加快农村土地流转制度改革，创新有利于农民向城镇转移的土地政策，实施有利于农民进城创业的优惠政策，都将吸引本地农村人口落户城镇。

二是科技进步能够提升城镇管理与服务水平，增强县域城镇化的吸引力。城镇化的核心是人的城镇化，城镇化的本质在于为居民提供宜居的生态环境及现代化、便捷的生活方式。科技创新有利于提高城镇管理和服务水平，提高城镇对流动人口的适应力和吸引力。物联网、大数据等新技术的应用，对人们的生活和交流产生了方方面面的深远影响，尤其是为城镇规划、管理提供了科学的依据和手段，增强城镇基础设施的管理与调控能力，使城市管理更加智能、高效；县域信息化建设有助于分析、整合城市公共服务机构的相关数据，为城镇居民在交通、医疗等领域提供快捷、安全的服务，增强人们对新型城镇化建设的信心。

（二）创新驱动县域资源和环境可持续发展，提升城镇承载能力

人口、生产要素在地域上不断向城镇集聚和转移，对县域城镇的生态安全产生重要的影响，经济发展与城镇资源、生态环境承载力相适应成为县域新型城镇化持续推进的前提和保障。科技创新能有效缓解县域城镇化快速推进过程中人口、资源和环境等之间的矛盾。

一方面，科技进步能推动产业向集群化、空间梯度转移发展，使城镇空间和资源得到集约利用。大量节水、节能、节地等新技术成果的广泛应用，使县域城镇发展与资源、环境承载能力相适应。

另一方面，通过遥感和地理信息系统等信息技术的应用，对城镇化的空间格局及其生态环境进行动态监测与科学管理。进一步强化对节能减排的监管，助推县域城镇可持续发展。

（三）创新驱动县域产业结构优化和转型升级，提高城镇支撑能力

产业是推进县域城镇化的基础和动力。县域城镇特色产业发展明显，产业支撑能力强。聚集效应明显，对农村劳动力吸纳力就强。而以创新为驱动力，通过培育新兴产业，对传统产业进行改造，推动县域产业结构优化和转型升级，为城镇化发展奠定坚实的经济依托。

一是培育发展新兴产业，优化县域城镇产业结构。例如，在科学技术、信息技术的辐射带动下，催生出新经济业态。科技融入制造业价值链条，催生现代物流、信息服务及文化创意等现代生产性服务业的发展，优化县域城镇产业结构，增强城镇化辐射带动能力，推动就业集聚。创新驱动农村乡村旅游、农产品产地初加工、农村电子商务、农村文化创意等新兴产业发展，通过农、文、旅深度融合，促进农业和加工业、服务业互动发展，带动农民就业和返乡创业。

二是创新驱动县域传统产业转型升级。如，通过技术改造和创新等活动，推动传统产业尤其是工业走向高效、低能耗的发展道路。通过农产品品种优化技术、现代物流技术等的推广和应用，提高现代农业生产的规模效益，进一步满足城镇居民日益增长的农产品需求。

（四）创新驱动信息技术和电子商务发展，提升城镇辐射力

县域新型城镇化可通过信息网络，将城市的知识、信息和社会服务辐射延伸至农村，为城乡一体化发展提供实现途径。

一方面，县域信息化建设能进一步的提高城镇经济实力，使中心城市的信息优势向周边地区辐射，加强其对农村经济的辐射带动作用，促进农村跃迁式发展。随着互联网的发展，高效的信息沟通降低了城乡之间的信息不对称，促进城镇和农村之间信息资源的有效共享，推动工业品下乡和农产品进城的双向流动，农村可以凭借自身的自然资源、特色产品等优势。依托电子商务实现发展。

另一方面，县城信息化建设加速农民成为现代社会主体。具有开放的特质互联网突破了乡土地域的界限，为农民获取知识和信息提供了平台。电子商务给农村居民赋能，拓展新的发展路径，通过"不离士"的方式就地就近城镇化，实现在家乡安居乐业。

三、创新驱动县域新型城镇化的制约因素

（一）县域制度创新推动力较弱

推进县域城镇化不仅要为进城农民提供良好的就业和生活环境，解决好"能留人"问题，还要进行相应的制度和政策安排，解决好留得住的问题。制度创新和政策扶持是激发农民城镇就业创业落户的保障，但目前县域制度创新普遍不足，制约新型城镇化的顺利推进。

一是县域制度创新推进缓慢。县域制度创新受到公共政策导向、中央经济政策及相关制度等诸多因素影响。目前，国家虽然在产业政策、城乡二元户籍制度、土地制度等方面加大改革力度，但具体到县域层面，由于缺少具体的规划和针对性方案，相关改革推进速度较慢，有利于人口城镇化的社会保障制度、公共服务和户籍制度改革等制度创新之后。

二是配套激励配套政策不到位。近年来，国家虽然出台新政，鼓励高校毕业生和返乡农民工到农村创业，但由于创业服务机制和创业平台不完善，创业就业所需的资金、土地和技术等配套政策保障不到位，返乡农民工和大学生农村创业落户的积极性依然不高，"留不住"问题依然存在。

（二）县域城镇技术创新支撑能力不足

县域新型城镇化发展中，传统产业转型升级、延伸城镇产业链等都需要科技做支撑，但当前县域城镇科技创新能力较弱，城镇的科技支撑力不足。主要原因有：

一是面向县域城镇化发展的科技创新投入不足。目前，我国大部分县域的经济实力较弱，严重制约科技创新的资金投入，面向县域新型城镇化的科技创新投入尤为不足。

二是县域科技创新资源的匮乏。目前，我国大多数县域经济还处在工业化前期阶段，科技创新基础较弱，高校及高水平研发机构数量少，高新技术产业人才严重不足。

三是县域科技服务体系建设滞后。县域层面普遍缺乏推动科技创新的中介服务机构，科技服务市场尚无法适应县域中小企业科技创新需要。县域城镇尽管拥有一定的农业科技服务能力，但普遍难以适应农业现代化发展要求。已有农业科技服务组织存在服务单一化、专业化水平较低及科技推广人员素质较低、服务能力较弱等问题，对解放农村生产力有限。

（三）县域城镇信息化水平偏低

当前，我国县域城镇信息化水平普遍偏低，信息技术在城乡空间、资源和生态环境的管理和监测中的应用程度较低，制约以创新驱动县城新型城镇化建设。主要原因有：

一是未能有效发挥政府在城镇信息化建设中的统筹协调作用。在县域城镇规划和建设中。信息化建设与城市建设不同步、不配套，城镇信息设备普遍老化。影响信息技术在交通、医疗等领域的扩大应用，不利于县城城镇信息化建设。

二是信息化工作人员素质偏低，相关高端人才匮乏。一方面，针对信息化的发展，有的工作人员"由于对传统方式的依赖，对这种大数据具有抵触情绪和消极心理"，另一方面，由于对信息网络人才培养重视不够，相关人才引进政策不完善，创业环境欠佳，导致县域信息化工作人员数量少、素质偏低，高端人才严重匮乏，已无法适应县域经济和信息产业发展的需求，影响信息技术对县域城镇化建设的促进作用。

三是信息化与新型城镇化协调推进体制机制不健全。目前，县城城镇建设管理理念和方式已不适应信息化深入发展的新形势，信息管理机制上存在条块分制和利益之争，一些部门和地区的信息化仍处于单项业务孤立发展状态，信息不能共享的问题依旧突出。特别是县域城镇与农村信息连通建设滞后，农村网络通信等基础设施建设严重不足，阻碍了县域新型城镇化促进城乡一体化作用的发挥。

四、创新驱动县域新型城镇化的对策建议

（一）加快推进"人口城镇化"体制机制创新

推进县域新型城镇化，必须进一步创新体制机制，增强农民向城镇转移落户的积极性。

一是加大制度创新力度。加快推进城乡一体化建设。加大土地流转制度、户籍制度和社保制度等制度创新，构建农业转移人口市民化成本分担机制，增强县域新型城镇化人口转移落户吸引力。

首先，加强土地制度创新，促进更多农村劳动力转移。加强土地流转制度创新，鼓励农民以多种形式流转土地经营权。改革农村宅基地制度，在保障农民宅基地用益物权前提下。探索建立宅基地流转换房制度。

其次，深化户籍制度改革。根据县域当地的经济、资源和人口等实际情况，因地

制宜地制定落户条件。

最后，加快建立城乡统一的社会保障制度。建立城乡一体的劳动力市场，利用市场机制配置城乡劳动力资源，使进城农民在教育、医疗等方面与城市市民享受同等待遇。

二是构建政策激励机制。加快建立和完善实施城镇就业创业的优惠政策，吸引返乡农民工和大学毕业生落户县域城镇。鼓励他们利用本地特色、优势资源，发展绿色农产品经营、民族传统手工艺、乡村旅游、电商中心等项目，将返乡创业农民工、大学毕业生、农村致富能手等培养成为发展新兴产业和新型业态的带头人。符合政策条件的可享受国家税费减免和补贴等政策。

三是加强管理制度创新。首先，加快体制改革与创新。推进行政管理体制改革，发挥政府统筹县域城镇产业、公共服务、社会事业的主导作用。确保城镇空间、资源的有效整合和优化配置，提高行政效率。其次，促进城乡统筹发展，推进城镇管理科学化。强化县城城镇在城市与农村之间的衔接功能，进一步实施"扩权强镇"、适度推进新型农村社区发展，提升公共服务水平。

（二）创新信息化与城镇化融合发展机制

推进县域新型城镇化、应尽快建立起县域城镇信息化平台，促进信息化与城镇化融合发展，提高城镇发展质量。

一是促进信息技术和城镇化融合发展，推进面向政府的决策应用、面向城市的管理决策水平。发挥信息互联、智能分析技术作用，整合城市管理部门资源。将政府职能与信息技术充分融合。推进城市管理智能化。加快交通、教育、卫生等社会领域信息化建设，扩大电子金融、电子商务、电子物流的应用，逐步提高社会服务领域信息化水平，改善城镇居民的生产生活方式。

二是加快完善基础设施建设，增强信息网络覆盖和综合承载能力。加大信息基础设施的投入力度，夯实信息化应用基础，建立起一个跨部门、跨领域的统一完善的大数据平台。整合基础地理信息数据库、土地储备管理、数字城管等系统，不断提供公共信息服务水平。积极创造良好的市场环境，引导社会资源更多投向信息服务业，鼓励科研推广机构、中介组织及各类信息咨询服务企业等提供个性信息服务，构建多元化、多渠道的信息供给体系。抓住"互联网+三农"、电子商务进农村等机遇，采取一系列措施，积极培育现代物流业、仓储业和电子通信行业等现代服务业，带动县域城镇电商产业发展。

三是加大信息化发展所需各类人才的引进和培养力度。制定优惠政策，优化创业环境，吸引信息化相关人才落户县域城镇。加强对现有人员的培训，提升其专业技术水平和综合素质。加强网络与信息骨干队伍建设，增强信息化发展的人才支撑能力。

（三）夯实县域新型城镇化技术创新支撑

立足县域当地特色经济、资源禀赋与区位优势等，加快县域科技创新，夯实县域新型城镇化产业支撑。

一是积极推进科技管理体制创新，强化科技引领县域新型城镇化的战略规划与资金投入。整合当地科技资源，根据本地特色产业，制定有关科技创新支撑新型城镇化发展的战略规划。明确县域城镇科技发展目标和任务：完善科技创新风险保障制度，激发科技人员的创新活力，为城市发展提供坚实的智力保障。帮助中小微企业解决应用新技术过程中的配套技术问题，提供全方位的技术服务。

二是搭建产学研合作平台，构建科技创新促进县域城镇化发展的技术载体。县域中小企业较多，但技术创新能力普遍不强。通过政府、企业、高校和科研机构的官产学研合作创新，激发产业集群创新效应。可有效解决中小企业创新能力不足的问题。支持企业与科研院所加强合作与交流，共同承担地方重点科技攻关项目。加强凸显地方特色的产业技术平台和科技园区建设，发挥科技园区、创新平台对科技创新、产业聚集、人才聚集的作用，提高县城新型城镇化的综合承载力。

三是引入外部科技资源，为技术创新提供支持。由于大部分县城城镇缺乏高水平的高校和科研机构等智力资源，因此，可通过外部"借力"科技资源方式，实现县城城镇产业自主创新能力的提升。利用劳动要素比较优势，承接邻近大城市的产业转移项目，采取多种形式吸引、组织周边城市的科技创新资源向县城城镇辐射和转移，带动提升自身的创新能力。

（四）创新农业科技推广服务体系

创新农村科技推广服务体系，使科技创新成果及时向农村扩展，助力农业现代化，带动县城新型城镇化建设。

一是加快农业技术推广体系改革。以县镇为中心，建立新型农业科技服务体系。鼓励地区农业科研院所组织建立具有多元投资结构的新型农业社会化服务机构，并通过政策激励和机制创新，发挥基层科技部门在促进成果转化，农村实用技术培训方面的积极作用。

二是加快农村技术推广渠道创新。网络信息技术的快速发展搭建了城市和农村互动的桥梁，密切了城乡之间的关联度，推动了城乡资源的双向流动。应以提高农村信息化水平为重点，开发建立新型农村信息技术推广方式，为农村提供科技信息服务和农业适用技术，加速现代农业发展。

三是加快农村科技推广内容创新。加快农产品品种优化技术、农产品加工技术、农业新型机械化技术的推广应用，促进农业产品结构的优化升级，逐步形成依托现代农业发展促进县域新型城镇化建设的良性机制。加快新型农民科技培训力度，促使农民成为合格的现代农业生产主体。

第三节　创新推动新生代农民工市民化的路径选择

新生代农民工就业技能提升是促进其市民化的基础和内在动力。是推动其自身融入城市社会的重要条件，目前正面临着诸多困境。政府应明确其主导地位与服务责任，通过破除城乡二元结构障碍、加强农村职业教育和补偿教育、营造制度环境和服务环境、制定激励政策激发需求等措施，促进新生代农民工就业技能提升。推进市民化进程。

新生代农民工是指在20世纪80年代以后出生的在城市务工的农村劳动力，他们依赖于城市的工作和生活，渴望融入市民社会。一个群体社会融入度实现的高低，不仅与制度、政策等因素有关，也与该群体自身的文化素质和技能密切相连。目前政府提出的户籍制度改革。意味着在政策层面上为解决新生代农民工市民化问题加快了步伐；然而在现实社会中，新生代农民工市民化的推进的速度并不高。从制约新生代农民工的转移意愿及其在市民化之后所遭遇的生存状况视角来看，新生代农民工较低的就业技能是导致其市民化进程缓慢的深层次因素。因此，提升新生代农民工就业技能是推进其市民化的基础和内在动力，是避免他们在发生身份转变后成为城市边缘化阶层的重要载体，也是他们向城市中心阶层流动的重要物质支撑条件。当前新生代农民工的就业技能提升面临诸多困境。在当前加速城镇化、市民化进程中,政府如何明确其主导地位,完善政策体系,健全工作机制,破除现有阻碍新生代农民工就业技能提升的障碍、逐步使新生代农民工走出困境,推进市民化进程,已成为迫切需要解决的问题。

一、新生代农民工市民化进程中就业技能提升的重要性

随着工业化和城镇化进程的加快,新生代农民工就业技能的提升促进其自身人力资本的积累,有助于其自身获取更多就业机会,适应产业结构升级转型和企业竞争力提高、为他们在城市的发展奠定基础,而且就业技能提升有益于其自身获得更多的阶层流动的机会,推进其市民化进程。

(一)新生代农民工技能提升有助于获取更多就业机会

相比生存型的老一代农民工,已是发展型的新生代农民工,要"钱途"更要"前途",越来越倾向在城市"体面就业",渴望由"村民"向"市民"的转变。获得一份稳定的城市工作是新生代农民工市民化的第一步,这也是为实现他们的市民化奠定经济基础,然而新生代农民工文化素质和职业技能的低端化导致其很难在城市获得长期稳定的就业,限制这个群体的就业和生活。《2016 年全国农民工监测调查报告》表明,虽然"80后"新生代农民工中,高中及以上文化程度比老一代农民工高 19.2个百分点,但初中及以下文化程度仍然高达 61.7%,而且缺乏必要的专业培训。新生代农民工文化素质和就业技能低导致其市民化能力弱,呈现出"半市民化""二元市民化"。提升新生代农民工就业技能可以缩短进入城市的适应期,是协调新生代农民工市民化意愿与市民化能力的重要途径,为市民化提供内在动力和基础。

(二)新生代农民工就业技能提升有益于适应城市产业结构升级转型的需要

新生代农民工大多是放下书包进城务工,他们的教育程度与传统农民工相比,虽然有了很大提高,但仍局限在普及教育范围内,缺乏职业技能培训,就业竞争力较弱。根据全国总工会《关于新生代农民工问题的研究报告》显示,在农村劳动力中,接受过短期培训、初级职业技术教育的劳动者只占 23.4%,接受过中等职业技术教育和高等教育的劳动者更是凤毛麟角,新生代农民工的综合素质滞后于国家产业结构调整和城市社会劳动力市场的需求,大多从事一些低端的、可替代性强的工作,这就阻碍了他们在城市的长期发展。在当前的经济转型期,"民工荒"逐步演变为"技工荒",

新生代农民工职业技能的提升，可以提高新生代农民工的就业能力、增加就业机会，有利于他们在城市的发展，也为促进我国产业结构升级提供有效的人力资本支撑。

（三）新生代农民工就业技能的提升有益于自身的阶层流动和社会融入

新生代农民工市民化的过程不仅是空间和地域的转换，也是与市民交往、融合的再社会化的过程。新生代农民工科学文化水平较低。再加上户籍归属原因，被排斥在体制外，不仅受到城市市民的心理歧视和利益排斥，而且较低的文化和技能水平影响其在城市的职业选择，更多地进入次属劳动力市场寻找工作机会，从事低薪资、不稳定的工作，成为最先面临市场冲击、面临失业的群体。同时，由于受经济地位的影响，新生代农民工在城市交流更多是老乡和熟人等群体，与城市社会的文化、政治系统衔接困难。向上流动受限，缺乏真正的认同感和归属感，长此以往，势必加剧其与城市市民之间的排斥、对立。因而，提升新生代农民工的科技素质和职业技能，有利于他们稳定就业和阶层流动，增强社会认同度和归属感，进一步融入城市生活，为新生代农民工与城市市民之间的和谐共处提供良好的基础。

二、新生代农民工市民化进程中的就业技能提升的困境分析

新生代农民工的就业技能高低。直接影响着他们在城市的就业稳定性、择业的竞争力和发展空间，影响着市民化进程。新生代农民工就业技能提升是其市民化的关键，但目前新生代农民工就业技能提升面临诸多困境。

（一）思想观念障碍

新生代农民工就业技能提升是整个国家人力资源开发的重要一环，但地方政府、用人单位和新生代农民工自身对就业技能提升的重要性认识不充分，存在思想观念障碍。由于长期的城乡分割和城乡分治。往往造成政策制定者和执行者存在轻视或歧视农民工问题。尽管目前中央不断强调公平对待，媒体也进行了大量宣传，一些地方政府牺牲农民工的利益来维护本城市的局部发展的政府管理思想依然存在，把新生代农民工置于"经济接纳、社会排斥"的边缘状态；不少企业未认识到员工培训所具有的长效性，经营理念仍停留在大量使用廉价劳动力的旧思维模式上，以低成本劳动力为竞争力，在频现"技工荒"的现实背景下，重用轻养是我国企业用工较为普遍的现象；新生代农民工农村的成长环境限制了其思想的开拓性与前瞻性，使他们不能充分认识

到文化素质提升对于实现职业向上流动和融入社会的重要意义，通过教育培训进行职业技能提升的积极性不强。因此，如果没有思想解放和观念更新，存在思想观念障碍就会阻碍新生代农民工素质的提高。

（二）城乡二元结构制约

在城乡二元结构的条件下，二元的社会结构已经渗透到包括劳动者就业、教育培训、保障等制度在内的与农民工实现市民化有关的各项制度安排中。教育资源的分配城乡不公，农村教育长期落后，导致新生代农民工进城前接受农村义务教育和职业教育的质量远远低于城市的教育质量。进城后由于身份的限制又被排除在输人地城镇居民培训之外。不能同城市人一样参与城市的社区活动，不能使用社区的文化场馆。同时由于各种就业政策与户籍制度捆绑在一起，新生代农民工不能获得与城市居民同等的就业机会，同城不同权，在工资收入、社会保障等方面，他们还遭遇同工不同酬的非平等市民待遇。城乡二元结构由于限制新生代农民工的权利而直接或间接地对其市民化造成制约。阻碍了就业技能的提升。目前随着全面改革的不断深入，制度的创新和调整。农民工市民化的制度障碍已经有所突破，但由于制度变革的相对滞后性和改革的渐进性，导致新生代农民工权益保障不足，制约新生代农民工就业技能的提升。

（三）保障机制不健全

新生代农民工离开学校进入城市后，职业培训是提升新生代农民工就业技能的重要途径，但各级地方政府及相关部门对新生代农民工培训工作的保障机制不健全，培训效果欠佳。

第一，制度设计不完善。没有制度规范，也就没有质量保障。我国目前还没有专门针对新生代农民工职业教育的法律法规，由于缺乏制度保障。针对新生代农民工的教育培训的一些政策在执行过程中容易流于形式，落实不力。

第二，培训管理协调机制不健全。新型职业农民培训是一项由教育部、劳动与社会保障部等多部门共同参与的工作，但由于缺乏统一领导，职能部门之间的沟通协调机制不健全，在实际开展中"多龙治水"，各自为政，带来培训对象重叠问题，造成培训资源浪费。

第三，培训的监督和考核机制缺失。目前，我国现有的新生代农民工培训机构多数是以行政机制来推动运作的，缺乏市场竞争机制，在培训过程中，政府对培训机构缺乏有效的监督和考核机制，很难保证培训的有效性；用人单位必须建立职业培训制度是《劳动法》《就业促进法》等法律法规的明文规定，但现有的行业协会、工会组织在监管企业培训方面的制衡和支持不明显，管理监督机制缺失导致多数用人单位并没有真正履行。

（四）自身需求不旺

新生代农民工虽大多意识到专业技能匮乏对自身在城市发展的制约，但现实生活中，新生代农民工参与教育培训提升自身就业技能的积极性不高，需求不旺。原因是多方面的：

第一，新生代农民工自身的经济地位和就业状况制约其参与教育培训。新生代农民工大多工资收入还是比较有限。微薄的收入在一定程度上制约了其教育培训方面的投资，加之他们工作流动性大，更换工作频繁，休息时间也不固定，客观上阻碍了其接受职业教育和培训。

第二，教育培训成果的社会认可度低。从目前情况来看，作为培训成果体现的职业资格证书没有很好发挥联系培训和就业的中介作用。职业资格准入制度没有得到很好落实，企业对职业资格证书认可度较低，职业资格证书体现在工资或经济上的效用并不明显，导致新生代农民工参与培训的积极性不高。

第三，教育培训实效性低。很多地区和部门的农民工教育培训工作大多采取自上而下下达任务的方式，由于对培训需求掌握不清，培训专业设置"大路货"，只是为了完成政治任务，或为了营利，致使培训流于形式。职业培训的层次偏低与新生代农民工稳定就业并实现市民化的目标有较大差距、对新生代农民工缺乏足够吸引力。

三、创新驱动新生代农民工市民化的路径选择

随着城镇化、市民化的推进，新生代农民工已成为产业工人重要组成部分，对他们的工就业技能提升的基点正在从弱势关怀转向强国关注。政府需要加大重视力度、提供制度支持和加强机制创新。促进新生代农民工更好地适应城市产业升级、技术进步的要求和融入城市社会。

（一）破除城乡二元结构障碍为新生代农民工就业技能提升创设前提

当前，新生代农民工在城市处于一种经济上的交换关系，在身份和权利待遇上没

有和城市市民同等待遇。亚当·斯密曾经指出。在市场经济中、政府应具有尽可能地保护每个社会成员，使其免受其他成员的不公正待遇的基本职责。政府要打破城乡二元结构，破除阻碍新生代农民职业技能提升的制度障碍，加强城市的户籍制度、就业制度等城市融合的改革与创新。首先，改革城市准入的户籍制度。逐渐剥离附加在城市户籍上的不合理功能，消除身份歧视，赋予新生代农民工在教育、就业等权益和福利方面同市民同等的公民权地位。其次，进行城市融合的就业制度创新。政府要实行城乡统一的就业政策，搭建城乡连接的就业服务网络，建立城乡统一的劳动力市场，积极完善包括就业准入、技能培训和就业服务为主要内容的公平竞争的就业制度。权益保障是农民工问题的核心，以户籍制度改革和城市融合的就业制度创新为核心，赋予新生代农民工市民化的权利资本，为新生代农民工就业技能提升创造条件。

（二）加强农村职业教育和补偿教育，为新生代农民工就业技能提升奠定基础

政府要以基础教育和职业教育为基础，补偿教育为内容，以成人教育为形式，为新生代农民工就业技能提升奠定基础。

第一，重视农村基础教育和职业教育。加大各级财政对农村教育的转移支付力度，在奠定新生代农民工接受义务教育的基础上，重视推进适应经济社会发展的农村职业教育，使新生代农民工在就业之前具有较高的素质和技能。

第二，强化流入地政府责任，加强补偿教育。流入地政府可以整合创新成人教育和职业教育的机制和成本资源，把新生代农民工补偿教育纳入流入地职教体系。让新生代农民工通过半工半读的、灵活方便的形式通过补偿教育进入中高等学历教育体系，学习在城市发展所需的文化知识和公共知识，拓宽就业空间，以便更好地适应城市生活。

第三，结合新生代农民工的具体实际，推动网络教育培训模式创新。为化解新生代农民工教育培训存在的流动性强问题，针对新生代农民工手机的持有率高、熟悉互联网的特点，通过网络新媒体对其进行培训成为必须和可能。政府要积极加强新生代农民工就业技能培训的网络信息平台建设，整合利用现有职业教育、成人教育远程教育机构的网络资源，使农民工工作转移到其他地方也可以异地继续学习。提升农民工就业竞争力。

（三）营造有利于培训的制度环境和服务环境，为新生代农民工就业技能提升提供保障

第一，加强新生代农民工职业教育培训的制度供给。政府要从国家战略的高度，立足于新生代农民工市民化的发展目标，制定专门针对新生代农民工职业教育培训的法律法规，通过立法明确培训的地位，规定相关主体的责任和义务，为新生代农民工职业技能提升提供坚实的法律基础。

第二，制定激励政策，激发行业、教育培训机构和用人单位开展职业技能培训。政府通过提供税收优惠政策和贷款扶持政策，鼓励和支持行业、教育培训机构开展新生代农民工培训工作，对于培训效果好的，政府支付相应的培训费"购买"培训成果。通过优惠政策解读、激励措施制定等措施调动企业开展培训的积极性，对同新生代农民工签订一年以上劳动合同并委托定点培训机构培训的企业进行补贴。

第三，健全机制，构建良好的服务环境。地方政府应设立新生代农民工就业培训管理机构，把分散于不同部门和团体管理的培训实现归口管理，对资金投入、资源配置、条件保障进行统筹管理，解决困扰多年的"九龙治水"问题；政府要完善职业培训动态监控机制和绩效评价机制，要加大监管力度，严格考核培训机构的办学资质，严把新生代农民工的职业技能鉴定关，确保教育培训的实效性。

（四）制定优惠政策和激励政策，激发新生代农民工就业技能提升的需求

政府可通过制度创新和政策激励，激发新生代农民工参与教育培训的积极性，为促进新生代农民工市民化和城市产业结构的调整奠定良好的人力资本。

第一，发放教育培训券，激发新生代农民工接受培训的积极性。政府可以将用于培训的公共经费以教育培训券的形式直接发给培训者本人，同时鉴于新生代农民工的流动性，国家应该跨省联合各地的资源，使培训券的使用更灵活有效。

第二，健全并继续推进职业资格证书制度，搭建技能培训获得晋升的职业上升通道。根据有关资料显示，职业技能标准化程度越完善，培训者获得的职业证书标记的含金量就越高。就业与培训资格获得的联系就越紧密。加快国家职业技能标准的开发与更新，加强对技能鉴定的监督和管理，提升用人单位对职业资格证书的认可度。新生代农民工通过培训获取相应的技术等级证书，将培训与晋升、劳动力价格相衔接，

使有技术的新生代农民工进入专业技术阶层的队伍，可以大大激发他们学习技术的积极性。

第三，培训、市场、就业一体化，提高职业培训成果转化率。改变现行的按指标下达培训任务的状况，建立新生代农民工培训需求和供给动态监测机制，立足于市场需求，以就业为导向，采取"校企联合""校乡联合"等有效形式，实施"订单式"培训，增强新生代农民工培训的针对性和实效性，提高农民工职业培训成果转化率。

第六篇
数智化赋能乡村振兴
实务探索

第一章　乡村振兴数智化转型

第一节　乡村振兴数智化转型新篇章

我国城镇化发展到现在，农村还有5.7亿人，即使到2030年城镇化率达到70%，农村也还有4亿多人。所以，要实现城乡协调发展，不能建设"一个发达的城市，一个落后的农村"。

随着工业化和城镇化的发展，农村面临着劳动力进城和劳动力短缺的现象。如果再以传统的自给自足的小农经济发展农业，势必无法满足未来中国农业的发展需要。

而且，虽然我国农村面临着劳动力减少的趋势，但是未来依旧有大量人口留在农村生活，提升农村人口的生活水平一定是我国未来"内循环"战略的核心，只有农村建设得更加美好，才会有更多人愿意回到农村生活。

因此，我国必须要探索出一条符合我国国情的农业农村发展道路，要让我国的农业发展成为生产、运输、销售实现数字化的高效精细化农业，还要实现我国农村的智能化治理。我国提出的数字乡村建设，也许就是适合中国农村未来发展的路径之一。

5G 是我国"新基建"（"新型基础设施建设"的简称）战略的重要一环。中国5G产业市场需要新的突破，需要找到将5G与产业结合的点，迅速形成市场的合力。我国通过建设数字乡村实现乡村振兴，就是 5G 在我国的一次行业确认机会，寻找一条适用于中国的数字农业农村发展道路，相信在不久的未来，我国的新时代数字乡村将会在全球市场找到检验和拓展的机会。

一、数字智能时代，所有行业都值得重新做一遍

从2020年开始，一些国内头部企业开始谈论一个新的概念——数智化时代

（Digital-Intelligent Age），并且有越来越多的企业认同和加入数智化的转型和变革中。那么，究竟什么是数智化？数智化和前几年的"数字化"是否为同一概念？如果不是，那么区别是什么？在这一视野下，企业"从数字化到数智化"将经历哪些阶段，分别要处理哪些重要议题？数智化会对我国传统行业，包括农业有什么革命性的影响？5G会在数智化时代起到什么关键性的作用？

以上关于数智化时代的问题，我们都会在本节中进行概念性的阐述和解答。

（一）第四次科技革命，数字是生产资料，智能是生产力

人类历史上经历过三次科技革命，深刻地改变了社会面貌，改变了人类生活，改变了世界格局。而第四次科技革命将会引发新的社会变革。

第一次科技革命（蒸汽机革命）：第一次科技革命是 18 世纪中叶英国主导的蒸汽机革命，标志性事件就是瓦特改良了蒸汽机。这次工业革命直接改变了原来 7000 多年的农业社会，用机械化大生产代替了人力劳动，煤和矿石能源成为最重要的生产资料，并间接引发了第一次世界大战。

第二次科技革命（电气革命）：第二次科技革命是 19世纪下半叶美国主导的内燃机革命，电力和石油成为动力的新能源，人类通过电力和新交通工具的发明，进入了"电气化时代"。电气革命也引发了大国对石油的争夺，并一直影响到第二次世界大战之后的世界地缘格局。

第三次科技革命（信息革命）：第三次科技革命是 20 世纪80 年代美国主导的信息革命，其中最有划时代意义的是电子计算机的迅速发展和广泛应用，半导体的生产能力成为信息革命时期最重要的生产资源。信息革命一直影响至今，信息革命制高点的争夺，依然是大国间博弈的主要内容。

未来第四次科技革命（数智革命）：第四次科技革命尚未到来，生物科技、基因工程、新能源、量子计算等技术都有可能成为第四次科技革命的标志，本篇所谈及的是基于 5G、人工智能、区块链、云计算等带来的数字智能转型（Digital-IntelligentTransformation），形成以网络为基础、信息技术和数据要素为驱动的新增长模式。

人类经历的三次科技革命切实地改变了人类的生活方式和生产能力，但是，科技革命引起了生产关系的改变，也给人类社会的发展带来过沉重的打击。我们总结了三

次科技革命（包含科技革命前农业时期），因生产力改变而带来的生产关系和生产资料的改变，由此推断数智革命时期人们将面临的发展模式的改变。

从五个时期的生产关系变革，我们可以看出国家占领科技革命主导地位的重要性。在农业时期，由于土地是农业社会的重要生产资料，因此封建时代领主间的战争主要表现为领土的争夺；到了蒸汽机革命后期，欧洲几大强国发动第一次世界大战时表现的形式为扩张殖民地获取各种工业物资和对德国鲁尔等几个产煤工业区的争夺；到了电气革命时代，由于石油是电气化设备的主要动力来源，对于石油的掌控权影响着世界的地缘版图和格局。到了信息革命时代，由于计算机和网络的兴起，半导体成为最重要的生产资料，因此过去和不久的未来也将会引发多次以半导体为目标的贸易战，因此掌握半导体的生产能力是第三次科技革命的战略制高点。经过科技革命，国家间的战争不再以争夺土地和人口为目的，殖民地模式是抢夺殖民地的生产资料而不是土地和人口。石油霸权后时代，大国减少了对其他国家领土的需求，贸易战也取代了传统的冷、热兵器战争形式。可以说，科技革命改变了人类掠夺生产资料的方式，掌握科技革命的制高点，有助于大国间对世界格局的主导性变革。

通过对以上三次科技革命的回顾，我们可以一起预期未来第四次数智革命给世界带来的变化——数据在未来将会成为最核心、最有价值的生产资料。

经过信息革命之后，互联网、物联网数据已经成为生产资料，但是对于这些海量的、指数级数字生产资料进行分析和应用，需要发展5G、人工智能、区块链、云计算等智能技术，因此"数字化"只是数智革命的初始阶段，而"数智化"才会让数字成为第四次科技革命真正的生产力。

可以说，未来谁掌握了数据，谁就抢到了主导世界"数智化"革命的先机、入场券。

（二）我国数字经济已经成为经济增长的主动力

前瞻产业研究院发布的《2021年中国数字经济发展报告》（以下称《报告》）显示，我国数字经济发展已进入成熟期，数字产业已成为数字经济发展的先导产业，产业数字化成为数字经济发展的主阵地。

数字经济成为我国国民经济高质量发展的新动能，数字经济增加规模由2005年的2.6万亿元增加至2020年的39.2万亿元。数字经济在GDP中所占的比重逐年提升，由

2005年的14.2%提升至2020年的38.6%，并且，数字经济占 GDP 的比例预计会在 2025 年超过 50%。数字经济在经济增长中的贡献也在逐步提升，《报告》显示，从2014年开始至2020年，数字经济对经济增长的贡献率均超过 50%，已经高于第一和第二产业对经济增长的贡献之和。以2019 年为例，数字经济对经济增长的贡献率达到了67.7%，高于第三产业 59.4%，远远高于第二产业36.8%、第一产业3.8%的贡献率。

数字经济也在逐步改变就业结构，根据中国信息通信研究院测算数据，2018年中国数字经济领域就业岗位达1.91亿个，占全年就业总人数的 24.6%。其中，数字产业化领域就业岗位达1220万个，产业数字化领域就业岗位达 1.78 亿个。根据中国信息通信研究院测算数据，2018 年第一产业数字化转岗人数约 1928 万个，占第一产业就业总人数的 9.6%；第二产业数字化转岗人数约 5221万个，占第二产业就业总人数的23.7%；第三产业数字化转岗人数约 13426万个，占第三产业就业总人数的37.2%。

从以上研究可得出结论，我国数字经济已经占据我国经济总量的大半，在可预见的未来，数字经济将在我国国民经济中发挥主导性作用。

（三）我国数字经济发展的四个阶段

自从20世纪90年代互联网走进我国以来，数字经济就已经在我国开始萌芽，每年从事数字经济的人数和经济总量均呈现两位数以上的复合增长率，到今天为止，我们可以把我国的数字经济发展分为四个阶段。

萌芽期1990—1999年（个人电脑普及）

发展期2000—2009年（互联网普及）

成熟期2010—2019年（移动互联网普及）

新增长期2020—2030年（数智化普及）

从20世纪90年代开始，随着中国个人电脑的普及，中国有了第一波从事数字经济的先行者，出现了与国际接轨的国内企业，并逐步发展成这一时代的 IT（Information Technology，信息技术）巨头。联想、金山、太平洋电脑等一批与 PC（PersonaComputer，个人电脑）周边相关的企业逐步发展为当时的新经济龙头，带动了一大批年轻人进入互联网数字浪潮中勇当时代"弄潮儿"。但是，随着2000年美国互联网泡沫破裂，中国的 IT 企业也未能幸免于难，一大批模仿美国的中国.com 企业倒闭。行业经历了3～4年低谷后，随着中国网民数量的持续高速增长，再次从中国互联网发展期浪潮中涌现出新浪、搜狐等一系列互联网数字经济新宠儿。到了2013 年前后，随着手机终端数首次超越 PC 终端和乔布斯苹果手机引领的智能手机的普及，中国的数字经济进入了移动互联网时代。移动互联网时代带来了新的数字经济增长的同时，又对行业进行了一次洗牌，传统的 PC 时代互联网巨头逐步被阿里、腾讯等一批移动互联网"新贵"所替代，并一直发展到今天。

随着2013年后移动互联网的普及和中国数字经济进入成熟期，我国从2015年开始陆续提出各种与数字经济相关的政策，从2015 年最早的"国家大数据战略"开始，数字经济发展和数字化转型的政策就在国家层面不断地深化和落地，广东、浙江、四川等几个大省也陆续启动国家数字经济创新发展试验区，并相继出台本省的数字经济政策。到了 2020 年，党的十九届五中全会通过的《中共中央关于制定国民经济和社会发展第十四个五年规划和二 O 三五年远景目标的建议》，明确提出要"加快数字化发展"，并对此做出了系统部署。这是党中央站在战略和全局的高度，科学把握发展规律，着眼实现高质量发展和建设社会主义现代化强国做出的重大战略决策。

但是，随着2018年前后，我国手机出货量和运营商新增手机用户数达到峰值，我国又一次面临行业的转折临界期。数字化发展到成熟期，也意味着需要进入一种新的数字经济业态，能否形成下一个新增长点的关键就是，要通过数智化转型，以网络为基础、信息技术和数据要素为驱动的新增长模式。

从以上研究可得知，截至 2020 年，我国甚至全球数字经济都进入了重大战略机遇期，应继续加快数字经济的发展步伐，推进实体经济数字化转型，强化数字经济治理能力，深化数字经济开放合作。

（四）数智化开启数字经济新定义

"数字经济"并不是今天才有的概念。早在 20 世纪 90 年代中期，入选全球最具影响力 50 位思想家的美国经济学家唐·塔普斯科特出版了一本名为《数字经济》的著作。20世纪 90 年代是数字技术发展的高潮，随着曼纽尔·卡斯特的《信息时代三部曲：经济、社会与文化》、尼葛洛庞帝的《数字化生存》等著作的出版和畅销，数字经济理念在全世界流行开来。

2016年在中国举行的二十国集团领导人杭州峰会发布的《二十国集团数字经济发展与合作倡议》对数字经济的定义是：以使用数字化的知识和信息作为关键生产要素、

以现代信息网络作为重要载体、以信息通信技术的有效使用作为效率提升和经济结构优化的重要推动力的一系列经济活动。

数字化战略其实就是把我们行业的关键成功要素可视化、可量化、可优化，数字化一定要能够带来以下三种效果。

一是它能够带来降本增效，为社会减少资源浪费。

二是它能够带来规模化，与传统经济相比，数字化的规模应该是按倍数，甚至是指数级的增长，这种规模化给我们丰富的想象力。

三是能够做到行业颠覆级的价值的创新。实体经济，用户需要到店进行消费，但是经过数字化后，用户可以通过数字化的手段在线上获得服务。从而影响甚至颠覆实体经济，这种就是行业级颠覆式的价值创新。

但是，与传统经济一样，数字经济发展到某个阶段的时候，同样会遇到触顶拐点，如同上节所展示的移动互联网经济红利随着新增智能手机和新增移动用户数的拐点到来，便需要一种新的增长模式，从而开启新的第二增长曲线。

数智化最初的定义是数字智能化与智能数字化的合成，这个定义有以下三层含义。

一是"数字智能化"，即在大数据中加入人的智慧，使数据增值、增进，提高大数据的效用。

二是"智能数字化"，即运用数字技术，把人的智慧管理起来，相当于从"人工"到"智能"的提升。

三是把这两个过程结合起来，构成人机的深度对话和互相的深度学习。即以智慧为纽带，人在机器中，机器在人中，形成人机一体的新生态。

数智化本质就是通过"数字化"实现"智能化"，数智化过程应该分为两个阶段：

第一个阶段是数字化阶段，即对系统数字化，借助大数据、云计算、人工智能等技术，使其具有实现状态感知、实时分析、科学决策、精准执行的能力。

第二个阶段是智能化阶段，即借助数字化模拟再现人类智能，让智能数字化，进而应用于系统决策与运筹。更多情况是数智融合，推动系统智慧生成。

如同数字化经济开启了实体经济的第二增长曲线，在未来10~20年，以5G、大数据、人工智能为驱动的数智化经济将开启数字经济的第二增长曲线。

（五）数智化比元宇宙更具备确定性

从2021年开始，由于扎克伯格等互联网巨头的加持，元宇宙概念火爆起来。元宇宙概念的诞生，实际上和数智化一样，都是互联网经济发展到某个瓶颈的阶段性产物。

数智化：数智化实际上是互联网经济往广度发展的一个方向，互联网发展到某个阶段只能解决人与人之间的联系问题，而数智化要解决的是人与物、物与物之间联系，从而指导生产与生活的方式。

元宇宙：元宇宙所打造的是一个平行于现实世界运行的人造空间，是互联网往深度发展的下一个阶段，是由 AR、VR、3D 等技术支持的虚拟现实的网络世界。元宇宙无法完全脱离现实世界，它平行于现实世界，与之互通，但又独立于现实世界，人们可以在其中进行真实的社交和工作。

虽然看起来数智化与元宇宙起点和路径都相差不大，但数智化的目标是为了提升生产力；而元宇宙的目标是让用户更加沉浸到互联网网络中，从中形成"上瘾"现象。因此，从总体上说，数智化的目标比元宇宙更有效且技术更成熟，是一条更具备确定性的转型之路。

二、乡村振兴战略下的数字乡村与数字农业

全面推进乡村振兴战略，是以习近平同志为核心的党中央站在"两个一百年"奋斗目标的历史交汇点上做出的重大战略决策，是实现"共同富裕"社会主义本质要求的重要举措，是实现社会主义现代化的重要目标。党中央明确，打赢脱贫攻坚战、全面建成小康社会后，要进一步巩固拓展脱贫攻坚成果，接续推动脱贫地区发展和乡村全面振兴。

以习近平新时代中国特色社会主义思想为指导，深入落实国家乡村振兴战略部署要求，扎实履行中央企业政治责任、经济责任、社会责任，积极发挥网络强国、数字中国、智慧社会主力军作用，助力帮扶地区巩固拓展脱贫成果，为数字乡村现代化注智赋能，是全国共同的奋斗目标。

乡村振兴是中央一号文件的国家战略要求，因此乡村振兴应该包含数字乡村。数字乡村的建设实际上是支撑我国乡村振兴的技术基础，而数字农业是数字乡村中重要的产业核心内容，只有通过数字农业对农村产业的振兴，才能真正完成数字乡村的建设，最终实现乡村振兴。

（一）"十四五"乡村振兴开局之年

2021年3月，中华人民共和国第十三届全国人民代表大会第四次会议通过的《中华人民共和国国民经济和社会发展第十四个五年规划和2035年远景目标纲要》，提出坚持农业农村优先发展，全面推进乡村振兴。文件要求生态文明建设实现新进步、加快数字化发展建设数字乡村、实施乡村建设行动、建设现代农业产业园和农业示范区等，2035年基本实现农业农村现代化。

2021年是我国"十四五"发展规划的开局之年。2021年2月25日，国家乡村振兴局正式挂牌，它既是我国脱贫攻坚战取得全面胜利的一个标志，也是全面实施乡村振兴，奔向新生活、新奋斗的起点。乡村振兴五大目标具体是产业振兴、人才振兴、文化振兴、生态振兴、组织振兴。

产业振兴：乡村振兴，产业兴旺是重点。产业是发展的根基，产业兴旺，农民收入才能稳定增长。产业振兴是实现乡村振兴的首要与关键，只有做好乡村的产业发展才能真正实现乡村振兴战略的科学、持续、健康发展。要整体谋划农业产业体系，以农业供给侧结构性改革为主线，着眼推进产业链、价值链建设，推动第一、第二、第三产业融合发展，实现一产强、二产优、三产活，推动农业生产全环节升级，加快形成从田间到餐桌的现代农业全产业链格局，形成第一、第二、第三产业融合发展的现代农业产业体系。

人才振兴：乡村振兴，人才是基石。农村经济社会发展，说到底，关键在人。农民是乡村振兴的主力军，要就地培养更多爱农业、懂技术、善经营的新型职业农民。要通过富裕农民、提高农民、扶持农民，让农业经营有效益，让农业成为有奔头的产业，让农民成为体面的职业。要营造良好的创业环境，制定人才、财税等优惠政策，为人才搭建干事创业的平台，吸引各类人才返乡创业，激活农村的创新活力。把人力资本开发放在首要位置，在乡村形成人才、土地、资金、产业汇聚的良性循环。现代农业，呼唤着乡村人才振兴。

文化振兴：乡村振兴，既要塑形，也要铸魂。没有乡村文化的高度自信，没有乡村文化的繁荣发展，就难以实现乡村振兴的伟大使命。实施乡村振兴战略，要物质文明和精神文明一起抓，既要发展产业、壮大经济，也要激活文化，提振精神，繁荣兴盛农村文化。要把乡村文化振兴贯穿于乡村振兴的各领域、全过程，为乡村振兴提供持续的精神动力。加强农村思想道德建设和公共文化建设，培育文明乡风、良好家风、淳朴民风。

生态振兴：乡村振兴，生态宜居是关键。良好生态环境是农村最大优势和宝贵财富。要坚持人与自然和谐共生，走乡村绿色发展之路。要牢固树立和践行绿水青山就是金山银山的理念，落实节约优先、保护优先、自然恢复为主的方针，统筹山水林田湖草系统治理，严守生态保护红线，以绿色发展引领乡村振兴。生态宜居是实施乡村振兴战略的重大任务。

组织振兴：党的力量来自组织，组织能使力量倍增。基层党组织，是实施乡村振兴战略的"主心骨"。农村基层党组织强不强，基层党组织书记行不行，直接关系乡村振兴战略的实施效果好不好。群雁要靠头雁领，一个村只有建立起一个好的党支部，才可以带动村民一起致富。制定科学乡村治理模式，以促进乡村振兴协调发展。

2021年4月29日，十三届全国人大常委会第二十八次会议表决通过《中华人民共和国乡村振兴促进法》，将乡村振兴写入法律。乡村振兴已经上升到国家战略高度，从产业振兴、文化振兴、人才振兴、生态振兴、组织振兴五个方面，推动农业全面升级、农村全面进步、农民全面发展。

（二）数字乡村的前世今生

1982年至今，国家连续18年以"三农"（农业、农村、农民）为主题发布中央一号文件，强调了"三农"问题在中国社会主义现代化时期的"重中之重"的地位。2012年至2021年，国家连续10年在中央一号文件中强调加强农业科技创新，推出一系列政策文件推动数字农业发展，并在2021年文件中强调：在向第二个百年奋斗目标迈进的历史关口，巩固和拓展脱贫攻坚成果，全面推进乡村振兴，充分发挥乡村振兴的压舱石作用，这是"三农"工作重心的历史性转移。

根据中央一号文件的不同阶段主要内容，总体上，我们可以将2012年之后的中央文件中促进数字乡村发展举措分为三个阶段。

加快农业现代化，深化农村改革（2012—2017年）：从2012年2月发布的《中共中央国务院关于加快推进农业科技创新持续增强农产品供给保障能力的若干意见》，到2017年2月，《中共中央国务院关于深入推进农业供给侧结构性改革加快培育农业农村发展新动能的若干意见》发布，突出强调部署农业科技创新，把推进农业科技创新作为"三农"工作的重点。依靠科技创新驱动，引领支撑现代农业建设，改善设施装备条件，不断夯实农业发展物质基础，加快科技研发，实施智慧农业工程，推进农业物联网和农业装备智能化，发展智慧气象，提高气象灾害监测预警水平。

农业农村发展优先，全面实现农村小康社会（2018—2020年）：从2018年1月2日，《中共中央国务院关于实施乡村振兴战略的意见》发布，到2020年2月5日《中共中央国务院关于抓好"三农"领域重点工作确保如期实现全面小康的意见》，强调2020年是全面建成小康社会目标实现之年，全面小康"三农"领域的突出短板必须补上，确保如期实现全面小康。依托现有资源建设农业农村大数据中心，加快物联网、大数据、区块链、人工智能、第五代移动通信网络、智慧气象等现代信息技术在农业领域的应用。

全面推进乡村振兴战略，加快数字乡村建设（2021—2025年）：2021年2月21日，中共中央、国务院印发《中共中央国务院关于全面推进乡村振兴加快农业农村现代化的意见》，这是21世纪以来第18个指导"三农"工作的中央一号文件。文件指出，民族要复兴，乡村必振兴。要坚持把解决好"三农"问题作为全党工作重中之重，把全面推进乡村振兴作为实现中华民族伟大复兴的一项重大任务，举全党全社会之力加快农业农村现代化，让广大农民过上更加美好的生活。到2025年，农业农村现代化取得重要进展，粮食和重要农产品供应保障更加有力，现代乡村产业体系基本形成，乡村建设行动取得明显成效。加快建设农业农村遥感卫星等天基设施。发展数字农业，建立农业农村大数据体系，推动新一代信息技术与农业生产经营深度融合。

为全面推进乡村振兴战略，加快数字乡村的建设，2021年9月，农业农村部等七部委联合印发了《数字乡村建设指南1.0》，指导各省市根据自身实际情况与特点，建设各地的数字乡村，按目标实现乡村振兴战略。

（三）从农业1.0到农业4.0

2020年1月，为配套数字乡村建设规划目标，促进农业产业发展，农业农村部、中共中央网络安全和信息化委员会办公室（以下简称"中央网信办"）印发《数字农业农村发展规划（2019—2025年）》。该发展规划提出，到2025年，数字农业农村建设取得重要进展，农业数字经济占比要从2018年的7.3%提升至2025年的15%，农产品网络零售额占比要从2018年的9.8%提升至2025年的15%，农村互联网普及率要从2018年的38.4%提升至2025年的70%，通过数字技术的普及有力支撑数字乡村战略实施，2035年全面实现农业现代化。

数字乡村市场空间巨大，我国"三农"问题包含农业、农村、农民，我们先从世界农业发展历史来看，世界农业经历了1.0到4.0四个阶段：

农业1.0（传统农业）：大致在18世纪之前，在工业革命还没开始之前，传统的农业以人力和畜力为主要生产力，农民过着"刀耕火种""面朝黄土背朝天"的传统农业生活，其生产工具和生产方式在大概3000~5000年内并没有太大改变。

农业2.0（机械化农业）：随着工业革命的开始，蒸汽机的发明带来了机器替代劳动力的时代，在农业领域同样出现了适于部分小型农场使用的机械化农业装备，从而大大地提高了农业生产率，减少了农业劳动力人口数量。

农业3.0（重型化农业）：随着第二次科技革命的到来，石油和电力能源为机械化装备更大型、续航能力更持久提供了能源基础，电气化机器让农业生产装备走向重型化，且更适合大农场农业经济。重型化农业最具有代表性的模式为美洲大农场经济，但是该模式并不适合东亚以小农经济为主的农业模式，因此在整个东亚，农业3.0模式并没有得到很好发展。

农业4.1（数字化农业）：随着第三次科技革命的到来和信息革命的发展，数字信息技术与农业机械、装备和设施深度融合成为可能，出现了一批专业的农业企业。它们通过高投资实现农业数字化和自动化生产。

农业4.2（数智化农业）：由于农业的发展一般滞后于工业等其他行业的发展，因此在第四次科技革命到来前，我们判断农业4.0时代将处于数字化和数智化两个科技革命时代的重叠和交替发展之中。通过农业数字化采集到数据中台后，SG、区块链、人工智能等数智化技术将在未来5~10年实现农业的无人化，形成农业的数字大脑直接指导生产、运输、销售。

（四）数智乡村振兴市场空间巨大

我国农业农村整体发展在数智化农业时代将有以下三个趋势。

数智化农业装备：推进数智化农机发展是解决目前种植效率低的一个重要途径。随着5G的发展，未来5G在以下几个方面影响农业发展：种植技术智能化、农业管理智能化、种植过程公开化、信息管理职能化、助推特色农产品。

数智化农业三产产业链融合：农业产业链融合能够解决规模化生产、产销对接和物流问题。某些互联网龙头企业已布局农业全产业链，未来三产融合将是农业发展的趋势。

数智化乡村治理：在数智化乡村治理场景下，村镇政府集体政务可以线上化、公开化，个体、群体或组织都可通过互联网社交获取信息资源、表达利益，为其采取行动、带来改变提供可能。可以说，数字乡村建设是推进乡村治理现代化的新的助推器和导航仪。

根据《中国数字经济发展与就业白皮书（2020年）》（以下称《白皮书》）报告所述，2020年，我国农业数字经济仅占农业增加值为7.30%，远低于工业18.3%、服务业35，9%的水平，与英国（25.1%）、德国（21.3%）、韩国（14.7%）等发达国家相比，差距较大。

《白皮书》预估，2020年，中国数字农业的潜在市场规模有望由 2015 年的138亿美元增长至262亿美元，并且到2025年，中国的数字农业市场规模有望增长到 421.4 亿美元，CAGR（Compound Annual Growth Rate，年化复合增长率）预计维持在10%左右，是一个稳定两位数增长的蓝海行业。

2020年，我们通过项目抽样搜集调研的方式，统计了数字乡村的相关项目需求超过200个，我们做了数字乡村需求基本分类，目前农村政府主体和企业对数字乡村的需求主要集中在数字农业领域，其占比超过80%；在农、林、牧、渔四大数字农业需求中，农业（种植业）的需求占比超过57%。

从以上分析可以看出，数字乡村未来在我国的市场空间巨大加上国家数智化转型战略带来的二次增长技术曲线，我们估算未来我国数字乡村建设将迎来一次革命性的飞跃，并最终能找到一条支撑乡村振兴的数智化转型道路。

三、5G 助力数字乡村走向数智化时代

2019年6月6日，工业和信息化部向中国电信、中国移动、中国联通、中国广电发放5G商用牌照，中国正式进入5G商用阶段。2019年也被业界称为"5G商用元年"，中国也成为继韩国、美国、瑞士、英国后，第五个正式商用5G的国家。有了牌照，运营商可以进行前期的基站建设、网络优化等工作，加速我国5G的组网速度。

回顾历史，我国的移动通信建设在经历了1G的空白、2G落后、3G的追赶、4G的同步四个阶段后，首次在5G时代暂时领先了世界半个身位。5G主要是服务于"万

物互联"，突破了从过去1G~4G解决"人与人"之间通信的狭隘需求。对于我国5G时代，能否将领先世界的半个身位转换为全面领先，核心在于要在我国探讨出一套用5G与各行业融合的发展方案。

如今，5G基础设施网络建设已经上升到了国家层面竞争，根据我国三大运营商的规划，到2023年之前，将要实现乡镇以上连续覆盖，实现90%行政村覆盖。同时，中国广电的700M频段未来在我国农村5G覆盖也必将发挥重要的作用。我国如此超前的5G村镇覆盖规划，可以让我国数字乡村率先走入数智化时代，这意味着我国可以在数智化新兴技术竞争领域获得一次领先机会。

（一）什么是5G？

5G是全社会的通用技术，不仅是运营商和通信设备商的事情，未来5G将如同电力、石油、煤炭一样，会成为社会各行业的一种基础设施，政府、各行业、企业都会参与到将5G与其他行业融合的协议制定、产业联盟、国家发展指导意见的演进规划中来，并切实地推进5G产业的应用试点工作。

5G中的所谓G，是Generation的缩写，5G是第五代移动通信的简称。根据北京邮电大学吕廷杰教授的观点，移动通信技术的奇数代，一代、三代和五代都是颠覆性的，而偶数代是对奇数代进行优化和完善。比如，1G时代大哥大可以用作无线电话，实质是用模拟信号来实现无线的语音通信；后来2G就是对1G语音通信的优化和完善，有了数字编码的2G技术和更加小巧、灵活、智能的手机；3G时化解决了用手机上网的问题，创造了一个全新的应用场景；4G就是对3G手机上网的问题进行优化和完善，4G通过新技术让手机上网更快、更稳定。

5G是由国际电信联盟组织（ITU)制订的第五代移动通信标准,正式名字IMT-2020。"高速率、低时延、大连接"的5G网络与A1、云计算、物联网等技术相结合，产生或优化大量产品和服务，驱动各行业建立全新的生态体系。5G要解决的是"万物互联"的问题，要通过5G技术实现无人驾驶、远程医疗、数字农业等新的行业应用场景。当然，等到5G和各种应用场景的结合变得成熟后，6G将会对5G进行优化和完善，让"万物互联"变得更加便捷和高效。

（二）打造"连接+算力+能力"的5G乡村振兴新基础

2018年12月，中央经济工作会议首次提出了"新基建"概念。所谓"新基建"，就是"新型基础设施建设"的简称，2020年4月，国家发展和改革委员会将"新基建"定义为智慧经济时代贯彻新发展理念，吸收新科技革命成果，实现国家生态化、数字化、智能化、高速化、新旧动能转换与经济结构对称态，建立现代化经济体系的国家基本建设与基础设施建设。"新基建"涉及七大领域：特高压、新能源汽车充电桩、5G 基建建设、大数据中心、人工智能、工业互联网、城际高铁和城际轨道交通。

所谓的"新基建"，其实是相对于"老基建"而言的，与传统的"铁公鸡"（铁路、公路、机场）老基建不同，新基建实际上是建设为融合新的产业互联网而准备的基础设施，未来的十年，新基建将会推动中国数字经济持续成为新的发展动能。

2020年3月6日，工业和信息化部召开加快5G发展专题会，会议主题为加快网络建设、深化融合应用、壮大产业生态。根据工信部会议精神，加快5G发展、深化5G与产业融合已成为新基建核心内涵。会议中，特别提到了5G与农业要探索新的示范性应用。在新基建的新环境下，要以工业化生产的眼光来看待农业发展，将农产品像工业产品一样组织生产方式进行生产。利用大数据、云计算、AI技术解决农业低、小、散的难题，成为农业转型升级的一个重要契机。

根据5G的规划和未来6G的演进目标，我国应建成一个"空天地"一体的信息采集网络。数智化时代的新技术如人工智能、区块链、虚拟现实、数字孪生、云计算等，都将会叠加在以5G为主导的"空天地"一体信息网上，形成智能化的生产力，再衍生出各种新的数智化应用。

（三）5G 将彻底升级数字乡村的数智化概念

未来我国的数字乡村将会变得如何？我们一起来试着回答以下三个问题：

你生活的农村，无论是生产的农产品还是生活工作，是否具备连接能力、计算能力、智能能力，并且可以将农村生产生活全程产业链的用户数据导入到该数据网中，形成更大的网络？

你的农产品，是否能够追溯到它的运输、销售环节，直到面向用户餐桌，依然能全程溯源？

你的农产品，是否可以根据不同的用户需求订制化，或者根据用户画像，进行差异化的销售？

未来以5G为基础载体的"空天地"一体化信息网通过新基建建设完成后，我国农村将全面实现数字化。通过 5G.承载的人工智能、区块链等技术，数字乡村将全面向数智化时代发展。因此，我们的数字乡村生产和生活，将面临如下几个趋势性的变化。

乡村数据即资源：中国共产主义运动的先驱李大钊于1925年12月30日创作的《土地与农民》，论述了农民在中国的重要地位和解决农民土地问题的重大意义。传统农业中，土地是农民最核心的资源，但是到了5G 数智化时代，农村的生活、服务，基层政府的政务，农产品的生产、运输、销售都会成为数据的生产者，同时也是数据的消费者，未来乡村的数据将会成为农民工作生活核心资源。

在传统的农业社会里，土地之所以成为最核心的资源是因为它能生产出产品，并且产品可以进行交换，同时具备生产价值和交换价值，因此成为资源型资产。而到了5G 数智化时代，农民生产、生活所产生的数据，将形成数据服务产品，同时也可以进行交换，而且通过市场化交换后的数据，将能极大地提升实体农产品的生产和销售。因此，数据能在未来发挥最大的价值，成为农村核心的资源型资产。

农业平台即产业链：传统的农业产业链分为一产、二产、三产，一产为农业生产，二产为农产品加工和物流，三产为农产品的销售。过去，由于没有数字化等手段连接农业的一产、二产、三产过程，经常造成产业链各环节脱节。比如，由于冷链仓储建设没有预料到今年荔枝丰收，导致大部分荔枝到了采摘期由于无法进入冷库只能烂在地里，由于某年某款水果奶茶成为爆款，导致市面上所有油柑供不应求，价格翻了5倍；某年某网络平台爆出某地的柑橘有染色剂问题，导致消费者信心不足，所有该地的柑橘不管质量好坏，都陷入滞销。

如果能通过5G 数智化把控整个农业的产业链，形成一产、二产、三产的数字虚拟平台，所有农业生产、加工、物流、销售数据形成一个虚拟的网络。一方面这个虚拟网络可以追溯整个生产过程，保障生产安全；另外一方面，虚拟网络可以后台模拟出生产到消费者终端的整个过程，如果发现哪个环节出现问题，则可立刻建议重塑整个实体的产业链环节，从而保证消费者最终获得的农产品是安全的、令人满意的。

农产品生产即消费：传统农业生产面临的最大问题就是小农经济无序化生产带来的农产品周期问题，"蒜你狠""姜你军"等现象的出现其原因是农民在农产品当年价格好时一窝蜂地种植生产，到了第二年通常会出现农产品滞销现象。

利用 5G 新基建实现数智化农业生产之后，农产品周期带来的"丰收伤农"现象将不会存在。一方面卫星遥感、人工智能等技术可以精准地测算出当年某种农产品的全国产值总量，从而指导农民的生产、收购和销售，避免出现"一窝蜂"现象；另一方面，未来所有农产品都应该具备计算、连接、智能的能力，从消费者购买到农产品的那一刻，该农产品的种植、采摘、运输全链条数据都可以得到追溯，甚至农场可以根据消费者的数据画像，将农产品进行订制化生产，再销售到最喜欢它的消费者手中。5G 实现的智能化农产品建立了生产者和消费者的实时连接，实现了整个从生产到消费的闭环管理。在这种情况下，农产品的生产和消费是同时进行的，农产品可以根据消费者的喜好进行生产调整，这都得益于数智化带来的改变。

第二节　构建数智乡村振兴指标评估体系

2021年是承上启下的关键一年，是"十四五"的开局之年，是全面乡村振兴工作开启之年。乡村振兴五大目标具体是产业振兴、人才振兴、文化振兴、生态振兴、组织振兴。振兴的途径是以镇为重点扶持对象，以驻镇帮镇扶村的方式开展乡村振兴的相关工作。

预计未来5~10年摆在乡村振兴管理及工作人员面前的困难，是如何通过数据指标来评估全国各乡镇的五大振兴现实情况？全面提升我国的乡村振兴工作的有效手段是什么？帮镇扶村工作实施之后，资金、项目如何管理，成果如何评价？

要解决以上问题，需要通过 5G 等技术来构建适用于从国家到各省、市、县、镇的乡村振兴数智化指标评估体系并投入应用；搭建数智乡村振兴综合服务平台，全面提升我国乡村振兴的数智化水平。

一、乡村振兴的"无数之困"

要全面实现我国的乡村振兴，首先就要对我国的乡村振兴现状进行评估，但是对于乡村振兴目前的现状来说，存在以下三个数据缺失问题。

缺少一套能反映乡镇发展现状的乡村振兴基础数据库：目前全国各乡镇的产业、人才、文化、生态、组织各方面数据分落在相应的行业部门业务系统，数据分散、标准不一、缺乏权威，甚至相互冲突，无法全面反映出乡镇发展现状，为乡村发展规划顶层设计提供决策支持。有必要根据乡村振兴的业务指标，融合各行业部门的乡村振兴数据，构建一套乡村振兴基础数据库，为乡镇发展提供全面、权威、及时的数据支撑。

缺少指导乡村振兴建设的标准指标体系和评估模型：对于全国乡村振兴工作来说，目前缺乏一套与乡村振兴业务要求匹配的指标体系，无法摸清镇村的发展现状和筛选出弱项短板：无法及时发现及预警可能返贫、致贫的人口；无法评估乡村振兴发展的有效性和绩效考核等问题，有必要围绕乡村振兴产业、人才、文化、生态、组织"五大振兴"构建套标准的指标体系，再利用大数据建模技术设计、建立系统的分析模型，为乡村振兴工作提供标准评估。评估模型包括：镇村诊断模型，实现乡镇、行政村发展现状问题的诊断：低收入人口筛选模型，精准定位返贫、致贫高风险户人群；项目有效性评估模型，及时有效了解项目存在风险等。乡村振兴指标体系需要为帮镇扶村责任主体制定帮扶计划，为统筹区域发展提供决策支撑。

缺少乡村振兴"一张图"的全方位监管调度能力：系统需要全方位展示乡村振兴的发展现状、动态管理、成果呈现的"一张图"能力，汇聚以产业、人才、文化、生态、组织"五位一体"的行业关键性指标和多样化的乡村振兴数据与多样化防贫监测预警数据，实现乡村振兴对象的动态管理与可视化实时信息监管和防贫监测对象的动态管理与可视化实时信息监管，提供乡村振兴业务数据可视化展示与报表分析服务和防贫业务数据可视化展示与报表分析服务。

二、构建乡村振兴评估体系

要想解决乡村振兴的"无数之困"，就要建设以 5G 为基础载体的"空天地"一体化信息网构建数智化乡村振兴评估体系。围绕产业、人才、文化、生态、组织"五位一体"总体要求，在巩固拓展脱贫攻坚成果的基础上，以产业、人才、文化、生态、组织"五大振兴"为主线，以现阶段各部门建设与乡村振兴相关的信息化管理系统为基础，集成共享行业部门相关数据，构建乡村振兴基础数据库，运用大数据分析，诊断出镇村弱项短板和发展方向，为各级政府和部门实施强镇兴村决策提供数据依据。5G 信息网将全面支撑和服务巩固拓展脱贫攻坚成果同乡村振兴有效衔接各项工作，在产业支撑、资金投向、土地利用、乡风文明、生态宜居、乡村治理、防贫监测等方面，提供数智化全程服务。

数智乡村振兴体系需要重构目前农村的生产关系与生产力，通过数智化手段建立新时代的现代乡村社会治理体系与现代乡村经济产业体系。

新时代农村生产关系：新时代农村的生产关系，需要通过数据采集形成现代化乡村社会治理体系，以"五位一体"（即产业、人才、文化、生态、组织）的指标评估每个乡镇的治理成果，并有针对性地通过驻镇帮扶等资金对乡镇治理短板进行帮扶，并对资金项目进行后评估。治理体系的数据来自行业数据、政府数据，以及5G、物联网等实时采集数据，所形成的数据将直接指导农村的生态环境、文化挖掘、乡村综合治理等业务链条，最终形成新时代的农村数智化生产关系。

新时代农村生产力：新时代农村的生产力，需要通过数智化手段进行重构，5G、卫星遥感、物联网等技术将可以采集农村产业的土地与生产基础数据、病虫害与防疫服务数据、气象与自然灾害数据等，形成现代乡村经济产业体系，汇聚的农村生产力数据将通过体系进行评价和质量管理，并对农村一、二、三产业进行评估。针对产业的短板将通过帮镇扶村等资金进行帮扶，并对资金项目进行后评估。体系形成的数据将指导农村产业的一、二、三产业及供应链，形成种植、种业、加工、肥料、冷链、营销的数智化体系，协助农村产业向现代化供应链、专业化、服务化等方向发展，切实提升农村数智化生产力。

三、搭建乡村振兴综合服务平台

数智化的乡村振兴评估体系，要整合在以 5G 等技术为主搭建的乡村振兴综合服务平台之上，平台需实现乡村振兴的相关数据采集、乡镇现状诊断画像，通过一套科学的模型对乡镇的五大振兴现状进行评估，然后根据现状进行资金项目帮扶及后评估。只有通过统一规划乡村振兴综合服务平台，全国一盘棋，才能真正实现我国乡村振兴的数智化体系。

根据乡村振兴综合服务平台所建立的体系，国家从上到下需要定义出五级的结构和功能，从而形成我国整体的乡村振兴全国性平台体系。

国家级平台：国家级平台核心是建立一个汇聚全国各省、自治区、直辖市的乡村振兴数据，并通过汇聚产业数据形成农业产业大数据平台。

省级平台：乡村振兴综合服务平台的重要功能应该在省一级，通过省统一平台建立乡村振兴成果评估体系，对全省各乡镇的乡村振兴成果进行评估和管理，并通过管理资金项目提升各乡镇的短板。另外，平台重点还要汇聚全省的农村产业形成省统一的农业产业大数据平台。

市级平台：在这个平台体系中，市级平台将各县乡镇的乡村振兴数据进行汇聚，按省平台的数据规范进行上传，并对帮镇扶村的政府、企业资金进行审批。另外，市级平台一个重要工作是要建立市级农业产业大数据平台，并将数据汇聚到各省和国家平台。

县级平台：这一级平台承担着整个平台体系内最多的功能，需要运用5G、物联网、卫星遥感等新技术，采集县域内的产业数据、乡村治理数据，并管理乡村振兴帮扶资金等，根据省平台的需求，将采集的数据按标准上传。

镇域服务：根据整体的体系规划，到了镇一级，不需要建设镇级平台，可根据镇的工作需求，通过云 SaaS （Software as a Service，软件即服务）服务等方式，为镇域提供产业、人才、文化、生态、组织等基础云服务，满足镇域政府及基层的工作需求。

四、整合乡村振兴数智化五大振兴应用

我国未来要真正实现数智乡村振兴的目标，应该建成一个以5G为主导的"空天地"一体的信息采集网络，并在这张网上叠加数智化时代的新技术，如人工智能、区块链、虚拟现实、数字孪生、云计算等，全面将产业、人才、文化、生态、组织振兴的数智化应用内容，整合成我国的乡村振兴数智化平台，实现全国的五大振兴成果评估、现状画像、资金管理等乡村振兴综合服务。

数智乡村振兴体系将融合在乡村振兴综合服务平台之下，以乡村振兴现状画像、五大振兴评估等为基础，打造数智化五大振兴应用。

数智产业振兴：产业振兴是乡村振兴的重中之重，是乡村振兴的物质基础。运用数智化手段，打造一、二、三产业融合的解决方案，包含精准种植、畜牧、渔业、林业、加工、采摘、冷链、金融、品牌营销等一系列新的数智化产业振兴方案。

数智人才振兴：人才振兴是乡村振兴的基石，农村面临着人才流出的问题，需要数智化手段，实现远程教育、智慧校园改造，培养农村的人才。同时，通过建立数智化人才库、农技知识馆等手段，实现人才下乡的技术保障；

数智文化振兴：文化振兴是乡村振兴的灵魂，农村有大量文化资源可以挖掘，可以通过数智化手段，把农村的文化资源进行数智化展示。同时可以通过数智化手段对乡村文化、乡村文明进行管理，实现乡风文明的飞跃式提升。

数智生态振兴：生态振兴是乡村振兴的宝贵财富，生态振兴的核心是要结合国家"双碳"战略，运用数智化手段，在农村做好碳源减排工作。同时，通过林业的数智化改造，实现碳汇的保护及可交易，为未来碳交易做好数智化准备工作。另外，还要

大力通过数智化改造生态农业和碳循环农业。

数智组织振兴：组织振兴是乡村振兴的"主心骨"，要运用数智化手段，充分发挥党建引领的优势，促进农村阳光村务，盘点农村资产，为下一步农村现代化股份合作制改革提供数据基础。

第三节　数智新技术建设数字乡村

我国是人口众多、耕地资源相对缺乏的国家。从耕地面积占国土面积的比重看，仅为13%，远低于发达国家30%左右的耕地比例；人均耕地面积更是只有世界平均人均面积的 30% 左右，与发达国家的差距更大。鉴于我国人多地少的农业资源特点，未来我国的数智化农业转型必将是以物联网、大数据、人工智能等技术为支撑的一种高集约、高精准、高效率、高环保的农业新形态。同时由于我国的农村逐渐面临劳动人口外流、人口老龄化、留守儿童等农村问题，而农村目前是我国面源污染最为集中的区域，水污染、垃圾污染问题严重，这些问题同样需要数智化的新技术来监测、治理、解决。

本节将介绍应用于乡村振兴的下一代数智化新技术，畅想未来农业和农村的新景象。为了方便读者对新技术的理解，我们把数智化新技术分成了五种类型，分别是天空地感知（Perception）智能装备（Instrument）、数字应用（Application）、融合网络（Network）、虚拟运算 （Operation）。

一、P：Percetion——天空地感知

数智乡村第一步需要实现的是采集农业农村的数据。本节介绍适用于农业农村的低成本、高效率采集的核心技术：物联网、卫星遥感及北斗卫星导航系统。

（一）物联网，让农业有"感知"能力

"物联网"原本是对应人与人连接的"互联网"来说的万物互联的网络技术，是在互联网的基础上，利用 RFID （RadioFrequency Identification，即射频识别，俗称电子标签）、无线数据通信等技术，构造一个覆盖万事万物的"网络"。在这个网络中，物品具有识别和通讯特征，能够彼此进行"交流"，无须人的干预，是智能化的。

物联网分为三层：即感知层、网络层和应用层。

感知层。由各种传感器和网关构成，包括温度传感器 、湿度传感器 、无源标签、摄像头、GPS（全球定位系统）等，相当于人的眼、耳、鼻、喉等感觉器官，用来识别物体，采集信息。

网络层。由 5G、Wi—Fi、4G 等无线网络，光纤等有线通信网，网络管理系统等组成，相当于人的大脑，负责传递和处理信息。

应用层。则是物联网和用户（包括人、组织和其他系统）的接口，它与行业需求结合，实现物联网的智能应用。

物联网将会是数字乡村应用最广泛的技术，数字农业、乡村治理等未来都会大量使用物联网设备进行数字化采集工作。其实，物联网早已渗透到我们农业的很多方面了，包括种植业温室智能大棚、水肥一体化自动控制等；渔业的水温、溶氧监控等；畜牧业的自动化投喂设备、猪耳标体温监控等；林业的道路卡口监控、林火监控等，农、林、牧、渔四个方面都已经广泛应用上了物联网技术和设备。

物联网技术可以促进农村三产融合：物联网技术可以广泛应用在农村一、二、三产业融合领域，促进产业振兴。

一产生产端。通过物联网设备给温室大棚内的植物、鱼塘的鱼苗、养殖场的猪耳朵装上各类传感器（感知层），采集信息并输送到中央处理器分析（网络层），让农场的植物、动物最终能够"开口说话"，直接告诉你"天气冷了需要加温；日照不足要额外补光；土壤水分含量低，要灌多少水……"等需求（应用层）。工作人员只需要动动手指发出命令，温室大棚内联网的农机设备就会自己启动开工，满足植物的一切生命需求。

二产加工物流端。近年来，生鲜电商备受资本和市场青睐，不断涌现，生鲜网络零售额快速增长。冷链仓储是分配新鲜易腐食品所必需的通道，食物的安全和卫生非常重要，因此必须保证冷链的"能见度"。比如，冷链物流的车辆一旦监控到温度长期高于某个警戒值，则物联网可告知后台数据中心将停止这车冷链货物的运输并报废。实时监控就是物联网提供的可见性控制机制发挥作用的体现，通过传感器监测各种食品和商品的温度，形成可供数据分析的信息流，大大提高食品合规性、监控、物流等方面的效率。对农产品采购商来说，物联网技术让每一车、每一仓储的农产品的损耗更加可视化和更精准，可为采购商提供精细化的销售，从而提高利润率。

三产销售端。未来，无人零售店将逐步替代传统便利店。同时，由于成本降低和便利性的提升，无人零售店的铺设规模可能远超传统便利店。无人零售的一个基本技术前提就是需要将物联网标签和商品一一绑定，比如已经暴露在室温下的冷冻肉类应该在上架前被撤下；有问题货源能够被实时追踪；问题商品如若售出，可以向顾客发出警告。另外，物联网可以对农产品进行数据分析，并对销售过程进行改进，实时跟踪数据将帮助公司知道他们需要销售哪些农产品以及何时销售。这些实时分析包括向企业展示现有客户对当前农产品的需求，以及在未来几个季度的预期。这些数据可以帮助他们决定广告的内容和方式，还可以显示发展趋势的方向，允许他们在现有客户的基础上引入新客户。对于销售企业而言，物联网技术可以向他们显示正在发生的销售趋势以及如何获利，物联网技术可以改善销售企业因信息不对称造成的利润损耗。

物联网技术是农村治理的"神经网络"：物联网技术可广泛应用在数字乡村治理领域，包括农村污水监测、垃圾治理、焚烧秸秆空气监测等，未来大到一头牛、小到一粒米，都将拥有自己的身份，人们可以随时随地通过网络了解它们的地理位置、生长状况等一切信息，实现所有农村资源线上化，互联互通。

目前，物联网在农业上的应用还处于起步阶段，很多新型农业企业和新农人正在积极地学习和尝试。此外，国家也出台了许多相关政策在大力推行。可以预见，物联网技术形成的"神经网络"的逐渐成熟，将促使农业向数智化、现代化转型。物联网让农业更加精确、安全、智能。随着政府对物联网行业的政策倾斜，农业物联网产业将急速催生，被应用到农业农村更广、更深的层面，成为乡村振兴新的趋势。

（二）北斗+卫星遥感，让农业真正实现"知天而做"

北斗卫星导航系统（BeiDou Navigation Satellite System，简称 BDS）。是我国自行研制的全球卫星导航系统，也是继 GPS、GLONASS 之后的第三个成熟的卫星导航系统。北斗卫星导航系统可在全球范围内全天候、全天时为各类用户提供高精度、高可靠定位、导航、授时服务，并且具备短报文通信能力，已经初步具备区域导航、定位和授时能力。北斗定位系统早已被应用在农业生产中，也在一步步改变着中国传统农业，为其提供更加精准、智能的服务。将北斗导航、现代农学、信息技术、农业工程等应用于农作物生产的耕、种、管、收全流程，建立以"信息感知、定量决策、智能控制、精确投入、特色服务"为特征的现代化农业生产管理方式，实现农作物生产作业从粗放到精确、从有人到无人方式的转变。

卫星遥感（Satellite Remote Sensing），从字面上可以简单理解为通过卫星从高空遥远感知世间的万物。从技术层面来看，遥感泛指一切无接触的、远距离的探测技术，即利用空间运载工具和传感器，从远距离获取目标物体的电磁波特性。由于具有覆盖面积广、重访周期短、获取成本相对低等优势，卫星遥感技术对大面积农业生产的调查、评估、监测和管理具有独特作用。

20世纪70年代出现民用资源卫星后，农业成为遥感技术最先投入应用且受益显著的领域。卫星遥感通过光谱波段能实现对玉米、大豆、棉花、马铃薯等同期生长的大宗作物和大蒜、生姜、枸杞等经济作物的田块级精细识别。除了为农业生产的遥感数据提供支撑外，卫星遥感还能为农村资源提供高精度、定量化的服务。农业遥感应用已经实现了面向农业生产宏观决策服务的业务化运行，为农业和农村经济的发展做出了突出贡献。基于北斗和卫星遥感技术，我们可以对数字乡村做以下的技术支撑工作。

真正"知天而做"的农业生产：农业历来是"看天吃饭"的行业，而卫星遥感科技的加入能帮助农业生产者及时且准确地感知环境的变化，更加科学合理地进行农事操作，实现"知天而作"。

在距离我们头顶数百千米到上万千米的轨道上，运行着大大小小几千颗人造卫星，通过卫星搭载的各种气象遥感器，地面数据处理中心可以得出各种气象资料，从而实现天气预报、环境监测等功能。基于气象卫星返回的数据，结合作物生长所需要的标准化数据，电脑可以对数据进行对比分析，将天气预报的术语转化为指导农业生产者从事农业活动的信息，什么时候宜灌溉，什么时候宜施肥。

高空间分辨率遥感卫星能够实现农作物的田块级精细识别，可见光、红外线、雷达、激光等对作物的扫描可以做到全天候、多波段、无死角地监测作物。在识别作物种类的同时，还能实时监测作物出苗率、种植密度、叶面发育状况等。在实时监测作物的基础上，结合作物生长标准值和气象数据，电脑系统即可做到预估地块产量。这对农业生产者应对市场变化、防控市场风险来说，有着极为重要的意义。

农村资源"一张图"：农村在发展的过程中出现了很多关于土地资源管理的问题，比如违法、违规建筑问题，小产权房问题以及宅基地的使用问题，这些问题在以前很多时候只能单纯依靠人力来做大面积普查，需要花费大量的时间和精力，而且信息严重滞后。

基于卫星数据，在国土建设领域，我们可以实现小产权房、宅基地入市、违规违建等问题的排查，打通政府职能部门相互间需要的数据。遥感卫星还能够捕捉到城镇灯光、渔船灯光、火点等可见光辐射源，这些夜间无云条件下获取的地球可见光的影像即夜光遥感影像。由于夜光主要来源于人类生活及生产的灯光，因此相比其他遥感数据，夜光监测指数更能直接反映人类活动情况：一般情况下，经济发达的地区人口集中，灯光也会更加密集明亮；而经济欠发达地区由于人员外流等原因，人口较为稀疏，灯光也就更加暗淡。通过卫星遥感数据，可对农村社会经济参数、农村资源估算以及城镇化程度进行监测与评估。

为农业生产"防灾减损"：中国的土地破碎程度较高，面对分布散乱的地块，不管是作物种植种类的确定，还是种植面积的确定，都是十分复杂的。在农作物种植保险中，保险标的的确定以及验标、定损、赔付过程的复杂程度也远远超过人们的想象。传统的农业保险承保、核保及定损等工作大多通过人工采样的方式进行，但是这往往需要耗费大量的人力成本以及时间成本。

以卫星遥感与人工智能为核心的信息技术，可对作物生长全周期进行监测，并对作物生长过程中的气象灾害等进行及时预警。在自然灾害的应急处理上，包括地震灾害、水灾、火灾以及台风灾害，卫星遥感可以为客户提供即时的区域受灾数据。以空间化、可视化的方式为保险公司提供承保区域全时间维度的灾害监测，对风险面积数据进行初步统计，支持保险公司灾前做好防灾减损工作。

总之，随着北斗和卫星遥感技术的发展，数据与具体应用场景相结合、技术实现商业化落地，越来越多创业公司开始瞄准农业卫星遥感赛道。如何深耕农业细分领域、如何更好地服务于小散农户，是农业卫星遥感公司未来探索的重点。

二、I：Instrument——智能装备

未来农业的生产方式，应当是以自动化装备为主的智能生产方式，应该在不久的未来，年轻的"新农人"只需要坐在办公室，通过按键的方式就能轻松实现农作物的植物保护（简称"植保"）、打药、收割等工作，这里我们介绍两种新型的无人机与无人农机智能装备。

（一）无人机，7x24 小时的植保 + 巡检新技术

无人机原本可以算作无人农机的一种形态，其主要应用在植保领域，由于我国无人机领域在世界处于领先地位，其在农业的应用也开始逐步普及。无人机主要整合了

无人飞行器、遥感设备、智能传感器等技术，还可以在无人机上安装视频监控、农药喷洒等组件，实现植保以外的其他功能，能极大地提高农业工作效率。

目前通过无人机可以实现以下四个主要的应用。

植保播撒：系统主要包括药箱、水泵、软管和喷头。配好的农药装入药箱，水泵提供动力引流，再通过导管到达喷头，将农药均匀喷洒到作物表面。植保无人机可以大规模替代人力进行农药喷洒，甚至可以通过垂直对靶和枝向对靶的方式，将农药喷洒，到人工也比较难施药的区域，极大地提高人工效率。同时，无人机还可以搭载智能播撒系统，将固体化肥、种子均匀喷射至准确位置。

遥感监测：除了上文提到的卫星遥感技术测量农村数字化资产，无人机也可以搭载空中遥感平台，通过遥感传感器获取信息，用计算机对图像信息进行处理，并按照一定精度要求制作成图像。无人机能够实现自动化、智能化、专用化快速获取国土资源、自然环境、地震灾区等空间遥感信息，完成遥感数据处理、建模和应用分析。同时，无人机还可以搭载光谱设备，采集农作物光谱图像，根据专业模式对农作物长势进行分析，及时对病虫害监测给出预警和防治建议。无人机遥感是卫星遥感的一个重要补充，特别是在一些有高空遮挡物的区域场景中，无人机比卫星更加容易深入采集数据。

巡检管护：对于林业保护区、大农场等种植面积大，人烟稀少的区域，人力巡检的方式极度低效，无人机上加载摄像头，可以运用电子围栏、人脸识别、人工智能判断等技术对林区、农场进行巡护，可提供森林火情监测、林业巡护、外来人员告警等服务。

灾情评估：对于出现火灾、泥石流等灾情的区域，在救援人员不方便进入的情况下，无人机可进入灾区提供灾情巡查、实时现场视频回传等服务。在无人机上搭载的热成像等设备，还能将灾情事态图回传指挥中心，辅助救灾指挥决策工作。

总之，无人机和农业的结合，是真正的刚需，无人机在农业产业中将大展宏图，将为"三农"事业做出巨大贡献，将推动这个万亿市场的快速发展。

（二）无人农机，覆盖耕种管收农业全程作业

近年来，数字化与机械化在农业领域应用步伐加快，两者深度融合，初步形成了无人化农业概念。以全过程智能化管理、精准化作业为核心，通过大数据指导生产运

行，能够提高农业作业效率，减少人力成本，形成类似于无人工厂的农业生产方式，是农业 4.0的一个重要发展方向。

无人农机主要包含智能拖拉机（耕）、智能高速插秧机（种）、智能植保机（管）、智能收割机 （收） 等四种主要智能形态。要明确的一点是，世界主要农业产区，如美洲大农场的无人农机市场和欧洲、东亚乃至我国的农机市场需求都不尽相同。我国农业由于生产规模较小，农业生产受劳动力因素制约，因此在推广无人农机的方向上主要是向精细化发展，目前我国丰疆、谷神等一批厂家推出了带有高精度卫星定位导航功能和遥控功能的自动化农机产品。对于无人农机来说，5G 的大带宽可以提供远程视频传输的无损化，而 5G 的低时延特性，可以让远程操作的技工即使远在千里，也能身临其境地操控无人农机作业。

另外，由于我国无人农机的购置成本又比较高，因此除了要发展精细化无人农机，还要通过政府农机补贴政策指导，利用农机共享调度平台的方式，鼓励农户采取租赁的方式使用无人农机。

总体上看，发达国家无人化农业研发起步早，在一些领域和环节虽有推广，但应用商不够广泛。我国在这方面起步较晚，但发展速度较快。根据农业农村部官网数据，截至2020 年，全国各类农机保有量超过 2000 万台，并且每年新增农机约 200万台，市场广阔。目前类似我国的小农经济区域主要分布在东亚，整体上来说，东亚的日本、韩国的无人农机发展进程也不比我国有太多的领先优势。因此，发展适用于我国的无人农机技术，对我国和整个东亚农业发展都有举足轻重的意义。

三、A：Application——数字应用

通过数字采集后，可通过数字化的工具打造各种应用，近年来随着4G、5G 网络的逐步普及，抖音、淘宝等各大平台已经下沉到农村，通过数字应用，极大地提升了农村的生产力，将农产品销售到更远的地方，更加的精准。

（一）网络直播，消费到生产需求端到端

近年来，直播带货行业发展火爆，抖音、快手、拼多多等均已进入农村电商领域，直播带货。网络直播并不算一项新技术，但是在这里还是要对近年来网络直播的三个技术发展趋势加以介绍。

疫情下带来直播新机遇：从2020年开始，由于受疫情影响，农产品销售出现了困

难，但是网络"直播带货"异军突起，成为最时笔的新业态，越来越多的人加入直播带货大潮，一些地方政府的领导干部也纷纷上阵，为当地优质农副产品代言。

直播催生农产品品牌化：随着直播深入农村，手机变成了新农具，直播变成了新农活，数据变成了新农资，农民逐渐从原来"看天吃饭"、无序生产，变为有针对性地根据直播数据进行销售和调整生产，预计未来直播技术将直接打通农产品消费者到生产者的端到端需求，农产品生产将逐步向品牌化发展。

4K/8K 新技术是趋势：4K/8K 直播指的是使用能接收、解码、显示相应分辨率视频信号的设备直播。4K 分辨率为4096X2160，

8K 分辨率为7680X4320，4K/8KL 分辨率远远高于一般所说的超高清。随着用户对直播清晰度的要求越来越高，一次"完美的直播"需要一支专业的电商直播团队进行精心运作，直播设备和组网的架构也将更加专业化。

发展"直播+农业"经济，其实是通过数智化手段赋能传统产业。5G 和有线网络的普及是开展"直播带货"的重要基础，加大农村信息化基础建设投入，逐步缩小城乡差距，将为农产品营销和农业转型升级提供强劲助力。与此同时，农产品生产者也要强化品牌意识，充分与直播电商平台合作，加快农业产业化、标准化发展步伐，推进农业特色产业转型。

（二）农业上云，农业版的"工业上云"

"上云"模式和技术最早出现在第二产业领域，是国家倡导的一种工业提效技术，"工业上云"指的是借助互联网科技和云计算技术，将企业工业设备彼此联通、数据共享，旨在帮助企业提升设备运行效率，方便其管理调配。同时，为企业设备管理甚至是运营决策方面提供系统数据支撑。工业上云的模式可延伸到第一、第三产业。

延伸到第一产业就是"农业上云"模式，未来农村的数字化设备将会越来越多，如无人农机、物联网监测、手持式病虫害防治终端等，这些设备和业务系统需要部署到云端，实现农业设备和平台的彼此联通、数据共享，从而提高农业生产的效率。

由于农民的受教育程度普遍较低，且要在农村维护一套农业上云的整体服务设备需要较高的成本，因此采用统一云 SAAS 管理的方式将能低成本、高效率、低门槛地实现农村基础业务部署到云端，有利于降低农业信息化的建设成本。

政府、农企可以通过订购的方式，直接获得农业云平台上的农产品溯源、病虫害

管理、无人农场信息化管理等基础服务，真正实现快速、高效的业务部署。因此，农业上云将是未来建设数字乡村的重要一环，建成一个统一的数字乡村云平台提供云SaaS服务，将有助于我国实现数智乡村振兴战略。

四、N：Network——融合网络

所有数字智能技术，都需要通过光纤、4G、5G、IOT（Internet of Things，物联网链接），才能将海量农业农村数据采集起来，并通过智能运算技术进行云端处理，实现数字乡村的虚拟化世界。未来，移动技术将逐步融入各行业，包括农业当中，这里将对5G、6G进行简要介绍。

（一）5G新技术：赋能农业"新农具"生产

在2G、3G、4G时代，网络业务是单一的，同时网络服务对象也单一，架构相对单一，网络控制集中，数据网关集中，导致无法满足超低延时、灵活业务部署的要求。5G彻底改变了4G网络之前面向"人网"的设计，将网络扩展到"物网"，实现万物互联，用数字智能指导生产。我国农村是广阔的数智市场，5G高带宽、低延时等特性是农村数字化的基础，网络切片、边缘计算等5G新技术将协助智能化指导数字农业的生产。但是，由于5G网络的高频特性，其网络覆盖距离是目前将5G应用到农村广阔空间的一个瓶颈。5G 700MH、龙伯球透镜天线等技术，将能极大增强5G的覆盖距离，适应农村的覆盖需求，未来这些技术将会大量应用到农村广阔区域。

网络切片。网络切片是一种按需组网的方式，可以让运营商在统一的基础设施上分离出多个虚拟的端到端网络，每个网络切片从无线接入网，到承载网，再到核心网上进行逻辑隔离，以适配各种各样类型的应用。网络切片技术主要用在工业互联网中，具体到农业领域，可以通过网络切片技术为数智化农产品加工厂提供差异化定制5G端到端网络，保障加工自动化的稳定运行。

边缘计算。边缘计算，是指在靠近物或数据源头的一侧，采用网络、计算、存储、应用核心能力为一体的开放平台，就近提供最近端服务。其应用程序在边缘侧发起，产生更快的网络服务响应，满足行业在实时业务、应用智能、安全与隐私保护等方面的基本需求。由于未来在数智化农业领域，将会有大量的物联网应用，需采集大量数据、进行智能化运算，因此，原有的集中化云网络架构将无法满足未来指数级的采集与运算需求。边缘计算，将集中化的云网机构分解成客户侧本地部署的边缘云网络结

构，可以减少农业生产的采集与运算集中度，提高数智化农业生产效率。

5G 700MHz。700MHz 频段原本是广电网络的无线广播频段，由于其低频率、穿透性强等特性，被誉为"黄金频段"。相比于5G 目前的2.1GHz 和3.5GHz 频段，5G 协议如果采用700MHz 黄金频段进行组网，其覆盖范围可增加3~5倍，可极大地减少基站建设投入资本开支。由于农村是广阔的区域，采用 5G 700MHz 技术对农村的农田、林区等区域进行覆盖，具有极大优势，预计未来此项技术将会在农村大面积应用。

龙伯球透镜天线。针对 5G 的覆盖问题，除了从频段上进行优化，采用新的天线技术也是非常有效的一种方案。龙伯球透镜天线技术原本是一种军用的天线技术，与传统的板状天线相比，具有超轻、能耗低、信号覆盖范围大，节能等特点。经过运营商现网测试，在同样的覆盖距离下，透镜天线的功率大概是传统板状天线的一半，且覆盖范围大约是板状天线小区的 2~3 倍。预计未来5G 采用700MHz+龙伯球透镜天线的方式将极大地增加网络覆盖距离，解决目前农村网络覆盖范围的问题。

（二）未来的6G：真正实现天空地一体化网络

由于农村普遍距离城市较远，4G、5G 网络对农村和林区等区域的覆盖存在一定局限性，即便是卫星遥感、北斗系统等现有技术也无法解决边远区域的数据回传问题，这些问题未来都需要通过革命性的6G 组网解决。为了说明6G 对通信网络的革命性意义，有必要先简要讲解一下应用5G 之前的组网模式：从第一代移动通信（1G）开始，虽然通信技术经历了5代的技术迭代，但是从通信组网技术本质上来看，其组网模式基本离不开地面光纤+无线基站模式。

从1G 到5G 技术都要求无线频率越来越高，速率越来越快，接入用户越来越多，因此这种地面光纤+无线基站的模式就变得越来越臃肿，只有不停地增加基站和铺设光纤，才能满足移动用户越来越高的速率要求。特别是 5G 时代，物联网终端数将超过100 亿个，未来还需要把世界上所有的终端接入，包括大海和沙漠上的用户，按以前的覆盖模式需要的基站数量可能将是天量，因此对 6G 的技术的研究应运而生。

6G，又叫"天际通"，彻底改变了5G 之前的地面光纤+无线基站模式，采用的是卫星和地面用户通信的方式。毫无疑问，这是一次对 5G 之前的网络覆盖结构的颠覆性技术变革。从理论上来讲，6G 采用卫星技术通信的优点也非常的明显，因为卫星在空中，信号较难被遮挡，而且一颗卫星的覆盖范围肯定比地面站要大很多，因此可以把大海和沙漠的每一个终端都纳入 6G 网络世界中，从而具备未来全地球覆盖的条件。

但是，6G 通过卫星进行覆盖的方式缺点也非常明显，最大的技术瓶颈就是卫星的成本，根据美国的估算，如果未来 6G 要覆盖全球，那么至少需要向太空发射 2 万颗卫星。我们暂且抛开技术可行性、设备问题、维护难度等问题，如果真的要发射 2万颗卫星，火箭的成本问题就将是未来 6G 运营的一项巨大投入。我国宣布6G 的研发，是各种条件的必然，中国已具备火箭、卫星和通信的自主技术能力，但是必须由国家来统一协调未来6G 的基础技术储备，并且未来还要以国家投资来启动 6G 的基础建设工作。而在6G 研究启动前，我国政府已经启动了物联网星座的组网工作，主要面向农村等边远地区进行物联网组网测试工作，储备相关6G 技术。

五、O：Operation——虚拟运算

应用数智化技术，将整个物理世界整合进入虚拟映射系统后，需要通过新区块链、数字孪生、VR/AR 等新技术，从虚拟世界重新构建一个可视化、可操作、可回溯的数字化空间。在这个新的空间中，通过虚拟运算，可协助物理实体世界进行分析和智能辅助决策。

（一）区块链，提升农产品品牌价值的溯源技术

区块链 （Block Chain），是伴随着比特币诞生的一项技术，本质上是一个去中心化的数据库，是一串使用密码学方法相关联产生的数据块。每一个数据块中包含了一次比特币网络交易的信息，用于验证其信息的有效性（防伪） 和生成下一个区块。就像"个数据库账本，记载所有的交易记录。所谓区块链，本质上是个共享数据库，存储于其中的数据或信息，具有"不可伪造""全程留痕""可以追溯""公开透明""集体维护"等特征。

对于"区块链 +农业"，近几年许多互联网公司也在尝试。通过区块链技术的多方信息共享，可将农产品管理维度深度细化，全面覆盖农产品全流程。利用区块链平台，提供更完善的服务，记录每一件农产品的信息和流转过程，为新型物流、新型商业模式提供可能。农产品追溯信息链的建设主要依托标识技术，基本做法是对农产品进行标识，在生产场所实施危害分析与关键控制点管理，通过数据采集管理系统采集、转换和记录各生产追溯信息，并将数据上传到追溯中心数据库，将农产品与种养殖户、供应商、配送商、交易商等建立关联关系，从而实现通过产品条码对农产品生产、加

工、流通过程的跟踪和溯源管理。建立农产品的质量安全追溯管理系统，必须实现农产品产业追溯信息链的构建、追溯中心数据库的建设、数据采集系统的建设，在此基础上为政府部门、企业和公众提供追溯服务。

不过，区块链技术作为一项新技术，在落地农业场景方面并不容易，面临着技术和需求等多方面的问题，目前在农业领域，有以下两个区块链的应用瓶颈难以突破。

实体农产品和数据的真实匹配问题：区块链追溯系统的核心是数据，对于整个系统来说，基础数据的获取方面，尤其是农业生产过程中的"最后一公里"数据的获取比较困难。

区块链致农产品成本增加问题：我们知道，农产品大多处于单价低、利润不高的产业状态，如果遇到丰收年，单个农产品还将遇到增产不增收的问题。而单个区块链上链的成本目前为50万~80万元，也就意味着需要增加农产品的销售单价才能覆盖这部分成本，商业化价值较低。

针对以上两个瓶颈问题，目前区块链只能应用在农产品产值较高的领域，比如茅台酒、大闸蟹等产品上，且在应用区块链溯源的场景，生产企业必须要确保产品完成包装后，在流通环节不会出现"物码分离"的现象，这无疑又变相增加了企业的生产成本。因此，区块链在农业生产等领域的应用，仍需要进一步探索。

（二）数字孪生，构建数字乡村的虚拟系统模型

数字孪生（Digital Twin）是充分利用物理模型、传感器更新、运行历史等数据，集成多学科、多物理量、多尺度、多概率的仿真过程，在虚拟空间中完成映射，从而反映相对应的实体装备的全生命周期过程。数字孪生是一种超越现实的概念，可以被视为一个或多个重要的、彼此依赖的装备系统的数字映射系统。

早期，数字孪生更多存在于工业、制造业领域，如美国国家航天局 （NASA）的阿波罗项目中，曾经使用空间飞行器的数字孪生对飞行中的空间飞行器进行仿真分析，监测和预测空间飞行器的状态，从而辅助地面人员做出正确的决策。数字孪生是一种概念，也是技术的集合，在不同的应用场景中，用于实现对物理世界的数字映射，不但映射外观内貌，也映射其中的运行过程，在虚拟环境中实现对运行过程的模拟，可以分析物理世界中无法模拟和分析的情况，并将结果反馈到物理世界中，指导物理世界的运行。数字孪生技术广泛应用于科技研究、智能工厂、智慧城市、应急管理等具

体场景中。

数字孪生技术用于建设数字乡村有着极其重要的意义，例如，应用在农业和林业的可视化智能解决方案可以轻松地访问田地、森林或种植园的数字地图。又如，用户可以勘察到大型种植园压力的早期迹象，生成精确的、随时可用的杂草控制图，并跟踪资产随时间的变化。数字孪生技术还能用于监管农村的道路、村庄、水体、厕所等资产治理情况。由于有了新的可视化数据管理平台，生成农业资产的数字孪生变得前所未有的容易。在数字农业及乡村治理中，数字孪生可用于推动可行的业务洞察力提升并降低运营成本。

数字孪生生态系统主要可以分为物理层、感知层、模型层、支撑层、功能层、应用层。数字孪生信息分析技术，通过人工智能计算模型、算法，结合先进的可视化技术，实现智能化的信息分析和辅助决策，实现对物理实体运行指标的监测与可视化，对模型算法的自动化运行，以及对物理实体未来发展的在线预演，从而优化物理实体运行。

简单来说，要通过数字孪生技术形成数字乡村的镜像化虚拟世界，主要要通过三步进行构建。

1. 数字乡村实体数据采集。利用5G 大数据量、高速率低延迟的优势，结合无人机航拍，实现数字孪生乡村的精细化实体数据采集，支撑数字乡村的底层基座。利用遥感卫星监测采集+AI 识别技术大范围获取乡村地区的地表覆盖和自然资源情况，实现数字孪生乡村的实体数据动态更新，保障数字乡村的底层基座现势。充分利用气象、土壤、虫情、视频监控、机器人等物联网设备的采集和反馈能力，实现数字孪生乡村的产业、安全、环境数据动态采集以及控制设备的准确反映，支撑孪生数字乡村各方面动态运行情况的感知映射和实体反馈。

2.区块链等技术实体建模。利用采集的实体数据，进行数字孪生乡村实体建模，搭建孪生数字乡村模型底座。利用区块链技术安全可靠、不可篡改的特性，实现数字孪生乡村数据记录和传输安全，支撑孪生数字乡村运行中交易、溯源、鉴证数据的映射唯一、安全、可靠，保障数字孪生的信息映射准确无误。

3.人工智能运行模式。利用采集的物联网实时数据，进行数字孪生乡村运行模型构建，模拟数字乡村运行基础。在数字乡村实体和运行模型基础上，利用人工智能和大数据，进行数字孪生乡村运行分析和智能辅助决策。

通过以上三个步骤，数字孪生技术将实现对数字乡村实体物理世界的农作物模型、水环境模型、交通道路模型、林区环境模型等农业和农村相关资产的虚拟化，并通过人工智能等技术进行分析和智能辅助决策，极大地减少农村物理世界改革带来的实验性成本。

（三）AR/VR：农旅结合的远程虚拟体验空间

AR 是 Augmented Reality 的缩写，意为增强现实；VR 是 Virtual Reality 的缩写，意为虚拟现实。从某种意义上说，VR 是 AR 的一部分，VR 是完全虚拟场景，也就是说 VR 中的景象都是虚拟合成的，所以 VR 装备更多用于用户与虚拟场景的互动交瓦。现在很多电子产品都带有摄像头，因此，只要安装 VR 的软件就能有身临其境的体验。而 AR 是现实场景和虚拟场景的结合，即在摄像头所拍摄的画面的基础上结合虚拟画面进行深度展示和互动。

两种技术的不同特性，可以应用在农业的不同领域。

VR 农技培训：通过对农产品种植、加工过程及农业生产机电设备展开实地调研，采用 VR 技术模拟实现，应用软件以1:1大小比例建模还原虚拟场景，使用手绘还原模型外观，尽可能逼真重建场景。VR 内容需要结合特效、动画，辅以材质、灯光，实现 VR 场景效果、系统功能，VR 内容最终发布到 VR 一体机设备上。

AR 农业可视化沙盘：AR 可视化沙盘基于地理可视化的三维地图，还原产业园的真实地形，以质感化的地图搭配充满科技感的动态元素，可视化的数据图表经过信息梳理，辅以代表不同意义的光影特效，用不同颜色代表不同产业，用易读取的图表类型直观地展现了产业园的量化成果；对应各个产业类型的三维光标，则让用户弹指间了解产业分布情况，整个信息平台遵循科技化、数字化、轻交互的原则，全方位营造了一个现代数字化的农业产业园。让产户、采购商、消费者对基地有直观的认知，加强对绿色食品信心，同时也可把种植基地、加工工厂带出去，带至更远的展会，让更多无法到现场的采购商、消费者，借用 AR 数字化装备多角度了解产业园。

AR 远程病虫害干预：虫害、杂草伴随整个农业种植的生产过程，农民不具备通过细微差异识别田野上超过 500 多种农业害虫和 1400 多种田间杂草的能力，AR 数字设备可以让田间地头的农业工人快速捕足相关信息，通过云端 AI 识别，让产户快速了解情况，对症下药。同时，结合 AR 农业可视化沙盘，可以把实时情况数字化成为沙盘可视化的一部分，直观地反映各地块病虫害防治的情况，能科学地及时进行防治和精准用药。

第二章　数智化乡村五大振兴

第一节　数智化农业生产：第一产业振兴

2021年4月29日，第十三届全国人民代表大会常务委员会第二十八次会议表决通过《中华人民共和国乡村振兴促进法》，将乡村振兴写入法律。乡村振兴已经上升到国家战略高度，从产业振兴、文化振兴、人才振兴、生态振兴、组织振兴五个方面推动农业全面升级、农村全面进步、农民全面发展。

其中，产业振兴无疑是乡村振兴五大振兴的重中之重，可以说，只有实现了农村的产业振兴，其他四大振兴才有实现的经济基础。产业振兴的目标是构建新型农业产业体系，实现农村第一、第二、第三产业融合发展，发展乡村新业务，扩大农民持续快速增收的渠道。

我国传统农业是靠天吃饭，自然环境对农业生产的影响很大。传统农业在生产过程中，无论是农作物的种植还是畜禽、水产的养殖，多凭农、牧、渔民的经验和感觉进行生产，这不仅会造成作业效率低下，肥、水、药的严重浪费，还使得农产品品质与安全难以保证，很难做到精准化和利益最大化。传统农业产业很长时期没有很大的技术进步和发展，近年来，一些新的数字化、信息化技术逐步在中国广袤的农业土地上冒出了一抹"新绿"。

鉴于产业振兴的重要性，我们将用三节左右的篇幅来介绍如何通过数智化的手段，结合 5G 等新的技术，实现农业农村第一、第二、第三产业的融合发展。在这里中，我们先来介绍第一产业如何用数智化新技术在农业种植、渔业、畜牧生产中实现新的应用形态。

一、数智化精准种植

我国是一种传统的农业大国，有着几千年的农业生产历史，但是，我国传统农业的特点是人口多、耕地少，以小农经济为主。我国耕地面积只占世界的 7%，但是却要养活世界 22% 的人口，导致我国的种植业无法发展美洲那样的大农场经济，可以使用大型机械化设备进行生产和收割。我国的传统种植生产到目前为止，还是以过去积累的经验或手艺来进行判断决策和执行，以人为核心，这也导致了整体生产环节效率低、波动性大、农作物或农产品质量无法控制等问题。

我国耕地面积超过20亿亩，农业生产劳动者超过3亿，但是近年来，农村人口比例逐渐下滑，近20年间农村人口下降24%，农村老年人口占全国老年人口的 56%，青壮年农民进城务工现象普遍，留守农村的大都为老人和小孩。农村目前已经逐步进入劳动力断档阶段，"80后"不想种地，"90后"不懂种地，"00后"不问种地，依靠传统经验和人力的农业生产方式已经无法满足未来我国农业的发展实际需求。

因此，我国应该逐渐形成一套适合自身国情的精准种植新技术方案，其既能适应农业经济现状，又可以通过技术手段达到改变传统农业生产力和生产关系的目的。

精准种植主要分为室内和室外两种种植技术，数智化精准种植方案主要应用在室内大棚，当然在一些条件之下，室外的种植环境同样可以应用。一套完整的数智化精准种植管理系统，应该包含环境自动调控、全自动水肥一体、自动灌溉、病虫害预警防治、农作物监测及气象监测预警系统五大系统。

（一）数智化环境自动调控

对于精准种植来说，根据环境实时调控农作物的生态参数对于农作物生长极为重要。一般来说，无论是室内的还是室外的精准种植环境智能调控系统，都应该由数据采集和智能调控两部分组成。

数据采集：借助传感器、高清摄像头采集空气温湿度、光照度、CO_2浓度、水培液浓度、pH 等环境数据和作物生长状况。

智能调控：精准种植云平台将收集到的数据与作物生长模型进行对比，实时对作物生长环境进行远程、精准、智能、自动调控，最终实现节能降耗、绿色环保、增产增收的目标。

（二）数智化全自动水肥一体

水肥一体系统可以根据作物不同时期对水肥的需求规律，将农作物最优水肥比输入水肥一体机，配合精准的水肥一体化技术在恰当的时间进行全自动智能化施肥。水肥一体化技术是集灌溉和施肥于一体的农业新技术，全自动水肥一体系统是建立在可溶性固体或液态肥料的基础上，根据土壤养分含量和肥料需求以及作物类型的特点，将肥料溶液与灌溉水混合在一起，通过可控管道系统给水、供肥料，使水和肥料混合，通过管道和滴头形成滴灌，均匀、定时、定量，渗入农作物根系的生长发育区域。

因此，全自动水肥一体系统可根据作物所需肥料的不同特性，以及土壤环境和养分含量的不同，让农作物的主根土壤始终保持疏松和适宜的水分含量。水肥一体系统可以跟进不同农作物生长期对水、肥料的需求设计不同的水肥比例，定期将水、营养素进行定量，并按比例直接提供给农作物，保障农作物的生长周期获得稳定的比例适宜的营养。

（三）数智化自动灌溉

数智化自动灌溉系统通过自动气象站、土壤温度传感器、土壤水分传感器等监测当地气温积温、土壤的水分含量、土壤温度等数据，通过滴灌、喷灌、漫灌等灌溉方式，智能调节灌溉时间和灌溉量，维持作物的水分平衡，保证作物生长发育良好。智能灌溉系统主要实现自动灌溉和节水降耗两大功能。

自动灌溉：作物的不同生长阶段对水分的需求不同，在作物的需水关键期要保证灌溉的频率和水分的充分供应，在作物相对耐旱的生长阶段，可以适量降低灌溉的土壤水分含量最低下限，减少灌溉的频率，节约灌溉量。

节水降耗：基于作物模型、大数据分析的智能节水灌溉、精准灌溉，在节约水资源的同时，还可降低成本、提高经济效益。

（四）数智化病虫害预警防治

病虫害预警防治系统通过建立作物、环境、病虫害关系模型，结合未来天气气候预测结果，对作物常见病虫害的发生概率给出预测、预警信息，并为农业生产提供 AI 病虫害智能预警、病虫害防治等服务。

智能预警：通过气象卫星、无人机遥感传感器采集空气温度、相对湿度、叶面温湿度、降雨量等数据，通过农业气象大数据、作物生长模型、病虫害数据库，结合病虫害发病机理、分析虫害可能发生情况，建立作物病虫害预警模型，预测病虫害可能发生的时间，自动进行预警。

病虫防治服务：推荐病虫害防治手段、提前保护药剂等，在线病虫害识别、诊断、专家建议、农资上门等服务，提供专业无人植保服务，及时精准喷洒农药，防治病虫害。

有了病虫害预警防治系统，结合 AI 智能预警等服务后，可以结合无人机等服务实现自动农药喷洒等功能，进一步减少人工成本的同时，又能实现精准用药。

（五）数智化农作物监测及气象监测预警

通过卫星、无人机遥感技术，结合地面监测、气象卫星数据动态监测区域作物长势信息，利用获取到的遥感数据对作物的实时苗情、环境动态和分布状况进行宏观估测，及时了解作物的分布概况、生长状况、土地肥力等情况。构建作物长势分析智能模型，实现对粮食作物产量、水分、养分等关键生长指标的精准预测，为作物生产管理者或管理决策者提供及时准确的数据信息。

农作物监测：利用无人机、卫星、地面检测车等实施天、地、空多维度遥感监测，采集作物种类、生长长势、地块面积、作物面积等数据，用于相关种植决策的制定。

气象监测预警：通过自动气象站和气象观测系统采集土壤温湿度、风向风速等气象数据，并根据现场实时数据、气象预测数据以及作物生长模型进行整合分析，针对农事活动提供一系列气象服务，从而起到辅助生产、增产增收的目的。

成熟期预测：根据作物成熟期植株不同部位含水率和叶绿素含量的动态变化规律，利用遥感技术和模型分析，预测作物的成熟期。

农作物产量和质量预测：应用遥感技术对作物进行面积提取、长势监测，结合气象数据，建立作物遥感估产模型，预测农作物产量和质量。

播种和施肥建议：根据采集到的土壤等实时数据和气象预测数据，对比农事活动播种需要的气象和土壤条件，结合当地气候特点，给出播种、施肥适宜性的分析建议。

案例1 阳西县东水山茶让"5G+数智化"成为"金扁担"

广东省阳江市阳西县新墟镇东水山出产的东水山茶是"广东省十大名茶"之一，

东水山茶是阳西县的一个标志性农产品。位于阳西县西北部的东水山，山高林密，常年云雾缭绕，非常宜于种植优质的高山云雾茶。从 2020 年开始，阳西县新墟镇出现了气象监测仪、植保无人机、山地轨道运输车、智能分选机这些新的"黑科技"设备。

2020年，阳西县入选首批国家数字乡村试点地区。面对数字经济和现代农业蓬勃发展的前景，阳西正在规模化、机械化、标准化、一体化、专业化等方面"扬长补短"，以数字化引领、驱动农业农村现代化。东水山茶，作为阳西县数字乡村试点的产业园之一，在东水山茶数字农业产业园内安装了2个5G基站和10多套物联网监测设备，水肥一体灌溉系统、植保无人机和无人车的投入提升了植保效率，精准控制了农药用量，降低人工成本约90%，节约农药使用成本约40%。目前，园内，对整个茶园进行实时监测，所有监测数据接入茶叶生产管理系统，茶园管理人员可以实时看到茶园的空气湿度、土壤酸碱度、土壤含水量等数据，以及茶叶生长情况的实时画面。

近年来，阳西县在农业生产的关键环节改变原有凭经验、靠人力的传统作业模式，应用新装备、新技术观察、搜集、分析数据，帮助当地农户实现智能化决策、精准化种植和标准化生产。阳西县目前建立了东水山茶大数据平台，建立了东水山茶实时销售大数据体系，整合销售流向、销售价格、销售热度等数据，并进行综合分析。

高山云雾茶对环境要求较高，东水山常年有雾，环境湿度大，漫射光多，有利于茶树充分吸收养分，因此茶叶更嫩，口感更好，受到消费者青睐。以前种茶更多是靠经验，知道有雾的环境适合茶叶生长。其实，环境决定茶叶品质，同一座山的不同海拔、不同位置及茶叶出产年份的不同，茶树的茶叶产量和品质都是不一样的。想要种出更好的茶，就需要靠数据的分析，总结出什么样的环境能够产出更好的茶。茶农可以通过 5G 网络下的各种物联网设备对气候、土壤等数据进行收集、分析，通过不同年份数据的对比，结合当季茶叶品质的不同，期望摸索出能够种出更好茶树的环境指标，为整个茶园科学种植、精准种植、进一步提升茶叶品质提供大数据指引。

茶园面积大，安装的智能监控系统也发挥了智能巡园的作用，有效节省了人力。例如，茶园的除草工作，哪片茶园杂草长得多、长得快，需要马上清除，由于视频监控摄像头配备了拉远缩放功能，通过视频监控可以马上看到茶园的各种信息。此前，园区发现了一种叫薇甘菊的爬藤植物，该植物会迅速沿着茶树生长，遮挡阳光，影响茶树的光合作用，茶园立即组织工人及时清除了杂草。

农业的数智化转型成还需要强大的新基建保障。近年来，阳西全县8个镇建成5G

基站122个，所有数字农业产业园均实现5G信号覆盖。东水山茶产业帮扶项目茶园占地面积10800亩，已开发种植面积 1600亩，种植茶树 1176亩。新墟镇充分发挥东水山茶的地域优势，统筹县镇扶贫资金132.82 万元入股茶场，进行产业帮扶，每年分红10.63万元，通过"公司+农户"、吸纳务工、群众参股等多种形式，带动当地群众增收致富。

案例2　潮州老佛手果走向数智新世界

潮州有"三宝"，分别是老药桔、老香檬、黄皮鼓，而老香橼则是"潮州三宝"之首。老香檬，也称为佛手果，是广东省潮州地区一种特色产品。它既是一种凉果，也是药膳类制品。据现代医学分析，佛手含有柠檬油素、香叶木昔和多种维生素，中老年人久服有保健益寿作用。老香因其药用价值显著而备受潮人青睐并享誉海内外。

9月、10月是潮州佛手果的采摘期，处暑过后，逐渐进入立秋时节，一条短信发送到果农的手机里："空气湿度达到 87%，虫害上升，特别要防范好蒂蛀虫，加大喷药量，正在安装的全自动喷药防虫系统要加快进度，尽快投入使用。"果农收到气象监测系统"有虫害"的提醒后，连夜对茶园进行精准喷药，有效消除虫害，保障了佛手果顺利在 10 月上市，加工成药的老香获得了消费者的一致好评。

在潮州湘桥区佛手果产业园，展厅的电子屏幕显示着佛手果的种养范围、销售情况和加工视频，长势监测、气象灾害预警、病虫害预警、采收管理、历史数据追溯等生产服务一应俱全。佛手果产业园内广泛分布的智能气象监测站、土壤监测站以及视频监控，实时将雨水、湿度等气象信息、土壤 EC 值，以及佛手果产业园内的实时监控画面传回到办公室的大屏上，方便管理人员实时掌握佛手果生长情况。土壤是否缺水，空气湿度和温度是否合适，通过实时传回来的数值，一目了然。此外，由于佛手果产业园面积大，通过智能视频监控，人们可以远程看到各片区佛手果生长情况。通过园区内的数字设备，构建了空天地一体化生产服务平台，能够精准提供气象预警、长势监测、病害预警和打药适宜性分析等服务，为佛手果生产服务。

产业园内建设了1个5G基站，通过 5G+ 物联网技术，对佛手果产品的原料、生长、生产加工全流程实现监控及标识，为农产品建立"身份证"制度，实现对产地环境、农业投入品、农事生产过程、质量检测、加工储运等质量安全关键环节全程可追溯，让消费者买到放心产品。消费者可以通过扫二维码的形式打开佛手果数字云店小程序，在小程序上可以看到产业园各项数据统计，包括产地信息、生长环境数据、生长过程照片、质检报告等。同时，消费者可以通过 VR 远程参观佛手果产业园的现场，身临其境的场景让购买更加安心，进一步打响潮州佛手果及加工老香橼的品牌。

潮州湘桥区佛手果产业园以"两街四镇"为产业布局，占地1300亩，已建设1个5G基站，通过数智化手段建设1000亩佛手果种植示范园，带动农民种植 9000亩，实现总种植 1万亩的现代农业产业园。

二、数智化渔业养殖

渔业是指捕捞和养殖鱼类与其他水生动物及海藻类等水生植物以取得水产品的社会生产部门，是农业的重要组成部分，渔业产业体系当中，以水产养殖和渔业捕捞为主。渔业养殖主要由海水养殖和淡水养殖两个大类构成，除了养殖以外，渔业还包含海洋捕捞和淡水捕捞等生产方式，渔业生产的差异性很大。渔业产值中（不含苗种），海水产品与淡水产品的产值比例为47.7 ：52.3，养殖产品与捕捞产品的产值比例为77.8：22.2。

长期以来，我国水产养殖较为偏向追求产量，比较忽略养殖效应对水域生态环境的保护；水产品质量安全制约着现代渔业的发展；我国深水抗风网箱养殖装备智能化水平与发达国家仍有较大的差距。因此，我国应广泛应用 5G、物联网等技术，推动数智化渔业发展，并逐步形成环保生态、持续增殖的渔业粮仓。

根据《全国渔业发展第十三个五年规划（2016—2020年）》，"十三五"渔业发展要牢固树立"创新、协调、绿色、开放、共享"发展理念，以人为本、依法治渔，大力推进渔业供给侧结构性改革，加快转变渔业发展方式，加快实现渔业现代化。同时，农业农村部《关于加快推进渔业信息化建设的意见》指出，"十三五"期间，要推动信息技术与现代渔业融合，提升渔业生产、经营、加工流通、管理服务水平，加快完善新型渔业生产经营体系，培育多样化渔业互联网管理服务模式；加强渔业信息化顶层设计，提高渔业管理服务能力，强化渔情统计监测，创新智慧渔业模式，推动渔业大数据发展，创新渔船渔港安全监管手段，发展渔业电子商务。农业农村部在 2019 年发布的《数字农业农村发展规划（2019—2025年）》也明确提出，推进智慧水产养殖，构建基于物联网的水产养殖生产和管理系统，推进水体环境实时监控、饵料精准投喂、病害监测预警、循环水装备控制、网箱自动升降控制、无人机巡航等数字技术装备普及应用，发展数字渔场；发展渔业船联网，推进渔船智能化航行、作业与控制，建设涵盖渔政执法、渔船进出港报告、电子捕捞日志、渔获物可追溯、渔船动态监控、渔港视频监控的渔港综合管理系统。

根据以上文件要求，我国渔业目前需要运用数智化手段解决海水养殖、淡水养殖、捕鱼船管理三个重点方向的问题。针对渔业目前效率不高、劳动力短缺、生产质量无法管控等问题，运用5G、互联网、云计算、物联网、大数据等新一代信息技术，对渔业产业链生产、管理以及服务等环节，进行改造、优化、升级，重构产业结构，提高生产效率，把传统水产养殖业、捕捞业落后的生产方式发展成新型高效的生产方式。

（一）数智化海洋牧场

对于海水养殖来说，特别是深海、近海区域，要实现数智化养殖方案，网络覆盖显得无比重要。目前我国无论是近海还是深海养殖区域，网络覆盖信号均非常不稳定。因此，未来低频700MHz的5G网络，结合北斗导航系统、近轨道卫星宽带等方式进行覆盖，将是解决目前海水养殖升级数智化的基础。

对于从事深海养殖的工作人员来说，最辛苦的工作就是要开船一两个小时到深海养殖区域去投喂鱼苗，同时，由于这些深海网箱区域人迹罕至，经常会发生一些晚上针对网箱的偷盗事件。传统深海网箱区域很难通过无线网络进行覆盖，而5G的700MHz频段，其覆盖范围大概是5G的3.5GHz频段覆盖范围的5~8倍，基本可以覆盖到10海里远的深海网箱区域。因此，在深海领域，有了700MHz的5G低频网络加持，加上透镜天线等网络覆盖增强技术，也就具备了建立数智化的海洋牧场平台的基础。

数智化海洋牧场平台整体方案包括：在深海网箱建设一个漂浮平台，并安装一体化设备，网箱内部安装自动鱼料投喂系统，网箱周边放置深海机器人，在离岸建立数据中心和监控平台系统，整体的工作原理如下

一体化监控设备：在海洋牧场平台上放置太阳能一体化监控设备，通过5G回传远程视频，遇到海上偷盗情况还能通过AI智能算法实时告警和录像取证。

深海机器人：通过深海机器人可以对网箱周边的海洋生态进行实时监控，保障网箱水产的安全性，并可利用深海机器人做些简单的人工替代操作。

自动鱼料投喂：海洋牧场平台到深海网箱边缘处设置自动鱼料投喂装置，可通过定时开关或远程控制方式对鱼苗进行投喂，极大降低人力成本。

离岸建立数据中心和监控平台：所有海洋牧场的数据都将汇聚到离岸数据中心，通过监控平台对深海网箱养殖实时状况进行远程显示，出现异动才派出渔民出海作业，极大降低了人力成本。

（二）数智化鱼塘

我国的淡水养殖一般采用鱼塘养殖的方式，养殖密度普遍比较高，容易发生水质污染和大面积病害等系统性风险。淡水养殖解决方案由智能鱼探仪、各类传感设备、自动投饵机、软件平台等组成。基于5G网络大带宽、低时延、广覆盖的特性，通过鱼探仪、高清摄像头、各类传感器等智能终端，实现淡水鱼塘养殖场的水下勘测、线路设置、鱼群监控、水质检测、智能投喂、视频监控等功能。有效地帮助鱼塘养殖企业按需投喂饲料，降低生产成本，降低系统性养殖风险，提升经营收益。

数智化鱼塘系统的基本工作原理，是通过在鱼塘中布设水质监控传感器终端对养殖水环境溶氧浓度、pH、温度等关键指标进行远程在线监测，通过视频回传进行实时监测。根据实时水质监测情况控制增氧泵、底部增氧机等设备对水质进行远程调控；通过移动巡检服务，检测养殖水环境的氨氮、亚硝酸盐等影响水环境主要指标，并形成分析报表。数智化鱼塘云平台将自动生成每日投喂饲料的记录、大数据渔情分析、微观气象预警、病虫害预警防治等数据。

（三）数智化渔业捕捞

对于海洋、江河渔业捕捞作业来说，捕捞作业最大的风险来自渔船的事故。据统计，全国2017—2021年渔船事故案件总数为139起，赔款总额为2.55亿元。其中，碰撞、火灾、倾覆、触损等四类事故的案件数为103起，赔款金额为2.13亿元，占比分别高达总案件数的74.1%和总赔款金额的83.4%。因此，渔业捕捞行业急需利用科技手段，降低大案发生风险，促进渔业安全生产作业，研发和引入高新技术，以科技武装渔船，帮助渔民更好地预防事故发生。

由于渔业捕捞大多处于近海、沿海、内河港口、航道等水域，其核心述求是通过数智化手段解决港口、渔船、渔民三者的信息化管理问题，因此，考虑到成本和效率问题，这些区域主要采用AIS（Automatic Identification System，船舶自动识别系统）基站进行网络覆盖。AIS成立于1994年，是当前信息系统领域顶级的全球纯学术性的专业组织，现有来自90多个国家和地区的会员4000多名。AIS基站可安装在运营商基站铁塔上，可以通过卫星AIS系统进行船舶定位识别。

通过5G、AIS基站、卫星空天地一体化的网络，可以对渔业捕捞的渔船实现全方位的数智化管理。

渔船进出港：港口附近可以利用5G网络的高带宽、低时延特性，通过视频监控+AI分析技术，对进出港的船只进行智能识别，对于违法的船只进行抓拍执法取证，并且可以对重点水域的船舶信息进行智能分析、实时远程视频监控、台风等天灾提前预警等。

船捕捞作业：对于沿江、近海的渔业捕捞船来说，由于这些区域大多可以有运营商的4G/5G信号覆盖，因此进行信息化管理的难度不大。但是，当渔船进入深海区域进行捕捞作业时，则只能依靠AIS基站或者卫星进行通信和管理，同时也加大了信息化管理和执法的难度。目前，对于海洋作业的渔船，主流还是需要通过配备数智化设备的渔政执法船进行管理和执法。数智化渔政执法船通常配备防腐蚀的视频监控云台、船载通信设备、卫星通信设备等，同时配备无人机群，可对渔船周边100米范围进行广覆盖监控，确保渔船捕捞作业的安全、合法。

船员管理：对于出海渔船的船员来说，最大的风险来自船员违法出海，包括未持证上岗等现象。类似的船员管理问题，均可借助数智化手段得到解决，首先在船员登船之前，可通过信息化平台的人证比对方式，对于未事前录入个人信息的船员、无证或违法船员，平台会实时告警，通过APP、PC端通知执法人员处理。其次，在船内驾驶舱中安装全天候驾驶员行为监控装置，如果驾驶舱内出现少于2人或者擅离职守、人证不匹配等现象，船舱内会出现长时间的告警信号。同时，系统会上报到执法后台作为执法依据保存，也支持远程的执法人员在线警告船内驾驶人员的危险行为。

案例　数据说话，5G养殖让脆肉鲩增产增收

脆肉鲩原产于广东省中山市，是用水库的矿泉水，喂精饲料，运用活水密集养殖法养育而成的名特水产品。其因肉质结实、清爽、脆口而得名。养出来的脆肉鲩蛋白质含量较普通鲩鱼高12%，肉质软滑、爽脆，味道更为鲜美，尤以鱼肚部分最佳。因这种鱼肉质带有韧性，故烹调制作方式繁多，生炒切片炒口感更佳，蒸、炖、火锅则各具风味。被誉为"中国脆肉鲩之乡"的中山市小榄镇的脆肉鲩养殖面积约16500亩，占全市脆肉鲩养殖总面积的70%，每年脆肉销售额超过10亿元。

中山脆肉鲩食量大、生长快，对饲料及水溶氧要求高。依托5G、物联网等技术，"中国脆肉鲩之乡"小榄镇近年开启了渔业养殖的"数智"引擎，将养殖生产设备、气象雨量监测设备、云平台等连为一体，共同为脆肉鲩养殖提供精准支撑，实现生产自动化、管理信息化、决策智能化。投饲机模块可在鱼塘中央360°抛料，抛料可调直径范

围达 20~50米，能有效改善采食区溶氧状况。渔民能够通过手机端或中控电脑，控制投料量、投料时间，了解库存情况。全自动化作业省去了塘头工人力成本，使渔民的运营成本降低 15%以上。如果养殖出现问题，渔民可以借助"鱼病远程会诊系统"，将鱼塘中不正常的鱼的解剖图像、视频、VR影像等实时传输到实验室。专家或实验人员将远程诊断，定位病症，及时给出意见和建议。

目前，小榄镇已完成产业园核心区脆肉鲩鱼塘布局、养殖投入与产出生产日志等数据的梳理录入，并选取中山市嘉华脆肉鲩养殖专业合作社养殖场作为试点，完成智慧渔业云平台硬件搭建安装，进行试点运营。据预测，5G 智慧渔业项目推广后，脆肉鲩产能提升 20%，最高可达亩产 3000 公斤以上，年单产 3.5 万吨，总产值超15亿元。2021年中山小榄镇脆肉鲩产业园已成为省级现代农业产业园，接下来，镇政府还将投入数千万专项资金，用于全镇的渔业升级和改造。

三、数智化畜牧

我国是一个世界养猪大国，养猪业在整个畜牧业中占有主导地位，养猪业已成为我国农业及农村经济中十分重要的支柱产业之一。据统计，我国每年生猪出栏约7亿头，第二名美国为1.4亿头。如此大的差距意味着，没有其他国家可以弥补我国的猪肉缺口，因此我们必须大力发展养猪行业。

我国养猪业的产业化、规模化较低，年出栏量 500头以上规模的猪场不到总量的一半，人们吃到的一半猪肉来自年出栏量500 以下的散养农户、小型养殖场。传统的养殖方式不仅生产效率低下，而且在污染治理、疾病防控以及食品安全等方面存在较大问题。与美国相比，美国前十的养猪企业占了全国生猪出栏量的90%以上，而我国头部的养猪企业只能占到全国生猪出栏量的3%~5%。

除了养猪行业以外，我国畜牧业还包括禽、牛、羊等养殖业，均有数智化转型的需求，比如在内蒙古的畜牧行业，由于大量牛、羊养殖都处于放养阶段，因此对牲畜进行追踪防盗成为最核心的信息化诉求。

（一）数智化无人养猪场

2018 年的环保整治、2019 年的非洲猪瘟两大因素极大地促进了我国的养猪行业向数智化规模养殖发展。目前，限制我国养猪业规模发展的原因主要有三：一是生产设施、设备落后，饲养管理粗放，养殖环境差，标准化养殖比重低；二是由于标准化生产水平不高，环境污染加剧，饲养管理不善，抗生素滥用加剧了细菌、病毒变异，造成猪的抗病力严重下降；三是环保问题，政府正在积极推行限养和禁养政策，环保问题已经关系到猪业能否在某些地区继续生存。

基于以上三个制约我国养猪业规模发展的因素，发展数智化养猪场，通过自动投喂、环境监测、生物安防等新技术，实现养猪行业无人化、环保化发展，彻底逆转目前小农养殖户为主产生的疫情、环保问题。同时，由于无人养猪场所需的投资将远远高于原来的小农户养殖场，未来我国养猪行业应该逐步会向头部企业集中，养殖门槛会逐步提高，这也有利于我国长期存在猪周期低价过度伤害养殖户的问题。数智化无人养猪场主要由四个系统组成。

生物安全防控系统：对于无人养猪场来说，外来的车辆、人员、物料的交往是不可避免的，但是为了尽量减少外来疫情进入养猪场的影响，需要在猪场门口设置自动化集中洗消中心。同时，要通过养猪场物联网云平台，对外来的人、车、物进行集中的管理、告警、分析。

智能识别视频系统：无人养猪场内，安装了多种形态和功能的视频智能系统，比如在养猪栏设置轨道机器人，通过 5G 远程控制和回传猪栏的实时状况；通过红外、行为识别等人工智能技术，判断出猪栏内是否出现猪体温异常等情形，及时进行人工干预。养猪场内外还有固定的视频监控点，用于监控外来人员的情况异动。由于场内只有少量的操作性工作人员，可通过智能头盔 +AR 眼镜的方式，将猪场内的实时视频，连同每头猪的标签信息回传给远程专家，让专家实时指导现场操作人员进行专业性的操作。以上各种应用，都需要利用到 5G 的高带宽、低时延特性。

物联网环控系统：由于要实现无人养猪场，因此需要通过大量的环境控制物联网设备来减少人工的干预和工作量。无人养猪场内设置了各种摄像头、智能水表、温湿度传感器等物联网设备，一旦环境出现异常，场内就会启动自动控制装置，同时开启声光警报器。场内的数据会回传到养猪物联网云平台，必要时云平台会进行远程控制养猪场内的各种异动，甚至会派出工作人员到现场。

智能喂系统：应用智能饲喂系统目的是减少人工对猪栏的干预，从而减少疫情暴发的概率。系统包含定时下料、曲线饲喂、数据联网，远程控制管理，减少对人的依赖性，节省人工；精确给料，提高饲料利用率，减少饲料浪费，节省饲料 5%~10%；定时分餐、支持每天13 次分餐饲喂，保障猪膘的均匀；饲喂系统安装使用方便，支持设备、手机小程序、云平台三通道控制。

（二）数智化牲畜远程放牧

畜牧业除了养猪行业以外，还有禽类（鸡、鸭、鹅、鸽子等）、羊、牛等养殖行业，对于禽类来说，由于单价太低，采用信息化手段进行管理的成本太高，目前只能通过一些简单的无源标签进行禽类养殖管理，手段较为单一。就牛、羊养殖行业而言，放养的畜牧方式占有一定比重，由于一些牧场地广人稀，且羊和牛的单价又比较高，所以经常出现牛、羊丢失的情况。因此，采用一些耳标、项圈等物联网定位设备+物联网平台方式，可以有效地解决目前牧民的散养、放养畜牧被偷盗、丢失的问题。羊和牛的智能项圈、耳标可通过自带电池、太阳能充电的方式，续航一年以上；标签内除了可以存储牲畜的个体档案信息外，还能测试牲畜的体温，提供定位信息，一旦牲畜出现体温异常、定位异常等情况，物联网设备会直接向后台告警。

牧民可以通过手机 APP 实时查看牲畜的位置，自建围栏，异常报警可立即推送；牲畜的基本信息、健康信息、发情信息、配种信息等都可以通过手机 APP 查看，一键控制监控设备，实时监控牲畜生长环境。

案例 不脏不累，河源紫金县无人养猪场来了

传统认为，养猪行业是"又脏又累"的行业，位于广东河源紫金县的一处生猪养猪场却打破了人们的固有认知。这座养猪场是2021 年新建成的一座无人养猪场。要让猪生长发育最快、饲料消耗最低、不容易生病，猪舍需要保持 20℃~24℃ 的适宜温度，湿度也不能超过 70%。与其他养猪场不同，这家养猪场内安装了智能分析管控系统，人无须进入猪舍，便可采集温度、湿度、二氧化碳、氨气等参数，系统自动调控通风量，使猪舍自动调整温、湿度和空气质量，满足猪的生产、生长。

该养猪场周边建设了一个5G 基站，通过 5G 专网的边缘计算、超级上行及网络服务能力，将云—边—网—端实现全息数字化虚实映射，综合采用人工智能、物联网、大数据等技术，集环境感知、动态决策、行为控制和自动报警装置于一体。该养猪场最早对于数据的需求仅仅用于对比，2021 年无人养猪场完全建成投入使用后，企业对数据的需求越来越多，比如分析哪个舍的养殖成绩更好。该养猪场落地了猪脸识别、物理传感、红外热成像、卷积神经网络等应用，实时获取猪只健康状态、体尺体重、饮食、体温、料肉转换等养殖过程信息数据，为市场竞争提供决策。

另外，由于采用了最新的无人养猪场物联网和自动化设备，该养猪场彻底改变了人们认为养猪场"又脏又臭"的刻板印象，养猪场内园林、绿化工作良好。在这里，每一头猪从出生开始就进行身份认证，喂料、喂水、通风、保温、粪便处理都是全自动操作，场区还专门安装除臭设备对臭气进行"净化"。即便是在炎热的天气，猪舍里装有负压风机和湿帘等设备，温度能精准控制在体感温度 20C 左右，让猪保持最佳生长状态。所有动态数据都通过养殖集团信息化智能分析管控系统进行采集、传输和分析，实时监控猪舍环境和生猪的生存状况，对养殖生产管理进行有效指导。管理员通过一台电脑、一部手机，就能实时掌握养殖场的环境信息，及时获取异常报警信息，并远程控制相应设备。

数智化无人养猪场既提高了生产效率，也降低了人员接触带来的疫病传播风险，保证养殖环境处于最优状态。

第二节　数智化农产品加工：第二产业振兴

在漫长的人类农业历史当中，人类长期通过农业向大自然索取财富，即主要从事农业生产活动，产业经济学将农业归为第一产业。进入工业社会后，对第一产业的产品进行加工制造生产，成为社会主要的经济活动，产业经济学把这种活动称为第二产业。传统认为，农民从事农业产业，就是狭义上指农业生产，实际上就是指农业的第一产业。但农村第一、第二、第三产业割裂的局面长期持续，农民收入增长的渠道极为有限，如果要把农民限制在农业生产上，那么农民的收入永远也无法提高，农民也只能成为依附在土地上的劳动力而已。传统上第二产业是指工业，包含制造业、采矿业、加工业等行业，而农业领域的第二产业一般以农产品的冷链、加工、仓储为主。当然，实际上农村第二产业也应当包含采矿业、水电站、建筑业等除了农产品加工以外的第二产业经济形态，但这里我们主要还是聚焦于农产品的第二产业数智化模式，其他的第二产业模式，我们将在后面的章节通过生态和组织的数智化振兴进一步讨论。

随着我国农村改革的不断深化，合理调整农村产业结构已经关系到乡村振兴中的产业是否能真正实现兴旺，只有在农村发展第一、第二、第三产业的融合，才能真正实现乡村的产业振兴。

一、数智化冷链仓储

有数据显示，目前我国农产品由于缺乏冷链仓储等设施，导致在田头采摘阶段，农产品的损耗率在 30%左右，这无疑是很大笔浪费，也打击了农民的生产积极性。2021年2月中央一号文件提出了"十四五"时期，全面促进农村消费，加快完善县乡村级农村物流体系，加快实施农产品仓储保鲜冷链物流设施建设工程，推进田头小型仓储保鲜冷链设施。把乡村建设摆在社会主以现代化建设的重要位置，加快农业农村现代化，促进农业高质高效、乡村宜居宜业、农民富裕富足。另外，在2020年6月国家发改委等12部门联合发布的《关于进一步优化发展环境促进生鲜农产品流通的实施意见》中，为进一步优化发展环境，解决生鲜农产品流通领域制约企业尤其是民营企业发展的突出问题，促进生鲜农产品流通业健康发展，在降低企业经营成本、加大金融支持力度等五方面提出了共计 12条实施意见，促进生鲜农产品流通业务健康发展。在实施意见发布后，国家交通部、工信部、农业农村部也都各自出台了支持仓储保鲜冷链的政策，打破生鲜农产品的流通制约条件。

目前我国生鲜农产品与发达国家相比存在明显的差距，导致我国水果等农产品损耗巨大，品牌化运营困难，且无法异地高价销售，农民无法增收。目前我国生鲜冷链产业存在以下六个问题急需要通过数智化手段进行解决：信息采集设备覆盖不全面，无法收集到所有冷库的全部数据；采集系统内容操作较复杂，农户晋遍反馈体验感受差；整个采集系统功能单一，没能给农户带来相应增值收益；冷库技术水平较低，能耗较大，自动化控制水平低；冷库利用率偏低、产出少，整体利润水平低；冷库运营管理水平低，品牌化建设不完善，盈利渠道单一，缺乏竞争优势。

仓储冷链是我国经济发展中的必然产物，冷库是冷链的重要节点，在 5G、物联网、大数据等科技的带动下，冷库在未来的发展中，必然向高速自动化、差异化、智能化的方向发展，提升至较高的科技领域。提供更快速地收集、分析、存储、共享和集成异构数据的能力和高级分析方法，数智化将极大地提高对冷链以上六个问题的解决能力。

（一）数智化全程冷链

要解决目前无法实现端到端冷链的全程监控痛点，需要通过政府和行业共同制定冷链行业体系及数据规范，从而形成整个数智化冷链的数据行业标准。数智化冷链应用层主要分为三个部分：冷链物联网监控系统、数智冷链大数据平台、冷链全程溯源系统，这三部分的系统及平台大致的功能如下。

冷链物联网监控系统：目前，冷链仓储最缺乏的是运用技术手段全程监控农产品的端到端过程。农产品从出产到入库预冷，再到物流运输，最终到达消费者手上，生产者和消费者都无法清晰知道冷链全过程是否有温度的变化，特别是农产品是否经历了诱发变质的环境。

应用冷链物联网设备监控冷链全过程的温度变化，目前是最有效的冷链全程数智化解决方案。首先，冷链的物联网标签设备，可以布放在冷库的各个关键角落，也可以放置在冷链运输的物流车辆上，而多功能冷链传感器可以放置在关键的农产品包装外壳上，物联网数据通过无线路由经 5G 基站回传到冷链物联网监控系统。该系统可以全程监控农产品的温度变化，可以设置一定的冷链异常时间告警阈值，一旦出现农产品脱离了冷链的温度环境达到某个时间段，系统将会强制告知这批农产品货物无法达到冷链要求，从而可建议仓储、物流方对农产品进行报废处理。

采用物联网方式全程监控冷链的最大困难是冷链物联网设备的成本仍比较高，无法达到"一物一码"的对应状态。因此，要将所有农产品都纳入冷链物联网未来还应具备两个条件，一个是农产品的品牌化让商品单价提高，第二个是冷链物联网设备规模化后成本降低。

数智冷链大数据平台：数智冷链大数据平台，汇聚不同区域的仓储、冷链、物流车辆各种物联网数据信息，包括温度、湿度、一氧化碳等，基于数据采集、数据建模、数据集成、数据服务、数据管控和可视化，展示不同区域冷库和农产品现状，为掌握当前冷库发展实际情况和规划提供参考和指导。

在数智冷链大数据平台，管理人员可以通过电脑端和手机端，实时获得各个仓库、物流车辆的环境变化、设备运行情况、设施状况、仓库的空间使用情况、农产品的状态、冷库的安防、冷库和物流车辆的位置等信息。平台还可以运用人工智能等技术，对海量数据进行智能判断，对于出现异常的冷库和物流车辆进行告警提示、远程操控，甚至人工现场干预，确保冷链的端到端安全。平台的一些主要设备运行功能大致有以下5个。

温湿度达标率。平台记录每日冷链仓库的温湿度数据，计算出冷库及各冷库间的温湿度达标率，可自行设定达标规定值，低于该值将标红，并推送消息提醒用户及时查找原因。

库门开关统计。系统可以采集统计门的开关信号，按冷间统计门的开启时差和次数，用柱形图和曲线图相结合的形式展示每个冷间每扇门的使用情况，统计超时开启的库门，有利于改善冷库的运营管理。

告警统计。监测冷库报警信息，按报警等级、制冷系统和冷间分别统计，满足各类用户的查询需求。报警列表可诊断故障详情，根据采集的数据诊断故障具体原因及相应解决措施。

能耗统计。采集各项电表信息，统计冷库用电量，分别按面积和冷风机运行时长计算各冷库能耗，异常能耗标红，并给出可能导致能耗异常的推荐原因，以曲线的形式纵向对比冷库及各冷库的能耗情况。

设备运行时长统计。采集制冷系统设备、环境监测设备的运行情况，以图表按天、周、月统计运行时长，图表和数据相结合，提醒用户关注异常运行的原因。

容量统计。包括农产品出入库统计、价格、种类、去向等，结合数据，呈现农产品库存、台账、容量等情况，有助于农户/租户及时掌握冷库使用情况。

冷链全程溯源系统：冷链全程溯源系统综合运用了多种网络技术、条码识别等前沿技术，具有生产企业（基地等）、农产品生产档案（产地环境、生产流程、质量检测）管理、检测数据（企业自检、检测中心抽检）管理、条形码标签设计和打印、基于网站和手机短信平台的质量安全溯源等功能。用户可以通过扫描农产品的二维码，获取农产品从生产到冷链的全程溯源信息，包括冷链仓储、物流、商场冷库等全环节端到端数据信息，为政府部门提供监督、管理、支持和决策的依据，为农产品建立包含生产、物流、销售的可信流通体系。

（二）数智化共享冷库

虽然目前国家和各级政府正在大力补贴和投资建设冷链仓库，但是由于水果、海鲜等生鲜农产品存在明显的季节性，导致目前大量投入的冷链设施经常处于供需不平衡的状态。对于冷库租赁需求方来说，由于农产品产销信息不对称，价格波动较大，因此需要及早找到冷库资源入库，以确保农产品质量；对于冷链服务企业来说，大多以合作社、家庭农场自建自用为主，单一规模不大，农产品集中上市期间，通常库容不能满足需求，而其他时间冷库资源又处于大量闲置状态；对于政府来说，由于冷库产业数字化程度低，跨区域调度能力弱，急需掌握在田、在库农产品、市场需求等全产业链信息，减少农产品损耗浪费，延长销售期，推动错峰销售，提高农民收入。

由于政府和供需三方区域内产量、库存信息不匹配，大年时库容不足导致烂田风险，小年时库容大量闲置；区域间冷库容量不平衡，信息不畅通。因此，急需在区域内建立一套政府、需求方、冷链服务企业三方的冷链资源共享服务平台来解决目前供需不匹配、政府无法有效管理等问题。

为解决政府管理者、租赁方、服务企业三方的冷库管理痛点，有必要建立一套数智化冷库共享平台重塑农产品冷链设施共享利用流程，打通田头、冷库、批发市场、消费者等全流程。通过建立农产品冷链仓储一张图，实时掌握仓储分布、体量、温区和适宜产品、吞吐、闲置库容等信息，打通数据壁垒。平台大致分为以下三层结构。

数据采集层：通过卫星遥感技术采集农产品生产数据。卫星遥感数据可以结合气象和图层数据，预判农产品产量和成熟时间，根据数据提前预估冷库容量需求，为冷库调度提供决策依据。另外，结合网络爬虫、电商、批发市场等销售数据，让冷库容量获得出口的精确数据，进一步匹配容量。

数据管理层：结合数据采集层的卫星遥感、电商销售、库存容量等数据，通过大数据、云计算等技术，对农产品产量数据、冷库进销存数据进行实时分析运算。同时，匹配冷库技术地理位置和容量数据，实时对区域内冷库进行调度。

数据应用层：基于数据采集层和数据管理层的应用数据，通过数智化冷库共享平台提供各种应用，包括冷库租赁管理应用、应急调度应用、农产品订单管理应用、冷库地理位置管理应用、冷链资源分析应用等。

数智化冷库共享平台最终要建立一套农产品冷链应用标准体系，提升政府部门的预警、分析、调度功能，同时匹配冷库供需方的实时需求，提升冷库利用率。

案例　数智化田头小站为高州"荔"保鲜护航

广东省茂名地区是全国最大的水果生产基地，世界最大的荔枝生产基地，全市水果种植面积达 430多万亩，其中荔枝面积176.57 万亩，约等于中国以外世界各国荔枝种植面积的总和，荔枝年总产量占全国25%，占全球 20%。茂名地区的高州市种植面积达 72万亩，成为广东荔枝的主产区，是名副其实的荔枝之乡。高州种植荔枝的历史悠久，至今已有两千多年的历史。在唐朝，高州荔枝已成为朝廷贡品，高州根子镇柏桥村有一个老荔枝园叫贡园，唐朝进贡给杨贵妃的荔枝就出自该园。

荔枝保鲜难是行业共识。正如《荔枝图序》中所言，"一日而色变，二日而香变，三日而味变，四五日外，色香味尽去矣"。要保证荔枝从田间到餐桌的新鲜，须赖于完善的冷链物流。真正成熟的冷链是指冷藏冷冻类食品从生产、贮藏运输、销售到消费前的各个环节始终处于规定的低温环境下，以保证食品质量，减少食品损耗。目前，大多数农产品还处于"伪冷链"阶段，很多产区冷链物流"最先一公里"的难题尚未破解。"最先一公里"并不是指某一个环节，荔枝采摘后的预冷、分级、加工、包装及仓储等环节至移交物流运输之前统称为冷链物流的"最先一公里"。

要让田头冷库真正发挥作用，还要做好信息化管理。纵观全省冷库企业和绝大部分冷链物流企业，都没有建立信息化系统，无法做到精细化、智能化管理，冷链物流的质量和效率低。行业缺乏公用型、社会化服务的冷链物流信息综合平台，而农产品生产者以分散的小农户为主，销售者与农户之间的信息连接难度大、成本高、效率低。

田头小站不仅是站点，背后更有一套信息化管理系统——田头小站数据中心。该系统内含荔枝大数据、冷库资讯、产销对接、商机日报、数字农技、创业培训、经营服务、直播天地、政策要闻九大模块，兼容仓储保鲜、加工包装、直播电商、区域农业数据收集发布、新技术示范推广、新农人创业实训孵化、市场集散、农业金融保险对接、农业生产经营信息（土地流转、农技农机农资信息）发布对接、农村政策法规宣传十大功能。

在田头小站数据中心，人们不仅可以查看全省荔枝种植情况、品种情况、销售进展，还可以了解对全省冷库系统的系统介绍，不管是想租冷库，还是想招租，都可以在平台上快速对接。广东省农业技术推广部门依托田头小站综合展示系统，推出了线上农技学习平台，让农民足不出户就可以学习到荔枝生产加工的操作要点。数字化、网络化、平台化、生态化建设营运的田头仓储冷链物流体系将成为农业农村服务新载体。

田头小站不同于传统冷库，可以满足荔枝产地加工处理的多元化需求。田头小站除了预冷，还能实现温度自动调控，这样就可以满足多种农产品冷藏需求，荔枝、火龙果、菠萝、柚子等大部分果蔬可通用，一库多用，增加了田头冷库的使用时间，降低了闲置率。冷链车也是田头小站的重要组成部分，承担着移动冷库和冷链运输的责任。冷链车仓储空间更小，使用也更灵活。有了冷链车，荔枝在运输过程中，无论装卸搬运、变更运输方式等，荔枝始终处在低温状态。可以说，茂名高州的数智化田头小站成功解决了农产品"最先一公里"问题。

二、数智化加工

由于我国农村人口的外流以及人口老龄化问题，过去农产品通过人力进行采摘和加工的方式已经不再适合我国农村未来第二产业的发展趋势。根据中央农业部《数字农业农村发展规划（2019—2025年）》中提出，要强化战略性前沿性技术超前布局。面向世界科技前沿、国家重大需求和数字农业农村发展重点领域，制定数字农业技术发展路线图，重点突破数字农业农村领域基础技术、通用技术，超前布局前沿技术、颠覆性技术。建立长期任务委托和阶段性任务动态调整相结合的科技创新支持机制，加强农产品柔性加工、人工智能、虚拟现实、大数据认知分析等新技术基础研发和前沿布局，形成一系列数字农业战略技术储备和产品储备。积极开展 5G 技术在农业领域的应用研究，建立健全5G引领的智慧农业技术体系。为提升生产经营决策科学化水平，引导市场预期，依托技术实力雄厚、处于行业领先和主导地位的机构，建设全产业链大数据，建立生产、加工、储运、销售、消费、贸易等环节的数据清洗挖掘和分析服务模型，健全重要农产品市场和产业损害监测预警体系，开发提供生产情况、市场价格、供需平衡等服务产品。

（一）数智化自动采摘

未来随着人口老龄化的加剧和人工成本的增加，利用 5G 低时延、高带宽的特性，实现自动化采摘功能将成为趋势。自动化采摘机器人的基本原理，为用彩色摄像头和图像处理卡组成的视觉系统寻找和识别成熟果实，然后用橡胶手指和吸嘴的末端执行器把果实吸住抓进后，利用机械手的腕关节把果实拧下来，从而达到不损伤果实的采摘目的。数智化自动采摘技术运用了以下五个基本技术及部件。

激光扫描测距技术：利用激光在物体表面的逐点扫描，根据各点反射的信息判别物体的形状及空间。

移动结构：车轮式是应用最广泛的自动采摘移动技术，车轮的行走机构转弯半径小、转向灵活，适用于大多数农田地面移动状况。

机械手技术：自动采摘机器人最核心的任务就是移动到可采摘区域时，通过具有和人手臂相似动作、功能的机械装置，完成空间内移动机械的采摘动作。

识别和定位系统：果实的识别和定位是果实采摘机械人的首要任务和设计难点，

需要利用多传感器、多信息融合技术来增强环境的感知识别能力，并利用瓜果的形状来识别和定位果实。

末端执行器：由其直接对水果进行操作，需要根据各种不同的标准，以便剔除劣果确保水果质量，是果树收获机器人的另一重要部件。

（二）数智化农产品加工

数智化农产品加工工厂大规模数据采集旨在为企业提供设备透明化、人员透明化、工业透明化的生产管理手段。通过5G专网和工业互联网设备可实现对制造企业生产全流程制造资源数据的采集与传输，包括在制产品、加工设备、测试设备、工装工具、人员、环境、用能、仓储等，为透明加工厂的实现提供基础。数智化农产品加工工厂一般分为以下四个应用系统部分。

设备数据采集系统：通过农产品加工厂的物联网、工业设备采集所有的设备状态、各轴坐标、厂房温度等，可通过 5G 专网将边缘计算技术引入厂房控制器，用于控制、收集和分析网络边缘的数据，对数据进行深度学习，优化生产模式，可全面、快速了解现场生产的整体运行状况，以便实现快速处理现场生产异常问题和执行管理决策。

机器人视觉质检系统：机器视觉即利用机器代替人眼来做出各种测量和判断，目前被广泛应用于各行业的生产活动中，助力提高生产效率和生产的自动化程度，提升产品的质量和成品率。对于农产品来说，机器人视觉质检技术可以无损地检测出农产品的大小、成熟度、糖分高低、有无虫害等品质，进而通过分拣系统挑选质优的农产品，实现"质优价优"。

AR 辅助系统：通过对点检顺序的规划，配合图像、物联网传感器数据的采集与展示分析，在提升点检准确率、效率的同时，实现对点检设备数据的数字化记录，为后续农产品溯源提供准确信息。AR 辅助系统还能解决专家远程接入辅助现场的问题，比如水果病虫害处理、猪瘟判断等。

AVG 机器人管理系统：AVG（Automated Guided Vehicle，自动指引车），指装备有电磁或光学等自动导航装置，能够沿规定的导航路径行驶，具有安全保护以及各种移载功能的运输车。在农产品加工厂可运用在农产品搬运、无人加工等场景领域。利用5G专网可通过云化 AGV 实现多车协同，降低运维成本，有效解决传统 AGV 由于网络时延和导航方式不足带来的路线固定、频繁维护、布设成本较高等痛点。目前，

AVG 国产品牌市场占有率接近90%，大部分 AGV 厂家提供包括终端、平台及应用的全套解决方案，能与我国 5G 形成良好的一体化方案效果。

案例1 5G 农业让大埔县蜜柚的"致富树"结出"黄金果

走进广东省梅州市大埔县农业科技馆，宛若置身于现代农业的大世界。农用无人机智慧灌溉、大埔蜜柚产业园 VR 沉浸式体验区、柚林土壤参数智慧监测系统、机器人智慧采摘与智慧分拣展项……随着 5G 时代的来临，农业的智能化加速发展。

5G+ 农业大数据平台由大埔县人民政府和中国移动梅州分公司合作建设。该平台充分发挥 5G 和大数据能力，引进智能灌溉、智能采摘机器人、无人机、巡护机器人等智能化设备，在"种、管、采、卖"方面实现智能化、精准化运作，有效提升农产品品质和品牌影响力。

手指轻轻点击，大埔蜜柚产业一张图便完整地投射在大埔县农业科技馆显示大屏中，据中国移动梅州分公司相关负责人丘庆裕介绍，通过农业大数据平台，能够实时分析、分享种植园的地力、肥力、土壤干湿度、果树不同生产时期的信息，提高农作物的种植精准度；在采摘阶段，智能采摘机器人还可以根据果园、果树、果实的糖分、水分、农药残留等进行差异化、精准化采摘和分档，实现智能化管理。

大埔已成为广东省最大的蜜柚种植县和中国最大的红肉蜜柚种植基地，2020 年，全县蜜柚种植面积已达 21.9 万亩，产量达32万吨。2020年销售季，广东梅州柚"12221"市场营销攻坚战绩显赫，广东梅州柚·大埔蜜柚地头价同比提高 0.5 元/公斤，广东梅州柚·大埔蜜柚已成为名副其实的"黄金果""致富树"。

在湖寮镇密坑村，大埔县规划建设 181 亩蜜柚精品加工创新区。在那里，每年都将有蜜柚鲜果、蜜柚啤酒、蜜柚果干果脯、蜜柚护肤品、蜜柚提炼香精等一系列柚子相关的新产品被研发出来。同时，对蜜柚进行检测分类销售，按柚果精度的高低分为精品果、优质果和统庄果三类，按照对应的价格投放市场，将会比未分选统收价高200%-600%。分选下来的残、次、裂果，可进行深加工，化废为宝实现全利用。目前，蜜柚精深加工产品主要有蜜柚酱、果汁、果脯、果胶、柚皮苷、精油六个系列 50 多个品种。2020世界数字农业大会、第十九届广东种业博览会在广州举行，大埔县的 5G+ 农业大数据平台亮相大会，该平台建设运营得到了充分好评。2021年大埔县 5G+农业大数据项目（二期）计划投资 5000万元，在已有农业大数据平台基础上，依托5G、大数据、物联网、人工智能等技术，建成标准化生产流程，完善农产品安全追溯系统。

案例2 "中国虾王"的抗疫复产"5G 加速度

广东湛江国联水产开发股份有限公司创建于 2001 年，专注于水产行业，已发展成为集育苗、工厂化养殖、饲料、海洋食品加工、国内国际贸易、水产科研为一体的全产业链跨国集团企业。该公司旗下的对虾、罗非鱼等系列产品远销海内外，产品遍及全球40多个国家和地区，其中对虾出口额位居国内同行业的首位。从2019年开始，国联水产的 5G 智能水产工厂项目陆续投产，总占地面积超过 20万平方米。食品智造、自动化和信息化是 5G 智能水产工厂的三个亮点，通过它公司将实现由水产加工到"中央厨房"的转型升级。该项目导入工业 4.0 的设计理念，引进世界先进的自动化智能化生产设备，可实现 50% 以上中控操作和数据自动采集。

5G 智能水产工厂引进了先进的美国自动剥虾系统及剥虾设备、瑞典流态化单冻机、荷兰低温蒸煮机、荷兰自动裹粉油炸生产线等设备，使用了贯穿于剥虾、速冻、蒸煮、精深加工、包装、仓储等生产全流程的自动化设备和系统，生产效率得到大幅提升，设计产能增加了2万吨左右。高附加值的精深加工产品和面对消费端小包装产品的比重将明显提升，产品结构进一步优化，产品综合毛利率有望进一步提高。

2020年，在疫情的影响下，大多数劳动密集型生产企业曾经度大量停工，但是国联水产在原本高度自动化的生产模式基础上，引入5G网络为生产管理的大数据分析提供强有力的技术支撑，为各个生产环节提速增效。产品从入库、包装、检测、冷藏到销售、物流，全是全自动化采集信息，精确到每一单、每一件，无须人力花大量时间和精力去统计，管理层在云平台上动动手指点下鼠标，就可以依照权限调动所需要的数据。即使在疫情最严重的2020年2月，5G 智能水产工厂车间到岗工人不到往常的一半，8条生产线只有4条复工，每天也能生产数十吨的水产品，包括虾仁、金媚鱼、小龙虾、冻罗非鱼片和野生小黄鱼等，这些产品解冻之后即可烹饪，食用非常方便。

国联水产是广东省未来三大5G 示范基地之一，在这场数字化技术改革浪潮中，"5G+工业互联网"赋能，"中国虾王"不断以高标准、高质量、高效率推进广东 5G 数字农业的发展。

第三节 数智化农产品品牌营销：第三产业振兴

同第二产业的概念一样，第三产业原本也是工业社会的一种产业分类形式，随着社会生产的迅速提高，出现了为第一次产业和第二次产业服务的商业、金融业以及信息、科研等新兴产业，并正在逐步发展成为社会再生产的重要经济活动部门，产业经济学把它称为第三次产业。随着我国农村改革的不断深化、社会生产力的不断提高和分工分业的纵深发展，除了农业这个基础产业之外，农村电商、农村金融服务、农产品品牌营销等第三次产业服务部门也在逐步形成和发展起来。

农村产业振兴目前存在的最大的问题就是一产、二产、三产无法融合，特别是在传统农业生产方式和市场调节的双重作用下，农民的农产品生产经常处于无序生产状态，农民"增产不增收""丰收伤农"现象在我国时有发生。因此，农产品的营销数智化转型将是农村第三产业振兴的重中之重，通过数智化的销售和品牌策略，从而直接指导农产品的第一产业生产和第二产业的加工，是目前我国必须要突破的一个产业振兴课题。

在可预见的未来，以服务业为主的农村第三产业将会在农村经济产业的比重越来越大，合理调整农村产业结构业已成为关系到农村经济持续、稳定增长的重大问题，引起人们的普遍关注和重视。

一、数智化农产品品牌营销

2019年农业农村部发布的《数字农业农村发展规划（2019—2025年）》文件提出，要发展新业态多元化的第三产业服务，鼓励发展众筹农业、定制农业等基于互联网的新业态，创新发展共享农业、云农场等网络经营模式。深化电子商务进农村综合示范，实施"互联网+"农产品出村进城工程，推动人工智能、大数据赋能农村实体店，全面打通农产品线上线下营销通道。

目前，我国农产品销售还是以传统的批发市场为主，大中城市80%以上的鲜活农产品经由农产品批发市场提供。我国农产品交易市场在经历了 20多年的高速增长和规模扩张后，现正处于逐步从数量扩张向质量提升转变之中，批发市场的市场硬件等设施也明显有所改善，商品的档次日益提高，市场运行监管逐步规范化。但是，目前我国这种以批发市场为主的农产品营销结构依然存在以下三个方面的问题。

农业生产合作化程度低，无法形成品牌化：由于我国农业以小农经济为主体，因此在大市场竞争下，各个小农经济主体具有"天生的缺陷"。首先，农业大市场需要整合资金、技术、信息等条件来打造农产品营销品牌，而我国目前的小农经济体来说这些条件都是不足的。农业生产的盲目性、农产品的交易对象过于分散，又会增加市场交易成本，从而进入恶性循环。

农产品销售渠道过于单一：目前我国农产品销售 80% 以上都是通过农产品批发市场销售到大、中城市，单一的销售渠道导致农民缺乏对于农产品的定价权，且农产品价格周期波动性过大，这些问题均导致农产品无法通过"优质优价"来提高农民收入，消费者的诉求也不能完全满足。

缺乏农产品质量管理售后体系：农产品通常不是食品就是工业原料，其质量与安全标准非常重要，只有建立一套科学的农产品安全检测体系，才能建立公平、公正的农产品竞争市场，才能建立农产品的高质量品牌体系。

要解决我国目前传统农产品的营销痛点，核心是要打造农产品的品牌体系，而如果要形成农产品的品牌，一方面是要通过政治体制改革和政府投资方式，改变目前我国小农经济的状态，整合各地优势农产品，形成优势产业园统一打造农产品品牌体系；有了品牌体系之后，可以应用 5G、大数据等技术，以数智化方式改造目前农产品批发市场，并且拓展电商、网红直播、社区分销等营销渠道，减少消费者和农产品生产者的中间渠道；在品牌的加持下，农产品主体应向消费者提供一套数智化的质量监管售后体系，让消费者通过手机就可以获知农产品的安全生产信息。只有建立高品质的品牌农产品营销体系，才能真正实现农产品的"优质优价"，进而真正让农民增收，让消费者获利。

（一）数智化农贸市场

如这里上文所述，农产品 80% 以上的销售要经过农产品批发市场/农贸市场，随着年轻消费群体的逐渐成熟，消费者对市场信息数据透明化要求升级，对市场价格、食品安全、服务质量提出了更高的要求。同时消费群年轻化，线上消费习惯已经培养得十分成熟，电商化会员运营已经成为农贸市场的必然发展趋势。而对于农贸市场经营者来说，经营者的角色已经不再是单纯的租赁和物业管理，现在的市场经营者需要肩负线上线下统一运营管理、供应链资源整合、消费者服务和食品安全监管的职责。

在此背景下，面向升级改造中的农贸市场推出数智化农贸解决方案，借助5G和云、大数据模式易扩展、易维护、高安全的特点，打造符合当前中国农贸市场需求的一体化解决方案，从提高效率、提升档次、会员运营三个角度为农贸市场管理者提供省心省力、功能全面、性价比高的技术支撑和过硬的服务保障。

数智化农贸市场主要通过改造农贸市场原有的收费终端、重量秤、价格公告板等传统的农贸设备，通过 5G、云计算、人工智能等技术，让农贸设备具备数智化功能，并加入市场的视频场内监控、管理巡检仪、食品安全检测仪等智能化设备，为市场提供市场管理、零售管理、商品管理、顾客管理等应用子系统，同步打通线下农贸市场和线上电商交易两大核心销售渠道，满足新一代年轻消费者的新观念诉求。数智化农贸市场由四个应用系统组成。

农贸市场管理系统：系统提供摊位出租管理、合同管理、费用结算、电子账单等线上数字化流程服务，自动计算账单并以电子账单方式发送给商户，让市场管理流程线上化、流程化、公开化。系统提供实时的招商租赁信息，可实时查询市场的经营状态，通过大数据平台和分析报告一目了然地获知市场的实时动态和异常状况。系统还提供可视化的市场摊位落位图，摊位的租赁和销售情况数据可以指导经营决策和租金调整。另外，与系统配套的还有在农贸市场核心位置放置的市场大数据大屏和消费者自助终端，可方便商户和消费者自助查询物价信息、店铺信息、会员查询、溯源、农残等大数据服务；

农贸零售管理系统：系统可根据需求提供零售方多级分级账号管理服务，包括销售提成、成本结算等均可线上自动结算。系统提供商品的进货、库存、价格、调度等管理服务，通过支持多种专业桌台收款设备、移动手持设备、智能自助设备等，实现商品零售的进销存智能管理。另外，系统还可提供客户的会员管理服务，支持支付宝、微信、银联等多种网上支付手段。

农贸商品管理系统：系统结合了二维码、电子标签等技术，商品信息可以呈现在电子价签、收款终端、消费大屏上，商户可维护商品的照片、广告、商品价格等信息，以丰富消费者的购买体验。系统可接入各级政府的农产品追溯平台，通过电子价标二维码的方式为消费者提供农产品追溯查询服务，并且系统将纸质小票和电子小票结合二维码提供追溯查询服务。系统还配套产品检测终端，提供农药残留检测、病毒肉类检测等服务，在为消费者提供安心服务的同时，也免去了摊主自行检测的成本。

农贸顾客管理系统：会员管理是将传统线下农贸市场与线上电商平台相结合的重

要环节，系统提供小程序会员一键注册服务，包含会员权益管理、在线储值、积分、优惠券等精准营销服务。系统还提供线上商城服务，让顾客可以在线上下单，农贸市场线下发货，配送到家服务。

（二）数智化直播电商入村

传统农产品销售最大的问题是把消费者和生产者割裂开来，由于各种信息的不对称，导致我国大量优质农产品无法被消费者获知，从而不能卖出差异化的农产品价格。直播电商近年来的兴起，解决了很大一部分生产消费信息不对称的问题。直播电商主要的优势有以下三个。

强大传播力：基于近年来电商平台的发展，电商直播越来越获得了大家的信任，良好的互动性吸引了更多人选择了打开手机上的软件进行选购。基于庞大的用户群体，直播电商拥有了越来越广泛的影响力，直播电商正在逐步替代传统媒体和电商成为新主流。

获得消费者信任：直播主播通常具备良好的亲和力，直播场地可以选在农产品的原产地，主播可以结合地理环境带观众参观农产品的栽种、收割、打包等流程，让观众身临其境，买得放心，进而增强观众的信任感，并促进他们的购买欲望。

减少中间商差价：传统农产品只能通过批发中间商进行销售，直播电商打通了价格壁垒，直接触及供应链上游，缩短了不必要的供应环节，降低流通成本，因而可以获得更低的进货成本。此外，直播电商可以将优质的农产品卖出优质的价格，解决了批发商不同质同价的传统销售缺点，直接提升农民的收入。

通过 5G 高带宽、低时延的特性，除了一般的手机直播方式外，数智化直播还能采用更丰富的直播互动手段，包括使用5G+4K+VR 的直播方式，结合子弹时间、多机位立体拍摄技术，可以在户外直播农村的庆典节日、丰收节等活动，同时也可以通过5G 直播间在室内介绍特色农产品。还可以通过云游戏的直播互动方式，与粉丝互动模拟农业生产、农技装备操作等多视角操作，增加直播的趣味性，提升顾客消费欲望；其他直播互动方式还有线上剧场、线上秀场、IMAX 巨幕影院等，通过精良的内容制作，配合农产品直播提升销售额。

直播电商入村方案包含"1中心+2个站"，结合 5G 及边缘云技术，提高直播的实时性，同时还可以通过无线和有线的方式进行直播的网络融合，保障直播网络的稳定

性。直播电商入村"1中心+2个站"的方案构成如下

直播产业分析中心：通过建立一个直播的大数据中心，对整个村域的特色产业进行展示，分析特色产业的发展趋势，并展示村域的各种直播实时数据，包括互联网关注度、农产品电商销售量、实时直播观看人数等，通过这些互联网+产业的数据来指导村直播产业的发展。

村直播服务站：通过服务的方式，为村建立一个直播服务站，站内配备直播一体机、补光灯、麦克风、绿幕等直播的基本设施，村民可以根据需求交纳服务费以获得站点的业务支撑。

村电商帮扶站：要建立农村的直播电商产业，人才的培养是必不可少的，因此要建立一整套的电商帮扶站点，里面配备实训的设置，同时支持远程课堂的方式，让优秀的网红和电商服务人员对村民进行手把手的直播培训。

（三）数智化产销一体云店

对于农产品来说，打通一、二、三产业壁垒，实现产销一体化，是农业的老大难题，需要政府和社会力量共同解决。目前我国农产品存在严重的产销信息不对称现象：一方面，对于农产品生产者来说，盲目生产是常态，很多农民只顾生产，却无法解决销路问题，因此经常出现"丰收伤农"现象，无法通过"优质优价"的方式销售：而另外一方面，对于消费者来说，随着消费升级，人民对于美好生活的期待不断提高，对于优质农产品的需求逐渐增加，但是由于认知度不足，且市场上又缺乏优质农产品的销售渠道，因此很难以较高的性价比购买到优质农产品。

传统电商平台只是将农产品上架，等消费者来购买，消费者无法判断农产品的产地和质量信息。数智化云店提供的是产销一体化服务，通过对空气温、湿度，土壤墒情，空气质量等进行监测的物联网设备，加上卫星遥感、无人机监测，可让消费者远程直接对农产品的生产基地进行可视化观察，农产品的生长数据、产地定位等均可在云店小程序上进行查看。消费者在云店购买了农产品之后，除了可以追踪物流和订单等信息之外，还能在收到农产品后，通过小程序扫码对农产品进行溯源，保障了消费者的购买信心。同时对于农企来说，云店平台除了展示农产品，也减少了大电商平台的中间费用，这样既让消费者购买到优质的农产品，也让农民提升了销售收入。

案例1 徐闻政府搭台，菠萝妹妹唱出了直播带货的好戏

广东省湛江市徐闻县已有近百年的菠萝种植历史，是中国的菠萝之乡，形成了连片 35万亩、年产量 70 万吨的"菠萝的海"。徐闻菠萝产量占全国菠萝产量的 30% 左右，但是对于徐闻县政府和当地农户来说，这却成了摆在他们面前的一个难题，因为菠萝的产量巨大，且保鲜周期短，所以长期以来当地的菠萝只能在本省，甚至只能在湛江周边地市销售。每年到了菠萝丰收的季节，菠萝的"采购价创新低"、菠萝在"地里无人采摘"这样的新闻时常出现在报刊电视新闻里。

2020年1月，广东省农业农村厅印发《关于扎实推进 2020年全省"12221"农产品市场体系建设工作的通知》，《通知》中的市场体系建设指的是：建立"1"个农产品的大数据，以大数据指导生产、引领销售；组建销区采购商和培养产区经纪人"2"支队伍；拓展销区和产区"2"大市场：策划采购商走进产区和农产品走进大市场"2"场活动；实现品牌打造、销量提升、市场引导、品种改良、农民致富等"1"揽子目标。

为响应省厅通知精神，同时面对 2020年疫情带来的挑战，徐闻县顺应时势，举办2020 网络徐闻菠萝节，探索形成"县长镇长当主播，新电商搭台，农民唱主角"的"徐闻菠萝 12221网络采购直通车"

从小生长在徐闻的王小颖，2016 年大学毕业之后就供职于徐闻县广播电视台担任新闻主播，也成为近年来徐闻菠萝文化旅游节、徐闻菠萝产销对接会、徐闻菠萝网络文化节、徐闻菠萝直播销售等系列活动的"指定主播"。久而久之，王小颖被当地人亲切称为"菠萝妹妹"。短短不到两小时的一场直播，竟可以卖出165 万斤菠萝，相比于传统的销售渠道，更高效、精准。直播从一场到两场、十场、二十场，在广东省农业农村厅的指导下，王小颖借助广东农产品"12221"市场体系建设构建起的农产品"短视频+直播"营销平台，一次又一次走进广东特色农产品直播间，创造一个又一个喜人的销售成绩。一时间，徐闻县掀起一股全民带货的销售风潮，直播带货成为徐闻菠萝的主要销售模式之一，"菠萝妹妹"王小颖的名声也越来越响：与徐闻七镇镇长搭档直播，40分钟"云销售"280万斤徐闻菠萝；"三八"妇女节，协助徐闻女县长直播带货，销售徐闻菠萝 116 000斤：参与徐闻菠萝系列产地直播，销售徐闻菠萝 192 万斤。

在直播带货的加持下，2020 年徐闻菠萝在疫情之下打了一场漂亮的翻身仗，交出一份令人满意的成绩单：据相关数据统计，菠萝主产镇曲界镇仅邮政银行农户存款余额合计 12.56 亿元，同比增长高达 26.68%。徐闻"菠萝妹妹"王小颖的故事也说明

了，农产品直播发展的背后，需要有完善的农产品电商支撑服务体系，有稳定的产品质量及供货系统。推荐的农产品必须经得起质量的考验，有完善的采购商和供应链准入标准，实现农产品网络直播经济的可持续发展。

案例2　从产地到餐桌的眉县数字猕猴桃打破国产农产品牌天花板

中国是猕猴桃种植面积和产量的第一大国，陕西省眉县猕猴桃种植面积达到30.2万亩，2019 年实现总产量 49.5 万吨，鲜果产值 31亿元，综合产值 52 亿元。猕猴桃产业已经成为县域经济的主导产业，猕猴桃已经成为眉县农民增收致富的"金蛋蛋、银串串"。猕猴桃是中国原产的水果，产量虽大，眉县出产的猕猴桃却缺少能与新西兰"佳沛"所匹配的高端品牌，果品单价更是相差10倍以上。2019 年眉县猕猴桃甚至出现滞销现象，消费者只认国外高端猕猴桃，优质的国产猕猴桃却只能烂在地里。

要摆脱这一困境，拥抱数字化成为提升农业品牌价值的唯一路径。通过五年的深耕，大气候农业团队自主研发了物联网硬件和农业 SaaS 系统，并孵化了眉县数字猕猴桃品牌"Sunkiwi 新奇味"。在 Sunkiwi 猕猴桃种植基地，通过农眼智能监测、虫感知、智灌等硬件产品和气候云 AOS 平台，能够精准监测并采集农场基地的气象环境、土壤、虫情、农作物生长、工人作业、农资使用等20多项数据；再通过大数据分析、云计算，实现远程监管、农作物长势评估、产量预估、投入品管理、全程可视化溯源等种植基地的全流程数字化管理。在采摘和分拣端，传统仓储形式被以市场 SKU（Stock Keeping Unit，保存库存控制的最小可用单位）规格指导的数字分级仓取代，实现5层数字化选果、基地直发全国，延长仓储期的同时减少损耗率，保证消费者手里的产品标准一致、口感一致。

电商及物流产业的发展，让大气候农场这种形式成为优质产区的集成样板，数字化品牌将眉县猕猴桃卖到单颗14 元，每颗产品都有专属溯源码，直接面向高品质、品牌化的缺口市场。

二、数智化金融服务

农村产业要发展，针对农村的保险、银行等金融服务也必须从传统的土地抵押担保方式，向数智化金融服务进行转型。传统的金融服务，无论是保险还是银行，在城市的金融抵押物主要是房地产等实物以及个人征信数据。但是金融服务到了农村之后，由于农村的土地存在拥有者、使用方、规划等多方面的不一致现象，同时农业生产的产值又无法进行量化,导致农民获得保险和银行的金融服务变得无比困难。尽管近几年,在国家的重视下,各大银行向农村发放专用贷款,并遵循一定的考核政策,但从实际执行情况来看,由于农村的各项生产要素无法通过数字进行衡量,因此银行只能通过人力调研的方式开展抵押征信工作,信贷的成本变得奇高无比;而农村主要的劳动力只是一般的低收入农民个体,无法通过个人征信的方式对其进行信贷的发放。

农业农村部发布的《数字农业农村发展规划(2019—2025 年)》文件中提出,要推动跨行业、跨领域数据融合和服务拓展,深度开发和利用农业生产、市场交易、农业投入品等数据资源,推广基于大数据的授信、保险和供应链金融等业务模式,创新供求分析、技术推广、产品营销等服务方式。另外,为贯彻落实《中共中央 国务院关于实现巩固拓展脱贫攻坚成果同乡村振兴有效衔按的意见》和《中共中央 国务院关于全面推进乡村振兴加快农业农村现代化的意见》部署要求,切实做好"十四五"期间农村金融服务工作,支持巩固拓展脱贫攻坚成果、持续提升金融服务乡村振兴能力和水平,2021 年7月,中国人民银行、中国银行保险监督管理委员会、中国证券监督管理委员会、财政部、农业农村部、国家乡村振兴局联合发布《关于金融支持巩固拓展脱贫攻坚成果全面推进乡村振兴的意见》,从如下所述的三个工作重点采取措施做好与乡村振兴金融服务的有效衔接、统筹谋划。

加大金融资源投入:金融机构要围绕巩固拓展脱贫攻坚成果、加大对国家乡村振兴重点帮扶县的金融资源倾斜、强化对粮食等重要农产品的融资保障、建立健全种业发展融资支持体系、支持构建现代乡村产业体系、增加对农业农村绿色发展的资金投入、研究支持乡村建设行动的有效模式、做好城乡融合发展的综合金融服务八个重点领域,加大金融资源投入。

增强金融产品类型:对原金融精准扶贫产品和金融支农产品、民生领域贷款产品等进行整合优化,以小额信用贷款、产业带动贷款、新型农业经营主体贷款、民生领域贷款、农村资产抵押质押贷款、农业农村基础设施建设贷款、保险产品等十类金融产品为重点,充分发挥信贷、债券、股权、期货、保险等金融子市场合力,增强政策的针对性和可操作性。

强化考核保障机制:对银行业金融机构提升服务能力提出了明确要求,督促银行业金融机构健全农村金融组织体系,改进内部资源配置和政策安排,强化金融科技赋能。明确通过推进农村信用体系建设、改善农村支付服务环境、推动储蓄国债下乡、开展金融知识宣传教育和金融消费者权益保护等，持续完善农村基础金融服务，优化农村金融生态环境；并通过资金支持、财税奖补和风险分担、考核评价和监管约束等措施，强化对银行业金融机构的激励和约束。

针对政策对农村金融服务的支持以及目前存在的痛点，运用数智化手段，将农村的土地资源、农业生产、农产品交易、农业产值等数据进行量化处理，是金融进入农村的唯一有效手段。

（一）数智化农村土地综合金融服务

当前，农村的土地基础信息匮乏，无论是宅基地还是农田信息，均缺乏统一、稳定、全面的数据库，因此缺乏农村土地的基础数据支持政府管理和金融服务。造成土地基础数据缺失主要有以下三个原因。

政府多头管理：农村土地资源相关数据目前在住房和城乡建设部、自然资源部、农业农村部、公安部等部门均有部分存储，各部门多头管理，缺乏数据的一致性和完整性。

土地缺乏有效利用：目前农村集体建设用地存在大量闲置的情况，并且由于农村人口外出务工等原因造成土地所有权、使用权、资格权"三权分置"，或者存在私自改变土地使用性质的问题，严重影响了土地使用的规范性。

土地管理制度不完善：由于土地流转制度的推进才刚开始，农村土地的申请、审批、流转、退出、继承、违法查处等管理制度尚不完善，造成农村土地管理权属不清、流转无序等情况时有发生。

因此，要通过农村土地引入金融服务，就必须要在农村建立"1+1+N"，即一套农村土地统计调查规范和制度、一个完整的农村土地基础数据库以及根据数据库开放给不同层级政府和金融服务企业的 N 个层级的农村土地管理子系统/业务模块。

要建立农村土地数据库，首先要通过低成本的技术手段来完善农村的土地数据，并且保障数据的一致性。从目前的土地数据现状来看，可以从以下三个方面来获取完整的数据。

与已有的农村土地数据共享：通过收集各地相关部门的农村土地基础数据信息，建立数据资源目录，并通过数据查重等方式，剔除重复和过时数据，提取各类数据统一要素归档，存入农村土地基础数据库。

无人机、卫星遥感等测绘数据：对于各部门缺失或存疑的数据，通过卫星遥感、无人机等技术，通过图解法、实测法等测绘法完成农村土地信息的核实调查。

人工 APP 手工调查：对于部分只能通过人工核实完成的农村上地数据，需要开发一套 APP 和小程序，各地的村干部等需要组织人员对农村土地信息进行补充调查，最终形成完整、统一、标准的农村土地基础数据。

完成农村土地基础数据库的建设后，平台可开放给各级政府以及各金融机构 N 个层级不同权限的土地应用管理系统，实现以人查地、以地查人，以及按行政区、自然边界和农业区划等主题自定义查询农村土地数量面积等数据。

对于银行、保险等金融服务机构来说，农村土地本来是很好的抵押物，但是目前金融服务最困难的是无法建立农村土地的基础数据库，有了农村土地基础数据平台后，可以实现目前农村土地所有权、资格权、使用权的"三权分置"精细化管理，对于不同的"权属"，金融机构可以提供不同的贷款、保险等服务。同时，以上工作可以通过平台在线上完成，大大地减少了金融机构基层服务人员的工作量，农民又可以高效、低成本地获取金融服务。数智化开创了一个新的金融服务"蓝海市场"。

（二）数智化养殖金融服务

自2019年4月之后的一段时间，受"猪周期"下行、非洲猪瘟疫情冲击和一些地方不当行政干预的影响，我国生猪产能持续下滑，猪肉供应相对偏紧，价格上涨较快。党中央、国务院高度重视生猪生产和猪肉供应的保障。2019 年8月，国务院常务会议研究确定了稳定生猪生产和猪肉保供稳供价五项措施。同年9月，国务院办公厅印发了《国务院办公厅关于稳定生猪生产促进转型升级的意见》（以下称《意见》）。《意见》提出了加快构建现代养殖体系、完善疫病防控体系和健全现代生猪流通体系三大体系，从加大金融政策支持、保障生猪养殖用地、强化法治保障三个方面提供政策保障。

《意见》虽然明确指出要加大金融支持养殖体系，但是在实际的金融支持生猪生产的过程中，养殖企业存在以下三种信贷风险。

自然风险：养殖贷款毕竟是纯农业贷款，而农业是弱势产业，是靠天吃饭的行业，存在着谁也无法预测、控制的自然风险。传统的养殖业对自然条件的依赖性都很强，抵御自然灾害的能力较弱。自然风险一旦发生，养殖户除能获得极少量救灾款外，没有其他的补偿途径。因此，养殖户若没有其他收入来源，拖欠贷款将成为必然。

信用风险：首先，广大养殖户大多来自农村，受教育程度较低，由于贷款准入门槛相对较低，其信用风险则相对较高。其次，部分养殖户信用观念淡薄，坚信"法不责众"，宁可逾期加息也不愿意到期主动归还贷款，甚至想方设法钻法律滞后的空子，千方百计逃废信用社债务，导致民间借贷在某些地区比较活跃，给当地农村信用社风险管理带来一定负面影响。

抵押风险：养殖户担保难主要体现在抵押难上。养殖户的土地是宅基地，而且广大养殖户的房产都在农村，变现能力较差，所以从农信社信贷资产安全角度来说，农村房产抵押尚难开展。而对各种养殖的猪、圈舍等进行抵押又无法得到政策的支持，而且缺乏实际的数据监管，因此金融机构通过抵押的方式对养殖户放贷存在一定的难度。

针对金融机构有政策支持和考核的对养殖户的贷款需求，而般养殖户又无法获得信贷的痛点，养殖户依托数智化手段，对生猪进行识别，搭载 5G 边缘计算技术，对猪群进行实时监控、计算、盘点，并基于经营情况、还款能力，向养殖户发放农业创新型贷款。

要解决养殖户的信用和抵押问题，需要从政府政务数据、养殖户征信数据、行内数据等几个方面进行对接。获取养殖户的信用用户画像，然后结合数智化的手段，通过摄像头、猪耳标等技术手段，盘点养猪的数量和核实每头猪的对应关系，同时结合农村信贷业务员对养殖户面对面回访的方式，通过手机 APP 上报访谈信息。整合以上数据，后台校验模型自动对养殖户进行信用评估，并发放贷款。

相比于传统的信贷方式，数智化金融信贷缩短了养殖户获取贷款的周期。对于银行来说，以各种数据的整合来对一个养殖户发放贷款，实际上降低了养殖户的违约风险，是养殖户和银行双赢的一种创新金融服务模式。

案例 农担公司，推进金融数字化转型助力乡村振兴

"农担"是农业信贷担保的简称。农担公司全称"农业信贷担保有限公司"，是一类针对农业农村的金融服务国有企业。农担公司的成立是国家层面推进农业供给侧结构性改革、健全农业信贷担保体系、提升金融服务"三农"实力的重大举措。

贵州农担公司自 2018 年下半年，便开始利用子公司创建涉农金融担保业务支持系统，利用大数据和互联网手段，基本实现了"业务协同、风险共担、数据共享、贷

后共管"的政府银行担保业务支撑系统,开启了贵州农担数字化运营体系的初步探索。为做好数据系统建设规划,探索构建新型经营主体信用评价体系,有效运用农业农村行业、政务、商业数据实现农担业务数字化,通过大数据风险控制,实现业务快速上量,突破人员瓶颈又不脱离担保工具发挥作用的内在逻辑,2020 年下半年,贵州农担开始打造"贵州农担综合业务管理平台"(简称"黔农担"平台),将其作为全省农担体系数字化转型的核心载体。其总体目标是:建立一个系统(即业务系统),一个数据中心(即新型农业经营主体客户信息库、项目信息库、风险数据库),一个决策平台(即经营分析与决策支持平台)。

2021年,贵州农担引入了物联网科技和细分产业大数据应用,形成了以新型农业主体信贷需求采集、核保评级授信及保后远程管理为特点的数字化决策体系。打通"黔农担"平台与中国移动的物联网管理系统,分别针对十二大特色农业产业,制定了不同的物联网监管方案。以生猪产业为例:按照1头母猪1万元核算(生物资产抵押),贷款 300万元,只要监控300头母猪即可 (300个 ID),2个圈舍(母猪舍、分娩舍)生产现场可视 (4个摄像头),通过建立母猪资产盘点模型,超过 5%的变动就会发起预警,项目负责人或风控员通过远程视频可以查看圈舍情况,随时了解抵押的生物资产状况。

贵州省关岭县高老庄猪场在扩建过程中资金短缺,将繁殖母猪(按照 10000 元/头) 及繁殖母猪农业保险保单质押给贵州农担公司,签署保单质押合同,并在有关管理机构进行登记,实施了物联网贷后监管后,获得了 300 万元贷款。贵州农担公司通过物联网可远程实时监控抵押生物资产和用电数据,当变化超过 5%时即预警提示。

河南农担公司开发了覆盖全省县、乡、村三级金融服务组织、合作银行、农业企业和农户个人的动态项目采集申报云平台,实现批量化获取客户、自动化沉淀数据、精准化提供担保。河南农担公司自主开发建设了大数据管理云平台,打造"数据 +模型 +系统"一体化服务,实现贷前反欺诈、贷中实时动态预警、贷后有效触达的风险控制全流程闭环服务。平台还专线接入了中国人民银行征信、省公共信用平台、省大数据局金融服务共享平台,实时共享30多个政府部门信用数据,并与多个持牌第三方科技公司合作接入银联、民间借贷、多头借贷、客户交易等多方数据资源。此外,该公司与郑州大学共建大数据算法中心,依托大数据、人工智能、机器学习等技术,推动细分农业行业的辅助决策模型、信用模型、贷前反欺诈模型、贷中额度模型和贷后预警模型应用。通过大数据风控模型,河南农担公司实现了小额、批量项目贷前审查、风险审核的秒级响应和保后管理7（天）X24（小时）动态监控风险预警全覆盖，大大提高了担保服务效率。

截至2021年4月底，河南农担已与 85 家银行开展合作、与116个县政府签订合作协议，业务覆盖全省 133 个农业县区，累计实现担保规模 325 亿元、31.6 万笔，在保余额 129 亿元、16.6万笔。

第四节　数智化新农人培养：人才振兴

乡村要振兴，人才是基石。我国多年的外向型、工业化经济主体形态，已经导致大量的农村年轻人口流向城市。农村经济社会发展，说到底，关键在人，乡村要振兴，就是要重新建立一套农村人才培养和吸引人才回流的新型体制。农民是乡村振兴的主力军，我们不应该固守传统观念，把农民限制在"面朝黄土背朝天"的农业生产方式上。在新时代，要就地培养更多爱农业、懂技术、善经营的"新农人"。要通过富裕农民、提高农民、扶持农民，让农业经营有效益，让农业成为有奔头的产业，让农民成为体面的职业。要营造良好的创业环境，制定人才、财税等优惠政策，为人才搭建干事创业的平台，吸引各类人才返乡创业，激活农村的创新活力。

随国家乡村振兴战略的逐步落地，5G 在农村地区的覆盖将逐步完善，"手机成为新农具"将会是农民成为"新农人"的核心标志。可以预见，数智化时代，将会有越来越多的具有互联网、工业化、线上营销能力的年轻人从城市回到农村，塑造新的数智化农村新景象。

一、数智化人才培养

人才振兴的首要任务毫无疑问是乡村的教育提升，中国的教育现代化，基础在农村，关键是农村。近些年来，在我国快速城镇化进程中，农村教育出现的新情况、新问题非常突出，也十分复杂。2016 年国务院出台《关于统筹推进城乡义务教育一体化改革发展的若干意见》，进一步明确了县域内城乡义务教育一体化发展的基本思路，强调义务教育促进教育公平的基础性作用。同时，顺应城镇化建设的思路，通过城乡教育的一体化发展，改变传统的城乡分治的治理模式，可以逐渐破除城乡二元的社会结构。

在城乡一体化发展的框架中，突出的问题是如何配置教育资源，是资源上移至城区，还是资源下沉，改善农村教育。破解城镇地区大班额现象，需要按照城乡一体化发展的思路，对症下药，进行"源头治理"。大量农村学生之所以进城择校，就是由于城乡学校差距过大，造成家长不得不择校的无奈。农村教育的另一个突出问题是提高教育质量。在解决了有学上的问题之后，如何提供有质量的教育，是当务之急。需要探索在教育资源匮乏、教师水平有限的情况下，提高质量的办法。

针对目前农村教育现状，影响实现人才振兴战略的问题和痛点，国家多部委也出台了相应的政策，大力支持改善目前农村和城市教育不均衡的问题，主要是运用5G、云计算、互联网等技术，实现以远程教育为主的"互联网+教育"信息化模式。2018 年，教育部印发《教育信息化 2.0 行动计划》，要求积极推进"互联网+教育"，构建网络化、数字化、智能化、个性化、终身化的教育体系。2019年9月，教育部等 11 个部门在《关于促进在线教育健康发展的指导意见》中明确指出，要抓住 5G 商用契机，加快推动物联网、云计算、虚拟现实等技术在教育领域的规模化应用。2020年3月，教育部在《关于加强"三个课堂"应用的指导意见》中提出，促进教育公平，创新育人方式，构建"互联网+教育"新生态。2020年4月，国家发改委及工信部印发了《关于组织实施2020年新型基础设施建设工程》的通知，文件在农村基础建设保障中也提出了发展 5G+ 智慧教育示范应用工程的要求，包括5G教育专网、AR/VR，4K/8K 超高清直播教学、平安校园等应用形态。

2021年7月，中央网信办、农业农村部、国家发改委、工信部、科学技术部、国家市场监督管理总局、国家乡村振兴局等部门联合印发的《数字乡村建设指南 1.0》中也提到，要推广乡村学校信息化、乡村远程教育、乡村教师信息技能提升等内容，通过将互联网等新一代信息技术与教育深度融合，推动乡村学校网络覆盖、城市优质教育资源与乡村对接，实现城乡教育资源均衡配置。

利用5G高带宽、低时延、广覆盖的特性可以满足农村各类教学终端的智能使用，创新教学模式，带来超高清、超顺畅、超真实的远程教学体验。目前，通过 5G 等数智化技术能切实解决农村教育现状的以下三个痛点。

解决教育不均衡问题：对于农村偏远地区的学校来说，教师资源极度贫乏，同时各处农村生源也极度分散，因此很难集中开课。5G 远程教育技术可以让农村学生足不出户就享受到城市的优质教师资源，同时减少了农村儿童每天跋山涉水到镇区学校上课的风险。

解决个性化学习的不足：农村的教育，应该针对农村的人才振兴战略进行，农村本来的学习应用场景就和城市具有一定差异性，我们目前的教学基本以教授课本内容为主，很难通过形象化的形式去激发农村儿童的学习兴趣。5G 的大带宽、低时延让 AR/VR 等新教学模式得到应用，助力优质资源输出及课堂形式变革，可以针对农村儿童，制定身临其境的场景，再结合农村各种劳作生产进行教育，从而取得更好的教学效果。

解决农村校园管理落后的问题：农村校园过去普遍基础设施比较落后，近年来，随着国家和社会的大量投入，镇区的中心校园的基础设施得到了极大改善。但是，由于农村校区地处偏远，虽然基础设施改善了，管理水平依然无法跟上，学生意外伤害事故时有发生。5G+ 边缘计算、AI 分析为各类信息化教学设备提供统一的数据接入、分析及查看能力，助力教学装备科学管理。

数智化远程教育方案包含教育专网和教育云，是教育云网融合新基建的核心。同时，远程教育将应用到 5G 的两个重要核心技术。融合 5G 网络切片技术和边缘计算技术，满足客户业务、连接、计算、安全等需求的、可管可控可感知的专用云网服务。网络切片利用 NFV/SDN 将单个物理网络划分为多个虚拟网络，定制教育行业客户专属的网络服务；边缘计算从硬件基础设施等多维度打造符合行业需求的、即开即用的边缘计算平台，有效地缩短远程教育的延时及减少集中云存储空间容量。

（一）数智化远程教育

对于农村教育和人才振兴计划来说，优质的师资力量永远是最稀缺的资源。通过数智化的手段，可以集中全国最优质的师资力量，整合全国一线名师资源，选用在线教育行业前沿"直播+双师"的互动教学模式，覆盖中小学全学段多学科，重点解决教育资源分布不均的问题，打造与名师教学进度一致的优质普惠直播课堂。

数智化远程教育场景基于 5G 网络，通过硬、软终端整合优质教育资源，解决教育均衡发展问题，旨在打造"一带一、一带多"的远程实时互动上课模式，解决教育薄弱地区师资匮乏、课后服务模式单一、家长辅导难等问题。支持教室专有终端、桌面终端、移动客户端、手机视频全融合，实现同步上课，直播听课，管理部门巡课，家长和老师、学生互动，家校共育等功能，强大的音视频交互能力，超低时延，带来更好的互动教学体验。

直播课堂还支持多屏互动教育平台，基于大屏、手机屏、PC屏三屏融合概念，构建空中课堂，帮助学校快速组织线上授课与教务管理，实现农村学校和家庭"家校一体"，解决农村中心学校与儿童村庄距离太远的问题。平台支持手机、平板、电视等多终端接入，具备健全的直播互动教学能力，可以在 5G 等网络环境下向师生提供流畅稳定的视频环境。

新冠肺炎疫情期间，农村地区的大批学生需要居家上课，数智化名师课堂除了提供远程名师教学素材，还可供中心校、城区学校的老师在主讲教室授课，乡镇农村等偏远地区的学生在听课教室上课。同步教学能够帮助乡镇农村地区的学校开齐、开足国家规定课程。数智化手段将疫情期间农村学生的学习主战场从学校转向家庭，做到"停课不停学"，带动学习场景从小屏向大屏延伸，同时支持农村学生通过手机、家庭电视在线听课。可以预见，未来数智化远程教育将会在农村地区大量普及使用，通过数智化手段实现乡村的人才振兴培养。

（二）数智化沉浸式教学

对于农村教育来说，除了基础教育外，各种农技培训也是教育的重要一环。传统的教育方式仅仅是通过课本来传授知识，很难实现真正的因材施教，无法满足教育的农村个性化需求。AR/VR 沉浸式教学可满足农村农技现场模拟教学的需求，平台汇聚统一运营管理市面优质 VR 教学内容，接入多种 VR 终端，为农技推广打造网络、平台、管理、终端一体化 VR 教室解决方案，其核心功能有以下四个优点。

沉浸式互动学习：虚拟影像逼真地投射在真实环境中，学习者以视线、手势、语音与影像进行交互，可以通过全息影像手把手地进行农技推广学习。

多人在线协作：虚拟影像与真实环境结合，支持团队多点协作、交互操作，可以实现对一个农技装备的多人协作操作和维修等应用。超越屏幕、同步操作：制作内容影像，同时投射在真实空间，实现数字内容可视化，提高学生创造力。

解决传统教学障碍，寓教于乐：将抽象的概念、理论和老师难以用语言讲解的知识点或实验课程，直观形象地展现在学生面前，提高学习效率。

数智化沉浸式教学方案基于 5G 的高带宽、低时延等特性，将教师和农技推广工作人员的真人影像同时投射到远端多个听课教室里，打造不改变传统教学习惯的自然交互式远程教学体验。数智化沉浸式教学技术开启了现实版的"瞬间移动"，透过光、影、声、音提供"虚实难辨"的360°超沉浸式直播体验服务，在教学与实景实践相结合培训中加入康拟现实技术，实现由学生自行动手操作，避免实训风险、降低操作成本，达到教学及实训大纲要求。

（三）数智化农村校园

经过国家和社会的多年持续投入，广大农村大多建设了中心镇区的中小学以及部分的村小学校，总体的基建水平较好，部分镇区中小学校已经达到了城市的基建标准。但是，随着城市近年来对学校的信息化改造，农村学校的基础建设已经不能用过去"钢筋水泥"的标准来衡量了，农村学校同样需要通过 5G 等技术来提升数智化建设水平，解决目前农村学校的管理难、管理成本高、疫情防控等痛点。

数智化乡村校园主要基于 5G 云网融合核心，以乡村校园所需的各种应用服务为载体，结合软、硬件能力，实现校园安全管理、学生行程轨迹推送、教务管理等校园各环节的数智化。将大数据、AI、云计算等技术，应用到校园的教务、安防、学生管理等全场景，助力教学体验和管理效率的升维变革。数智化农村校园的改造主要需实现以下五个基本功能。

教学管理：通过视频监控、红外监测、出入管理设备等数智化手段，为学校各行政管理部门及教师、学生提供考勤、宿舍管理、移动办公等场景服务，提升学校教学效率和教务管理水平。

智能安防：支持通过视频监控及 AI 分析等方式，对学校的访客、车辆进行管理，如果遇到偷盗、危险人物流窜、车辆过期停放、火灾等突发状况，系统会触发告警并通知安保人员处理，保障校园的安全水平。

学生轨迹：基于学生智能卡和手机定位等方式，结合提前设置的电子围栏，可向老师、家长（包括留守儿童远在外地的父母），通知学生进出校动态。

体温筛查：由于新冠肺炎疫情影响，为防范频繁的人员流动，以致影响教学安全，在校门口等核心入口部署人脸识别测温、实时智能防疫数据化展示等设备，可以让村委和学校管理人员实时掌握教学安全动态。

数据分析：支持对校园内各类数据挖掘、建模、分析，并形成分析报告，用于预测教育评价、疫情防控、学校运营状况，并帮助教育决策。

案例 同步课堂，"云"端实现独龙族孩子们"到北京上学"的梦想

云南省怒江傈僳族自治州贡山独龙族怒族自治县独龙江乡是国内独龙族唯一的聚居地。独龙族是中国 28个人口较少的少数民族之一。中华人民共和国成立后，独龙族从原始社会直接迈入社会主义社会。2018 年，独龙江乡常住居民人均可支配收入为6122元，在怒江州率先实现整乡整族脱贫。

"我想到北京上学""我想成为一个工程师，把独龙江的公路修得更美""我想成为一名教师，让乡里的小朋友学到知识"——这一个个梦想，是我国西南边陲独龙江乡孩子们的美好愿望，但由于师资力量薄弱、教育资源匮乏，梦想也只能深藏。

2019年7月，中国移动通过"云视讯+同步课堂"的方式，在"云"端实现了独龙族孩子们"到北京上学"的梦想，让远在大山里的孩子亲身感受到北京直播间国学老师和外教的风采，搭起了独龙江乡与外界沟通的桥梁。

扶贫必扶智，治贫先治愚。中国移动发挥基础电信运营企业的网络、技术、平台等优势，在"网络 +"扶贫模式引领下，先后开展"宽带倍增""语言扶贫"等多个项目，精准地找到了乡村教育的短板及缺口，将"网络 +"与教育帮扶密切结合起来，推动教育智能化、情境化与普及化，走出了一条"网络 +"教育扶贫的创新之路。

从全力落实宽带网络校校通、优质教育资源班班通、个人学习空间人人通，到推进教育管理公共服务平台、教育资源公共服务平台，中国移动立足云南省教育发展实际，补齐教育网络、教育平台、教育内容的短板，通过"云+端"一体化打造的"智慧教学"新模式，让优质教育资源冲破空间界限，有效改善了贫困地区学校整体教育、教学面貌，为孩子们跨越知识鸿沟提供了可能。

二、数智化人才下乡

乡村振兴，关键在人。但是，农村的问题永远不能只通过农村自身来解决，除了要大力培养本土人才，还要通过引导城市人才下乡，推动专业人才服务乡村，吸引各类人才在乡村振兴中建功立业，健全乡村人才工作体制机制，强化人才振兴保障措施，培养造就一支懂农业、爱农村、爱农民的"三农"工作队伍，为全面推进乡村振兴、加快农业农村现代化提供有力人才支撑。

2019 年 1 月，农业农村部印发的《数字农业农村发展规划（2019—2025 年）》文件中，要求强化科技人才支撑，建立现代农业产业技术体系数字农业农村科技创新团

队，协同发挥科研机构、高校、企业等各方作用，培养造就一批数字农业农村领域科技领军人才、工程师和高水平管理团队。加强数字农业农村业务培训，开展数字农业农村领域人才下乡活动，普及数字农业农村相关知识，提高"三农"干部、新型经营主体、高素质农民的数字技术应用和管理水平。建立科学的人才评价激励制度，充分发挥人才积极性、主动性。2021年7月，国家乡村振兴局等七部委联合印发的《数字乡村建设指南 1.0》中，也明确了农业科技创新供给的重要性，要通过科技下乡，包括农机数字化服务、农业科技信息服务等，发挥科技创新在"三农"建设中的支撑引领作用。要真正实现农村的人才振兴计划，需要通过政策引导各类人才向农村基层一线流动，打造一支能够担当乡村振兴使命的人才队伍。除了政策保障之外，通过数智化的手段，管理科技下乡人才、培训机构、项目资金等"资产"也是非常迫切的需求。只有建立了一套完善的人才数据库，才能最终分析、评估人才下乡的成效。

（一）数智化电商人才帮扶

目前，农村有大量优质农产品无法直接面对消费者，电商以及直播、短视频等方式是打通农产品生产和消费者之间信息不对称的有效方式。但是，由于农民目前普遍受教育程度并不高，所以要想真正在农村发展电商产业，就必须通过城市的企业商业运作或者帮扶方式，在农村建立一支电商的人才团队，让手机真正成为"新农人"的"新农具"。

商务部和农业农村部从 2017 年开始陆续出台文件支持农村电子商务的发展，同时也一再强调电商人才培养的重要性，在《关于深化农商协作大力发展农产品电子商务的通知》中，要求各地开展农产品电商出村试点，实施农村电商百万带头人计划，要求加大人员培训和人才培养力度，充分发挥电子商务进农村综合示范和信息进村入户政策效用。积极利用农民手机应用技能培训、新型职业农民培育、农村实用人才带头人培训、返乡下乡人员创业创新培训等现有培训项目，对农民合作社成员、创业就业人员、电商转型的企业和政府部门人员等，开展电商理念、基础理论、技能技巧等不同层次的培训。

要在农村建立电商人才的帮扶点，不仅是通过基建等手段完成电商培训基地的建设，更重要的是加强对被培训人员跟踪服务，提供后续实践引导和再教育，确保培训实效。数智化的人才帮扶应通过企业建立农村电商培训基地，建立起政府、企业、农民三方共赢的状态。

对农民：在农村，目前存在大量闲置劳动力，在非农忙期间，可以让这批农民入驻农村电商帮扶站。通过电商带头人远程直播、现场讲课、带领实战等方式，培养农民的电商运营能力，并通过数智化的手段，对入驻的农民形成人才库。通过分析对每个学员进行评价，评价高的可以直接到农村的直播站工作，并给予激励。

对企业：对于企业来说，入驻电商培训基地除了对农民进行电商培训外，还可以利用农村的劳动力，对农村的特色农产品、手工艺品、乡村旅游等资源进行推广。企业可以直接入驻村直播工作站，形成日常的电商直播、短视频、网页等内容，获得运营和培训的收入。

对政府：政府前期可以通过补贴和与企业合作的方式建设农村电商培训基地。基地内包含直播设备、培训设施等基础数智化硬件。待企业和农民入驻电商培训基地后，政府可以获得电商带头人下乡情况的跟踪、电商培训后评估、电商人才库等一系列数据，政府可以根据这些数据决策下一步的资源投入。

（二）数智化人才信息库

目前，政府对人才下乡的支持力度非常大，各种人才下乡政包括农村科技特派员、"三支一扶"、高校人才、职业技术下乡培训等。科技人才下乡的同时，还有各种人才项目资金、培训机构与之配套。对于县镇政府来说，面对如此多的人才下乡资源，统筹管理是一项非常庞杂的工作，而且效果无法进行评估。因此，为承接国家对于人才下乡的各种政策，需要提前通过数智化手段，建立一套完整的人才信息库，并根据这套信息库对人才振兴的成效进行评估，从而给予政府更多资源投入依据。人才信息库主要包含以下几个部分。

人才数据管理：打通政府与各行业的数据库，提取乡村振兴相关人才数据，包含政府、高校、培训机构、企业帮扶等，形成乡村振兴的人才全量名单；通过位置定位、大数据等技术，对人才下乡情况进行追踪统计，如遇到造假情况还应进行告警。

人才项目资金管理：对于人才下乡的资金通过统一平台进行管理具有多种好处。其一，资金申请通过统一平台归集，避免了资金和人员不匹配导致的重复申领现象；其二，可以追踪资金的流向，让资金和实际的下乡工作者一对一匹配；其三，最重要的是，可以对资金的使用情况进行后评估，杜绝"出工不出力"现象。

人才振兴成效评估：通过统一的人才数据库，配合培训机构数据、资金项目数据，政府就可以轻松地对每个人才项目进行管理和评估，真正实现人才振兴的"有的放矢"。

（三）数智化农技资料馆

农村目前有大量的技术知识存在"信息孤岛"现象，大量的农技只存在于部分农民的脑海之中，需要以"言传身教"的方式进行经验的传授。因此，人才要振兴，除了通过科技人才下乡培养和帮助本地的农民成为"新农人"，还应当鼓励各地农民通过学习、经验分享的方式，进行农技推广和交流，建立一个"线上集中化，线下实体化"的数字化农技资料馆，这是打破农技推广鸿沟的一种尝试。

与传统的图书馆不同，针对农村的数智化农技资料馆主要有以下三个优点。

云端数据共享：与一般私人图书馆不同，数智化农技资料馆除了提供一般的农技书籍借阅，还支持农民农技的数字化存储和共享功能，将各农村线下分散的资料馆集中到云端，供各地需要的农民查阅。

VR农技实战：资料馆提供VR的农技实操演练，主要包括农机操作、机电维修、农事培训等功能，只有通过评估的农民才能上岗，可增加农民的实操知识和应对现场风险的能力。

智能资料管理：通过数智化手段，出入资料馆的农民可以以身份证、人脸识别等方式便捷地借阅资料，同时可享受线上查阅的服务，如通过微信等方式迅速查阅到所需资料。

案例 广东启动百万电商训练营，线上超45万人次观看

农产品如何通过电商平台进行销售？这是困扰农村农业生产发展的一个最大瓶颈，相较于传统的农产品生产批发销售模式，电商可以直接通过销售反推生产，从而进一步指导农业生产过程。特别是近年来，随着短视频行业的兴起，抖音等短视频平台已经成为消费者了解农产品的一个重要渠道，通过培训等方式让农民了解电商，了解抖音等短视频运营模式，成了一种趋势。

2021年5月12日，广东启动"百万销量训练营——三农抖音电商人才培训班"，在"三农"领域进一步推广短视频营销模式，批量扶持打造一批"农业网红"。通过培训班的学习，农民感觉抖音电商变得不再遥不可及，学到了如何打造完美"人设"以及

爆款视频，了解到直播的带货技巧和微头条出单。2020 年以来，广东已成功举办多个"短视频+网红"培训班，融合农产品直播带货模式，传播优秀农村传统文化，助力乡村振兴战略的实施。这次再推"百万销量训练营"，旨在鼓励和引导更多的大学生、志愿者、返乡就业人员参与广东的数字农业农村建设，强化人才支撑。本次活动，除了线下 200 名学员参加外，培训班还通过直播设备在各种平台上进行分发，观看人数超过了 45 万人次，获得了良好的人才提升效果

第五节　数智化农旅融合：文化振兴

弘扬优秀传统文化是乡村振兴的要求，实施乡村振兴战略，要深入挖掘农耕文化蕴含的优秀思想观念、人文精神、道德规范，结合时代要求在保护传承的基础上创造性转化、创新性发展。弘扬优秀传统文化、倡导社会先进文化、传播光荣革命文化，是乡村文化振兴的内在要求，是促进乡风文明的重要举措，在乡村振兴工作中应进一步保护乡村风貌、传承乡村文脉、留住乡村记忆、重塑乡村文化，适应村民精神文明的新情况、新发展、新要求。

推动新时代乡村文化振兴，可通过 5G、物联网等技术，将乡村景点、文物古迹、民族村寨、传统文化站、博物馆等物质文化资源，以及各种饮食传统、民俗文化、名人传记、农耕文化等非物质文化遗产统一到云端，利用大数据和人工智能技术对文化价值进行分析和挖掘，最终实现数智化的文化传承和弘扬典范。

一、数智化乡村旅游

目前我国农村存在的大量农村文化资源可以作为乡村旅游发展的标的。2016 年中央一号文件，要求大力发展休闲农业和乡村旅游休闲农业、乡村旅游，以设立产业投资基金等方式扶持休闲农业与乡村旅游业发展。2019 年 1 月，农业农村部印发的《数字农业农村发展规划（2019—2025 年）》文件，鼓励发展智慧休闲农业平台，完善休闲农业数字地图，引导乡村旅游示范县、美丽休闲乡村（渔村、农庄）等开展在线经营，推广大众参与式评价、数字创意漫游、沉浸式体验等经营新模式。

发展乡村旅游，核心是把农业与旅游资源进行融合发展，并深度挖掘农村的文物古迹、革命历史、民族村寨等文化资源，发挥农村文化与生态优势。但是，目前乡村旅游发展存在以下4个问题。

1.产业发展问题：传统农业不足以发展乡村经济，导致农村经济活力缺失，人口流失。乡村旅游产业起步较晚，最初只是简单的垂钓、采摘、农家院，还没有摆脱自发式发展的模式。

2.综合建设问题：现代农村建设良不齐，地域特色逐渐消失，缺乏良性交往空间，空心美丽乡村现象不时出现，一些传统乡村活力渐失。很多乡村旅游项目，并没有深入挖掘当地文化内涵，从而没有自己的特色。农业、温泉、采摘等旅游产品虽多，但缺乏核心的主题整合，给人大而杂的感觉。

3.基础设施建设问题：乡村基础设施严重滞后，文化服务设施匮乏，卫生设施条件差，乡村旅游不能满足游客的物质文化需求，导致入住率下降，重游率下降，严重制约了旅游发展。

4.运营管理人才问题：乡村旅游项目融合了农业种养、餐饮服务、住宿服务、康体娱乐服务等多种业态，但是此类综合型人才缺乏，导致乡村旅游项目建成后，产品和服务跟不上，经营困难，更无力升级。

针对以上问题，需要通过数智化手段，结合在全域旅游、景区、旅游小镇、旅游乡村信息化建设及运营实践中形成的一整套系统化方法，来指导乡村旅游运营的高效率、低成本展开，对于发展农村绿色旅游，实现对绿水青山的开发和保护，起到有效促进和助推作用，并在此基础上进一步帮助乡村实现生态产品价值转化。

（一）数智化乡村休闲度假

"5+2"模式，是一种新兴的休闲度假方式：5 天在城里上班，周末 2 天在郊区田园生活。这种模式，给我们的休闲农业带来了良好契机。乡村旅游不仅为城镇居民"5+2"的生活模式提供了主要通道，还与"生态产业、现代农业、旅游休闲度假、文化产业、城乡统筹"等社会热点息息相关。乡村旅游产业的发展，可以优化农业产业结构、促进农民增收、帮助农民脱贫、保护生态环境、促进城乡一体化。大力提升乡村旅游，促进乡村旅游升级发展，是形势所在，是时代所趋。

但是，对于农村来说，城市人群到乡村的休闲游将带来大量管理问题：城市人群周末到乡村休闲度假将带来大量流动人口，乡村对外来人口的管理能力，乡村现有设施的接待能力，安全、防盗、应急处理能力，都需要提升，这给原本管理水平有待提高的村委会增加了巨大压力。目前我国农村有大量的优质旅游资源需要开发，更重要的是需要把这些资源通过数智化手段让有需求的城市居民获知并远程体验,这样才能吸引更多城市游客以"5+2"的方式与乡村进行物理空间的实际互动,从而实现农民增收,文化振兴、乡村振兴。

5G 等数智化的手段将改善目前乡村旅游管理水平低、缺乏推广手段、城市游客体验差等问题。数智化乡村休闲度假方案大致从以下三个模块提升乡村游的服务水平。

1.5G 乡村休闲游管控系统:该系统建设主要面向村委会、运营部门等管理单位,分为如下三个管控中心,提供乡村游管理服务。

乡村应急指挥调度中心。主要提供整个乡村的视频监控集中管理、车辆及交通监控、烟火监测、村出入口安保等服务。中心汇聚乡村内的物联网、GPS 和运营商手机定位等数据,提供给应急指挥管理者进行决策。如果遇到村庄内人流密度过大、火警、暴力等突发事件,应急指挥中心将会调度和增派应急工作人员进行处理。同时,村镇一级的指挥中心会打通县、市、省一级的应急指挥调度平台。遇到特殊情况,如村一级运营人员无法处理,需要及时通报上级做升级处理。

大数据分析中心。基于运营商大数据、景区视频数据、票务数据等景区多方位数据,进行数据挖掘和分类统计,提供景区旅游大数据分析,并生成统计报表。通过数据实现对客流量、景区中人员流动实时动态、游客来源地、游客驻留时长、游客流量、交通方式、游客画像、适游指数的分析,并预测未来一段时间的客流走向。

景区资源管理中心。基于 5G 广覆盖的技术优势,实现景区内所有资源(人员、车辆、监控、工具、基础设施等) 互联互通,如个性化位置定位、数据监测、状态监管、定时采集、车位寻找、轨迹记录等。

2.游客服务系统:整合农村内吃、住、行、游、购、娱六要素资源,为城市游客提供游前、游中、游后的一站式服务,完善旅游服务体系,提高旅游服务质量。农村内的景区如果原来有票务系统的,则在已有的游客服务系统上进行升级,增加门票分时预约功能。

3.5G 亮点应用:利用虚拟现实、全息扫描、3D 建模、全景直播等技术将农村的人文风光、红色革命文化、历史文物进行数字化重建,并打造 VR 乡村游文旅风光片、VR 红色教育课件、VR 沉浸体验影院、景区 5G+VR 直播、VR 数字博物馆作品五大应用场景,使游客在异地也能沉浸式观看农村景区的实景。

（二）数智化乡村文化驿站

我国农村有大量文物古迹、革命历史遗迹、民族村寨等文化资源，通过乡村文化驿站将这些文化资源保存起来具有深远的意义。文化驿站的基本作用是开展文化宣传，组织讲座、学习及交流等活动，文化驿站兼具剧场、课堂、茶座的功能，它的特殊之处在于引入分享理念，推出各种文化艺术分享和体验。乡村驿站还带动了乡村生产和生活功能的重构和活化，助推了乡村的再生。目前，我国乡村文化驿站正在逐步建设当中，但是其存在着以下三个痛点需要通过数智化手段加以解决。

文化讲解员不足：由于农村文化讲解员的人数不足，讲解水平参差不齐，无法满足游客对当地相关历史的了解欲望。

文物展示手段单一：文物展示方式单一，文物损害严重，需要通过数智化手段进行保存以及展示，提高游客的参观体验。

信息化管理缺乏：文化驿站缺乏统一的管理平台，遇到突发状况很难进行有效的应急指挥管理，并且无法通过信息化手段对受游客欢迎的文化、文物进行统计。

依托5G、云计算、大数据等技术，可实现全景信息展现及统一管理，助力数智化乡村文化驿站未来的建设与发展。

文化驿站游客导览系统：游客可通过小程序扫描相关文物的维码来获取讲解信息，并可通过视频以及文字的方式对文物进行全方位了解。文化驿站提供小程序 AR 专区，通过5G+AR 精灵的形式在馆内带领游客进行游玩。站内提供 720°全景游览，游客未到场馆便可观看展馆状态。

文物展示系统：通过数智化手段，真实、完整地记录文物数据，实现文物信息的永久保存与残缺文物的虚拟修复。集成各终端文物保护信息，建立文物全生命周期健康档案，通过3D 建模的形式将虚拟文物展示在手机端，既做到文物信息化，也对文物保护做出贡献。

驿站管理系统：文化驿站内物联网管理模块，主要是对博物馆内部物联设备运行状态进行监控，包括文物的温、湿度等环境监测和空气净化器等设备调节控制。管理系统可以针对工作人员的维修记录进行统计，包括文物检测相关传感器的实时数据，在大屏端统计进行展示。

（三）数智化特色乡村民宿

在人们的旧有印象里，农村的卫生条件普遍较差，且由于受限于基础设施的落后，住宿条件一直无法满足城市游客的旅游住宿需求。但是，随着国家乡村振兴战略的逐步落实，乡村民宿已经发展成为农村文化振兴、农民增收致富的一条新路径。2019 年，中共中央办公厅、国务院办公厅印发的《数字乡村发展战略纲要》，提出要促进游憩休闲、健康养生、创意民宿等新产业发展，规范有序发展乡村共享经济

农村拥有良好的生态资源优势，是发展民宿经济的天然地区，随着民宿规模扩大，大量民宿经营者面临着民宿数据管理技术落后、营销渠道狭窄、宣传手段比较单一等一系列问题。通过数智化手段对农村民宿进行升级改造，将极大改变目前农村民宿的发展瓶颈。

数智化硬件改造：目前有大量适用于民宿的智能门锁、人脸识别、智能安防等硬件设备，可降低酒店管理人员的工作成本；民宿内部还有声控的智能窗帘、智能照明等应用，可供低成本的民宿房间改造之用，提升用户的住宿体验。

数智化订单管理：经过数智化硬件改造，民宿的房间基本具备了无人化的基础设施条件，可以通过统一 PMS（PropertyManagement System，酒店管理系统）接入携程等头部线上酒店订单平台，从而获取民宿的客户流量数据和订单。

数智化文化展示：经过数智化改造后，民宿房间内的电视、投影、音响等设施可以成为乡村文化的推广展示平台。在用户入住民宿后，可以通过此平台，对当地的乡土民情、饮食文化、革命历史等进行数智化展示，还可以依凭此平台进行土特产的宣传和销售，提高用户旅游的体验。

民宿数智化改造除了为经营者和消费者带来便利和利益，村委会和县镇政府以及旅游主管部门也可以通过平台全面、准确地掌握民宿的入住率、房价变化、淡旺季游客量等各项数据。客观数据的生成与采集可以让旅游主管部门的研判更加科学，并及早采取科学有效的行业监管行政措施，促进本地民宿业的繁荣。

案例　云南勐巴拉5G+数字雨林小镇，数智农旅小镇新标杆

位于云南省西双版纳傣族自治州勐海县的勐巴拉 5G+ 数字雨林小镇，是 2019年云南省委省政府挂牌的唯一一个数字小镇。勐巴拉5G+数字雨林小镇利用中国移动5G网络，以游客互动体验为中心，打造了一张图管理平台、环境监控、智慧安防、智慧

票务、智慧停车场、智慧厕所、360°全景 VR 直播、无人机视频直播、慢直播、智慧酒店、Wi－Fi 覆盖等一系列 5G 应用，实现了小镇资源和旅游信息的系统化整合与深度开发利用。

文旅一张图：一张图管理平台是以地理空间为框架，构建统一的综合管理平台。平台上整合了智慧票务、智慧安防、环境监测、智慧停车、智慧出行、无人超市、刷脸支付等多种应用，所有资源一张图管理，所有设备一张图控制，所有事件一张图显示。从经营者的角度出发，"一张图"的最大好处是让管理者能快速消化信息，基于更加全面的数据迅速做出决策，从而为游客提供更好、更及时的服务

环境智能监控：勐巴拉有得天独厚的七大自然资源，即高森林覆盖率、密集负氧离子、最适合人类居住的 1200 米海拔高度、18.7C 年均气温、天然温泉资源、12 700 多亩雨林湖泊资源、地处五大长寿带，确保这些自然资源始终处于最佳状态也就成了最重要的任务。中国移动提供的 5G+ 环境监测应用可以收集物联网传感器采集的多种环境数据，将环境监测和环境显示发布融为一体，一站式、多维度解决了现场环境数据采集、传递、存储、分析、发布等难题，同时也为小镇的日常管理、分析、预警、决策提供了强有力的工具。

智慧安防：良好的安防体系，不仅有利于景区的管理，对游客的人身、财产安全也是非常有力的保障。在勐巴拉，建立了基于5G网络的视频监控系统，管理人员能够远程完成对监控对象的视频录制、制定监控策略等操作，还可以联动报警安防、应急指挥等应用，实现监控的智能化、多元化。在视频数据采集的背后，还应用了人工智能、大数据等技术，兼具信息采集和智能分析功能，让小镇管理更轻松、环境更安全。

智慧票务：景区的票务看起来简单，实际操作起来却非常复杂。以门票的销售为例，线上各个平台、线下各个网点，支付用现金、银行卡、移动支付，票证用纸质票、二维码、身份证，还有验票环节，总之给景区和游客都造成了不小的负担。景区提供的智慧票务系统实现了线上线下一体化销售管理，支持二维码、身份证等核验方式和移动支付接入，并提供销售数据统计及客户来源分析等。系统还可以实时监测小镇内重点区域人流数量，实现售票精细化管理和景区的科学化管理，打造融购票、检票、服务于一体的轨道交通互联网业务闭环。

智慧厕所：对于任何景区来说，厕所的管理都是一个难点。在勐巴拉，中国移动带来了厕所软数字化提升方案：厕所入口处设有电子屏，清晰显示厕位分布情况，并

标示"有人"或"无人"；利用空气传感器监测并实时报告氨气、硫化氢浓度，发现数据超标及时采取对策；实时监控卫生间内温度、湿度等参数，确保厕所时刻处于明亮、清洁的开放状态。整个系统综合运用互联网、物联网、数据分析技术和设备，实现了公厕在安全、卫生、管理等方面的全面改善。

360°全景VR直播：在小镇特色景点，现场安装有全景摄像机，采集的360°全景视频通过5G网络传输到分发服务器，客户可以用VR眼镜观看视频景象。与普通直播相比，360°全景VR直播是全新的视觉体验，游客能以第一视角自行决定观看方向、范围，抬头仰望可见蓝天，低头俯视可见绿地，平视远方则是优美的自然景观。

智慧民宿酒店：随着游客消费习惯升级，人工智能将广泛地运用到酒店的经营、管理等方方面面，智慧酒店对于改善游客入住体验、降低酒店运营成本、提升管理和服务效率将发挥重要作用。在勐巴拉小镇，运用云计算、物联网等技术，以智能设备为载体，帮助酒店实现了智能化和个性化服务。首先是带给客户入住全流程的智慧化体验，客户可以自助办理入住，无须前台等待办理、领取电子门牌等流程。客人还可以选择刷脸入住，完成全流程的入住手续。

勐巴拉5G+数字雨林小镇一、二期建成后，将成为"一张图+N项应用+大数据中心+运营感知体系+5G"和相关应用的数字小镇示范标杆，配合当地政府数字工程建设，服务于地方高质量、跨越式发展。未来，将建设更多的"特色、产业、生态、易达、宜居、智慧、成网"的特色小镇，通过5G+旅游行业其他应用，从线上到线下、从消费到生产、从平台到生态，推动旅游行业向信息化、科技化和智能化全面发展。

二、数智化乡村文明治理

从广义上说，文化是人类在社会历史发展过程中所创造的物质财富和精神财富的总和。农村的文化资源，除了文物古迹、革命历史遗迹、民族村寨等实体的可供游客参观的资源外，衡量农村文化振兴水平的高低，还应包含饮食传统、民俗文化、名人传记、农耕文化等一系列非物质文化遗产。文化的概念还应该包含文明，在农村也应当包含农村的乡风文明建设情况，包含村容村貌、垃圾治理，以及网络舆情管理等。

乡村文化资源种类可谓包罗万象，因此有必要通过一个数智化平台，盘点农村物质的、非物质的以及乡风文明的情况，以供政府全面监管、评估，并有针对性地对乡村进行文化立项与资金支持。有了整套数智化文化管理数据后，我们还能将其中的文化资源进行资产化交易或者股份制改造，切实提高村民收入。

（一）数智化乡村文明服务

乡风文明的核心应该是推动和引导广大农民树立建设社会主义新农村的思想观念和文明意识，养成科学文明的生活方式，提高农民的整体素质，培养造就有文化、懂技术、会经营的新型农民。乡风文明的文化资源应包含农村中的各种物质的与非物质的文化资源，比如民俗风情、饮食、土特产、文化品牌等，借助平台将文化资源形成数智化资产，然后通过文化振兴系统对农村的文化振兴情况进行评估。对于农村的文化短板，政府可以根据平台的评估情况，有针对性地对文化短板进行文化资金项目扶持，并对扶持项目通过平台进行文化振兴后评估。通过文化资源平台提供的服务，政府和运营方还能将文化资源上架到平台上进行资产交易，彻底盘活农村文化资源。

（二）数智化乡村文明治理

乡村文明是文化振兴中的一环，需要通过政府、企业、农民的共同努力。农村过去的一些"不文明"现象主要表现为垃圾乱丢乱堆放、厕所脏乱差、违建严重、缺乏问题反映渠道等，通过近年来各级政府的努力，包含"厕所革命""垃圾整治""风貌工程"等各省政府统筹的乡村文明治理工程，已经通过基建的方式改善了乡村的文明风貌。

在新基建的阶段，除了原有的基础设施建设外，还需要通过数智化手段，将目前农村的厕所信息、垃圾监控、违建信息、投诉公开等信息，利用 5G、物联网等技术整合到乡村文明治理平台中。村民可以通过手机、电脑等终端，查看厕所位置信息、违建投诉等的处理结果；政府也可通过平台，收集村民、执法队员以及物联网设备上报的乡村文明信息，对违建、垃圾堆放、厕所卫生等情况进行分析和定期处理；如果遇到村庄突发状况，村委会可及时派出处理人员进行处理。

（三）数智化乡村网络文化引导

乡村网络文化阵地建设是指将网络媒体作为社会主义先进文化在农村地区传播的有效渠道，乡村网络文化引导主要包括整治农村互联网非法活动、清理网络空间违法和不良信息等，通过清理整顿网络负面信息，加强内容创作和传播引导，为农村居民打造清朗健康的网络空间环境。

进入数智化时代，乡风文明的内涵已经跃迁到网络文明的层面，也给政府的管理带来新的挑战。2021 年 7月，中央网信办、农业农村部等部门印发的《数字乡村建设指南 1.0》文件指出，对于乡村网络文化，县级层面政府应依据《网络信息内容生态治理规定》，加强对互联网信息平台违法和不良信息的巡查清理，依托互联网违法和不良信息举报平台，受理群众举报，定期开展宣传教育活动。县镇村级政府原先的人工巡查方式，已经无法解决新时代的网络问题，需要在县级政府搭建一整套乡村网络安全审计系统，对网络文化进行引导工作。

针对农村网络4G/5G、Wi 一 Fi、有线宽带等接入方式，数智化安全审计系统通过对融合终端嵌入 GRAM（General Route Audit Mode，即审计引擎）模块，落实安全审计需求，根据公安部第 82 号令要求直接审计用户上网源数据，功能主要包含以下三个方面。

审计和记录常见上网行为：包括 HTTP、即时通讯、电子邮箱、TELNET、FTP 等常用应用协议，以及自定义协议的上网行为及账号审计，可记录百度、搜狗等主流搜索引擎的搜索关键字，对于网络异常行为系统会告警，为管理部门决策做依据。

上网行为数据记录与分析：通过网监系统对农村网络用户行为进行统计分析，包括上网终端上下线日志、上网终端上下线时间等；通过人工智能算法，系统还会分析网络舆情情感走向，提供分析报告给政府予以决策。

虚拟身份穿透性审计：对于部分通过假 IP 和假账号虚拟上网用户，审计系统支持虚拟身份的协议分析还原、获取。

随着数智化乡村的落地，未来对农村网络文化的引导将成为基层农村政府文化振兴的重要任务：省、市、县需要通过三级的网络安全审计平台，建立与完善网络违法和不良信息举报平台，清理和下架违法违规的信息、网站、移动应用程序，联合公安网络安全部门对农村网络进行管理和查处，实现乡村网络文化振兴。

案例 云浮市新兴县天堂镇"5G 直播贺新春双城雄狮齐献瑞"

2021年1月26日下午，新兴县天堂镇"5G 直播贺新春双城雄狮齐献瑞"活动在朱所村九统领广场隆重举行，活动同步在南方 +、新浪直播、广东移动粤享 5G、微赞平台直播。这是一场用5G 直播新技术展示美丽乡村和乡村体育文化的新尝试，吸引了超过 100万网友观看。

天堂镇因高地势和石灰岩地质，长期饱受饮水之困，经济发展落后，居民纷纷外出打工。随着乡村振兴战略的实施，当地政府根据本地农业发达、历史文化悠久的特点，制定了旅游兴镇的发展战略，乡村文化成为重点打造的方向。

此次直播展示的舞狮文化，是天堂镇乡村文化建设的一个缩影。该镇修缮老屋，建立了狮队历史展示间，复原了练功房，立体生动地传播了舞狮文化。舞狮之外，该镇整饬破旧农房，在村中央修建了宽敞的九统领文化广场，展示"一河两岸九统领，火烟相盖两省长"的传奇历史，也成为村民跳广场舞的乐园。据了解，该镇还在建设标准游泳池，让村民也能享受媲美城市的公共健身服务。在文化建设的支撑下，天堂镇朱所村成功创建 AAA 景区，每天都有外地游客参观。

第六节　数智化碳源碳汇监测：生态振兴

乡村振兴，生态宜居是关键。良好生态环境是农村的巨大优势和宝贵财富。要坚持人与自然和谐共生，走乡村绿色发展之路，让良好生态成为乡村振兴支撑点。中国的农村实际上是碳汇（吸收二氧化碳的量）和碳源（排放污染）的主要集中地，农村是碳汇集中地的原因是目前我国农村存在大量的森林植被可以做"固碳"之用，而农村的碳源是由于燃烧秸秆、施用化肥、畜牧养殖、生活垃圾等产生的废水、废气又会造成碳排放的污染。

要实现我国乡村的生态振兴，一方面要通过清洁能源、污水整治、垃圾清理等方式，减少碳排放；另一方面，要加大农村的树木保护，保持生态多样性，降低林火风险，实现碳汇的增长。两个方面对碳中和的影响一增一减，最终是否能真正实现碳中和的目标，必须要通过数智化的手段进行生态评估。只有通过 5G 和物联网等手段对农村的碳汇数据进行长时间监控和跟踪，才能掌握农村的生态情况是否有真正改善，也为下一步"碳交易"提供数据基础和数字资产。生态振兴，将为习近平总书记"绿水青山就是金山银山"赋予新内涵，"绿水青山"可以通过数智化成为"金山银山"的金融资产。

一、数智化碳源

治理农业农村污染，是实施乡村振兴战略的重要任务，事关全面建成小康社会，事关农村生态文明建设。2018 年 11月，生态环境部和农业农村部联合印发了《关于印发农业农村污染治理攻坚战行动计划的通知》，文件要求实现"一保两治三减四提升"；"一保"，即保护农村饮用水水源，确保农村饮水安全更有保障；"两治"，即治理农村生活垃圾和污水，实现村庄环境干净整洁有序；"三减"，即减少化肥、农药使用量和农业用水总量："四提升"，即提升主要由农业面源污染造成的超标水体水质、农业废弃物综合利用率、环境监管能力和农村群众参与度。为实现生态振兴战略，确实落实农村绿色生产生活的目标，2021年7月，农业农村部七部委联合印发的《数字乡村建设指南 1.0》中，明确提出了要实现农业绿色生产和农村绿色生活，通过云计算、物联网、人工智能、无人机、高清视频监控等信息技术手段，对乡村居民生活空间、生活用水等进行监测，为农村人居环境综合整治提供依据。

碳源 （carbon source），是指向大气中释放碳的过程、活动或机制。自然界中碳源主要是海洋、土壤、岩石与生物体。工业生产、生活等都会产生二氧化碳等温室气体，也是主要的碳排放源。这些碳中的一部分累积在大气层中，引起温室气体浓度升高，打破了大气层原有的热平衡，影响了全球气候变化。

目前，农村是我国碳源的集中地，农村的污染问题比较严重，主要集中在畜牧种植等农事生产和农村的生活排放导致的水污染、生产及生活导致的垃圾污染及焚烧秸秆和农事生产导致的空气污染等。面对农村污染，以下三个问题是农村实现生态转型、固碳减排的阻碍。

农民的环境意识较差：农村生活环境"脏乱差"现象严重，农民由于缺乏环境意识，经常把污水、垃圾随意排放、畜禽散养、秸秆乱焚烧，导致农村大气、地表和地下水污染，眼前的小成本生产生活换来的是未来污染的大投入整治。

政府监管难：由于农村土地广袤，人员众多，政府通过传统的方式对污染进行监管非常困难，造成了农村污染的无序扩展。

农村外来污染严重：农村的污染问题并不能只通过农村本身来解决，农村的污染还存在大量城市垃圾转移、工业废水排放等问题，需要形成跨区域的污染监控体系。

施行传统的农村污染监管，政府只能通过基层干部日常巡查和下去执法等人力方式进行，污染监控的全面性和广泛性难以得到保障。通过 5G、卫星遥感、物联网等数智化手段，将能极大提升农村污染的监测效率，真正为国家"碳中和"战略实现农村的固碳成效。

（一）数智化水污染监测

在饮用水安全问题上，一些地方政府存在"重城市轻农村"的积弊，导致城市的污水、工业的废水，由城市向农村转移，农村饮用水安全遇到严峻的挑战。造成农村水污染加剧的原因是多种多样的。近年来农村人口向集镇集中，一些经济发展较快的集镇，外来人口迅速增加，但与城市相比，农村人口聚居点往往缺少合理的建设规划和必要的基础设施，生活污水几乎都未经处理就直接排入河道。在乡镇工业造成的环境污染不见减少的同时，某些污染严重的城市工厂的污水也开始向农村转移，更加剧了农村的污染。随着农村养殖业的规模化，污染问题也日益严重，有些养殖场直接把污水甚至畜禽粪便直接排入河中，造成河流富营养化，加剧了水质恶化。农村许多人环保意识不强，生活垃圾常随意倾倒在河边或沟渠里，有些人甚至把畜禽尸体直接扔入河中。农药和化肥的大量使用，加剧了农村河流水污染的程度。

数智化水污染监测系统可以最大限度地解决农村水污染问题。可用于水质监测的物联网设备种类丰富，包括水质分析仪、水质哨岗站、水质浮标站、水质臭氧分析仪、水质毒性分析仪、重金属分析仪、废水分析仪等，可以将这些设备布设在需要监控的河流、湖泊、水源地等区域，这些水质物联网设备将会自动地定时将水质数据通过5G、卫星等网络通信系统回传到农村水环境平台。农村水环境一张图，展现农村水质实时监测数据，以便管理部门快速、全面掌握流域水质现状，还可展现流域污染源分布、污染排放情况。农村水环境一张图可以直接实现以下三大功能，实现低成本和少人力地对水污染进行全面监测。

农村水污染排放清单：建立流域点源、面源污染排放清单，说清污染物的来源组成，提供区域内污染物的整体分布情况及排放情况。实现水文自动测站监管，排水管网设备、运行状态监控，为农村排水问题解决及决策提供依据及管理能力。

农村水污染溯源分析：在农村重点污染源现场安装污染物排放监测仪器，结合 5G 视频、流量计、流速计、污染治理设施运行记录仪、数据采集等仪器、仪表，实现污染源全生命周期在线监控。建立断面—河段—污染源的溯源分析模型，针对水质超标或异常情况，实现对污染来源的精准追溯。

农村水质预警、预报：基于农村各类水质监测终端，通过建立指标管理体系，在系统空间监测相应点位上显示当前的监测数据。同时，系统根据用户设定相应河流水质标准，将获得的水质监测数据与该环境质量标准进行比对，进行超标实时显示，并告警。

（二）数智化空气污染监测

随着农村经济的发展，农村产业结构也发生了相应变化，乡镇村办企业如雨后春笋般蓬勃发展，随之而来的是工业"三废"对农村的污染。如砖瓦厂、石灰厂、水泥厂、花岗岩板材厂等建材企业的投产，增加了农村大气中的灰尘浓度，生产过程中还可产生烟雾、二氧化硫、一氧化碳、二氧化碳等有害气体使大气受到污染，城市周围的农村污染尤为严重。由于农村煮饭都是烧煤炭的，煤炭对农村的空气影响很大，而且农村对家庭垃圾的处理不到位，所以许多农户都乱焚烧垃圾，焚烧秸秆，或者焚烧山上野草。秸秆中的木质素、纤维素和半纤维素等易燃物质在燃烧过程中部分转化为含碳颗粒物，大量颗粒物悬浮于空中易于形成霾天气，也为雾滴的形成提供了丰富的凝结核。焚烧秸秆时，大气中二氧化硫、二氧化氮、可吸入颗粒物三项污染指数达到高峰值，其中二氧化硫的浓度比平时高出1倍，二氧化氮、可吸入颗粒物的浓度比平时高出3倍，相当于日均浓度的五级水平。农村的秸秆焚烧等问题，也直接影响了城市空气质量甚至造成雾霾天气。

农村的空气污染是目前我国"碳中和"战略和雾霾整治的一个重要领域。过去，对于农村焚烧秸秆、有害气体违规排放等污染行为，政府只能通过人工巡查执法的方式进行整治。农村偷排有害气体、违规焚烧秸秆等行为通常较为隐秘，人工巡查一般很难发现并及时阻止。因此，需要通过数智化手段，利用空气质量检测物联网设备及卫星遥感，全方位监测农村空气质量，并通过 5G 等网络回传到控制质量数据中心，实现农村空气质量监测一张图，全面广泛地对农村空气污染实现以下三个功能。

农村空气质量评估：运用卫星遥感、物联网等技术对空气气量全方位监测得来的数据，对空气质量进行实时评估，主要是为农村的气体、焚烧等可能性空气污染行为建立负面清单，并制订排放计划。

农村空气污染溯源分析：农村的空气污染一般来源于本地自身污染和外来污染两种可能。首先需要通过系统应用对空气污染的传播来源进行区分。对于本地产生的污染，系统将提供污染源的分析和定位，给予执法人员具体污染指示信息。对于农村区域外来源的污染，可通过卫星遥感、无人机等技术定位污染源，给予政府协调判断信息。

农村空气质量预警预报：通过视频监控、无人机等方式，对农村内会造成空气质量污染风险的行为，如焚烧秸秆、山火、有害气体排放等进行预警，通过系统及时通知执法人员进行处理。如污染行为已经发生，则通过系统预测污染传播路径和方式，提前防范农村空气的恶化。

（三）数智化垃圾污染监测

随着经济社会的快速发展，群众生活水平的不断提高，农村日产垃圾数量持续递增，而垃圾处理工作比较滞后，脏、乱、差的现象仍时常出现。目前，农村垃圾处理基本采取集中填埋的方式，以简单堆放为主，甚至只是采用简单的露天堆积，无法从根本上解决垃圾的去向问题。垃圾没有进行无害化处理，导致分散的垃圾污染变成集中污染或二次污染。另外，垃圾处理设施和资金不足，也限制了农村垃圾处理。政府是推行垃圾集中收集处理的实施主体和责任主体，承担垃圾填埋基础设施建设的配套投入，而且还要承担垃圾中转站的运行、维护和人员工资以及村保洁员的劳动补贴。由于镇财力有限、村集体经济薄弱，多数农村难以承受这么大的财政负担。

运用数智化手段，可以让政府通过低成本方式监管农村垃圾的堆放、处理、运输等问题，同时结合对村民的线上教育与宣传，加强农民的环保意识，解决垃圾乱扔乱放问题。另外，对于政府的垃圾站等专项投入，可通过信息化手段进行项目资金监管，切实落实政府垃圾处理的项目投入。具体的农村固态垃圾一张图可实现以下4 个功能。

农村垃圾堆运监管：农村面积广袤，监控困难，卫星遥感技术成本低，可以监控到农村的垃圾堆放问题。对于农村垃圾违规堆放、违规填埋等问题，卫星数据可以为平台提供监管和告警的依据。对农村的垃圾运输车辆可通过物联网设备和视频进行监控，实时监管车辆是否有违规倾倒垃圾等现象。

农村垃圾治理资金监管：农村垃圾处理最大的问题是资金不足，但是随着国家乡村振兴战略的逐步落地，对于生态振兴、垃圾整治等资金的投入会逐步到位。农村垃圾治理一张图提供的项目资金管理子系统，可以切实监管项目落地，并给予项目效果后评估结果，提升资金利用效果。

农村土壤污染监管：农村生活和生产固态垃圾对土壤的污染最为直接，处理不当会造成土壤长期重金属超标和盐碱化等问题。应用物联网设备对土壤关键指标进行监控，如果出现土壤污染超标等现象，可通过系统告警，采取专业处理。

村民环保行为公示：很多农民对农村"脏、乱、差"现象习以为常，缺乏遏制环境污染的主观性，仍然存在"干部干，群众看"现象。对于村民乱扔垃圾、乱堆放杂物等行为，平台系统通过手机 APP、PC 终端、村委会大屏幕等方式进行公示，并给屡教不改的村民提供环保教育，切实让生态环保成为村民的日常。

案例　新泰市光伏+大棚，实现现代农业"农光互补"需求

山东省新泰市曾经是全国重点采煤大县，中华人民共和国成立以来，共生产原煤 4.7 亿吨。由于煤炭资源长期被大量开采，造成土地大面积塌陷，导致水土保持条件丧失，耕种条件被破坏，上地废弃，昔日热火朝天的煤田，逐渐成了"无人区"。为改善当地生态环境和经济模式，近年来，政府积极发展智慧光伏农业，利用采煤沉陷区大量废弃土地建造光伏大棚，棚顶安装太阳能电池板发电，棚内种植有机农产品，依托云计算平台，对近一万个大棚实施智能化管理，让菜农可以实时监测每个温室大棚内的各项环境指标。同时，平台还可以结合农作物生长模型，做出智慧化决策，比如自动调控卷帘、风机、灯光等设施，不断优化种植方案，为广大菜农提供产出效益的最优解。

"移动云+技术服务+数据平台"三位一体综合智慧农业服务平台，为乡村振兴发展带来三方面价值：一是实现采煤沉陷区治理效益的综合提升，已修复沉陷地 2.8 万亩，生态系统宏观结构改善；二是使新泰市现代农业产业园年均发电收入 10 亿元，年均收入 4 亿元，打造转型升级新业态；三是该园区农业收入 1.5亿多元，可解决1000多农民的就业问题，人均年收入6万元左右，树立群众致富增收样板，成功为云计算、物联网、5G 等技术助力农业信息化提供了可复制案例，使之成为"光伏+沉陷区+农业+文旅"特色农业经济模式的样板项目。

数智化的农业生产方式，让原本污染的沉陷区变为了节能减排的先行区。随着移动云和新泰市的成功经验在全国大面积复制，越来越多的农村和农民将迈进智慧化、数字化时代，真正实现乡村振兴、生态振兴。

二、数智化碳汇

应对气候变化，我国提出"二氧化碳排放力争于2030年前达到峰值，努力争取2060年前实现碳中和"，"到2030年，中国单位国内生产总值二氧化碳排放将比2005 年下降65% 以上"等目标承诺。我国提出的新目标中，森林蓄积量将比 2005 年增加60亿

立方米，森林碳汇将在实现碳中和目标过程中扮演越来越重要的角色。林业和草原应对气候变化的地位和作用，被提升到新的高度，森林固碳是减缓气候变化的主要途径之一，近年来我国开展了大规模国土绿化行动。

党的十八大以来，党中央、国务院更加重视林业，习近平总书记对生态文明建设和林业改革发展做出了一系列重要指示批示，特别指出，林业建设是事关经济社会可持续发展的根本性问题，是关乎生态文明建设成效、实现美丽中国的关键。党的十九大报告中，将生态文明建设放在重要战略位置，随着"绿水青山就是金山银山"等重大理论创新，林业被赋予了全新使命，也对林业改革提出了新理念、新要求。2021 年10月，国务院关于印发《2030年前碳达峰行动方案的通知》也指出，要提升生态系统碳汇能力。实施生态保护修复重大工程。到 2030 年，全国森林覆盖率达到25%左右，森林蓄积量达到 190亿立方米。

下面解释几个双碳的基本概念：

碳达峰，是指我国承诺2030 年前，二氧化碳的排放不再增长，达到峰值之后逐步降低。

碳中和，是指企业、团体或个人测算在一定时间内直接或间接产生的温室气体排放总量，然后通过植树造林、节能减排等形式，抵消自身产生的二氧化碳排放量，实现二氧化碳"零排放"。

碳汇 （carbon sink），是指通过植树造林、植被恢复等措施，吸收大气中的二氧化碳，从而减少温室气体在大气中浓度的过程、活动或机制。

要实现数智化林业的发展，真正让我国森林成为固碳和碳汇的"车间"，目前仍然存在困境与挑战，主要有三个方面。

基础设施装备落后：森林防火、野生动植物保护、资源管理、林业执法、有害生物防治等现代装备手段落后，基层站所基础设施装备落后。

管理服务水平不高：管理较为粗放，难以做到精准保护、精准建设。林业大数据融合度低，互联网等现代先进技术应用不足。

林业产品供给能力不足：生态体验设施缺乏，森林湿地难以感知，生态资源还未有效转化为优质的生态产品和公共服务，生态服务价值未充分显化和量化，生态服务已经成为我国与发达国家的最大差距。

针对以上三个林业信息化问题，国家出台的政策也明确指出，通过 5G、物联网、大数据等新一代技术，将是林业现代化发展的新引擎。在2021年7月国家林业和草原局发布的《"十四五"林业草原保护发展规划纲要》指出：应用新一代信息技术，与林业各项业务深度融合，全面提升林业现代化水平。深化遥感、定位、通信技术全面应用，构建天空地一体化监测预警评估体系，建设林业云平台、物联网、移动互联网、大数据、"天网"、信息灾备中心等，夯实和提升林业信息化基础支撑能力，形成立体感知、互联互通、协同高效、安全可靠的"互联网+"林业发展新动力。同时，在国家林业和草原局 2019年9月发布的《中国智慧林业发展指导意见》也指出：智慧林业是指充分利用云计算、物联网、大数据、移动互联网等新一代信息技术，通过感知化、物联化、智能化的手段，形成林业立体感知、管理协同高效、生态价值凸显、服务内外一体的林业发展新模式，是未来林业创新发展的必由之路。

为实现林业现代化的发展，实现未来数智化林业目标，全面为我国"碳中和"目标提供数据基础，需要通过物联网、卫星遥感、无人机等各种新技术，在林区内搭建具有综合管理能力、人工巡检管护能力、定点检测能力、机载监测能力，以及卫星遥感监测能力的数智化林业云平台。通过5G+ 数智林业云将数据回传到后台，通过 PC、手机、数据中心大屏等综合展示方式，为林区管理人员提供综合指挥中心、运营及信息服务中心和林业大数据中心三大中心服务，最终实现"林业一张图"管理全国、全省、全市、全县的林区资源。

众所周知，5G 由于高频的原因，覆盖广度和穿透力确实存在定的缺陷，但是随着5G 700MHz 黄金频段的开放，预计未来5G700MHz 将会在我国林区大规模使用，同时配合龙伯球透镜天线，将从根本上改善5G 的广域覆盖范围。5G 两种主要频段覆盖测试对比可知，5G 700MHz 的覆盖范围是一般的3.5GHz 频段的58倍。配合龙伯球透镜天线使用5G 700MHZ 对林区进行网络覆盖，将能极大减少基站的建设数量，同时也会大大降低网络建设成本。

（一）数智化林长制

2021年1月，中共中央办公厅、国务院办公厅印发《关于全面推行林长制的意见》，对全面推行林长制、保护发展森林草原资源提出明确要求。这是加强生态文明建设、为保护发展林草资源提供强大的制度保障。总结国家推行"林长制"三个字的战略，核心是要从制度上保障林区和人的责任之间的关系，但是推行林长制面临着以下三个数据困境。

林区信息孤岛现象：林区监管信息只有相关工作人员才能掌握，普通群众无法了解周边林区的情况，不能透明地掌握相关信息。林区巡检过程中，相关数据没有进行科学处理，发现的问题不能进行统一分类处理，对于相关数据无数据分析，不能根据以往工作指定下一步工作计划。

数据管理成本极高：现阶段林区巡检采用人工报表、手写等形式进行数据上报，无统一标准格式，随时间积压、数据量庞大，观看效果不明显，管理工作量大。传统林区管理流程中，上级领导不能及时掌握林区负责人的工作情况，往往出现"浑水摸鱼"的现象，某些负责人不认真工作，无统一的监管制度。

林长人员效率低：传统的林区巡检只能靠人员现场观看，凭借手动记录，"记忆性"记录，问题反馈不及时，管理流程杂乱，效率较为低下。

要解决目前林长制问题，需通过 5G、卫星遥感、物联网、无人机等新的数智化感知网络和设备，来搭建林长制的指挥调度平台。平台包含人工巡检管护和应急管理两大子模块。

人工巡检管护：主要解决林长责任人员日常工作，即人在哪里、人员基本信息、能力水平提升三大问题。由于目前林长人员的受教育程度较低，且日常工作无法监管，需为林长人员配备5G+ 北斗智能终端设备，设备提供定位监测、人员考核、巡护事件监测等功能。同时，如果林长人员发现了自身知识无法解决的问题，管护终端和系统还提供远程专家指导和日常培训等功能。

应急指挥管理：除了林长人员日常巡护工作外，还需要对林区进行集中化管理，如林区遇到车辆和人员违法入侵、人为破坏等情况，系统需要告警并派出林长人员进行处理。另外，对于林长制对于林区的生态修复，也需要通过数字化进行评估和展示。

（二）数智化生态监测

为实现我国"碳中和"和"碳达峰"的双碳目标，我国的林区生态修复显得极为重要，2020年6月，由国家发改委、自然资源部会同科学技术部、财政部、生态环境部、水利部、农业农村部、应急管理部、中国气象局、国家林业和草原局等有关部门，在充分调研论证的基础上，共同研究编制的《全国重要生态系统保护和修复重大工程总体规划（2021—2035 年)》（以下称《总体规划》)，明确要依法追究林区等生态环境破坏的责任，加快构建"多规合一"的国土空间的规划体系，并强化用途管制，要统筹划定严守生态保护红线、永久基本农田和城镇开发边界这三条控制线，以及海域的各类保护线，要确保生态空间面积不减少、性质不改变、功能不降低。

《总体规划》在明确目标的同时，也提出了目前生态监测存在的科技问题，生态保护和修复标准体系建设、新技术推广、科研成果转化等方面比较欠缺，理论研究与工程实践存在一定程度的脱节现象，关键技术和措施的系统性和长效性不足。科技服务平台和服务体系不健全，生态保护和修复产业仍处于培育阶段。支撑生态保护和修复的调查、监测、评价、预警等能力不足，部门间信息共享机制尚未建立。

林区的生态修复和生态监测需要在林区内建设大量物联网、卫星遥感、视频监控、无人机等感知点，通过4G/5G无线网络、光纤等有线专网及卫星传输通信，将感知数据汇聚到生态监测云平台，并通过平台实现生态监测基础功能，包括以下五个方面。

林区资源监管：整合卫星遥感和物联网等数据，统计出林区的林地资源、森林树木资源；通过碳卫星和物联网设备监测林区碳浓度，确定林区固碳值；通过确定林区土地、树木、固碳等资源，为林区管理者和政府提供管理决策的依据，也为未来碳交易建立了数据基础。

野生动物监测：林区动物生态保护是生态监测的重要一环，通过野生动物监测子系统，建立珍稀物种、野生动物管理数据，实现物种识别和物种分析监测功能，为林区管理和保护形成数据依据。

生态因子监测：通过物联网设备，监测林区的气象、土壤、水体、空气等生态因子，对于气象、空气异常等现象进行告警，并形成长期的历史数据提供给生态保护管理。

过境活动监测：林区生态保护，需要限制外来人员进入与破坏，需通过物联网、无人机、卫星等电子围栏技术，对林区过境车辆、人员进行监管。如果遇到违法、违规进入和过境的人员和车辆，系统要即时告警与通知林区管理人员处理。

生态灾害监测：林区最大的生态风险来自火灾，需要通过卫星和视频监控、无人机等技术，及时对火灾信息进行监控和处理。林区如果遇到外来物种监测、病虫害和其他疫情，也需要通过卫星遥感、无人机等方式进行告警。

遥感卫星能对生态系统碳吸收进行全方位监测，可以准确度量碳汇资源、评估固碳能力。目前，通过监测二氧化碳浓度追溯碳排放的方法对于评估温室气体减排最为直接。大气二氧化碳浓度测量主要依赖于观测和模拟。传统大气二氧化碳观测方法，虽然精度较高，但都是单点测量且站点有限，而采用卫星遥感方式则可以在全球大范围二氧化碳统一监测中发挥极大作用，可以通过大气输送模型模拟二氧化碳传输过程以及某一时刻、某个地点大气二氧化碳的含量。目前，可对二氧化碳进行监测的卫星有日本 GOAST（搭载红外及近红外碳传感器）、美国 OCO-2 以及中国碳卫星（TANSAT，搭载高空间分辨率的高光谱温室气体探测仪）。通过卫星数据的反演算法获得较高精度的二氧化碳数据，表现为利用二氧化碳浓度观测结果，结合气象场资料和大气传输模式，利用同化技术来"反演"通量，最终估算区域源汇。

（三）数智化林区智能管理

除了林区的生态监测和林长制管理外，林区的智能管理也非常重要。由于目前林区内的信息化水平比较低，管理较为粗放，难以做到精准保护、精准建设，需建设一套林区智能管理系统来提升林区管理能力具体包含以下两个方面。

林区运营管理：包含林区的信息新闻公告，通过运营商个人基站定位和 GPS、北斗导航系统的定位数据，对林区人流进行分析，同时提供手机小程序进行林区票务管理和电子导览与导航。

林区运维管理：基于林区资源等综合数据库，建立林区的森林资源地图管理、基础设施管理。通过一张图展示林区基础资产信息，并通过系统提供林区资产的交易管理，包含林地交易、森林树木资源交易等。

整个林区智能管理可以通过建设一个指挥中心，结合林长制管理、生态监测等，通过指挥中心大屏，为管理者展示"林业一张图"，实现林区的资源、人员、管理可视化。

案例 广东全面推进林长制，加快建设"森林广东"

自 2021 年起，广东省将全面推行林长制，把建立林长体系作为第一任务，各市、县分别由党委主要领导同志兼任第一总林长，政府主要领导同志兼任总林长。到2021年底，基本建立省、市、县、镇、村五级林长体系。加快建设"森林广东"，为本省经济社会高质量发展提供强有力的生态支撑。切实增强做好自然保护地管理和推行林长制工作的责任感、使命感和紧迫感：到2025年，要完成南岭国家公园主要建设任务和自然保护地整合优化，力争自然保护地建设管理工作走在全国前列。

林长制有利于建立健全森林资源保护发展责任体系；加强组织保障，推动自然保护地管理和林长制工作取得新成效。广东省林业局森林保育中心通过融合升级北斗及4G、5G 终端，搭建林长制云平台，新建指挥调度系统、GIS 系统、"和对讲"、多媒体系统等系统，进行现场拍照、摄像、录音、定位、导航、直播等多手段，针对森林防火、野生动物、病虫害、乱砍滥伐、偷砍盗伐林木、非法侵占林地、开山炸石、开矿采砂、乱捕滥猎、破坏野生动植物资源等行为，及时有效地采取措施组织扑救和制止，并向指挥中心报告情况，同时可将现场情况直接传送到指挥中心的大屏，巡察记录通过物联网平台保存到云平台，形成林业工作大数据，为后期工作的开展起到明确的指导作用。

项目为广东全省 3 万个护林员提供了北斗 +5G 智能终端，包含了前端数据采集系统、数据传输系统、后台指挥调度系统。通过移动互联网、物联网、云计算、GIS、多媒体直播等技术，实现林区网格化无盲区高科技管护，让护林工作"可视、可控、可查"，解决了工作难以统一调度、管理、量化的问题，健全了工作体系，形成了可分解、可实施、可监测、可考核的指标体系，推动了林长制工作科学化、规范化、长效化，为加快完善公益林保护、林业投融资、基础设施建设、科技支撑等方面政策措施，提供有力保障。

三、数智化碳循环农业

为实现我国的"双碳"目标，除了要做好固碳和减排，通过数智化手段提升我国碳源和碳汇监测水平，我们还需要运用数智化手段提升我国生态农业、碳循环农业的水平。我国农业废弃物种类多、数量大、利用低、污染重，发展循环农业是促进农业节能减排的重要途径之一。种植业、畜牧业、渔业所产生的秸秆，畜类、沼渣等有机废弃物对环境以及农村温室气体"排"与"固"有着极其重要的影响。当前，我国化肥、农药年施用量均为世界第一。化肥、农药等高碳型生产资料的过量投入，导致资源效率低，浪费大，环境风险高，通过推行畜禽粪污能源化利用的长效机制，研发畜禽类污低碳绿色处理技术模式，全面推进有机肥替代化肥行动，实现农业碳消耗的减少。

为推广碳循环农业的发展模式，农业部 2017 年印发了《种养结合循环农业示范工程建设规划》的通知，要求加强种养结合、促.3.1循环经济发展以及启动实施种养结合循环农业示范工程等有关要求，推动农业生产向"资源—产品—再生资源—产品"的循环经济转变，加快促进种养结合循环农业发展。

种养结合的循环农业无疑是在农村促进"双碳"目标的一个重要创新举措，5G、大数据、物联网等数智化手段将极大地促进碳循环农业的下一个阶段转型发展。

（一）数智化农业循环高标准农田

党的十九届五中全会明确提出，实施高标准农田建设工程，"十四五"规划纲要和近年来中央一号文件均对编制实施新一轮全国高标准农田建设规划做出具体部署。为此，农业农村部牵头制定了《全国高标准农田建设规划（2021—2030 年)》，核心是要建设土地平整、集中连片、设施完善、农田配套、土壤肥沃、生态良好、抗灾能力强，与现代农业生产和经营方式相适应的旱涝保收、高产稳产，划定为永久基本农田的耕地。

与传统的数智化种植方式不同，高标准农田不仅要针对种植形成数智化的解决方案，还需要重点打造 30 字的高标准农田数智化核心："田成方、土成型、渠成网、路相通、沟相连、土壤肥、旱能灌、涝能排、无污染、产量高"。因此，需打造"一中心+六系统"的高标准农业平台来实现未来高标准农田数智化集中管理。"一中心"即数智化高标准农田云中心，汇聚整个高标准农田的数据形成数据中台与集中管理，采取不同账号、不同权限的方式给政府、企业、农户提供不同的服务。"六系统"则确保高标准农田的30字建设方针精准实施。

生态灌溉系统：农田的灌溉水质，对于打造具备循环农业的高标准农田非常重要。除了通过改造灌溉系统实现自动化灌溉，还需要实时监测水质，对于突发污染要实时告警。

农田遥感系统：通过无人机、卫星遥感数据，对农田的种植面积、灌溉水渠、农田道路等进行监管，确保符合高标准农田的建设标准。

田园文旅综合系统：高标准农田建设的核心之一是打造田园文旅综合体，因此需要通过系统对游客、民宿、旅游等资源进行集中管理。

无人植保系统：应用无人机、物联网设备、无人农机等，自动采集、分析、存储农田病情、虫情等信息，具备病虫害疫情监测、疫情分析、疫情预警功能。同时，可以通过无人机实行病害自动喷防。

气象监测及灾害预警系统：对气象 12 要素（环境温度、环境湿度、风速、风向、气压、雨量、太阳辐射、蒸发、土壤 pH 值、土壤温度、土壤湿度、二氧化碳）的功能，通过气象卫星及气象物联网工作站的数据进行实时监测，对气象异常、病害、灾害提前预警。

有机肥料监管系统：对于生态农业或者碳循环农业来说，使用畜禽类等有机肥料是减少污染和碳排放的核心，因此需要通过系统统一对畜禽粪等肥料入库、施肥、排放进行管理。

（二）数智化生态循环美丽鱼塘

随着我国渔业养殖的快速发展，鱼塘老化、污染问题也日渐严重，造成鱼类的大量死亡，明显降低了鱼类的产量和质量，使养殖户收入遭到巨大损失，同时也给渔业产区的周边环境带来了严重污染。所以，须高度重视鱼塘养殖污染的防治。造成鱼塘养殖污染的原因主要有下面三个方面。

滥用药物：随着养鱼量的增加，投饲量的递增，养殖水体会受到外界的严重污染；农田用肥用药的渗透和流淌，使养殖水体中物质成分复杂。这些因素加大了鱼塘准确施药的难度，养殖者难于掌握药量，甚至有些养殖户乱投药，出现用药效果不佳，甚至是用药后反而加剧鱼类的死亡等现象。

清淤不及时：若鱼塘长年不清塘，鱼类吃剩的饲料、鱼类排泄的粪便、水中枯死的藻类植物等大量腐烂下沉，在塘底积成厚厚的黑色淤泥，使下层水长期处于缺氧状态，并产生一些有毒物质，成了致病菌、寄生虫的温床。这是鱼类病害发生的诱因之一。

残饵过剩：农村的养鱼户过度注重产量和收入，常盲目扩大养殖密度；为了节约成本，采用人工投饲，造成投喂饲料超量、投喂方法不妥、所喂饲料品质差等情况，最终导致残饵过剩，造成污染。

解决渔业养殖污染问题的方式，是采用数智化手段辅助建设新时代的"美丽鱼塘"。5G 美丽鱼塘云平台是一个面向水产养殖户和养殖企业的物联云平台，借助物联网、大数据、人工智能等现代信息技术，通过与水产养殖活动的深度融合，实现在水质监测、尾水监测和处理、投喂管理、投入品管理等领域的创新应用，推动养殖的标准化和规范化，推进尾水治理，杜绝尾水超标排放，全面助力百万鱼塘升级改造，构建中国"美丽鱼塘"。

5G美丽鱼塘云平台为水产养殖户和养殖企业提供五大功能，全力推进鱼塘的网络化、数字化和智能化改造，推进构建生态循环的美丽鱼塘。

智能看塘站：结合摄像机的自动巡检和图形识别技术，可以自动对厂房、鱼塘进行巡检，识别异常事件，记录重要片段，并和云平台实现数据互联互通。结合无人机巡塘，按照规划路径巡航，俯拍鱼塘高清晰图片，实现智能巡检，提高巡塘效率。可以实时查看鱼塘环境和水色变化情况。

水质监测系统：可以实时监测养殖水体的水质变化情况，并及时预警和告警；可以联动增氧机自动进行增氧；结合便携式水质监测系统，可给园区的技术人员使用，每天巡检的时候做自动的水质监测和记录，大大减少每天巡检的工作量。

智能投喂：智能设置，远程控制，更精准控制鱼塘投饵机的投饵量和投饵过程，节省饲料投入，降低水体污染。

尾水处理：建设统一的集装箱，进行养殖尾水的集中化和统处理，包含养殖尾水的固液分离、脱氮、除磷和消毒等多个程序，实现循环利用或达标排放。

智能管理：水产品溯源系统为每个鱼塘建立档案，实现一塘一码和全程溯源；实现投入品管理，规范药品的使用，确保水产品质量安全，助力企业产品品牌提升。通过管理系统，对养殖水质、死鱼、鱼病进行统计和分析，并对鱼苗、投入品、药品投入进行分析，做到精细化管理，降低养殖污染概率。

案例　湖州数智化桑基鱼塘，新时代的生态"养鱼经"

桑基鱼塘是种桑养蚕同池塘养鱼相结合的一种生产经营模式。在池埂上或池塘附近种植桑树，以桑叶养蚕，以蚕沙、蚕蛹等做鱼饵料，以塘泥作为桑树肥料，形成池埂种桑、桑叶养蚕、蚕蛹喂鱼、塘泥肥桑的生产结构或生产链条。二者互相利用，互相促进，达到鱼蚕兼取的效果。

桑基鱼塘系统起源于春秋战国时期，已有2500多年历史。桑基鱼塘系统是一种集多种生产类型为一体的生态循环经济模式，利用生物互生互养的原理，低耗、高效地精耕细作，对自然环境进行了保护，这是一个人与自然和谐相处、营造生态文明的典范，是当今世界公认并推广的一种农业生态系统。

在联合国粮食及农业组织主办的第五届全球重要农业文化遗产国际论坛上，湖州

"桑基鱼塘"入选全球重要农业文化遗产保护名录。联合国教科文组织评价为"世间少有美景，良性循环典范"。湖州桑基鱼塘系统具有优美农业景观和诗意田园生活：正月、二月要管理桑树，放养鱼苗；三月、四月为桑树施肥；五月、六月养蚕卖蚕，蚕蛹用来喂鱼；七月、八月鱼塘清淤，用塘泥培固塘基；年底几个月除草喂鱼捕鱼卖鱼。这个桑基鱼塘系统为城乡提供了大量生态、安全、优质的淡水鱼类和桑叶茶、桑叶粉、桑葚及其加工产品，以及蚕蛹、蚕丝蛋白食品及其加工产品。

在乡村振兴政策指引下，湖州市政府以数智化驱动渔业生产智能化，大力推进大数据、物联网、人工智能等在现代渔业的应用，大力发展工厂化设施养殖、池塘循环水"跑道"养殖等高效模式，打造了一批省级数字农业工厂试点示范主体。重点扶持应用物联网智能养鱼模式，推广渔业物联网 5000 余户，助力养殖主体实现生产信息动态监测、设施装备自动控制。以数智化驱动渔业管理高效化，大力推进尾水治理智慧化监管，以德清县建成的全国首个尾水治理信息化管理平台为示范，推进各级尾水治理监管平台建设，形成网格化管理。以数智化驱动渔业经营网络化，积极引导渔业主体加快"电商换市"步伐，以"互联网+"培育水产品营销新业态，培育了"渔业渔都公共服务""水产 1588"等平台，水产品电商年销售额突破 16 亿元。还创新推行"黑里俏芯片鱼""数字生态渔仓"，实现了小、散养殖户水产品的库存数字化和品控全程化。

四、数智化碳交易

目前，全球每年向大气排放约 510 亿吨温室气体，要避免气候灾难，人类必须停止向大气中排放温室气体，实现零排放。《巴黎协定》所规定的目标，是要求《联合国气候变化框架公约》的缔约方，立即明确国家自主贡献减缓气候变化，碳排放尽早达到峰值，在本世纪中叶，碳排放净增量归零，以实现在本世纪末将全球地表温度相对于工业革命前上升的幅度控制在 2C 以内。作为世界上最大的发展中国家和最大的煤炭消费国，中国尽快达峰以及与其他国家共同努力到本世纪中叶左右实现二氧化碳净零排放对全球气候应对至关重要。为此，2020 年，中国基于推动实现可持续发展的内在要求和构建人类命运共同体的责任担当，宣布了碳达峰、碳中和目标愿景。

森林碳汇，是指森林植物吸收大气中的二氧化碳并将其固定在植被或土壤中，从而减少该气体在大气中的浓度。森林是陆地生态系统中最大的碳库，在降低大气中温室气体浓度、减缓全球气候变暖中，具有十分重要的作用。通俗地说，森林碳汇主要是指森林吸收并储存二氧化碳的多少，或者说是森林吸收并储存二氧化碳的能力。有资料说，森林面积虽然只占陆地总面积的 1/3，但森林植被区的碳储量几乎占到了陆地碳库总量的一半。所以，森林与气候变化有着直接的联系。树木通过光合作用吸收了大气中大量的二氧化碳，减缓了温室效应。

碳交易是为促进全球温室气体减排，减少全球二氧化碳排放所采用的市场机制。碳交易基本原理是，合同的一方通过支付另方获得温室气体减排额，买方可以将购得的减排额用于减缓温室效应从而实现其减排的目标。2011 年10月国家发改委印发《关于开展碳排放权交易试点工作的通知》，批准北京、上海、天津、重庆、湖北、广东和深圳七省市开展碳交易试点工作。2013 年 6月18日，深圳碳排放权交易市场在全国率先启动交易。2019 年10月3日，伊春市与河南勇盛万家豆制品公司签订碳汇认购协议，实现了国内购买森林经营碳汇的第一笔交易，交易金额为 30元/吨。2021年7月 16日上午，上海环境能源交易所全国碳市场正式启动上线交易，碳配额开盘价为 48 元/吨。第一笔成交发生在开盘后的第二分钟，价格为每吨 52.78 元，总共成交 16 万吨，交易额为 790万元。

根据 Refinitiv 统计，2020年，全球碳市场规模增长 20%，市场规模已经达到 2720亿美元。碳市场作为温室气体重要减排工具，其作用日益增强。截至 2020 年，全球碳市场的覆盖范围包括1个超国家碳市场 （欧盟）、8 个国家碳市场和24 个地区碳市场 （icap）。欧洲碳市场（EU ETS）启动于2005 年，是目前全球最大的碳排放交易体系，2021年2月，欧洲碳配额价格突破40欧元，创历史新高。

对于欧洲等发达国家碳交易市场，我国的碳配额价格还有很大的增长空间。我国应充分借鉴欧盟碳市场的价格稳定机制和美国碳市场的政策规则，发挥 5G、卫星遥感（碳卫星）、人工智能、大数据、区块链等技术基础上的金融科技优势，设计多层次金融衍生品，打造数智碳交易平台。充分利用传感器和物联网监测技术，加速对 7大碳排行业的排放精准测算，并构建相关数据仓库；通过大数据系统实现对减排核查，制定精准碳配额，推进更多的行业加入碳交易市场。

在实现碳中和的状态之前，需要通过碳达峰来进行阶段性的管理。预计我国将采用指标 + 碳汇的方式进行管理。从整体来看，将有7种机构两个交易对手参与全部指标与碳汇方面的工作，7个机构及职能如下。

监管机构。主要负责碳汇指标的发放与企业排碳情况的监控。

金融机构。为各方提供常规金融服务，包含碳汇项目的融资与环境责任保险等。

审核机构。受雇于政府，负责审计审核机构排碳企业真实状况。

排碳企业。联合碳汇服务商进行碳规划，碳汇项目的直接出资方，指标可同业间买卖，但须在交易平台上进行。

碳汇服务商与开发商。帮助排碳企业评估排碳量，帮助企业获得最优惠程度的碳指标，并根据不足的部分开发碳汇项目，以补充企业排碳指标。

碳汇项目标的公司。林业、新能源、环保等一切可提供碳汇的项目载体。以碳中和为目的的项目要求比较苛刻。

交易、监测、检测技术供应商。为了更方便地辅助全社会对排碳情况的了解，各方均需要通过数字化工具，以可量化的方式进行评估。这些供应商就是以硬软件的方式，提供相应产品的公司。

以上 7种碳交易机构，未来将通过数智化碳交易平台，与碳排放指标的个人及做市商进行交易，从而形成碳汇价格。数智化交易平台将通过5G、碳卫星、人工智能、大数据等技术沉淀碳排放监测能力，并监测碳汇增量数据，服务于下一步碳达峰监测和碳中和提供第三方交易数据。

第七节　数智化基层提效：组织振兴

组织振兴是乡村振兴的保障条件，就是要培养造就一批坚强的农村基层党组织和优秀的农村基层党组织书记，建立更加有效、充满活力的乡村治理新机制。"村看村、户看户、农民看支部"。农村基层党组织是党在农村全部工作和战斗力的基础，是农村各种组织和各项工作的领导核心，必须要强化基层党建工作。新时代实施乡村振兴战略要充分发挥党支部战斗堡垒作用和党员先锋模范作用，铸造脱贫攻坚"主心骨"，凝聚起脱贫致富、奋进新时代的磅礴力量，带领人民群众打好打赢脱贫攻坚战，跃上乡村治理新台阶。

运用数智化的手段，不仅能将党建工作直接、高效地渗透到农村基层，还能切实提升农村的政务信息化、远程医疗、居家养老等水平，减轻基层政务人员的工作负担。同时，数智化将加速推进农村的组织改革，将小农经济下的分散农户，逐步改造成为集体股权所有制的现代化合作社，让农民在市场经济下享有更大的主体权益，切实提升收入。

一、数智化农村基层组织服务

农村基层党组织是凝聚农村广大农民与干部的坚实基础，农村基层党组织的建设将是农村的经济发展和社会稳定的坚强组织保障。经济、社会的发展，对农村党员特别是党的基层干部的要求越来越高，为了更好地加强基层党组织建设，应该对村党组织存在的主题问题有所了解。

基层党务信息传递不流畅：农村党支部书记的党务知识较少，支部活动开展的方式单一，一定程度上造成了党组织的凝聚力、战斗力减弱，党员的先锋模范作用得不到充分体现。

基层村务公开与村民参与不足：基层村务工作存在不公开、不透明的现象，由于部分基层党员干部教育程度和意识问题，致使村务长期由少数人决策，缺乏村民广泛参与。

村组织对村民管理手段缺乏：村党支部对党员的管理办法少，措施不得力，存在着重发展、轻管理的情况。

针对农村基层组织建设的问题，2019年6月，中共中央办公厅、国务院办公厅印发《关于加强和改进乡村治理的指导意见》。文件指出，到2020年，现代乡村治理的制度框架和政策体系基本形成，农村基层党组织更好地发挥了战斗堡垒作用，以党组织为领导的农村基层组织建设明显加强，村民自治实践进一步深化，村级议事协商制度进一步健全，乡村治理体系进一步完善。到2035年，乡村公共服务、公共管理、公共安全保障水平显著提高，党组织领导的自治、法治、德治相结合的乡村治理体系更加完善，乡村社会治理有效、充满活力、和谐有序，乡村治理体系和治理能力基本实现现代化。同时，在 2019—2020 年中央一号文件中，也明确要求完善乡村治理机制，要求进一步深化改革，健全农村基层党组织运转保障机制，推进农村党组织标准化建设，发挥村级集体经济的支撑作用，切实发挥党支部的战斗堡垒和党员的先锋模范作用。结合实际，制定措施，进一步创新服务方式和帮扶带动模式，强化党支部在精准扶贫工作中的主导作用。

对于农村的基础党务、政务等工作，目前数字政府、数字政务等技术已经大规模地在一、二、三线城市政府中运用。对于农村基层党组织存在的管理问题，可以通过 5G

等网络"新基建"逐步完善，并结合农村政务特点，将城市的政务信息化系统下沉到镇村一级，以实现农村基层组织的数智化转型工作。农村基层组织的数智化工作，主要是解决农村管人、管事、管地的问题。人的问题主要包含防贫监测、数智党建等；事的问题主要是阳光政务；而地的问题，主要是农村宅基地确权等监管问题。

（一）数智化农村党建

农村基层党组织是关系乡村振兴、有效打通"致富奔康最后一公里"的中坚力量。"农村富不富，关键看支部"，在打赢乡村振兴攻坚战中，加强基层党组织建设至关重要。党员干部要带领全体村民积极参与进来，领导干部要起到真正意义上的"领头羊""排头雁"作用。目前，农村党建工作存在以下3类问题。

对农村党员：由于农村的信息不通畅等问题，党员无法获知组织的最新动态，也不能按时获知缴纳党费等信息。由于农村地域广阔，要参加一次党组织活动非常不方便。

对农村党支部：农村党支部的基础工作千头万绪，兼之受限于农村党支部成员的受教育程度问题，很难形成系统化的管理方式。党支部对于党员的管理，比如积极分子转正、党会记录等均需要一套信息化系统进行管理。

对于基层党委：如何让基层党务工作及时地传递到村委党支部和党员中是吸待解决的一个问题：由于农村党员分布较为分散，组织学习也非常困难。

简而言之，目前农村基层党建需要通过数智化手段解决党务"上传下达"的问题。数智农村党建通过三屏合功能，让党员用户实现通过手机、PC端、微信小程序方便地完成党建日常四大功能。

党建管理：通过党员、党支部、流程、会议等管理，实现党务电子化、党建管理扁平化、工作可视化，解决"沙滩流水不到头"问题，对支部"三会一课"等进行全流程监控。

党建学习：党建学习模块整合了大量党建学习、阅读资源，满足各级党组织党建培训和学习的需要。通过网上学习党课功能，实现学员学习管理和学时统计，并提供线上平台供学员交流。为解决党建培训不足问题，提供多种形式的网上学习培训。

党建宣传：通过三屏合一的方式，将领导讲话、政策法规等信息进行线上传播，内容涵盖时政要闻、基层动态、思想政治、组织建设、企业文化、人力资源、反腐倡廉、群团工作等；实时公布党建工作和活动等公告信息，解决信息不对称问题，使党委统一部署直达农村基层党支部，实现信息共享。

数据分析：通过自动化数据统计和分析，输出农村基层党建工作的日常图表，解决线下统计工作耗时耗力、存在误差的问题，提高党建工作效率。

（二）数智化防返贫监测

在"十三五"期间，为配合中央脱贫攻坚政策，各省相继建立了精准扶贫信息化平台，平台重点是精准性，是瞄准贫困户的靶向"治贫"过程。在取得脱贫攻坚全面胜利后，"十四五"迎来乡村振兴政策的开局之年，中央提出"巩固拓展脱贫攻坚成果同乡村振兴有效衔接"的部署要求，目的是健全防止返贫的监测与帮扶机制。与精准扶贫信息化工作的不同，数智化返贫监测工作目标要实现问题、对象、机制、主体、工作的五大转变。

问题转变：从解决绝对贫困问题向基于防止返贫和致贫治理相对贫困的问题转变。

对象转变：帮扶监测对象从贫困户、贫困村、贫困县向脱贫户、边缘户、低收入人口转变。

机制转变：工作模式从兵团攻坚作战机制向常态化、制度化机制转变。

主体转变：帮扶主体由依赖于驻村工作队为主的帮扶主体，向基层组织和经营企业为帮扶主体的新型帮扶体系转变。

工作转变：由依赖组织管理的数据采集逐步向与智能化和制度化结合的日常工作采集转变。

到2020年年底，现行标准下，农村贫困人口已全部实现脱贫，绝对贫困问题得到历史性解决。不容忽视的是，低收入人口家庭防范风险的基础仍比较薄弱，乡村振兴基础尚不牢固，打赢脱贫攻坚战后仍不能放松警惕，防止返贫和新生致贫是一项长期的工作，有必要建设面向全省农村低收入人口的防贫监测预警与服务平台，为农村低收入人口，包括脱贫不稳定户、边缘易致贫户，以及因病因灾意外事故等刚性支出较大或收入大幅缩减导致基本生活出现问题的严重困难户，提供动态监测预警与服务。

数智防贫监测平台核心业务主要为五大模块。

持续监测体系：提供从初选对象到监测，从监测到预警，从预警到退出的全流程跟踪数据；提供帮扶、施策、成效的相关流程动态数据查看，扶贫资产、项目资金等内容的查询功能。

新型帮扶体系：低收入人口的防贫监测预警，涉及 20 多个行业部门的数据共享交换，才能满足对低收入人口的防贫风险进行识别和施策。目前，各行业、部门、系统的统计口径有差异，数据比对难度大，需要形成信息一致的新型帮扶体系，以减轻基层人员工作量。

低收入人群监测：低收入人口的识别、被帮扶过程、退出监测是一个动态变化的过程。现有系统缺乏对低收入人口从识别、帮扶、退出的全流程管理机制的支撑，不能为政府、帮扶单位、行业部门、低收入人口、社会组织等在防贫监测预警和服务提供有效的信息化支撑。新的防返贫监测预警和服务信息化系统，需要重点关注脱贫不稳定户、边缘易致贫户等低收入人口，为其提供常态化管理工作，防止返贫和新生致贫的情况出现。

成效巩固管理：脱贫攻坚任务已经胜利完成，有必要对扶贫资产成果进行信息化的有效管理，摸清家底，充分发挥扶贫资产在防贫监测工作中作用。

数据分析/治理可视化：现有扶贫数据的采集主要还是靠手工，一方面无法减轻基层工作人员的工作量；另一方面不能确保手工的采集数据的质量。引入包括视频、语音、物联感知等新技术来完成数据采集，采用 OCR、人脸识别、大数据分析等 AI 算法进行数据治理，可实现防贫监测数据分析和治理的可视化。

防贫监测平台可以巩固拓展脱贫攻坚成果，同乡村振兴有效衔接，建立农村低收入人口和欠发达地区帮扶机制，健全防止返贫动态监测和帮扶机制，加强扶贫项目资金资产管理和监督，健全农村社会保障和救助制度。未来在乡村振兴的政策下，通过平台积极探索"十四五"防贫治理体系的信息化建设模式，为国家在新的相对贫困治理时期的防贫治理体系和治理能力现代化提供有益借鉴与参考。

（三）数智化阳光村务

目前，一些农村治理存在政务不公开、不透明现象。村务公开就是村委会把村民关心的、涉及村民利益的事务定期向村民公布，并接受村民的监督。村务公开是村民民主监督的基础，事关村民的切身利益。党的十五届三中全会通过的《中共中央关于农业和农村工作若干重大问题的决定》指出，要"全面推进村级民主监督。凡是村里的重大事项和群众普遍关心的问题，都应该向村民公开，村民委员会要广泛听取群众意见，大多数群众不赞成的事情，应予纠正。经村民民主评议不称职的村干部，应按照规定程序进行调整。"总的来说，村务公开可分为3个方面：一是财务，二是自治事务，三是村务。

财务公开：财务是村务公开中最为重要的方面，主要包括财务收入、财务支出、财产、债务债权、合同兑现等五个方面。

自治事务公开：自治事务指的是除财务以外的村民委员会办理涉及本村村民利益的各类村务，主要包括兴办公共福利事业情况、农民负担情况、经济建设情况等。

村务公开：村务指乡镇政府下达的，需要村民配合完成的各项国家任务及行政工作，如：国家建设征用土地、宅基地申请批准、救灾救济款物的发放等项目。

要解决村务公开问题，需要通过数智化手段，推进财务、自治事务、村务全程公开，切实保障广大村民对村级事务的参与权、知情权、监督权。进行全面数据采集与管理，方便基层干部对村务公开内容的录入、导入、打印、导出，并对采集的数据进行集中存储、上报、审核、复查、公示。

（四）数智化农村宅基地管理

农村宅基地是保障农民安居乐业和农村社会稳定的重要基础。加强宅基地管理，对于保护农民权益、推进美丽乡村建设和实施乡村振兴战略具有十分重要的意义。由于多方面原因，当前农村宅基地管理比较薄弱，一些地方存在超标准占用宅基地、违法违规买卖宅基地、侵占耕地建设住宅等问题，损害农民合法权益的现象时有发生。目前，农村宅基地存在比较严重的信息孤岛现象。

违规占用宅基地信息缺失。农村村民没有严格按照批准面积和建房标准建设住宅，未批先建、超面积占用宅基地时有发生，而政府无法实时监管违规信息。

宅基地交易信息缺乏。农民在农村经常出现私自交易宅基地的现象，由于交易信息无法及时同步到政府，经常出现农民重复申请宅基地现象，无法保证公平交易。

"一户多宅"现象严重。由于宅基地信息孤岛现象严重，农民违规持有多处宅基地和房屋的现象时有发生，严重影响了社会公平。

针对目前农村宅基地问题，2019年9月，中央农村工作领导小组办公室印发了《农业农村部关于进一步加强农村宅基地管理的通知》。文件要求严格落实"一户一宅"规定，农村村民一户只能拥有一处宅基地，面积不得超过本省、自治区、直辖市规定的标准。农村村民应严格按照批准面积和建房标准建设住宅，禁止未批先建、超面积占用宅基地。经批准易地建造住宅的，应严格按照"建新拆旧"要求，将原宅基地交还村集体。农村村民出卖、出租、赠予住宅后，再申请宅基地的，不予批准。对历史形成的宅基地面积超标和"一户多宅"等问题，要按照有关政策规定分类进行认定和处置。同时，鼓励节约、集约利用宅基地，鼓励盘活利用闲置宅基地和闲置住宅。

通过数智化农村宅基地管理手段，设计系统功能，建成标准统一、自主可控、业务协同的农村宅基地管理信息系统，实现宅基地数据数字化存储和宅基地申请、审批、流转、退出、监管等业务信息化管理，满足宅基地改革与管理、农民用地建房"不见面审批"等需求，提供农村宅基地改革与管理业务支撑、信息实时互通共享、信息共享交换和信息依法查询服务。通过宅基地管理平台，彻底实现农村"一户一宅"政策要求，杜绝违规用地，节约宅基地利用，盘活闲置宅基地。

案例　新华广播的数字播报员助力2021年"中国农民丰收节"广东省主会场活动

2021年9月22日，"中国农民丰收节"在广东省汕头市潮汕历史文化博览中心主会场拉开帷幕。广大农民朋友通过"线上+线下"共济一堂、其乐融融，晒出达濠鱼丸、梅州蜜柚等特色农产品，沉浸在幸福时刻。

走进主会场，"党建引领乡村振兴"展区引人瞩目，新华广播的数字播报员脸带笑容与来宾交流互动，讲述乡村基层党员同人民群众想在一起、干在一起，开创美好未来的故事。"中国农民丰收节"不仅是农业的嘉年华、农民的欢乐节，也是中华农耕文明的符号、全面推进乡村振兴的窗口，体现着祈愿五谷丰登、国泰民安的国家意志。2021年丰收节的主题为"庆丰收，感党恩"，汇聚全党全社会推进乡村振兴的磅礴力量。

丰收节上展示的新华广播的数字播报员把庞杂的基层党建工作，简化为管根本、可考量的指标体系，顺应党建工作规律，是提升党建质量的有效方式。新华广播的数字播报员将党支部的各项工作标准与制度规范集成为流程模块，协助支部准备会前资料，引导议程规范进行，还可以自动撰写会议纪要，最终帮助支部依照规范、清晰的流程开展工作，推动落实 AI 协助工作的新模式。丰收节现场，新华广播的数字播报员为现场观众带来新颖有趣的人机互动体验，并展示了党建导航、云端会议、诵读党史、实时知识竞赛等丰富功能。

党建建在身边，党建见于日常。新华广播的数字播报员为基层党建注入"科技味"和"云动力"，拓展党务工作、党史学习教育、党日活动新场景，让农村基层党建工作更智能、规范、高效，推动基层党建工作提质增效。

二、数智化农村居民服务

近些年，随着国家大力推动农村农业改革发展以及农村生态环境的整治，农村的生活环境变得越来越好，农村居民的基本生活水平也得到了显著提高。现阶段已经有越来越多人愿意回到农村，并参与农村的建设发展之中。同时，由于交通道路、养老、医疗等基础设施的不断完善，农村也越来越适合老人养老，现在已经有很多老人都已经回到农村养老。

然而，在农村基建设施逐步在完善的同时，农村的医疗、养老，甚至法律咨询等基本的居民服务目前还与城市有较大差距，而这一类的"软基建"也需要随着"新基建"的逐步完善，在较长的一段时间内才可能全面接近城市的服务水平。

因此，为了弥补目前农村生活服务与城市之间的"物理鸿沟"，应采用数智化手段，借助分级、居家养老、远程法律服务等方式，解决农村基本居民服务问题。

（一）数智化分级诊疗

当前，医药卫生事业面临人口老龄化、城镇化和慢性病高发诸多挑战，以各大城市医院和疾病为中心的医疗卫生服务模式难以满足群众对长期、连续健康照顾的需求。同时，居民看病就医集中到大医院，也不利于改善就医环境、均衡医疗资源、合理控制医疗费用等。对于我国广大农村地区来说，建立分级诊疗制度，是合理配置医疗资源、实现基本医疗卫生服务均等化的重要举措，是深化医药卫生体制改革、建立中国特色基本医疗卫生制度的重要内容。按照国务院2015 年9月发布的《国务院办公厅关于推进分级诊疗制度建设的指导意见》要求，目标建立分级诊疗政策体系逐步完善，基层医疗卫生机构诊疗量占总诊疗量比例明显提升；逐步实现包括农村地区的分级诊疗服务能力全面提升，基层首诊、双向转诊、急慢分治、上下联动的分级诊疗模式逐步形成，基本建立符合国情的分级诊疗制度。

借助数智化可以加强分级诊疗建设。以加强服务农村的家庭医生签约与提高家庭医生服务能力和效率为切入口，借助信息化与互联网手段，对服务农村的家庭医生签约及服务情况进行统一管理，加强农村基层医疗卫生机构的绩效管理。通过农村居民健康档案发放和空中药房，以及双向转诊与远程会诊，提升农村基层医疗卫生机构的服务能力，提升农村居民就医体验和幸福指数。

服务于农村的分级诊疗主要建设内容可归纳为"一个中心、两类服务、四项支撑"。

一个中心：通过分级诊疗云平台中心建设，稳步推进家庭医生签约服务和分级诊疗的落地，促进优质医疗资源上下贯通，带动提升基层服务能力，推动落实家庭医生签约服务，解决人民群众看病就医问题，增强人民群众获得感。

两类服务：指的是为居民提供服务、为家庭医生提供服务。居民服务包括家庭医生居民移动端、居民家庭医生服务门户。家庭医生服务包括家庭医生医生端和家庭医生门户，需部署家庭医生APP（居民端）、家庭医生 APP（医生端），包含家庭医生服务管理系统（PC端）。

四项支撑：借助5G及光纤等无线及有线网络，配合四项基础分级诊疗技术，包含云医联、远程医疗教学、远程心电、医疗影像云，通过云服务，实现分级诊疗平台的基础设施支撑、信息安全支撑、卫生标准规范支撑、卫生培训教学支撑。

（二）数智化居家养老

截至2019年末，全国60岁以上的老年人超2.5亿，其中乡村老年人1.3亿，农村老龄化水平达 22.5%。乡村老人收入较低，乡村养老医疗配套落后于城市，乡村养老的物质、精神和生活状况令人不安。更严峻的是，随着劳动力向城市单向流动，中国农村出现一大批无人照顾的"空巢老人"，这成为妨碍乡村振兴的一个社会问题。如何破题，值得我们多方关切、研究和积极解决。

居家养老已是世界公认的理想养老模式，未来农村养老应该以居家养老为主。居家养老服务是以家庭为核心，以农村社区为依托，老龄人群为服务对象，企事业服务机构为网点，信息化平台为支撑，以专业化服务为主要服务形式，积极发挥政府主导作用，广泛动员社会力量，充分利用社区资源为居住在家的老年人提供生活照料、医疗护理和文化娱乐、精神慰藉等方面服务的一种社会化养老服务形式。

数智化居家养老系统是构建居家养老服务体系的重要支撑，通过汲取各种先进的信息技术（物联网、互联网、智能呼叫、云技术、移动互联网技术、GPS 定位技术等），创建"系统+服务+老人+终端"的数智养老服务模式。通过搭建系统平台，在农村的老人运用一系列智能设备（如老人机、腕表、无线传输的健康检测设备）实现与城市子女、服务中心、医护人员的信息交互。农村老人不必住在养老院中被动接受服务，在家就可以挑选、享受专业化的养老服务，涉及生活帮助、康复护理、紧急救助、日间照料、人文关怀、精神慰藉、娱乐活动、法律援助等"医养"结合的服务项目。

（三）数智化远程法律服务

在全面依法治国和乡村振兴的背景下，依法推进农村法律援助是农村依法治理的现实需要和重要保障。农村经济基础薄弱，农村群众法律意识淡薄，矛盾隐患易发、多发，农村法律援助亟须加强。但是，从实际情况看，农村法律援助还存在需求低迷、供给不足、质量不高、基础偏差诸多问题，这些问题严重制约着农村法律援助健康发展，需要采取有力的措施予以破解，推动农村法律援助工作迈上新台阶。

人工智能技术在法律行业中的应用普及广泛，利用 AI 法律机器人帮助传统的法律服务机构完成了人工短期内无法完成的工作量，它也逐渐被行业认同。AI 法律机器人能让法律行业提高一定的工作效率，但现阶段的机器人能解决的还是一些相对标准化的法律文书撰写、检索，标准法律问题的咨询。可以说，它对于用户而言，也只是提供了引导入门、了解法律知识的基本服务。除了法律标准化 AI 咨询以外，AI 法律机器人还能联合大城市的律师事务所提供远程法律咨询服务，农村居民可以通过"法律咨询日"活动，定期把自己需要的法律咨询问题，通过 AI 法律机器人远程咨询大城市律所的专业律师，实现律师业务下乡工作。

案例　兴宁市数智法律等居民服务赋能乡村振兴

2019年4月，广东省兴宁市径南镇蓬村在全国率先引进的智慧村居法律服务公共平台。该平台依托前方驻村"律师机器人"和后方广东定海针律师事务所的律师团队，为村民提供法律咨询、远程调解等法律服务，对于村民法律意识较薄弱、法律资源较欠缺的陵蓬村很实用。该平台不仅得到了村民的肯定，还吸引越来越多村民的自愿加入，团队从最初的 5人增至 20人。他们带头学法守法用法，积极普法、说法、传法，让村里文明讲法蔚然成风。村里计划在村委会门口建设一个便民平台，再引进一台机器人，让村民扫码就能入室享受法律服务。同时，还计划建设一间培训室，由律师进行专业指导，定期对团队成员和村民进行法律知识培训。

乡村振兴，法治先行。化解农村基层矛盾，激发乡村发展动力，离不开法治思维和法治方式。引进平台后，村民素质提高了，思想也通了，大家团结一心，搞好经济发展。破蓬村通过数智党建、数智农村政务、数智医疗健康，让该村在村容村貌、经济发展等方面实现"蝶变"。据统计，村民年收入从2011年的4000多元提高到2021年的2万多元，村集体收入从2011年的1500元提高到2021年的40多万元。

农民懂法就等于明确了国家倡导的方向路径，也知道国家禁止限制的底线红线。陵蓬村通过法律的普及，促进了乡村产业、人才、文化、生态、组织"五大振兴"。陵蓬模式已在广东多个地方落地，在湖南、江西也开始有推广，有希望成为全国典范案例后，有望造福全国百姓。

三、数智化农村集体经济组织改革

在改革开放之初，"包产到户"的集体所有制形式一定程度上解放了生产力，适应了当时社会的经济基础结构。但是，随着我国经济制度的深化改革，商品经济逐步发展到成熟阶段，我国已经形成股份制为主要形式的混合所有制经济，形成了中国特色的社会主义市场经济组织形式。

中国农村集体资产总量不断增加，已成为农村发展和农民共同富裕的重要物质基础。在工业化、城镇化加快推进中，农村经济结构、社会结构正在发生深刻变化，农村集体资产产权归属不清晰、权责不明确、保护不严格等问题，侵蚀了农村集体所有制的基础，影响了农村社会的稳定，改革农村集体产权制度势在必行。

2016年12月，中共中央国务院印发的《关于稳步推进农村集体产权制度改革的意见》明确指出，农村集体经济是集体成员利用集体所有的资源要素，通过合作与联合，实现共同发展的经济形态。农村集体产权制度改革的目标原则：要通过改革赋予农民更多财产权利，明晰产权、完善权能，积极探索集体所有制的有效实现形式，不断壮大集体经济实力，不断增加农民的财产性收入；在坚持家庭承包责任制的基础上，在保护农民合法权益、尊重农民意愿的前提下，发展多种形式的股份合作，探索建立有中国特色社会主义的农村集体产权制度。

（一）数智化农村产权制度改革服务

农村集体经济改革主要指的是农村集体产权制度改革，目标是要通过改革，逐步构建归属清晰、权能完整、流转顺畅、保护严格的中国特色社会主义农村集体产权制度，保护和发展农民作为农村集体经济组织成员的合法权益。科学确认农村集体经济组织成员身份，明晰集体所有产权关系，发展新型集体经济；管好、用好集体资产，建立符合市场经济要求的集体经济运行新机制，促进集体资产保值增值；落实农民的土地承包权、宅基地使用权、集体收益分配权和对集体经济活动的民主管理权利，形成有效维护农村集体经济组织成员权利的治理体系。

资源性资产：农民集体所有的土地、森林、山岭、草原、荒地、滩涂等资源性资产。就资源性资产而言，落实法律法规政策，健全完善登记制度，巩固已有确权成果。对于未承包到户的集体资源性资产，要摸清底数，明确权属，按照已有部署继续开展相关确权登记颁证工作。

经营性资产：用于经营的房屋、建筑物、机器设备、工具器具、农业基础设施、集体投资兴办的企业及其所持有的其他经济组织的资产份额、无形资产等经营性资产。就经营性资产而言，通过股份或份额的形式量化到本集体经济组织成员、确权到户，并积极发展多种形式的股份合作，明确集体经济组织的市场地位，加强集体资产运行管理监督，落实集体收益分配机制。

非经营性资产：用于公共服务的教育、科技、文化、卫生、体育等方面的非经营性资产，包括村里的卫生所、学校，体育设施以及图书馆，等等。就非经营性资产而言，在清产核资基础上，建立健全台账管理制度，探索实行集体统一运行的管护机制，确保其更好地为集体经济组织成员提供公益性服务。

通过数智化农村产权制度改革服务平台，围绕清产核资、成员界定、股权量化、股权分红、经营管理等业务流程，实现农村集体产权制度改革工作的全程信息化管理。同时，通过对数据挖掘分析、汇总统计，帮助管理部门和农村集体经济组织及时掌握农村股权管理情况

（二）数智化农村集体经济模式创新

除了农村产权制度要改革，随着科技水平的发展，数智化也将会推动农村生产模式创新。认养农业就是一种农村集体经济的模式创新，生产者和消费者（认养人）之间达成的一种风险共担、收益共享的生产方式。消费者预付生产费用，生产者为消费者提供绿色、有机食品。实现农村对城市、土地对餐桌的直接对接。近年来，认养农业形成了两种模式。

一是传统的认养模式。农产品的需要者到农业产业园区或农业基地中，挑选某块

田地或某一产品，可以亲自参加劳动，也可以委托供养者按自己的要求进行生产管理。

二是数智化的认养农业模式平台。消费者可以通过手机的 APP 或者小程序，实时监控自己认养的果树、耕地、农产品。在条件允许的情况下也可以去亲自参加劳动，体验劳动快乐。

数智化的认养模式，其核心是通过5G、物联网、VR 等技术实现实体农业与经营权的一一对应，可以把农业从第一产业中扩展到第二、第三产业中，与旅游、养老、文化等产业进行深入互动，把城市居民作为目标市场，将特色的农产品、旅游景点、风情民俗进行整合式包装，为认养客户提供优质的选择，使客户成为游客，使游客成为客户。

第三章　数智化乡村振兴典型案例

案例1　永川成立数智化乡村振兴学院

乡村振兴，人才是关键。2021年03月22日上午，重庆智能工程职业学院揭牌成立数智化乡村振兴学院。该学院把基础教育建设与乡村、农业无缝衔接，能够为乡村输送人才，为永川乡村振兴的发展铺就信息高速公路。

据了解，该学院利用华为（永川）联合技术创新中心平台，在华为专家技术设备支持下，开展乡村振兴所需人才培养、技术服务和协同创新。学院采用华为5G、大数据、物联网、人工智能等技术和设备，携手现代农业、乡村旅游企业，打造智慧农业、智慧乡村、农产品智造示范项目，助推农产品电商、乡村旅游经营等新业态发展。以"智能"为"媒介"，探索高校服务地方新模式；以"智能"为"桥梁"，探索"高校+乡村"发展新路径；以"智能"为"平台"，探索助力乡村振兴新方法。

活动现场，成渝地区30余家现代农业、乡村旅游企业与重庆智能工程职业学院数智化乡村振兴学院签订《数智化助推乡村振兴服务协议》。重庆智能工程职业学院理事长程前介绍，目前乡村、农业存在劳动力低下、人才缺乏的问题。学院通过与农业、乡村旅游企业签订协议，为企业提供智能化服务。"接下来，我们将在企业需要的基础上，为其定制人才培养服务，让企业员工掌握智能化、大数据的农业操作技术，甚至实现无人化管理。"程前透露。

永川区副区长杨华在致辞中表示，"作为成渝地区双城经济圈的重要节点，同时又建设现代制造业基地和西部职教基地，重庆智能工程职业学院数智化乡村振兴学院的成立，对于永川乡村振兴智慧农业、智慧旅游、智慧乡村的建设有着重要现实意义。"

近年来，永川以实施乡村振兴战略为"三农"工作总抓手，积极转变农业发展方式。一方面，永川国家高新区利用产业与职教的优势，整合区内17所院校、14.4万职教学生资源，探索出一条以教兴城、以职促产、以创助产、产教融合的"产城职创"融合发展的新路子；另一方面，永川实施数字乡村战略，推进乡村数字化多领域创新应用，巩固脱贫攻坚成果。本次重庆智能工程职业学院成立全市首个数智化乡村振兴学院是永川发挥职教优势助力乡村振兴上的有益探索。

目前，永川全力加速西部职教基地建设，4年前出台并实施"职教24条"激励政策，大力推进职业院校扩大规模、提档升级、产教融合，取得明显成效。至今永川累计兑现奖补资金9.4亿元，使在永职业院校由15所增加到17所，在校学生由12万人增加到14.4万人。接下来，永川区将进一步助推全区加速产业集聚、城市能级提升。（人民网-重庆频道）

案例2 用无人农场"掌上"种田

近日，广西首个全自动机械化无人农场——马山县现代种业科技园无人农场在该县周鹿镇坛利村正式投入使用。据悉，建设无人农场，以直播机代替人工栽插秧苗，可提高水稻移栽的质量和效率，降低农民劳动强度，促进水稻生产降本增效。

目前，马山县现代种业科技园无人农场建成面积100亩，水利渠道、排水工程、道路工程已准备就绪，智慧机械相继进场。该无人农场选用国内先进农机装备，引进了华南农业大学罗锡文院士团队"基于北斗的农业机械自动导航作业关键技术及应用"的关键技术，将实现农业生产全过程机械化无人操作，具有耕、种、管、收各生产环节全覆盖、机库田间转移作业全自动、自动避障异况停车保安全、作物生产过程实时全监控、智能决策精准作业全无人等五个特点。

"无人农场的建设，是从'会种地'迈向'慧种地'的探索过程，更是解决'谁来种地'现实问题的新尝试，将为马山农业的转型升级探索出一条智能化、无人化的路子。"马山县现代种业科创中心主任、华南农业大学教授张泽民表示。

2021年以来，马山县采用"校地企"合作模式，联合华南农大建立马山现代种业科技创新中心，加强与广西农科院、广西畜牧研究所等科研院所合作，支持种业企业建设了8个种业基地，初步形成"一个中心+N个基地"的种业振兴产业格局。马山县现代种业科技园无人农场，是校地共建合作项目的重要内容之一。

"目前，马山县的杂交玉米、传统水稻、油茶、马山黑山羊、蓝莓等基地已进入试种试养阶段。"马山县县长韦佳表示，将立足国家乡村振兴重点帮扶县实际，以种业振兴作为切入点，探索建立"基地+公司+新型农业主体（大户）+农户"模式，通过合作经营、土地租金、务工工资、入股分红和村级集体经济参与等方式，联农带农、助农增收，为马山县持续推进巩固拓展脱贫攻坚成果同乡村振兴有效衔接注入新动力。（南宁日报）

案例3　昌平首个蔬菜无人农场示范成功

近日，昌平区联合北京市农林科学院共同建设的北京市首个生产型蔬菜无人农场取得示范成功。该无人蔬菜农场位于昌平区阳坊镇，园区内无人整地、无人植保、无人巡检，只有各式无人机有序作业，目前辣椒垄型整齐、株旺果多，长势喜人。

"以前种菜，需要耗费大量人工和精力。"金太阳农场负责人谢峰军介绍，"现在，从旋地、犁地到整渠全部由无人机作业，不仅作物种植更加整齐美观，还极大地节约了人力成本，首茬甘蓝种植共节约人工成本76230元。"

该生产型蔬菜无人农场是在"退林还耕"地块进行无人蔬菜种植的标杆性试验示范项目，在克服了初期投资筹措难、退林还耕地改造难、非常规茬口种植难和疫情影响管理运输难四大困难情况下，完成了全流程无人作业试验。目前，总面积47.2亩的农场中，已有70%以上实现了数字化自主管理，经测产，达到商品化水平的首茬甘蓝实现亩产5000斤，有力证明了生产型蔬菜无人农场获得成功。

露天无人农场蔬菜种植技术是北京市农林科学院赵春江院士团队在智慧农业、智能农机等多领域交叉的科研成果。生产型蔬菜无人农场在昌平区阳坊镇成功落地实施，为解决当前农业从业人员老龄化和作业非标化等突出问题提供了智能化、数字化解决路径。（北京日报）

案例4　成都无人化智慧农场：从耕地、播种到收割，
无需下田就能完成

无人拖拉机、无人插秧机、无人收割机……从耕地、播种、施肥、灌溉到收获，整个农业生产过程只需要操作手机和电脑系统，就可以实现"坐在办公室种田"的梦想。这并不是科幻电影里面的场景，在成都市新津区天府农博园的无人化智慧农场就可以看到。

该无人农场依托国家农业信息化工程技术研究中心院士团队，引进多种智慧农机

及设备设施，打造了成都首套定制式全程智能化农机作业系统。

无人农场有哪些智能设备？如何通过系统进行管理？2022年8月24日，封面新闻记者跟着四川天府农博园投资有限公司相关负责人，为大家揭秘。

作物长势观察、气象监测、智能杀虫灯……

全方位保障稻子生长

"我们所在的位置地处天府农博园核心区，根据管理需要，我们将3000亩大田划分成了79个地块，并安装了一百多个智能设备。"当天下午2点，四川天府农博园投资有限公司相关负责人指着身旁的稻田告诉记者，针对大田作物生产管理的各环节，依托智慧农业管理平台，运用物联网、云计算、大数据和人工智能技术，形成从感知到决策，再到智能执行的数字化农业生产模式，有效探索了农业现代化实现路径。

"这是成都引进的第一台平移式喷灌机。"这位负责人自豪地介绍着稻田里的那台巨型机器，它自动化程度高，具有高效、节能、节水、增产、省工等特点，其喷灌方式接近于自然降雨，可避免土地盐碱化问题，并能喷洒化肥和农药，与地面灌溉相比，一般可节水20%-30%，增产10%以上。

他还介绍，田边的这台作物长势自动观测站，目前是每隔两个小时拍摄一次大田作物，每天拍摄4次，可有效观测作物的病虫害以及长势情况，并通过估测产量进行科学配方施肥推荐。"当然，由于内置模型存在地区差异，目前测产数据会有一定偏差，通过数据量累积及大数据学习技术，系统将不断进行修正调优。"

为了防治病虫害，田边还安装了太阳能智能风吸杀虫灯。它是通过光诱和风吸捕虫，并有机械式虫水分离设计和巧妙的排虫口设计，确保害虫尸体干燥，让害虫可以再利用。

"从整地、插秧、管护到收割，整个农业生产过程基本实现了少人化、无人化，到今年9月，这片稻田就可以收获了。"

足不出户不用下田

通过手机和电脑管理整个农田

"这就是我们的智慧农业管理平台。"这位负责人一边操作电脑一边介绍，通过这个平台可以管理大田环境、作物监测、智能灌溉、遥感监测、无人农机以及农事管理等六大版块。

记者注意到，在"大田环境"版块，可以看到空气温度、湿度、风速、二氧化碳、降雨量等空气实时数据，同时还可以看到土壤含水量、温度、液位等土壤实时数据。"根据平台的监测数据，我们足不出户就可以对大田进行排灌作业了。"

除此之外，在"遥感监测"版块，我们会在作物生长的不同阶段，进行无人机多光谱遥感监测，获取作物光谱数据，通过数据分析可以得到作物长势、病虫害、水肥胁迫状态等信息，生成追肥处方图，无人农机将按照施肥处方图完成施肥工作。

"除了通过电脑系统管理，我们还可以用手机进行控制和监测。"他说，精准的监测加上精准的作业，可以最大限度地优化农业投入，减少农药和化肥用量，保护土地资源和生态环境。

如何推动四川农业农村数字化建设

四川农业农村数字化到底怎么走？近期，四川省农业农村厅印发了《四川省"十四五"农业农村信息化发展推进方案》（以下简称《方案》），为这个问题提供了行动指南。《方案》中提出，3到5年时间，推动四川省农业信息化和数字乡村建设取得突破性进展，有力支撑数字乡村战略实施。到2025年底，初步建立符合四川省情、满足实际需要的农业农村信息采集、监测、农产品溯源、信息共享等相关标准体系，为全省农业农村信息化建设提供依据。

同时，基本建成数字"三农"综合信息平台、农业农村基础数据资源平台、农业农村云平台，农业农村数据资源实现有效整合和开放共享。积极推动5G、大数据、物联网、人工智能等新基础设施在农业农村领域的应用示范，打造好数字化转型"底座"，发挥现代信息技术在农业产业发展中的作用，推动农业数字化、智能化、专业化发展。

除此之外，大力推动数字技术与农业产业体系、生产体系、经营体系加快融合；发挥"互联网+"在推进农产品生产、加工、储运、销售各环节高效协同和产业化运营中的作用，培育出一批具有较强竞争力的县级农产品产业化运营主体，开展省级"互联网+"农产品出村进城试点县建设，实现优质特色农产品产销顺畅衔接、优质优价，供给能力和供应效率得到显著提升，农民就业增收渠道进一步拓宽。还要建立健全农村各类资产资源的数字化管理，逐步推动惠民服务网络化，"互联网+"向农村延伸，让农民可以便捷地享受到各类数字化服务。（封面新闻）

案例5 数智赋能,让文化资源活起来

日前,中国国家博物馆首个数智人"艾雯雯"正式与大家见面。在发布的视频中,青春靓丽的艾雯雯在工作中不断学习,与馆藏文物产生神奇感应,获得了让文物活起来的独特能力。虚拟数智人"艾雯雯"的入职,开启了中国国家博物馆"上云用数赋智"新的打开方式,圈粉无数。

近年来,在疫情影响下,各领域数智化趋势明显加速。所谓数智化,是在信息化、数字化基础上,进一步实现决策自优化和执行自动化。也就是借助大数据、云计算、物联网、人工智能、区块链、5G等技术,实现全周期、全领域、全时空的状态感知、数据搜集、同步分析、自我学习、自动决策、精准执行。数智化逻辑就是当前人们常常听到的人机互融、虚实同构、算法主导。

数智赋能文博展示、文化传承传播、文艺新业态发展等已经越来越广泛。比如,在文博展示领域,走进三星堆博物馆,观众可以佩戴上MR眼镜,置身古蜀奇幻场景之中,直接与文物对话;在文化传承传播领域,数字藏品把文物背后的历史文化以更年轻化的体验方式传递出来,实现中华优秀传统文化的创造性转化和创新性发展;在文娱领域,虚拟偶像陆续登场,日前伦敦举办的"史无前例"虚拟演唱会甚至把传奇乐队真人的"数字化身"投射到虚拟空间,通过互动式XR带给观众沉浸式体验。

今年3月,来自全国50家博物馆、高校的60名专家学者联名发布《关于博物馆积极参与建构元宇宙的倡议》,倡导拥抱"元宇宙",跨越现实与虚拟世界的数字鸿沟。日前发布的《北京文化产业发展白皮书(2022)》也提出,新业态引领构建数字化发展新格局发展趋势,强调北京游戏动漫、文旅文博等领域积极探索元宇宙应用场景,推动业态的虚拟化、沉浸式、数字化发展。在此背景下,数智赋能文博、文化、文艺发展渐成大势,如何通过数智化让丰富的文化资源活起来,越来越受到关注。

博物馆,一览数千年,于静默中诉说着沧桑与繁华。通过数智赋能让文物活起来,使珍贵而神秘的文物更加生动立体、活灵活现,吸引观众沉浸其中,更好地感受中华文明的无穷魅力。这已成为博物馆、文化馆等共同遵循。

具体来说,博物馆的数智化已经普遍实现了"云展览",人工智能讲解、通过科技让文物开口说话等也逐渐流行起来。其实,数智化还体现在展览的场景构造、观众的沉浸式体现等各个方面。在近期举行的第五届数字中国建设峰会上,数智人"李清照""换脸面捕"技术等走进观众视野。通过数智化技术,观众既能轻松生成属于自己的

数智人，也能通过相关软件关联虚拟形象，这个形象既可以是自己，也可以是明星或历史人物。数智化日新月异，博物馆也应当与时俱进。比如，通过博物馆的策展，打造观展的场景感，带观众进入文物所处的历史场域和世界，沉浸式对话文物，已经在部分博物馆实现，并将成为未来的重要方向。在重庆中国三峡博物馆，观众可以通过可穿戴全息设备，进入清末时期的《增广重庆地舆全图》，置身于清末时期的重庆街道、店铺、码头，以交互式参观来理解文物内涵。

数智化本质上是"硬科技"赋能"软表达"。2022年北京冬奥会上，"大雪花"打动了世界人民，它温暖包容，透露出人情味、艺术感、文化韵，尽显柔情，而它的完美呈现离不开黑科技的助力。让冷冰冰的文物开口说话，述说千年历史；让残缺的艺术精品复原，弥补遗憾；让红色文化绽放时代光彩，薪火相传；让中华优秀传统文化活起来，走进年轻人的心中，都可以通过数智"硬科技"来实现。某种程度上说，数智赋能文化资源，推倒了横亘在文物文化资源与年轻人之间的墙，进而架起了一座桥，吸引着年轻人自发走进博物馆、展览馆，走近文物文化资源，感受其无限魅力。

当然，数智化的发展、数智人的涌现，作为一种新事物，必然要面临重重挑战。比如科技的滥用问题，盲目跟风数智化的资源浪费问题，数智人的培养和管理问题，尤其是随着算法化自动运行成为常态，法律法规制度等如何更好地规范数智化发展，都需要我们及时给出应对答案。（光明日报）

案例6　浙江移动：数智化力量赋能"乡村振兴"　共绘"共同富裕"美丽画卷

2022年7月，金华磐安县双溪乡其良村和山早村的村民乐开了花。经过10个月的建设，他们盼望已久的其良山早联盟大桥建成通车，这座由磐安县各级政府与浙江移动共同筹资建成的大桥，彻底解决了几十年来村民一遇到发大水就出不了山的难题。作为浙江移动结对帮扶对象，五年来，其良村建起了第一个村级5G基站，通过搭建电商平台打开了农产品销路，村集体经营性收入从2.2万元增长到101万元。

其良村的故事是浙江企业携手山区26县帮扶结对的一个缩影。近年以来，浙江移动坚守"红色通信"初心使命，坚决贯彻落实党中央、浙江省委省政府关于乡村振兴的决策部署，以"七大数智化工程"和"七大帮扶举措"为路径，积极助力山区26县高质量发展。目前，已累计实施乡村数智化项目近800个，总金额达8亿元。

8月24日，在台州三门召开的浙江省新型帮扶共同体推进山区26县乡村振兴现场会上，浙江移动总经理杨剑宇介绍了公司近年来充分发挥信息化优势、为乡村振兴注智赋能等领域所取得的丰硕成果，他表示："我们将持续发挥央企'顶梁柱'作用和专业优势，以产业智能、人才智慧、文化智扬、生态智治、组织智强'五智'助力乡村'五大振兴'，筑牢乡村振兴数智底座，为推进'两个先行'贡献移动力量。"

5G科技支撑乡村"产业大脑"，农民们的钱袋子鼓起来

数智化赋能让浙江农村的村民们尝到了"共同富裕"的甜头，产业发展起来，钱袋子也鼓了。

据了解，近年来浙江移动发挥身自优势，通过数智化力量推动乡村振兴计划实施：建设数智化新基建工程，在浙江省建成9.2万个5G基站的基础上，优先保障山区26县网络能力建设，浙江省2万余个行政村实现5G基站全覆盖，浙江省城乡千兆宽带实现全覆盖。在此基础上，浙江移动进一步推进产业数智化工程，完善涉农信息服务供给，加强"5G+"智慧农业示范、规模推广，发展乡村旅游、休闲农业新业态。

因为独特的地理环境光照优势，金华磐安是浙江最大的中药材生产区。2020年7月，浙江移动金华分公司助力建设的"磐安中药产业大脑"系统，通过应用"5G+物联网"、"5G+区块链溯源"、共享车间、高空慧眼技术等技术，保证种植环境数据实时监测和精准溯源。产业大脑通过数据积累，不断迭代生成一个中药材适宜生长的模型，并通过生长数据统一上链为消费者提供所有的种植生长溯源信息。

5G项目应用直接带动了产值提升。过去石斛在各地种植标准不一品质不同，价格很乱，现在通过溯源，产品品质好的石斛从原先200多元一斤卖到了600多元一斤。随着"磐安中药产业大脑"的运转，这两年来磐安种植中药材的农民每年可以达到十几万的收入，幸福感与日俱增。

鹤盛镇岩上村是浙江省温州市永嘉县的一个小山村，而2021年以来，这个村子通过农产品赋码、乡村特色线上展示等方式，累计接待民宿游客10余万人次，民宿营业额达500多万元，带动当地特色红薯枣、杨梅、蜂蜜等农产品销售。

数据驾驶舱完善基层治理，未来乡村打开幸福画卷

让产业插上翅膀、平安更有保障、教育医疗接轨现代化……为了进一步赋能乡村的基层治理、健康医疗、教育文化等各方面的工作，浙江移动深化数智化工程，提供

乡村基层治理信息化解决方案，大力发展远程教育，通过音乐、阅读、视频、多媒体、电视等形式，丰富乡村特色内容资源，繁荣乡村文化生活。农民们感受到更美好的数智化生活，以5G为支撑的信息化建设成为乡村振兴的重要力量。

浙江移动通过打造"集智兴村"数字乡村云平台，集成党建引领、疫情防控、村务公开以及家宴预定等35项标准化应用，为乡村提供治理、产业、服务等数字化能力。截至目前，该平台已赋能浙江省3000余个行政村。

在衢州开化，打开包含"数字党建""数字治理""数字服务""数字产业"四大功能模块的金星未来乡村数据驾驶舱，屏幕中间的三维地图可以展现村户、党员及特殊群体的基本信息，村里低保户、残疾人和孤寡老人的情况、住址一点便知，还能看到帮扶干部等信息。这项由浙江移动帮助建设的平台可以综合实现智治服务、全域景区大数据、智慧AI监控系统、智慧导览等十多项特色应用，真正实现"一屏"展全貌、"一键"全调度、"一脑"知全村基层治理新模式。

在舟山佛渡岛，通过5G视频快速连线方式，佛渡村卫生室可以连接舟山本地8家上级医院进行远程专家门诊、远程会诊、双向转诊、预约挂号、远程教学、远程心电诊断、远程放射诊断等服务，海岛求医问诊"最后一公里"被打通了。

在温州泰顺，由浙江移动与教育部门合作实施中小学新型云教学空间建设项目，实现城镇优质教学资源乡村共享。平台将城镇各类智慧教学应用连接在云平台，将泰顺各中小学的学科教学、同步教学、活动展示、远程教研等功能融合成为一体。

泰顺县教育局信息科有关工作人员高兴地说："有了这个新型云教学空间，让两所不同空间的课堂仿佛置身于同一个时空，学生之间的和谐互动、精彩回答、全程被微格教室'同步传输'，这让我们泰顺县的广大中小学生可以同步享受到城市优质的教育资源。"

村里通了爱心桥，结对帮扶打造共富样板

近年来，浙江移动持续以"七项帮扶举措"为实施路径，积极参与面向山区26县的新型帮共体，发挥资源与技术优势，实现人才、资金、产业、消费、智志、党团、民生、民生全方位帮扶，助力打造共富山区样板，为乡村全面振兴和浙江高质量发展建设共同富裕示范区贡献移动力量。

今年7月，磐安县其良村和山早村村民期盼已久的其良山早联盟大桥建成通车。"这

是其良村、山早村两个村的村民多年来的期盼，不仅仅是一座便民桥、友谊桥，更是我们激发山区资源禀赋，通往乡村振兴的致富桥和幸福桥。"通车仪式现场，浙江移动驻村"第一书记"陈纪德忙得不亦乐乎，脸上挂满喜悦的笑容。

据了解，此前，其良村和山早村之间唯一村道在每年雨季都会因河水水位上涨而被淹没。2021年，其良村和山早村获得了磐安县政府拨款的75万元和浙江移动筹措的42万元用以建设大桥。

联盟大桥的开通是浙江移动持续推进乡村振兴、助力共同富裕的一个缩影。早在2018年，其良村就成了浙江移动的结对帮扶对象。除了帮助其良村修建大桥，浙江移动还立足磐安县域实际，持续选派驻村工作组，帮助其良村与磐安双溪乡的山早村、潘庄村、下园村、丽坑村等村落组成了"山村互助发展共富"党建联盟，通过"支部+合作社+公司"的经营模式，依托"其良春社"电商平台，通过员工团购、爱心助农、党员助农、直播带货等形式为茶叶打通销路，有效探索"共富"经验。浙江移动还帮助其良村不断调优"林下经济"结构，探索了"油茶+黄精"的套种新模式，现共种植8亩黄精，还季节性套种西瓜等农作物，挖掘土地资源、增加集体收入。

五年来，浙江移动为其良村落实帮扶资金、补助款480万元，落地产业、民生项目20多个，通过搭建物联网监测平台、开通云上动态直播、实现溯源管理等手段助销茶叶1万多斤，并开通了第一个村级5G基站以打造5G直播间，助力销售特色农产品630多万元。

案例7 为乡村全面振兴注入"数智"动力

"这是我们大足黑山羊做成的火锅，味道鲜美还操作方便，喜欢的网友赶紧点下方的小黄车，囤起来吧。"7月29日17时30分，"重庆味道·佰红仟品"数字乡村直播节大足专场正式开始，大足黑山羊系列自嗨锅等特色农产品在主播的推荐下，轮番"上新"，让屏幕前的网友轻松"捡公式活"。

近年来，大足运用5G、物联网、人工智能和区块链等技术，打造了大足黑山羊智慧养殖平台，在黑山羊产前、产中、产后的全过程实现数字化管理，大大提高了生产效率，推出了黑山羊系列产品。

大足黑山羊智慧养殖平台是重庆以数字化赋能乡村产业高质量发展的缩影。

"数字引擎"激发了乡村活力。近年来，重庆立足大城市、大农村、大山区、大库区特点，聚焦现代山地特色高效农业、山清水秀美丽乡村，大力推进数字乡村建设，给乡村装上"数字大脑"，为乡村全面振兴注入"数智"动力。

试点示范引领

渝北区大盛镇青龙村是典型的丘陵地貌，土地分散且不规整，不具备耕作优势，一度是个"空心村"。2017年前，全村50岁以下青壮年90%都选择外出务工，一部分土地处于撂荒状态。

为了改变这一状况，村干部带领村民整治土地，全面改善耕作条件。2021年，青龙村开始实施柑橘基地智慧农业项目，打造了全国首个丘陵山地数字化无人果园。

该项目的实施，得益于国家数字乡村试点工作的开展。

为加快推进数字乡村建设，2020年，中央网信办等七部门联合印发《关于开展国家数字乡村试点工作的通知》，部署开展国家数字乡村试点工作，我市渝北、巴南、荣昌、垫江、大足5区县成功入选首批国家数字乡村试点地区。

试点工作中，各区县从基础性、标志性、代表性、引领性的项目着手，以点带面，为数字乡村建设的全面推开积累经验。

在渝北区，无人果园项目实现节水60%以上，亩均节约化肥10公斤以上，过程管理费用降低50%以上，亩均增收8000元，闯出了一条丘陵山地数字农业发展新路子，成为都市近郊区发展数字乡村的范例。

巴南区充分发挥信息技术作用弥合城乡"数字鸿沟"，利用网络数字电视将智慧农业、村务公开等功能集合到一起，着力破解乡村公共服务、基层治理难题，探寻数字赋能乡村振兴的动力潜力。

荣昌区则突出数字转型，着力打造国家级生猪大数据中心，实现生猪养殖、贩运、屠宰"一网式"实时监管，成功开创了中国生猪活体网市，为建立便捷高效、公开透明、质量可溯的超大规模禽畜活体市场提供了样板。

这些项目的开展，为全市数字乡村建设提供了示范案例。在2021年国家数字乡村试点阶段性评估中，渝北区排名位列全国第二，巴南区排名位列全国第七，垫江、大足、荣昌排名靠前。

提升数字基础

在试点地区示范引领下，全市数字乡村建设稳步推进，首要任务就是数字基础的提升。

聚焦信息基础设施改善，我市将"信息乡村"建设工程纳入全市乡村振兴行动计划三年重点项目，积极争取中央电信普遍服务补助资金，引进社会资本，扎实推进数字乡村信息服务应用推广试点，引导涉农信息跨部门跨层级跨地域综合利用，改善农村公共服务质量，让农民充分享受数字发展红利。

"各位村民，请注意！下面播报一则防疫通知……"近日，走进酉阳土家族苗族自治县后坪乡前峰村，村委会正在播报防疫通知，但广播声源并非来自大喇叭，而是一块小小的摄像头。

通过与重庆移动合作，像这样的摄像头，已覆盖前锋村路口、村民家中、农场等各个场景。

"自从安装摄像头后，不管我走到哪里，都能随时查看家里的情况，这样就更放心了。"村民冉茂芳说，农村的瓦房，最怕刮风下暴雨，但自从院子里安装了多个摄像头后，出远门再也不用提心吊胆，随时都能在手机上看到家中的情况。

在冉茂芳家中，如今还用上了运动手环、电子血压计等智慧产品，她笑着说："孙子放假了过来玩，还能通过网络远程学习。"

近年来，我市持续提升镇村光纤网络、无线网络、有线电视网络覆盖水平，基本实现全市人口聚居自然村光纤和4G网络覆盖，全市行政村通光纤率100%、4G网络覆盖率100%，农村地区5G基站建设加快推进，信息通信基础设施服务水平和服务能力处于西部地区前列。

激发乡村活力

有了基础设施支撑，试点项目引领，近两年数字乡村项目在巴渝大地全面推进。

炎炎夏日，经过层层消毒，走进大足区石马镇的国家大足黑山羊保种场，只见每只山羊耳朵上都被装上了黄色的电子耳标。

"这就是它们的'身份证'，记录着各自的血缘关系以及各生长阶段的指标数据，这些数据可用于大足黑山羊的保种选育。"保种场负责人黄德利介绍，大足黑山羊保种选育必须防止无序杂交，近年来通过建立智慧养殖系统，配备视频监控、电子围栏等设备，如今保种场种羊配种分娩率从以前的60%上升到91%，羔羊成活率由当初的80%上升为92%，存栏大足黑山羊种羊达到2000只，保种工作效率稳步提升。

在奉节县安坪镇三沱村，打开"一点到户"基层治理平台，村民户情信息、政务公开情况、村民反映的问题等等一目了然。

村支书黄明感慨："我们村村民居住分散，村干部根本顾不过来，时间长了就容易产生矛盾。但有了这个平台，村民遇到问题随时可以在系统上反映，我们就挨个解决销号，群众满意度一下就上来了，工作配合度也高了。"

市级农村电商综合服务平台"村村旺"，通过与区县及村集体经济组织、专业合作社等建立长期合作关系，帮助小农户对接大市场；酉阳花田乡何家岩村打造"云稻米"项目，积极发展订单数字农业新模式，拓宽贡米销路；沙坪坝区丰文街道三河村依托农文旅融合的数字乡村建设项目，涵盖了乡村五大振兴所有内容，不仅方便村民日常生产生活，游客也能自助玩转"吃住行游购娱"……

一大批数字乡村项目的实施，让城乡间的"数字鸿沟"不断缩小，乡村生产生活更加便捷高效，成了乡村振兴的助推器。市委网信办有关负责人介绍，下一步，我市将瞄准智慧农业、农村电商提档升级、农业农村大数据深化应用、乡村治理等主攻方向，进一步完善乡村数字基础设施短板，在推动涉农数据资源共享开放、推进农业科技创新供给与应用、提升农民群众数字素养与技能、巩固拓展网络帮扶成效等方面狠下功夫，加速推进全市数字乡村建设。